Hubert Ivo

Muttersprache · Identität · Nation

Barlach, Lesender Klosterschüler

Hubert Ivo

Muttersprache · Identität · Nation

Sprachliche Bildung im Spannungsfeld zwischen einheimisch und fremd

Westdeutscher Verlag

Alle Rechte vorbehalten
© 1994 Westdeutscher Verlag GmbH, Opladen

Der Westdeutsche Verlag ist ein Unternehmen der Verlagsgruppe Bertelsmann International.

Das Werk einschließlich aller seiner Teile ist urheberrechtlich geschützt. Jede Verwertung außerhalb der engen Grenzen des Urheberrechtsgesetzes ist ohne Zustimmung des Verlags unzulässig und strafbar. Das gilt insbesondere für Vervielfältigungen, Übersetzungen, Mikroverfilmungen und die Einspeicherung und Verarbeitung in elektronischen Systemen.

Umschlaggestaltung: Horst Dieter Bürkle, Darmstadt
Druck und buchbinderische Verarbeitung: Lengericher Handelsdruckerei, Lengerich
Gedruckt auf säurefreiem Papier
Printed in Germany

ISBN 3-531-12492-7

Errata

Hubert Ivo: Muttersprache · Identität · Nation

S. 73, Zeile 32:	S. 79 ff.	*S. 214, Zeile 10:*	... Pilotstudie ...
S. 112, Zeile 2:	Anm. 118	*S. 218, Anm. 97:*	S. 98
Zeile 4:	Anm. 133	*Anm. 98:*	S. 98
Zeile 11:	Anm. 140	*S. 224, Anm. 116:*	S. 198 ff.
S. 113, Zeile 16:	Anm. 141	*S. 231, Anm., Z. 7:*	... Musik ...
Zeile 23:	Anm. 119	*Anm. Z., 9:*	... da sie ...
Zeile 29:	Anm. 126	*S. 234/235, Zeile 1:*	S. 228
Zeile 30:	Anm. 140	*S. 244, Zeile 24:*	.. gänzlich ...
Zeile 33:	Anm. 131	*S. 247, Zeile 19:*	S. 249
S. 114, Zeile 20:	Anm. 145	*S. 250, Anm. 175, Zeile 5:*	... wichtigen ...
Zeile 30:	Anm. 112	*Zeile 6:*	... aufweist ...
S. 115, Zeile 26:	Anm. 137	*S. 256, Anm. 187:*	S. 284 ff.
S. 130, Zeile 12:	S. 127	*S. 263, Anm. 199:*	S. 199 / 200
S. 134, Zeile 11:	S. 124 f.	*S. 269, Zeile 23:*	... solche ...
S. 136, Zeile 24:	S. 144 ff.	*S. 278, Anm. 20:*	S. 35
S. 143, Zeile 20:	... Wechsel- verhältnis als ein ...	*S. 283, Anm. 28:*	S. 87 und ... S. 201
		S. 284, Anm. 29:	S. 148 / 149
S. 144, Zeile 35:	S. 96 ff.	*S. 372, Zeile 25:*	S. 368
S. 157, Zeile 19:	S. 152/Anm. 6		

Auf S. 374 ist oben einzufügen:
Der zweiten Gruppe wird der Text in gedruckter Form vorgelegt mit dem Hinweis auf seinen österreichischen Autor Alois Brandstetter, der ihn mit anderen unter dem Titel „Überwindung der Blitzangst" 1971 veröffentlicht hat.
Der Text erfährt alle erdenkliche interpretatorische Aufmerksamkeit. Die gebrochene Erzählperspektive wird auf ihre denkbare Funktion für den Text analysiert; ebenso die Stilebenen und das Erzählarrangement. Das Gespräch nähert sich, nachdem die ersten Fremdheitserfahrungen verarbeitet sind, jener be- ...

Auf S. 376, 2. Abs., Zeile 3 ff. ist einzufügen:
In den Gesprächen heben die Studierenden einerseits den orthographischen, oft mit dem grammatischen in eins gesetzt, hervor und andererseits den, wie er meist genannt wird, inhaltlichen.

Rheingauer Nacht am 13. Mai 1992: Das "Parallele Theater" debutiert mit
Zwo Trojanische Pferd
Zwei gerade Eins quert.
Allen, die mitgewirkt und mitgefeiert haben, widme ich dankbar diese Kapitel.

Sie führen zusammen, was ich in den letzten 15 Jahren schrittweise gedacht habe, um den Horizont zu verstehen, in dem wir uns bewegen, wenn wir am Ende dieses Jahrhunderts in Europadeutschland muttersprachliche Bildung verwirklichen wollen.

Die ersten fünf Kapitel versuchen diesen Horizont historisch und systematisch zu bestimmen; das sechste skizziert nocheinmal in einem Überblick den Gedankenweg und faßt in gedrängter Form die Ergebnisse zusammen. Im siebten Kapitel werden unter verschiedenen Aspekten die Voraussetzungen reflektiert, sprachliche Bildung, ihre Konzepte und ihre Praxis wissenschaftlich zu thematisieren.

Für Rat, Anregung und Hilfe, die Gedanken ans Licht zu bringen, ihnen ihre Form zu geben und sie festplattengemäß zu fixieren, sowie für die Unterstützung beim Übersetzen habe ich vielen zu danken, besonders G. Boveland, M. Conrad, M. Erdmann und A. Sheikh.

Inhalt

1. Für einen "liberalen Umgang mit Fremden".
   Problemaufriß 9

2. Zwei Schwellentexte 24
   2.1. Grammatik und Sprachrichtigkeit.
        Martianus Capella und die Allegorisierung der Sprachkünste 26
   2.2. Sprachreflexium als philosophisches Präludium.
        Augustins Dialog "Der Lehrer" 38

3. Volkssprachlichkeit: Ereignisfolgen und Deutungen 66
   3.1. Dantes Differenzbestimmung:
        locutio naturalis und locutio artificialis 69
   3.2. Volkssprache monarchisch.
        Antonio de Nebriija: Der Erinnerung
        an königliche Taten ein eigenes Haus 83
   3.3. Höfische Modellierung der Volkssprache.
        Der Einspruch von Port Royal: Mit Einsicht verrichten,
        was andere aus Gewohnheit tun 88
   3.4. Wilhelm von Humboldt: Ertrag und Neubestimmung.
        Vergleichendes Sprachstudium und die geistige
        Entwicklung des Menschengeschlechts 92
   3.5. Die Warnungen Ivan Illichs 149

4. Gewendeter Humboldt.
   Leo Weisgerbers sprachwissenschaftliche Fundierung
   muttersprachlicher Bildung 152

5. Schriftlichkeit, Grammatik und poetische Sprachwerke.
   Bezugspunkte sprachlicher Bildung 181

   5.1. Schriftlichkeit als bedingende Voraussetzung 182
   5.2. Grammatik als "Logik der Zunge, als erste Philosophie
        der Reflexion" 208
   5.3. Reden über poetische Sprachwerke.
        Modell sprachverständiger Intersubjektivität 222

6. Was heißt und zu welchem Ende betreiben wir sprachliche Bildung?
   Vom "Zungenmesser" als Instrument, sie zu ermöglichen 272

7. Im Vorhof wissenschaftlicher Praxiserkundung 290

   7.1. Der sprachdidaktische Dreiweg.
        Dimensionen sprachdidaktischer Reflexion 290
   7.2. Das Wissen der Deutschlehrer, das Wissen der Deutschdiaktiker
        und das Wissen der Bildungspolitiker.
        Dimensionen sprachdidaktischen Redens 305
   7.3. Donatschnitzer.
        Der grammatische Boden, auf dem wir stehen 321
   7.4. Jacob Grimm und die sprachdidaktischen Häresien.
        Wissenschaftsgeschichte und die Schwierigkeiten mit der Praxis 347
   7.5. Sprachdidaktik als Konterbande.
        Vom Sinn institutioneller Differenzierung 356
   7.6. Statt eines Resümees:
        Vom fremden Hering und der einheimischen Kartoffel.
        Phantasieaufsatz eines Schülers, der zu uns kam 369

Nachweise 381

Literatur 382

1. Für einen "liberalen Umgang mit Fremden"[1]. Problemaufriß

Paradoxe Begriffsbildung: muttersprachliche Bildung

Der Ausdruck "Muttersprache" verweist auf ein quasi-natürliches Verhältnis des Sprechers zu seiner eigenen Sprache. Dagegen hebt der Ausdruck "Bildung" das Schulmäßige hervor. Das Spannungsverhältnis, in dem die verschiedenen Merkmale des Begriffs "muttersprachliche Bildung" zueinander stehen, kann als ein paradoxes aufgefaßt werden. Ein wenig hemdsärmelig formuliert: Warum sollte einer in der Schule lernen, was er schon kann?

In der fachdidaktischen Reflexion ist dieses Spannungsverhältnis auf unterschiedliche Weise thematisiert und entschieden worden.[2] Geschichtlich besonders wirksam geworden ist eine klaubende Lösung: Einzelne Aspekte der Muttersprache werden als Thema der Bildung und des Unterrichts herausgestellt, die es plausibel machen, daß es für den Sprecher in seiner eigenen Sprache noch etwas zu lernen gibt: er lernt seine eigene Sprache *schreiben*, und er lernt, insofern die Schrift-/Hochsprache von dem abweicht, was ihn sein gewachsener Schnabel sprechen läßt, *auf Varietäten innerhalb seiner Muttersprache achten*. Diese klaubende Lösung war für die beiden angedeuteten Aufgaben durchaus hinreichend; sobald aber dem muttersprachlichen Unterricht nicht nur einzelne begrenzte Aufgaben, sondern eine fundierende und zentrierende Funktion in der Schule zugewiesen wurde, mußte sie als unzulänglich erscheinen.

Zugespitzt lassen sich zwei Konzepte unterscheiden, die das Nachdenken über das Unterrichten der Muttersprache in Deutschland während dieses Jahrhunderts bestimmt haben bzw. bestimmen. Das eine orientiert die Aufgaben dieses Unterrichts an den Zielen nationaler Identitätsbildung, das andere interpretiert diese Aufgaben als kommunikative, die sich zwar im Medium einer Einzelsprache, eben des Deutschen, stellen, in ihrem wesentlichen Gehalt aber durch sozial-kulturelle Merkmale nichtsprachlicher Art definiert sind.

---

1 Humboldt III, S. 181.
2 "Kann Sprachunterricht (...) daran mitwirken, daß der Sprecher in seinen Möglichkeiten gefördert wird, seine Sprache besser zu verwenden als ohne Sprachunterricht, in einer Sprache, die er ja längst erworben hat? Das ist die zentrale Frage der Sprachdidaktik." Peter Seidensticker u.a.: Didaktik der Grundsprache. Sprachwissenschaft und Unterrichtspraxis. Stuttgart 1978. S. 18.

"Das erste Konzept hat sich überlebt", in einer solchen Formulierung könnte sich ein bundesrepublikanischer Konsens bis zum Ende des alles dominierenden Ost-West-Gegensatzes ausgedrückt finden. Dieses Konzept ist aber auch, insofern es den Aufstieg des Nationalsozialismus vorbereiten half und von diesem in Anspruch genommen werden konnte, ein abgewehrtes Thema; abgewehrt im Sinne einer Verdrängung, aber auch, wenn vielleicht etwas seltener, im Sinne einer kathartischen Auseinandersetzung mit der Last der deutschen Geschichte.

Das zweite Konzept scheint mit seinen Potenzen, gegenwärtige und zu erwartende gesellschaftliche oder politische Umfelder für das Unterrichten der Muttersprache erschließen zu können, an seine Grenzen zu stoßen, insbesondere deshalb, weil in ihm Einzelsprachlichkeit keine konstitutive Rolle zu spielen vermag, die Frage nach der Rolle der Verschiedenheit menschlicher Sprachen im Zusammenleben sich aber gegenwärtig wieder nachdrücklich stellt.

Als schulinternes Indiz für die Virulenz dieser Frage kann die Verwendung des Ausdrucks "Muttersprachen-Unterricht" angesehen werden. Wenn es nämlich um organisatorisch-praktische Schulfragen geht, meint dieser Ausdruck heute vornehmlich jenen zusätzlichen Unterricht, den bestimmte Gruppen nicht-deutscher Schüler in ihren Herkunftssprachen bzw. denen ihrer Eltern erhalten.[3] Der Unterricht in der deutschen Muttersprache wird dagegen üblicherweise Deutschunterricht genannt. Der allgemeinere Ausdruck wird also zur Bezeichnung von etwas Zusätzlichem gebraucht, von etwas, das bislang außerhalb des Üblichen, des Normalen lag. Diese sprachlogische Auffälligkeit

---

3 Dieser amtliche Gebrauch des Ausdrucks "Muttersprachen-Unterricht" beruht auf den einschlägigen Beschlüssen der Kultusminister-Konferenz von 1971, 1976 und deren Ergänzung von 1979 sowie den Empfehlungen von 1979. Diese dokumentieren zugleich den Wandel in der Auffassung von solchem Unterricht: War er zunächst als freiwilliger Ergänzungsunterricht eines ansonsten ganz auf Integration setzenden Schulkonzepts gedacht, so zielen die Beschlüsse von 1976/79 auf eine Verstärkung der muttersprachlichen Bildung in einem Schulkonzept mit doppelter Zielsetzung, der sozialen Eingliederung für die Dauer des Aufenthalts in der BRD und der Erhaltung der sprachlichen und kulturellen Identität der Kinder von Ausländern. Zu beachten ist, daß "Ausländer" i.S. der Beschlüsse nur ausländische Arbeitnehmer und ihre Familien sind, und zwar aus den "Anwerbeländern" (entsprechend den Vereinbarungen zwischen 1955 und 1968) Türkei, Griechenland, Jugoslawien, Italien, Spanien, Portugal, Tunesien und Marokko. Deren Anteil an der ausländischen Wohnbevölkerung betrug 1989 ca. 67 %. Der amtliche Gebrauch des Ausdrucks "Muttersprachen-Unterricht" hebt also nur einen Ausschnitt aus dem Migrationsfeld hervor.
Die einläßliche Arbeit von Claus Ahlzweig zur Wortgeschichte von Muttersprache im Kontext der "Geschichte der Sprachauffassungen im 'deutschsprachigen Gebiet'" ist erst nach Abschluß meiner Abhandlung erschienen, so daß es bei diesem Hinweis bleiben muß. Ahlzweig (1994). S. 13.

zeigt an, daß sich in der Ordnung des Üblichen etwas zu ver-rücken beginnt. Solange die deutsche Sprache in einem räumlich-sozialen Umfeld - in der Regel - von allen als die eigene, die einheimische, die vernakuläre Sprache erfahren, angesehen und gesprochen wurde, mußte sie nicht als Muttersprache gekennzeichnet werden.[4] Indem nun in deutschen Schulen ein nicht-deutscher Muttersprachen-Unterricht eingerichtet und erteilt wird, verliert diese Ineinssetzung von Raum und Sprache ihre selbstverständliche Geltung. Die Erfahrung einer Krise, die diesen Prozeß reflektiert, wird nun nicht durch die Einrichtung eines solchen Unterrichts selbst ausgelöst, sondern hat ihre Ursache im Konzept des Unterrichtens der Muttersprache, das für die neuen Probleme, wie nämlich der Muttersprachen-Unterricht in deutschen Schulen im Plural zu denken ist, keinen Diskursrahmen bereitstellt.

Üblicherweise wird eine Erörterung von Problemen, die sich für ein sprachliches Unterrichtsfach stellen, eine sprachdidaktische genannt. Für den Muttersprachen-Unterricht erscheint es mir sinnvoll, zwischen einer allgemeinen und zwischen besonderen Muttersprachen-Didaktiken zu unterscheiden. Die besonderen Muttersprachen-Didaktiken sind dadurch charakterisiert, daß sie ihre Themen mit dem Ziel modellieren, den unmittelbar anstehenden Unterricht vorbereiten zu helfen. Sie bündeln spezifische Fragen des Unterrichts, und wir sprechen z.B. von Didaktiken des Aufsatzunterrichts, des Literaturunterrichts, der sprachlichen Kreativität, des darstellenden Spiels, der mündlichen Rede. Und da sie ihre Themen in den praktischen Kontexten des Unterrichts, der heute oder morgen zu erteilen ist, erörtern, benutzen sie für die Analyse umfassenderer Kontexte Abkürzungswege. Eine allgemeine Didaktik des muttersprachlichen Unterrichtens klärt dagegen die impliziten oder nur angedeuteten Voraussetzungen handlungsbezogener Argumentation, ohne im einzelnen zu fragen, wie das Unterrichten zu bewerkstelligen sei.

Der Diskursrahmen einer allgemeinen Didaktik muttersprachlichen Unterrichts, der in diesen Abhandlungen skizziert wird, soll gewährleisten, daß der konstitutiven Rolle der Sprachenvielfalt bzw. der Einzelsprachlichkeit im Konzept muttersprachlicher Bildung Rechnung getragen werden kann; oder abgrenzend formuliert: daß sie nicht nur als ein technisches in den Blick kommt. Es ist unumgänglich, daß damit die soziale Gruppe, die eine gemeinsame Sprache spricht, zum Thema wird und damit auch, als *eine* mögliche und verbreitete Bestimmmung dieser Gruppe, die Nation.

Offenkundig können zwei Gruppen von Rahmenbedingungen nicht einfach, im Sinne von akzeptiert, fortgeschrieben werden: (1) die der Entwicklung moderner Nationalstaaten, wie wir sie seit dem 18./19. Jahrhundert in Europa beobachten können, sowie die der ideologischen Ausprägungen der Nationalis-

---

4 Es sei denn, sie solle in besonderer Weise zum Thema der Aufmerksamkeit werden, wie z.B. in Leo Weisgerbers Konzept von Muttersprachlichkeit.

men, die einen Teil dieser Entwicklung ausmachen[5]; (2) die der besonderen deutschen Entwicklung, die H. Plessner im Begriff "verspätete Nation" versammelt hat.[6]

Der Punkt, von dem her die Sprachverschiedenheit und die der Gruppen ihrer Sprecher in den Blick kommen sollen, wird noch weiter zurückverlegt, und zwar in jene Ereignisfolgen, in denen sich europaweit die Ablösung vom Latein als gemeinsamer Sprache der Schrift und damit des Rechts und des Ritus, der Wissenschaft und der Weisheit, des Erinnerns und teilweise auch der Poesie vollzieht. Wilhelm von Humboldt hat diese Ablösung den "wichtigsten Schritt im Entwicklungsgange der Sprachen"[7] genannt und damit zugleich in seinem Sprachdenken den wichtigsten in der Bildungsgeschichte der Menschheit markiert.

Der Diskursrahmen, der im Rückgriff auf die *Theorien der Volkssprachlichkeit* von Dante bis Humboldt skizziert wird, ermöglicht also einen Begriff von sprachlicher Bildung, der aus einer in der Geschichte gegründeten Sprach-Idee selbst hergeleitet ist und somit die Dichotomien in den kommunikativen Konzepten (hier Sprache - da gesellschaftliche Handlungsfelder) überwindet; er ermöglicht aber auch die Renaissance eines Begriffs der Sprach-Nation, an dem gemessen sich die moderne Geschichte der Nationalismen - ganz im Sinne des grillparzerschen Diktums[8]: von Humanität, durch Nationalität zur Bestialität - als Perversion der Ursprungsidee zeigt.

Wenn eine solche Skizze in historisch-systematischer Reflexion gelingt, dann ist damit zwischen den beiden Konzepten vermittelt, die das Nachdenken über das Unterrichten der Muttersprache in Deutschland während dieses Jahrhunderts bestimmt haben, und zwar so, daß deren Aporien, Begrenztheiten und Gefahrenmomente überwindbar werden.

Wilhelm von Humboldts Konzept vom "Sprachstudium" kann als Höhepunkt der Entwicklung der Volkssprachlichkeitstheorie angesehen werden. Im ersten Kapitel der Abhandlung "Ueber die Verschiedenheiten des menschlichen Sprachbaues"[9] situiert er dieses Konzept in der Bildungsgeschichte der Menschheit. Die 33 Situierungsparagraphen dieser Abhandlung führen auf einen Punkt, von dem her sich die Sprachen- und Sprechervielfalt neu betrachten läßt,

---

5   Ernest Gellner (1991); Eric J. Hobsbawn (1991).
6   Helmuth Plessner (1983): Gesammelte Schriften Bd. VI. Frankfurt/M 1983.
7   W.v.Humboldt VI. S. 123.
8   Franz Grillparzer: Gesammelte Werke. Bd. 2.9.95. Das Epigramm lautet:
    <u>Die Reaktionszeit</u>
    Der Weg der neueren Bildung geht
    Von Humanität
    Durch Nationalität
    Zur Bestialität.
9   Siehe Anm. 7.

daß nämlich "die Sprache eigentlich nur Eine, (...) die sich in den zahllosen des Erdbodens verschieden offenbart."[10]

In der Beschäftigung mit den Verschiedenheiten sucht Humboldt also der *einen* menschlichen Sprache auf die Spur zu kommen. Diese Spur führt nun nicht zu diesem oder jenem linguistischen Pensum, also zu etwas Beliebigem, sondern zum "Gang der geistigen Entwicklung der Menschheit". Denn Sprache wird für Humboldt nicht nur in ihrem internen Funktionieren zum Thema, sondern auch in "ihrem Einfluss auf die Denkkraft, Empfindung und Sinnesart der Sprechenden"[11], und so wird sie als in die Entwicklungsgeschichte der Menschheit eingelassen betrachtet. Die Art und Weise, wie Menschen in ihrer eigenen Sprache leben und sich zu anderen Sprachen in ein Verhältnis setzen, wird so zum Indikator für die Stufung der Form- und Bildungsgeschichte der Menschheit. (Analogien zu modernen Versuchen, den Gedanken der Evolution nicht nur für die Naturgeschichte, sondern auch für die Kulturgeschichte des Menschen zu denken, liegen auf der Hand.)

Die beiden leitenden Ideen der Menschheitsgeschichte: "die schöne Abgeschlossenheit in der eigenen Nationalitaet" und "die wohlwollend menschliche Verbindung des ganzen Geschlechts"[12]

Die menschheitsgeschichtlichen Überlegungen Humboldts gründen in einem Gedanken von Wandel und Beständigkeit, der als Kern einer Philosophie der Endlichkeit gelten kann:

"Dies liegt im Gange der Natur, Sprachen, wie Menschen und Völker, kommen und scheiden. Aber die Sprache im Allgemeinen, die ganze menschliche als Eine genommen, und jede einzelne, welche in diese höhere Berührung kommt, gewinnen, je grösser die Masse der Gegenstände, der in Sprache verwandelten Welt, wird, und je vielfacher die in gemeinsames Verständniss tretenden Individualitaeten, diese eigentlich sprachbildenden Potenzen, sind."[13]

Zwar sieht der Mensch "den Boden, so weit er sich ausdehnt, den Himmel, soweit, ihm entdeckbar, ihn Gestirne umflammen, *als innerlich sein, als ihm zur Betrachtung und Wirksamkeit gegeben* an"[14], aber in der knappen Spanne Zeit seines Lebens und wegen seiner begrenzten Mittel wird er nur Weniges, Ausschnitthaftes, Fragmentarisches von dem Gegebenen aufnehmen, in Sprache

---

10 W.v.Humboldt VI. S. 112.
11 W.v.Humboldt VI. S. 111.
12 W.v.Humboldt VI. S. 116/115.
13 W.v.Humboldt VI. S. 117.
14 W.v.Humboldt VI. S. 114. (Hervorhebung von mir. H.I.)

verwandeln können. Aber im Austausch mit anderen Menschen wird der Umfang möglicher Verwandlung von Welt in Sprache erheblich vergrößert; vor allem aber: ordnet sich das Wenige, Ausschnitthafte, Fragmentarische zu einem Ganzen, das gewiß alle Anzeichen raum-zeitlicher Kontingenz an sich trägt, aber doch als "Weltansicht" - wie es später in der Abhandlung ausgelegt wird - über das bloß Zufällige und das vereinzelte Nebeneinander hinauskommt.

Die beiden leitenden Ideen der Menschheitsgeschichte gründen also in diesen Endlichkeitsbedingungen. Da nicht alle Menschen mit allen anderen in einen Austausch treten können, müssen sich solche Gruppen bilden, die zwei widerstreitende Anforderungen ausbalancieren: einen möglichst umfassenden Austausch gewährleisten und zugleich die Endlichkeitsbedingungen so berücksichtigen, daß sich im Austausch Welterfahrungen zu geordneten, zu kosmischen gestalten können. Humboldt diskutiert verschiedene Minimalgrößen für solche Gruppen und findet in einer Größe jenseits von Familien- und Sippenverbänden die Voraussetzung für solches Ausbalancieren. Er nennt sie Nation, betont, daß sein Begriff der Nation "der gewöhnlichen Ansicht vielleicht fremd erscheint"[15], und hebt in der Modell-Definition das Moment der Balance hervor:

"Eine Nation in diesem Sinne ist eine durch eine bestimmte Sprache charakterisierte geistige Form der Menschheit, in Beziehung auf idealische Totalitaet individualisirt."[16]

Zwei Fragen stellen sich: (1) Wie bilden sich Nationen und was macht ihre Binnenstruktur aus? (2) Wie soll das Verhältnis der Nationen untereinander gedacht werden? Humboldt erörtert diese Fragen im Situierungskapitel als Fragen der Verlaufsstufen in der Menschheitsgeschichte.

Festzuhalten ist zunächst, daß Humboldts universalhistorische Vorstellungen frei von Geschichtsmetaphysik sind. Wir wissen weder etwas über den Anfang der Geschichte, noch kennen wir ihr Ende oder gar ihr Ziel; und darum können wir auch keine Entwicklungslogik konstruieren, jedenfalls keine, die die Totalität geschichtlicher Ereignisse als sinnhaft bezogen auf ihr Entwicklungsziel zu denken zwingt. Aber nicht nur in ihrer globalen Form ist solch teleologische Geschichtsbetrachtung von zweifelhaftem Wert, denn sie erreicht auch in eingeschränkterer Form

"niemals die lebendige Wahrheit der Weltschicksale, weil das Individuum seinen Gipfelpunkt immer innerhalb der Spanne seines flüchtigen Daseyns finden muss, und sie daher den letzten Zweck der Ereignisse nicht eigentlich in das Lebendige setzen kann, sondern es in gewissermassen todten Einrichtungen (...) sucht."

---

15   W.v.Humboldt VI. S. 187.
16   W.v.Humboldt VI. S. 125.

Dagegen ist eine Geschichtsbetrachtung, die sich "den wirkenden und schaffenden Kräften"[17] zuwendet, sehr wohl in der Lage, im Nachhinein Verlaufslogiken zu rekonstruieren. Von einem Zustand, der "erst der neueren Zeit aufbehalten" ist[18], lassen sich rückschauend Stufungen in den welthistorischen Begebenheiten erkennen, die diesen Zustand vorbereitet haben. Aus solcher Rückschau lassen sich auch die Vorstellungen von den beiden leitenden Ideen der Menschheitsgeschichte gewinnen.

Die Idee von der "schönen Abgeschiedenheit in der eigenen Nationalitaet", beispielhaft von Humboldt an der Kultur der Griechen aufgezeigt, erweist sich als eine, die Identität allererst ermöglicht. Identitätsbildung ist, nach außen hin gesehen[19]; Abgrenzung, indem Menschen, die sich untereinander austauschen, sich in verschiedenen Gruppen finden und so als Gruppen Gestalt gewinnen, de-finieren sie sich als Gruppen, setzen sie sich voneinander ab. Dies versteht Humboldt nicht als Abkapseln dieser Menschengruppe von anderen. Das entscheidende Kriterium für diese Stufe der schönen Abgeschiedenheit besteht darin, daß mit anderen Menschengruppen/Nationalitäten zwar vielfältiger Austausch statthat, daß aber die Anderen, die Fremden *nicht um ihrer selbst willen Interesse finden*. Die "Geringschätzung des Fremden" (nur die andere Seite der "Befangenheit in der heimischen Sprache")[20] zeigt sich am klarsten im Fehlen der Idee,

"dass das Studium einer fremden (Sprache), zumal wenn es nicht Mittel der Erlernung ausländischer Weisheit oder Geschichte war, Werth haben könnte."[21]

Die Überwindung solcher Abgeschiedenheit hin zu Völker- und Länderverbindungen gelingt zunächst noch nicht, wie etwa die stürmenden Ländervereinigungen Alexanders zeigen, als Verwirklichung der zweiten welthistorischen Idee, sondern als deren "Abart". "Grosse und starke Gemüther, ganze Nationen handelten unter der Macht einer Idee, die ihnen in ihrer Reinheit gänzlich fremd war."[22] Geschichtliche Verlaufslogiken sind, wie E. Gellner es formuliert, solche "indirekter Routen".[23] Um die "gesamte Menschheit, ohne Rücksicht auf Religion, Nation und Farbe, als Einen grossen, nahe verbrüderten Stamm"[24] behandeln zu können, bedarf es erst weiterer welthistorischer Begebenheiten. Humboldt sieht sie einerseits in den Stufen der Entfaltung von Schriftlichkeit,

---

17 W.v.Humboldt IV. S. 46/47.
18 W.v.Humboldt VI. S. 122/23.
19 Die Binnenverhältnisse bleiben hier unberücksichtigt.
20 W.v.Humboldt VI. S. 116.
21 W.v.Humboldt VI. S. 118.
22 W.v.Humboldt VI. S. 115.
23 Ernest Gellner (1990). z.B. S. 90ff.
24 W.v.Humboldt VI. S. 114.

diese aber im historischen Kontext der Beerbung des Römischen Reichs durch die Scharen der Völkerwanderung. Die Verschränkung solcher *struktur-* und *ereignisgeschichtlicher* Gesichtspunkte kommt in Humboldts Vier-Stufen-Modell zum Ausdruck:
- die der Formung des Alphabets;
- die der Entstehung von Literatur, also von bleibenden Werken, die ein Gedanken- und Empfindungswert auszeichnet;
- die des Verlassens "einer todten Sprache im wissenschaftlichen und literärischen Gebrauch";
- die "des gleichzeitigen Bestehens der Literaturen mehrerer hochgebildeter Nationen neben einander."

Einerseits schaffen die einzelnen Stufen der Fixation die Voraussetzung dafür, daß der "erzeugte Stoff (...) zu ruhiger, gesammelter Betrachtung da liegen (kann H.I.), um klar und voll ins Bewusstseyn zu treten, und zu neuen Erzeugnissen befruchtet zu werden."[25] Andererseits wird erst im gleichzeitigen Nebeneinander hochgebildeter Nationen die Möglichkeit einer "wohlwollend menschlichen Verbindung des ganzen Geschlechts" gewonnen; denn "mehrere in gemeinsames Verständniss tretende Individualitaeten"/Nationen haben ihre Identität schon ausbilden können, und ihre angestrebte Verbindung untereinander kann nun eine andere Qualität als die der "Abartigkeit" annehmen, die ja auf die Unterwerfung des anderen, des Fremden zielt. Die neue Qualität, eben die "wohlwollend menschliche Verbindung", wird möglich, weil im wechselseitigen Anerkennen des Anderssein zugleich die Endlichkeitsbedingungen menschlichen Daseins anerkannt werden und damit das Fremde, das Andere nicht mehr nur als dasjenige aufscheint, was das Eigene einfach durch sein Anderssein bedroht, sondern als eine andere Bahn im "Anringen an die Wahrheit"[26] in den Blick kommen kann. Das "Ineinanderwirken hochgebildeter Nationen"[27] verwirklicht sich im *Verstehen*. Verstehen gelingt nicht, wenn die fremde in die eigene Form gezwängt wird; ebenso wenig gelingt sie im völligen Versetzen in die fremde. "Die lichtvolle Erkennung der Verschiedenheit fordert etwas Drittes, nämlich ungeschwächt gleichzeitiges Bewusstseyn der eigenen und der fremden Sprachform."[28] Die Ethik dieses Ineinanderwirkens formuliert Humboldt negativ: die Freiheit und Eigentümlichkeiten der Nationen *nicht gewaltsam, nicht unzart oder gleichgültig* zu behandeln.[29]

Damit ein solches Ineinanderwirken der Nationen gelingen kann, setzt Humboldt noch eine weitere Bedingung: eine entschiedene Abkehr von einem Verständnis der Sprache, das sich lebenspraktisch zwar in unserem Alltag be-

---

25 W.v.Humboldt VI. S. 122.
26 W.v.Humboldt VI. S. 173.
27 W.v.Humboldt VI. S. 124.
28 W.v.Humboldt VI. S. 121/22.
29 W.v.Humboldt VI. S. 115.

währt, aber ganz unzureichend ist, wenn die Bedingungen dafür geklärt werden sollen, wie Menschen zu einem "liberalen Umgang mit Fremden"[30] gelangen können. Bevor ich auf diese Bedingung eingehe, möchte ich noch auf Humboldts Bewertung der dritten Stufe seines Modells verweisen. Sie erlaubt eine Verdeutlichung seines universalhistorischen Blickpunkts und bereitet zugleich die Klärung der noch ausstehenden Bedingung vor.

Die Bewertung der dritten Stufe lautet: "Das Verlassen einer todten Sprache im wissenschaftlichen und literärischen Gebrauch ist unstreitig der wichtigste Schritt im Entwicklungsgange der Sprachen zu nennen." Warum?

"Die Nationen mussten erst enge religiöse, politische und sittliche Verbindungen eingehen, sie mussten, ihnen vom Alterthum überliefert, ein allgemeines Sprachverbindungsmittel besitzen, endlich, grösstentheils durch dieses und die Werke der Alten belehrt, geübt und ermuthigt, sich von diesem selbst, als von einer einengenden Fessel losmachen, und es nur beschränktem, willkührlichem Gebrauch vorbehalten."[31]

Dies ist, nimmt man den Text Zeile für Zeile wörtlich-ernst, ein überraschendes, ja ein befremdliches Werturteil. Wie soll ein singuläres geschichtliches Ereignis, die Beerbung des Römischen Reiches durch die Scharen der Völkerwanderung, zum wichtigsten Schritt im Entwicklungsgang der Sprachen überhaupt werden? Überraschend ist dieses Werturteil, weil die Ersetzung des toten Lateins als Schriftsprache durch die europäischen Vernakulärsprachen eine solche Bedeutung zugeschrieben wird, daß vom wichtigsten Schritt im Entwicklungsgang der Sprachen gesprochen werden kann. Befremdlich ist es, weil ein spezifisches Ereignis der europäischen Geschichte für die Entwicklung menschlicher Sprache überhaupt stehen soll. Handelt es sich nicht einfach um eine eurozentristische Übertreibung?

Die Beantwortung dieser Frage führt zu einer weiteren Klärung von Humboldts universalgeschichtlicher Denkweise, die wir heute, evolutionäre Annahmen in der Kulturgeschichte weiterdenkend, eher nachvollziehen können als in Zeiten, in denen ein lineares teleologisches Geschichtsdenken vorherrschend war. Bevor die gesamte Menschheit, ohne Rücksicht auf Religion, Nation und Farbe, wie ein grosser, nahe verbrüderter Stamm *behandelt* werden kann, bedarf es vorbereitender Schritte in der kulturellen Entwicklung des Menschen. Zunächst - das ist bereits ausgeführt - mußte es zur Identitätsbildung von solchen Individualitäten kommen, die in ein gemeinsames Verständnis treten; Humboldt nennt sie Nationen. Damit es von dieser Stufe her mit ihrer Geringschätzung des Fremden zu einem Zusammenwirken mehrerer Nationen kommen kann, waren besondere Umstände nötig. Diese stellten sich, historisch kontingent, mit dem Untergang des Römischen Reiches im europäischen Mittelal-

---

30 Siehe Anm. 1.
31 W.v.Humboldt VI. S. 123.

ter her. Die beiden wichtigsten sind: Die Idee des nationenübergreifenden Zusammenwirkens (potentiell: der Menschheit) gehört zum Erbe des Römischen Reiches; die Erben stehen zu diesem Erbe in keinem politischen Unterwerfungs-, sondern in einem selbstgewollten Lernverhältnis. (Ihre Wissenschaft heißt nicht zufällig "Scholastik".) Das Medium ihres lernenden Zusammenwirkens, das universelle schriftsprachliche Latein, konnte als tote Sprache ein Medium sein, in dem sich die verschiedenen Erben bewegen konnten, ohne daß eines ihrer "Idiome" zum herrschenden wurde. Die Abkehr vom universellen Latein und die Ausbildung der Volkssprachen (der Sprachen der illiterati) zu Schrift-/Nationalsprachen ist, wie der portugiesische Volkssprachen-Grammatiker Fernao de Oliviera es in seiner Gramatica de linguagem portuguesa (1536) formuliert, Ausdruck des Willens, nicht mehr nur (von anderen) zu lernen, sondern selbst zu lehren.[32]

In die Charta der Volkssprachentheorien seit Dante sind somit immer zwei Merkmale eingeschrieben: das der Emanzipation ("sich von diesem als einer einengenden Fessel losmachen") zu eigenen nationalen Verständigungsgemeinschaften und das der Transzendierung der Nationengrenzen zu einer Behandlung der Menschheit als einen nahe verbrüderten Stamm und damit zur Anbahnung "eines liberalen Verhältnisses zum Fremden". Humboldts Konzept vom Sprachstudium erweist sich als die bislang konsequenteste Ausformung der Volkssprachentheorie; es ist ein Konzept der *Grundbildung des Menschen*, in dem unter den Endlichkeitsbedingungen menschlichen Daseins Identitäts-/Gestaltwerdung als notwendige Begrenzung und Universalität als Entgrenzung in ein produktives Verhältnis gesetzt werden. Die Bestimmung dieses Verhältnisses leitet Humboldt aus der Sprachlichkeit des Menschen her:

"Die Sprache umschlingt mehr, als sonst etwas im Menschen, das ganze Geschlecht. Gerade in ihrer völkertrennenden Eigenschaft vereinigt sie durch das Wechselverständniss fremdartiger Rede die Verschiedenheit der Individualitaeten, ohne ihnen Eintrag zu thun."[33]

"Der Mensch kommt nicht nach Art eines reinen Geistes auf die Welt, der den fertigen Gedanken nur mit Tönen umkleidet, sondern als ein tönendes Erdengeschöpf"[34]

Solange die Vorstellung, Sprache umkleide nur den fertigen Gedanken mit Tönen, die vorherrschende von Sprache ist, kann sich die liberalisierende Wirkung

---

32 Für den Hinweis auf diese Formulierung danke ich Brigitte Schlieben-Lange.
33 W.v.Humboldt VI. S. 117.
34 W.v.Humboldt VI. S. 120.

der Beschäftigung mit Sprachen nicht entfalten. Diese im Sprachdenken Humboldts zentrale These enthält zwei Gedanken.

Der erste läßt sich als Antwort auf die Frage verstehen, was denn mit der Abkehr vom Latein und der Ausbildung europäischer Volkssprachen zu Schrift-/Nationalsprachen gewonnen worden ist. Geht man im Sinne der angedeuteten Sprachvorstellung davon aus, daß "die verschiedenen Sprachen nur dieselbe Masse der unabhängig von ihnen vorhandenen Gegenstände und Begriffe mit anderen Worten bezeichnen", daß also "die Verschiedenheit der Sprachen (...) nur eine Verschiedenheit von Schällen" ist[35], dann ist die Sprachverschiedenheit im "wissenschaftlichen und literärischen Gebrauch" weniger ein Gewinn, sondern eher ein Verlust. An die Stelle des universellen Lateins sind partikulare Vernakulärsprachen getreten und damit Barrieren dort errichtet, wo zuvor freier Austausch und geläufige Verständigung möglich war. Vorteile können auf den ersten Blick nur in den Binnenverhältnissen der Nationen ausgemacht werden, insofern nun der Zugang zur Schriftlichkeitskultur für alle Sprecher einer Sprache leichter zu werden verspricht. Nicht erst ein langwieriges Lernen des fremden Lateins eröffnet die Möglichkeit, die Texte der Religion und des Rechts, der Wissenschaften und der Philosophie, der Dichtung und der Geschichtsschreibung zu lesen und sich schreibend an den entsprechenden Diskursen zu beteiligen. Dieser mögliche Vorteil volkssprachlicher Schriftlichkeit ist gewiß hoch einzuschätzen, insofern er ja nicht nur ein instrumenteller Vorteil ist, sondern in ihm auch ein demokratisches Denken zur Geltung gebracht wird. Dennoch besteht auch dieser Vorteil nur unter Vorbehalten; denn die Teilhabe aller an der Schriftkultur der eigenen Nation setzt ein Bildungswesen voraus, daß es allen ermöglicht, die entsprechenden Kenntnisse und Fertigkeiten anzueignen. Damit verkleinern sich die Vorteile einer volkssprachlichen Schriftkultur doch wieder, weil ohne eine Spanne schulmäßigen Lernens auch sie nicht auskommt und weil ein entsprechendes Schulwesen erst gewollt und verwirklicht werden muß. Nimmt man noch hinzu, daß für den Austausch nationaler Schriftkulturen untereinander der Bedarf an Fremdsprachenkenntnissen ansteigt, so wird die Abwägung unter Kosten-Nutzen-Gesichtspunkten eher zu dem pessimistischen Zweifel geführt, ob denn überhaupt von einem Vorteil der nationalsprachlichen Schriftlichkeit gesprochen werden kann.

Die Vorstellung, die Verschiedenheit der Sprachen sei nichts als die Verschiedenheit von "Schällen", die zur Bezeichnung identischer Begriffe und Sachverhalte dienten, führt mit einer gewissen Zwangsläufigkeit zur Einschätzung, daß die sprachlichen Differenzen ein Übel seien. Humboldts Antwort auf die Frage, was denn mit der Abkehr vom Latein an Vorteilen gewonnen wird, ist eine, die die Unzulänglichkeit dieser Vorstellung von Sprache herausstellt und die wissenschaftliche Beschäftigung mit Sprache auf der Grundlage dieser Vor-

---

35 W.v.Humboldt VI. S. 119.

stellung als "unfruchtbar" erweist, um dieser dann eine andere entgegenzustellen. "Die wahre Wichtigkeit des Sprachstudiums liegt in dem Antheil der Sprache an der Bildung der Vorstellungen."[36] Sprachen sind nicht unterschiedliche lautliche Umhüllungen von identisch Gemeintem, sondern sind unterschiedliche Organe des Denkens. Der Gewinn, die Volkssprachen zu Schrift-/Nationalsprachen auszubilden, besteht somit darin, die Artikulationspotentiale der Einzelsprachen, in denen sich die Endlichkeitsbedingungen menschlichen Daseins zur Geltung bringen, auch in solchen Objektivationen zu verwirklichen, "die zu ruhiger, gesammelter, oft wiederkehrender Betrachtung da liegen, um klar und voll ins Bewusstseyn zu treten."[37] Die Vernakulärsprachen zu Schrift-/Nationalsprachen auszubilden, heißt also, die partikularen Welterfahrungen und deren Kommunikationstraditionen zum Thema der Reflexion zu machen. Das gilt für die *identitätsstiftende* Wirkung solch partikularer Welterfahrung und Kommunikationstradition ebenso wie für das *Partikulare* dieser Wirkung. Das Sprachstudium klärt die Wirkung der Sprache auf den Menschen; aber: "wenn man sagt, dass sie auf ihn wirkt, sagt man nur, dass er sich in ihr nach und nach in immer steigendem Umfang und immer wechselnder Mannigfaltigkeit bewusst wird."[38]

Die *linguistische Wende*, die mit der Praxis der Volkssprachlichkeit im europäischen Mittelalter beginnt und in den theoretischen Diskursen über diese Praxis seit Dantes Abhandlung "De vulgari eloquentia" vergewissert und angeregt wird, ist somit keine, die sich aus einem gnoseologischen Lamento über die Partikularität von Welterfahrung und deren Kommunikationstraditionen speist, sondern aus der Versöhnung mit den Endlichkeitsbedingungen menschlichen Daseins. Die Formulierung Humboldts, die als Zwischenüberschrift gewählt ist, vermittelt etwas vom Tenor dieser Versöhnung: nicht als reiner Geist, sondern als tönendes Erdengeschöpf kommt der Mensch auf die Welt. Aus solcher Versöhnung mit den Endlichkeitsbedingungen - und damit wird der zweite Gedanke von Humboldts zentraler These vorbereitet - erwächst erst die Möglichkeit, die eigenen mit fremden Welterfahrungen und ihren Kommunikationstraditionen in ein liberales Verhältnis zueinander zu setzen. Also:
- die Geringschätzung des Fremden zu überwinden;
- das Fremde nicht in Herrschaftsverhältnissen ganz oder teilweise zum Verschwinden zu bringen;
- sich selbst nicht in Unterwerfungsverhältnissen im Fremden zu verlieren;
- dem Fremden um seiner selbst willen Interesse abzugewinnen.

Am Leitfaden der Sprache zeigt Humboldt die Bedingungen auf, wie solcherart Liberalität hergestellt werden kann. Die bereits zitierte Passage aus den Paragraphen 9 sei nochmals und ausführlicher angeführt:

---

36 W.v.Humboldt VI. S. 119.
37 W.v.Humboldt VI. S. 122.
38 W.v.Humboldt VI. S. 120.

"Sprache kann auch nicht, gleichsam wie etwas Körperliches, fertig erfasst werden: der Empfangende muss sie in die Form giessen, die er, für sie bereitet, hält, und das ist es, was man *verstehen* nennt. Nun zwängt er entweder die fremde in die Form der seinigen hinüber, oder versetzt sich, mit recht voller und lebendiger Kenntniss jener ausgerüstet, ganz in die Ansicht dessen, dem sie einheimisch ist. Die lichtvolle Erkenntniss der Verschiedenheit fordert etwas Drittes, nämlich ungeschwächt gleichzeitiges Bewusstseyn der eigenen und fremden Sprachform."[39]

Die in der Reflexion gewonnene und präsent gehaltene Einsicht in die Identität und Partikularität der eigenen Welterfahrung und ihrer Kommunikationstradition bildet die Bedingung dafür, auch fremde Welterfahrungen und deren Kommunikationstraditionen in ihrer Identität und Partikularität wahrzunehmen. Eine Vorstellung von Sprache als lautliche Umhüllung von Gemeintem und von der Verschiedenheit der Sprachen als solche unterschiedlicher Lauthüllen für identisch Gemeintes erweist sich für ein solches Verstehensprogramm als eine mentale Barriere.

Charakteristisch für Humboldts universalgeschichtliche Betrachtungsweise ist es, daß er die Frage nach der angemessenen Vorstellung von Sprache nicht losgelöst von den Erkenntnisbedingungen stellt, sondern in historischer Reflexion nach dem "Sitz im Leben" der verschiedenen Sprachvorstellungen sucht. Zwei Gesichtspunkte dieser Reflexion seien, als für die gegenwärtige bildungstheoretische Erörterung wichtig, hervorgehoben. Der eine betrifft die Frage des Kenntnisstandes, der begrifflichen Verarbeitungsmöglichkeiten und deren tatsächliche Nutzung für die Bildung einer Sprachvorstellung. Humboldt erwägt ausführlich die Frage, warum die Griechen, wenn auch "nirgends ausdrücklich ausgesprochen"[40] der genannten unzulänglichen Sprachvorstellungen anhingen, obwohl die "Neueren (...) ihnen alle wesentlichen und bildenden Ideen der allgemeinen philosophischen Grammatik verdanken"; obwohl ihnen die "genievolle Verbindung" der beiden Geistestätigkeiten, der der Analyse und der Intuition, auch in ihren Sprachuntersuchungen in eminenter Weise gelang; obwohl die "Lebendigkeit und Richtigkeit des Sprachsinns der Nation" sie bei diesen Untersuchungen leitete.[41] "Bei aller Stärke, Tiefe und Regsamkeit des Sprachsinnes aber gelangten die Griechen nie zu dem Punkt, auf welchem das Bedürfniss der Erlernung fremder Sprachen, um der Sprachen willen, fühlbar wird." Humboldt sieht den Grund hierfür darin, daß erst "geschichtliche Umwälzungen *den Menschen mehr und mehr auf den Zustand des ganzen Geschlechts*

---

39 W.v.Humboldt VI. S. 121/22.
40 W.v.Humboldt VI. S. 119.
41 W.v.Humboldt VI. S. 112.

richten, und hierdurch neue Ansichten auch über die Natur der Sprache eröffnen."⁴²

Geschichtliche Umwälzungen im Umfeld des Verfalls des Römischen Reiches haben in den Theorien der Volkssprachlichkeit dann auch zu neuen Vorstellungen von der Natur der Sprache geführt. Dennoch zeigt sich - damit ist der zweite Gesichtspunkt der Reflexion Humboldts über den "Sitz im Leben" der Sprachvorstellungen erreicht -, daß es nach wie vor große Schwierigkeiten bereitet, die Idee der Sprache als Organ des Denkens vorzustellen und zu begreifen.

Humboldt findet hierfür eine Erklärung in den Sprechsituationen selbst: Die Vorstellung,

"dass die verschiedenen Sprachen nur dieselbe Masse der unabhängig von ihnen vorhandenen Gegenstände und Begriffe mit anderen Wörtern bezeichnen, (...) ist den Menschen zu natürlich, als dass er sich leicht davon losmachen könnte."⁴³

Warum ist das so? Weil in lebenspraktischer Hinsicht die Redesituation von dem Willen der Redenden bestimmt ist, mit Hilfe der sprachlichen Mittel ohne Umschweife zu den Sachen zu gelangen. Es bedarf einer anderen Einstellung zur Redesituation als der durch unmittelbar lebenspraktische Zwecke motivierten, den Anteil der Einzelsprache bei der Bildung der Vorstellungen in Anschlag zu bringen. Es wäre aber unzureichend, diese als eine theoretische der praktischen Einstellung gegenüberzustellen und beide dann unterschiedlichen Domänen oder institutionellen Kontexten zuzuordnen und in diese einzusperren. Die bildende Wirkung des in theoretischer Einstellung Erkannten kann sich nur entfalten, wenn beide Einstellungen aufeinander zugeführt werden. Freilich wird auch hier gelten, daß keine die andere dominieren bzw. die eine in der anderen aufgehen darf. Auch hier gilt wohl das gleichzeitige und ungeschwächte Bewußtsein von der Differenz dieser Einstellungen als Lösung des Problems; und die bildende Wirkung des in theoretischer Einstellung Erkannten ist genau in der Ermöglichung dieses Bewußthaltens der Differenz zu sehen.

Damit kehrt der Gedanke an den Ausgangspunkt der Volkssprachentheorie zurück: Dante hatte die Volkssprache als locutio naturalis dem Latein, also der in der Schule zu lernenden Sprache der Schriftlichkeit, als locutio artificialis gegenübergestellt. Im Verlaufe seiner Argumentation für die Ausbildung der italienischen Dialekte zur Schrift-/Nationalsprache hatte die italienische Volkssprache auch Funktionen des Lateins übernommen und war darum, damit sie dies konnte, *nicht mehr nur locutio naturalis*, sondern *auch locutio artificialis* ge-

---

42 W.v.Humboldt VI. S. 113. (Hervorhebung von mir. H.I.).
43 W.v.Humboldt VI. S. 119. Die "alltagstheoretische" Deutung der unangemessenen Vorstellung von Sprache findet sich erst in den späteren Schriften Humboldts; in früheren nennt er sie einfach überholt. Hierzu: Ivo (1988a). S.67ff.

worden. Das Spannungsverhältnis im Ausdruck "muttersprachliche Bildung" ist also bereits mit seiner Entstehung als eines gedeutet, das die individuelle Sprachlichkeit nicht nur als eine gegebene, sondern auch als eine aufgegebene betrachtet: der gewachsene Schnabel, aber unter die Kunst der Grammatik gebracht.[44] Dies, der Intimität des Person-Seins Zuzuordnende, ereignet sich jedoch in einem universalhistorischen Horizont: es schafft eine wesentliche Bedingung für einen liberalen Umgang mit Fremden.

---

44 So die Formulierung von Antonio de Nebrija im Vorwort einer kastilischen Grammatik. Hierzu: Ivo (1988b). S.493.

2. Zwei Schwellentexte

In der Praxis der sich entwickelnden Volkssprachlichkeit Europas bildet sich ein neues Verständnis von der menschlichen Sprache als der einen und dennoch vielgestaltigen. Der situative Kontext dieses neuen Verständnisses läßt sich in der angedeuteten Weise unter Berufung auf Humboldts Stufenmodell mit Hilfe universal- und ereignisgeschichtlicher Kategorien denken. Er wird als ein solcherart aufgefaßter für den Fortgang der Überlegungen immer bestimmend bleiben.

Das neue Verständnis menschlicher Sprache hat aber auch seine eigenen Voraussetzungen, und zwar in der Thematisierungsgeschichte von Sprache. Auf sie soll in diesem Kapitel zunächst eingegangen werden.

Zwei solcher Voraussetzungen scheinen wirkungsgeschichtlich von herausgehobener Bedeutung gewesen zu sein: Die Ausgestaltung des Begriffs *Sprachrichtigkeit* und die Problematisierung des Verhältnisses sprachlicher *Zeichen* zu dem, *wofür sie stehen*; denn normative Grammatiken stellen die begrifflichen Instrumente zur Ausgestaltung der vernakulären Sprachen zu Schriftsprachen (zu Hoch- oder Nationalsprachen) bereit, und der semiotische Denkrahmen schafft die Voraussetzung, die Frage nach der Verschiedenheit menschlicher Sprache in theoretischer Einstellung zu erörtern.

Von herausgehobener Bedeutung sind diese beiden Voraussetzungen nicht nur für die Ausgestaltung der Vernakulärsprachen zu Schriftsprachen, also für die objektive Seite dieses Prozesses, sondern auch für die Bildung ihrer Sprecher; denn die spezifischen Formen und Richtungen der Aufmerksamkeit, die durch sie angeregt werden, führen in das reflexive Potential, das im muttersprachlichen Bildungsprozeß erschlossen werden soll.

Diese beiden Voraussetzungen werden an zwei Texten verdeutlicht, die, mit Begriffen geläufiger Periodisierung geredet, in der Übergangszeit von der Antike zum Mittelalter entstanden sind: Martianus Capellas Enzyklopädie "De nuptiis Philologiae et Mercurii" (zwischen 410 und 439) und Aurelius Augustinus' Dialog "De magistro" (389/90). Neben der Tatsache, daß sie exemplarisch für die beiden Voraussetzungen stehen können, ist die Auswahl darin begründet, daß sie in der Thematisierungsgeschichte von Sprache eine hervorragende Stellung einnehmen; der erste wegen seiner großen Wirkungen im Mittelalter und seiner - indirekten - Gegenwärtigkeit in den allegorischen Darstellungen der "Sprachkünste", der zweite wegen seiner eindringlichen Deutung der Funktion von Sprachreflexion.

Grammatik, Dialektik und Rhetorik aus dem Zyklus der sieben freien Künste des Freiburger Münsters

2.1. Grammatik und Sprachrichtigkeit.
Martianus Capella und die Allegorisierung der Sprachkünste

> "So kann es gelegentlich nicht unwichtig sein, den ersten Ursprung eines Bildes festzustellen, seiner Ausbreitung, seinen Umwandlungen und Kämpfen nachzugehen u.s.w. Vielleicht verrathen sich dadurch Zusammenhänge und Beziehungen, die sonst der Aufmerksamkeit entgangen wären."
>
> Rudolf Eucken: Ueber Bilder und Gleichnisse in der Philosophie[1]

Wer gänzlich unvorbereitet die Vorhalle des Freiburger Münsters betritt, wird vielleicht beeindruckt sein von der Gliederung des Raumes und der Ästhetik der Skulpturen. Seine Erwartung, in diesen Skulpturen und ihrer Anordnung auf biblische Personen und Ereignisse verwiesen zu sein, wird sich in etlichen Fällen erfüllen, weil auf allgemein Bekanntes der biblischen Geschichten verwiesen und die Form des Verweises geläufig ist. Die Christusfigur, die Eingangsengel, die drei Könige, die Darstellungen aus dem Leben Jesu werden wohl zu ihm sprechen. Andere Figuren bleiben für ihn so lange stumm, bis er die Bedeutung ihrer Attribute, ihrer Gesten und ihrer Kontexte kennengelernt hat.[2]

Auf seinem Entschlüsselungsweg trifft er in den Arkaden der Vorhalle auch auf sieben Frauengestalten, von denen er in Erfahrung bringt, daß sie die sieben freien Künste darstellen: die Grammatik, Dialektik und Rhetorik; die Arithmetik, Geometrie, Musik und Astronomie. Er mag sich wundern, was sie in diesem heiligen Umfeld verloren haben; oder auch: warum diese Lehr- und Lerndisziplinen als Frauen dargestellt werden.

Was die Attribute und Gesten betrifft, so wird unser Besucher vielleicht ungerührt zur Kenntnis nehmen, daß die Goldmünzen in der Hand einer Figur auf den Glanz der Redekunst anspielen und daß die zwei ausgestreckten Finger der rechten Hand einer anderen, die auf die Innenfläche der Linken zeigen, die Figur als die Dialektik erweisen.

Plausibel wird ihm vermutlich das Arrangement um die Frau Grammatik erscheinen: ein Junge sitzt zu ihren Füßen in ein Buch vertieft, ein zweiter, schon halb entkleidet, steht daneben und blickt auf die Rute in der rechten Hand von

---

1 Eucken (1880). S. 23. Was Rudolf Eucken, dem wir die nach wie vor grundlegende "Geschichte der philosophischen Terminologie" (1879) verdanken, in ebenso feinsinniger wie methodisch strenger Weise für die sprachlichen Bilder und Gleichnisse aufweist, läßt sich auch auf deren Transformation in Werken der bildenden Künste anwenden.

2 Münzel (1959). S. 150ff.

Frau Grammatik; hier steht offenbar eine schulische Strafaktion unmittelbar bevor. Die Plausibilität gründet in der Geläufigkeit der Assoziationen Grammatik-Schule und Schule-Strafe, für die der Bilder-Duden von 1935 als Indikator gelten mag. Das Stichwort "Schule" enthält dort neben Tafel, Kreide, Pult und Bänken auch den Stock als, sozusagen, konstitutives Merkmal dieser Institution.[3]

Es scheint also, als könnten wir in diesem Fall über die 700 Jahre hinweg, die uns von der Entstehung der Freiburger Skulptur trennen, mit der Figur unmittelbar kommunizieren. Ob wir uns auf das scheinbar Offensichtliche verlassen dürfen? Fritz Baumgarten ist in seinen beiden einläßlichen Aufsätzen zur historischen Situierung der Freiburger Darstellung der freien Künste auch dieser Frage nachgegangen.[4] Er argumentiert so:

C **Die Schulstunde** (Unterrichtsstunde, der Unterricht)

1 die (verschiebbare) Wandtafel (Schultafel): a das Rechenexempel, b der Pfosten, c das Stück Kreide (die Kreide), d der Schwamm, e der Lappen zum Trockenwischen
2 der Stuhl
3 das Pult (Katheder)
4 der Globus
5 der Rohrstock (Stock)
6 der Tritt (das Podium, der Podest, Pedest)
7 die Wandkarte (Landkarte)
8 der Zeigestab (Zeigestock)
9 der Papierkorb
10 der Eckensteher (bestrafte Schüler)
11 der Spucknapf
12 die Lesetafel
13 die Luftklappe: a die Kette, b der Handgriff
14 der Schaukasten mit Abbildungen
15 der ausgestopfte Vogel
16 der Lehrer mit der Brille
17 der aufgestandene Schüler
18 die Schulbank (Bank): a das Tintenfaß, b der Deckel, c die Tafel, d die Lehne, e der Sitz, f das Schulheft (Heft)
19 der schreibende Schüler: a der Federhalter
20 der Letzte (Ultimus)
21 der Erste (Klassenerste, Primus): a das Lesebuch
22 der Schulleiter (Direktor, Rektor) tritt durch die Tür 23 ein zwecks Prüfung der Klasse
24 der Kleiderrechen mit den Kleiderhaken
25 der Klassenschrank

Duden: Bilderwörterbuch 1935

"Ruthe und Stock, überhaupt die körperliche Züchtigung spielen in der Erziehungskunst des Mittelalters eine hervorragende Rolle. (...) Ganz besonders die höhere Bildung konnte ohne Ruthe nicht auskommen, am wenigsten der grundlegende Betrieb der Grammatik. Das von Ratherius von Verona (gest. 974) herausgegebene Grammatikcompendium führte so als sehr empfehlenden Titel die Überschrift Spara dorsum, d.i. Rückenschoner. Denn der Rücken, nicht ein tiefer gelegener Körperteil war es, durch dessen zweckentsprechende Bearbeitung man die liebe Jugend für die Lehren der Grammatik empfänglich

---

3 Der Große Duden. Bildwörterbuch der deutschen Sprache (1937). S. 431.
4 Baumgarten (1898); Baumgarten (1902).

machte. Alle Darstellungen der Grammatik, die wir bisher kennen lernten, gaben daher dieser grundlegenden Wissenschaft die Ruthe oder ein ähnliches Gerät in die Hand."[5]

Damit wird die Verknüpfung von Grammatik-Schule-Strafe, die der heutige Betrachter intuitiv vollzieht, historisch untermauert. Es bleibt freilich eine Auffälligkeit: Baumgarten spricht von der Rute oder "ähnlichen Geräten", die der Grammatik in die Hand gegeben werden. Die Ähnlichkeit der anderen "Geräte" mit der Rute ist offensichtlich funktional gedacht: sie sind in ähnlicher Weise brauchbar zur Züchtigung fauler Schüler. In seiner Übersicht über deutsche, italienische und französische Berichte des Mittelalters, in denen enzyklopädische Darstellungen der Künste beschrieben sind, und über die Darstellungen selbst zählt er als Grammatik-Attribute neben der Rute auf: Zungenmesser, Messer, Geißel, moderne Handpeitsche, Feder, Tintenfaß.[6] Nun ist aber, wie immer die mittelalterlichen Erziehungs- und Züchtigungspraktiken gewesen sein mögen, nicht davon auszugehen, daß auch Messer als pädagogische Strafinstrumente anerkannterweise Verwendung fanden. Auch ist das Zungenmesser, wie die von Baumgarten zitierte Stelle aus dem Satyricon des Martianus Capella zeigt[7], keines, das zum Herausschneiden der Zunge dienen soll; es dient, in einem handgreiflichen Sinn, zu überhaupt nichts, denn es ist Teil einer großangelegten allegorischen Erzählung. Denkt man noch hinzu, daß die Schrift "Über die Heirat der Philologie und des Merkur" im gesamten Mittelalter sich großer Beliebtheit erfreute, in immer neuen Handschriften verbreitet, kommentiert und zitiert worden ist[8] und daß die Darstellung der Künste in Gestalt von Frauen - jedenfalls wirkungsgeschichtlich - auf Martianus Capella zurückgeht, so liegt es nahe, das intuitiv so plausible Urteil, Rute, Stock und Geißel seien als Züchtigungsmittel für faule Schüler Attribute der Grammatik, zurückzuhalten und Martianus Capella selbst erst einmal zu Wort kommen zu lassen.

Die Vorstellung und Interpretation der entsprechenden Passagen des Textes (3. Buch, §§ 223-228) werden zeigen, daß im Konzept des Martianus Capella das

---

5   Baumgarten (1898). S. 36.
6   Dolch (1965) führt folgende Reihe auf: "*Grammatik* mit Rute, Geißel, Stock, Szepter, Messer, Tafel mit Buchstaben, oft mit 1-3 Schülern, mitunter einer zur Züchtigung entkleidet, Buch". S. 183ff. Übersichten: Molsdorf (1926); Künstle (1928).
7   Baumgarten (1898). S. 17.
8   Baumgartner (1905). S. 200ff.
    Manitius (1911-1931). Bd. 3. S. 1010ff.
    Stahl/Johnson (1977). Bd.1. S. 55ff. u. S. 81ff.
    Langosch (1990). S. 91; S. 217.
    von Albrecht (1992). Bd. 2. S. 1184ff.

Zungenmesser und andere Mittel allegorisch für die Rolle einer normativen Grammatik[9] im Prozeß der Sprach*bildung* der Sprecher stehen.

Da ist zunächst die allegorische Rahmenerzählung von der Brautschau des Gottes Merkur, seiner Wahl der Philologie, also einer menschlichen Frau, und dem Brautgeschenk, sieben Mägden, die die sieben freien Künste personifizieren. Die beiden ersten Bücher des Satyricons, wie die "Heirat der Philologie und des Merkur" auch wegen der literarischen Technik (menippeische Satire) abgekürzt zitiert wird, entwickeln diese Rahmenerzählung, während die Bücher 3 bis 9 der Vorstellung der personifizierten sieben Künste dienen.

Die Rahmenerzählung wirft viele Interpretationsfragen auf: Was macht den Sinn des Heirats-Arrangements aus? Welche Göttervorstellung drückt sich in der Handlung aus? Mit welchen offenen oder verdeckten literarischen Anspielungen haben wir es zu tun? Unser verstärktes Interesse an der Darstellungs- und Denkfigur der Allegorie am Ende dieses Jahrhunderts erlaubt es uns, trotz vieler Befremdlichkeiten, die Tugend der Urteils-Zurückhaltung (der epoche) zu üben und es nicht, wie beispielsweise noch am Anfang des Jahrhunderts, bei der Evidenz des ersten Eindrucks zu belassen, indem eine Vorstellung des Textes in das zusammenfassende Urteil mündet: "Das Barocke der ganzen Schrift wie einzelne Geschmacklosigkeiten ihrer Allegorien springen in die Augen." (1905)[10] Für diesen Zusammenhang muß eine solche Anmerkung genügen; verwiesen sei auf die ausführliche Kommentierung von Stahl/Johnson.[11]

Die personifizierten Künste werden von Martianus Capella in den Büchern 3 und 9 vorgestellt, und zwar so, daß die Wissensbestände der einzelnen Künste enzyklopädisch ausgebreitet werden. Die Vorstellung beginnt mit Frau Grammatik. Vom § 227 an erfahren wir, welche Themen die Kunst der Grammatik ausmachen, was im einzelnen Gegenstand ihrer Untersuchung ist. Dieser umfangreichste Teil des 3. Buches ist vor allem grammatographisch, und zwar unter historischen Gesichtspunkten interessant.[12] Die Eingangsparagraphen 223 bis 226 dieses Buches rücken dagegen die Fragen nach der Funktion grammatischer Reflexionen in den Vordergrund, und sie tun dies in allegorischer Form.

Zunächst wird die Grammatik als hochbetagte Frau von lockerer Heiterkeit (aetata quidem longaevam, sed comitate blandissimam[13]) vorgestellt, die in

---

9   Siebenborn (1976).
10 Baumgartner (1905). S. 202. Wessner nennt in seinem Beitrag zu Paulys Real-Encyclopädie der classischen Altertumswissenschaften Martianus Capella unbedeutend, unselbständig und schreibselig, der seine Leser nur "umnebelt und verwirrt" und bewertet seine Allegorisierung - "vollends die Vomierszene" - als "krasse Geschmacklosigkeit". Wessner (1930). Sp. 2006.
11 Stahl/Johnson (1977). Bd.1. S. 55ff. u. S. 81ff.
12 Hierzu vor allem Barwick (1922).
13 Dick (1925). S. 82. 11/12.

einem schmucken Gefäß die Sinnbilder (insignia[14]) für das, was sie bewirken will, nämlich Sprachmängel zu beseitigen, mit sich trägt. Die Sinnbilder stehen allegorisch für das, was die Sprachmängel ausmachen, dann für dasjenige, was an ihre Stelle treten soll, und schließlich für die Verfahren, die dabei angewendet werden. Ihre Anschauungsgehalte gewinnen die Sinnbilder grundsätzlich aus der Medizin, und zwar weniger aus einer konservativen, sondern mehr aus einer eingreifenden, einer chirurgischen Medizin. Schon die Vorstellung der Frau Grammatik rückt das Kommende in diesen Anschauungshorizont: sie entnimmt die Sinnbilder ihrem Gefäß wie eine kunstfertige Meisterin des Heilens (velut medendi sollers magistra[15]).

Sodann beginnt die Vorstellung der vier Sinnbilder für das Wirken der Grammatik: ein Messer, zweimal eine Medizin und eine Feile. Sie sind als Mittel des grammatischen Wirkens - zugespitzt formuliert - auf die konkreten Sprecherpersonen in ihrer Psychosomatik gerichtet. Für das Verständnis der einzelnen Sinnbilder ist auch die Reihenfolge, in der sie vorgestellt werden, von Belang.

Das erste, ein Messer mit funkelnder Spitze (scalprum vibranti acumine[16]), steht in *allgemeiner* Form für das grammatische Wirken überhaupt, nämlich die Sprachfehler der Kinder ringsherum beschneiden zu können (circumcidi infantibus vitia posse linguarum[17]). Hervorgehoben wird das Einschneidende des Wirkens. Unbestimmt aber bleibt in der Formulierung "Sprachfehler" (vitia linguarum), in der, längst lexikalisiert, die Zunge (lingua) metonymisch für Sprache überhaupt steht, was als Zungen-, als Sprachfehler angesehen wird. Die im Text immer angeregte Analogie zur Medizin[18] könnte die Sprachfehler in irgendeiner Weise sprachpathologisch verstehen lassen. Auch der in der Literatur verwendete Ausdruck Zungenmesser legt ein solches Verständnis nahe und kann dann zu einer eingeschränkten Funktionsbestimmung dieses Instruments

---

14 Dick (1925). S. 82. 22.
15 Dick (1925). S. 82. 21/22.
    Die innere Verwandtschaft von Medizin und Grammatik ist für die spätantiken Grammatiker eine offensichtliche Tatsache. Grammatik als Schwester der Medizin ist auf analoge Weise wirksam wie sie. So ist der Begriff der Diorthose, der Wiederherstellung der Ordnung, ein medizinischer Begriff. Der grammatische Begriff der Diorthose "ist also offenbar eine medizinische Metapher". Siebenborn (1976). S. 117/118.
16 Dick (1925). S. 83. 1.
17 Dick (1925). S. 83. 2.
18 So verabreicht die Grammatik nach den beiden einschneidenden Behandlungen jeweils ein speziell pflegendes Mittel, damit die Wunden wieder heilen können (resanari). Man könnte insofern auch von sechs Sinnbildern grammatischer Wirksamkeit sprechen. Da die beiden pflegenden Mittel aber ganz auf das Messer und die scharfe Medizin hingeordnet sind, scheint es aus den Gründen der inneren Ordnung des Textes angebracht, nur die genannten vier herauszustellen.

führen. Johnson z.B. nimmt sie so vor: mit dem Messer kann die Grammatik "prune the faults of pronunciation in children."[19] Eine solch eingeschränkte Funktionsbestimmung führt in Schwierigkeiten, die folgenden Sinnbilder zu interpretieren; der Text verliert seine innere Konsistenz.[20]

Beachtet man dagegen die Reihenfolge, in der die Sinnbilder grammatischen Wirkens vorgestellt werden, dann wird klar, daß mit der Vorstellung des zweiten und dritten Sinnbilds die nähere Bestimmung dessen, was als Sprachfehler anzusehen ist, erfolgt und mit der Beschreibung des vierten Sinnbildes das Verfahren, diese Mängel zu beseitigen.

Das Messer also steht für eine einschneidende Veränderung, die das grammatische Wirken hervorruft. Es ist eine Veränderung des Sprechers als eines - wie wir heute sagen - muttersprachlichen. Sein Sprechen soll als eine quasi-natürliche Tätigkeit aus seiner ungelehrten bzw. ungebildeten Einfachheit und Plumpheit (indocta rusticitate[21]) in eines transformiert werden, das auch um sich weiß. Diese Transformation wird in ihrer somatischen Seite durch die erste Medizin, die eine sehr scharfe ist (medicanem acerrimum[22]), in ihrer psychischen durch die zweite dargestellt. Der *somatische* Prozeß der Artikulation in seiner ungebildeten Plumpheit wird dabei so abstoßend geschildert, daß man - mit Thomas Mann gesprochen - für den Rest des Lebens einen Ekel davor bewahrt; das Ergebnis der Transformation dagegen als höchst angenehm, nun kann nämlich Wohlklang entstehen[23]. Die *psychische* Seite der Transformation wird in der Vorstellung der zweiten Medizin verdeutlicht. Sie wird äußerlich mit Hilfe eines Umschlags angewendet. Die Wirkung des Umschlags besteht darin, Gedächtnis und Aufmerksamkeit zu fördern. Sprechen, so zu einer reflexiven Tätigkeit geworden, erlaubt es, auf das Sprechen selbst zu achten; die zweite Medizin regt zu Achtsamkeit an (vigilias inferebat[24]).

Wie läßt sich eine solche Transformation bewerkstelligen? Die Antwort findet sich in der Vorstellung des vierten Sinnbildes, einer Feile (lima[25]). Ihre reinigende Wirkung wird durch langsames und sanftes Reiben erzeugt (levi senim attritione[26]). Sie kann in der Reibung diese Wirkung entfalten aufgrund ihrer Beschaffenheit. Sie ist nämlich höchst kunstvoll gebildet (artificialiter expolita[27]): in acht goldene Teile unterschieden, die aber überraschenderweise nicht

---

19 Stahl/Johnson (1977). Bd. 2. S. 65.
20 So bewirken in der Deutung Johnsons die erste und die zweite Maßnahme der Grammatik dasselbe: sie beseitigen die Aussprachefehler.
21 Dick (1925). S. 83. 8.
22 Dick (1925). S. 83. 5.
23 Dick (1925). S. 83. 11/12.
24 Dick (1925). S. 83. 17.
25 Dick (1925). S. 83. 17.
26 Dick (1925). S. 83. 21/22.
27 Dick (1925). S. 83. 18.

in einem fixen Verhältnis zueinander stehen (was für das Funktionieren einer Feile ja zu erwarten wäre), sondern in einem dynamischen, so daß sie verschiedene Verbindungen untereinander eingehen und offenbar erst in den jeweiligen Verbindungen die für die Feile nötige Stabilität erfahren (lima ... quae octo partibus auratis velut diversis nexionibus interstincta vibrabat[28]). Die Vermutung, daß es sich bei den acht goldenen Teilen um die acht Redeteile der spätantiken Grammatik handeln könnte, wird in dem dann folgenden § 227 bestätigt, wenn es auch bei einer nur beispielhaften Nennung einiger Redeteile und ihrer Akzidentien bleibt.

Zusammenfassend läßt sich festhalten: in den §§ 223-227 entwickelt Martianus Capella eine in sich höchst differenzierte und subtile Allegorie von sprachlicher Bildung, die im allgemeinen Sprachgebrauch unserer Tage muttersprachliche Bildung genannt würde.[29] Sie rückt den zu bildenden jungen Menschen in seiner Leib-Geistigkeit in den Mittelpunkt der Aufmerksamkeit und bestimmt den Modus der Veränderung, die er im sprachlichen Bildungsprozeß erfährt, als einen eingreifend-chirurgischen. Als Weg, zu dieser Veränderung zu gelangen, wird die Reflexion auf die Tätigkeit des Sprechens aufgezeigt und die "Kunst der Grammatik" (die ars grammatica, wie die Lateiner die griechische techne grammatike übersetzt haben) als orientierendes Medium, in dem sich die Reflexion vollziehen kann, herausgestellt.

Martianus Capella liefert also seinen vielen mittelalterlichen Kopisten, Lesern und Kommentatoren, aber auch den bildenden Künstlern in der hochbetagten Frau Grammatik, die in lockerer Heiterkeit die "Insignien" ihres Wirkens präsentiert, die allegorische Veranschaulichung eines umfassenden und schlüssigen Programms sprachlicher Bildung. Das personale Moment dieser Bildung, also Ausgangspunkt und Ziel des Bildungsprozesses, ist die Implantation einer Instanz "Achtsamkeit" (vigilia) in die Kompetenz der Sprecher. Martianus Capella hat die Einpflanzung dieser Instanz als so einschneidend empfunden und zugleich als so wesentlich für die personale Seite sprachlicher Bildung gedacht, daß er in seiner Allegorie der Sprachbildung das Messer zum zentralen Sinnbild solcher Bildung gewählt hat. Auch für die Interpretation der historisch späteren Attribute, die für die Wirkung der Grammatik stehen, also auch der verbreiteten Rute, ist diese Bedeutungsschicht wohl als grundlegend anzusehen, so sehr sich die Züchtigungsassoziationen auch aufdrängen mögen.

---

28 Dick (1925). S. 83. 18/19.
29 Stahl/Johnson betonen diesen Sachverhalt so: "It was indeed far removed from modern introductions to Greek or Latin grammar, because it was not the study of language - that is, the mastery of a tongue foreign to the student - but rather the study of a language, with the scholars using their native tongue for purpose of illustration." Bd. 1. S. 100.

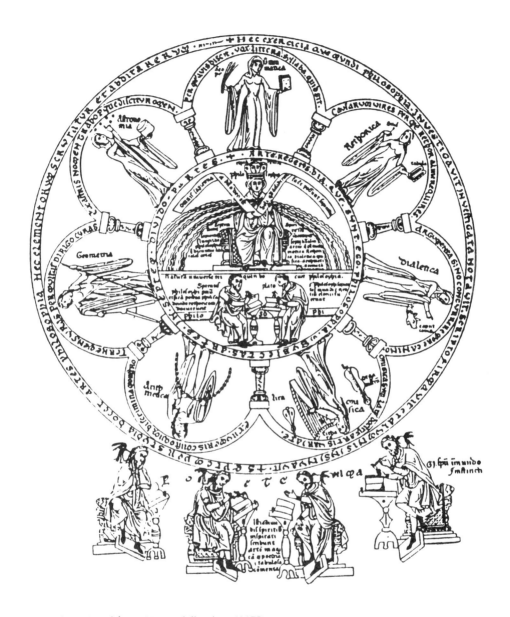

Herrad von Landsberg: Hortus deliciarum (1175)

Und selbst diese stehen, wenn der vorgeschlagene Interpretationsgrundsatz einmal anerkannt ist, nicht für die Züchtigung als pädagogische Maßnahme allein, sondern für das "Schulmäßige" sprachlicher Bildung im Unterschied zu dem "Quasi-Natürlichen" des Spracherwerbs.

Nach der objektiv-sachlichen Seite hin ist sprachliche Bildung bestimmt vom Gedanken der Sprachrichtigkeit, der in der spätantiken Grammatikschreibung normativ gesetzt und ausgestaltet ist. Die Hinweise im Text des Martianus Capella sind unübersehbar: die Sprachfehler sollen ringsherum beschnitten, die Sprache soll gereinigt werden. Endgültig klar wird der innere Zusammenhang mit der normativen Grammatik der Spätantike im § 226, in dem die Wirksamkeit der Grammatik unter dem Sinnbild der Feile vorgestellt wird; ihre reinigende Wirkung wird - darauf ist schon verwiesen worden (S. 31) - durch langsames und sanftes Reiben erzielt. Dabei wird nämlich die Sprache, die wir sprechen, in dreifacher Hinsicht gefeilt[30]: insofern wir in der Artikulation von der Norm abweichen, insofern wir ihre Elemente normwidrig verwenden oder insofern wir diese nicht normgerecht verknüpfen. In der Allegorie stehen für den ersten Aspekt "rauhe Zähne" (scabros dentes[31]) und verweisen die "Dummheiten der Zungen" (vituligines linguarum[32]) auf den zweiten; der dritte aber wird - ganz unallegorisch - mit einem terminus technicus griechischer und lateinischer Grammatiker gekennzeichnet: mit einem Hinweis auf die Stadt Soloi, der in den Grammatiken als Soloezismus aufscheint und, im Unterschied zum zweiten Verstoß, der Barbarismus heißt, eine Verletzung der Verknüpfungsregeln meint.[33]

Martianus Capellas Schrift, so können wir abschließend festhalten, ist während des ganzen Mittelalters bekannt und beliebt. Die frühesten Kommentare kennen wir aus dem 9. Jahrhundert. Notker der Deutsche (gest. 1022) übersetzt die ersten beiden Bücher ins Althochdeutsche.[34] Der junge Hugo Grotius besorgt 1499 eine Buchausgabe. Bildliche Darstellungen zeigen

---

30 Im Deutschen sprechen wir von einem sorgfältig ausgefeilten Text oder einer ausgefeilten Rede und folgen damit derselben Sprachlogik wie im Lateinischen; da wird ein solches Sprachprodukt "limatus" genannt.
31 Dick (1925). S. 83. 20.
32 Dick (1925). S. 83. 20.
33 Diogenes Laertius berichtet in seinem Solon-Kapitel von dessen Reise nach Kypros. "Dort gründete er eine Stadt, die er nach seinem eigenen Namen Soli nannte. In sie nahm er eine Anzahl als Kolonisten auf, die im Verlaufe der Zeit ihrer Muttersprache entfremdet wurden, so daß man ihre Mundart mit dem Ausdruck "Solözismus" (soloikizein, soloikismos) bezeichnete." I. 51. S. 28.
   Zu abweichenden Erklärung und zum terminus technicus: Siebenborn (1976). S. 35ff. bes. S. 50.
34 Notker der Deutsche (1979). Zur deutschen Artes-Literatur insgesamt siehe Haage (1983).

auch noch im 17. Jahrhundert die Grammatik mit "Insignien" des Martianus Capella.³⁵

GRAMATICA XXI

Die Wirkung faßt von Albrecht so zusammen: "Das Werk dient als Schulbuch; hieraus lernt das Mittelalter die Freien Künste"³⁶, ein Urteil, das wohl für die erste dieser Künste, für die Grammatik, so aufzufassen sein wird: aus dieser Schrift gewinnt das Mittelalter die Vorstellungsgehalte für den Begriff der sprachlichen Bildung. (Das grammatische Wissen selbst ist vor allem durch die ars minor des Aelius Donatus verbürgt.³⁷) Dieser Begriff bewährt sich aber während des Mittelalters beim Erwerb des Lateinischen, genauer des Mittellateinischen als Zweitsprache. Mit der Ausbildung europäischer Volkssprachen zu Schrift- und Literatursprachen und der Ablösung vom universellen Latein verändert sich dann die Perspektive, unter der dieser Begriff seine lebenspraktisch motivierten Evidenzen gewann.

Mantegna-Tarocchi 15. Jh.

---

35 Wittkower (1984). S. 309ff. Grammatica: von Martianus Capella bis Hogarth. Druckgraphiken mögen wegen ihrer Verbreitung als Indikatoren dafür gelten, wie lange die Kenntnis der Insignien nicht nur von archivarischem Interesse gewesen ist. Die sogenannten Mantegna-Tarocchi zeigen die Frau Grammatik noch mit Feile und Gefäß. Johann Ladenspelder (um 1550 bis um 1580) kopiert sie ein Jahrhundert später, ohne die Insignien zu verändern. Ladenspelder (1988). S. 13f.
36 von Albrecht (1992). Bd. II. S. 1185.
37 Holtz (1981). Das "sonderbare Verhältnis", das u.a. Wessner zwischen der außerordentlichen Wirkung der Schrift und ihrem eher dürftigen Gehalt feststellt, findet vielleicht hierin seine Erklärung: die Wirkung beruht auf der Allegorie und die handelt von sprachlicher Bildung. Sie beruht nicht auf den grammatographischen Gehalten, für die andere Traditionslinien zu ziehen sind. Wessner (1930). Sp. 2013.

Gregor Reich (1467-1525): Margarita philosophica

In solch wirkungsgeschichtlichen Hinweisen verliert sich leicht die Erinnerung an die Tatsache, daß die Grammatik bei Martianus Capella nicht für den Erwerb einer Zweit- oder Fremdsprache wirkt, sondern für eine Bildung der bzw. in der Erst-, der Muttersprache. Er steht damit in einer Tradition, die weit in die klassische Zeit der Griechen zurückreicht. Zwei Gehalte dieser Tradition bestimmen auch sein Verständnis von sprachlicher Bildung: daß sie in einer methodischen Achtsamkeit auf Sprache erworben und praktiziert wird und daß sie für alle weitere Bildung und Kultur grundlegend ist. Den ersten Gehalt nimmt er in seiner Ausrichtung auf Sprachrichtigkeit[38] auf. "Hellenismos" bei den Griechen, "latinitas" bei den Römern bezeichnet die Sprachform derjenigen Sprecher, die sich aus dem Zustand reflexionsloser Sprachgewohnheiten erhoben haben und zu einer fehlerlosen Ausdrucksweise in einer "kunstgemäßen" Sprache vorgedrungen sind. In der Vorstellung des zweiten Sinnbilds grammatischen Wirkens, der scharfen Medizin, finden sich die wesentlichen Merkmale solcher Definitionen von "Hellenismos" bzw. "latinitas".[39] Der zweite Gehalt, die Auffassung von der grundlegenden Bedeutung der Sprachreflexion für Bildung und Kultur, von Antisthenes in den Grundsatz gefaßt, daß die Untersuchung der Wörter der Anfang der Erziehung sei[40] und von Isokrates in einem Zusammenhang mit der Sprachlichkeit als dem auszeichnenden Merkmal des Menschen gebracht, wird von Martianus Capella schon durch die Anordnung der Künste ausgedrückt, in der die Grammatik die erste Position einnimmt - ein Gedanke, der ikonographisch später immer wieder dargestellt worden ist.

Die Schrift von der Hochzeit der Philologie und des Merkur hält aber auch - wie immer die Rezeptionsgeschichte verlaufen ist - den Weg zu einer Tradition offen, in der die beiden skizzierten Gehalte noch eine spezifisch soziale Deutung erfahren: "Hellenismos" (Griechentum), konnte nicht nur die erste rednerische Tugend bezeichnen, nämlich korrekt i.S. von "kunstgemäß" griechisch zu sprechen, sondern auch die Zugehörigkeit zum Griechentum im Sinne der Volkszugehörigkeit oder im Sinne einer kulturell-geistigen Zugehörigkeit zur "griechischen Welt"[41]. Noch einmal sei auf Isokrates[42] verwiesen. In seiner "Festrede" (ca. 380 v. Chr.) heißt es stolz, daß Athen im Denken und Reden sich hervorgetan habe. Das habe bewirkt, "daß der Name Hellene nicht nur eine Be-

---

38 Auf eine Ausrichtung, die diesen Gehalt eher sprachkritisch-philosophisch interpretiert, wird im folgenden Augustinus-Kapitel verwiesen.

39 Diogenes Laertius berichtet von folgender Definition von Hellenismos durch Zenon: "Hellenismos ist fehlerfreie Ausdrucksweise in der kunstgemäßen (technikos), den gewöhnlichen Sprachschlendrian (eikaia synetheia) meidenden Sprache der Gebildeten." VII. 59. S. VI. 35.

40 Rademacher (1951). S. 121: arche paideuseos he ton onomaton episkepsis. Zur Autorschaft: Decleva Caizzi (1966). S. 35.

41 Bichler (1983). S. 14.

42 Jaeger (1947). Bd. 3. S. 105ff. Marrou (1982). S. 121ff.

zeichnung des Geschlechts, sondern des Geistes zu sein scheint, und Hellenen mehr diejenigen genannt werden, welche die Bildung (paideuseos), als die, welche gemeinsame Abstammung (koines physeos) mit uns teilen."[43]

2.2. Sprachreflexion als philosophisches Präludium. Augustins Dialog "Der Lehrer"

Augustins Verständnis von sprachlicher Bildung ist dem seines jüngeren Zeigenossen Martianus Capella in drei Punkten ähnlich: Sprachliche Bildung wird bestimmt im Rahmen des enzyklopädischen Bildungskonzepts[44], das sich aus dem griechischen Entwurf einer enkyklios paideia entwickelt und in den sieben freien Künsten seine thematische Organisation gefunden hat; beide haben ein vorrangiges Interesse, den bildenden Wert der Sprachkünste, insbesondere auch der "Grammatik" herauszuarbeiten; beide wollen klären, inwiefern sich Menschen ändern, wenn sie einen entsprechenden Sprachunterricht erfahren haben.

Das Spezifische der Vorstellung von sprachlicher Bildung, die Martianus Capella in der "Hochzeit der Philologie und des Merkur" vorträgt, läßt sich so zusammenfassen: Er entwirft eine differenzierte und subtile Allegorie von sprachlicher Bildung, deren Wesen es ist, die quasi-natürliche Geläufigkeit im Sprechen und Verstehen zu unterbrechen und in der Reflexion auf gesetzte *Sprachrichtigkeits-Normen* in eine neue Qualität, die des gebildeten Sprechens und Verstehens zu überführen. Die sprechenden und verstehenden Personen werden ihrer eigenen Sprachlichkeit inne; sie gewinnen damit einen Reflexionsraum, in dem sie ein neues Verhältnis zu sich selbst, den Mitmenschen und der Natur gewinnen können. Das spezifisch Neue, insofern es, wie unter den charakteristischen Bedingungen der attischen Klassik, zu einem gesellschaftsbildenden Faktor werden konnte, drückt sich - wie schon zitiert - in dem stolzen Satz des Isokrates aus, daß Hellenen mehr diejenigen genannt werden, welche Bildung, als die, welche die Abstammung miteinander teilen. Die Hinweise auf die Wirkungsgeschichte haben gezeigt, daß die Schrift des Martianus Capella den Begriff sprachlicher Bildung aus der Antike unter dem Aspekt der Sprachrichtigkeit in das Mittelalter tradiert und damit den Weg zur sozialen Ausdeutung dieser Bildung offenhält.

Auch Aurelius Augustinus hat an Schriften gearbeitet, in denen er die Ziele enzyklopädischer Bildung zu bestimmen und die Gehalte der freien Künste zu entfalten sucht. In den 427 verfaßten "Retractationen in zwei Büchern", in denen Augustinus auf sein literarisches Schaffen zurückblickt, seine Publikationen auflistet, charakterisiert und sie kommentierend traktiert, heißt es im 6.

---

43 Isokrates (1910). 50. S. 15.
44 Marrou (1982). S. 198/199; Johann (1976). Hierzu u.a. der für das Wortverständnis wichtige Beitrag von Hermann Koller. (1976).

Kapitel des 1. Buches "Über die freien Wissenschaften" (De libris disciplinarum zu diesem Vorhaben:

"Zu der Zeit, da ich in Mailand die Taufe empfangen sollte, habe ich auch versucht, Bücher über Wissenschaften zu schreiben (disciplinarum libros). Ich befragte die Meinen, die Studien dieser Art nicht abgeneigt waren, denn ich wünschte mich der körperlichen Dinge zu bedienen, um wie auf gesicherten Stufen selbst zum Unkörperlichen zu gelangen (per corporalia ad incorporalia), oder um wenigstens dorthin zu führen. Vollenden aber konnte ich lediglich das Buch über die Grammatik, das ich später aus unserem Schrank eingebüßt habe, und sechs Bände über Musik, soweit es um jenen Teil geht, der Rhythmus genannt wird. Aber diese sechs Bücher habe ich bereits als Getaufter nach meiner Rückkehr aus Italien nach Afrika geschrieben; bloß begonnen habe ich diese Lehre schon in der Nähe von Mailand. Von den anderen fünf Disziplinen, die ebenfalls dort begonnen worden sind, Dialektik, Rhetorik, Geometrie, Arithmetik und Philosophie, sind bloß Anfänge erhalten geblieben, aber wir haben auch sie verloren. Ich denke mir jedoch, daß es Leute gibt, die sie besitzen."[45]

Das vorrangige Interesse Augustins an den freien Künsten, so sehr sich seine Einstellung im Laufe seiner Lebensgeschichte im einzelnen auch gewandelt hat, besteht darin zu prüfen, welche Rolle ihnen für eine philosophische und religiöse Orientierung in der Welt und für die Ausformung der hierzu nötigen geistig-sittlichen Fähigkeiten der Personen zukommt. In dem 386 geschriebenen Dialog "Über die Ordnung" (De ordine) bestimmt Augustin diese Rolle in einer Gesamtordnung menschlichen Lernens. Da "das menschliche Leben in vielfältiger Wirrnis unstet und ziellos dahintreibt", kann es leicht sein, daß dem Menschen die Ordnung des Seins verborgen bleibt. Er vergleicht diese Situation mit der eines Kurzsichtigen, dessen Blick auf einem Mosaikboden nicht über die Umrisse der einzelnen Steinchen hinausgeht. Der würde

"den Künstler tadeln, als ob der keinen Ordnungssinn und kein Harmoniegefühl habe, und das nur aus dem einen Grund, weil ihm die Mannigfaltigkeit der Steinchen ungeordnet vorkommt und weil er nicht den Blick bekommt, wie sich die Bildmotive zu einem harmonischen Gesamtbild zusammenfügen. Nichts anderes nämlich widerfährt weniger gebildeten Menschen, die wegen ihres beschränkten Geistes die Harmonie und den Zusammenklang alles Seienden nicht erfassen und schauen können. (...) Die Hauptursache dieses Irrtums ist, daß der Mensch sich selbst nicht kennt. Um sich jedoch zu erkennen, muß er große Übung haben, daß er sich von den Sinnen trennt, sich auf sich selbst konzentriert und sich auf sich selbst zurückzieht. Das erreichen nur diejenigen, die solche Wunden, wie sie uns (irgendwelche) Meinungen im Laufe des täglichen Lebens zufügen, durch Abge-

---

45 retract. I. 6. 24-27.

schiedenheit ausbrennen oder durch Unterricht in den enzyklopädischen Wissenschaften heilen."[46]

Die existentielle Bedeutung der Beschäftigung mit den enzyklopädischen Wissenschaften scheint in einer Formulierung auf, die Augustin an verschiedenen Stellen seines Werks wiederholt. Ich zitiere aus der Schrift "Über die Größe der Seele" (de quantitate animae) aus dem Jahre 388. Was hier von der Beherrschung der Zahlen gesagt wird, gilt für sein ganzes Bildungsprogramm:

"Denn dieser Zweig der Wissenschaft bereitet den Geist darauf vor (nam et exercet animum), Höheres zu erfassen, damit er nicht vor dem helleren Licht jenes Höheren zurückpralllt und unfähig wird, es zu ertragen, um dann wieder bereitwillig in die gleiche Finsternis zurückzustreben, der er entfliehen wollte."[47]

Wie aber können in der Beschäftigung mit - scheinbar - so handlichen Themen, die sich in den freien Künsten als Lernthemen stellen, solch hohe Ziele erreicht werden? Augustins Antworten geben Hinweise zur Quantität solcher Studien, zur Reihenfolge der Lernschritte und zu den Horizonten, in die die Lernthemen zu rücken sind. Das Studium der freien Künste ist nützlich (sane), wenn es maßvoll und züchtig (modesta atque succincta) betrieben wird[48]; es ist nur erfolgreich, wenn die richtige Reihenfolge der Lernschritte beachtet wird, denn wenn wir hörten, "wie ein Grundschullehrer versuchte, einem Kind Silben beizubringen, bevor jemand dem Kind die Buchstaben gezeigt hat, so meine ich, daß man ihn nicht als einen Dummkopf auslachen dürfe, sondern ihn vielmehr wie einen Rasenden anketten müsse, und zwar aus keinem anderen Grund, als daß er sich nicht an die Ordnung des Lehrens hielt."[49] Vor allem aber müssen die Lernthemen in eine innere Ordnung gebracht werden, die mehr noch als die

---

46 de ord. I. 1.2 u. 3 (S. 246-247). Entschiedener noch ist die Formulierung im 2. Buch: "Ich wollte also sagen, daß man, wenn man nach diesen Dingen fragt, entweder der beschriebenen Studienordnung folgen muß oder überhaupt keine Fragen stellen darf." Und nachdem er nochmals betont hat, daß sich die Philosophie auf solche Bildung stützt, bestimmt er die Thematik der Philosophie: "Das Forschen der Philosophie teilt sich in zwei Fragen, in eine nach der Seele und eine nach Gott. Die erste bezweckt, daß wir uns selbst, die andere, daß wir unseren Ursprung kennenlernen. (...) Dies ist also die Ordnung der Bildung, die zur Weisheit führt und durch die jeder fähig wird, die Ordnung des Seins zu erkennen, das heißt zu erkennen, daß es zwei Welten und den Schöpfer des Universums gibt, von dem kein Wissen in unserer Seele ist, außer daß wir wissen, wie sehr die Seele ihn nicht kennt." II. 17.46-18.47 (S. 325/326).

47 de quant. anim. 15.25 (S. 104/105).

48 de ord. I. 8.24 (S. 265).

49 de ord. II. 7.24 (S. 303).

beiden ersten Kriterien sicherstellt, daß sie ihre Rolle im Erkenntnis- und Bildungsprozeß auch wahrnehmen können, dessen Richtung Augustin - wie bereits gezeigt - in der Formel "vom Körperlichen zum Unkörperlichen" bestimmt. Fehlt es an dieser inneren Ordnung oder wird sie unzulänglich hergestellt, so dient das Streben nach Wissen nur der Befriedigung von Neugier oder untergeordneten Zwecken. Solche curiositas ermöglicht nur Einzelwissen, das unabhängig davon, ob es wahr oder falsch ist, zu nichts als selbstgenügsamer Gelehrsamkeit führt. Für das "Wachstum" der menschlichen Seele aber ergeben sich daraus katastrophale Folgen, die Augustin in einem medizinischen Bild so charakterisiert: Es gibt nämlich für die Seele (anima) analog zum Wachstum des Körpers drei Arten des Wachstums. Ein notwendiges (neccessarium), "durch das ein natürliches Wachstum in den Gliedern erreicht" wird. Ein überflüssiges (superfluum), "welches bewirkt, daß irgendein Glied bei sonst guter Gesundheit durch sein Wachsen in ein Mißverhältnis zu den übrigen Gliedern gerät"; Augustin nennt als Beispiel für solche Absonderlichkeiten (monstruosa) eine sechsfingrige Hand. Schließlich ein schädliches (noxium), das man Wucherung (tumor) nennt.[50]

Dem stellt Augustin ein Bildungskonzept gegenüber, das die innere Ordnung der Lernthemen in einem philosophischen Horizont entfaltet. Wie sie genau zu denken ist, läßt sich nur aus seinen einschlägigen Schriften beantworten. Nun sind aber, wie die zitierte Stelle aus den "Retractationen" ausweist, seine Schriften über die freien Künste schon zu seinen Lebzeiten verloren gegangen. Immerhin aber bieten die überkommenen Schriften genügend Anhaltspunkte, die für die erste der drei Sprachkünste, die *Grammatik*, eine Rekonstruktion der philosophischen Durchdringung ihrer Lernpensen ermöglicht. Aufgrund solcher Rekonstruktionen sind wir in der Lage, den Gedanken Augustins nachzuvollziehen, wie die Beschäftigung mit den geläufig gewordenen Grammatikthemen den Geist vorbereitet, Höheres zu erfassen und nicht vor dem helleren Licht jenes Höheren zurückzuprallen.[51]

Zunächst sei eine Passage aus der Schrift "Über die Ordnung" herangezogen, die deutlich macht, welches Prinzip die philosophische Durchdringung der grammatischen Lernthemen *nicht* ermöglicht: nämlich die Orientierung der Sprachanalyse am Begriff der *"Sprachrichtigkeit"*.

Mit der Zurückweisung des Begriffs "Sprachrichtigkeit" als Zielpunkt der Sprachanalyse beginnt Augustin die Rückschau auf den langen Weg im Dialog, der zur begrifflichen Ausfaltung der Ordnung des Lernens dient. Augustin fragt, was damit für die Beantwortung der eigentlichen Frage des Dialogs gewonnen ist, nämlich:

---

50 de quant. anim. 19.33 (S. 124-126).
51 de quant. anim. 15.25 (S. 104/105).

"Wie geschieht es, daß einerseits Gott sich um das menschliche Ergehen kümmert und andererseits die Widersinnigkeit im menschlichen Leben so viel Raum einnimmt (...)?"[52]

Zum Beispiel: Was haben wir für die Untersuchung des eigentlichen Themas gewonnen, wenn wir uns mit dem Problem der sprachlichen Fehler ausführlich beschäftigen? Augustin wendet sich an seine Mutter, die im Dialog eine wichtige Rolle spielt[53], und stellt fest:

"Wenn ich auch noch sagen würde, daß dir eine Redeweise, die von sprachlichen Fehlern frei ist, leicht fiele, dann müßte ich allerdings lügen."

Und nach einigen Anmerkungen zu Solözismen und Barbarismen kommt er zu dem Schluß:

"Aber wenn du so etwas als kindisches Zeug verachtest oder so als ginge es dich nichts an, dann wirst du die fast göttliche Kraft und Natur der Grammatik richtig erkennen (ita grammaticae pene divinam vim naturamque cognoscis); dann hast du - um ein Bild zu gebrauchen - ihre Seele festgehalten und ihren Körper den Rednern überlassen."[54]

Damit ist keineswegs, wie die Bild-Logik und der Kontext zeigt, die Beschäftigung mit der Grammatik für überflüssig erklärt. Wenige Passagen zuvor ist über ihre Rolle in der Lernordnung insgesamt ausdrücklich gehandelt.[55] Aber in der bildlichen Redeweise von der Seele und dem Körper der Grammatik ist klargestellt, daß im Begriff der "Sprachrichtigkeit" nicht der Schlüssel liegt, die philosophische Dimension des Nachdenkens über Sprache im Medium der grammatischen Wissenschaft zu erschließen.[56]

---

52 de ord. I. 1.4 (S. 245).
53 Hinzuweisen ist auf die "Protokollsituation", die den Dialogen zugrunde liegen: Augustinus berichtet, daß die Mutter in einer bestimmten Situation in den Gesprächskreis tritt und eine Frage stellt. "Als ich veranlaßte, daß ihr Hinzukommen und ihre Frage gemäß unserem Brauch aufgeschrieben würden, wehrte sie sich: 'Was soll das? Habe ich etwa schon einmal gehört, daß Frauen in diese Art von Diskussionen eingeführt werden?' Ich anwortete: 'Ich kümmere mich nicht um das Urteil der Stolzen und Unerfahrenen (...).'" I. 11.31 (S. 273).
54 de ord. II. 17.45 (S. 323-324).
55 de ord. II. 14.13 (S. 292); II 14.39/40 (S. 318ff.).
56 Der Vergleich bleibt interpretationsbedürftig. Wenn nämlich Augustin seine Mutter von den entsprechenden grammatischen Kenntnissen dispensiert, so sind sie unter dem Gesichtspunkt dieser Dispens für die Annäherung an höhere Erkenntnisse als nicht notwendig erklärt. Die Lösung könnte darin gefunden werden, daß Augustinus auch schon in Dialogen von Cassiciacum diese Annäherung nicht notwendig an die Beschäftigung mit den enzyklopädischen Wissenschaften knüpft.

Mit dieser Ausgrenzung ist selbstredend noch kein Punkt gefunden, von dem her die philosophische Durchdringung der grammatischen Lernthemen nachvollzogen werden kann. Auf einen solchen führt Marrou mit einem textgeschichtlichen Argument.[57] In den Handschriften finden sich zwei kurze Texte, die einem grammatischen Traktat entstammen und Augustinus zugeschrieben werden.[58] Nun ist in den Texten nichts auszumachen, was sich als Augustins Weg vom "Körperlichen zum Unkörperlichen" lesen ließe, so daß Zweifel an der Autorenschaft Augustins begründet erscheinen. Marrou geht die Einwände im einzelnen durch und kommt dann zu dem Schluß: es könnte sich tatsächlich um Kompilationen der Schrift Augustins handeln, deren Autoren freilich nur "Schulfüchse" gewesen sein können.

"Denn von diesen Büchern, in denen ein so mächtiger Kraftaufwand darauf abzielt, über die Nichtigkeit der sterbenden lateinischen Bildung hinauszukommen, durch die Philosophie das Studium jener Fächer (...) wieder lebendig zu durchformen, von ihnen haben die Professoren, die sie gelesen haben, ausgerechnet das festgehalten, was für Augustinus nur nebensächlich war."[59]

Obwohl diese Interpretation sich mit guten Gründen vertreten läßt, ist sie doch für den hier in Rede stehenden Zusammenhang unbefriedigend, weil die Erklärung auf einer anderen Ebene als der der Lernordnung gefunden wird. Auch auf dieser Ebene finden sich aber Hinweise zu einer Interpretation, die das Problem im identischen Zusammenhang lösen. Denn im Abschnitt II 4.13 wird die Inanspruchnahme der Begriffe "Solözismus" und "Barbarismus" als kontextfrei verwendbare Normbegriffe zurückgewiesen. Die Dichter nämlich behandeln "Solözismen" und "Barbarismen" wie rhetorische Figuren, also tropisch. Die Einsicht in die Möglichkeit tropischen Sprachgebrauchs, seine Unvermeidlichkeit, wenn es darum geht, über die letzten Dinge und Fragen zu sprechen, ist es nun aber, wie zu zeigen sein wird, die Augustinus, als einen notwendigen Schritt beim Aufstieg zu den höchsten Erkenntnissen herausstellen wird. Von dieser Erkenntnis ist die Mutter mit dem o.g. Satz aber nicht dispensiert, sondern lediglich von der Beschäftigung mit den Normbegriffen.

57 Marrou (1982). S. 248/249 und S. 471ff.
58 Keil (1864). V. S. 494f.
59 Marrou (1982). S. 476. Das ist vielleicht auch wegen der Originalität und Radikalität von Augustins Konzept einer philosophischen Durchformung des alten Bildungsprogramms verständlich. Denn Augustinus gibt an der Schwelle zum christlichen Mittelalter eine ganz und gar neuartige Antwort auf eine Frage, die seit der attischen Klassik meist positiv beantwortet worden ist, ob nämlich die allgemeine Bildung der Philosophie, der Weisheit und Tugend, zuzuordnen sei. Der von Platon (Pol. 7.536d) und Aristoteles (Pol. 8.1337a) in ähnlichen Kontexten gebrauchte Ausdruck propaideia findet zur Bestimmung dieser Zuordnung Verwendung, im Lateinischen ist von praeparatio oder adiutorium die Rede. Bildlich gefaßt wird diese Zuordnung im Verweis auf die Milch, "die das Kind trinken muß, bevor es festere Speise vertragen

Wenn diese Deutung zutrifft, dann hätten wir es hier mit einem sehr frühen Dokument didaktischer Reduktion zu tun, an dem sich das Spannungsfeld zwischen den Anforderungen von Schulroutine und denen reflexiver Durchdringung der Lernthemen geradezu exemplarisch studieren ließen.

Für ein solches Studium ist freilich ein Ersatz für die verloren gegangene Schrift über die Grammatik vonnöten, an der die didaktische Reduktion als "Zurückführung auf die Philosophie"[60] beobachtet und gedeutet werden kann. Einen solchen "Ersatz" findet Marrou in der Schrift "Über den Lehrer" (De magistro) aus den Jahren 389/90. In diesem Dialog, den Augustin mit seinem Sohn Adeodatus führt, werden wir zwar nicht bekannt gemacht mit Augustins philosophischer Durchdringung zentraler grammatischer Kategorien, wohl aber mit einer Auseinandersetzung um den Sinn der Reflexion auf Sprache überhaupt. Und da diese Auseinandersetzung im Dialog sich ereignet, werden wir nicht mit Ergebnissen allein konfrontiert, sondern erfahren auch den Weg, zu ihnen zu gelangen.

---

kann" (Philon. Zit. nach Stückelberger (1965). S. 63). Aber auch die Notwendigkeit über sie hinauszukommen, wird in einem verbreiteten Vergleich ausgedrückt, den Diogenes Laertius dem Aristippos zuschreibt: es bei der enkyklios paideia zu belassen, sei vergleichbar mit dem Verhalten der Freier der Penelope; da die Herrin nicht zu haben gewesen, hätten sie mit den Mägden vorlieb genommen (II.79). Für die begriffliche Durchdringung dieser Zuordnung sind zu Augustins Zeit zwei Argumentationswege geläufig: der erste führt - modern gesprochen - zum Gedanken der formalen Bildung, hebt also die Formung der Geisteskräfte in den freien Künsten als wesentliche Voraussetzung philosophischen Denkens hervor. Der andere führt zur Bestimmung von Fertigkeiten, die die Künste vermitteln und die für das Philosophieren gebraucht werden. So wie der elementare Schreibunterricht eine Voraussetzung schafft für das Lernen der freien Künste, so sind diese eine Voraussetzung für ein Denken, das zu Weisheit und Tugend führen soll. Seneca, der im 88. Brief diesen Vergleich anstellt (§ 20), erläutert damit seine Zuordnungsthese: "Nicht lernen müssen wir sie (die freien Künste), sondern gelernt haben" (non discere debemus ista, sed didicisse).

Augustins Konzept einer philosophischen Durchdringung des Bildungsprogramms der enkyklios paideia geht über solcherart Zuordnungen weit hinaus, insofern die Gehalte der freien Künste selbst philosophisch gedeutet werden, und zwar so, daß damit auch der Skepsis gegenüber einer positiven Zuordnung Rechnung getragen wird, einer Skepsis, wie sie sich z.B. in der oft zitierten Preisung Epikurs ausdrückt, der den glücklich nennt, der unberührt von all solcher Erziehung zur Philosophie gelangt. Nachweise z.B. in Fuchs (1962); Stückelberger (1965).

60   Marrou (1982). S. 477.

Die Eröffnung des Dialogs:
"Was beabsichtigen wir, wenn wir sprechen?"[61]

Schon der Anfang des Dialogs - Augustin stellt seinem Sohn eine Frage - gibt Anlaß zu zweifelndem Verwundern und zu überraschenden Beobachtungen.

Ist der Dialog eine reine Erfindung oder hält er mehr oder minder authentisch ein Gespräch zwischen Vater und Sohn fest? Die Augustinus-Forschung hat diese Frage vorwiegend im letzteren Sinne beantwortet, wenngleich eine literarische Bearbeitung selbstredend anzunehmen ist.[62] Adeodatus, der uneheliche Sohn des Augustinus, der 389/90 nach Vollendung seines 17. Lebensjahres gestorben ist, wird als Sechzehnjähriger mit seinem Vater über die Frage nachgedacht haben, mit der der Dialog eröffnet wird: "Was beabsichtigen wir, wenn wir sprechen?" Augustinus hat seinen Sohn wegen der Ernsthaftigkeit bewundert, mit der er sich wissenschaftlichen Fragen widmet. Im 9. Buch der "Bekenntnisse" nennt er ihn einen Knaben, der an Geist viele ernste und gelehrte Männer übertraf.[63] Sein Wissen, sein Scharfsinn und seine Besonnenheit werden auch heute die Leser beeindrucken.

Der Vater fragt also: "Was beabsichtigen wir, wenn wir sprechen?" Die Antwort des Sohnes: "Soviel mir im Augenblick einfällt, wollen wir dann lehren und lernen."[64] Augustinus akzeptiert nur den ersten Teil der Antwort (wir wollen lehren), denn dies sei offenkundig, verwirft aber den zweiten. In der folgenden Auseinandersetzung wird eine dritte Funktion des Sprechens eingeführt, die des Erinnerns, und im beiderseitigen Einverständnis die Entscheidung, ob jemand sprechend zu lernen vermag, zurückgestellt, damit sich beide zunächst vergewissern können, was sie tun, wenn sie eine Frage wie die aufgeworfene zu beantworten suchen. Sie reden über das Reden, oder anders gesagt, sie handeln metasprachlich. Wie aber ist das möglich? Dazu mehr im nächsten Abschnitt; hier zunächst nur zu dem Anlaß der Selbstvergewisserung. Sie wird durch die zweimalige Verwendung des Wortes "Zeichen" in der Eröffnungspassage angeregt,

"Der Sprecher nämlich gibt ein Zeichen seines Wunsches von sich (suae voluntatis signum foras dat)."[65]

---

61 Auf zwei lateinisch-deutsche Ausgaben sei verwiesen: Augustinus: Der Lehrer. Übersetzt von Carl Johann Perl. Paderborn 1964².
Augustinus: Philosophische Spätdialoge. Übersetzt von Karl-Heinrich Lütke und Günter Weigel. Zürich/München 1974. Zitiert wird, wenn nicht anders angegeben, nach der letzten Ausgabe. I.1 (S. 268-269).
62 Madec (1975). S. 63ff.
63 conf. IX.6.14 (S. 444/445).
64 Siehe Anm. 61.
65 de mag. I.2 (S. 270/271).

Sprechen ist Erinnern, insofern hierdurch das Gedächtnis "die Dinge, deren Zeichen Wörter sind (res ipsas, quarum signa sunt verba), selbst in den Geist eintreten läßt"[66], so daß Augustinus die lange Phase der Klärung, was wir tun, wenn wir metasprachlich handeln (§§ 3-20), mit der Frage einleiten kann: "Wir sind uns also darin einig, daß die Wörter Zeichen sind?"[67]

Verbleiben wir zunächst aber noch bei der Eröffnungspassage. Es scheint uns vielleicht befremdlich, daß eine Sprachfunktion "Lehren" zugegeben, die Lernfunktion aber in Abrede gestellt wird. Heben nicht beide nur unterschiedliche Aspekte desselben Geschehens hervor? Und was kann gemeint sein mit dieser These, durch Wörter könne nicht gelernt werden? Zeigt sich hier etwa eine pädagogische Skepsis gegenüber der Sprache? Etwa die Radikalität Pestalozzis, der alle Erkenntnis nur von der Anschauung ausgehen lassen will, der die Wörter zu folgen haben? Denn für ihn gilt: die anschaulich nicht gefüllten Wörter sind leer; schlimmer noch: sie entfremden den Menschen von der Wirklichkeit und verbannen ihn in eine Scheinwelt. Von "Zungendrescherei", "einseitigem Maulbrauchen" und von "Wortnarren", zu dem der "Mönchsunterricht" die Menschen verdorben habe, ist die Rede, von "elenden, kraft- und anschauungslosen Wort- und Maulmenschen."[68] Doch diese Polemik Pestalozzis betrifft das Lernen ebenso wie das Lehren; sie gibt somit keinen Hinweis auf die Unterscheidung, die Augustinus trifft.

Der kleine Abstecher in die pädagogische Sprachskepsis macht deutlich, daß mit den Ausdrücken "Lehren" und "Lernen" offenbar gar nicht auf didaktische und methodische Verhältnisse in Erziehung und Unterricht angespielt wird, sondern auf etwas Grundlegenderes, auf das wir aufmerksam werden können, wenn wir auf die Ausgangsfrage genauer hören. Augustinus fragt nicht nach Funktionen von Sprache, sondern nach solchen des Sprechens. Sprechen ist im Sinne antiken Sprachwissens ein Handeln, und zwar in einem umfassenderen Sinn als unsere an Sprechakttheorien geschulten Redeweisen nahelegen. Nicht erst, indem wir mit Wörtern etwas anstellen (auffordern, geloben, wünschen, fragen etc.) handeln wir, sondern mit dem Sprechen der Wörter selbst. "Ist nicht auch das Reden eine Handlung?" fragt Sokrates im Kratylos und läßt nach der bejahenden Antwort seines Gesprächspartners die nächste Frage folgen: "Ist nicht ein Teil des Redens Benennen?" Auch diese Frage wird bejaht. "Benennen" ist ein Teilhandlung des "Redens". Mit Benennen übersetzt wird das griechische Wort onomazein. Dessen Bedeutung wird in der nächsten Frage-Antwort-Passage klar: "Und was ist das, womit wir benennen?" Antwort: "Das Wort (onoma)." Sokrates: "Das Wort ist also ein belehrendes Werkzeug

---

66   I.2 (S. 272/273).
67   II.3 (S. 272/273).
68   Pestalozzi (1932). S. 307/309;319.

(didaskalikon organon) und ein das Wesen Unterscheidendes und Sonderndes."[69]

Mit diesem Hinweis haben wir einen Anhalt gefunden, verstehen zu können, was Augustinus und Adeodatus meinen, wenn sie sagen, daß wir, wenn wir sprechen, lehren wollen: Im Akte des Sprechens fassen wir einen Sachverhalt als diesen und von anderen unterschiedenen auf; indem wir das dafür vorgesehene Wort benutzen, belehren wir den Hörer, sich auf diesen und von anderen unterschiedenen Sachverhalt zu beziehen. Im Verlauf des augustinischen Dialogs wird dieser Aspekt des Lehrens als "admonitio" aufgefaßt, was mit Ermahnung oder Erinnerung i.S.v. Auffordern übersetzt wird.

Noch ein letzter Hinweis auf die Eröffnungspassage des Dialogs: Adeodatus beginnt seine erste Antwort mit einer Einschränkung: "Soweit mir im Augenblick einfällt." Also dasjenige, was einem zu einer Sache tatsächlich "einfällt", kommt zur Sprache und wird dann gedanklich durchgearbeitet. In demjenigen aber, was einem zu einer Sache einfällt, kommt gerade dasjenige Wissen zur Sprache, das abrufbereit und auf den Punkt (den des eigenen Interesses an der Sache) gebracht ist. Der augustinische Dialog holt also - mit einer alten Lehrer-Formulierung geredet - den Gesprächspartner dort ab, wo er wirklich ist; oder noch grundsätzlicher: Person und Sache sind beide in ihren realen Bezügen im Spiel.

Erste Passage:
Wie ist das möglich: sich über die Zeichen als Zeichen zu verständigen?

Die Frage mag verwundern: Reden wir nicht geläufig und störungsfrei über Zeichen unterschiedlicher Art? Und funktioniert dieses Reden über Zeichen nicht wie alles Reden überhaupt? Wir reden über etwas, über etwas Konkretes oder Abstraktes, über etwas Allgemeines oder Besonderes, eben über das, was so vorkommt. Auf diese Weise reden wir auch über Wörter, über Verkehrszeichen oder über ein Einvernehmen andeutendes Kopfnicken, wie dieses oder jenes eben so vorkommt.

Gewiß, so ist es! Und es scheint: wir täten gut daran, uns im Rede-Alltag von dieser Gewißheit nicht abbringen zu lassen.

Der Dialog "Der Lehrer" aber führt uns konsequent und Stück für Stück in den Zweifel. Er beginnt mit einer ganz harmlos klingenden Frage: "Kann ein Zeichen ein Zeichen sein, wenn es nichts bezeichnet?" Die Antwort kommt prompt und lakonisch: "Nein."[70] Es folgt dann die Prüfung dieser Antwort. Hierzu bedient sich Augustinus der klassischen Methode des antiken und mit-

---

69 Platon: Kratylos 387 b ff.
70 II.3 (S. 274/275).

telalterlichen Grammatikunterrichts. Er legt einen Vers aus Vergils Aeneis vor und fordert Adeodatus auf, die acht Wörter des Verses nacheinander zu bestimmen. Die Aufforderung zielt freilich nicht wie im fundamentalen Grammatikunterricht darauf, die einzelnen Wörter als Redeteile zu klassifizieren, sondern darauf, zu bestimmen, was die einzelnen Wörter bezeichnen bzw. bedeuten. Adeodatus soll sich also, in welcher Weise auch immer, über diese Wörter als Wörter mit seinem Gesprächspartner verständigen.

Im Verlauf des Dialogs wird dann klar,
- daß die Form der Verständigung besondere Beachtung verdient: es kommt zu einer Klassifizierung dieser Formen;
- daß die Verständigung über Wörter als Wörter besondere Schwierigkeiten bereitet: diese werden benannt und charakterisiert;
- daß die Verständigung über Wörter mit Hilfe von Wörtern (also das im engeren Sinne metasprachliche Handeln) einer besonderen logischen Form bedarf, um vor dem Absturz in einen regressus ad indefinitum bewahrt zu werden: eine solche logische Form wird entwickelt.

Blenden wir uns an einigen Stellen in das Gespräch ein, um etwas von seiner Dynamik zu spüren und an Beispielen die drei aufgeführten Punkte zu verdeutlichen.

Zunächst aber der vorgelegte Vers, mit dem es Adeodatus zu tun hat:

Si	*nihil ex tanta*	*superis placet*	*urbe relinqui*
Wenn es		den Göttern gefällt	
	daß nichts aus einer so großen		Stadt übrigbleibt

Schon mit dem ersten Wort "*si*", also mit der konditionalen Konjunktion "wenn", gerät Adeodatus in Schwierigkeiten. Er weiß zwar, was es bedeutet, oder genauer: er weiß das Wort zu gebrauchen; aber, so sagt er: "Ich finde kein anderes Wort, mit dem ich es ausdrücken könnte." Offenbar sieht Adeodatus für sich keine Möglichkeit, auf das, was "si" bezeichnet, mit dem Finger zu zeigen; ebensowenig findet er einen synonymen Ausdruck. Auf eine andere Möglichkeit, die der Umschreibung, der Paraphrase, wird er durch Augustinus gelenkt. Die beiden einigen sich vorläufig: "si" bezeichnet etwas im menschlichen Geist, eine Art Zweifel.[71]

Das nächste Wort "*nihil*" (nichts), das läßt sich schon ahnen, führt aufs Glatteis. Adeodatus bestimmt aber erst einmal ohne Zögern: "nihil bezeichnet dasjenige, was nicht ist." Augustinus zwingt seinen Sohn, diese Feststellung zu überdenken, indem er ihn mit dessen verneinenden Antwort auf die Frage, ob ein Zeichen ein Zeichen sein kann, wenn es nichts bezeichnet, konfrontiert. Die

---

71   II.3 (S. 274/275).

Lösung des Adeodatus ist schlechterdings genial und für eine Theorie, die Sprechen im genannten Sinn als Handeln auffaßt, grundlegend. Sie besteht aus zwei gedanklichen Schritten und einer schlußfolgernden Vermutung.
1. Schritt: "Nichts" können wir nicht bezeichnen. Es wäre also sinnlos und töricht, hierfür ein Wort "hervorzuholen".
2. Schritt: Du aber, Augustinus, hast gesprochen, hast das Wort "nihil" hervorgeholt. Es ist aber davon auszugehen, daß, wer spricht, etwas ausdrücken will, damit es ein anderer verstehe. Etwas aussprechen, ohne diese Absicht, "gehört sich nicht".
Vermutung: Da du die zwei Silben "ni-hil" aussprichst, willst du damit etwas bezeichnen. Da "nihil" demnach nicht nichts bezeichnen kann, muß ich suchen, was es bezeichnen könnte.[72]

Das dritte Wort "*ex*", die Präposition "aus", führt auf die Frage nach den Formen der Verständigung. Adeodatus behilft sich im Falle des "ex" mit einem von ihm als synonym eingeführten Wort "de" (von). Augustinus aber versperrt ihm diesen Weg, indem er ihn auffordert, die mit "ex" und "de" bezeichnete Sache aufzuzeigen, und zwar ohne Wörter.[73] Er drängt ihn also zur Erörterung der Möglichkeit, sich über etwas zu verständigen, indem auf dieses Etwas gezeigt (Beispiel: Wand) oder - wenn dies möglich - dieses Etwas verrichtet wird (Beispiel: Wandeln; Gehen). Daraus ergeben sich folgende drei Formen der Verständigung:

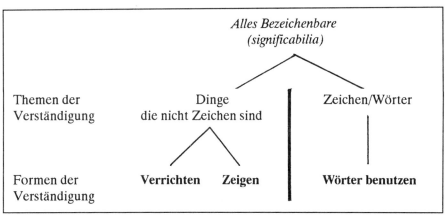

Es fällt auf, daß in dieser "dreifachen Einteilung"[74] die Benutzung von Wörtern nur als metasprachliches Handeln aufgeführt wird. Es fehlt also das Nächstliegende: daß wir uns mit Wörtern über Dinge verständigen, die selbst nicht Wör-

---

72 II.3 (S. 274-277). Mit dieser Rationalitäts-Annahme ist ein Grundgesetz menschlichen Verstehens angedeutet.
73 II.4 (S. 276-279).
74 IV.7 (S. 286/287).

ter sind. Warum fehlt das Nächstliegende? Erinnern wir uns an die Ausgangsfrage: "Was beabsichtigen wir, wenn wir sprechen?" Das Gespräch hat zu ersten Antworten geführt, deren Prüfung wurde aber zurückgestellt, um zunächst in der Reflexion auf die Gesprächssituation zu klären, was man tut, wenn man sich um die Beantwortung einer solchen Frage bemüht. Metasprachlichkeit wurde so zum Thema, das als erstes zur Bearbeitung ansteht.

Wie in der Antike üblich, geht die Überlegung vom "Wort" aus. In wenigen Gesprächszügen wird dessen Definition entwickelt: ein mit artikulierter Stimme hervorgebrachtes hörbares Zeichen mit irgendeiner Bedeutung.[75] Die Frage, mit der das Thema Metasprachlichkeit eröffnet wird, lautet nun: Was bezeichnen wir, wenn wir 'Nomen' aussprechen?" Adeodatus antwortet: "Dasjenige, womit jeweils etwas Bestimmtes benannt wird (appellatur), z.B. Romulus, Rom, Tugend, Fluß."[76] (Wir erinnern uns an die Definition des Sokrates: "Das Wort (onoma) ist ein belehrendes Werkzeug und ein das Wesen Unterscheidendes und Sonderndes.")

Offensichtlich folgen wir, wenn wir die Ausdrücke "Wort", "Nomen" und "Romulus, Rom, Tugend, Fluß" aufeinander beziehen, einer Ordnung. Diese Ordnung wird nun in subtiler Analyse herausgestellt. Ich werde über diese Analyse so berichten, daß wir etwas von dem Schwindelgefühl verspüren können, das entsteht, wenn das metasprachliche Handeln in den Sog des regressus ad indefinitum gerät.

Adeodatus bestimmt den Unterschied zwischen "Wort" und "Nomen" einerseits und "Romulus, Rom, Tugend, Fluß" andererseits: jene, "Wort" und "Nomen", sind hörbare Zeichen von hörbaren Zeichen, diese, "Romulus, Rom, Tugend, Fluß", sind hörbare Zeichen von sichtbaren oder intelligiblen Dingen, die selbst nicht Zeichen sind.

Aber wir folgen auch einer Ordnung, wenn wir "Wort" und "Nomen" aufeinander beziehen: "Wort" ist ein hörbares Zeichen von einem hörbaren Zeichen "Nomen", das seinerseits hörbares Zeichen von hörbaren Zeichen ist, die ihrerseits Dinge bezeichnen, die selbst nicht Zeichen sind. Die Ordnung zwischen "Wort" und "Nomen" wird als eine zwischen Ober- und Unterbegriff erwiesen und näher bestimmt.

Die benutzten Formulierungen lassen schon ahnen, worauf es in dieser Gesprächspassage ankommt: die Schwierigkeiten, metasprachlichen Handelns erfahrbar zu machen und sich gegen die schwindelerregenden Formulierungen analytisch zur Wehr zu setzen. Dabei ist zu beachten, daß die Verhältnisbestimmung von "Wort", "Nomen" und "Romulus, Rom, Tugend, Fluß" nur einen ersten Schritt zur Explikation darstellt.

Darum noch eine weitere Kostprobe davon, womit wir beim metasprachlichen Handeln zu rechnen haben. In der Passage, die ich jetzt vorstelle, fragt

---

75   IV.8 (S. 288/289).
76   Siehe Anm. 75.

Augustinus zuerst nach der Definition des Redeteils "Pronomen". Seine Antwort: Dieser Redeteil wird deshalb so genannt, weil er "die Fähigkeit des Nomen selbst hat, die Sache jedoch mit einer weniger vollständigen Bedeutung andeutet als Nomen"[77] Sie wird an Beispielen überprüft:

    der König - dieser
    die Frau - dieselbe
    das Silber - jenes

Nachdem dies geklärt ist, fragt Augustinus nach Konjunktionen. Adeodatus nennt u.a. "und", "aber". Daraufhin entspinnt sich folgender Dialog:
Augustinus:
Meinst du nicht, daß alle diese Beispiele 'Nomina' sind?
Adeodatus:
Auf keinen Fall.
Augustinus:
Glaubst du wenigstens, daß meine Formulierung richtig ist, wenn ich sagen würde: dieses alles, was du gesagt hast?
Adeodatus:
Sie war durchaus richtig, und ich verstehe schon, auf welch verwunderliche Weise du gezeigt hast, daß ich 'Nomina' ausgesprochen habe. Sonst hätte man nämlich nicht sagen können 'dieses alles'.[78]
Augustinus bringt dann die Schwierigkeiten metasprachlichen Handelns auf den Vergleichs-Punkt: "Denn mit Wörtern über Wörter handeln, ist eine ebenso verwickelte Sache, wie die Finger zwischeneinander zu stecken und sie dann zu reiben; dabei kann nämlich nur derjenige, der das tut, unterscheiden, welche Finger jucken und welche den juckenden zu Hilfe kommen."[79]

Aber das Gespräch klärt dann die logischen Verhältnisse zwischen metasprachlichen Aussagen, so daß der regressus ad indefinitum im Sinne von "Zeichen von Zeichen von Zeichen..." vermieden wird. Das metasprachliche Handeln, in dem die Wörter in ihrer reflexiven Bedeutung verwendet werden, wird nach dem Grad der Reflexivität in fünf Klassen eingeteilt, deren höchste die wechselseitige Reflexivität zweier Ausdrücke sowohl extentional als auch intensional zur Identität gelangen läßt. Tilman Borsche hat in seiner für die sprachphilosophische Interpretation des Dialogs wichtigen Arbeit "Macht und Ohnmacht der Wörter" diese Klassifikation im einzelnen verdeutlicht.[80]

---

77 V.13 (S. 302/303).
78 V.13 (S. 302-305).
79 V.13/14 (S. 302/305).
80 Tilman Borsche: Macht und Ohnmacht der Wörter. In: Kodikas/Code 8. 1985. S. 231-252.

Die zweite Passage:
Die Regel, die von Natur aus am meisten vermag: Wenn die Zeichen vernommen werden, wendet sich die Aufmerksamkeit unmittelbar den bezeichneten Dingen zu

Die vorausgegangene Gesprächspassage wird von Augustinus daraufhin kommentiert, was mit ihr erreicht werde, worin der Sinn der angestellten Überlegung liege. Das sei nicht leicht zu sagen, stellt er fest, versichert aber Adeodatus, daß damit kein müßiges Spiel begonnen, kein geringer oder nur mittlerer Nutzen angestrebt sei; sie sei vielmehr ein Vorspiel (praeludium), um "Kräfte und Scharfsinn zu üben, damit wir imstande sind, Wärme und Licht jenes Bereiches, wo das selige Leben (beata vita) ist, nicht allein zu ertragen, sondern auch zu lieben".[81]

Der Vergleich mit Platons Höhlengleichnis drängt sich auf: an das Leben in der Höhle gewöhnt, wehrt sich derjenige, dem die Fesseln abgenommen werden und der gezwungen wird, den Hals herum zu drehen, zu gehen und gegen das einfallende Licht zum Höhlenausgang zu sehen; er kann nicht erkennen, was um ihn herum ist. "Und wenn man ihn gar in das Licht zu sehen nötigte, würden ihm die Augen schmerzen und er würde fliehen und zu jenem zurückkehren, was er anzusehen im Stande ist, fest überzeugt, dieses sei weit gewisser als das letzt gezeigte."[82] Wer also in das Licht der Erkenntnis gerät, bedarf der Gewöhnung, um es ertragen zu können; er bedarf der Vorbereitung, um es nicht zu ertragen, sondern auch lieben zu lernen.

Den § 21 des Dialogs in die gedankliche Nähe zu Platons Höhlengleichnis zu rücken, ist durch die Parallelität der Gedankenführung motiviert. Ein weiterer Hinweis kann in der Biographie Augustins gefunden werden. Die Platon-Lektüre stellt die letzte Vorstufe zu seinem Bekehrungserlebnis dar, die er als solche in den Beschreibungen seiner Lektüreerfahrungen darstellt und deutet.[83]

Die Sprachreflexion also ein Präludium des Aufstiegs zur Erkenntnis? Auch hierfür findet sich im platonischen Höhlengleichnis ein Hinweis. Der Beschreibung des Aufstiegs geht unmittelbar die Beschreibung der Redepraxis der Angeketteten in der Höhle voraus. Ihr Sprechen und Hören ist durch zweierlei bestimmt: sie benennen (onomazein) die Schatten an der Wand, sprechen von ihnen also als von Seienden; sie hören den Widerhall von denjenigen, die sprechend am Höhleneingang vorbeigehen und halten diesen Schall (echo) für das Sprechen der Schatten selbst. Dem nicht mehr erzwungenen, sondern dem selbstbestimmten Aufstieg muß die Einsicht in diesen doppelten Irrtum der "Höhlensprache" vorausgehen.

---

81 VIII.21 (S. 326/327).
82 Platon: Politeia VII. 415 d,e.
83 Jean-Pierre Schobinger: Augustins Einkehr als Wirkung seiner Lektüre. Die admonitio verborum. In: Holzhey/Zimmerli (Herg.): Esoterik und Exoterik der Philosophie. Basel/Stuttgart 1977. S. 70-100.

Daß wir aus bzw. in einer solchen Sprache nicht lernen können (i.S.v. zur Wahrheit geführt werden), ist das *eine* große Thema des Dialogs, und wie wir sie dennoch auf dem Weg zur Wahrheit zu nutzen haben, das *andere*. Das Nachdenken über Sprache, in einen solchen Sinn- und Traditionszusammenhang gerückt, wird damit zu einer kardinalen Tätigkeit im menschlichen Leben, durch die wir uns von etwas Bekanntem und Vertrautem weg und zu etwas Neuem und nicht Faßbaren hin bewegen.

Das Gespräch im neuen Dialog-Abschnitt (§§ 22-24) wendet sich jetzt dem metasprachlichen Handeln über jene Wörter zu, die selbst nicht Zeichen von Zeichen, sondern Zeichen von Dingen sind. Während in dem bisher Erörterten der Bezug vom metasprachlichen Handeln zu dem, wovon gehandelt wird, vom Zeichen zum Bezeichneten, unmittelbar einsichtig ist, bleibt der Bezug vom Zeichen zum Bezeichneten für die jetzt zur Analyse vorgesehenen Zeichen undurchschaut. Um Licht in diese Verhältnisse zu bringen, stellt Augustinus dem Adeodatus die Frage, "ob Mensch Mensch sei" (utrum homo homo sit)". Das Gespräch nimmt dann folgenden Verlauf:

Adeodatus:
Jetzt weiß ich vollends nicht, ob du scherzest.
Augustinus:
Wieso?
Adeodatus:
Weil du meinst, mich fragen zu müssen, ob "homo" (Mensch) etwas anderes ist als "homo" (Mensch).
Augustinus:
Ich glaube, du würdest auch dann meinen, daß ich mit dir Schabernack triebe, wenn ich es fertigbrächte, die Frage zu stellen ob die erste Silbe diese Nomens etwas anderes sei als "ho" und die zweite etwas anderes als "mo".
Adeodatus:
Allerdings.
Augustinus:
Wenn diese zwei Silben aber zusammengefügt sind, ergibt sich dann "homo", oder bestreitest du das?
Adeodatus:
Keinesfalls; aber ich sehe, worauf du hinaus willst.
Augustinus:
Sag es mir doch, damit du mich nicht für schmähsüchtig hälst.
Adeodatus:
Du bist der Ansicht, daß die Folgerung heißt, ich sei kein Mensch.[84]

---

84 VIII.22 (S. 328/329).

Die Zweideutigkeit der Ausgangsfrage, ob "homo" als Zeichen für ein Ding oder in seiner Reflexivität aufgefaßt wird, hat die beabsichtigte verwirrende Wirkung erzeugt, von der schon in dem Finger-Vergleich die Rede war. Adeodatus, in die Falle getappt, muß sich aus ihr befreien. Wieder ist sein Beitrag genial und für eine Theorie des Sprechens grundlegend: er formuliert eine Regel, die ein Gespräch wie dies zwischen ihm und Augustinus allererst ermöglicht. "Ein Gespräch zwischen uns ist ganz unmöglich, wenn nicht der Geist nach dem Hören von Wörter zu den Dingen geführt wird, deren Zeichen die Wörter sind." Diese "anerkannte" und "von Natur aus bedeutsame Regel" wird am Schluß des Abschnitts als generelle so formuliert: "Daß sich die Aufmerksamkeit (intentio) nach dem Hören der Zeichen auf die bezeichneten Dinge richtet."[85] Metasprachliches Handeln erfordert also die Dispens von dieser Regel und verlangt eine Markierung. Diese sprachtheoretische Begründung der Unterscheidung von "intentio recta" und "intentio obliqua" sichert also einerseits, daß der Bezug vom Zeichen zum bezeichneten Sachverhalt als quasi-natürlich, als selbstverständlich unterstellt wird und damit andererseits vor (lebenspraktisch gesehen) unnötiger Reflexion geschützt wird.

Augustinus und Adodatus, an diesem Punkt des Gesprächs angelangt, fragen nun aber genau nach dem, was durch diese Regel der Aufmerksamkeit entzogen wird: Wie gelingt der Überstieg vom Zeichen zur bezeichneten Sache? Die grundsätzliche Antwort lautet: Sie gelingt aufgrund der "Kraft der Wörter"[86], uns aufzufordern, uns dem bezeichneten Sachverhalt zuzuwenden. Aber diese Kraft der Wörter wirkt auf zweierlei Weise und jede der beiden Weisen des Wirksamwerdens hat ihre eigene Domäne.

Die dritte Passage:
Vogelfänger, sarabarae und über die Dinge in ihrer Gesamtheit

Die Abgrenzung der beiden Domänen wird im § 38 vollzogen. Die Kraft der Wörter, uns zu ermahnen in den uns vertrauten Lebensbereichen anders wirksam als in jenen, denen wir uns nähern, wenn wir das Vertraute übersteigen, transzendieren. Das Vertraute, Bekannte, Gewöhnliche (als dasjenige, an das wir uns gewöhnt haben) wird von Augustinus im Merkmal des sinnlich Wahrnehmbaren einerseits und dem des Erschließbaren andererseits gefaßt: der Bereich, auf den hin wir das Vertraute zu transzendieren suchen, wird von ihm in dem Ausdruck "die Dinge in ihrer Gesamtheit"[87] angedeutet.

---

85 VIII.22 (S. 330/331); VIII.24 (S. 336/337); VIII.24 (S. 338/339). Der Status dieser Regel scheint einerseits "konventionell" zu sein, denn sie wird als placita regula eingeführt; andererseits aber auch "natürlich", denn sie "naturaliter plurimum valet".
86 X.34 (S. 360/361) "vis verbi" hier mit "Gehalt eines Wortes" übersetzt.
87 XI.38 (Perl: S. 84/85).

Der vertraute, gewöhnliche Lebensbereich ist ein solcher gerade dadurch, daß wir um ihn wissen. Indem wir die Wörter sprechen, ermahnen uns diese, das jeweilige Wissen zu erinnern oder aber, wenn es am nötigen Wissen für dieses oder jenes fehlt, es uns schlußfolgernd zu bilden. Die Beispiele vom Vogelfänger[88] und vom Wort "sarabarae"[89] dienen der Klärung, in welcher Weise Wörter und Zeigehandlungen diese Wissensbildung voranbringen können. Beide Beispiele gehen davon aus, daß die "Bedeutung" der Angelegenheiten nicht bekannt ist: Irgendjemand sieht einen Vogelfänger mit seiner Rute, dem Leim, der Flöte und dem Falken, weiß aber nicht, daß dies ein Vogelsteller ist und kennt auch die Technik des Vogelfangens nicht. Im anderen Fall hört er das Wort "sarabarae", kennt es aber nicht, weiß es nicht zu gebrauchen. Indem nun der Vogelsteller aktiv wird, gleichermaßen vorführt, was seine Tätigkeit ausmacht, hin und wieder durch eine erläuternde Geste die Aufmerksamkeit auf bestimmte Einzeltätigkeiten lenkt (sie quasi unterstreicht), wird er den Unwissenden zum Wissenden machen, der - sieht man es von ihm her - in dieser Vorführsituation lernt, was es mit der Vogelstellerei auf sich hat. Benutzt er dann hierfür auch das gehörige Wort, so kann er einen anderen ermahnen/auffordern, sich des entsprechenden Wissens zu erinnern bzw. dieses Wissen sich anzueignen. Der Weg vom Wort als Zeichen zum Bezeichneten führt also über das Wissen von einer (zunächst anschaulich vorgestellten) Lebenspraxis.

Wäre dieser Weg auch vom Wort allein aus zu finden? Für die Beantwortung dieser Frage benutzt Augustinus das Wort "sarabarae". Er wählt also ein Fremdwort im Lateinischen, dessen Bedeutung nicht feststeht (lange Beinkleider der Perser oder eine Form der Kopfbedeckung; hebräisches Wort?).

Was heißt nun: den Weg vom Wort als Zeichen zum Bezeichneten allein vom Wort her finden? Es kann nach der vorangegangenen Definition des "Wortes" nur heißen: den Weg ausschließlich von der Klanggestalt des Wortes zu der bezeichneten Sache finden zu wollen. Das scheint im Falle von "sarabarae" offensichtlich nicht möglich. Unter welchen Bedingungen aber wäre dies möglich? Wenn die Klanggestalt selbst zu den bezeichneten Dingen hinführte. Von dieser Annahme geht die Etymologie der Stoiker aus, die in ihrer Wortursprungslehre ein höchst differenziertes System der Entfaltung ursprünglicher Klangbedeutungen entworfen und zugleich eine Begrifflichkeit entwickelt haben, mit der Verderbnisse in diesem Prozeß der Entfaltung gefaßt werden können. So gelangt die stoische Etymologie zum etymon, zur Wahrheit der Wörter, über die Analyse des artikulierten Klangs, sie erklärt aber auch im kon-

---

88 X.32ff. (S. 354/355ff.).
89 X.33ff. (S. 358/359ff.)

kreten Fall die Schwierigkeiten der Rekonstruktion.[90] Augustinus hat in seiner "Dialektik"[91], der wir wesentliche Kenntnisse der stoischen Etymologie verdanken, diese Lehre attackiert. Im "sarabarae"-Beispiel werden die Einwände gebündelt und auf den Punkt gebracht.

Im vertrauten, gewöhnlichen Lebensbereich also mahnen uns die Wörter, uns des jeweiligen Wissens um die Lebenspraxis zu erinnern oder uns solches Wissen mit Hilfe von Vorführ- oder Zeigehandlungen zu erschließen. von ihrer Klanggestalt aber führt kein direkter Weg zu den bezeichneten Dingen.

Ganz anders stellen sich die Verhältnisse dar, wenn dieser lebenspraktische Bereich überschritten, die "Dinge in ihrer Gesamtheit" zum Thema werden sollen. Diese Gesamtheit kann weder vorgeführt noch gezeigt werden. Von ihr kann auch nicht so geredet werden, wie über Sachverhalte des vertrauten und gewöhnlichen Lebens. Warum nicht? Weil wir davon kein Wissen haben wie dasjenige, in dem wir eben das vertraute und gewöhnliche Leben gefaßt (wenn auch noch nicht begriffen) haben.

Der erste Schritt, ein Reden über die "Dinge in ihrer Gesamtheit" vorzubereiten, besteht in der Einsicht, mit diesen vertrauten und gewöhnten Mitteln des Redens sich diesen Bereich nicht erschließen zu können.

Wie wird diese Einsicht gewonnen? Im Nachdenken über Sprache, insbesondere im Nachdenken über die Möglichkeit, sich über Sprache mit Hilfe von Sprache verständigen zu können.

Der Dialog "De magistro" führt den Gedanken genau bis zu diesem Punkt und öffnet von dort her den Blick auf die Frage, wie über die "Dinge insgesamt" geredet werden kann: durch Abkehr von der vertrauten, geläufigen Redepraxis. Die Aufforderung zu dieser Abkehr wird uns zwar von außen zugesprochen, weist aber darauf hin, daß wir die Wahrheit über die "Dinge in ihrer Gesamtheit" in uns selber suchen müssen.[92] Adeodatus faßt dies am Ende des Dialogs so zusammen: "Ich habe gelernt, daß allein derjenige lehrt, ob die Wahrheit gesagt wird, der uns daran erinnert, daß er in unseren Inneren wohnt, obwohl er von außen zu uns spricht." Und auf diese innere Stimme, "jenes verborgene Orakel" (secretum illud oraculum), ist zu hören.[93]

---

90 Max Pohlenz: Die Begründung der abendländischen Sprachlehre durch die Stoa. In: Nachrichten von der Gesellschaft der Wissenschaften zu Göttingen. Philologische Klasse. Neue Folge. Fachgruppe I. Göttingen 1939. S. 151-198.
    Karl Barwick: Probleme der stoischen Sprachlehre und Rhetorik. Berlin (Akademie-Verlag) 1957. bes. S. 58ff.
    Rudolf T. Schmidt: Die Grammatik der Stoiker. Einführung, Übersetzung und Bearbeitung von Karlheinz Hülser. Braunschweig/Wiesbaden 1979.
91 Hans Ruef: Augustin über Semiotik und Sprache. Sprachtheoretische Analysen zu Augustins Schrift "De Dialectica". Bern 1981.
92 Siehe Anm. 87.
93 XIII.46 (S. 384/385).

Ausblick

Grammatik als das innerhalb der freien Künste geordnete tradierte Wissen über Sprache ist für Augustin das Medium, in dem sich das Nachdenken über die Sprachlichkeit des Menschen vollzieht. Der Sinn dieses grammatischen Nachdenkens wird ausdrücklich nicht in der Klärung von Fragen der Sprachrichtigkeit gesucht; aber auch nicht, wie noch zu zeigen sein wird, in einer Klärung der sozialen Verfaßtheit, für die Sprachrichtigkeit instrumentell oder auch identitätsbegründend (Hellenismos, Latinitas) von Bedeutung ist. Der Sinn des grammatischen Nachdenkens besteht für Augustin vielmehr darin, daß die Sprecher
- sich der beiden Domänen des Sprechens bewußt werden, der lebenspraktisch organisierten und sinnlich vermittelten einerseits und derjenigen andererseits, in der die Dinge in ihrer Gesamtheit zur Sprache kommen;
- sich der Differenz des Redens innerhalb der jeweiligen Domänen bewußt werden;
- sich über Sprache reflektierend den Weg nach Innen bahnen;
- und sich damit in einem transzendierenden Denken üben, das für Augustin immer auf ein glückseliges Leben zielt i.S. dessen, was "beata vita" ausmacht, - wie unterschiedlich die Auslegungsakzente von ihm auch gesetzt worden sind.

Geht man für unsere europäische Tradition von einem zweifachen Ursprung grammatischen Denkens aus, einem philologischen und einem philosophischen, so steht Augustin mit seiner Bestimmung des Sinns der Grammatik in letzterer Tradition; freilich weicht sie auch in einem wesentlichen Punkt von dieser antiken Tradition ab, insofern die unterschiedlichen Modi des Redens in den beiden Rededomänen zu einem vorrangigen Thema werden, das eine semiotische Bearbeitung erfährt.

Das in der Problemskizze, die der Dialog "Der Lehrer" entwirft, nur Angedeutete läßt sich beispielhaft an Passagen späterer Schriften verdeutlichen, die zeigen, wie dieses nur Angedeutete veranschaulicht und begrifflich verarbeitet ist. Für die lebenspraktisch organisierte und sinnlich vermittelte Rededomäne führe ich aus den "Bekenntnissen" dasjenige Kapitel an, in dem Augustin erinnernd deutet, wie er sprechen gelernt hat; für die Rededomäne, in der "die Dinge in ihrer Gesamtheit" Thema sind, jene Kapitel aus der "Dreieinigkeit", die alles Reden über Gott als bildlich bzw. im Sinne Augustinus als allegorisch erweisen.[94]

---

94 Augustin beruft sich einerseits auf die antike Tropenlehre, andererseits auf eine paulinische Schrifterklärung, wie nämlich etwas allegorisch zu verstehen sei. Augustins Erläuterungen bleiben im Hinblick auf die Unterschiede tropischen Sprechens unbestimmt: allegoria tropus ubi ex alio aliud intellegitur. Ich folge in meinem Referat des

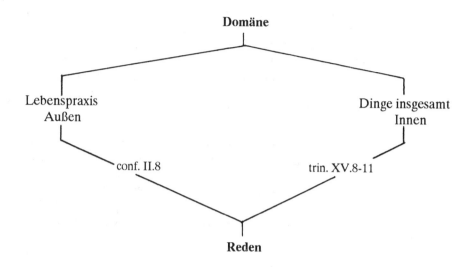

Das 8. Kapitel im 2. Buch der "Bekenntnisse" läßt sich lesen als Veranschaulichung desjenigen Problems, das im Dialog "Der Lehrer" am Vogelfängerbeispiel erörtert worden ist, wie nämlich der Überstieg vom Zeichen zum Bezeichneten, das selbst nicht Zeichen ist, gelingen kann; und es läßt sich lesen als begriffliche Zuspitzung dieses Problems. Die Spezifik der Lernsituation des Vogelfängerbeispiels wird beiseite gelassen und das Erlernen der Sprache überhaupt thematisiert. Die Einführung eines doppelten Lernbegriffs schafft dann die Voraussetzung, den Überstieg zu erklären. *Schulisches Lernen*, wie z.B. bei der Einübung in die Schrift, kommt dadurch zustande, daß Erwachsene lehren (maiores docent) und dies methodisch in Form bestimmter Lehrgänge (certo aliquo ordine doctrinae). Beide Merkmale kommen für das Erlernen von Sprache nicht in Betracht. Nicht andere belehrten mich, sagt Augustin, sondern ich mich selbst, (set ego ipse mente). Und es war auch kein Lehrgang zu absolvieren, vielmehr versuchte ich, "die Fühlung meines Herzens kundzumachen" (edere vellem sensa cordis mei) und zu verstehen, was die anderen, wenn sie mit mir sprachen, von mir wollten. Gedächtnis und schlußfolgerndes Denken sowie erfahrungsbezogene Korrektur von Irrtümern führten schließlich dahin, daß "ich immer tiefer in den Sturmbereich der menschlichen Gesellschaft geriet (et vitae humanae procellosam societatem altius ingressus).[95] Sprache-Lernen ist

---

augustinischen Gedankens diesem Wortgebrauch und spreche von allegorischer Redeweise.

95 Wittgenstein eröffnet die "Philosophischen Untersuchungen" mit einem ausführlichen Zitat aus dem 8. Kap. des 2. Buchs der "Bekenntnisse" (ohne den schlußfolgernden Satz auf das Hineingeraten in den Sturmbereich der menschlichen Gesell-

also ein Prozeß *lebenspraktischer Interaktion*. Der Lerngrund für den Überstieg vom Zeichen zum Bezeichneten, das selbst nicht Zeichen ist, liegt in den eingespielten Lebensformen, in denen dieser Überstieg konstitutiv und als der jeweilige und besondere im Sinne einer solchen Form determiniert ist. Mit Hilfe semiotischer Kategorien wird der lebenspraktisch verbürgte Überstieg im "Sturmbereich der menschlichen Gesellschaft" als funktional erwiesen, aber als gänzlich unmöglich, wenn die "Dinge in ihrer Gesamtheit" gedacht werden, also zur Sprache kommen sollen.

Augustin erörtert diese Probleme am entschiedensten in jener Abhandlung, in der er die tradierte philosophische Theologie mit dem christlichen Glauben im Sinne seiner heiligen Schriften und seiner Geistmetaphysik zu verbinden sucht, in der Abhandlung über die "Dreieinigkeit" (de trinitate), an der er nach eigener Auskunft jahrelang[96] zwischen 399 und 416 gearbeitet hat. Zugespitzt stellt sich die Frage dann so: Wie können wir über Gott reden, von dem die Seele nur weiß, wie sehr sie ihn nicht kennt.[97]

Über unsere Gotteserkenntnis können wir nur bildlich reden. Diese grundlegende Aussage leitet Augustin im 15. Buch der "Dreieinigkeit" aus einem Zitat des zweiten Paulusbriefes an die Korinther her: "Jetzt sehen wir im Spiegel und in Rätselbildern, dann aber von Angesicht zu Angesicht." Er erläutert diese Feststellung mit Hilfe der griechischen Tropenlehre, die er, der einmal Lehrer der Rhetorik war, als für das Verständnis einer solchen Aussage notwendig herausstellt. Sie ist - so der erste Schritt auf dem Gedankenweg - selbst allegorisch zu verstehen. Allegorisch aber sind solche Ausdrücke, in denen eines durch ein anderes bezeichnet wird (aliud ex alio significantia).[98] Der nächste Schritt: Damit ist aber nicht nur eine *Weise des Bezeichnens* im Sinne des Namengebens gemeint, sondern auch eine *Erkenntnisweise*. Was nämlich ist eine Allegorie anderes als ein Tropos, in dem eines durch ein anderes erkannt wird (ubi ex alio aliud intellegitur).[99] Solches ist möglich aufgrund von Ähnlichkeitsbeziehungen. Diese können von offenkundiger oder verborgener Art sein.

---

schaft). In dem "Bild von dem Wesen der menschlichen Sprache", das Wittgenstein in diesem Text Augustins ausmacht, findet er ein sehr verbreitetes Sprachbild, das er wegen seiner Eingeschränktheit kritisiert. Für eine solche Interpretation sprechen gewichtige Gründe. Aber auch für ein anderes Verständnis lassen sich solche anführen. Hierzu: Mollenhauers Deutung unter der bezeichnenden Überschrift "Zeichen, Lebensform, Ich".
de trin. XV.15. S. 481 (dt. S. 273).
Wittgenstein (1971). I.1. S. 15ff.
Mollenhauer (1983). S. 22ff.

96 retract. II.15 (S. 169).
97 de ord. II.18.47 (S. 326).
98 Siehe Anm. 95.
99 Siehe Anm. 95.

Darum lassen sich Allegorien auch unterscheiden in solche, deren Sinn offensichtlich (sensus in promptu), und in solche, deren Sinn dunkel bleibt (obscura). Der Ausdruck "Spiegel" in der zitierten Paulus-Stelle ist für Augustin eine allegoria in promptu, das "Rätselbild" (Augustin verwendet in latinisierter Form den griechischen Terminus ainigma, Rätsel, dunkle Rede) eine allegoria obscura. Der Ausdruck "Spiegel" wird im letzten Schritt auf diesem Gedankenweg für den menschlichen Geist verwendet: In ihm sehen wir das Bild, das wir selbst sind (per hanc imaginem quod nos sumus videremus), und wir sehen in diesem Bild wie in einem Spiegel jenen, der uns geschaffen hat (utcumque a quo facti sumus, tamquam per speculum).[100] Gedächtnis, Einsicht und Wille in ihren inneren Bezügen werden für Augustin als die konstitutiven Bestimmungen des menschlichen Geistes zum Spiegel, in dem er den einen Gott in seiner inneren trinitarischen Bewegung abgebildet findet. Die konstatierten Ähnlichkeitsbeziehungen gründen also ihrerseits in *Seinsverhältnissen*, und so gewinnt dann das allegorische Reden über Gott in diesen drei Merkmalen erst seine Eigenart: in einem signifikatorischen, einem gnoseologischen und einem ontologischen.

Der Überstieg, oder genauer: der *Absprung* vom Zeichen zum Bezeichneten gelingt in dieser Domäne des Redens aufgrund der Einsicht in sinnhafte Ähnlichkeitsbeziehungen. Eine solche Feststellung wirft viele gnoseologische, ontologische und sprachtheoretische Probleme auf. Sie lassen sich im Blick auf Augustins Erläuterung dessen, was ich mit dem Ausdruck "Absprung" zu charakterisieren suche, so pointieren: (1) Dasjenige, was in der Einsicht gewußt wird, ist für Augustin eine Schau der Seele (cogitatio visio est animi).[101] Sie schaut aber als eine erleuchtete, und insofern hat der allegoretische Prozeß in einem rezeptiven Verhalten der Seele seinen Quellpunkt. (2) Insofern solches Wissen aber auch um sich selbst weiß, bleibt der Seele immer bewußt, daß das aus der Ähnlichkeitsbeziehung gewonnene Wissen vorläufig ist, daß es dem, was wir erkennen wollen, aber nicht kennen, in hohem Maße unähnlich ist.[102] Unser "Anders-Reden" (anders als im "Sturmbereich der menschlichen Gesellschaft") gelangt nicht definitiv an sein Ziel; nur ein Absprung gelingt. Gelingt? Das meint: kein willkürliches oder zufälliges Assoziieren organisiert den allegoretischen Prozeß, sondern die strenge und methodisch kontrollierte Analyse der Analogien des "mit Hilfe des intelligiblen Lichts"[103] Geschauten. (3) Sprachtheoretisch stellt sich die Frage, wie in unserem Reden, das die "Dinge in ihrer Gesamtheit" zum Thema macht, die Zuordnung der drei Merkmale gedacht werden kann, die dieses Reden konstituieren. Augustin schafft mit einer Unterscheidung und mit einer Analogie die Voraussetzung, die signifikatorischen,

---

100 de trin. XV. S. 479 (dt. S. 271).
101 de trin. XV. S. 483 (dt. S. 275).
102 de trin. XV. S. 497 (dt. S. 291).
103 Flasch (1980). S. 409.

gnoseologischen und ontologischen Merkmale dieses Redens als einander zugeordnete zu verstehen. Er unterscheidet das Wort, "das draußen erklingt" (quid foris sonat), von dem, "das innen leuchtet" (quod intus lucet); sieht im äußeren Wort ein Zeichen des inneren; und spricht dem inneren Wort ein höheres Recht zu, als Wort zu gelten. Mit Hilfe einer Analogie bestimmt er das Verhältnis zwischen äußerem und innerem Wort. Er zieht die christologische Rede vom "Wort Gottes, das Fleisch wurde" (Verbum Dei caro factum est) zum Vergleich heran: Unser inneres Wort *nimmt* den körperlichen Laut auf ähnliche Weise *an*, wie das "Wort Gottes" das "Fleisch"; es handelt sich um ein Annehmen, ein Aufnehmen, nicht aber um ein Verwandelt- und Aufgebraucht werden (Assumendo quippe illam, non in eam se consumendo, et hoc nostrum vox fit et illud caro factum est).[104]

Im Wissen um sich selbst, genauer: im Wissen des menschlichen Geistes um sich selbst erzeugt sich ein inneres Wort, in dessen Licht die Analogie zu Gott als dem Inbegriff der "Dinge in ihrer Gesamtheit" wie von ferner geschaut werden kann. Dieser Vorgang ist ganz und gar individuell; er vollzieht sich in der Intimität, welche das Wohnen des je subjektiven Geistes in sich selbst charakterisiert. Er ist aber, insofern er die Gotteserkenntnis anbahnt, zugleich ein Vorgang des Transzendierens aller individuellen Subjektivität schlechthin. Der Bildungsprozeß, der auf diesen Punkt führt, etabliert eine individuelle Erfahrung als letzte Orientierungsinstanz, wie sie radikaler kaum gedacht werden kann. Zwar hat Augustin auch später noch im "Gottestaat" (413-426) ausdrücklich der Maxime zugestimmt, der Weise strebe nach einem Leben in der Gemeinschaft, aber das gesellige Leben der "Heiligen" in der *civitas Dei* ist eines, das dem in der *civitas terrena* strikt entgegengesetzt ist.[105] Das gilt auch und in besonderer Weise für die Institutionalisierung des Gemeinschaftslebens, der sich die Bürgerschaft Gottes im Grundsatz entzieht. Augustin hat, wie H. Günther dies auf den Punkt bringt,

"damit innerhalb der Kirche und gegen ihre zeitliche Institution ihr wirkliches Leben aufgezeigt und zugleich einen Impuls immerwährender Veränderung und Neubestimmung entzündet. (...) Diese Auffassung kann Kräfte des Widerstandes und der Umwälzungen mobilisieren, ohne sie als Institution zu verfestigen."[106]

Er hat damit aber auch, was H. Günther unterstreicht, einen radikalen Bruch mit antiken Staatsauffassungen vollzogen. Dies wird nicht zuletzt in seinem Bildungsdenken deutlich. Insofern nämlich Bildung als "Vorspiel" gedacht wird, bereitet sie vor und führt hin zu jenem philosophischen und theologischen Orientierungspunkt, der eine ganz und gar individuelle Instanz ist. Damit ist eine

---

104 de trin. XV.11 S. 486/487 (dt. S. 279/280)
105 de Civ. Dei. XIX.5. S. 536.
106 Günther (1993). S. 43.

völlige Abwendung von dem vollzogen, was z.B. Aristoteles als Kriterium einer richtigen Bildung einführt. Die Bildung, so heißt es im 8. Buch der Politik, soll nämlich "eine einheitliche und keine private" (koinen kai me kat' idian) sein; denn

"man darf nicht meinen, daß irgend ein Bürger sich selbst angehöre, sondern man sei überzeugt, daß sie alle dem Staat angehören, da jeder ein Teil von ihm ist."[107]

Das könnte zwar ein auch von Augustin akzeptierter Satz sein, insofern Bildung ja auch "im Sturmbereich der menschlichen Gesellschaft" funktional ist; aber als "Präludium" gedacht zielt Bildung genau auf die Umkehrung der aristotelischen These.

Das innere Wort, in dessen Licht die Analogie zu Gott wie von fernher geschaut werden kann, ist für Augustin darum konsequenterweise auch keines jener Sprachen, "die man Nationalsprachen (linguae gentium) nennt." Es ist "nicht griechisch, nicht lateinisch, noch einer sonstigen Sprache zugehörig", sondern es ist allein "das Wort, das wir im Herzen sprechen (verbum, quod in corde discimus)." Und um das Mißverständnis, es handele sich vielleicht nur um ein stilles inwendiges Sprechen in einer dieser Nationalsprachen, auszuschließen, hält Augustin fest: das Sprechen des inneren Wortes kommt ohne "die Bilder seines Klanglautes (sonorum eius imagines)" aus.[108]

Die Trennung in zwei Domänen des Sprechens ist somit auch eine in zwei Formen des Sprechens, des äußeren und inneren Sprechens. Das äußere Wort bedarf der Stimme, die den Sprachlaut in seiner Materialität und seiner artikulierten Form hervorbringt; das innere bedarf weder des einen noch des anderen, in ihm - so eine Formulierung im 11. Buch der "Bekenntnisse" - spricht die Wahrheit "ohne das Werkzeug von Mund und Zunge (sine oris et linguae organis)", aber auch "ohne Silbengetön" (sine strepitu syllabarum), also ohne die Idealität einer Lautform.[109] Auch das bildliche Reden hat an dieser Doppelung teil. Als inneres gründet es in der Reflexion des menschlichen Geistes auf sich selbst: er schaut in sich, wie in einem Spiegel, die Analogien zur trinitarischen Dynamik Gottes. Allegorisch ist dieses innere Wort, insofern eines in einem anderen, wenn auch noch so vorläufig, erkannt wird. Bildliches Reden als ein inneres Reden kommt also wegen der Unmittelbarkeit der Einsicht ohne signifikatorische Allegorien des äußeren Sprechens aus. Freilich: indem diese Feststellung getroffen wird, ist sie eine des äußeren Sprechens und somit, um sie treffen zu können, von den signifikatorischen Allegorien des äußeren Sprechens abhängig.

---

107 Aristoteles: Pol.VIII. 1337a. 27-29.
108 de trin. XV. 19. S. 485/486 (dt. S. 278/279).
109 Conf. XI.3.5. S. 608/609.

Der Zwiespalt in Augustins Denken, den K. Flasch in den zentralen Themenbereichen seines Philosophierens aufweist[110], findet sich also auch in seinem sprachtheoretischen Nachdenken. Wie die beiden Domänen und Formen des Sprechens in ihrem Verhältnis zueinander gedacht werden können, bleibt theoretisch letztlich doch unbestimmt. Augustins Interesse, das innere Sprechen zum vorrangigen Thema der Aufmerksamkeit zu machen, läßt den Eindruck entstehen, er habe dem äußeren Sprechen nur eine sehr nachgeordnete Bedeutung für das Verständnis menschlicher Sprachlichkeit zugeschrieben. Ob dies zutrifft, ist mit letzter Sicherheit nicht zu klären, denn Augustin hat seine Ankündigung im Dialog "Der Lehrer", über diese Frage Untersuchungen anstellen zu wollen, nicht verwirklicht. Immerhin aber läßt sich doch eine Tendenz erkennen, die diesem Eindruck entgegengesetzt ist; denn die Ankündigung ist mit der Einschätzung verbunden, daß bei genauer Betrachtung die ganze Nützlichkeit der Wörter (des äußeren Sprechens) nicht gering ist (tota utilitate verborum, quae, si bene consideretur, non parva est).[111] Der spätere christologische Vergleich, in dem die Überführung des inneren in ein äußeres Wort mit der Fleischwerdung Gottes (vergl. S. 59) parallelisiert wird, unterstreicht nachdrücklich die Einschätzung, daß die Annahme des Sprachlauts kein beiläufiger oder beliebiger Vorgang für ihn sein kann.[112]

Es ist freilich davon auszugehen, daß der Weg über diese christologische Brücke das Denken zwar zu einem Werturteil anzuregen vermag, aber nur eingeschränkt analytische Lösungen nahelegt. So bleibt festzuhalten, daß Augustin, was immer er sonst über die Rolle des Einzelnen erklärt, im inneren Sprechen eine individuelle Orientierungsinstanz etabliert, die jenseits der Kraftfelder der empirisch-historischen Welt ihre Wirkung entfaltet. Selbst die Autorität der heiligen Schriften wird dieser Instanz unterworfen:

"Laß mich vernehmen und verstehen, wie Du 'im Anfang Himmel und Erde erschaffen hast'. Geschrieben hat das Moses, geschrieben und ist dahingegangen (...). Wäre er da, ich hielte ihn fest, ich bäte ihn (...), daß er mir das alles enthülle (...) und spräche er hebräisch, so klopfte er vergebens an die Pforte meines Sinnes, und nichts davon erreichte meinen Geist; aber spräche er lateinisch, so wüßte ich, was er sagt. Allein woher sollte ich dann wissen, ob wahr ist, was er sagt? Und wüßte ich auch das, wüßt ich's etwa von ihm? Nein, da würde innen, dort innen, wo die Denkkraft wohnt, mir die Wahrheit, die nicht hebräische, nicht griechische, nicht lateinische, noch barbarische Wahrheit, ohne das Werkzeug von Mund und Zunge, ohne Silbengetön es sagen: 'Wahr ist's, was er sagt.' Und ich würde

---

110 Flasch (1980). S. 403 ff.
111 de mag. 46.1. S. 382/383.
112 Dietrich Böhler kommt mit Wittgensteins Blick auf Augustin zum gegenteiligen Schluß. Böhler (1983).

augenblicks, aus vollgewisser Zuversicht, diesem Deinem Manne sagen: 'Wahr ist's, was Du sagst.'"[113]

Sprachreflexion im Bildungsprozeß ist ein Präludium, das den Blick nach innen lenkt, in die personale Wohnstätte des Denkens; es schafft die Voraussetzungen, dort auf die Stimme der Wahrheit zu hören, nec hebraea, nec greaca, nec latina, nec barbara; es übt alle Kräfte, um in einer reflexiven Lebensform einheimisch zu werden, indem sie deren sprachlichen Bedingungen im Auge zu behalten lehrt.

Augustins philosophische Durchdringung der Sprachkünste, die später das trivium ausmachen, rückt also deren traditionelle Lernthemen in den Horizont individueller Orientierungsinstanzen, die Orientierung als universale jenseits partikular-historischer Bedingungen zu denken erlauben. Um aber eine solch strikt personale und universale Position erreichen zu können, zahlt Augustin mit einem Programm von Weltverneinung, das immer auch eines von Ichverneinung ist.

Nach-augustinische Denkbewegungen werden u.a. bestimmt sein von dem Versuch, die erreichte individuelle Orientierungsinstanz als Letztinstanz zum *Ausgangspunkt* der Zuwendung zur Welt und ihrer Bejahung zu machen; und dieser Versuch wird, insofern er auf die Sprachlichkeit des Menschen rekurriert, die Verschiedenheit der Sprachen und damit die der Sozietäten ihrer Sprecher auf neue Weise zur Geltung bringen.

Einen flüchtigen Blick in diesen komplexen und von vielfältigen Motiven bestimmten Prozeß mag ein Text erlauben, der ein Jahrtausend nach Augustin von einem Menschen geschrieben worden ist, dem der Verfasser der "Bekenntnisse" intimer Partner seiner Gespräche über und mit sich selbst gewesen ist: Petrarcas Brief über die Besteigung des Mont Ventoux[114], dem wohl ersten literarischen Dokument einer Bergbesteigung aus ästhetischen Gründen.[115]

Dieser Berg, "von allen Seiten weithin sichtbar", steht Petrarca seit seiner Kindheit "fast immer vor Augen". Einzig von der Begierde getrieben, "die ungewöhnliche Höhe dieses Flecks Erde durch Augenschein kennenzulernen"[116], setzt er sich über alle Vorbehalte hinweg und erklettert den Berg. Die Beschwernisse des Aufstiegs, die Ängste und Verzagtheiten werden ihm zum Anlaß, sich "auf Gedankenflügeln vom Körperlichen zum Unkörperlichen hinüberzuschwingen"[117]: er sieht in dem, was er am Berg tut und was ihm auf dem Weg zur Spitze zu tun bleibt, eine Analogie zum "seligen Leben", das auch auf

---

113 Siehe Anm. 109.
114 Petrarca (1957). S. 80-89.
115 Flasch (1980). S. 343.
116 Petrarca (1957). S. 80.
117 Petrarca (1957). S. 83.

hohem Gipfel liegt und zu dem auch nur ein schmaler Pfad emporführt. So wird ihm - in Umkehrung des augustinischen Prinzips "vom Körperlichen zum Unkörperlichen - die Ähnlichkeit seines Vorhabens mit der Herausforderung, von Tugend zu Tugend auf der irdischen Pilgerfahrt voranzukommen, zum Ansporn, die psycho-physischen Belastungen seiner Bergfahrt zu bestehen. Am Ziel angelangt findet er sich "durch einen ungewohnten Hauch der Luft und durch einen ganz freien Rundblick bewegt, einem Betäubten gleich."[118] In diesem Zustand bereitet sich offenbar eine neue Erfahrungsordnung vor, der er sich dann auch als einer räumlichen und zeitlichen anzunähern sucht. So vorbereitet öffnet sich ihm erst die Landschaft, die er sieht: die Gebirge der Provinz Lyon, der Golf von Marseille, das Rhonetal. Er bestaunt dies "eins ums andere", genießt "das Irdische" und findet es dann angemessen, dem "Beispiel des Leibes" zu folgen und "auch die Seele zum Höheren"[119] zu erheben. Und da er nicht ohne seinen Augustin in den Berg gegangen, schlägt er eine beliebige Seite der "Bekenntnisse" auf und liest im 10. Buch:

"Und es gehen die Menschen, zu bestaunen die Gipfel der Berge und die ungeheuren Fluten des Meeres und die weit dahinfließenden Ströme und den Saum des Ozeans und die Kreisbahnen der Gestirne, und haben nicht acht ihrer selbst."[120]

Erst im Lichte dieses Zitats wird deutlich, wie sehr Petrarca die individuelle Orientierungsinstanz Augustins als Letztinstanz zum Ausgangspunkt einer neuen Weltzugewandtheit nutzt; der Schlußteil des Briefes zeigt aber auch die immensen Schwierigkeiten dieses "Blickwechsels".

Insofern dieser "Blickwechsel" die Sprachlichkeit des Menschen zum Ziel hat, wird er in einer europäischen Ereignisfolge vollzogen, die das universelle Latein als Schriftsprache ablöst und durch verschiedene vernakuläre, einheimische Volkssprachen ersetzt.

---

118 Petrarca (1957). S. 84.
119 Petrarca (1957). S. 86.
120 Petrarca (1957). S. 87. Zur Situierung des Briefs als Dokument einer Epochenschwelle und zur "Konflikthaftigkeit als Darstellungsmittel" siehe: Stierle (1979). bes. S. 22ff.

3. Volkssprachlichkeit:
Ereignisfolgen und Deutungen

Gewöhnt an die europäische Sprachenvielfalt mag uns die Erinnerung an deren Herausbildung in der Ablösungsphase vom universellen schriftsprachlichen Latein kaum ein erregendes Denkthema und das Urteil Humboldts, diese Phase sei "unstreitig der wichtigste Schritt im Entwicklungsgange der Sprachen"[1], eher befremdlich sein. Zumal praktische Probleme der Verständigung unsere Aufmerksamkeit in Anspruch nehmen: wie bei zunehmender wirtschaftlicher und gesellschaftlicher Verflechtung "Kommunikation" möglichst reibungslos und den allgemeinen Lernaufwand in Grenzen haltend gesichert und andererseits die Identität der Sprechergruppen möglichst schonend behandelt werden kann. Aber gerade das Spannungsverhältnis zwischen dem ersten auf Effizienz und Rationalität zielenden Kriterium und dem zweiten, das dem (scheinbar) Irrationalen mit Hilfe von Takt beizukommen sucht, läßt es geboten erscheinen, die praktischen Gegenwartsprobleme der "Kommunikation" mit anderen Augen sehen zu lernen als denen, die für aktuelle Schwierigkeiten nach kurzfristigen Lösungen Ausschau halten; denn wenn es gelingt, das scheinbar Irrationale der Identität von Sprechergruppen nationaler Hochsprachen annäherungsweise zu begreifen, lassen sich vielleicht auch Konzepte entwerfen, wie diese nationale Identität, so möchte ich sie vorläufig nennen, anders als intellektuell störend und politsch zerstörerisch zur Geltung gebracht werden kann.

In solch anderem Blick auf das Spannungsverhältnis zwischen den beiden Lösungskriterien zeigt sich dieses als Ausdruck menschlicher Kulturentwicklung, in der egalitär-universelle und differenzbestimmte Orientierungen, normsetzende und normzersetzende Kräfte sowie Antriebe aufeinanderprallen, die die Raum-Zeit-Bedingungen kultureller Aktivitäten zu transzendieren suchen und die sie in ihnen gründen wollen.

Die Ablösungsphase vom universellen schriftsprachlichen Latein erweist sich von diesen Voraussetzungen her als weit über das hinaus bedeutsam, was unser verbreitetes Erinnerungswissen von ihr bereit hält, daß eben "die" europäischen Sprachen in frühen Phasen unserer Geschichte die lateinische Sprache als Schriftsprache verdrängen und zu Sprachen des Ritus, des Rechts, der Historie, der Literatur, der Wissenschaft und Philosophie werden und daß sich dieser Prozeß im einzelnen unterschiedlich vollzogen hat. Freilich wird dann auch die

---

1   Humboldt. VI. S. 123.

Rede von der "Phase der Herausbildung der europäischen Volkssprachen zu Literatursprachen" in jedem ihrer Elemente problematisch.

- Inwiefern ist von einer *Phase* der Ablösung vom universellen schriftsprachlichen Latein bzw. der Herausbildung von Volks- zu Schriftsprachen die Rede? Immerhin liegt zwischen den schriftsprachlichen Anfängen im irischen und angelsächsischen Bereich des 7. Jahrhunderts und der Verdrängung des Lateins aus der Buchproduktion im Deutschland des 17. Jahrhunderts ein rundes Jahrtausend.[2] Und der Prozeß der Formung einheimischer Sprachen zu Literatursprachen ist damit in Europa keineswegs abgeschlossen.[3] Vor allem aber: die Ablösung vollzieht sich jeweils unter verschiedenen Bedingungen und folgt je eigenen Verlaufslogiken. Der Ausdruck "Ablösungsphase" versammelt also eine Reihe von historischen Ereignissen, die im strikten Wortsinn auch so verstanden werden sollten. Darum läßt sich diese Phase als eine Abfolge von Ereignissen auffassen, die im menschheitsgeschichtlichen Bezugsrahmen, der den Übergang von vernaculären zu Schriftsprachen anzeigt, zwar ein und denselben Stellenwert haben, ohne damit jedoch ihren jeweiligen ereignisgeschichtlichen Charakter zu verlieren.

- Inwiefern ist vom *Herausbilden* der Volkssprachen zu Schriftsprachen die Rede? Der Tonfall der Verwunderung, der in dieser Frage mitschwingen mag, gründet offenbar in einem Verständnis von Schrift, wonach diese lediglich zu fixieren vermag, was mit dem Hauch der Stimme vorübergeht; daß sie also einer Sprache die Möglichkeit des Überdauerns hinzufügt, ohne daß sich die sprachlichen Verhältnisse insgesamt ändern. Diese Vorstellung von der Schrift scheint eng mit einem Bild von Sprache verbunden, das sie als lautliches Kommunikationsmittel zeigt, mit dessen Hilfe Geistiges, das unabhängig von diesen Mitteln entstanden und geformt ist, von einem in einen anderen Kopf transportiert wird. Als Teil lebenspraktischen oder - wie wir auch sagen können - alltagstheoretischen Begleitwissens ist ein solches Bild von Sprache und Schrift durchaus funktional. Geht es aber um eine theoretische Klärung der durch Schrift, Schreiben bzw. Lesen und Schriftlichkeit erzeugten neuen Wirklichkeit, so teilt die Additum-Vorstellung von der Schrift mit dem angedeuteten Bild von Sprache alle Unzulänglichkeiten, die an diesem Bild auszumachen sind. Es läßt z.B. Fragen nach den wirklichkeitskonstituierenden Funktionen von Sprache und deren spezifischen Modifikationen durch die Schrift ebensowenig in Betracht kommen wie solche nach der sprachlichen Formung inter- und intrapersonaler Prozesse und deren spezifischer Realisation in Schrift. Grundsätzlicher noch: es läßt die Frage, "was wir tun, *indem* wir schreiben" als Frage erst gar nicht entstehen, weil es ja evident sein soll, daß wir damit den Laut in der Rede bezeichnen. Aber darin liegt, wie Christian Stetter in seiner Skizze "Zu einer analytischen Philosophie der Schrift" gezeigt hat, eine Verwechslung "von Konstitutions- und

---

2   Langosch (1990). S. XIff.
3   Haarmann (1993). S. 144ff.

Funktionsprinzip der Alphabetschrift. Wenn wir schreiben, reihen wir Buchstaben aneinander, aber dies tun wir gerade nicht, um etwas in der Rede zu bezeichnen, ihre Laute oder was sonst immer, sondern um Wörter zu schreiben, die wir zu Sätzen und diese zu Texten zusammenfügen."[4] Und für das Schreiben gilt, daß es im Unterschied zum Sprechen, für das diese Aussage zutreffen kann, aber nicht muß, "von Anfang an als intentionales, mehr oder minder konventionales Handeln zu begreifen" ist.[5] Ein solch intentionales und mehr oder minder konventionales Handeln, nachdem es in einer zweiten, der lateinischen Sprache erlernt worden ist, in der eigenen, der einheimischen zu ermöglichen, erfordert offensichtlich einen tiefgreifenden Einschnitt in die vernaculären Verhältnisse. Er verlangt nichts weniger, als daß die eigene Sprache, wenn man das so sagen darf, nachdem sie erworben, auch noch gelernt werden muß. Und das Einschneidende dieses Vorgangs ist in der Phase der Herausbildung nationaler Schriftsprachen wegen der Analogie zum Erlernen des Lateinischen für alle immer sinnfällig. Das Wort "Herausbilden" ist zur Bezeichnung dieses Vorgangs sicher kein zu starker Ausdruck.

- Inwiefern ist von einer Phase der Herausbildung *der europäischen Volkssprachen zu Schriftsprachen* die Rede? Diese Frage betrifft sowohl die Zahl der von diesem Vorgang betroffenen Volkssprachen als auch deren Kennzeichnung als Volkssprachen. Schon ein kursorischer Überblick über die Geschichten der europäischen Sprachen macht klar, daß die Zahl möglicher Volksssprachen, die zu Schriftsprachen hätten werden können, grundsätzlich nicht bestimmt werden kann, und zwar aus zwei Gründen nicht: weil die Abgrenzung der Ausgangssprachen, die dafür in Betracht hätten kommen können, nämlich Ortsdialekte, regionale Varianten und deren Kombinationen, schlechterdings nicht möglich ist und weil diejenigen, die tatsächlich als solche Ausgangssprachen fungieren, dies nicht aus quasi-natürlichen Gründen, sondern aufgrund kontingenter Bedingungen tun. Aber auch deren Kennzeichnung als "Volkssprachen" verdankt sich einer spezifischen geschichtlichen Konstellation: es sind solche, die im Gegensatz zum Lateinischen keine Schriftsprachen sind und von Kindern und "Ungebildeten" (illiterati) gesprochen werden. Die im Mittelalter verbreitete Bezeichnung "vernaculäre"[6], einheimische Sprache

---

4   Stetter (1992). S. 343/344.
5   Stetter (1992). S. 350.
6   Das Handwörterbuch von Georges nennt als Grundbedeutung: "zu dem Haussklaven gehörig". Substantiviert: "die im Hause geborenen Sklaven, Haussklaven, Hausgesinde". Übertragen: "inländisch, einheimisch, römisch"; "in Rom einheimisch, der Hauptstadt eigen, städtisch". Sp. 3427.
    Das Oxford Latin Dictionary unterscheidet:
    "Of or belonging to one's household, domestic, home-grown or produced". "Of or belonging to the country, neighbourhood, etc., concerned, native, indigenous (...)"."Low-bred, proletarian (...)". S. 2038.

charakterisiert sie recht gut als diejenige, die der lateinischen Schriftsprache als einer übernommenen gegenübersteht, während die Kennzeichnung "Volkssprachen" die Verschiedenheit derjenigen Völkerscharen hervorhebt, die das römische Reich beerben und sie als solche dem Lateinischen gegenüberstellt. Werden sie dann zu Schriftsprachen geformt, sind sie nur noch sehr bedingt Sprachen der Kinder und "Ungebildeten" und werden dann später auch nicht mehr "Volkssprachen", sondern National-, Hoch- oder Literatursprachen genannt und müssen als solche erst wieder die des "Volkes" werden.

Zugespitzt zusammengefaßt kann festgehalten werden: daß z.B. die deutsche Sprache, wie wir sie kennen, diese bestimmte und keine andere Gestalt gewonnen hat, daß die Binnenverhältnisse ihrer Sprecher diese und keine anderen sind, ist nicht das Ergebnis einer natürlichen oder quasi-natürlichen, sondern einer geschichtlich-kontingenten Entwicklung. Aber damit nicht genug: daß sie überhaupt ist, hat seinen Grund in eben solcher Entwicklung. Die gegenwärtigen Sprachverhältnisse Europas und die sich mit ihnen stellenden Probleme von ihren Konstitutionsbedingungen her zu betrachten, eröffnet die Möglichkeit, selbstverständlich geltende Urteile über diese Verhältnisse, also Stereotype, zu überprüfen.

3.1. Dantes Differenzbestimmung:
locutio naturalis und locutio artificialis

Dante hat in einer nach 1305 verfaßten sprachpolitischen Schrift den Prozeß der Herausbildung europäischer Schriftsprachen in ihrer Wechselwirkung mit der Ablösung vom universalen Latein theoretisch gedeutet. Dornseiff und Balogh, deren Übersetzung von 1925 in einem Nachdruck zugänglich ist, übertragen "De vulgari eloquentia", den Titel dieser lateinischen Schrift, so ins Deutsche: "Über das Dichten in der Muttersprache"[7]. Sie stellen damit das Ziel des danteschen Vorhabens heraus, nämlich eine Poetik, Stilistik und Metrik für das Dichten in der italienischen Volkssprache zu entwickeln. Um hierfür eine begriffliche Grundlage zu schaffen, beginnt Dante mit einer ausführlichen Klärung dessen, worauf der Ausdruck Volkssprache (locutio vulgaris) verweist. Während der zweite, der poetologische Teil der Schrift Fragment geblieben ist, ist der erste, der sprachtheoretische Teil ausgeführt; er enthält eine Unterscheidung, eine Wertung und eine empirische Demonstration.

Dante *unterscheidet* zwei Formen, in denen Menschen ihre Sprachlichkeit verwirklichen; die eine nennt er Volkssprache (locutio vulgaris) und die andere eine Sprache zweiten Grades (locutio secundaria). Das unterscheidende Merkmal gewinnt er, indem er fragt, wie Menschen dazu gelangen, diese "Sprachen" zu sprechen. Volkssprachen, so definiert er, "nennen wir die, die wir ohne alle

---

7   Deutsch: Dante (1966); Lateinisch: Dante (1957).

Regel, die Amme nachahmend, empfangen."[8] Dieser Vorgang des Empfangens ist, aus anderer Perspektive dargestellt, ein Gewöhnen der Kinder an die Volkssprache durch die Umgebung, sobald sie anfangen, Wörter zu unterscheiden.[9] Zur Sprache zweiten Grades dagegen gelangen wir nur, indem wir in ihr "durch eine Spanne Zeit und ausdauerndes Lernen geschult und gebildet werden."[10] Ein doppelter Sprachlern-Begriff, wie ihn schon Augustinus verwendet[11], ist also der Bestimmungsgrund zur Unterscheidung der zwei Formen der Verwirklichung menschlicher Sprachlichkeit. Mit ihr beginnt Dantes Gedankenweg.

Er führt zu einer *Wertung*: "die edlere ist die Volkssprache" (nobilior est vulgaris).[12] Ein gewiß erstaunliches Urteil! Denn Dante läßt mit dem Hinweis, daß die Sprache zweiten Grades nicht alle haben, sondern nur einige, wie z.B. die Griechen, keinen Zweifel an dem Rang dieser Sprachen zweiten Grades. Die Reihe, die mit dem Verweis auf die Griechen begonnen ist, kann mit solchen auf die Juden und die Römer fortgeführt werden, und dann finden sich diejenigen antiken Schriftsprachen beieinander, die die Überlieferung der antiken Kulturen für das Mittelalter zunächst einmal sicherstellen. Es sind zugleich für eben dieses Mittelalter die "drei heiligen Sprachen"[13], weil, so die Erklärung, die Kreuzesinschrift in hebräisch, griechisch und lateinisch abgefaßt war. Da sollen die Volkssprachen die edleren sein? Erstaunlich ist dieses Urteil auch deshalb, weil dem Mittelalter die Vernaculär- oder Volkssprache als die der Ungebildeten (illiterati), der Laien und der Kinder gilt. Und schließlich ist festzuhalten, daß für Dante selbst die herausgehobene Stellung des Lateinischen nicht in Frage steht. So begründet er im "Gastmahl", warum er seine Gedichte in italienischer und nicht in lateinischer Sprache kommentiert, mit dem Hinweis, die lateinische Sprache dürfe nicht in eine Dienerrolle gebracht werden.[14] Nach all dem dürfte klar sein, daß die Vorzüge, die das Urteil, die Volkssprache sei die edlere, begründen sollen, nicht in phonetischen, morphosyntaktischen oder lexikalischen Eigenarten einer Volkssprache vermutet werden können[15], sondern anderweitig gesucht werden müssen. Tatsächlich spricht

---

8 Dante (1966). S. 19; Dante (1957). S. 6.
9 Siehe Anm. 8.
10 Dante (1966). S. 19; Dante (1957). S. 8.
11 Siehe Kap. 2. S. 58ff.
12 Siehe Anm. 10.
13 Schwering (1925).
14 Deutsch: Dante (1965). S. 30; Italienisch: Dante (1953). S. 40.
15 Dornseiff und Balogh verweisen auf die Mehrdeutigkeit von "vulgare" und schließen die Bedeutung "vulgäre Sprache" im Sinn einer Sprache des niederen Volkes als Übersetzungsnmöglichkeit aus. Dem kann sehr wohl zugestimmt werden, da in diesem Teil von Dantes Argumentationsweg "Volkssprache" als Typus abgehandelt wird. Wenn sie aber "vulgare" nur insoweit gelten lassen, als es Anwendung in "Kunstrede und Dichtung" findet, deuten sie "vulgare" ausschließlich vom Ergebnis der

Dante auch nicht von den Eigenarten einzelner Volkssprachen, sondern von solchen der Volkssprache als Typus. Er argumentiert also sehr viel grundsätzlicher, wenn er unter drei Gesichtspunkten die Vorzüge der Volkssprachen gegenüber der Sprache zweiten Grades herausstellt: sie ist die *zuerst* gebrauchte (prima usitata); sie wird von *allen* Menschen, der ganzen Welt angewendet (totus orbis perfruitur); und sie ist uns Menschen *natürlich*, während die sekundäre Sprache mehr als etwas Künstliches existiert (naturalis est nobis, cum illa potius artificialis existat).[16] Mit dem ersten Argument wird nicht nur eine zeitliche Reihenfolge, sondern ein Voraussetzungsverhältnis als Bewertungskriterium genutzt; mit dem zweiten wird ein Gleichheitsprinzip zur Geltung gebracht; mit dem dritten werden schließlich die beiden Formen der Verwirklichung menschlicher Sprachlichkeit gewertet, indem aus dem Voraussetzungsverhältnis Kriterien hergeleitet und diese in die Tradition der Begriffsopposition von "physis" und "thesis" eingerückt werden, und zwar so, daß - wie noch zu begründen sein wird - das Verhältnis der Personen zu dem, was sie vorgängig immer schon sind, zum Kriterium der Vorzüglichkeit wird.

Warum aber soll das zuerst und von allen Gebrauchte, das dem Menschen natürlich ist, den Vorzug verdienen vor dem, was als zweites und von wenigen gebraucht wird und ein vom Menschen Hervorgebrachtes ist? Zumal nur in Letzterem sich die Verbindung zum antiken Erbe und zu den Quellen christlicher Offenbarung herstellt. Hinweise auf eine Anwort lassen sich aus der Charakterisierung von Dantes Schrift als einer sprachpolitischen gewinnen und aus der Analyse der subtilen Argumentation, mit der Dante im "Gastmahl" seine Wahl der Volkssprache als Sprache eines wissenschaftlichen Kommentars begründet.

Dante, in der gelehrten Bildung seiner Zeit lebend, schreibt sein dichterisches und wissenschaftliches Werk teils in lateinischer, teils in italienischer Sprache. "De vulgari eloquentia" steht im Dienst des sprachpolitischen Programms, die italienische Volkssprache zu einer "Gemein-, Schrift- und Literatursprache"[17] auszubilden bzw. sie als eine solche zu etablieren. Sie soll auch in jenen Sprachdomänen einen Platz einnehmen dürfen, die bis dahin der lateinischen Sprachen vorbehalten waren. Die Rechtstitel - wenn man das so sagen darf - die diesen Anspruch begründen sollen, werden als vernaculäre, egalitäre und selbstreflexive hergeleitet. Die Evidenz, die Dante für diese Rechtstitel annimmt, stellt sich auch für uns Leser des 20. Jahrhunderts für die beiden ersten im Kontext seiner Argumentation her; der dritte bedarf einer interpretatorischen Anstrengung.

Argumentation und machen eindeutig, was in Dantes Begriff schwankend geblieben ist.
Dante (1966). S. 5/6.
16 Dante (1966). S. 20; Dante (1957). S. 8.
17 Dornseiff und Balogh in: Dante (1966). S. 7.

- Indem das Vernaculäre, das Einheimische, das im Typus "Volkssprache" als das Vorrangige gegenüber dem zur Geltung gebracht wird, was in der schulmäßigen Aneignung und Tradierung der großen antiken Vorbilder gelernt worden ist, wird Eigenständigkeit eingefordert, die Entlassung aus den ("scholastischen") Schulverhältnissen für diejenigen in Anspruch genommen, die einst das Römische Reich beerbt haben.
- Indem dieser Anspruch auch aus der Tatsache hergleitet wird, daß alle Menschen darin gleich sind, Volkssprache zu sprechen, wird dieses Merkmal zu einem, das Vorzüglichkeit begründet.
- Indem schließlich der Vorrang des Vernaculären und Egalitären als ein natürlicher postuliert wird, soll offenbar der Anspruch auf Entlassung aus der Abhängigkeit der Schulverhältnisse noch verstärkt werden. Inwiefern aber wird die Volkssprache deshalb zur edleren, weil sie den Menschen natürlich ist? Hinweise für eine Antwort, die klären, wie die Ausdrücke "edel" (nobilis) und "natürlich" (naturalis) verstanden und aufeinander bezogen werden können, finden sich in der zeitgleich mit "De vulgari eloquentia" konzipierten Schrift "Das Gastmahl" (Il convivio).[18] Sie zeigen, daß die Kraft, die den Menschen zu einem "edlen" bzw. "adligen" macht, nicht aus der Abstammung gewonnen wird, sondern aus der Tugend.[19] Sie zeigen zum anderen, daß die Beziehung der Sprecher zu ihrer eigenen Volkssprache (proprio volgare) zweifach bestimmt ist: von der "natürlichen Liebe zur eigenen Sprache" (naturale amore de la propria loquela) und der "vollkommenen Liebe zu ihr" (perfettissimo amore di quella).[20] In seiner *natürlichen Liebe* zur eigenen, zur italienischen Volkssprache verherrlicht Dante sie, wacht eifersüchtig über sie und verteidigt sie. So können ihre verborgenen Eigenschaften offenbar werden: Die erhabensten neuen Gedanken finden in ihr einen geziemenden, hinreichenden und dem Lateinischen ebenbürtigen Ausdruck. Im Prosakommentar, der so entsteht, zeigt sich die wahre Kraft der Volkssprache.[21] Die *vollkommene Liebe* zur eigenen Sprache hat ihren Grund darin, daß sie dem Sprecher das Nächste ist, weil sie mit seiner Person in wesentlicher Weise verbunden ist: Sie allein ist früher als alles andere in seinem Geist.[22] Und weil der Grundsatz gilt, daß der *eigentümlichste* Wert einer Sache diese auch liebenswert macht, gilt der eige-

---

18   Deutsch: Dante (1965); Italienisch: Dante (1953).
19   "Wenn Tugend nun und Adel so sich gleichen
     Daß beide gleicher Wirkung sind,
     So muß die eine aus der andern stammen."
     Dante (1965). S. 162.
20   Dante (1965). S. 37-40 und S. 43-45; Dante (1953). S. 60-67 und S. 75-81.
21   Dante (1965). S. 39; Dante (1953). S. 64/65.
22   Dante (1965). S. 44; Dante (1953). S. 77.

nen Volkssprache auch die vollkommene Liebe.[23] Mit ihr antwortet der Sprecher nur auf die "Wohltat" (beneficio), die die eigene Volkssprache an ihm verrichtet hat: Sie war das Verbindungsglied der Eltern und insofern an seiner Zeugung mitbeteiligt und sie hat ihn auf den Weg zur Wissenschaft, zur höchsten Vollkommenheit geleitet. Schließlich hat sie diejenigen, die eine Sprache zweiten Grades erlernt haben, in das Lateinische eingeführt und damit weiteres Fortschreiten ermöglicht.[24] Es sind somit die besonderen Nahverhältnisse zwischen den sprechenden Personen und ihren eigenen Volkssprachen, die in dem Wort "natürlich" zum Ausdruck gebracht werden, und es sind die "Wohltaten" dieser Volkssprachen und die auf diese antwortende Liebe der Sprecher, die sie im Vergleich mit den mehr artifiziellen (Schrift-)Sprachen als edler erweisen.

Es mag für uns heutige Leser von einiger Bedeutung sein, daß Dante die Sprache, "die dem Menschen natürlich ist", in aller Regel nicht Muttersprache (materna lingua, il parlar materno) nennt, also ein Wort vermeidet, das für uns wegen seiner emotionalen Konnotationen am ehesten geeignet ist, die Nahverhältnisse auszudrücken. Aufschluß gewinnen wir vor dem Hintergrund der Frühgeschichte des Begriffs Muttersprache im lateinisch-romanischen Sprachraum.[25] Dantes Wortwahl erweist sich dann als eine, die die Polarität von Latein und Volgare unterstreicht und den Sinn dieser Polarität bestimmt, indem er im Volkssprachlichen das Moment des Eigenen hervorhebt. Im "Gastmahl" heißt die dem Menschen natürliche Sprache Volkssprache (volgare), eigene Volkssprache (proprio volgare) oder Eigensprache (propria loquela). Darin drückt sich das neue, das spezifische Verständnis Dantes aus. Wenn er dagegen in "De vulgari eloquentia" den Ausdruck Muttersprache benutzt, steht er in einer Tradition, die mit diesem Wort das noch Ungebildete und Unaufgeklärte des Sprechens markiert. So lobt er den Paduaner Aldobrandino, weil er sich von seiner Muttersprache abwende (divertere a materno) und eine abgewogene Volkssprache (curiale vulgare) anstrebe. (Wie noch zu zeigen sein wird, definiert Dante curialitas als "abgewogene Regel für Handlungen" und führt damit einen seiner vier Schlüsselbegriffe ein, mit denen er die Volkssprache in ihrer zweiten Gestalt bestimmt. Vergl. S. 67ff.). Im Parallelfall, dem Lob des Mantuaners Sordello für seine Abwendung vom niederen, ungehobelten Sprechen, benutzt Dante den Ausdruck Vater-Volkssprache (patrium vulgare). "Maternum vulgare und patrium vulgare erscheinen hier beide als niedrige Formen der Sprache, die es im höheren geistigen Bemühen zu überwinden gilt."[26] Noch ein zweites Mal benutzt Dante im ersten Buch dieser Abhandlung

---

23 Dante (1965). S. 43; Dante (1953). S. 76.
24 Dante (1965). S. 46; Dante (1953). S. 83.
25 Behaghel (1929); Heinimann (1988). S. 155-174.
26 Dante (1966). S. 41; Dante (1957). S. 122.
    Dante (1966). S. 41; Dante (1957). S. 125/126.

das Wort Muttersprache (materna locutio); diesmal um das Unaufgeklärte eines Sprechens zu verspotten, das im Ethnozentrismus der Sprecher gründet: die Leute im toskanischen Pietramala halten ihre Sprache für die menschliche schlechthin (für die adamitische). Wenn die dem Menschen natürliche Sprache als die mütterliche oder väterliche eingeführt wird, so ist damit auf ein noch unbearbeitetes Erbe verwiesen; wird sie als eine höheren Rechts herausgestellt, so heißt es, daß wir sie von der Amme empfangen (nutricem accipimus).[27]

Dante erklärt also die Volkssprache als locutio naturalis im Vergleich zur Sprache zweiten Grades als locutio artificialis in den beiden ersten Herleitungen mit einem geschichtlichen Emanizipationsargument zur edleren, dieses selbst interpretiert er in der dritten Herleitung anthropologisch. Der Begriff der Volkssprache faßt dabei dreierlei: personenbezogen die spezifischen Prozesse, in denen sich ein Kind in die Sprache seiner Umgebung einlebt; sozialbezogen die Gruppe, die in gleicher Weise spricht;[28] und schließlich objektbezogen das Gebilde einer Einzelsprache, die noch nicht Schriftsprache ist bzw. dabei ist, eine zu werden.

Da es Dante in "De vulgari eloquentia" darauf ankommt, eine Lehre vom Dichten in der italienischen Volkssprache zu entwickeln, stellt sich die Frage, wie er die Ausgestaltung des Italienischen zur Literatursprache denkt. Ausgangspunkt seiner Überlegungen ist die Frage, wo denn die italienische Volkssprache überhaupt anzutreffen sei. Die Antwort hat die Form einer empirischen Demonstration.

Mit dieser *empirischen Demonstration* rekonstruiert Dante den Weg zur italienischen Literatursprache, der ja in wesentlichen Passagen sein eigener Weg gewesen ist. Nicht mehr von der Volkssprache als Typus ist nun die Rede, sondern von einer spezifischen, der italienischen Volkssprache. Aber in dieser Formulierung wird die italienische Volkssprache als etwas mit sich selbst Identisches unterstellt, das unter den Bewohnern Italiens so gar nicht anzutreffen

---

Heinimann (1988). S. 166.

27 Dante (1966). S. 25; Dante (1957). S. 31/32.
Trabants Hinweis, daß der Ausdruck Muttersprache aber schließlich doch auch erscheine, ist wohl nicht ohne Anflug von Ironie. Trabant (1990). S. 12.
Zur Vorstellung, daß Volkssprache als ererbte zu bearbeiten sei: "der war ein beßrer Schmied der Muttersprache" (miglior fabbro del parlar materno). Göttliche Komödie. Fegefeuer. XXVI. 115.
Zur Vorstellung, den Spracherwerb mit dem Saugen an der nährenden Brust zu parallelisieren: Spitzer (1948): S. 15-65.

28 Während die Verbindung der eigenen Sprache mit dem sprechenden Subjekt als eine wesentliche Verbindung aufgefaßt wird, erscheint die Verbindung stiftende Wirkung der Sprache im Sozialen ("mit den nächsten Angehörigen, mit den eigenen Bürgern und mit dem eigenen Volk") akzidentell.
Dante (1965). S. 44; Dante (1953). S. 77/78.

ist. Anzutreffen - so stellt Dante im 10. Kapitel des ersten Buches von "De vulgari eloquentia" fest - sind in Italien "mindestens vierzehn verschiedene Volkssprachen", die alle noch in sich Verschiedenheiten aufweisen. Ginge man diesen Verschiedenheiten der Volkssprache Italiens (vulgaris Ytalie variationes) nach, so käme man auf mehr als "eine tausendfältige Verästelung der Volkssprache" (ad millenam loquele variationem ... sed etiam ad magis ultra).[29]

Was aber rechtfertigt es, von der Volkssprache Italiens im Singular zu reden, wenn mindestens vierzehn Volkssprachen, die dazu noch weiter aufgegliedert sind, unterschieden werden müssen? Dante denkt offenbar die vierzehn Volkssprachen als Varietäten der einen italienischen Volkssprache. Darauf weist auch hin, daß er die Sprachverschiedenheiten Italiens in solche ersten und zweiten Grades und weiterer Grade ordnet (primas et secundarias et subsecundarias vulgaris Ytalie variationes).[30] Aber wie gelangt er dahin, die vierzehn als Varietäten der einen auszumachen? Der Hinweis auf die verbreitete scholastische Unterscheidung von Mundart (idioma) und Einzelsprache (lingua), die die Mundarten als Erscheinungsformen der einen ideellen Substanz einer Einzelsprache vorstellt, hilft nicht weiter[31], weil damit zwar eine kategoriale Denkform charakterisiert ist, in der auch Dante sich bewegt, aber nicht erklärt wird, aufgrund welcher empirischer Daten sie Dante auf die Sprachen Italiens anwenden kann.

Tatsächlich ist die Unterscheidung in erster Linie von dem *Ziel* der Argumentation bestimmt, die *eine* italienische Volkssprache zu finden. Ist sie - wenn am das so sagen darf - dingfest gemacht, lassen sich die vielfältigen Sprachen Italiens als Varietäten dieser einen interpretieren. Da sich Dante aber dieser einen italienischen Volkssprache, die ja schließlich auch ein Ergebnis seiner literarischen Praxis ist, gewiß sein kann, kommt es nur noch darauf an zu demonstrieren, wie sie zu finden ist.

Dante vergleicht die Suche nach der einen italienischen Volkssprache mit einer Jagd und die gesuchte Sprache mit einem Panther.[32] Der erste Versuch, ihn zu finden, demonstriert die Unmöglichkeit, ihn in einem der Areal rechts oder links des Apennins anzutreffen, also in einer der regionalen oder lokalen Sprachen z.B. der der Römer, der Mailänder, der Apulier, der Sarder, der Sizilianer oder Toskaner, das gesuchte Italienisch zu identifizieren. Er begründet dieses Scheitern entweder damit, daß eine Region noch ohne eigene Volkssprache sei (sine proprio vulgari) wie z.B. die der Sarder, die das Latein nachahmen

---

29 Dante (1966). S. 34; Dante (1957). S. 86-88.
30 Dante (1966). S. 34; Dante (1957). S. 86.
31 Roger Bacon: idioma est proprietas alicuius linguae distincta ab alia, ut Picardum et Gallicum et Provinciale etc. nam lingua latina est in omnibus una et eadem, secundum substantiam, sed variata secundum idiomata diversa.
32 Dante (1966). S. 34 u. S. 43; Dante (1957). S. 88 u. S. 132..

wie die Affen die Menschen (grammaticam, tanquam simie homines, imitantes)[33]; oder damit, daß Regionen aufgrund ihrer Grenzlage keine reinen Sprachen haben können (purales nequeunt habere loquelas) wie z.B. Trient, Turin und Alessandria[34]; oder schließlich damit, daß sie im ganzen oder im einzelnen den Anforderungen an die gesuchte eine italienische Volkssprache nicht gerecht werden.

Nachdem somit ausgeschlossen worden ist, in einer regionalen oder lokalen Sprache Italiens die gesuchte Sprache finden zu können, beginnt der zweite Versuch, diese zu bestimmen. Der Vergleich mit der Jagd auf den Panther wird weitergesponnen: zwar treffen wir ihn in keiner Region und in keiner Stadt, aber in jeder hinterläßt er eine Witterung, in einer mehr und in einer anderen weniger.[35] Dante faßt dann das im Vergleich Angedeutete in Begriffen, die sich an der aristotelischen Metaphysik orientieren und ordnet die im ersten Versuch verwendeten Kriterien zu einer Definition: Die gesuchte eine italienische Volkssprache ist:

"die erlauchte, maßgebende, bei Hofe gesprochene und höfische Sprache in Italien, welche jeder italienischen Stadt gehört und doch keiner ausschließlich und mit der wir alle Stadtmundarten der Italiener messen, wägen und vergleichen."[36]

"illustre, cardinale, aulicum et curiale in Latio, quod omnis latie civitatis est et nullius esse videtur, et quo municipalia vulgaria omnia Latinorum mensurantur et poderantur et comperantur."[37]

Ihr Wesensmerkmal besteht also darin, *in* den Lokal- und Regionalsprachen Italiens zu sein, aber *jenseits* ihrer Besonderheiten. Dante nennt sie auch italienische Nationalsprache (vulgare latinum) und begründet das so:

"Denn wie wir die Sprache (vulgare) finden können, die Cremona eigentümlich ist (proprium est), so können wir die finden, die der Lombardei eigen ist. Und wie man eine Sprache finden kann, die der Lombardei eigentümlich ist, kann man eine finden, die dem ganzen linken Italien eigen ist. Und wie man alle diese finden kann, so auch jene, die ganz Italien gehört. Und wie die eine cremonesisch, die andere lombardisch und die dritte linksitalienisch heißt, so wird die, welche ganz Italien gehört, italienische Nationalsprache genannt, (quod totius Ytalie est, latium vulgare vocatur)."[38]

---

33 Dante (1966). S. 36; Dante (1957). S. 94.
34 Dante (1966). S. 43; Dante (1957). S. 132.
35 Dante (1966). S. 43ff.; Dante (1957). S. 132ff.
36 Dante (1966). S. 44.
37 Dante (1957). S. 142.
38 Dante (1966). S. 47; Dante (1957). S. 158.

Was kann über die Existenz dieser nationalen Volkssprache gesagt werden? Christos Karusos unterscheidet in seiner Rede "Dante und die Sprache" die Phase ihrer nur potentiellen Existenz, von der Phase der Realisation, in der Schriftsteller, die "Gnade und Wissen" vereinen, das Potentielle erschließen und ihm Gestalt verleihen.[39] Damit interpretiert er Dantes Antwort: Die nationale Volkssprache tritt in den Werken erlauchter Dichter (doctores illustres) in Erscheinung, die in Italien in der Volkssprache gedichtet haben (qui lingua vulgari poetati sunt in Ytalia), Männern aus Sizilien, Apulien, der Toskana, aus der Romagna, der Lombardei und aus beiden Marken.[40] Interpretationsbedürftig ist für uns Dantes Formulierung, die nationale Volkssprache sei von diesen Dichtern "*gebraucht*" worden. Dies "gebrauchen" (uti) setzt die Existenz der nationalen Volkssprache voraus, und das Voraussetzungsverhältnis findet in Dantes metaphysischem Denken eine Erklärung. Wichtiger aber für die Interpretation des Ausdrucks "gebrauchen" sind die vier Bestimmungen, die Dante in seiner Definition der gesuchten einen italienischen Sprache exponiert: sie sei die erlauchte, maßgebende, bei Hofe gesprochene und höfische Sprache. In diesen Bestimmungen wird nämlich, wie noch zu zeigen sein wird, der schöpferische Anteil derer, die diese Sprache "gebrauchen", sehr klar umrissen. Die Interpretation von Karusos trägt dem Rechnung: Insofern die Dichter die potentiell eine italienische Sprache "erschließen", richten sie sich nach einem Vorgegebenen; insofern sie diesem Vorgegebenen "Gestalt" verleihen (Karusos verwendet den aristotelischen Begriff "eidos"), schaffen sie sie.

Dante verläßt damit die spezifischen italienischen Verhältnisse und bestimmt einen neuen, einen zweiten Typus von Volkssprache. Selbst wenn er in der Erörterung des dritten Bestimmungsmerkmals diese Verhältnisse ausdrücklich thematisiert, führt dies zu einer weiteren Präzisierung des neuen Typus. Dieser aber erweist sich als Sprache zweiten Grades im Sinne der Unterscheidung, mit der Dante seine Argumentation eröffnet: Volkssprache, "die wir ohne alle Regel, die Amme nachahmend, empfangen", wechselt ins Rollenfach ihres Gegenbegriffs, wird zur Sprache zweiten Grades, "die die Römer grammatica benannt haben."[41]

Denn sie ist nun eine *erlauchte (illustre)*: sie ist vom Licht durchdrungen und leuchtet darum. Insofern ist sie, im Vergleich zu ihrer Ausgangsrolle, erhöht, (sublimatum est). Bewirkt wird diese Erhöhung durch eine Auswahl: aus einem rohen, unbearbeitet-kunstlos-ungebildeten Lexikon (rudibus vocabulis), einer verworren-dunklen Syntax (perplexis constructionibus) und aus einer schwachen und schlicht-bäuerlich-ungeschliffenen Aussprache (defectivis prolationibus ... rusticanis accentibus) ist von den Dichtern in einer Weise "ausgewählt" worden, daß daraus etwas "so Vollendetes, so Urbanes" wurde. Mit anderen

---

39 Karusos (1975). S. 15.
40 Dante (1966). S. 47; Dante (1957). S. 158.
41 Dante (1966). S. 19; Dante (1957). S. 6-8.

Worten: sie ist durch Bildung erhöht (sublimatum est magistratu). Damit gewinnt sie eine Potenz, die sie so vorher nicht gehabt hat: sie gewinnt Einfluß auf das Denken, Fühlen und Wollen der Menschen. Sie ist also nicht nur durch Bildung erhöht, sondern auch durch Macht (potestate). Und darum heißt sie auch nicht nur um ihrer selbst willen erlaucht, sondern auch deshalb, weil sie diejenigen erhöht, die ihr Gestalt verleihen; denn diese übertreffen Könige, Adel und Größen jeglicher Art an Ruhm.[42]

Volkssprache wird zu einer Sprache zweiten Grades, indem sie zur *maßgebenden (cardinale)* wird. Als herausgehobene faßt sie nämlich einerseits zusammen und steht andererseits für das Zusammengefaßte. Sie ist also in einer ersten Hinsicht maßgebend, weil sie eine Schar von Lokal- und Regionalsprachen zusammenfaßt, so daß diese als Elemente einer Einzelsprache überhaupt erst in Erscheinung treten können. Sie wirkt als eine Art Türangel (cardo). Mit diesem Vergleich greift Dante den Anschauungsgehalt des Ausdrucks "cardinale" auf:

"Denn wie das ganze Tor seiner Angel (cardinem) folgt, so daß, wohin sich die Angel dreht, sich auch das Tor selbst wendet, und so nach innen oder nach außen schwingt. So geht die ganze Schar der Stadtmundarten und kommt, bewegt sich und hält inne wie jene Volkssprache."[43]

Sie ist in einer zweiten Hinsicht maßgebend, denn sie steht wegen ihrer erhöhten Position auch metonymisch für das Zusammengefaßte wie der "Familienvater" für die Familie.[44] Schließlich ist sie noch in einer dritten Hinsicht maßgebend. Es wird ja bewußt daran gearbeitet, ihre Gestalt hervorzubringen. Hierzu wird dem Vorgegebenen, nach dem sie sich richten muß (vergl. S.?), etwas wegegenommen oder hinzugefügt. Dante vergleicht diesen Prozeß mit dem Wald- und Landbau:

"Rottet sie (die Volkssprache) nicht Tag für Tag die dornigen Gestrüppe aus dem italienischen Wald aus? Sät sie nicht täglich Pflanzen und pflanzt Gärten an?"

Damit definieren die "Ackersleute" der Volkssprache[45], was im Sinne der Volkssprache zweiten Grades als sprachrichtig und sprachangemessen gelten soll.

---

42 Dante hält dies für evident: "Das bedarf keines Beweises." Die Evidenz wird durch eine biographischen Hinweis verstärkt: "Wie sehr sie aber ihre Freunde berühmt macht, haben wir selbst an uns erfahren, die wir ob der Süße ihres Ruhmes unsere Verbannung hinter uns werfen." Dante (1966). S. 45; Dante (1957). S. 142-148.
43 Dante (1966). S. 46; Dante (1957). S. 148-150.
44 Siehe Anm. 43.
45 Siehe Anm. 43.

Volkssprache in der Rolle einer Sprache zweiten Grades bedarf einer ihr angemessenen Wohnstätte. Da sie im Unterschied zu den Lokal- und Regionalsprachen keinen unmittelbar vernaculären Bezug zum Raum hat, braucht sie eine Wohnstätte, wo sie "allen gemeinsam und niemandes besonderes Eigentum ist". Eine solche findet sie in der "Hofburg" (aula), die entsprechend Dantes Vorstellung von Monarchie das gemeinsame Haus des ganzen Reiches ist (aula totius regni communis est domus). Darum heißt sie auch die *bei Hofe gesprochene (aulicum)*. Generalisierend stellt Dante fest, daß diejenigen, die in Hofburgen verkehren, sich der Volkssprache, verstanden als Typus derjenigen Volkssprache, der zur Sprache zweiten Grades geworden ist, bedienen. Daß in dieser Zuschreibung auch der Gedanke enthalten ist, sie habe damit eine *machtgegründete* Wohnstätte gefunden, wird in Dantes Beschreibung der besonderen italienischen Verhältnisse deutlich. Denn die Zuschreibung gilt für eben diese Verhältnisse nur bedingungsweise: Hätten die Italiener eine solch königliche Hofburg, so hätte die italienische Nationalsprache dort ihre Heimstatt. Da dies aber nicht so ist, "pilgert die erlauchte (italienische) Volkssprache wie eine Fremde umher" (velut accola peregrinatur) und "herbergt in niedrigen Freistätten" (in humilibus hospitatur asilis).[46] Dennoch hält Dante daran fest, auch sie sei die bei Hofe gesprochene. Denn die machtgegründete, in der Person des Königs repräsentierte Einheit des Reiches fehlt zwar im Unterschied zu den deutschen Verhältnissen in Italien. Aber dieser Mangel wird nicht nur kompensiert, sondern in einer utopischen Wendung als Vorwegnahme eines Zustandes gedeutet, in dem die Einheit nicht mehr machtgegründet ist und in der Person eines Königs repräsentativ zur Anschauung gelangt, sondern sich *vernunftgegründet* herstellt. Die Glieder unseres Hofes - so Dante nicht ohne Stolz - sind "durch das holde Licht der Vernunft vereinigt" (gratioso lumine rationis unita sunt).[47]

Wie sehr Dante die Volkssprache neuen Typs vernunftgegründet bestimmt, zeigt auch und vor allem das letzte Merkmal, mit der er sie charakterisiert: sie ist eine *höfische (curiale)*. Aber "höfisches Wesen" wird ganz analog zur Adelsdefinition im "Gastmahl" nicht sozio-ökonomisch oder politisch verstanden, sondern als in der *Reflexion* gegründet vorgestellt: "höfisches Wesen ist nichts anderes als abgewogene Regel für Handlungen" (curialitas nil alind est quam librata regula eorum que peragenda sunt). Damit wird ein Quasi-Naturzustand unseres volkssprachlichen Sprechens, in dem wir an unsere Sprachumgebung gewöhnt "ohne alle Regel" tätig sind, auf einen solchen Zustand hin geöffnet, in dem wir ein Begleitbewußtsein etablieren, das es uns ermöglicht, unser Sprechen als Sprechen im Auge zu halten und so, wenn wir sprechend tätig sind, auch abwägend Regeln folgen können. Warum aber nennt Dante solche Sprecherreflexivität "höfisch"? Weil "eine Waage für solches Wiegen nur in den

---

46   Dante (1966). S. 46; Dante (1957). S. 150-152.
47   Dante (1966). S. 47; Dante (1957). S. 156.

vornehmsten Hoflagern (curiae) zu sein pflegt."[48] Aber auch die Feststellung, daß nur das Hoflager über das Maß für das Abwägen verfüge, kommt, wie in der Darstellung des dritten Kriteriums schon dargelegt, diesem nur akzidentell, nicht wesentlich zu; denn dieses Maß hat nicht in Reichtum und Macht oder in Adelsstammbäumen seinen Grund, sondern lebt als ein dynamisches vom "holden Licht der Vernunft".

Dante deutet mit seiner Unterscheidung, mit seiner Wertung und mit seiner empirischen Demonstration den Prozeß der Ablösung vom universellen schriftsprachlichen Latein im okzidentalen Europa auf eine sehr grundlegende Weise. Was in den geschichtlichen Besonderheiten dieses Prozesses im einzelnen zur *Sprachlichkeit des Menschen* beobachtet werden kann, ordnet er *im Begriff ihrer zweifachen Ausprägung* als locutio naturalis und locutio artificialis. Das geschichtlich Kontingente, nämlich die duale Gliederung von Sprechergruppen, Sprachdomänen und sprachlichen Mitteln, hier die gebildeten Sprecher in den Domänen der Schriftlichkeitskultur das universelle Latein benutzend, dort die Ungebildeten (illiterati) und Laien in Alltagssituationen ihre vernaculären Sprachen sprechend[49], wird zum Anlaß, die Sprachlichkeit des Menschen selbst dual auszulegen und die Verhältnisse zwischen den beiden Komponenten zu bestimmen. Das Changierende in Dantes Gebrauch des Ausdrucks "Volkssprache" hat wohl kaum in der Nichtbeachtung der geläufigen Unterscheidung von Muttersprache, Mundart und Nationalsprache seinen Grund, eher in den objektiven Schwierigkeiten dieser Verhältnisbestimmung.

Dantes definitorische Ausgangslage ist die typologische Unterscheidung von locutio naturalis und locutio artificialis oder in anderen Worten die von Volkssprache und Sprache zweiten Grades. In der gedanklichen Durchdringung des Prozesses der Ablösung vom Latein und der Herausbildung der vernaculären zu Schrift- und Nationalsprachen wird erst am Schluß der Argumentation ganz klar, daß Dante die beiden Komponenten so konfiguriert, daß nicht eine durch die andere ersetzt oder diese durch jene dominiert wird, sondern beide zu einem spezifischen Zusammenspiel finden.[50] Gewiß ist hier vieles erklärungsbedürftig;

---

48 Dante (1966). S. 46; Dante (1957). S. 154.
49 Coseriu weist in seinen "Grundzügen der Theorie des Sprechens" auf die für unseren Zusammenhang wichtige Tatsache hin, daß im Sprechen "die Einzelsprache keine 'substantivische' Existenz, sondern eine 'adverbiale' hat". Die Griechen und Römer haben dies angemessener zum Ausdruck gebracht als wir, die wir die Sprachen adjektivisch kennzeichnen (die deutsche Sprache); die Griechen sagen z.B. attikizein - attisch sprechen oder barbarizein - wie Barbaren sprechen oder hellenizein - griechisch sprechen. Coseriu (1988). S. 62/63.
50 Vom Ende des Argumentationswegs her gesehen, mag das dritte Wertungskriterium (die Volkssprache sei edler, weil sie *natürlich* ist, während die Sprache zweiten Grades mehr als etwas Künstliches existiert) in einem neuen Licht erscheinen, insofern die Vitalität der ersteren ggnüber der Fragilität der letzteren herausgestellt wird. Damit

aber als bleibender Ertrag dieser Argumentation kann festgehalten werden, daß die Sprachlichkeit des Menschen erst dann eine angemessene Thematisierung erfahren hat, wenn beide Komponenten Beachtung finden können. Eine sorgfältige Fassung des Begriffs "sprachliche Bildung" stellt vielleicht am ehesten in Aussicht, die im Bild vom Zusammenspiel angedeuteten Syntheseleistungen auch definitorisch zu bestimmen.

Dantes gedankliche Durchdringung des Ablösungs- und Herausbildungsprozesses führt zu einer Fülle von linguistischen Beobachtungen, Einsichten und Problemformulierungen, von denen einige wenige genannt sein sollen, die in einem menschheitsgeschichtlichen Deutungsrahmen, wie er im 1. Kapitel skizziert worden ist, wichtig werden. Da ist zunächst und vor allem die Thematisierung der *Sprachverschiedenheit*. Zwar wird noch der Mythos von der babylonischen Sprachverwirrung herangezogen[51] und interpretiert, verliert aber als Geschichte eines Fluchs jede Bedeutung für die Bewertung der Verschiedenheit der Sprachen, von der Dante handelt. Dann ist nämlich nicht mehr vom Fluch, sondern von den "Wohltaten" der Volkssprache die Rede. Diese Wohltaten aber spenden realiter die Volkssprachen in der schier unermeßlichen Vielfalt ihrer Verschiedenheiten.

Eng verbunden mit der Thematisierung der Sprachverschiedenheiten ist die Hervorhebung des *Proprialen*, des *Eigentümlichen*. Dante sieht den Grundsatz als allgemein anerkannt an, daß der innere Wert von etwas um so liebenswerter, je eigentümlicher er sei (E quanto ella è più propria, tanto ancora è più amabile).[52] Darum gilt auch im sprachlichen Bereich: Die Volkssprache ist jedem das Nächste, ja das Allernächste und darum jedem von allen Sprachmöglichkeiten die eigentümlichste. Weil dies aber für jede Sprechergruppe und ihre jeweils eigenen Volkssprachen gilt, ist damit zugleich ein *Egalitätsprinzip* zur Geltung gebracht, das seinerseits wiederum das Werturteil begründet, die Volkssprache sei die edlere. Wenn auch die Spannung zwischen diesen beiden Grundsätzen noch unerörtert bleibt, so wird doch im Zusammenspiel von locutio naturalis und locutio artificialis ein *Reflexionspotential* gewonnen, das die Bearbeitung dieser Spannung erlaubt, und es wird damit auch eine Richtung angegeben, in der eine Lösung gesucht werden kann.

Wichtig werden auch Dantes Erwägungen zum *Sprachwandel* einerseits und zur Rolle *normativer Grammatik* bei der Ausgestaltung von *Schriftlichkeit* andererseits. In einer geschichtlichen Phase lebend, in der schriftliche Texte der ei-

---

werden die Verhältnisse innerhalb eines Projekts klargestellt, während im Reden über das Projekt fast nur noch von denjenigen Tätigkeiten gehandelt wird, die die Herausbildung des neuen Typs, der Volkssprache als Sprache zweiten Grades, zum Ziel haben.

51 Dante (1966). S. 24ff.; Dante (1957). S. 30ff.
52 Dante (1965). S. 44; Dante (1953). S. 79.

genen Volkssprache noch nicht aus der Ferne lang vergangener Zeiten überkommen sind[53], stellt sich Dante die Frage, wie denn wohl seine Landsleute in früheren Zeiten gesprochen haben mögen. Die Art, wie er die Frage stellt und zu beantworten sucht, zeigt, daß dies überhaupt fragwürdig werden kann, weil ihm mit der Lektüre der Schriften in einer anderen Sprache, der lateinischen, das Gespräch über die Zeiten und die Regionen hin fraglos gelingt. Aus dieser Position betrachtet gerät wohl eine Selbstverständlichkeit oralen Traditionsverständnisses, die er unterstellt, ins Wanken, daß nämlich die Altvorderen so oder doch so ähnlich wie die jetzt Sprechenden gesprochen haben werden. Dies wiederum macht es erst verständlich, warum er die Feststellung, "daß, wenn einstige Einwohner von Pavia jetzt auferständen, würden sie, mit den neuen Pavianern verglichen, in einer veränderten und verschiedenen Sprache reden", eine kühne Behauptung nennt.[54] Die Leistungen der geschriebenen Sprache kommen in den Blick; vor allem die Rolle der Grammatik. Sie nämlich verhindert, daß eine Sprache nach dem Willen Einzelner hin und her wogt" und bewirkt, daß sie "nichts anderes ist als unveränderliche Einheit der Sprache in verschiedenen Zeiten und Orten" (nihil aliud est quam quedam inalterabilis locutionis idemptitas diversis temporibus atque locis).[55] Die Funktion einer solchen Sprache zweiten Grades, die man hinzuerfunden hat (adiuvenerunt), wird in Hinsicht auf die besondere, die historische Beerbungssituation herausgestellt und dann verallgemeinert bestimmt: damit wir nicht wegen der Verschiedenheit der Sprachen "auf keine Weise oder vielleicht nur unvollkommen gelangten zu Autoritäten und Taten der Alten oder derer, die der räumliche Abstand von uns fernrückt."[56]

Mit der Ausgestaltung der Volkssprachen auch zu Sprachen zweiten Grades sieht Dante eine neue Zeit heraufkommen. Diese so verstandene Volkssprache, so heißt es am Ende des ersten Traktats im "Gastmahl", wird das "neue Licht sein, die neue Sonne, die da aufgehen wird, wo die alte untergeht, und die denen Licht geben wird, die in Finsternis und Schatten sitzen wegen der gewohnten Sonne, die nicht bis zu ihnen dringt."[57]

---

53   Karl Voßler unterstellt als allgemein geteilte Auffassung, daß "von einer italienischen Literatur erst seit dem 13. Jahrhundert die Rede sein kann". In seiner Erklärung des späten Beginns der Vulgärliteratur in Italien schließt er als erstes aus, daß sich erst so spät das Italienische gebildet habe: "Schon seit dem 7. und 8. Jahrhundert musste das Italienische geformt sein. Wenn wir auch erst in den Jahren um 960 und 964 den frühesten Proben dieser Sprache begegnen, so war sie doch längst schon fertig und hatte in der Hauptsache ihre heutige Gestalt erreicht." Vossler (1903). S. 21.
54   Dante (1966). S. 31; Dante (1957). S. 70.
55   Dante (1966). S. 32; Dante (1957). S. 72.
56   Dante (1966). S. 31; Dante (1957). S. 70.
57   Dante (1965). S. 47; Dante (1953). S. 85/86.

Diese im Tonfall der Verheißung formulierte Ankündigung eines kulturellen Aufbruchs für alle und in einer ihnen je eigenen Weise[58] wird sich im historischen Rückblick als eine des Anfangs erweisen, die noch vieles unerörtert läßt und von den Fährnissen, mit denen zu rechnen ist, noch nichts weiß. Wilhelm von Humboldt wird ein halbes Jahrtausend später das in der grundlegenden Unterscheidung Dantes Skizzierte in seinem Konzept vom "Sprachstudium" systematisch ausformulieren und in einem menschheitsgeschichtlichen Rahmen interpretieren. Zuvor aber wird, was Dante aufgrund der spezifischen Situation in Italien utopisch "im holden Licht der Vernunft" gelöst sah, als konzeptionelles Problem der neuen Volkssprachen aufbrechen: welche Rolle nämlich Macht in jenem Prozeß spielt, in dem die Volkssprache als Sprache zweiten Grades wieder zu der des Volkes wird, werden kann oder werden soll. Beispielhaft gehe ich in den nächsten Abschnitten kurz auf zwei Grammatiken ein, die für zwei Lösungstypen stehen und zugleich eine Entwicklungslogik in diesem Konzept verdeutlichen: die kastilische Grammatik des Antonio de Nebrija und die Grammaire générale et raisonnée von Port Royal.

3.2. Volkssprache monarchisch.
Antonio de Nebrija: Der Erinnerung an königliche Taten ein eigenes Haus

In eben dem Jahr, in dem Kolumbus zu seiner geschichtsträchtigen Reise aufbrach, 1492, legte Antonio de Nebrija der Königin Isabella III. seine "Gramática de la lengua Castellana" vor. Aus dem Widmungsschreiben erfahren wir, daß die Königin, als sie zuerst von der Grammatik einer lebenden, gesprochenen Volkssprache gehört, am Nutzen und Frommen eines solchen Unternehmens gezweifelt hat.[59] Das Widmungsschreiben ist ein groß angelegter Versuch, diesen Zweifel auszuräumen. Nebrijas Argumentation betrifft drei Komplexe: Das Verhältnis von Sprache und Herrschaft, den Entwicklungsstand des Kastilischen und die Gründe, die die Ausarbeitung der "Gramática de la lengua Castellana" geboten erscheinen lassen.

Mit einer großen sprachlichen Geste hebt das Widmungsschreiben an: "Wenn ich nachdenke, sehr erlauchte Königin, und vor meinen Augen die Vorzeit aller Dinge, die in unserer Erinnerung und in unserem Gedächtnis geblie-

---

58 Der Untergang der "alten Sonne", des literatursprachlichen Lateins, wird erst im 16. Jahrhundert Wirklichkeit. Die humanistischen Bestrebungen führten zu einer neuen Blüte lateinischer Literatur, deren klassische Orientierung zugleich das Ende des dynamischen Mittellateins bedeutete. Die Textgeschichte von De vulgari eloquentia ist mit diesem Prozeß eng verknüpft. Der Text gilt zunächst als verschollen. Erst 1529 finden wir eine Übersetzung ins Italienische und 1577 den ersten Druck in der Originalfassung.

59 Nebrija (1980). S. 101.

ben sind, vorbeiziehen lasse, stoße ich auf eine Tatsache und ziehe die sichere Schlußfolgerung: die Sprache war immer Begleiterin des Imperiums."[60] An den drei Sprachen der Bibel, der hebräischen, griechischen und lateinischen, demonstriert er diesen Kernsatz des Prologs, "que siempre la lengua fue compañera del impero". Mit den Imperien entwickelten sich diese Sprachen, mit ihnen gingen sie unter. Der Autor einer lateinischen Grammatik und eines lateinischen Wörterbuchs, im Auftrag der Königin verfaßt, um das neue, humanistische Verständnis des klassischen Lateins zu sichern, verweist zuletzt auf die großen lateinischen Autoren: "Tulio, Caesar, Lucretius, Vergil, Horaz, Ovid, Livius und alle Nachfolger bishin zu Antonius Pius. Von da an begann der Verfall des Römischen Reiches; gleichzeitig begann die lateinische Sprache zu verfallen, bis sie jenen Zustand erreichte, in dem wir sie von unseren Vätern erhielten."[61] Für die humanistisch gebildete Isabella muß dieser Verweis plausibel gewesen sein: Im Wiederentdecken des klassischen Lateins, im Sich-Absetzen von einem Latein "in jenem Zustand, in dem wir es von unseren Vätern erhielten", also vom Mittellatein, zeigt sich zugleich das Ende jener mittelalterlichen Latinität an, in der über die Grenzen von Volkssprachen und Nationen hinweg das Mittelalter sich als Einheit bestimmt. Gerade der humanistische Rückgriff auf das klassische Latein besiegelte dieses Ende. Die Dringlichkeit einer eigenen Reichssprache für ihr Imperium mußte sich ihr so sehr deutlich vor die Augen stellen.

Die Eignung des Kastilischen als Reichssprache ist der zweite Themenkomplex in der Argumentation Nebrijas. Zwei Gründe führt er für diese Eignung an. Er verweist auf die Literatur, die in kastilischer Sprache abgefaßt worden ist. Insbesondere hebt er Alfons X., den Weisen (1221-1284), hervor, auf dessen Veranlassung eine unvollendet gebliebene Menschheitsgeschichte ("Cronica general de España") und eine umfangreiche Gesetzessammlung ("Siete Partidas") niedergeschrieben wurden. Ferner erinnert er an die vielen Übersetzungen aus dem Arabischen und Lateinischen in das Kastilische. Und so gelangt er zu dem zweiten Grund der Eignung: die kastilische Sprache befindet sich auf einem Höhepunkt der Entwicklung; "man kann nun eher ihren Fall fürchten als auf weitere Steigerung hoffen"[62]. Somit ist das Kastilische als eine literarische Sprache und wegen des günstigen Zeitpunkts als Reichssprache hervorragend geeignet, wobei der Nachweis der Eignung des Kastilischen zur Literatursprache das Kriterium für Nebrija hergibt, um es auch als Reichssprache geeignet erscheinen zu lassen.

---

60 Nebrija (1980). S. 97.
61 Nebrija (1980). S. 98 u. 100.
62 Nebrija (1980). S. 101.
    Hierzu: Dietrich Briesemeister: Das Sprachbewußtsein in Spanien bis zum Erscheinen der Grammatik Nebrijas (1492). In Iberoromanica 1. 1969. S. 35-55.

Warum aber dafür eigens eine "Gramática de la lengua Castellana" schreiben? Nebrija trägt hierfür zwei grundsätzliche Argumente und ein mehr praktisch orientiertes vor. Für die beiden grundsätzlichen Argumente geht er von der Feststellung aus, daß die kastilische Sprache "bis zur heutigen Zeit lose und ohne Regeln gehandhabt wurde; von daher hat sie innerhalb weniger Jahrhunderte viele Wechsel durchlitten"[63]. Diese "anarchischen" Verhältnisse in der kastilischen Sprache führen dazu, daß keine überragenden literarischen Werke entstehen; statt dessen gibt es nur Romane, die die Leute lesen, Romane voller Lügen und Irrtümer ("embueltas en mil mentiras y errores")[64]. Zum anderen führen diese anarchischen Verhältnisse dazu, daß es an geeigneten Mitteln fehlt, die großen Ereignisse, die lobenswerten Taten im Reich - literarisch - unsterblich zu machen. "Entweder vergeht die Erinnerung an Euere (Königin Isabellas) Heldentaten gemeinsam mit der Sprache oder sie werden durch fremde Nationen verfälscht, da sie kein eigenes Haus haben, in dem sie leben können."[65]

Eine Grammatik der Volkssprache ist also notwendig, um solcherart anarchische Sprachverhältnisse zu überwinden und um damit die Voraussetzung für das Entstehen überregional und überzeitlich bedeutender literarischer Werke zu schaffen; und sie ist notwendig, um im Kontinuum historischer Erinnerung eine nationalkulturelle Identität auszubilden. Geht man von der identitätsstiftenden Funktion einer großen Nationalliteratur aus, so läuft die Argumentation Nebrijas genau auf diesen Punkt zu: Erst wenn die kastilische Sprache (wie früher die griechische und lateinische) "unter die Herrschaft der Kunst der Grammatik" gerät[66], kann sie ihre Rolle als Begleiterin des Reiches spielen.

Hieraus ergibt sich auch das eher unmittelbar praktisch orientierte Argument, daß mit Hilfe der von ihm vorgelegten Grammatik den unterworfenen Völkern die kastilische Sprache beigebracht werden kann, "so wie wir uns jetzt die lateinische Grammatik aneignen, um uns des lateinischen zu bemächtigen"[67].

Im okzidentalen Prozeß der Ablösung von der universellen mittellateinisch geprägten Kultur und der Herausbildung und Etablierung unterschiedlicher volkssprachlich bestimmter Kulturen reflektiert der Beitrag Nebrijas spezifische Motive dieses Prozesses und ordnet sie zu einem neuen Bild von ihm. Dieses

---

63 Nebrija (1980). S. 100.
64 Siehe Anm. 63.
65 Nebrija (1980). S. 101.
66 Nebrija (1980). S. 101.
67 Nebrija (1980). S. 101.
Grundsätzliche Erwägungen finden sich in:
Luis-Jean Calvet: Die Sprachenfresser. Ein Versuch über Linguistik und Kolonialismus. Berlin 1978.

Neue läßt sich im Vergleich mit Dantes Verheißungen des Anfangs verdeutlichen.

Wie für Dante so ist auch für Nebrija der Sprachwandel ein starkes Motiv, die eigene Sprache - sie heißt nun einfach "unsere kastilische Sprache" - zur Sprache zweiten Grades auszugestalten oder, wie Nebrija sagt, sie unter die Herrschaft der Kunst (der Grammatik) zu bringen, damit der Wandel gebremst werden kann.

Auch für Nebrija ist der königliche Hof die angemessene Wohnstätte dieser erlauchten Sprache. Aber anders als im vernunft- und reflexionsorientierten Konzept Dantes hat Nebrija die Macht, ihre Sicherung und ihre Vermehrung, im Auge. Die grammatikalisierte kastilische Sprache soll, ganz von der Zukunft her gedacht, dazu dienen, die Großtaten der Monarchie den kommenden Generationen zu bewahren; sie soll im Inneren des Reiches die sich ausbreitende Literalität steuern helfen; und sie soll schließlich zum Instrument werden, in den unterworfenen Ländern die Menschen Spanisch zu lehren.

Die machtbestimmte Auslegung des Prozesses hin zur Volkssprachlichkeit erzeugt eine Planungsrationalität[68], die der Argumentation Nebrijas ihr Gepräge gibt. Selbst in denjenigen Partien des Widmungsschreibens, die das Kernmotiv des Prozesses aufgreifen, nämlich sich von der überkommenen Latinität zu emanzipieren, um eigenständig zu werden, treffen wir es an: Ein grammatikalisiertes Kastilisch wird gebraucht, damit die Chronisten und Geschichtsschreiber die lobenswerten Taten der Königin so unsterblich machen können, daß sie in ihrer Eigenart, in ihrem unverwechselbaren Charakter erhalten bleiben; denn ohne ein solches würde die Erinnerung an sie mit der (nicht grammatikalisierten und darum sich wandelnden) Sprache untergehen oder sie würden in fremden Sprachen aufbewahrt und damit verfälscht.[69] Vergleicht man diese Argumentationsweise mit frühen Dokumenten der Volkssprachlichkeit und mit Dantes Erklärung des sprachlichen Emanzipationsprozesses, so wird der sprachplanerische Impetus Nebrijas deutlich. Als Beispiel für ein frühes Dokument der Volkssprachlichkeit sei auf das Evangelienbuch Otfrieds von Weißenburg von 871 verweisen. Der fränkische Mönch stellt die rhetorische Frage:

---

68 Auf Florian Coulmas' Studien zur Sprachplanung "Sprache und Staat" (1985) sei hier schon verwiesen (siehe 3.5).
69 Nebrija (1980). S. 101.

"Da es nun viele Menschen unternehmen, in ihrer Sprache zu schreiben,
Und bestrebt sind, daß sie sich beeilen, ihre Geltung zu erhöhen,
Warum sollen die Franken allein es unterlassen,
Daß sie in fränkischer Sprache das Lob Gottes zu singen beginnen?"

"Nu es fílu inthíhit, in sína zungun scríbit,
ioh flit, er gigáhe, thaz sínaz io gihóhe:
Uuánana sculun Fráncon éinon thaz biuuánkon,
ni sie in frénkisgon bigínnen, si gótes lób singen?"

Und er beschließt den Abschnitt, in dem er begründet, warum er das Buch "theodisce" gedichtet hat, mit der Aufforderung:

"Nun mögen sich alle darüber freuen, (...) daß wir von Christus gesungen haben in unserer Sprache und auch das erlebt haben, daß wir ihn auf fränkisch gepriesen haben."
"Nu fréuuen sih es álle, (...) thaz uuir Kriste sungun in únsera zungun, ioh uuir ouh thaz gilébetun, in frénkisgon nan lóbotun."[70]

Von solch frohgemutem Ton ist in Nebrijas Schrift so wenig zu spüren wie von einer Erlebnisresonanz, die die Sprache Dantes auch in der nüchternen Deduktion bewegt, die die Natürlichkeit der Volkssprache aus deren besonderer Nähe zum Sprecher, aus der Wohltat, die sie bedeutet und aus der antwortenden Liebe der Sprecher herleitet.

Noch schärfer zeigt sich das Kalkulatorische in Nebrijas Argument, ein grammatikalisiertes Kastilisch sei notwendig, um auf die Lektüre der Menschen in ihrer Mußezeit Einfluß zu nehmen. So wird die Grammatik zu einem Steuerungsmittel der Literatur, und das "Volk" wird zum Gegenstand literaturpädagogischer Aufmerksamkeit. Dagegen gilt dem "Volk" in Dantes Konzeption eine Verheißung: das neue Licht der Volkssprachlichkeit wird auch für diejenigen leuchten, für die das alte Licht (die untergehende Sonne) der Latinität nicht geschienen hatte.

Ganz unübersehbar ist das Sprachplanerische schließlich in seinem Argument von der didaktischen Brauchbarkeit seiner Grammatik, den Besiegten und

"anderen Völkern unsere Sprache beizubringen. (...) Und es ist sicher, daß so nicht nur unsere Glaubensfeinde die kastilische Sprache lernen müssen, sondern auch die Bewohner von Biscaya und Navarra sowie die Franzosen, die Italiener und alle anderen, die mit Spanien in Kontakt stehen und unsere Sprache benötigen, wenn sie diese nicht schon als Kinder mit Leichtigkeit erlernten."[71]

---

70 de Boor (1965). S. 984/985 und 928/929.
71 Nebrija (1980). S. 102.

Eine historische Situierung von Nebrijas Deutung der Volkssprachlichkeit führt zu Erklärungen, die sich u.a. aus den besonderen imperialen Bedingungen herleiten, die mit der Vereinigung der Kronen Kastiliens und Aragóns gesetzt sind; aus dem Humanismus, der am Hofe Isabellas und Ferdinands gepflegt wurde; und aus den neuen Vervielfältigungsmöglichkeiten des geschriebenen Wortes, die der Buchdruck eröffnete.

Das Konzept der Volkssprachlichkeit, das sich in Dantes Schriften in Grundzügen und Umrissen zeigt, wird von Nebrija in spezifischer Weise akzentuiert. Vor allem aber legt Nebrijas Deutung offen, daß die Fragen nach der Macht und ihrem Verhältnis zur Vergesellschaftung des Menschen noch nicht angemessen im Sinne dieses Konzepts gestellt ist, das die Entfaltung volkssprachlicher Kulturen zum Ziel hat.

3.3. Höfische Modellierung der Volkssprache.
Der Einspruch der Grammatik von Port Royal: Mit Einsicht verrichten, was andere aus Gewohnheit tun

> "Jedes zweite Wort, das der junge Thibault sagt, ist im Sinne der höfischen Gesellschaft ungeschickt, plump und riecht, wie es heißt 'aus vollem Munde nach dem Bourgeois'."

Als 1660 in Paris zum erstenmal die "Allgemeine und vernünftige Grammatik" von Antoine Arnauld und Claude Lancelot ("Grammaire générale et raisonnée ou La Grammaire de Port Royal") erschien, traf sie auf ein Umfeld, in dem die Frage, was denn als die gute und richtige Form des Französischen zu gelten habe, eine ziemlich eindeutige Antwort erfuhr: "Ein kleiner Kreis von Leuten versteht sich auf die Delikatesse der Sprache: wie diese sprechen, ist richtig gesprochen."[72] Ein kleiner Kreis von Leuten - damit ist auf den Hof, auf Versailles verwiesen. Der Ausdruck, mit dem die richtige und gute Sprache bezeichnet wurde, hieß bon usage.

Der Konflikt, der sich in diesen Ausdrücken nur andeutet, ist leicht expliziert, wenn jeweils die Gegenbegriffe herangezogen werden. Dem guten Gebrauch stellt Claude Farve de Vaugelas, in dessen "Remarques sur la langue française" die Auffassung vom bon usage sich prägnant ausdrückt und die von 1647 bis zum Erscheinen der Port-Royal-Grammatik mehrfach wieder aufgelegt werden, den schlechten, den mauvais usage, entgegen.[73] Ulrich Ricken, der in seiner Untersuchung über "Sprachen, Anthropologie, Philosophie in der Fran-

---

72 Elias (1977). Bd. 1. S. 150.
73 Vaugelas (o.J.).

zösischen Aufklärung"[74] den sozialen Beweggründen in dieser Begriffsbildung nachgeht, führt die Gegenüberstellung weiter:

bon usage	-	mauvais usage
la Cour	-	la Ville
Versailles	-	Paris
höfische Gesellschaft	-	bürgerliche Gesellschaft
Sorbonne	-	Port Royal

Dieser Bewertungskonflikt erhält seine Brisanz aber nicht durch die Gegenüberstellung allein, sondern auch dadurch, daß "eine Art Doppelbewegung" statthat: "Verhöflichung bürgerlicher Menschen, Verbürgerlichung höfischer Menschen."[75] Norbert Elias veranschaulicht den Sprachkonflikt an einer Situation, die François de Callières in seiner Schrift "Mots à la Mode" (1693) vorgibt. Ein Bürgerssohn mit Namen Thibault wird dem Leser beim Besuch in einer kleinen aristokratischen Gesellschaft vorgeführt. "Jedes zweite Wort, das der junge Thibault sagt, ist im Sinne der höfischen Gesellschaft ungeschickt, plump und riecht, wie es heißt, 'aus vollem Munde nach dem Bourgeois'."[76] Womit aber wird die Bewertung der einen Sprechweise als bon usage und die andere als mauvais usage begründet? Die Antwort, die Vaugelas gibt, ist ebenso einfach wie apodiktisch: Die Sprechweise der höfischen Gesellschaft ist bon usage, weil es die der höfischen Gesellschaft ist. Und darum gilt im Umkehrschluß: das Volk beherrscht nichts anderes als mauvais usage ("Selon nous, le peuple n'est le maître que du mauvais usage")[77]. Noch einmal Norbert Elias: "Redewendungen, Worte, Nuancierungen sind gut, weil sie, die soziale Elite, sich ihrer bedient, und sie sind schlecht, weil die sozial Niedrigstehenden in dieser Form sprechen."[78]

Der Konflikt konnte nun von dem aufsteigenden Bürgertum schon wegen der hierarchischen Verhältnisse nicht so gelöst werden, daß es nun seinerseits seinen eigenen Sprachgebrauch zum guten erklärte. Aber auch die eigenen Orientierungen an der normsetzenden Instanz des Hofes ließen das nicht zu. Der Weg zu einer eigenbestimmten Sprechweise mußte anderweitig gesucht werden. Er wurde gefunden in der allgemeinen und vernünftigen Grammatik von Port Royal. Nicht die Berufung auf eine quasi gewohnheitsrechtlich[79] begründete Höherrangigkeit der Sprache des Hofes sollte das erste und letzte Wort haben, sondern die vernünftige Begründung der sprachlichen Urteile. Da

---

74   Ricken (1984). S. 14ff.
75   Elias (1977). Bd. 1. S. 147.
76   Elias (1977). Bd. 1. S. 146.
77   Vaugelas (o.J.). S. 28.
78   Elias (1977). Bd. 1. S. 149.
79   Weinrich (1960). S. 4ff.

aber gerade die verschiedenen Sprechweisen des Französischen Gegenstand des Bewertungskonflikts waren, konnte die vernünftige Argumentation nicht aus der einen oder anderen Varietät des Französischen (oder verallgemeinert: aus der Einzelsprache) hergeleitet werden, sondern nur aus der Sprachfähigkeit des Menschen überhaupt. Die vernünftige Grammatik mußte eine allgemeine Grammatik werden, die jenseits der einzelsprachlichen Ausprägungen die Gründe und Formen sprachlicher Regelhaftigkeit aufzusuchen hatte; sie wird eine Grammaire générale et raisonnée. Die Gegenbegriffe von Vaugelas "bon usage - mauvais usage" werden ersetzt durch die Gegenbegriffe "usage - raison". So heißt es denn an exponierter Stelle in der Port-Royal-Grammatik:

"Diejenigen, die Werke schätzen, die von der Vernunft bestimmt sind, werden in diesem vielleicht etwas finden, das sie befriedigt. Und sie werden auch das Thema vielleicht nicht gering achten. Denn wenn die Sprache einer der größten Vorzüge des Menschen ist, dann kann es keine geringe Sache sein, sie so vollkommen als möglich zu beherrschen. Das heißt aber, sie nicht nur zu beherrschen, wie es üblich ist (gemäß dem Gebrauch), sondern zu ihren vernünftigen Gründen vorzudringen; also mit wissenschaftlicher Einsicht zu tun, was andere nur aus Gewohnheit treiben."[80]

Man sieht: die Rollen haben sich vertauscht. Die pure Berufung auf das Übliche, den Gebrauch, erscheint als den menschlichen Fähigkeiten und der menschlichen Würde wenig angemessen. Die höfische Gesellschaft, das "Gebrauchsrecht", eben den eigenen Gebrauch einfachhin als bon usage in Anspruch zu nehmen, wird herausgefordert. Von seiten des Bürgertums ist der Diskurs eröffnet, der die Geltung sprachlicher Urteile letztendlich an ihre rationale Begründbarkeit zu binden sucht. Der Weg der volkssprachlichen Grammatik zur allgemeinen und vernünftigen Grammatik ist dabei einerseits logisch motiviert: Es war eine Meta-Ebene zu finden, auf der das Varietätenproblem innerhalb einer Volkssprache thematisiert und die Lösung im Sinne einer allgemeinen Volkssprache erprobt werden konnte. Der Weg war andererseits evolutionär motiviert, insofern mit der Annahme der vernünftigen Begründbarkeit sprachlicher Urteile, der raison, die Verstrickung des Sprachgebrauchs, des usage, in faktische Gewaltverhältnisse überhaupt erst als lösbar gedacht werden konnten.

Die französische Auseinandersetzung um das gute und richtige Französisch zeigt, wie das in der Differenzbestimmung Dantes aufgewiesene Spannungsverhältnis im Begriff Volkssprache realgeschichtlich zugunsten einer Auslegung gelöst wird, für die eine Elite ihre eigene Sprachpraxis als Beleg heranzieht und sie jeder anderen Sprachpraxis als maßgebend gegenüberstellt. Die Ausdrücklichkeit der Gegenüberstellung läßt das soziale und machtbestimmte Problem

---

80   La Grammaire de Port Royal (1966). S. 4.

der volkssprachlichen Normsetzung zu einem offenkundigen und intentione recta einsehbaren und damit bearbeitbaren werden.

Die Logik der Auseinandersetzung, die zur Konzeption einer allgemeinen und vernünftigen Grammatik führt, wirkt aber über den Problemrahmen volkssprachlicher Normsetzung hinaus: sie elaboriert die Frage nach dem Verhältnis der Einzelsprache zur Sprachlichkeit des Menschen zu einer theoretischen mit weitreichenden erkenntnistheoretischen, aber auch politisch-ideologischen Folgen. Nun wird theoretisch bearbeitbar, was in Dantes Idee der Weltmonarchie, die den Herrscher der Herrscher in römischer Tradition vorstellt, noch verborgen bleibt[81]: wie denn die verschiedenen volkssprachlich bestimmten Kulturen sich untereinander in ein Verhältnis setzen können und sollen, wenn die Eigensprachlichkeit als Ausgangspunkt der kulturellen Differenzierung gedacht und praktiziert wird.

---

81 Das Problem der Differenz wird in Dantes Traktat über die "Monarchie" an exponierter Stelle formuliert und schrittweise vorgestellt:
(1) Das äußerste Vermögen der Menschheit ist ein vernünftiges Vermögen (ultimum de potentia ipsius humanitas est potentia intellectiva).
(2) Weil dieses Vermögen weder ein einzelner Mensch, noch eine häusliche Gemeinschaft, noch ein Dorf, noch eine Stadt, noch ein einzelnes Reich (regnum particulare) verwirklichen kann, "ist es notwendig, daß es in der menschlichen Gattung eine Vielfalt gibt (necesse est multitudinem esse in humano genere), durch welche dieses ganze Vermögen verwirklicht wird.
(3) Darum ist es "töricht zu meinen, es existiere ein Ziel dieser oder jener Gemeinschaft, aber nicht ein Ziel aller Gemeinschaften.
(4) Die zeitliche Monarchie, die "Imperium" heißt, ist die Herrschaft eines einzigen über alle anderen (Regierungen)", die sicherstellen soll, daß das äußerste Vermögen der Menschheit verwirklicht werden kann.
(5) Da es offenkundig ist, daß dies nur unter den Bedingungen allgemeinen Friedens möglich ist, kommt dem Imperium die Aufgabe zu, diese herzustellen und zu sichern.
Dante (1989). S. 62-73.

3.4. Wilhelm von Humboldt: Ertrag und Neubestimmung. Vergleichendes Sprachstudium und die geistige Entwicklung des Menschengeschlechts

> "Die Sprache gehört aber dem Menschen selbst an, (...) wenn man sagt, dass sie auf ihn wirkt, sagt man nur, dass er sich in ihr nach und nach in immer steigendem Umfang und immer wechselnder Mannigfaltigkeit bewusst wird."
> Wilhelm von Humboldt[82]

Der Prozeß, in dem sich volkssprachlich bestimmte Kulturen in Europa entwickeln, ist zu Lebzeiten Humboldts (1767-1835) zu einem ersten Abschluß gelangt: einige okzidentale Volkssprachen sind zu Sprachen zweiten Grades geformt und als Schrift-, Literatur-, Hoch- und Nationalsprachen - Richard Baum subsumiert das jeweils Hervorgehobene unter dem Begriff "Kultursprache"[83] - etabliert. Zugleich ist damit auch eine neue Phase dieses Prozesses eröffnet, die bestimmt ist von der Frage, wie sich diese Kulturen untereinander in ein Verhältnis setzen, wie dieses Verhältnis praktiziert und gedacht werden kann und soll. Eric J. Hobsbawm, der englische Historiker des Nationalismus, bezeichnet die erste Phase als Phase des "volkstümlichen Protonationalismus" und setzt als zeitliche Schwelle zum modernen Nationalismus mit seinem Nationalpatriotismus und seiner nationalen Loyalität in einem nationalen Staat das Jahr 1780.[84]

Humboldts Lebenswerk ist *epochal* aufgrund dieser zeitgeschichtlichen Situierung: im Phasenwechsel markiert es einen Haltepunkt, von dem her sich die Volkssprachenentwicklung dem rückschauenden Blick wie in der Totalen darbietet, von dem her aber auch die neuen Aufgabenfelder erkennbar werden. Es verdient weiterhin epochal genannt zu werden, weil Humboldt das volkssprachliche Denken in seiner Deutung vollendet und weil er mit dieser Deutung zugleich Grundsätze und Verfahren zur Lösung der neuen Aufgaben formuliert, deren Aktualität uns in der politischen Konstellation am Ende des 20. Jahrhunderts vielleicht erst wirklich deutlich werden kann.

Es ist vom Lebenswerk Humboldts die Rede: von seinen sprachwissenschaftlichen und sprachphilosophischen Arbeiten - das versteht sich; aber auch von seinen praktischen und theoretischen Beiträgen zur Bildungspolitik und von seiner Tätigkeit als preußischer Gesandter, insbesondere für Verfassungsangelegenheiten in der Territorialkommission in Frankfurt 1815. Der Grund dafür, den engeren Kreis der Arbeiten Humboldts zur Sprache zu überschreiten, ist weniger in der Einschätzung zu suchen, Humboldts Werk sei in erster Linie sein Leben und "die schriftliche Hinterlassenschaft nur (...) ein

---

82 Humboldt VI. S. 120.
83 Baum (1987). S. 45ff.
84 Hobsbawm (1991). S. 74ff.

fragmentarischer Anhang oder Kommentar zum Lebens-Werk."[85] Vielmehr liegt er in der Besonderheit der Volkssprachenproblematik: die eigene Sprache neu lernen zu sollen, wirft schwierige bildungstheoretische und bildungspolitische Probleme auf und die Vergesellschaftung auf volkssprachlicher Grundlage macht- und verfassungspolitische. Humboldt vollendet auch in diesen Hinsichten das volkssprachliche Denken und regt theoretisch und praktisch Gedankenwege an, die noch wenig begangen sind.

Evolutionäre Menschheitsgeschichte als Denkrahmen und linguistische Wende als okzidentales Ereignis

Humboldts menschheitsgeschichtlicher Denkrahmen ist, wie im ersten Kapitel skizziert, von zwei "leitenden Ideen" bestimmt, von der Idee der Gestaltwerdung und von der Idee der Verbindung, die das je einzeln Gestaltete mit allem anders Gestalteten eingeht. Die erste Idee verwirklicht sich geschichtlich als "die schöne Abgeschlossenheit in der eigenen Nationalitaet"; die zweite kündigt sich in der Geschichte als "die wohlwollend menschliche Verbindung des ganzen Geschlechts" an. Humboldt spricht von "Ideen". Was darunter verstanden werden soll, wird von ihm nicht in einer expliziten Definition, sondern durch den Gebrauch des Ausdrucks im Kontext des ersten Abschnitts seiner Abhandlung "Ueber die Verschiedenheiten des menschlichen Sprachbaues" bestimmt. Sie sind "festgewurzelt in der innersten Natur des Menschen, und zugleich geboten durch seine höchsten Bestrebungen."[86] Im ersteren Sinne stellen sie Antriebspotentiale für das Handeln dar, denen Menschen wie natürlichen folgen; im letzteren Sinn wird die Bedeutung der "Ideen" reflexiv erfaßt und als Ziel des Handelns bewußt gesetzt. Wie solcherart quasi-natürliche Antriebe und utopischen Setzungen in ihrem Zusammenwirken gedacht werden sollen, macht Humboldts Hinweis auf "Abarten" von Völker- und Länderverbindungen klar:

"Die stürmenden Ländervereinigungen Alexanders, die staatsklug bedächtigen der Römer, die wild grausamen der Mexicaner gehören hierher. Grosse und starke Gemüther, ganze Nationen handelten unter der Macht einer Idee, die ihnen in ihrer Reinheit gänzlich fremd war."[87]

Mit diesem Hinweis wird deutlich, daß die "leitenden Ideen", insofern sie als quasi-natürliche Antriebe wirken, das Handeln nur in eine ihnen je eigene Richtung lenken, daß sich aber ihr wahrer Gehalt noch nicht zeigt. Hierzu bedarf es offenbar der Reflexion. Ist diese an Voraussetzungen gebunden? Davon

---

85   Borsche (1990a). S. 29.
86   Humboldt VI. S. 115.
87   Humboldt VI. S. 115.

geht Humboldt aus. So heißt es gleich zu Beginn des skizzierten Kontextes, daß "erst geschichtliche Umwälzungen den Menschen mehr auf den Zustand seines Geschlechts richten"[88] mußten, ehe sich die Idee einer Verbindung der Menschen zur Menschheit reflexiv bilden konnte. Auf realgeschichtliche Voraussetzungen verweist Humboldt stets, wenn er neue Passagen des Weges beschreibt, auf dem diese Ideen "ununterbrochen ihrem Zwecke zueilend"[89] in Erscheinung treten. Erinnert sei an die für diese Arbeit zentrale Beschreibung der Ablösung vom universellen Latein:

"Die Erscheinung des gleichzeitigen Bestehens der Literaturen mehrerer hochgebildeter Nationen neben einander war erst der neueren Zeit aufbehalten, und wurde Jahrhunderte lang durch welthistorische Begebenheiten vorbereitet. Die Nationen mussten erst enge religiöse, politische und sittliche Verbindungen eingehen, sie mussten, ihnen vom Alterthum überliefert, ein allgemeines Sprachverbindungsmittel besitzen, endlich, grösstentheils durch dieses und die Werke der Alten belehrt, geübt und ermuthigt, sich von diesem selbst, als von einer einengenden Fessel losmachen (...). Das Verlassen einer todten Sprache im wissenschaftlichen und literarischen Gebrauch ist unstreitig der wichtigste Schritt im Entwicklungsgange der Sprachen zu nennen."[90]

In solchen realgeschichtlichen Voraussetzungen gewinnt das Denken insofern einen thematischen Halt, als das zu Denkende nun intentione recta gegeben ist. Das Fortschreiten im Entwicklungsgange des Menschengeschlechts, wie es Humboldt vorstellt, kann also insofern evolutionär genannt werden, als das jeweilige Voranschreiten an *kontingente Bedingungen* gebunden ist; wobei das spezifisch Kulturelle dieses evolutionären Prozesses darin zu sehen ist, ob und inwieweit solche Voraussetzungen, wie wir auch sagen können, in natürlicher Aufmerksamkeitsrichtung, also intentione recta erfaßt werden können.

Eine weitere Begründung, den Denkrahmen Humboldts als evolutionär zu bezeichnen, findet sich in seiner Setzung des Freiheitsprinzips als konstitutiv für die Menschheitsgeschichte:

"Denn es kann im Menschen etwas aufsteigen, dessen Grund kein Verstand in den vorhergehenden Zuständen aufzufinden vermag."

Da die Freiheit aber "an sich unbestimmbar und unerklärlich"[91] ist, ist mit *Sprüngen* im Entwicklungsgang der Menschheit zu rechnen. Damit verliert die-

---

88 Humboldt VI. S. 113. Humboldt zielt an dieser Stelle seines Textes auf die Thematisierungsgeschichte von Sprache. Sie kann aber ohne jede Verbiegung für die verallgemeinernde Argumentation in Anspruch genommen werden.
89 Humboldt VI. S. 115.
90 Humboldt VI. S. 122/123.
91 Humboldt VI. S. 184.

ser Gang aber nicht jede Ordnung, da "sich doch die Gränzen (der Freiheit) innerhalb eines gewissen Spielraums auffinden" lassen.

Das Überraschende und Verwunderliche im universalgeschichtlichen Denken Humboldts mag für unser verbreitetes Verständnis von geschichtlichen Faktoren darin liegen, daß er den Sprachen für das Zusammenwirken der beiden "leitenden Ideen" eine zentrale Bedeutung zuschreibt und in der jeweils besonderen Thematisierung von Sprache einen wesentlichen Indikator dafür sieht, wie sich dieses Zusammenwirken gestaltet. Handelt es sich hier um ein persönlich motiviertes Gutdünken Humboldts? Die oft zitierte Passage aus einem Brief an Friedrich August Wolf könnte dies nahelegen, in der Humboldt schreibt, daß er die Sprache als Vehikel zu benutzen gelernt habe, "um das Höchste und Tiefste und die Mannigfaltigkeit der ganzen Welt zu durchfahren."[92] Hebt man für das Verständnis der Textstelle die relative Beliebigkeit dessen hervor, was als Vehikel benutzt wird, so mag für Humboldt die Sprache, für einen anderen die Musik und wieder für einen anderen die Technik als Mittel taugen, sich Menschheitsfragen zu nähern. Daß Humboldt seinen Ansatz so nicht versteht, zeigt das Selbstportrait, das er von sich als Sprachwissenschaftler in den §§ 22 bis 25 der zitierten Abhandlung entwirft; denn in der Reihenfolge seiner Sprachuntersuchungen führt ihn der *Zufall* auf das "Vaskische", das ihm "den innigen Zusammenhang zwischen dem Charakter eines Volks, seiner Sprache und seinem Lande"[93] erschloß. Dann freilich rückt das Thema der Sprachverschiedenheit in seiner menschheitsgeschichtlichen Bedeutung in den Mittelpunkt seiner Aufmerksamkeit. Es stellt sich ihm, in theoretischer Absicht formuliert, als eine Art Axiom:

"dass die Sprache eigentlich nur Eine, und es nur diese eine menschliche Sprache ist, die sich in den zahllosen des Erdbodens verschieden offenbart"[94];

und als Aufgabe, nämlich dem "Einfluss" der Sprachverschiedenheit "auf die Denkkraft, Empfindung und Sinnesart der Sprechenden"[95] nachzugehen.

Die historischen Voraussetzungen, die solche Aufgabenformulierung allererst möglich gemacht haben, findet Humboldt in dem "unstreitig wichtigsten Schritt im Entwicklungsgange der Sprachen", im "Verlassen einer todten Sprache im wissenschaftlichen und literärischen Gebrauch", also in dem Prozeß, volkssprachlich zentrierte Kulturen auszubilden.

Insofern er in seinem Konzept vom vergleichenden Sprachstudium diesen volkssprachlichen Prozeß auf den Begriff bringt, wird es verständlich, daß er in der Sprache den Bestimmungsgrund für das Zusammenwirken der beiden

---

92 Humboldt. Briefe (1990). S. 250/251.
93 Humboldt VI. S. 138.
94 Humboldt VI. S. 112.
95 Humboldt VI. S. 111.

"leitenden Ideen" der Menschheitsgeschichte findet. Sucht man aus gegenwärtiger Sicht nach einer angemessenen Charakterisierung dieses Prozesses, so liegt es nahe, den Ausdruck "linguistic turn" - wenn man das so sagen kann - auszuleihen, der heute gängigerweise gebraucht wird, um einen Weg der Philosophie im 20. Jahrhundert zu kennzeichnen,

"mit einer mehr oder minder strengen Sprachlogik sowie mit präzisen, aber engen Rationalitäts- und Wirklichkeitsannahmen den Verstand von den 'Verhexungen' (Wittgenstein) durch die Sprache des Alltags, der Wissenschaft und der Philosophie befreien" zu wollen.[96]

Die Abwendung vom Lateinischen als der Kultursprache eines untergegangenen Reiches und die Hinwendung zu den eigenen Volkssprachen und ihre Etablierung als organisierende Prinzipien der neuzeitlichen Kulturen Europas kann vielleicht in einem noch grundlegenderen Sinn als linguistische Wende bezeichnet werden.

Die Sprache gewinnt eine "zwiefache Gestalt"[97]

Die Frage nach der *Entwicklung* der Sprachen spielt in Humboldts Sprachdenken eine wichtige Rolle. Wie faßt er diese Frage auf? Nicht im Sinne der Sprachursprungsfrage, wie sie besonders im 18. Jahrhundert verbreitet erörtert worden ist. Denn wir können, so Humboldts Bescheid, weder etwas empirisch Begründetes zum Ursprung der Sprache vortragen noch Antworten aus reinen Begriffen herleiten. Damit aber muß alles, was im Medium der Ursprungsfrage Thema des Nachdenkens war, in neuer Form erfragt werden. Humboldt fragt nach der "Bildung" und nach der "Ausbildung" der Sprachen. Er sucht also nach einer Typologie der Phasen, die die Sprachen in ihrer Entwicklung durchlaufen und dabei die uns heute vertraute Gestalt annehmen. In der programmatischen Akademie-Rede von 1820 legt er für die "prüfende Zergliederung der Sprache" drei Unterscheidungen nahe: (1) nach der Phase zu fragen, in der sich eine Sprache *bildet*, nach ihrer "Organisationsperiode"; (2) nach Phasen zu fragen, in denen sich Organisiertes mit anders Organisiertem *vermischt*, bis es "wieder zu einem Zustand der Stätigkeit" gelangt; (3) nach den Phasen zu fragen, in denen die "innere und feinere *Ausbildung*" verwirklicht wird. In den beiden ersten Unterscheidungen wird die Bildungsphase zweifach aufgefaßt, als originäre und als abgeleitete. Als Beispiele für abgeleitete Bildung von Sprachen hebt Humboldt die "Töchtersprachen" hervor (Neugriechisch, die lateinischen "Töchter-

---

96 Oelmüller (1991). S. 5. "The linguistic turn" ist der Titel einer Aufsatzsammlung von Richard Rorty. Chicago 1967.
97 Humboldt VII. S. 167.

sprachen", Englisch), weil sie uns historisch zugänglich sind und somit erfahrungsbezogen Einblicke in die Organisationsperiode ermöglichen, über die wir sonst nur solche Aussagen machen können, die aus Axiomen hergeleitet sind.[98] Die dritte Unterscheidung führt in die zentrale Thematik der Volkssprachlichkeit, die, theoretisch gefaßt, uns bisher in Dantes polaren Begriffen von der locutio naturalis und der locutio artificialis begegnet ist. Humboldt bearbeitet dieses Thema in einem historischen Verlaufsschema und in einer groß angelegten Interpretation der Binnenverhältnisse derjenigen sozialen Gruppe, die eine Sprache als die eigene spricht und schreibt.

Das *historische Verlaufsschema*, das Humboldt in seiner letzten Abhandlung "Ueber die Verschiedenheit des menschlichen Sprachbaues und ihren Einfluss auf die geistige Entwicklung des Menschengeschlechts" entwirft, hat seinen Platz in der Bestimmung dessen, was Humboldt den "Charakter" einer Sprache heißt, ein Ausdruck, mit dem er das je Einmalige, Besondere, in kein begriffliches Subsumptionsverhältnis zu bringende Wesen einer Einzelsprache zu fassen versucht.[99] Um das Charakteristische einer Einzelsprache annäherungsweise bestimmen zu können, "müssen wir auf den Zustand nach Vollendung ihres Baues sehen", also auf ihre Ausbildungsphase, die Phase ihrer inneren und feineren Ausgestaltung. In dieser Phase gewinnt sie im Zusammenwirken quasinatürlicher Komponenten mit solchen geistiger Planung und Produktivität ihre unverwechselbare Einmaligkeit. Diese Phase untergliedert Humboldt in seinem Verlaufsschema in drei Stadien.

- In einem ersten Stadium nach der Vollendung des Sprachbaues formen sich unter Oralitätsbedingungen im Reden (Humboldt spricht vom "Gebrauch der Sprache") Sprachprodukte der "wiederholten Rede" (Coseriu[100]). Sie sind das Ergebnis des Wunsches, etwas glücklich Ausgedrücktes "der Flüchtigkeit des vorübergehenden Gesprächs zu entreissen", es aufzubewahren, umzuändern und nachzubilden. Insofern dies eine kollektive Tätigkeit ist, spricht Humboldt vom "Volksgeist", der in dieser Phase mit der Sprache eine gemeinsame "Laufbahn" beginnt. In solch "wiederholten Reden" (Lieder,

---

98 Humboldt IV. S. 6/7.
    Sylvain Auroux hebt in seiner Einführung in die Sprachwissenschaftsgeschichte die Phasen der "inneren und feineren Ausbildung" der europäischen Volkssprachen zu Schrift-/Kultursprachen als die entscheidenden hervor, in denen die neuere Sprachwissenschaft ihre Prägung erfahren habe. Deren histographische Verlegung in die Anfänge des 19. Jahrhunderts wird als mythenbildend zurückgewiesen. Auroux (i.F.).
99 Trabant (1986). S. 157ff.
100 Eugenio Coseriu unterscheidet von der "Technik der Rede", die lexikalische und grammatikalische Einheiten und deren Modifizierungs- und Kombinationsregeln umfaßt, "wiederholte Rede", die das "schon Gesagte", "vorgefertigte Redeabschnitte", also Redewendungen, Sprichwörter, Sentenzen, Reime enthält.
    Coseriu (1970a). S. 27ff.

Gebetsformeln, Sprüchen, Erzählungen) werden in einem Mündlichkeitsumfeld die Grundlagen der Literatur geschaffen.[101]

- Das nächste Stadium, wohl schon in einem Schriftlichkeitskontext, bestimmt Humboldt mit einem Merkmal, das die Wirksamkeit der einzelnen Personen als Sprecher hervorhebt. Die Sprache existiert nun nicht mehr nur in ihrem kollektiven Gebrauch, sondern auch in ihrem individuellen, wodurch sie sehr persönliche Züge annehmen kann. In diesem allmählichen Übergang einer Sprache "von der Gesammtheit der Nation auf Individuen" wird die Sprache Gegenstand der Aufmerksamkeit und es bilden sich zwei Personengruppen mit einer spezifischen Kompetenz für diese Aufmerksamkeit heraus: "die Sprache kommt in die Hände der Dichter und Lehrer des Volkes." Das Ergebnis dieses Individuierungsprozesses wird man also wohl so umschreiben müssen: die Eröffnung unendlicher Möglichkeiten persönlichen Ausdrucks - oder noch zugespitzter formuliert, die Ermöglichung idiolektalen Sprechens in einem strikten Sinn, erzeugt, da "Verständigung" ein Ziel allen Sprechens ist, ein Bedürfnis nach Orientierung an besonders gelungenen produktiven und reflexiven Sprachwerken. Denjenigen, die solche hervorbringen (Dichter und Philosophen als Lehrer des Volkes) stellt sich das Volk nach und nach gegenüber. "Dadurch gewinnt die Sprache eine zwiefache Gestalt." Diesen Dualismus, in dem ganz zwanglos eine soziologische Deutung dessen gesehen werden kann, was bei Dante locutio naturalis und locutio artificialis heißt, interpretiert Humboldt als einen, der schöpferische Synthese ermöglicht, insofern aus ihm, "so lange der Gegensatz sein richtiges Verhältnis behält, (...) zwei sich gegenseitig ergänzende Quellen der *Kraft* und der *Läuterung* entspringen."[102]

- Das dritte Stadium, das mit dem zweiten teilweise synchron verläuft, ist die Zeit der "eigentlichen Grammatiker": sie "legen die letzte Hand an die Vollendung des Organismus". Freilich nicht in dem Sinn, daß sie am Sprachbau Neues hervorbringen. Ihre Tätigkeit ist vergleichbar mit der eines Handwerkers, der letzte Unebenheiten an seinem Werkstück beseitigt, Erhebungen wegfeilt, Vertiefungen ausfüllt. Aber sie geht auch darüber hinaus, insofern die Grammatiker Paradigmen erkennen, diese "ins Bewußtseyn einführen" und sie somit auch "gesetzgebend" werden. Da die Sprache aber "zugleich volksthümlich und gebildet bleiben soll", gilt allerdings der Grundsatz: Immer muß "die Regelmässigkeit ihrer Strömung von dem Volke zu den Schriftstellern und Grammatikern und von diesen zurück zu dem Volke ununterbrochen fortrollen."[103]

---

101 Humboldt VII. S. 167.
102 Humboldt VII. S. 167. Hervorhebungen von mir.
103 Humboldt VII. S. 167/168.
 Edward Sapir benutzt das Bild von der Strömung (drift) in einem zeitlichen Sinn und klärt die Rolle der "volksthümlichen" und der "gebildeten" Sprecher in diesem Verän-

Sprachen haben für Humboldt in und nach dieser Ausbildungsphase ihre Geschichte. Diese ist eng verwoben mit den Bewegungskräften der universellen Menschheitsgeschichte, die begrifflich in den beiden "leitenden Ideen", der Gestaltwerdung und der Verbindung des Gestalteten mit anders Gestaltetem, gefaßt ist. Die Interdependenz von Sprach- und Menschheitsgeschichte erschließt Humboldt vom Begriff der Schriftlichkeit her: "Die Sprachen streben, bewusst und unbewusst, wie der Mensch (...) in der Begierde, dem flüchtigen Daseyn Dauer zu schaffen, nach Fixation." In einem Fünf-Stufen-Schema zeigt er das Bedingungsgefüge, in dem sich beides, die nationelle Gestaltwerdung und die "wohlwollend menschliche Verbindung des ganzen Geschlechts" zugleich verwirklichen kann:

1. Stufe:
Entstehen des Alphabets.
2. Stufe:
Entstehen von Literatur (von Sprachwerken, die wegen ihres Gedanken- und Gefühlsgehalts überdauern).
3. Stufe:
Mehrere Nationen schaffen sich in einer toten Sprache ein Verbindungsmittel zum wissenschaftlichen und literarischen Gebrauch.
4. Stufe:
Sie lösen sich von diesem Verbindungsmittel, und es kommt zum "gleichzeitigen Bestehen der Literaturen mehrerer hochgebildeter Nationen neben einander".
5. Stufe:
Im "Ineinanderwirken hochgebildeter Nationen" entfaltet sich beispielhaft der "ganze Process des geistigen Lebens"[104].

---

derungsprozeß am Beispiel "who did you see?" Er vermutet, daß die Mehrheit seiner Leser von "Language. An Introduction to the study of speech" (New York 1921) es als inkorrekt betrachten, die Frage, "Wen haben Sie gesehen?" in der angeführten Form zu stellen. "Diejenigen von uns, die sich ein wenig auf ihre Bildung zugute tun (we readers of many books), werden wohl stets darauf bedacht sein zu sagen 'whom did you see?', doch werden sie sich nicht ganz behaglich fühlen. Sie werden daher diese Art der Frage lieber ganz vermeiden und dafür sagen 'who was it you saw?' Mit Hilfe dieses Umgehungsmanövers vermeiden sie eine Bruch der Tradition. Der Mann aus dem Volk nimmt es nicht so genau (the folk makes no apology). Für ihn mag 'whom did you see?' in einer Predigt am rechten Platze sein, aber 'who did you see?' ist für ihn die einzig mögliche Alltagsform (natural form) dieser Frage. Nun ist es selbstverständlich der durch keinen Bildungsdünkel gehemmte Sprachgebrauch des Volkes (the uncontrolled speech of the folk), der uns zeigt, in welcher Richtung sich die Sprache bewegt." Edward Sapir: Die Sprache. München 1961. S. 145/146; englisch: S. 166/167.

104 Humboldt VI. S. 124.

Bildungsphase
(Organisationsphase)

vorgeschichtlich

geschichtlich

Ausbildungsphase

1. Stadium
"Wiederholte Rede"
Oralität

Stufen der Fixation
1.
Entstehen des Alphabets

2. Stadium
- Idiolekt"
- Sprache gerät in
die Hände von
Dichtern und
Philosophen
- "zwiefache Gestalt"
der Sprache

2.
Entstehen von Literatur
3.
Mehrere Nationen nutzen
eine tote Sprache zum
wissenschaftlichen und
literarischen Gebrauch
4.
Ablösung von dem Verbindungsmittel
Gleichzeitiges Bestehen der
Literaturen mehrerer hochgebildeter Nationen nebeneinander
5.
Das Ineinander mehrerer hochgebildeter Nationen
Beispielhafte Entfaltung des
ganzen geistigen Lebens

3. Stadium
Zeit der
Grammatiker

Damit ist der Platz der "zwiefachen Gestalt der Sprache" in den Schemata der Sprachentwicklung bestimmt. Zugleich ist eine Forderung formuliert, daß nämlich der Gegensatz zwischen den beiden Gestalten austariert sein muß. Diese Bedingung ist erfüllt, wenn ein nicht abreißender produktiver Austausch zwischen ihnen statt hat. Produktiv ist dieser Austausch, wenn sie ihrem eigenen Wesen gemäß wirken können: die Sprache in ihrer "volksthümlichen" Gestalt als Quelle der Kraft, in ihrer "gebildeten" Gestalt als Quelle der Läuterung.[105]

Der Ausdruck "zwiefache Gestalt der Sprache" legt es nahe, die Differenz in Merkmalen der Sprache als einem Gebilde zu suchen, also in solchen, die wir üblicherweise in ihrem Lexikon und ihrer Grammatik ausmachen. Wenn die beiden Gestalten als "volksthümlich" und als "gebildet" bezeichnet werden, sind wir auf unterschiedliche Sprechergruppen bzw. auf unterschiedliche Domänen des Sprechens verwiesen. In Humboldts Sprachdenken sind beide Aspekte, der gebildebezogene sowie der personen- und situationsbezogene, immer systematisch berücksichtigt. Sie werden also nicht nur nacheinander in einer Art Addition vorgestellt, sondern systematisch einander zugeordnet. Den Bezugspunkt bildet die Tätigkeit des Sprechens und Verstehens. Mit der Thematisierung dieser Tätigkeit beginnt das Sprachstudium, in der menschheitsgeschichtlichen Ausdeutung dieser Tätigkeit hat es sein Ziel.

Das zeigt sich auch in Humboldts Interpretation der *Binnenverhältnisse* derjenigen *sozialen Gruppe*, *die eine Sprache als die eigene spricht, in der Interpretation der Binnenverhältnisse der Nation*. Zunächst ist festzuhalten, daß Humboldt in den 22 Paragraphen der Abhandlung von 1828, die diesem Thema gewidmet sind, sich einer Denkmöglichkeit bedient, die wir heute Idealisierung nennen. Ziel dieser Paragraphen ist es, das Verhältnis zu klären,

"wie jede besondre Sprache sich über die verschiedenartigen Individualitaeten, welche eine Nation in sich fasst, verbreitet. (...) Um dies Verhältnis ganz rein im Auge zu haben, setze ich hier voraus, dass Nation und Sprache gänzlich zusammenfallen, und nur Eine Sprache in wenig gesonderten Mundarten durch die ganze Nation herrsche."[106]

Nur aufgrund einer solchen Idealisierung ist es ihm möglich, unter Absehung aller historischen Besonderheiten eine Idealtypik der Binnenverhältnisse in einer (Sprach-)Nation herauszuarbeiten. Für die historische Analyse erfordert es

---

105 Die "zwiefache Gestalt" der Sprache heißt im Neugriechischen die geläuterte/die gereinigte (katharevousa) und die volkhafte (demotike) Sprache. Das Spannungsverhältnis ist hier ein besonderes, insofern nach der Befreiung von der osmanischen Herrschaft im 19. Jahrhundert der Versuch unternommen wurde, die geläuterte Gestalt nach dem Vorbild des klassischen Griechisch zu bestimmen, also gerade nicht an die lebendige Volkssprache anzuschließen.
106 Humboldt VI. S. 202/203.

noch, wie Humboldt die entsprechenden analytischen Schritte ankündigt, "fernere Erläuterung."[107]

Noch eine "terminologische" Anmerkung sei vorausgeschickt. Wenn Humboldt die Untersuchung der Binnenverhältnisse der "besonderen Sprachen", also der Einzelsprachen, wie wir heute sagen, ankündigt, dann ist der Ausdruck "Sprache" im Sinne von Einzelsprache durch seinen Platz in der Reihe der Sprachsphären definiert.

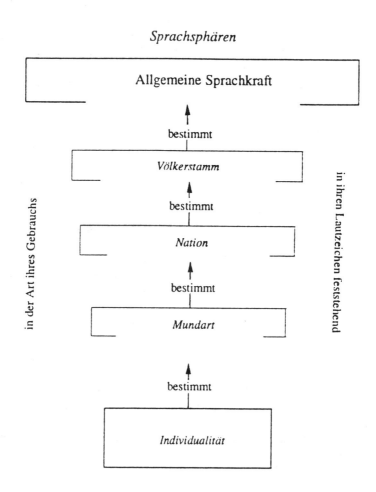

---

107 Humboldt VI. S. 241.

Die dem Menschen als Menschen eigene "allgemeine Sprachkraft" wird in der geschichtlichen Wirklichkeit stufenweise determiniert: "durch den Völkerstamm, die Nation, die Mundart" und "durch die in keine allgemeine Kategorie mehr zu bringenden Individualität."[108] Der Ausdruck "Sprache", wenn mit ihm auf eine besondere, einzelne verwiesen sein soll, ist in dieser Reihe reserviert für dasjenige, was eine Nation spricht, und ist auf dieser Bestimmungsstufe von "zwiefacher Gestalt".[109]

Die Binnengliederung einer Nation als derjenigen sozialen Gruppe, die eine Sprache als die eigene spricht, bestimmt Humboldt als eine "von der Natur gegebene" (Geschlecht und Alter) und als eine "auf conventionelle Art und erst durch Verhältnisse" entstandene[110] (Gewerbe; Klassen und Stände; Bildung und Erziehung, insofern sie für die soziale Schichtung konstitutiv sind; Schriftlichkeit und Mündlichkeit in ihrer sozialen Verteilung). Er untersucht, wie die Sprache auf die sozialen "Individualitaeten" einwirkt und wie diese auf die Sprache Einfluß nehmen. Diese Prüfung ist immer eine doppelte, insofern der Interdependenz zwischen den sozialen "Individualitaeten" und der Sprache als Gebilde auf der einen und dem Gebrauch der Sprache auf der anderen Seite nachgegangen wird. Die Fülle der Themen und der Aspekte ihrer Bearbeitung wird zusammengehalten durch das Interesse, den Grundsatz zu demonstrieren:

"Die Individualitaet und die Nationalitaet (...) sind die beiden grossen intellectuellen Formen, in welchen die steigende und sinkende Bildung der Menschheit fortschreitet."[111]

Dieser Grundsatz ermöglicht es Humboldt, nach einem Bestimmungspunkt zu suchen, in dem vor aller spezifisch historisch-sozialen Verfaßtheit die Binnengliederung derjenigen sozialen Gruppe, die eine Sprache im Sinne des o.g. Entwicklungsschemas spricht, ihren Ursprung hat. Er findet ihn in der sozialen Verteilung von Bildung. Er erzeugt die Dualität von Volk und Gebildeten:

"Die Scheidung des Volks von den sich nicht zum Volke Rechnenden ist in dem Daseyn einer Nation so unvermeidlich, dass sie sich wohl in jeder ohne Ausnahme findet, sie ist aber zugleich für Alles, was die höchsten Zwecke des Menschen betrifft, so wichtig, dass sie in diesem Gebiet nie einen Augenblick aus den Augen gesetzt werden kann. Der letzte dabei zu erreichende Zweck, um gleich diesen zu bezeichnen, ist nun der, durch eine beständige ungehemmte und energische Gemeinschaft zwischen diesen beiden Theilen der Nation zu bewirken, dass auf das Volk alle wesentliche Früchte der Bildung, nur mit Erspa-

---

108 Humboldt V. S. 382.
109 Sie ist als solche, wie Richard Baum feststellt, nach der Romantik "nur noch in Ausnahmefällen (...) zentraler Bezugspunkt sprachorientierter Aufmerksamkeit", sofern diese von der Sprachforschung gesteuert wird. Baum (1987). S. 167.
110 Humboldt VI. S. 205 und 209.
111 Humboldt VI. S. 189.

rung des mühevollen Wegs, auf dem sie erlangt werden, herabströmen, die höheren Stände aber durch den gesunden, geraden, kräftigen, frischen Sinn des Volkes, durch das in ihm lebende Zusammenhalten alles Menschlichen bewahrt werden vor der Mattigkeit, Flachheit, ja Verschrobenheit unverhältnissmässiger Einwirkung einseitiger Bildung."[112]

Die Ausführlichkeit des Zitats mag ihre Rechtfertigung in der Chance für den Leser finden, seine Reaktion auf das ihm Vertraute oder Fremde des Textes, auf das sich der Klassifizierung Anbietende oder Widersetzende zu bedenken. Denn wenn der Dualität eine solche Bedeutung beigemessen wird, daß mit ihr die höchsten Zwecke des Menschen auf dem Spiel stehen sollen, dann ist es angemessen, den Gedanken Humboldts in größtmöglicher Klarheit nachzudenken, bevor wir nach Mustern deuten, die schnell bei der Hand sind, und ihm zustimmen oder unsere Zustimmung versagen.

Zunächst mag eine gewisse Umständlichkeit in der Formulierung der Dualität auffallen, beispielsweise:
- "Die Scheidung des Volkes von den sich nicht zum Volke Rechnenden." (VI. S. 217)
- "(...) die Sprache kommt in die Hände der Dichter und Lehrer des Volkes, welchen sich dieses nach und nach gegenüberstellt." (VII. S. 167)
- "Die höheren Stände können und dürfen jener Kraft (der sich erneuernden Kraft der Nation, die in einem geistig und sittlich gediegenen, starken, unverdorbenen Volke liegt) nicht fremd seyn, und insofern sie sie theilen, bilden sie Eine Masse mit dem Volk" (VI. S. 217/218)
- "Die Quelle dieser Kraft, Frische und Lebendigkeit der Sprachen kann daher in den Nationen nicht in den gebildeten Classen, insofern sie dem Volke entgegenstehen, gesucht werden. Sie gehören dem Volke und jenen Classen, insofern sie Eins mit ihm ausmachen." (VI. S. 231)

Humboldt zählt also nicht einfach die Komponenten auf, die ein Etwas ausmachen (etwa: Eine Nation im angegebenen Entwicklungsstadium der Sprachen ist aufgeteilt in das Volk und die Gebildeten). Er führt schließlich auch die Teile nicht wie fixe Größen mit gegebenen Eigenschaften ein. Vielmehr hebt er das Relationale und Dynamische innerhalb der Dualität hervor; sich nicht zurechnen, sich gegenüberstellen, gegenüberstehen, teilen und bilden. Damit wird klar, daß es ihm um die sprachliche Annäherung an einen Prozeß geht, in dem "Kräfte" sich trennen und sich in einem neuen Bedingungsgefüge ihres Wirkens finden. Ziel seiner Untersuchung ist es, Form und Ziel dieses Wirkens zu klären: "eine beständige ungehemmte und energische Gemeinschaft zwischen den beiden Theilen der Nation."

Zwei Fragen stellen sich: (1) Was macht die innere Logik dieses Prozesses aus? und (2) Welche sozialgeschichtlichen Realfaktoren bestimmen das Bedingungsgefüge? Vor dem Hindergrund der dargestellten Entwicklungsschemata

---

112 Humboldt VI. S. 217.

läßt sich die innere Logik dieses Prozesses so beschreiben: Im Prozeß der Individuierung werden tendenziell unbegrenzte Differenzierungsmöglichkeiten erzeugt ("diese Bildung des Geistes und der Sprache geht allmählich von der Gesammtheit der Nation auf Individuen über"). In dualer Arbeitsteiligkeit (das Volk stellt sich den Gebildeten gegenüber) werden die Voraussetzungen dafür organisiert, daß sich die neuen Potenzen, die aus der Differenzierung gewonnen worden sind, in ein produktives Verhältnis zueinander setzen können ("eine beständige ungehemmte und energische Gemeinschaft zwischen diesen beiden Theilen der Nation"). Die sozialgeschichtlichen Realfaktoren werden von Humboldt eher nebenher herausgearbeitet. Die spezifische Arbeitsteiligkeit, so seine grundlegende Charakterisierung, entsteht dadurch, daß Spezialisierung und allgemeine Orientierung sozial verteilt wird. Diese Verteilung wird in den verschiedenen Analyseebenen anders aufgefaßt und zugeordnet, bis sie schließlich in gelungener Vereinigung der Teile aufgehoben wird. Zunächst spricht Humboldt vom Volk, das sich "den *einzelnen* Beschäftigungen" widmet, und den "gebildeteren Ständen", die ein "*vielseitigeres* Leben" führen.[113] Eine andere Formulierung hebt den gruppenbildenden Effekt von Bildung hervor:

"Den wichtigsten Einfluss auf die Sprache und ihre Behandlung hat der Unterschied, welchen höhere Geistesbildung, sorgfältigere Erziehung und mit Rücksicht auf beides sich absondernder Umgang hervorbringen."[114]

Aber diese Arbeitsteiligkeit steht in keinem wesentlichen, sondern in einem, wenn man das so sagen darf, praktischen Verhältnis zur sozialen Gliederung:

"Dieser Unterschied ist gar nicht nothwendig an gewisse Classen und Stände gebunden, sondern läuft sehr oft durch alle hindurch, und dies ist für die Sprache, wie für die Bildung selbst der günstigste Fall. Es ist indess natürlich, dass die verschiedene Art der in einem Volke herrschenden Absonderung der Stände und des Ranges mit demselben gewissermassen zusammenfällt."[115]

Warum ist das "natürlich"? Weil die Beschäftigung, wenn sie vorrangig eine intellektuelle ist, im Vergleich mit anderen Tätigkeiten ein höheres Maß an "selbständiger Unabhängigkeit", "grösserer Freiheit" und "Entfernung von körperlicher Arbeit" voraussetzt; diese Bedingungen sind aber in den höheren Ständen und Klassen eher als in niederen gegeben. Die Charakterisierung dieses Zusammenfallens als "natürlich" erweist sich also als eine, die mit der

---

113 Humboldt VI. S. 217. Hervorhebungen von mir.
114 Humboldt VI. S. 209.
   Für die Interpretation ist es sicher wichtig, daß an Schlüsselstellen wie dieser die Zuschreibung der Merkmale nicht disjunktiv, sondern komparativ erfolgt.
115 Humboldt VI. S. 209.

Schwerkraft der Institutionen rechnet, nicht aber als eine, die sich aus dem Wesen der dualen Arbeitsteilung, wie sie Humboldt darstellt, selbst ergibt. Er zeigt darum auch konsequenterweise auf, daß aus diesem Zusammenfallen sehr wohl "Stolz, Herrschbegier und Unterdrückungssucht" entstehen und Bildung so in "blosse Vornehmlichkeit" ausarten kann. Darum müssen denn auch "die Sprachen der Bildung und des Ranges (...) oft auf das bestimmteste von einander unterschieden werden."[116]

Die sozialgeschichtlichen Realfaktoren, die das Bedingungsgefüge bestimmen, unter denen das "Volk" und diejenigen mit höherer Geistesbildung und sorgfältigerer Erziehung zusammenwirken, lassen sich zusammenfassend so gegenüberstellen:

"Volk"	"Gebildete"
spezialisierte Tätigkeit	vielseitigeres Leben
eingeschränkte Unabhängigkeit	selbständigere Unabhängigkeit
Nahrungssorgen	geringerer Druck bloßer Lebenssorge
körperliche Arbeit	keine körperliche Arbeit
größere Nähe zur Natur	weniger unmittelbare Nähe zur Natur
geringere Grade sozialer Absonderung	höhere Grade sozialer Absonderung
Nähe zu niederen Klassen u. Ständen	Nähe zu höheren Klassen u. Ständen

Humboldt gebraucht die Begriffe "Volk" und "Gebildete" also, um eine idealtypisch gedachte soziale Dualität zu bestimmen, die in einer Wechselbeziehung mit der "zwiefachen Gestalt" der Sprache wirkt. Die Begriffe sind so gefaßt, daß sie in der sozialgeschichtlichen Wirklichkeit eine empirische Grundlage haben. Sie heben aber nur jene Merkmale der beiden sozialen Größen hervor, die für deren Rolle in der Wechselbeziehung mit jener "zwiefachen Gestalt" der Sprache von Belang sind. Die Rollen werden in der Beschreibung ihres Zusammenwirkens deutlich.

Im Bild der beiden Quellen ist der Grundsatz des Zusammenwirkens, darauf ist schon zweimal verwiesen worden, ausgedrückt: die eine soziale Größe, das Volk, ist Quelle der Kraft der Sprache, die andere, die Gruppe der Gebildeten, ist Quelle ihrer Läuterung. Die Kraft einer Sprache erweist sich in Tätigkeiten, die für die Bildung des Menschen, des Einzelnen, der "Nation" und der Menschheit grundlegend sind: die Gegenstände der Welt in Sprache zu verwandeln und untereinander in ein Wechselverständnis zu treten. Das Maß der Kraft formuliert Humboldt quantitativ:

---

116 Humboldt VI. S. 209/210.

"je grösser die Masse der Gegenstände, der in Sprache verwandelten Welt, wird, und je vielfältiger die in gemeinsames Verständnis tretenden Individualitaeten, diese eigentlich sprachbildenden Potenzen, sind."[117]

In dieser Definition von Kraft gründet auch das Urteil, das "Heil der Sprache" komme von dem Volk, von seinem "gleichsam bewusstlos treuen Bewahren"[118], mit dem es ihren Bestand sichere, aber auch und vor allem von seinem "wirklichen Sprechen *erfahrenen* Lebens". Denn die Sprache des Volkes ist die

"mehr zum Anschauen, Empfinden und Handeln gebrauchte, an kräftigere Gedanken, Phantasien, Gefühle, Leidenschaften öfter geknüpfte."[119]

Die Gruppe der Gebildeten läutert eine Sprache. Der Ausdruck "läutern" steht pars pro toto für den vielgestaltigen Einfluß, den diese Gruppe auf eine Sprache ausübt. Humboldt ordnet ihn unter zwei Gesichtspunkten: "er ist läuternd und sichtend, aber verarmend"; und er ist "bereichernd". Im ersteren Sinn betrifft der Einfluß die Aussprache, die Geltung der Wörter sowie die grammatischen Formen und Konstruktionen.

Als den "wichtigsten und rein wohlthätigen Einfluss"[120] auf die ganze Sprache nennt er die Zurückführung der Aussprache auf weniger und schärfer begrenzte Laute. Vergleichgrößen sind ihm die Volksmundarten, bei denen besonders im Vokalbereich des Lautkontinuums mit vagen Grenzverläufen zu rechnen ist. Daß er diesen Einfluß an erster Stelle nennt und positiv wertend hervorhebt, hat sicher mit der für sein Sprachdenken zentralen Artikulationsthese zu tun. Sie besagt, daß der Lautstrom und der Bewußtseinsstrom ist gleicher Form gegliedert (artikuliert) werden; daß sich in dieser Gliederung (Artikulation) die "zwiefache Natur des Menschen vermittelt; daß die Artikulation das Wesen der Sprache ausmacht.[121] Wenn Humboldt wiederholt die

---

117 Humboldt VI. S. 117.
118 Humboldt VI. S. 238/239.
Das Heil der Sprache beruht "auf dem Volk und den einzelnen grossen Geistern, die unter ihm aufstehn." Beide verbindet das Moment des Schöpferischen. In ihrer Bildungsphase ist Sprache ein Produkt des Volkes; in den Ausbildungsphasen liegt der Anteil des Volkes im "gleichsam bewusstlos treuen Bewahren", während in dieser Phase das sichtbare Schaffen "den Einzelnen angehört". Es ist offensichtlich, "wozu Sophocles, Plato, Demosthenes die griechische Sprache, Dante und Ariost die ihrige, Haller, Klopstock, Göthe die unsrige gemacht haben."
119 Humboldt VI. S. 231. Hervorhebung von mir.
120 Humboldt VI. S. 219.
121 "(...) Die Articulation ist das eigentliche Wesen der Sprache, der Hebel, durch welchen sie und der Gedanke zu Stande kommt."
Humboldt VI. S. 152.

"abgerissene Schärfe" des artikulierten Lautes betont[122], so gilt das für die Sprache überhaupt, selbstredend auch für die Volksmundarten. Der läuternde und sichtende Einfluß steigert und festigt lediglich das in ihnen Angelegte.

Der Einfluß auf das Lexikon besteht vor allem darin, daß Wörter ausgeschieden werden, teils weil sie einer "anständigen Sprechart" als unangemessen gelten, teils weil sie in einer allgemeinen Sprache als störend empfunden werden. Der Ausschluß ist entweder das Ergebnis bewußten Handelns, oder er kommt dadurch zustande, daß "der Kreis der Gebildeten aus einer geringeren Zahl von Individuen besteht, und eine geringere Zahl wirklicher Gegenstände behandelt"; oder er ist das Ergebnis des Konformitätsdrucks unter denen, die sich als gebildete Gesellschaft verstehen, denn sie folgen dem Grundsatz, "nur so, wie die Andren zu reden, und sich nicht die Kühnheit zu erlauben Wörter der Volkssprache in sie hinüberzuführen."[123]

Der Einfluß auf die morphosyntaktischen Verhältnisse ist läuternd, insofern die Gruppe der Gebildeten diese Verhältnisse "gleichmässiger unter sich macht", sie also von Widersprüchen und Ungereimtheiten reinigt; er ist sichtend, insofern in anderen Fällen zur Ausnahme erklärt wird, was aber "tief als Regel im innersten Wesen" einer Sprache begründet ist.[124]

Humboldt nennt diese Einflüsse der Bildung auf die Sprache "verarmend". Offensichtlich steht dieser Ausdruck vorwiegend für eine quantitative Verminderung. Dies wird entweder nur festgestellt (die "gebildete Gesellschaftssprache" ist das Ergebnis eines Konformitätsdrucks) oder positiv gewertet (die Läuterung der Aussprache ist "von dem wichtigsten und wohlthätigsten Einfluss"). Es mag verwundern, daß Humboldt für die Einflüsse im einzelnen kein Beispiel negativer Bewertung aufführt, sie insgesamt aber als verarmend charakterisiert, mit einem Ausdruck also, dem pejorative Konnotationen eigen sind. Die Lösung findet sich, wenn nach den spezifischen Voraussetzungen gefragt wird, unter denen solch verarmende Einflüsse wirksam werden, wenn das Problem also auf einer neuen Analyseebene aufgenommen wird. Dann zeigt sich folgendes: Immer handelt es sich bei diesen Einflüssen um einen Eingriff in die Dynamik des Artikualtionsprozesses; immer um dessen Orientierung an spezifischen "Verabredungen" (zur Aussprache, zur Lexik und zur "Sprechart", zur Gramma-

---

"Die Gliederung ist aber gerade das Wesen der Sprache; es ist nichts in ihr das nicht Theil und Ganzes seyn könnte, die Wirkung ihres beständigen Geschäfts beruht auf der Leichtigkeit, Genauigkeit und Uebereinstimmung ihrer Trennungen und Zusammensetzungen."
Humboldt V. S. 122.

122 Z.B.: "(...) so erschallt der Ton in abgerissener Schärfe und Einheit."
Humboldt VI. S. 154.
Zur ästhetischen Fundierung siehe Humboldt. VII. S. 582. Nr. 8-12.

123 Humboldt VI. S. 219.

124 Humboldt VI. S. 219.

tik); immer gründen diese "Verabredungen" in einseitigen Lebensformen. Dies aber "schwächt", wie Humboldt zusammenfassend feststellt, die Kraft der Sprache: "Conventioneller Zwang, einseitigere Verstandesbeschäftigung und weniger unmittelbare mit der Natur bringen dies hervor."[125]

Wird diese Schwächung der Sprachkraft durch den bereichernden Einfluß der Bildung wettgemacht? Sehen wir zu! Humboldt stellt die bereichernde Wirkung der Bildung auf die Sprache unter semiotischen und semantischen Gesichtspunkten fest: Da neue Begriffe zu bezeichnen sind, wird das Lexikon einer Sprache umfangreicher. Aber es wird auch in sich differenzierter, indem die Bildung "die Bedeutungen der Wörter auf neue Begriffe und Nuancen derselben hinüberführt, und ihnen eine bis dahin unbekannte Geltung verschafft."[126] Dieser Feststellung steht das von ihm vorgetragene sprachsoziologische Argument entgegen, daß "der Kreis der Gebildeten aus einer geringeren Zahl von Individuen besteht, und eine geringere Zahl wirklicher Gegenstände behandelt."[127] Gegenüber diesem Einwand, den er sich selber macht, verweist Humboldt darauf, daß sich die Sprache der Wissenschaft "weit über die Volksbeobachtung hinaus über die ganze Natur" erstreckt und es darum neuer Wörter bedarf, die durch Ableitung und Zusammensetzung gebildet oder aus fremden Sprachen entlehnt werden[128]. Der Widerspruch wird sich erst am Ende der Argumentation Humboldts auflösen.

Eine zweite bereichernde Wirkung durch Bildung findet er im Gewinn an Formalität in den grammatischen Verhältnissen. Das Maß, an dem er dies mißt, ist durch zwei Grundsätze bestimmt: Daß nämlich eine Grammatik gewinnt und sich erweitert, wenn

"was ursprünglich blosse, noch willkührlich verschiebbare Redensart, Aneinanderreihung von Sachworten ist, zu fester Form (...) wird; oder wenn die Beugungen da, wo sie vorher mehr nach ungewissem und zufälligem Sprachgebrauch angewendet wurden, anfangen schärferer Begränzung der grammatischen Begriffe zu folgen."[129]

Wird durch diesen bereichernden Einfluß der Bildung aufgewogen, daß sie die Sprachkraft schwächt? Sicher nicht. Gegeneinander abwägen läßt sich allenfalls der verarmende und der bereichernde Einfluß der Bildung auf die Sprache. Begrifflich von beiden Formen unterschieden ist die Wirkung, die Humboldt Schwächung der Sprachkraft nennt. Wenn also dem Volk die Kraft zugeschrieben worden ist, die Sprache in der Phase ihrer Ausbildung lebendig zu erhalten, so ist bislang von denjenigen, die dem Volk gegenüberstehen und bildend auf

---

125 Humboldt VI. S. 232.
126 Humboldt VI. S. 220.
127 Humboldt VI. S. 219.
128 Humboldt VI. S. 219.
129 Humboldt VI. S. 224.

die Sprache einwirken, nur festgestellt worden, daß sie die Sprachkraft schwächen, einerlei ob der Einfluß verarmend oder bereichernd ist. Wäre dies das letzte Wort Humboldts, so müßte die für das volkssprachliche Denken so wesentliche Lehre von der "zwiefachen Gestalt der Sprache" vitalistisch zugunsten der ersten, der quasi-naturhaften Sprachgestalt interpretiert werden und in eine Art rousseauistische Zivilisationskritik umschlagen. Manche zeitgeschichtlichen Anklänge mag man in Humboldts Texten finden, die eine solche Interpretation zwar nicht tragen, aber doch auch dazu anregen. Wenn z.B. von dem "gesunden, geraden, kräftigen, frischen Sinn" des Volkes die Rede ist, von seiner Fähigkeit, "alles Menschliche in sich zusammenzuhalten" und von der Wirkung auf die "höheren Stände", die durch die Berührung mit dem Volk bewahrt bleiben "vor der Mattigkeit, Flachheit, ja Verschrobenheit unverhältnissmässiger Einwirkung einseitiger Bildung"[130], dann mag ein Leser an romantische Verklärung, an biedermeierische Verharmlosung oder an die Heilserwartungen späterer Narodniki-Bewegungen denken.

Aber daß Bildung die Sprache schwächt, ist nicht Humboldts letztes Wort. So berechtigt diese Wertung ist, so ergänzungsbedürftig ist sie auch. Denn der *Kraft des Volkes*, die eine Sprache in einer näheren oder ferneren Ausbildungsphase lebendig erhält, stellt er eine *Kraft* gegenüber, *welche allein der Bildung angehört*. Diese erschöpft sich gerade nicht in dem, was sie "technisch und scientifisch" leistet, nämlich das nur "an wenigen Gegenständen roh und zufällig Erfahrne und Versuchte, auf künstliche Weise und nach Principien" auf vieles anzuwenden und in neuen Erfahrungen und Versuchen fortzuschreiten[131]; sie erschöpft sich auch nicht in "bloss gesellschaftlicher Bildung", die sich "an willkührliche Gesetze und Conveniezen" bindet.[132] Das alles ist sie auch, und insofern sie als eine solche auf die Sprache wirkt, verschafft sie "dem erhöheten und verfeinerten geistigen Leben mehr Raum und Wohnlichkeit" in der "fertig da stehenden Sprache"[133]. Aber wer diesen Raum und diese neue Wohnlichkeit nur in diesem Sinne nutzt, bleibt "auf halben Bildungswege stehen".[134] Und so wie "Natur (des Volkes) zur Roheit" herabsinken kann, so führt Bildung in die Irre[135], wenn ihr Weg nicht zu Ende gegangen wird. Die Kraft, die einen Menschen auf der Bahn seiner Bildung, also in der "stärkeren und abgesonderten Richtung auf das Intellectuelle" voranbringt, nennt Humboldt *"Begeisterung"*.[136] Wenn die Bildung zur letzten Stufe gelangt ist, schafft sie, indem sie auf den ganzen Sprachreichtum, auf die Volkssprache zurückgeht, eine eigene, "in sol-

---

130 Humboldt VI. S. 217.
131 Humboldt VI. S. 217/218.
132 Humboldt VI. S. 234.
133 Humboldt VI. S. 226.
134 Humboldt VI. S. 234.
135 Humboldt VI. S. 218.
136 Humboldt VI. S. 234.

cher Anschauung, Phantasie, Nachdenken und Gefühl sich in Freiheit und Kraft bewegen"[137], eine "wahrhaft und in Freiheit *metaphysisch gebildete Sprache.*"[138] Sie heißt eine metaphysisch gebildete, weil die "wirklich schaffende Philosophie" die Sprache so behandelt, "dass sie den Gedanken, wo er über das logisch Erklärbare hinausgeht, ergänzt und seine Erzeugung befördert."[139] Sie erreicht ihre höchste Form in einer Prosa, in der sich "das Feld des Wissens (...) zum Allgemeinen zusammenwölben" kann.[140] Und als Prosa hat sie eine Eigenschaft, "durch welche sie reizt und sich dem Gemüthe einschmeichelt: ihre nahe Verwandtschaft mit den Verhältnissen des gewöhnlichen Lebens."[141]

Damit ist der Ausgangspunkt des Gedankenweges wieder erreicht: die Feststellung nämlich, daß in den Ausbildungsphasen eine Sprache unter besonderen Bedingungen eine "zwiefache Gestalt" annimmt und die Sozietät, die eine solche Sprache als ihre eigene spricht, sich entsprechend in zwei Sprechergruppen differenziert, in das Volk und in die Gruppe der Gebildeten; ferner, daß dieser Dualismus produktiv zu werden vermag durch "eine beständige ungehemmte und energische Gemeinschaft" zwischen beiden Teilen. Unter den spezifisch okzidentalen Voraussetzungen der Volkssprachlichkeit, d.h. der Prozesse zur Herausbildung vernakulärsprachlich bestimmter Kulturen, waren diese Bedingungen gegeben. Humboldt hat diese Prozesse rekonstruiert und im Rahmen einer universalen Bildungsgeschichte der Menschheit gedeutet.

Seine Rekonstruktion führt zu drei wesentlichen Aussagen:
- Die erste betrifft die Ausgangssituation. Die Sprache geht vom Volk auf Individuen über und kommt in die Hände der Dichter und Lehrer des Volkes. Oder in einer für unsere heutigen Ohren krasseren Formulierung: "Sobald eine Sprache literarische und wissenschaftliche Bildung bekommt, wird sie den Händen des Volkes entrissen."[142] Kann dann noch gelten, was z.B. der Humanist Juan Luis Vives in der ersten Hälfte des 16. Jahrhunderts deklariert: die freie Entscheidung über die Sprache liegt beim Volk, dem Herrn seiner Sprache (linguae arbitrium sit penes populum, dominum sermonis sui)?[143]

---

137 Humboldt VI. S. 234.
138 Humboldt VI. S. 235.
139 Humboldt VI. S. 235.
140 Humboldt VII. S. 201.
141 Humboldt VII. S. 197.
142 Humboldt XIII. S. 11.
143 Vives (1990). S. 264/265.
   Gut humanistisch argumentiert fehlt natürlich nicht ein Hinweis auf einen antiken Autor. Horaz: Das Recht über die Sprache steht dem Volke zu (Jus sermonis populi est). De arte poetica 71.

- Die zweite wesentliche Aussage der humboldtschen Rekonstruktion stellt hierzu fest: das "Heil der Sprache" beruht auf dem Volk (Anm. 117). Damit ist allen Aktivitäten, in eine schon fertig dastehende Sprache die Bildung hineinzubauen (Anm. 130), das Maß gesetzt: die Ausgestaltung einer vernakulären Sprache zu einer "Kultursprache" kann nur in, nicht neben der Volkssprache gelingen. Wenn sie keinen Kontakt mit ihr herstellen kann oder ihn verliert, büßt sie - auf Dauer - ihre Existenz ein.
- Die dritte Aussage schließlich zeigt an der letzten Stufe der Bildung und ihrer metaphysisch gebildeten Sprache, wie dieser Kontakt gelingt: als Prosa, in der sich das Feld des Wissens zum "Allgemeinen zusammenwölben" kann (Anm. 137), einer Prosa, die von der nahen Verwandtschaft mit den gewöhnlichen Verhältnissen des Lebens, also mit dem Volke lebt (Anm. 138).

Humboldts menschheitsgeschichtliche Deutung des Rekonstruierten läßt sich auf den Punkt bringen, indem der Schlüsselsatz, von dem seine Argumentation ihren Ausgang nimmt, rückschauend auf das hin befragt wird, was mit ihm auf den ersten und auf den zweiten Blick hin gesagt ist. Der Schlüsselsatz lautete:

"Die Scheidung des Volkes von den sich nicht zum Volke Rechnenden ist in dem Daseyn einer Nation so unvermeidlich, dass sie sich wohl in jeder ohne Ausnahme findet, sie ist aber zugleich für Alles, was die höchsten Zwecke der Menschen betrifft, so wichtig, dass sie in diesem Gebiet nie einen Augenblick aus den Augen gesetzt werden kann." (Anm. 111)

Auf den ersten Blick ist damit eine spezifische soziale Stratifikation festgestellt, von der vermutet wird, daß sie universell sei, und von der behauptet wird, sie sei von höchster Wichtigkeit für die Bildung des Menschengeschlechts. Auf den ersten Blick sind damit zwei soziale Größen eingeführt, die in unsere sozialen Schemata nicht recht passen. Bildung ist uns zwar ein geläufiges Merkmal zur Bestimmung gesellschaftlicher Schichtung, aber es führt nicht zu der humboldtschen Dualität; vielmehr verwenden wir es, um in Kombination mit anderen die soziale Verteilung von Ressourcen, die Partizipation an Macht etc. zu bestimmen. Formal ähnliche Schwierigkeiten bereitet seine Verwendung des Ausdrucks Volk. So kommen wir bei der Lektüre möglicherweise dahin, die Dualität so zu verstehen, daß der einen Größe, den Gebildeten, etwas zugeordnet wird, was der anderen, dem Volk, einfach wegen der Gegenüberstellung nicht zukommt. Die Ungereimtheiten, die bleiben, schreiben wir dann auf das Konto, das in der Rezeptionsgeschichte von Humboldts Werk sein "Idealismus" heißt, oder finden eine andere Ablage. Je länger wir aber dem Argumentationsweg

---

Das von Vives ausgewiesene Zitat konnte ich in keiner mir zugänglichen Horaz-Ausgabe so verifizieren. Möglicherweise bringt es interpretierend die Verse 70-73 auf den Punkt:
  multa renascentur quae iam cecidere cadentque quae nunc sunt in honore vocabula,
  si volet usus, quem penes arbitrium est et ius et norma loquendi.

Humboldts folgen, desto klarer wird, daß er zwar an reale gesellschaftliche Gliederungen anknüpft, aber in diesen ein darunter liegendes Prinzip der Gegenüberstellung ausmacht.

Die Merkmalsliste auf der S. 106 mit den sieben Charakterisierungen des Volkes und der Gruppe der Gebildeten führt auf dieses Prinzip. Es ist eines, das uns in antipodischen Begriffen geläufig ist wie z.B.: Praxis - Theorie; Handeln - Reflektieren; Arbeit - Muße; vita activa - vita contemplativa. Jedes dieser Begriffspaare hat in seinem Gebrauch eine eigene Geschichte und trifft damit nicht genau dasjenige, was in der humboldtschen Gegenüberstellung geschieden wird. Aber in dem, worin sich diese Begriffspaare gleichen, können wir die Anregung gewinnen, uns seinem Prinzip zu nähern. Wir erkennen von der uns vertrauten Begrifflichkeit her in Umrissen dieses Prinzip als dasjenige, das die Reflexionspotentiale für unser Leben in der Welt durch soziale Differenzierung - oder richtiger gesagt: durch die Ermöglichung von Reflexion als Lebensform steigert.

Volk steht für "die gewöhnlichen Verhältnisse des Lebens"(Anm. 138), also für alles, was wir in einer Lehre von der conditio humana zum Thema machen, in einer Hermeneutik das Dasein auslegen, in Theorien des Alltags oder der Lebenswelten ausmessen und zu verstehen suchen. Innerhalb dieser Verhältnisse werden Reflexionspotentiale stets schon genutzt, freilich immer unter den spezifischen Bedingungen, die mit diesen Verhältnissen gesetzt sind. Und so ist das Miteinander-Sprechen innerhalb dieser Verhältnisse an "kräftigere Gedanken, Phantasien, Gefühle und Leidenschaften" (Anm. 118) geknüpft. Die Reflexionspotentiale werden nun dadurch gesteigert, daß eine Gruppe von Menschen, die Gebildeten, in gewisser Weise und in einigen Hinsichten von den Zwängen dieser Bedingungen dispensiert wird, insofern sie eine "stärkere und mehr abgesonderte Richtung auf das Intellectuelle"[144] leben können (und sollen). Die Beschränkung auf den Umgang mit einer "geringeren Zahl wirklicher Gegenstände" (Anm. 118), die Konzentration auf das "Feld des Wissens" (Anm. 137) und die Verpflichtung zu einer methodischen Vorgehensweise, also zu einer "absichtsvollen", "gezügelten", "spaltenden" und "beschränkenden", garantieren, insofern dies alles im Bereich des "logisch Erklärbaren" bleibt, eine Steigerung unseres "technischen und scientifischen" Wissens (Anm. 128). Und dies führt - in seiner Anwendung - zur Steigerung der Effektivität unseres Handelns, unseres zweckrationalen Handelns.

Aber die Steigerung der Reflexionspotentiale findet ihren letzten Sinn nicht darin, daß solcherart "technisches" und "scientifisches" Wissen bereitgestellt wird. Im Gang der geistigen Entwicklung der Einzelnen, der Nationen und der Menschheit ist damit nur die erste Hälfte des Weges zurückgelegt. Die zweite Hälfte erfordert eine erneute und besondere Anstrengung, nämlich dieses Wissen "zusammenzuwölben", damit die Menschheit "sich klar werde über sich

---

144 Humboldt VI. S. 233 u. 238.

selbst und ihr Verhältniss zu allem Sichtbaren und Unsichtbaren um und über sich." Genau darin, also jenseits aller Partikularität dieser oder jener Wissenschaft, findet Humboldt den "höchsten und allgemeinen Zweck des Gesammtstrebens des menschlichen Geistes."[145]

Humboldt geht von der Einheit und Allgemeinheit dieses "Bildungsweges" aus. Das zeigt sich in den zitierten Formulierungen, mit denen er ihn charakterisiert; es wird darüber hinaus durch zusätzliche Bestimmungen klar. (1) "Das Feld des Wissens kann sich von allen Punkten aus zum Allgemeinen zusammenwölben und gerade diese Erhebung und die genaueste und vollständigste Bearbeitung der thatsächlichen Grundlagen hängen aufs innigste zusammen."[146] (2) Die "Begeisterung", also jene Kraft, die sich aus einem noch vagen Drang nach Vollendung speist und die in der Idee vom Menschen und seiner Stellung in der Welt ihre Form findet, lebt nicht in dieser oder jener Wissensparzelle, sondern in "der Philosophie, der Dichtung, der Kunst, so wie in der grossartigen Behandlung jeder Wissenschaft", aber auch in jedem, "der für diese Bestrebungen Sinn besitzt".[147] (3) Der Sinn der Dispens von einigen einschränkenden Bedingungen, die mit den Verhältnissen des gewöhnlichen Lebens gesetzt sind, kann unmöglich darin liegen, daß sich einige Wenige dem "höchsten und allgemeinsten Zweck des Gesammtstrebens des menschlichen Geistes" (Anm. 142) nähern können, alle anderen aber davon ausgeschlossen bleiben. So muß darum diese Wegphase von allen Gebildeten als Aufgabe verstanden werden. Sie kann freilich in der "Manier der auf halbem Bildungswege stehen Gebliebnen"[148] auch verfehlt werden; entweder so, daß die unerläßlich mühevolle Sichtung der kleinsten Elemente ohne Rücksicht auf den höchsten und allgemeinsten Zweck des menschlichen Strebens betrieben wird; dann wird sie "kleinlich, und sinkt zu einer Befriedigung der blossen Neugier herab"[149]; oder aber es wird zwar über diesen Zweck geredet, aber der mühevolle Weg der Annäherung bleibt unbegangen; dann kommt es zu einer "einseitigen Bildung", deren Kennzeichen "Mattigkeit, Flachheit, ja Verschrobenheit" (Anm. 111) sind.

Und das Volk? Was für die Gruppe der Gebildeten festgestellt worden ist, muß es nicht in gleichem, wenn nicht in noch höherem Maße für das Volk gelten? Schließlich war der Sinn der Dispens von den einschränkenden Bedingungen der gewöhnlichen Verhältnisse des Lebens, in der hier entwickelten Interpretation, für die Gebildeten ausdrücklich dahingehend bestimmt worden, die Reflexionspotentiale "für unser Leben in der Welt" zu steigern. Für "unser Leben" also, nicht nur für das genialischer Einzelner oder für das herausgehobener sozialer Gruppen, wie immer sie sich nennen und sich dem Volk entgegenset-

---

145 Humboldt VI. S. 6.
146 Humboldt VII. S. 201.
147 Humboldt VI. S. 234.
148 Humboldt VI. S. 234.
149 Humboldt V. S. 33.

zen. Oder ist diese Interpretation unzutreffend? Hätte Humboldt mit seiner "Scheidung des Volkes von den sich nicht zum Volke Rechnenden" unterschiedliche Grade und Formen der Annäherung an das Ziel menschheitlicher Bildung oder gar unterschiedliche Menschheitsziele gesetzt? Sollte die Gegenüberstellung von Volk und Gebildeten Platz in einer Reihe finden, die Reinhart Koselleck in seiner Untersuchung "zur historisch-politischen Semantik asymetrischer Gegenbegriffe" von "Hellenen-Barbaren" über "Christen-Heiden" zu "Menschen-Unmenschen" aufführt?[150] Es gibt in den Texten Humboldts keinerlei Hinweise, die solches annehmen lassen. Es gibt eine funktionale Bestimmung, die seine gesamte Argumentation durchzieht und diesen Dispens als auf Überwindung der Scheidung hin angelegt auffaßt. Schon der Begriff der Scheidung wird in dem Paragraphen, in dem er eingeführt wird, relativiert:

"Jene Scheidung ist daher wahrhaft nur da vorhanden, wo die Bildung irre geleitet hat, oder die Natur zur Rohheit hinabgesunken ist. Wo gesunde Natur und ächte Bildung richtig auf einander einwirken, ist weder Spaltung, noch Gegensatz, nur aus andrer Entwicklung der Kräfte entspringende, sich gegenseitig ergänzende Verschiedenheit."[151]

Das richtige aufeinander Einwirken, also die "beständige ungehemmte und energische Gemeinschaft zwischen diesen beiden Theilen der Nation" beruht aber vor allem auf einer gemeinsamen Sprache, die Ideen und Empfindungen vermittelt. Während sich nun die eine Gestalt dieser gemeinsamen Sprache im "wirklichen Sprechen erfahrenen Lebens" geformt hat und "mehr zum Anschauen, Empfinden und *Handeln* gebraucht" wird[152], formt sich die zweite Gestalt, indem "auf den ganzen Sprachreichtum, die Volkssprache, die alterthümliche" zurückgegangen wird, zu einer metaphysisch gebildeten, in welcher "Anschauung, Phantasie, *Nachdenken* und Gefühl sich in Freiheit und Kraft bewegen."(Anm. 134)

Die "zwiefache Gestalt" der gemeinsamen Sprache, ihre stärker handlungsbezogene oder stärker reflexionsbezogene Ausprägung also, hat sich unter spezifisch historischen Bedingungen herstellen können. Humboldt deutet diese duale Gestalt "teleologisch"[153], indem er aus der Idee der Bildung des Menschengeschlechts Kriterien für die Zuordnung der sprachlich-sozialen Komponenten dieser Dualität herleitet und diese damit idealtypisch zu bestimmen vermag.

Es bleibt die Frage, wie Humboldt das idealtypisch Bestimmte mit dem *im geschichtlichen Dasein Vorgefundenen* vermittelt. Im Paragraphen 97 der Abhandlung von 1828 findet sich hierzu eine Antwort.

---

150 Koselleck (1979). S. 211ff.
151 Humboldt VI. S. 218.
152 Humboldt VI. S. 231.
153 Humboldt V. S. 382.

Er bezieht sich auf den Streit, ob das Volk auch in seiner eigenen Sprache gebildet werden solle; ob also die Kinder in den niederen Schulen im Unterricht angeleitet werden sollten, sich läuternd und sichtend der eigenen Sprache gegenüber zu verhalten; ob sie gar zu einer theoretischen Einstellung ihr gegenüber angeleitet werden sollten. Dieser Streit ist ein didaktischer Spezialfall einer allgemeineren Auseinandersetzung, die seit dem ausgehenden 18. Jahrhundert währt und die Reformdiskussion des frühen 19. Jahrhunderts bestimmt, der Auseinandersetzung "zwischen einem naturrechtlich definierten Anspruch, daß Bildung als allgemeines 'Menschenrecht auch dem Geringsten und Ärmsten' zustehe (...) und der Leitvorstellung von einer eng ständespezifisch orientierten Erziehung."[154] Im Sinne des letzteren Konzepts ist die Alphabetisierung strikt auf das ständisch Erforderliche hin auszurichten. Es liegt auf der Hand, daß dann unter den Produktionsverhältnissen des beginnenden 19. Jahrhunderts muttersprachliche Bildung für das bäuerliche Landleben und für das handwerkliche Gewerbe nur insoweit funktional ist, als sie sich auf die Anfangsgründe des Lesen- und Schreibenkönnens beschränkt.

Die Art, in der Humboldt dieses Problem aufgreift und bearbeitet, zeigt exemplarisch, wie er das universalgeschichtlich Bestimmte mit der jeweils vorgefundenen Wirklichkeit theoretisch und praktisch vermittelt. Vielleicht ist es hilfreich, zunächst nur denkbare Lösungen durchzugehen, die sich aufgrund von Humboldts Argumentation zur sprachlich-sozialen Dualität und aufgrund unserer Kenntnisse von Humboldt als einem Bildungstheoretiker und einem Bildungspolitiker annehmen lassen, bevor seine Antwort in dem herangezogenen Paragraphen selbst zu Wort kommt. So können wir die Zugänge zum Text überprüfen.

Bezieht man sich ausschließlich auf die Ausgangsdefinitionen der Dualität "Volk und Gebildete" bzw. auf die "zwiefache Gestalt" der Sprache, so rückt der Satz, daß Bildung die Sprachkraft des Volkes schwächt, in den Mittelpunkt. Dies könnte zu dem Schluß führen, Humboldt werde für die Position eines eingeschränkten Lese- und Schreibunterrichts argumentieren. Daß dieser Schluß aber unzulässig ist, kann nach der Darlegung von Humboldts Dualitätsgedanken aus zwei Gründen nicht zweifelhaft sein. Zum einen: die Definitionen der Dualität sind grundsätzlich zweifach dimensioniert (universalgeschichtlich, insofern also gegenüber der Ereignisgeschichte idealtypisch zu nehmen, und realgeschichtlich); darum dürfen sie nicht, wie in dem vermutenden Schluß, nur in *einer* ihrer Dimensionen genommen werden. Zum anderen: Humboldts Argumentation findet in der funktionalen Zuordnung beider Komponenten der Dualität ihr Ziel, die die "beständige ungehemmte und energische Gemeinschaft" zwischen beiden Teilen fordert. Also kann aus einer Anfangsdefinition allein nichts unmittelbar abgeleitet werden. Damit haben wir zwei mögliche Fehlerquellen ausgemacht und eine Schlußfolgerung, die sich aus ihnen herlei-

---

154 Wehler (1987). I. S. 287.

tet, als falsch erwiesen. Aber wir haben noch keine Antwort auf die Frage gefunden, wie die idealtypisch bestimmte Wechselwirkung innerhalb der sprachlich-sozialen Dualität zur Klärung der praktischen Frage nach einem angemessenen Bildungskonzept und seiner Verwirklichung beitragen kann.

Können wir mit Hilfe unseres Wissens, das wir von Humboldt als einem Bildungstheoretiker und dem Bildungspolitiker haben, diese Frage klären? Wir wissen, daß er entschieden das Konzept verfochten hat, daß

"alle Schulen, deren sich nicht ein einzelner Stand, sondern die ganze Nation, oder der Staat für diese annimmt (...) nur allgemeine Menschenbildung bezwecken" sollen. - "Was das Bedürfnis des Lebens oder eines einzelnen seiner Gewerbe erheischt, muss abgesondert, und nach vollendetem allgemeinen Unterricht erworben werden."[155]

Darum kennt der gesamte Unterricht nur ein und dasselbe Fundament.

"Denn der gemeinste Tagelöhner, und der am feinsten Ausgebildete muss in seinem Gemüth ursprünglich gleich gestimmt werden, wenn jener nicht unter der Menschenwürde roh, und dieser nicht unter der Menschenkraft sentimental, chimärisch und verschroben werden soll."

Und wenige Sätze später findet sich im Litauischen Schulplan die oft zitierte Stelle: "Auch Griechisch gelernt zu haben könnte auf diese Weise dem Tischler ebenso wenig unnütz seyn, als Tische zu machen dem Gelehrten."[156] Aus diesem Grundsatz könnte die Vermutung hergeleitet werden, daß Humboldt gegen eine von außen bestimmte Einschränkung des Lese- und Schreibunterrichts für das Volk plädiert habe. Das ist gewiß richtig; nur ist dann das an der sprachlich-sozialen Dualität Aufgewiesene, aber in seiner praktischen Relevanz noch Ungewisse mit Hilfe eines hergeliehenen Kriteriums entschieden worden.

Der didaktische Fall, an dem sich die Praxisrelevanz von Humboldts Konzept sprachlicher Dualität erweist, ist zwar ein Spezialfall einer allgemeineren Auseinandersetzung, hat aber auch sein eigenes, sein sprachdidaktisches Gesicht. Humboldt greift ihn auch in dieser Form auf und bearbeitet ihn so, daß sich von ihm her umfassendere Verständnishorizonte eröffnen.

Der didaktische Fall: Sprachbildung als läuternde und sichtende geht auch auf das Volk über. In dieser Feststellung wird ein damals beobachtbarer Trend in Schulen festgehalten.[157] Der Schulunterricht verbreitet diese Art Bildung

---

155 Humboldt XIII. S. 276.
156 Humboldt XIII. S. 278.
157 Vesper (1980).
   Strohbach (1984).
   Naumann (1986).
   Erlinger u.a. (1989).

"absichtlich, bemüht sich das Sprechen zu regeln, die Provincialismen zu vertreiben, theilt sogar theoretische grammatische Begriffe mit."[158]

Es stellt sich also die Frage, wie dieser Trend einzuschätzen und wie ihm in der Praxis zu begegnen ist. Humboldt geht davon aus, daß dieser Trend nicht aufzuhalten ist. Dies bedauert er aber nicht; im Gegenteil: "Es würde ein Misgriff seyn, dies zu tadeln."[159] Warum? Zwei Gründe führt er an, einen bildungstheoretischen und einen sprachgeschichtlichen. Der bildungstheoretische ist so formuliert, daß zugleich die Zielrichtung seiner Argumentation klar wird: Es ist "wohlthätig", wenn der Mensch daran gewöhnt wird, sich der Begriffe, die er gebraucht, reflexiv zu versichern, und es ist ebenso "wohltätig" für ihn, wenn er angeleitet wird, sein Tun und Handeln auf Regeln hin auszurichten, die ihm sein Verstand vorschreibt. In seiner letzten Schrift hat Humboldt das hier bildungstheoretisch Formulierte in sein Sprachdenken integriert:

"Denn indem die Sprache den Menschen bis auf den ihm erreichbaren Punkt intellectualisirt, wird immer mehr der dunklen Region der unentwickelten Empfindung entzogen."[160]

Der Zuwachs an Rationalität, der als "wohlthätig" bewertet wird, ist auch "im Entwicklungsgange der Menschheit geboten."[161] Aus Humboldts Begriffsbestimmung der "Begeisterung" (S. 110) wissen wir, daß mit diesem Zuwachs noch nicht das Ziel dieser Entwicklung erreicht ist, daß er aber ein wesentliches Moment von ihr ausmacht. Darum versteht es sich von selbst, daß ein Trend, der diesen Zuwachs bewirkt, nicht willkürlich gebremst oder gar umgekehrt werden darf. Humboldts Argumentation zielt also eindeutig auf eine Abwehr von geplanter Bildungsbeschränkung.

Das zweite, das sprachgeschichtliche Argument für die positive Bewertung des Trends ist dem ersten formal ähnlich: Ein Entwicklungsstadium der Sprache kann nicht künstlich verlängert, gewissermaßen mumifiziert werden. Gewiß gerät - dramatisch formuliert - die Fülle der Dialekte, wenn ihre Sprecher sich in ein reflexives Verhältnis zu ihrer Sprachlichkeit setzen und ihren Gebrauch der Sprache an den Normen der zweiten Gestalt ihrer Sprache auszurichten beginnen, in Gefahr; gewiß wird die ihnen innewohnende Kraft geschwächt. Aber:

---

158 Humboldt VI. S. 233.
159 Humboldt VI. S. 233.
  Es kann wohl davon ausgegangen werden, daß Humboldt mit diesem Satz auf die Vorreden Jacob Grimms zur Deutschen Grammatik anspielt, in denen Grimm jeden Grammatikunterricht im niederen Schulwesen verurteilt. Näheres hierzu im 7. Kapitel: Jacob Grimm und die sprachdidaktischen Häresien. S. 340ff.
160 Humboldt VII. S. 171.
161 Humboldt VI. S. 233.

"Es wäre auch überflüssig, etwas dagegen zu unternehmen. Die grössere Kräftigkeit, der mehr umfassende Reichthum der Volkssprache, die Fülle der Dialecte währen doch solange das ihnen inwohnende Leben währt, und sie über diesen Punkt hinaus erhalten zu wollen, wäre thöricht und unmöglich zugleich."[162]

Was also ist zu tun? Die Bildung des Volkes ist zu fördern, die historisch bedingten Eingrenzungen seiner Bildungsmöglichkeiten sind sukzessive abzubauen, und methodisch-didaktische Konzepte müssen entwickelt werden, die den "Kern der Sprache" erschließen, wenn sich denn ihre Formalität, vielleicht wegen altersbedingter Zugangsschwierigkeiten, nur annäherungsweise im Unterricht thematisieren läßt. Humboldts Antwort auf diesen Trend ist also ein entschlossenes Aufnehmen der Probleme, die sich mit ihm stellen, und eine Bearbeitung der Probleme, die den Trend vor erwartbaren Fehlentwicklungen bewahren. Ich zitiere den einen Satz, in dem dies alles ausgedrückt ist, um den reformerischen Elan, der sich in ihm offenbart, und, was ihr ja oft abgesprochen wird[163], die Qualität der humboldtschen Prosa zu dokumentieren:

"Worauf dagegen allerdings hingearbeitet werden müsste, wäre jene Bildung weniger dürftig und wahrhaft in das Volk eindringender zu machen, den Unterricht von der bloss scheinbar wissenschaftlichen Zurüstung zu befreien, ihn weniger pedantisch puristisch einzurichten, minder auf die Form, die, bei geistloser Behandlung, so leicht zur leeren Hülse wird, als auf den Kern der Sprache, die in den Wörtern liegenden Begriffe, Andeutungen, Bilder zu richten."[164]

Damit ist eine erste Antwort auf die Frage gefunden, wie Humboldt das im Konzept der "zwiefachen Gestalt der Sprache" idealtypisch Bestimmte mit dem im geschichtlichen Dasein Vorgefundenen vermittelt: Zuerst geht es darum, in der konkreten historischen Situation die universalhistorischen Tendenzen zu entziffern. Damit ist ein Orientierungsrahmen für das Handeln gewonnen; die Trends, die im Sinn der idealtypischen Verlaufsschemata interpretierbar sind, werden aufgenommen, vor gegenläufigen Eingriffen geschützt und vor Fehlentwicklungen bewahrt.

Diese erste Antwort bedarf noch einer Präzisierung, insofern noch nicht klar ist, ob aus universalgeschichtlichen Verlaufsschemata unmittelbar handlungsorientierende Normen mit dem Ziel hergeleitet werden können, antreffbare Wirklichkeit nach ihnen zu gestalten. Diese dem Geschichtsdenken Humboldts eher fremde Frage kann uns helfen, die Spezifik der humboldtschen Auffassung

---

162 Humboldt VI. S. 233.
163 Ivo (1988a). S. 67ff.
164 Humboldt VI. S. 233.

von der Vermittlung zu verstehen. Wenige kurze Passagen aus seinen politischen Abhandlungen seien herangezogen.

Die erste eröffnet die Schrift "Unmassgebliche Gedanken über den Plan zur Einrichtung des Litthauischen Stadtschulwesens" (üblicherweise als "Litauischer Schulplan" zitiert). Die Sektion Kultus und Unterricht im preußischen Innenministerium, der Humboldt 1809 vorstand, hatte von der Litauischen Regierung einen Plan zur Verbesserung des Schulwesens in dieser Provinz angefordert. Auf diesen Plan geht Humboldt ein und stellt einleitend fest, daß er von den Grundsätzen der Sektion in allen wesentlichen Belangen abweicht, um dann zu der überraschenden, wenn nicht gar paradox anmutenden Schlußfolgerung zu kommen, "in der Ausführung nach der örtlichen Lage würde diese Abweichung grösstentheils wieder verschwinden."[165] Wie ist dies zu verstehen? Sind die Zwänge, die von überkommenen Institutionen und von verfestigten Lebensstrukturen ausgehen, so groß, daß die Handlungsspielräumen entsprechend klein sind und darum unterschiedliche Grundsätze in diesem engen Spielraum gar nicht mehr in differenten Handlungen zur Geltung gebracht werden können? Werden die Grundsätze damit zu unverbindlichen Feiertagsbeteuerungen? Humboldts Antwort zeigt, wie er sich eine Veränderung vorhandener Strukturen und Lebenswirklichkeiten vorstellt, wenn die konkreten Bedingungen einer Veränderung eher widerstehen:

"Allein es ist dennoch ebenso nothwendig, als mit denkenden Männern erfreulich, auch über die Grundsätze zu disculiren. Von ihnen hängt der Geist ab, in dem auch auf demselben Wege gewirkt wird, und dieser macht offenbar durch seine innere Kraft durchaus verschieden, was, den äussren Einrichtungen nach, Eins und dasselbe scheint."[166]

Der Vergleich mit dem Wasser, das, in die Poren des Steins eingedrungen und zu Eis gefroren, seine Sprengkraft erweist, mag herangezogen werden, um verallgemeinernd zu verdeutlichen, wie sich Humboldt die Vermittlung von "Geist" und vorhandener Wirklichkeit in letzter Konsequenz, also *praktisch*, vorstellt. Nicht im Sinn also eines Formens der Wirklichkeit nach einem vorgestellten Bild, wenn das Formen als durch und durch autarker Akt und die vorhandene Wirklichkeit als das schlechthin Bestimmbare aufgefaßt wird. Vielmehr verlangt er ein sensibles, konsequentes und analytisches Sich-Einlassen auf die antreffbare Wirklichkeit. Dies erhebt er zu einer Vorbedingung "aller praktischen Verfahren". So schreibt er in seiner Abhandlung zur preußischen Bundespolitik 1816 an den Kanzler Hardenberg, daß, um das Verhältnis Preußens zum Deutschen Bund zu bestimmen, es gut sein wird, ihn

---

165 Humboldt XIII. S. 276.
166 Humboldt XIII. S. 276.

"fürs Erste nicht gerade so zu betrachten, wie er sein sollte, und wie ihn sich diejenigen denken, welche von der Verbindung Deutschlands in Ein Ganzes grosse Erwartungen hegen, sondern ihn davon zu entkleiden, und ihn bloss so zu nehmen, wie er wirklich dasteht, und wie er, nicht gerade durch Absicht, sondern zufällig geworden ist."[167]

Es ist für den Grundsatz, den er anschließend formuliert, von Bedeutung, daß er in antreffbaren Verhältnissen immer auch mit dem Zufall als konstitutivem Faktor rechnet. Darum dürfen diese nicht nur allgemein betrachtet werden, sondern müssen in ihrer konkreten Besonderheit und Widerständigkeit zur Kenntnis genommen werden:

"Es ist bei allem praktischen Verfahren zweckmässig, die Dinge erst insofern zu betrachten, als man sie nicht ändern kann, ehe man sich fragt, wie man sie absichtlich benutzen will? Man sieht auf diese Weise die Verhältnisse reiner und einfacher, berechnet seine Massregeln auf das Nothwendige, und geht erst so zu dem Besseren und Höheren über."[168]

In solchen Reflexionen, die die Planung von Handlungen begleiten, gelangen die universalgeschichtlichen Überlegungen zur Bildungsgeschichte der Menschheit auf ihren letzten, ihren praktischen Punkt. Die beiden leitenden Ideen der Menschheitsgeschichte, die der Gestaltwerdung und die der universellen Verbindung unter den je anders Gestalteten konnten unter den Bedingungen der Volkssprachlichkeit, so Humboldts Deutung, in ein produktives Wechselverhältnis treten. Unter diesen Bedingungen sprachlich bestimmter Kultur eröffnete sich die Möglichkeit, die Differenz, die mit der Verschiedenheit der Sprachen gesetzt ist, in ihrer schöpferischen Qualität zur Geltung zu bringen. Sprachverschiedenheit ist nicht länger nur eine

"naturhistorische Erscheinung, als unvermeidliche Folge der Verschiedenheit, und Absonderung der Völkerstämme, als Hinderniss der unmittelbaren Verbindung des Menschengeschlechts", sondern wirkt nun "als intellectuell-teleologische Erscheinung, als Bildungsmittel der Nationen, als Vehikel einer reicheren Mannigfaltigkeit, (...) als Schöpferin einer, auf

---

167 Humboldt XII. S. 55/56.
168 Humboldt XII. S. 56.
 Diese Überlegung erlaubt auch eine angemessene Interpretation von Humboldts Hinweis auf den Griechisch lernenden Tischler und den tischlernden Gelehrten. Genau in diesem Sinn gewinnt er auch seine Dringlichkeit. Vergleiche auch Menze (1975), der eher defensiv interpretiert: Die Konstruktion "stellt einen Grenzfall dar und soll lediglich angeben, daß das Prinzip der reinen Menschenbildung (...) allen Abzweckungen und vorgängigen Inanspruchnahmen des Menschen gegenüber dominiert." S. 243.

gegenseitiges Gefühl der Individualität gegründeten, und dadurch innigeren Verbindung des gebildeten Theils des Menschengeschlechts."[169]

Diese Möglichkeit ist gebunden an die Ausgestaltung sprachlicher Dualität: an die "zwiefache Gestalt" der Sprache als Gebilde, an die "zwiefache Gestalt" des Sprechens und des "sprachverständigen"[170] Sprechens und an eine soziale Organisation, die in dieser "zwiefachen Gestalt" gründet, die Vollendung der zweiten Gestalt bewirkt und die "beständige ungehemmte und energische Gemeinschaft zwischen beiden sichert, die "Vermählung" (Jürgen Trabant[171]) zwischen der natürlichen Kraft und der Begeisterung ermöglicht. Humboldts Lehre von der "zwiefachen Gestalt" der Sprache vollendet das volkssprachliche Denken der Differenz, das in Dantes Unterscheidung von locutio naturalis und locutio artificialis seinen Ausgang nahm.

"Der Begriff der Nation,
als der eines auf bestimmte Weise sprachbildenden Menschenhaufens"[172]

Volkssprachlichkeit bestimmt die okzidentale Geschichte nach dem Niedergang des römischen Reiches und den lateinisch geprägten Lernphasen der Völkerscharen, die dieses Reich beerben. Volkssprachlichkeit besagt, daß die verschiedenen Kulturen, die sich in diesen Lernphasen anbahnen und mit der Emanzipation vom Lateinischen ausbilden, ihr Bildungsprinzip jeweils in einer Sprache finden, und zwar in einer Sprache, die bis zu diesem Übergang vorrangig gesprochene Sprache gewesen ist und wegen ihres Gegensatzes zum Lateinischen als Sprache der Schriftlichkeit vernakuläre oder Volkssprache genannt wird.

Was ist mit dem Satz ausgesagt, daß diese Kulturen jeweils in einer Sprache ihr Bildungsprinzip haben? Zunächst einmal, daß das Bildungsprinzip nicht in Herrschafts- oder Wirtschaftsformen, nicht in Sozial- oder Kultformen, nicht in Herkunfts- oder Denkformen liegt. Gewiß, jeder der damit genannten Aspekte ist auch in einer sprachlich bestimmten Kultur konstitutiv, aber eben nicht so, daß in einem von ihnen das einheitsstiftende Prinzip gefunden werden kann. Wenn wir aber von sprachlich bestimmten Kulturen in der okzidentalen Geschichte reden, kommentieren wir lediglich unseren geläufigen Sprachgebrauch, in dem z. B. von englischer oder von italienischer Kultur die Rede ist. Solcherart Sprachgebrauch ist uns geläufig, weil er in Lebensverhältnissen gegründet ist, in denen wir längst einheimisch, die uns ganz und gar selbstverständlich geworden sind. Wenn wir also von sprachlich bestimmter Kultur reden, heben wir

---

169 Humboldt IV. S. 7/8.
170 Humboldt IV. S. 193.
171 Trabant (1986). S. 39ff.
172 Humboldt VII. S. 171.

solches ins Bewußtsein, machen es zum Thema des Nachdenkens: Wie kann das sein, daß eine Sprache das bestimmende Prinzip einer Kultur sein soll?

Humboldts Antwort ist eine, dies sei noch einmal erinnert, die in den konkreten historischen Abläufen der Herausbildung von Volkssprachlichkeit eine universalgeschichtliche Verlaufslogik entziffert, in der sich der Gang der geistigen Bildung des Menschengeschlechts vollzieht. "Ich knüpfe also", schreibt er 1828 an Friedrich Gottlieb Welcker, Hauslehrer in Humboldts Haus während dessen Zeit als preußischer Gesandter beim Vatikan und seit 1809 Professor für griechische Literatur und Archäologie, "das Sprachstudium an die philosophische Uebersicht der Bildungsfähigkeit des Menschengeschlechts und an die Geschichte."[173] Und so ist es wohl unläugbar, hält er schon 1825 in der Abhandlung "Grundzüge des allgemeinen Sprachtypus" fest, "dass, seitdem die hauptsächlichsten Nationen Europas angefangen haben, in ihrer Muttersprache zu schreiben, eine ganz andre Einsicht in den Zusammenhang, welchen jede derselben in sich und mit der Nation hat, als vorher, entstanden ist."[174] Es folgt die aus der späteren Abhandlung schon zitierte Einschätzung, daß er diese Epoche "für die wichtigste in der Sprachbehandlung" halte und daß sie für seine Zeit von hoher Aktualität sei. Der Zusammenhang, den jede Muttersprache in sich selbst hat, ist in seiner Lehre von der "zwiefachen Gestalt" der Sprache beschrieben und gedeutet. Der Zusammenhang zwischen Muttersprache und Nation ist in dem Zitat, das diesem Abschnitt als Überschrift dient, auf den Punkt gebracht: Nation ist derjenige Menschenhaufe, in dem sich eine solche Muttersprache bildet.

Die Klärung dieser Definition erfolgt in drei Schritten: Zunächst zwingt die Herausbildung von volkssprachlich bestimmten Kulturen zu einem Überdenken des Begriffs von Sprache. Dies Überdenken mündet in die Zurückweisung einer unzureichenden Sprachvorstellung und eine Neubestimmung des Sprachbegriffs. Daß Sprache bildendes Organ des Gedankens und der Weltdarstellung sei, macht den ersten Kern dieser Neubestimmung aus.

Im nächsten Schritt wird geklärt, ob von dieser Neubestimmung auch das Alterisieren betroffen ist, also auch die zweite Tätigkeit, die wir außer dem Referieren auf Welt vollziehen, wenn wir sprechen. Die Deutung der Sprachkategorien Pronomen und Dualis führt auf das Verständnis der Sprache als Organ der Vergesellschaftung des Menschen, zum zweiten Kern der Neubestimmung.

Ein dritter Schritt führt schließlich zur Reflexion auf den gnoseologischen Status der Nationen-Definitionen; zur Herleitung und Begründung der Auffassung, die Nationalität und die Individualität seien "die beiden grossen intellectuellen Formen, in welchen die steigende und sinkende Bildung der Menschheit fortschreitet"[175]; und zur Positionsbestimmung "sprachverständiger Natio-

---

173 Humboldt (1859). S. 144ff.
174 Humboldt V. S. 395.
175 Humboldt VI. S. 189.

nen"[176] in der philosophischen Übersicht der Bildungsfähigkeit des Menschengeschlechts.

Erster Schritt:
Sprachen also werden in der okzidentalen Entwicklung zur Volkssprachlichkeit zum bestimmenden Prinzip unterschiedlicher Kulturen. Wie kann das sein? Über die allgemeine Wichtigkeit von Sprache im Aufbau von Kultur braucht nicht gestritten zu werden; auch über die Vorstellung von Sprache "als des Werkzeugs jeder menschlichen Thätigkeit"[177] wird leicht Einigkeit herzustellen sein. Aber gerade diese allgemeine Wichtigkeit der Sprache macht es eher schwierig, in ihr den bestimmenden Faktor einer besonderen, individuellen Kultur zu erkennen. Humboldt bereitet die Lösung dieser Schwierigkeit dadurch vor, daß er sich zunächst nicht intentione recta auf das Problem selbst einläßt, sondern nach den jeweiligen historischen Voraussetzungen und Bedingungen für die Thematisierung von Sprache fragt. Die Reflexion auf die Thematisierungsgeschichte von Sprache legt dann die inneren Zusammenhänge zwischen der Entwicklung der beiden leitenden Ideen der Menscheitsgeschichte auf der einen und der philosophischen, gelehrten bzw. wissenschaftlichen und alltäglichen Thematisierung von Sprache auf der anderen Seite frei und klärt so, (in der durch Rudolf Bultmann gebräuchlich gewordenen theologischen Wendung geredet), den Sitz im Leben der jeweiligen Thematisierung von Sprache. Entscheidend ist dabei die Frage, wie die Verschiedenheit der Sprachen in den Blick kommt oder vielleicht auch nur so zu kommen vermag. Die Alten, insbesondere die Griechen, zeigten, obwohl "die Masse ihrer Kenntnisse auch in diesem Fach nicht unbedeutend war", keinerlei "Bedürfniss der Erlernung fremder Sprachen *um der Sprache willen*"[178]; sie hatten keine "Idee", die ihre Kenntnisse fremder Sprachen in einem philosophisch interessanten Licht hätte erscheinen lassen können. Sie erfahren die Sprachverschiedenheit also ausschließlich als "naturhistorische Erscheinung, als unvermeidliche Folge der Verschiedenheit, und Absonderung der Völkerstämme."[179] Ihre "Geringschätzung des Fremden"[180] und ihre Befangenheit in ihrer heimischen Sprache[181] regen zur Bildung der Gegenbegriffe "griechisch sprechen" (hellenizein) und "stammelnd/fremd sprechen" (barbarizein) an; und wenn sich aus der Sprachverschiedenheit praktische Probleme ergeben, so werden sie als kommunikativ-technische behandelt. Unter solchen Voraussetzungen und Bedingungen bildet

---

176 Humboldt IV. S. 193.
177 Humboldt VII. S. 42.
178 Humboldt VI. S. 113. Hervorhebung von mir.
179 Humboldt IV. S. 7/8.
180 Humboldt VI. S. 116.
181 Humboldt VI. S. 118.

sich nun eine Vorstellung von Sprache, die Humboldt in seinen Texten immer wieder, geradezu leitmotivisch als unzureichend demonstriert:

"dass die verschiedenen Sprachen nur dieselbe Masse der unabhängig von ihnen vorhandenen Gegenstände und Begriffe mit andren Wörtern bezeichnen und diese nach andren Gesetzen" aneinanderreihen, "die aber, ausser ihrem Einfluss auf das Verständniss, keine weitere Wichtigkeit besitzen."[182]

Das Gewicht, das Humboldt der Auseinandersetzung mit dieser Vorstellung beimißt, wird in der Strukturanalyse der Texte klar. Sie zeigt, daß die Texte in der Abweisung dieser unzureichenden Vorstellung ihre "negatorische Mitte" haben[183]. Verständlich wird die Gewichtung, weil sich diese Vorstellung als Barriere erweist, die tatsächliche Volkssprachenentwicklung zu begreifen. Sie hat sich historisch überholt[184], und wer in ihr befangen bleibt, findet keinen Schlüssel zum Verständnis der postlateinischen Geschichte des Okzidents in ihrem menschheitsgeschichtlichen Gehalt.

Wer sich auf diese Geschichte einläßt, wird auf einen anderen Begriff von Sprache geführt, der es erst ermöglicht, die Verschiedenheit der Kulturen als sprachbestimmt nicht nur zu erfahren, sondern auch zu *denken*. Ein solcher Begriff hebt, je nach dem Punkt, von dem her er gedacht wird, den Anteil der Sprache an der Bildung von Vorstellung hervor[185]; zeigt sie als bildendes Organ des Gedanken und der Weltdarstellung[186]; verweist auf ihre gnoseologische Rolle, die nicht eigentlich darin besteht, "die schon erkannte Wahrheit darzustellen, sondern weit mehr (darin), die vorher unerkannte zu entdecken[187]; faßt sie mit einem Ausdruck, der "auf keine Weise das Mass der einfachen Wahrheit" überschreitet als "Weltansicht"[188]; gründet ihr Wesen in "Anrede und Erwiderung"[189].

Humboldt hat den ersten Kernsatz, *Sprache sei selbst bildendes Organ* des Gedanken, in mehreren Abhandlungen systematisch entwickelt. Sein Definitionsweg ist ein zweifacher: Er fragt nach der Bedeutung dieses Satzes im Hinblick auf Sprache als Prozeß und im Hinblick auf Sprache als Produkt. Im erste-

---

182 Humboldt VI. S. 119.
183 Ivo (1988a). S. 72ff.
184 Humboldt IV. S. 26 und VII. S. 690.
  Humboldt hat diese menschheitsgeschichtlich motivierte Einschätzung 1828 durch eine weitere, alltagstheoretische ergänzt: Diese Vorstellung sie "dem Menschen zu natürlich, als dass er sich leicht davon losmachen könnte." (VI. S. 119).
185 Humboldt VI. S. 119.
186 Humboldt V. S. 439.
187 Humboldt IV. S. 27.
188 Humboldt VI. S. 179.
189 Humboldt VI. S. 160.

ren Sinn, also wenn die Tätigkeit des sprachlichen Erzeugens im Vordergrund der Untersuchung steht, wird der Begriff "artikulierter Laut" zum zentralen; im letzteren Sinn, also wenn das sprachlich Erzeugte die vorrangige Aufmerksamkeit erfährt, der Begriff "Weltansicht der Sprache". Diese beiden Begriffe werden selbst wieder doppelt, nämlich unter geistigen und naturhaft-materiellen Aspekten bestimmt. Das Überblickschema[190] auf Seite 127 gibt, die Blöcke von links nach rechts gelesen, die Reihenfolge der Gedankenschritte wieder und vermittelt vielleicht etwas von der gedanklichen Symmetrie und der Komplexität des in diesem Kernsatz Gefaßten. Weil er zu den bekanntesten Humboldts gehört, belasse ich es bei diesem Hinweis und füge nur eine Bemerkung an, die ihn vor einem heute naheliegenden Mißverständnis schützen soll, ihn nämlich im Sinne "linguistischer Relativität" aufzufassen. In der Regel wird mit dem Ausdruck "linguistische Relativität" ein erkenntnistheoretisch definiertes Manko angezeigt: Gemessen an einem (meist implizit bleibenden) idealen Erkenntnisbegriff, ist unsere menschliche Erkenntnis nur relativ, insofern sie von den semantischen und grammatischen Eigenarten der jeweiligen Einzelsprache determiniert ist[191]. Benutzt man die humboldtschen Texte nach Art eines Steinbruchs, dann lassen sich "Humboldtzitate"[192] herausbrechen, die eine Zuordnung zu solcherart Relativismusdenken plausibel macht. Zum Beispiel:

"Der Mensch lebt auch hauptsächlich mit den Gegenständen, so wie sie ihm die Sprache zuführt, und da Empfinden und Handeln in ihm von seinen Vorstellungen abhängt, sogar ausschliesslich so. Durch denselben Act, vermöge welches der Mensch die Sprache aus sich heraus spinnt, spinnt er sich in dieselbe ein, und jede Sprache zieht um die Nation, welcher sie angehört, einen Kreis."[193]

---

190 Das Schema gibt den Aufbau der weithin gleichlautenden Kapitel über die Natur der Sprache in den beiden Abhandlungen "Grundzüge des allgemeinen Sprachtypus" und "Ueber die Verschiedenheiten des menschlichen Sprachbaues" wieder. Eine Erläuterung des Aufbaues habe ich versucht in: Ivo (1993). S. 224ff.
191 Es gibt gute Gründe, den Gedanken der "linguistischen Relativität" aus seinem jeweiligen konzeptionellen Kontexten zu lösen, um ihn in seinen verschiedenen Fassungen zu rekonstruieren. Iwar Werlen unterscheidet zwei Typen von Hypothesen, die sich in jeweils zwei Fassungen aufstellen lassen und "in der Literatur üblicherweise als *starker* und *schwacher* Determinismus und als *starker* und *schwacher* Relativismus bezeichnet werden. Stark meint dabei eine kausale, notwendige Beziehung, schwach meint einen größeren oder kleineren Einfluß. Determinismus meint, daß das Individuum in seiner Weltansicht durch Sprache bestimmt ist; Relativismus meint, daß die jeweilige Einzelsprache durch ihre Struktur die Weltansicht des Individuums bedingt." Werlen (1989). S. 6.
192 Siehe Kap. 4. S. 155ff.
193 Humboldt VI. S. 180.

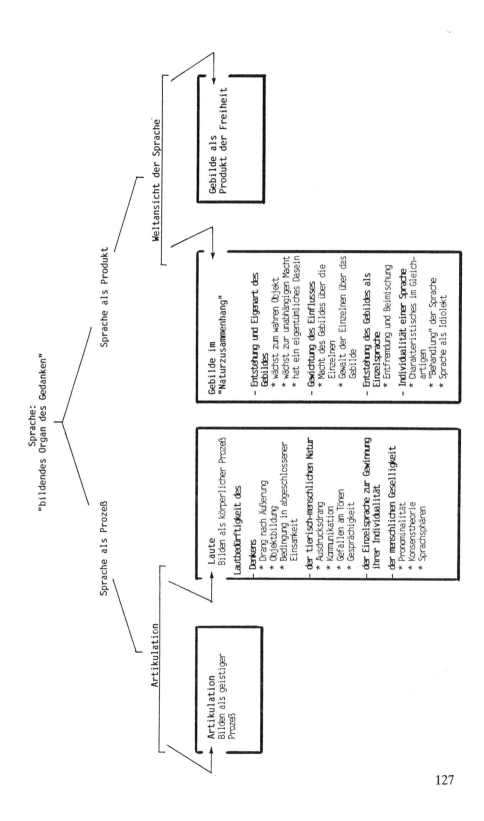

Humboldts Weg, der zu solchen Sätzen führt, ist kein primär erkenntniskritisch motivierter; man kann ihn als einen ansehen, der von einer philosophischen Anthropologie inspiriert ist, die in der Bejahung der Endlichkeitsbedingungen menschlichen Seins gründet, und zwar so, daß "die lebendige Wahrheit der Weltschicksale" nicht in "todten Einrichtungen", sondern in den menschlichen Individuen gesucht wird, von denen jedes "seinen Gipfelpunkt immer innerhalb der Spanne seines flüchtigen Daseyns finden muss."[194] Hierzu ist Sprache eine notwendige Voraussetzung. Aber dies ist nicht als Einschränkung oder Hemmnis aufzufassen, sondern als eine Qualität, die die Unendlichkeitsstrebungen des Menschen mit den raum-zeitlichen und sozial-kulturellen Endlichkeitsbedingungen versöhnt, und zwar in doppelter Hinsicht. Es ist nämlich

"die Natur der Sprache, sich an alles Vorhandene, Körperliche, Einzelne, Zufällige zu heften, aber dasselbe in ein idealisches, geistiges, allgemeines, nothwendiges Gebiet hinüberzuspielen."[195]

Zum anderen: Sprache ist zwar eine natürliche, mit dem Begriff des Menschen selbst gegebene Funktion: "Der Mensch spricht auf ähnliche Weise, als er sieht, als er sich bewegt, als er jede andre seinen Organen gemässe Verrichtung ausübt." Aber so sehr sie durch seine körperlichen Werkzeuge bestimmt ist, so gehört sie doch

"eigentliche dem Geistigen in ihm an, bedingt die Klarheit seines Denkens, und bewegt sich in der Freiheit der Gedanken und Empfindungen. (...) Die Sprache in ihrer grammatischen Function (...) ist das Vermögen die Freiheit des Gedankens dergestalt durch Gesetzmässigkeit zu verschlingen, dass Freiheit und Gesetzmässigkeit sich innig und gegenseitig durchdringen. Denn die Freiheit fordert die Gesetzmässigkeit zu ihrer Sicherung, und die Gesetzmässigkeit hat in der Sprache keinen bestimmten Erfolg, sondern nur die Möglichkeit der Freiheit zum Ziel."[196]

Damit sind die beiden Versöhnungsleistungen von Sprache überhaupt genannt: in ihrer semantischen Funktion ermöglicht sie es, punktuelle Welterfahrung zu generalisieren, in ihrer grammatischen, sie als persönliche zu individualisieren. Gemeinsam ist beiden Funktionen, daß durch sie Welt- und Selbsterfahrung erst Gestalt gewinnen können.

In der geschichtlichen Wirklichkeit ist dies freilich nicht eine Funktion von Sprache überhaupt, sondern von einer jeweils besonderen. Warum? Die Antwort erfolgt in vier Schritten:

---

194 Humboldt IV. S. 46.
195 Humboldt VI. S. 123.
196 Humboldt V. S. 451.

- Grundlegend ist zunächst eine Aussage über das In-der-Welt-Sein des Menschen:
"Er sieht den Boden, so weit er sich ausdehnt, den Himmel, soweit ihm entdeckbar, ihn Gestirne umflammen, als innerlich sein, als ihm zur Betrachtung und Wirksamkeit gegeben an."[197]
- Aber in der kurzen Spanne seines flüchtigen Daseines ist ihm das Ganze der Welt nur selektiv erfahrbar, kann er aus der Gesamtheit menschlicher Strebungen nur weniges verwirklichen. Um eine individuelle Lebensbahn zu finden, ist Reduktion von Komplexität also vonnöten.
- Hier kommt die Einzelsprache dem menschlichen Individuum entgegen, insofern sie entsprechend ihrer semantischen Funktion in ihrer Weltansicht eine Reduktionsleistung bereithält und in ihrer Grammatik die Möglichkeit der Individualisierung sicherstellt. Die Einzelsprache, so sagt Humboldt, "umschlingt beschränkend"[198] und drückt damit kein Manko aus, sondern zeigt, wie eine Einzelsprache den Menschen im Prozeß der Gestaltwerdung soweit entlastet, daß ihm eine eigene Lebensbahn erst möglich wird.
- Die Einzelsprache kann diese Leistung zur Verfügung stellen, weil sie die Masse des geistig Errungenen all derer, die sie gesprochen haben und sprechen, "wie einen Boden gegenwärtig" hält, von

"dem sich der auftretend beflügelte Fuss zu neuen Aufschwüngen erheben kann, als eine Bahn, die, ohne zwängend einzuengen, gerade durch die Begränzung die Stärke begeisternd vermehrt."[199]

Damit ist die wichtigste Erklärung Humboldts für das Auftreten von Volkssprachlichkeit in der Geschichte, also Kulturen sprachbestimmt aufzufassen, vorgestellt. Wie das Verhältnis solcherart sprachbestimmter Kulturen untereinander im Sinne Humboldts zu denken ist, wird in den nächsten beiden Passagen dieses Abschnitts zu klären sein. Im Vorgriff auf die letzte Passage sei aber schon an dieser Stelle der Bezug zum Thema dieses Abschnitts, das von Nationen als sprachbildenden Menschenhaufen handelt, expliziert. Humboldt nennt die Gruppe der Sprecher einer Sprache, also derjenigen Größe, die solche Reduktionsleistungen bereithält und Individualisierungsmöglichkeiten sichert, eine Nation. Von den Einzelsprachen kann er darum sagen, sie seien "die Organe der eigenthümlichen Denk- und Empfindungsarten der Nationen."[200]

---

197 Humboldt VI. S. 114.
198 Humboldt VI. S. 124.
199 Humboldt VI. S. 124.
200 Humboldt VII. S. 640.

Zweiter Schritt:
Die volkssprachlichen Bedingungen führen zu einer weiteren Neubestimmung des Sprachbegriffs, insofern wir in diesem Begriff *Sprechen als Alterisieren* fassen. Immer wenn wir sprechen, sprechen wir nicht nur über etwas, sondern wenden uns zugleich einem, mehreren oder einem generalisierten Anderen zu. Es liegt in der Natur der Sprache selbst "ein unabänderlicher Dualismus, und alles Sprechen ist auf Anrede und Erwiederung gestellt."[201] Humboldt erörtert dieses Thema im Zusammenhang mit der Frage nach den Antrieben, die zur Hervorbringung des Sprachlauts führen. Nachdem er diese Antriebe dreifach bestimmt hat, als hervorgegangen aus der Lautbedürftigkeit des Denkens, der tierisch-menschlichen Natur und der Einzelsprache zur Gewinnung ihrer Individualität (siehe Übersichtsschema Seite 86/1?), hebt er als vierte Bestimmung die Geselligkeit hervor: "Die wichtigste Ursache, aus welcher die Sprache, vermittelst des Tones, der Wirkung nach aussen bedarf, ist die Geselligkeit, zu welcher der Mensch durch seine Natur unbedingt hingewiesen wird."[202] Diese Verweisung auf die Geselligkeit ist zweifach motiviert: durch den Drang, die menschlichen Kräfte vollkommen zu entwickeln und durch "das Verlangen nach Vervollständigung durch die andren."[203]

Die Geselligkeit, auf die die menschliche Natur hinweist, ist somit keine, die nur in dieser Natur als körperlicher gründet, im Überlebensdrang ("dem blossen Bedürfniss"), sondern auch in der Natur als geistiger: "Im Menschen aber ist das Denken wesentlich an gesellschaftliches Daseyn gebunden."[204] Die *personale* Bedeutung dieser Feststellung wird klar, wenn die Konsequenzen der cartesianischen Unterscheidung in bewußtes und ausgedehntes Sein erinnert werden. Die Herleitung der Wahrheitskriterien aus dem Bewußtsein (clare et distincte) muß dieses entweder subjektiv denken oder als Bewußtsein überhaupt. Als Bewußtsein überhaupt gedacht, verliert sich die Personalität; als nur subjektives ein emphatisch gedachter Wahrheitsbegriff. Die Bedeutung, die Humboldt der Feststellung von der Gesellschaftlichkeit des menschlichen Denkens gibt, wird vor diesem Hintergrund also ganz klar: "der Mensch bedarf (...) zum blossen Denken eines dem *Ich* entsprechenden *Du*." Erst durch das Zurückstrahlen aus einer anderen Person ("einer fremden Denkkraft") gewinnt der Begriff "Bestimmtheit" und "Klarheit" und wird von einem "blossen Scheinobjecte, einem Traumbilde"[205] unterscheidbar. Das Gespräch wird zum Mittel, der Täuschungsgefahr zu entgehen, aber auch zu einem, das anregt, anstößt, "entzündet". Die ersten Umrisse eines Wahrheitsverständnisses, das wir heute in

---

201 Humboldt VI. S. 160.
202 Humboldt VI. S. 159.
203 Humboldt VI. S. 159.
204 Humboldt VI. S. 160.
205 Humboldt V. S. 380/381.

Konsenstheorien von Wahrheit aufgehoben finden, werden erkennbar: Das geistige Streben des Menschen ist ein "Anringen" an Wahrheit; die Denkkraft des einzelnen Menschen "bedarf etwas ihr Gleiches und doch von ihr Geschiedenes. Durch das Gleiche wird sie entzündet, durch das von ihr Geschiedene erhält sie einen Prüfstein der Wesenheit ihrer inneren Erzeugungen." Diese Bedingungen erfüllt die "gesellige Vereinigung"; sie ist darum das mächtigste Mittel, der Wahrheit nahe zu kommen.[206]

Mit diesen, wie Humboldt sagt, "leichteren Betrachtungen" hat er einen Weg bahnen wollen zu einem Punkt, von dem her erst eine "tiefere Untersuchung und vollere Würdigung" der Sprachlichkeit des Menschen möglich ist. Diese scheint ihm verkannt, nur scheinbar geklärt, unrichtig gewürdigt,

"wenn man das Menschengeschlecht als zahllose zu derselben Gattung gehörende Naturen, und nicht vielmehr als Eine in zahllose Individuen zerspaltene betrachtet."[207]

Im ersten Fall, so ist Humboldts Hinweis wohl zu verstehen, ist die "innere Verwandtschaft des Menschengeschlechts" nur begrifflich konstruiert (sie beruht "nur auf der Einheit der Idee", welche das Menschgeschlecht "betrachtend oder schaffend zusammengefasst"); im letzteren beruht sie "auf der Einheit des Wesens."[208]

Diese Unterscheidung erschöpft sich aber nicht darin, den theoretischen Status der beiden Aussagen zur Einheit des Menschengeschlechts zu bestimmen, die erstere als eine Art Modell-Konstruktion, die andere als eine metaphysische Annahme. Humboldt zeigt vielmehr, wie in der begrifflichen Konstruktion über einen porphyrianischen Baum der Gattungsbegriff "Menschheit" erreicht wird, dem unterschiedliche Arten (Humboldt spricht von "Naturen") subsumiert sind, wie also mit der Wahl dieses Begriffsbildungsweges dasjenige zum Verschwinden gebracht wird, was im Mittelpunkt seines Sprachdenkens steht, der Gedanke der Individualität. Diesem in seinem Geheimnis, das ihm zugleich "das des menschlichen Daseyns" ist, näher zu kommen, macht den Sinn der metaphysischen Annahme aus, die innere Verwandtschaft des Menschengeschlechts beruhe auf der Einheit seines Wesens, das in zahllose Individuen zerspalten ist.

Was meint die Metapher vom gewaltsamen Vorgang des Zerspaltens (oder des "Zerschlagens"[209])? Ich zähle drei geläufige Vorstellungen von einem solchen Vorgang auf: die elementarisierende faßt die zerspaltenen Größen als (relativ) beliebige Bausteine eines Ganzen auf, die organologische als funktional notwendige, aber unselbständige Glieder eines Ganzen, die mythologische

---

206 Humboldt V. S. 381.
207 Humboldt V. S. 383.
208 Humboldt V. S. 383.
209 Humboldt VI. S. 125.

als Hälften, die zueinanderstreben und erst im Wiederfinden ihre blutenden Wunden stillen. Die Größen, die Humboldt als Ergebnis des Zerspaltens aufführt, sind keine Bausteine, keine Glieder und keine blutenden Hälften, sondern Individuen, die sich von den drei genannten Größen dadurch unterscheiden, daß sie für sich stehen und daß ihre proprialen Eigenschaften nicht akzidentiell, sondern substantiell sind.[210] Die innere Verwandtschaft des Menschengeschlechts ist von solcher Art, daß das *eine* Wesen der Menschheit in jedem einzelnen Menschen sich findet, freilich auf spezifische Weise individualisiert.

Wie diese Einheit und ihre zerspaltene Vielfalt im einzelnen zu denken sei, ist für Humboldt nicht zu erklären und zu ergründen. Darum habe er diese Überlegungen auch "lieber im Tone innerer Überzeugung als mit der Zuversicht allgemeiner Behauptung" vorgetragen. So hat sie einen regulativen Wert für die Erkenntnis; denn ausschließlich aus "logischen und diskursiven Begriffen" zu schöpfen, heißt, eine Untersuchung nicht bis zu ihren Endpunkten hin zu durchdenken. Freilich: da in ihr nichts mit Zuversicht allgemein behauptet ist, kann auch nichts aus ihr deduziert werden. Was aber ist dann ihre Funktion? Humboldts Lösung dieses Problems eines metaphysischen Redens in nachmetaphysischer Zeit[211] ist streng rational: er fordert, sich nicht in ihrem Gegenteil, also in die Rationalität eingelebter porphyrianischer Bäume zu "verschließen", sondern sie als "geahndete Möglichkeit stehen" zu lassen.[212]

In der Pronominalität des Sprechens treffen wir auf das *Organ der Vergesellschaftung des Menschen*. Pronominalität versteht Humboldt als ein universelles Merkmal der Sprache. Eine allgemeine Grammatik, die sich nicht im genannten Sinn "verschließt", legt diese Merkmale im "Grundtypus der Sprache" frei: Humboldt weicht ausdrücklich vom geläufigen Verständnis des Pronomens ab, nach dem es ein schon Gesprochenes oder noch zu Sprechendes repräsentiert. *Ich* und *Du* sind die miteinander redenden *Personen*, *Ich* die anredende, *Du* die angeredete. Das in der üblichen grammatischen Terminologie "dritte Person" Genannte ist in dem Urtypus der Sprache gerade nicht Person, sondern ein Etwas, ein Es oder was als ein Etwas, als ein Es vorgestellt wird. (Daß ein Ich oder Du wie ein Es vorgestellt werden kann, unterstreicht nur die kategoriale Differenz.) Im *Es* als einem *Nicht-Ich* und einem *Nicht-Du* wird die Sphäre des Beredeten gesetzt, die Humboldt die Sphäre aller Wesen nennt, die als die Sphäre des vorstellenden Denkens aufgefaßt werden kann; im *Ich* unterscheidet "der Sprechende, sich gegenüber, einen angeredeten von allen Andren"; im *Du* liegt somit die "Spontaneitaet der Wahl", und zwar in der "Sphäre des gemeinsamen Handelns."[213] Damit ist das eigentlich vergesellschaftende Prinzip in der

---

210 Borsche (1981). S. 132ff.
211 Ivo (1988a). S. 97.
212 Humboldt V. S. 393/394.
213 Humboldt V. S. 381.

pronominalen Dualität von *Ich* und *Du* erkannt, das soziale Dynamik allererst ermöglicht. Es ist zugleich auch das Prinzip der sozialen Gebilde, die sich in dieser Dynamik formen:

"Alles Sprechen", so heißt es in der Akademie-Rede über den Dualis 1827, "ruht auf der Wechselrede, in der, auch unter Mehreren, der Redenden die Angeredeten immer als Einheit gegenüberstellt. Der Mensch spricht, sogar in Gedanken, nur mit einem Andren, oder mit sich, wie mit einem Andren, und zieht danach die Kreise seiner geistigen Verwandtschaft, sondert die, wie er, Redenden von den anders Redenden ab. Diese, das Menschengeschlecht in zwei Classen, Einheimische und Fremde, theilende Absonderung ist die Grundlage aller ursprünglichen geselligen Verbindung."[214]

Die Erfahrung des Einheimischen gründet also in einer gemeinsamen Sprache als einer vernakulären. Sie ist in der Ausbildungsphase, in der sich die europäischen Sprachen zu Lebzeiten Humboldts befinden, für ihn nationelle, vaterländische Sprache. Es ist, wenn ein anderer Mensch sie spricht, "als ob man mit dem heimischen Laute einen Theil seines Selbst aus dem Andren vernähme."[215]

Dritter Schritt:
Warum sollte einer solch späten europäischen Sonderform menschlicher Vergesellschaftung wie der *Nation* und ihren *Nationalismen* eine solch basale Bedeutung zugeschrieben werden müssen? Zunächst ist zu klären, wie Humboldt den Begriff der Nation auffaßt, wenn er, die Grundlage aller geselligen Vereinigung in der "theilenden Absonderung" in Einheimische und Fremde findet, das Einheimische für die Ausbildungsphasen der Sprachen Europas an die nationellen Sprachen bindet. Mit einer solchen Frage ist zugleich die nach dem gnoseologischen Status der humboldtschen Begriffe aufgeworfen. Humboldt macht von der Möglichkeit, in Begriffsdefinitionen geordnete Arrangements von Merkmalen explizierend zu setzen und damit den sprachlichen Ausdruck des Begriffs gegen die Kontextbestimmtheit im jeweiligen Gebrauch zu immunisieren, nur vorsichtig Gebrauch. Der Grund hierfür liegt in seinem Sprachdenken, das einen "energischen" Austausch zwischen der bildungsbestimmten Gestalt einer Sprache und derjenigen Gestalt als zwingend erweist, die sich in den "gewöhnlichen Verhältnissen des Lebens" bildet. Die Erwartung von Terminologie im angedeuteten Sinn wird folgerichtig dazu führen, in Humboldts Texten die eigene Erwartungsenttäuschung im Text als Widersprüche, Brüche, interne Inkonsistenzen zu lesen. Die Exegese wird also von derselben Vorsicht gegenüber der eigenen Erwartung, definitiv etwas fassen zu können, bestimmt sein müssen, die Humboldt gegenüber begrifflicher Fixation wahrt; sie ist ihm im

---

214 Humboldt VI. S. 26.
215 Humboldt V. S. 386.

Blick auf das zu Denkende immer und notwendigerweise vorschnell und darum in ihrer Vorläufigkeit präsent zu halten.[216]

Für die Exegese von Humboldts Nationenbegriff werden vor allem die Paragraphen 9 bis 13, 67 bis 81 und 101 bis 103 der Abhandlung "Ueber die Verschiedenheit des Sprachbaues" sowie die schon zitierte Denkschrift zur deutschen Verfassung herangezogen.

Die Paragraphen 9 bis 13 erörtern die Funktion von Sprachthematisierungen in ihren menschheitsgeschichtlichen Kontexten. Für das Verständnis der postlateinischen Sprachentwicklung in Europa wird der schon vorgestellte Begriff von Sprache als einer bloß lautlichen Umhüllung des unabhängig von ihr Gedachten (S.85f.?) als unzureichend erwiesen und das Wesen der Sprache neu und umfassend skizziert. In diesem Zusammenhang erfährt dann die Nation ihre aus den Bildungsbegriff der Menschheit hergeleitete Definition:

"Eine Nation in diesem Sinne ist eine durch eine bestimmte Sprache charakterisirte geistige Form der Menschheit, in Beziehung auf idealische Totalitaet individualisirt."[217]

Diese Bestimmung von Nation setzt einen Definitionsrahmen voraus, und sie steht einem verbreiteten Sprachgebrauch gegenüber. Sie setzt als nächsten Definitionsrahmen die Unterscheidung eines doppelten Ursprungs der "Vertheilung des Menschengeschlechts in grössere und kleinere Haufen";

"einen irdischen in dem körperlichen Bedürfniss, dem blossen Naturtrieb und äusseren Umständen, und einen in dem Zusammenhang seines ganzen Daseyns ruhenden, den inneren, dem Menschen selbst nicht immer verständlichen Drang nach dem höchsten durch seine Natur Erreichbaren."[218]

Im Sinne des letzten Ursprungs wird Sprache als geistige Form der Menschheit aufgefaßt, und zwar, selbstredend ganz formal und nicht im Sinne dieser oder jener empirisch bestimmbaren Qualität, ihrer Idee nach. Humboldt drückt das so aus: die Formulierung sei deshalb so gewählt, "weil dort von der durch vollendete Sprachentwicklung geläuterten Ansicht ihrer Intellectualitaet die Rede war."[219] Ist damit der Bezug auf die Nationen im Blick "auf ihr reales, irdisches

---

216 Hans-Werner Scharf verweist eindringlich auf die "argumentative Fluktuation", die so entsteht; auf Humboldts "tastende und experimentierende, gewissermaßen rollenspielende Gedankenentfaltung". Er zeigt die Kurzschlüssigkeit einer Berufung auf Humboldt, die zu einem exegetischen Verhältnis zu seinen Texten erst gar nicht vorzudringen sucht. Siehe auch Kap. 4. S. 153ff.
Scharf (1989). S. 153.
217 Humboldt VI. S. 125.
218 Humboldt VI. S. 184.
219 Humboldt VI. S. 126.

Treiben" aufgegeben? Humboldt verneint dies ausdrücklich und weist darauf hin, daß in dieser Hinsicht Nationen "geistige Kräfte der Menschheit in irdischer, zeitbedingter Erscheinung" sind. Und eine Untersuchung, die den inneren, also den menschheitsgeschichtlichen Zusammenhang der Idee einer Nation als einer geistigen Form der Menschheit mit den Nationen in ihrer Zeitlichkeit und ihrer "Irdischheit"[220] klären will, muß auf die Nationen auch so eingehen, wie sie in Erscheinung treten. Die Differenz, die sich damit auftut, überbrückt Humboldt in drei Schritten. Als erstes stellt er die Differenz fest und hebt das Ungewöhnliche seines menschheitsgeschichtlichen Nationen-Verständnisses hervor:

"Der Begriff der Nation ist (...) bestimmt worden, allein nach seiner tiefsten geistigsten Bedeutung, welche der gewöhnlichen Ansicht vielleicht fremd erscheinen. Er ist auch (...), als ganz mit dem der Sprache zusammenfallend geschildert worden. Beides erfordert hier noch einige Aufklärung"[221]

Damit ist der nächste Schritt vorbereitet, nämlich die gewöhnliche Ansicht von der Nation darzulegen. Diese wird aus dem Gebrauch der drei Wörter Volk, Nation und Staat hergeleitet. Wenn sie im Gebrauch strikt geschieden sind, enthält Volk die Merkmale "Wohnsitz und Zusammenleben", Nation das Merkmal "Abstammung" und Staat das der "bürgerlichen Verfassung". Üblicher scheint Humboldt eine weniger trennscharfe Verwendung des Ausdrucks Nation für diejenige

"Völkereinheit, auf die alle verschiedenen Umstände einwirken, ohne dass man gerade darauf sieht, ob Abstammung oder Sprache innerhalb dieser Einheit dieselben sind, oder sich nicht noch über dieselbe hinauserstrecken."[222]

In einem dritten Schritt stellt Humboldt die Verbindung her zwischen dem, was im üblichen Gebrauch des Ausdrucks Nation bezeichnet wird, und der Bestimmung der Nation als geistige Form der Menschheit. Hierzu bedarf es eines beiden Verwendungsweisen gemeinsamen Merkmals. Als ein solches hebt Humboldt das Merkmal der "Eigenthümlichkeit" hervor. Im Sinne des menschheitsgeschichtlichen Verständnisses von Nation ist die jeweilige geistige Form der Menschheit eine "eigenthümliche", eine strikt propriale; im Sinne der üblichen Verwendung von Nation ist immer mitgedacht, daß die jeweilige Nation durch besondere, nur ihr zukommende Eigenschaften charakterisiert ist, durch die sie sich von anderen unterscheidet. Der gesuchte Begriff von Nation,

---

220 Humboldt VI. S. 115.
221 Humboldt VI. S. 187.
222 Humboldt VI. S. 187.

in dem der idealische (menschheitsgeschichtliche) und der empirischen Aspekt vermittelt ist, kann nunmehr folgendermaßen definiert werden:

"In diesem Sinne ist eine Nation ein solcher *Theil der Menschheit*, auf welchen so in sich gleichartige und bestimmt von andren verschiedene Ursachen einwirken, dass sich ihm dadurch *eine eigenthümliche Denk-, Empfindungs- und Handlungsweise anbildet.*"[223]

Aus ihrer Herleitung wird klar, daß dies die zentrale Definition der Nation in Humboldts Sprachdenken ist, die offensichtlich aber noch einer Erklärung bedarf (salopp gefragt: Wo bleibt die Sprache?), bevor sie in ihren einzelnen Elementen entfaltet werden kann.

Die Erläuterung schließt sich unmittelbar an. Sie verknüpft das für diese Argumentationspassage in der Abhandlung längst selbstverständlich Gewordene ("die wirkliche Verschiedenheit prägt sich allemal auch in Verschiedenheit der Sprache") mit einem Hinweis auf extensional verstandene "Sphären der Eigenthümlichkeit". Dieser Hinweis ist, am Beispiel demonstriert, so zu verstehen: Drei Merkmale, die je andere "Eigenthümlichkeiten" konstituieren, seien auf zwei soziale Gruppen so verteilt, daß zwei von ihnen je einer Gruppe zukommen, das dritte aber beiden gemeinsam ist. Wie verwirklicht sich eine solches Verhältnis der "Sphären der Eigenthümlichkeit" in den Sprachen der Menschen? Die Antwort markiert die beiden Endpunkte einer Auslegung der menschlichen Sprachlichkeit als Mehrsprachlichkeit: die Mundarten als dem einen und die Gewöhnung, sich verschiedener Sprachen "zugleich als seiner eigenen zu bedienen"[224] als den anderen. Diese Endpunkte finden, wie noch zu zeigen sein wird, in der Herleitung der Nationalität als Bildungsform der Menschheit ihre Erklärung (S.142ff.).

Die zentrale Nationen-Definition kann nun im Blick auf die Fragen entfaltet werden, welche Ursachen wirken, so daß sich "eine eigenthümliche Denk-, Empfindungs- und Handlungsweise" anbilden kann, und in welcher Ordnung sie wirken. Die folgende Skizze gibt die von Humboldt aufgeführten Ursachen in ihrer Reihenfolge und ihr Arrangement in der Skizze die Ordnung ihres Wirkens wieder.

---

223 Humboldt VI. S. 188. Hervorhebungen von mir.
224 Humboldt VI. S. 188.
    Mario Wandruszka fordert 1971, daß wir, ausgehend von der Mehrsprachigkeit, "unsere gesamte Sprachwissenschaft neu durchdenken" müssen und legt unter dem Titel "Interlinguistik" die Umrisse einer neuen Sprachwissenschaft vor.

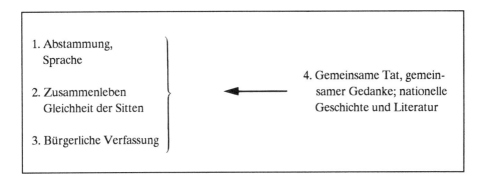

Die Numerierung zeigt, wohl aus heuristischen Gründen, logische und historische Voraussetzungsverhältnisse zugleich an. Dagegen führt die Sonderstellung der vierten ein neues Ordnungsverhältnis ein: Es ist der *Gedanke*, sagt Humboldt, "in dem der Mensch sich zusammenfasst, seine Naturanlagen sichtet, läutert und ins Bewußtsein bringt, und sich seine eigenthümliche Bahn bricht." Folglich tritt die vierte Ursachengruppe nicht einfach zu den ersten dreien hinzu, sondern faßt sie zusammen und vollendet sie so:

"Eine Nation wird erst wahrhaft zu einer, wann der Gedanke es zu wollen in ihr reift, das Gefühl sie beseelt eine solche und solche zu seyn."[225]

Auch für das soziale Gebilde Nation gilt, daß in ihm duale Kräfte vereinigt sind, was Humboldt vom Menschen überhaupt feststellt: daß sein Wesen "aus zwiefacher Natur in Eins zusammengeschmolzen"[226] ist. Der universalhistorisch relevante Verschmelzungspunkt in der Nation ist die bürgerliche Verfassung:

"Das Streben, dies Nationalgefühl zu wecken und zu leiten, ist der Punkt, wo die bürgerliche Verfassung in den Entwicklungsgang der Menschheit eingreift; wo es in ihr mangelt oder verfehlt wird, sinkt sie bald selbst zu roher Gewalt oder todter Form hinab."[227]

Der Begriff der Nation ist damit in seinem idealen, seinem universalgeschichtlichen und in seinem empirischen Denkrahmen entfaltet und als ein einheitlicher erwiesen. Lassen sich aus ihm für die Politik handlungsorientierende Kriterien herleiten? Oder anders gefragt: Wie läßt er sich in konkreten politischen Situationen gebrauchen? Humboldts politische Denkschriften belehren uns, wie er selbst diesen Begriff zur Lösung anstehender politischer Probleme verwendet

---

225 Humboldt VI. S. 188.
226 Humboldt VI. S. 154.
227 Humboldt VI. S. 189.

hat. Welche auswählen? Da er im dritten Definitionsmerkmal, der Verfassung, den Eingreifungspunkt im Entwicklungsgang der Menschheit sieht, liegt es nahe, Texte zur Verfassungsfrage heranzuziehen. Sie werden zeigen, ob und wie Humboldt universalgeschichtliche Aspekte mit solchen vermittelt, die sich aus der Analyse vorfindlicher Wirklichkeit ergeben. Aus Gründen der "Aktualität" referiere ich einige Überlegungen, die Humboldt zwischen 1813 und 1816, zuletzt als preußischer Gesandter beim Deutschen Bund in Frankfurt, zu einer deutschen Verfassung formuliert hat.

Humboldts Gedanken zu einer Verfassung des Deutschen Bundes sind bestimmt von einer politischen Handlungsmaxime, von einer Einschätzung der "Richtung", in der sich deutsche Nationalität bildet, und von der Analyse der "Stelle"[228] Deutschlands in Europa.

Die *Handlungsmaxime* lautet: Politik darf sich "nicht vermessen, der natürlichen Beschaffenheit der Dinge entgegen zu handeln."[229] Was meint der Ausdruck "natürliche Beschaffenheit der Dinge"? Humboldt faßt mit ihm zusammen, was er zuvor als Grundannahme über das Verhältnis zwischen dem Menschen als Menschengeschlecht, den einzelnen Menschen und deren Vergesellschaftung in Nationen formuliert hat:

"Es liegt in der Art, wie die Natur Individuen in Nationen vereinigt, und das Menschengeschlecht in Nationen absondert, ein überaus tiefes und geheimnisvolles Mittel, den Einzelnen, der für sich nichts ist, und das Geschlecht, das nur im Einzelnen gilt, in dem wahren Wege verhältnismässiger und allmähliger Kraftentwicklung zu erhalten."[230]

In dieser Grundannahme finden wir, für die Zwecke der politischen Denkschrift pointiert, was wir aus den späteren sprachtheoretischen Schriften schon kennen: die anthropologische Philosophie Humboldts, die seinen universalgeschichtlichen Denkrahmen fundiert, die Vorstellung nämlich vom Menschengeschlecht als dem einen, das in zahllose Individuen zerspalten ist (vgl. S. 131) und die von der Einzelsprachlichkeit (Nation) als Funktion der kontingenten Bedingungen menschlichen In-der-Welt-Seins (vgl. S. 129).

Humboldt leitet nun sehr wohl aus diesen Grundannahmen Kriterien für das konkrete politische Handeln her, freilich, wenn man das so sagen darf, auf sehr humboldtsche Weise. Die Kriterien dienen ihm nämlich nicht dazu, das politische Handeln an ihnen positiv auszurichten, sondern haben eine ausschließende Funktion: die Politik braucht auf sie nie einzugehen, sie darf sich "aber nicht vermessen, der natürlichen Beschaffenheit der Dinge entgegen zu handeln", wie sie in solchen Grundannahmen gefaßt und in den jeweiligen historischen Situa-

---

228 Denkschrift über die deutsche Verfassung. An den Freiherr vom Stein (1813) Humboldt XI. S. 101.
229 Humboldt XI. S. 98.
230 Humboldt XI. S. 97/98.

tionen entziffert wird. Daß die Kriterien nur zum Ausschließen taugen, stellt aber keinen Mangel dar,

"denn die Weltbegebenheit gehen immer in dem Grade besser, in dem die Menschen nur negativ zu handeln brauchen."[231]

Damit ist im Grundsatz der Weg bestimmt, wie das universalgeschichtliche und das empirisch-historische Denken zum politischen Handeln gelangen kann.[232]
Die Überlegungen zu einer deutschen Verfassung führen auf diesem Weg nicht zu einer Bestimmung deutschen Wesens, aus dem dann Kriterien für eine diesem Wesen angemessene Verfassung hergeleitet werden, sondern zur Analyse der historischen Situation, in der sich die Frage nach einer Verfassung stellt. Sie stellt sich deswegen, weil die alte Ordnung des Reiches ebenso zerfallen ist wie die von Napoleon in deutschen Territorien gesetzte.

"Da der Rheinbund aufgelöst ist, muss entschieden werden, was nunmehr aus Deutschland werden soll, und selbst wenn man keinerlei Art der Vereinigung wollte, wenn alle Staaten einzeln fortbestehen sollten, so müsste doch auch dieser Zustand zugerichtet und gesichert werden."[233]

Eine erste denkbare Lösung schließt er sofort aus: die Herstellung der alten Kaiserwürde. Seine historische Begründung kann als Beispiel dafür gelesen werden, wie Humboldt die Vermittlung des Gedanken mit den kontingenten Bedingungen unseres In-der-Welt-Seins praktiziert. "Ihr eigenes langsames Ersterben selbst" war die Ursache der Zerstörung der alten kaiserlichen Verfassung durch äußere Gewalt: Seit der Reformation streben die Teile dieses Reiches auseinander. "Wie soll", so fragt Humboldt, "daraus das entgegengesetzte

---

231 Humboldt XI. S. 96.
232 Angelika Rüter kommt in ihrer vergleichenden Untersuchung der Begriffe Individuum, Nation und Staat im staatspolitischen und sprachwissenschaftlichen Bereich zu der Feststellung, daß ein "Bruch innerhalb der internen Konsistenz des humboldtschen Schaffens" anzunehmen sei. Sie führt ihn vordringlich auf die "Nicht-Übereinstimmung von Theorie und Praxis" im Lebenswerk Humboldts zurück. Für meine gegenteilige Auffassung ist die Berufung auf die exkludierende Funktion der Kriterien, die aus philosophischer Reflexion hergeleitet sind, entscheidend. Daraus ergibt sich ein Theorie-Praxis-Verständnis, das nicht nur in praktischen, sondern auch in theoretischen Hinsichten mit den kontingenten Bedingungen menschlichen Daseins rechnet. Die Konsistenz im Lebenswerk Humboldts zeigt sich beispielhaft darin, daß die exkludierende Maxime für die Handlungskriterien völlig analog zu der für die Denkkriterien entfaltet und begründet wird. (vergl. S. 130).
Rüter (1991). S. 80/81.
233 Humboldt XI. S. 96.

Streben hervorgehen, dessen wir jetzt so dringend bedürfen?"[234] Diese Frage ist keine machtpolitischen Kalküls, sie gründet vielmehr in einem Denken, das die Begrenztheiten menschlichen Erkennens und Wollens anerkannt hat und im je vorgegebenen den Bewegungskräften in ihrer Gerichtetheit nachgeht; in einem Denken, das nicht zuerst auf eine aus sich selbst heraus planende Vernunft setzt, sondern nach Einwirkungsmöglichkeiten sucht, die "Kraftentwicklung" der Einzelnen in ihrer nationalen Vergesellschaftung und des Menschengeschlechts verhältnismäßig und allmählich zu befördern.[235] Es kommt also darauf an, die *Richtung* zu erkennen, in der sich deutsche Nationalität bildet.

Damit ist jede solche Lösung der Verfassungsfrage als unzulänglich zurückgewiesen, die sich ausschließlich oder vorrangig an der aktuellen Situation orientiert und alle Energie darauf richtet, die Wiederholung von Fehlern und Gefahren zu vermeiden. Man muß sich hüten, "bei dem beschränkten Gesichtspunkt stehen zu bleiben, Deutschland gegen Frankreich sichern zu wollen." Daß von dort Gefahr droht, wird eingeräumt; aber ein "so einseitiger Gesichtspunkt" darf nie "zur Richtschnur bei der Grundlegung zu einem dauernd wohlthätigen Zustand" dienen[236]. Hierzu muß die Richtung analysiert werden, in der die Bahn der deutschen Nationalität verläuft:

"Die Richtung Deutschlands ist ein Staatenverein zu sein, und daher ist es weder, wie Frankreich und Spanien, in Eine Masse zusammengeschmolzen, noch hat es, wie Italien, aus unverbundenen einzelnen Staaten bestanden."[237]

Diese Richtung hat die Entwicklung historisch in der Zeit der Zerstückelung des alten Reiches genommen, in der sich die deutsche Nationalität als mannigfaltige gebildet hat. Diese aber, so Humboldts Warnung, darf nicht als eine solche aufs Spiel gesetzt werden. Die Warnung ist gegen Vernunftansprüche gerichtet, die ins Doktrinäre umschlagen, und gegen die Egalisierungstendenzen zweckrationalen Denkens in Lebensfelder wie denen, die in einer Verfassung ihre Ordnung finden sollen. Zur Verdeutlichung zitiere ich ausführlich den Kommentar zum § 19 seiner Verfassungsvorschläge. Der § 19 schreibt dem Deutschen Bund die Aufgabe zu, die Rechte der Stände im Grundsatz zu regeln, überläßt es aber den einzelnen Ländern, sie entsprechend ihren geschichtlichen Voraussetzungen, also verschieden auszugestalten. Hierzu Humboldts Selbstkommentar:

"Eine solche Verschiedenheit ist nicht allein durchaus unschädlich, sondern sie ist nothwendig, um in jedem Lande die Verfassung genau an die Eigenthümlichkeit des Na-

---

234 Humboldt XI. S. 98.
235 Humboldt XI. S. 98.
236 Humboldt XI. S. 96/97.
237 Humboldt XI. S. 101.

tionalcharakters anzuschliessen. Die der neuesten Zeit sehr eigne Methode, allgemeine, theoretisch gebildete Reglements ganzen Ländern vorzuschreiben und dadurch alle Mannigfaltigkeit und Eigenthümlichkeit niederzuschlagen, gehört zu den gefährlichsten Missgriffen, die aus einem unrichtig verstandenen Verhältniss der Theorie zur Praxis entspringen können."[238]

Mit der Mannigfaltigkeit der Bildung deutscher Nationalität hängt auch eng die *"Stelle" Deutschlands in Europa* zusammen. Humboldt geht davon aus, daß Deutschland mehr als jedes andere Reich "eine doppelte Stelle in Europa eingenommen" hat. In der ersten, der machtpolitischen Position war sein Einfluß weniger gewichtig; dagegen schätzt er den geistigen Einfluß ("durch seine Sprache, Litteratur, Sitten und Denkungsart") als besonders "wohltätig" ein.[239] In der Entscheidungssituation, die eine deutsche Verfassung zu schaffen aufgibt, könnte nun diese doppelte Position verlassen und die "wohlthätige Stelle, die es (Deutschland) in der Mitte der Europäischen Nationen für dieselben einnimmt"[240] primär machtpolitisch definiert werden. Dagegen wendet sich Humboldt mit zwei Argumenten. Zwar - dies ist vorauszuschicken - steht es für ihn außer Zweifel, daß die neue Verfassung einen Zustand herbeiführen soll, der es dem deutschen Staatenverein erlaubt, sich gegenüber Eingriffen zu verteidigen. (Ein Viertel der 31 Paragraphen seiner Verfassungsvorschläge beziehen sich explizit auf militärische Fragen.[241]) Aber damit soll nicht der "Vorzug" der vorrangig geistig bestimmten Position Deutschlands in Europa "aufgeopfert" werden.[242] Denn käme es dazu, so lautet das erste Argument, dann wäre davon die spezifische Eigenart deutscher Nationalität betroffen, die sich als mannigfaltige in der Geschichte aus- und angebildet hat. Eben darum kann die angestrebte deutsche Verfassung nicht die eines deutschen Einheitsstaates sein. Betroffen von einer solchen Aufopferung wären aber auch die Verhältnisse in Europa insgesamt, so das zweite Argument. Folglich sollte die Ausfüllung des Machtvakuums, das das untergegangene Reich hinterlassen hat, die Machtbalance in Europa nicht gefährden. Und eben darum ist einerseits die Idee einer Restitution des Kaiserreichs wiederum zu verwerfen, andererseits aber würde

"das vereinzelte Dasein der sich selbst überlassenen deutschen Staaten (selbst wenn man die ganz kleineren grösseren anfügte,) die Masse der Staaten, die gar nicht, oder schwer auf sich selbst ruhen können, auf eine dem Europäischen Gleichgewichte gefährliche

---

238 Humboldt XI. S. 108.
239 Humboldt XI. S. 101.
240 Humboldt XI. S. 97.
241 Humboldt XI. S. 102-112. (Die §§ 7 -14 behandeln militärische Fragen).
242 Humboldt XI. S. 101.

Weise vermehren, die grösseren deutschen Staaten, selbst Oesterreich und Preussen, in Gefahr bringen."[243]

So leitet sich denn auch aus europäischen Gründen die Verfassung eines deutschen *Staatenvereins* als angemessene Lösung her. Diese Gründe haben um so mehr Gewicht,

"als die vollkommene Ausbildung aller politischen Formen der Verbindung der Staaten untereinander der neuesten Zeit eigenthümlich (ist), und ein jetzt zu gründender Staatenverein (...) sich daher auch besser durch diese fest knüpfen lassen (wird)."[244]

---

243 Humboldt XI. S. 97.
244 Humboldt XI. S. 99.
Horst Günther hebt in seinen "Versuchen, europäisch zu denken" diese Orientierung gegenüber einer kanonisch gewordenen historischen Denkweise hervor, die die Idee des europäischen Gleichgewichts nur als taktisches Argument der englischen Politik begreifen kann. "Es ist kein Zufall, daß gerade Humboldt, der bedeutendste Sprachphilosoph des 19. Jahrhunderts, aus der 'Art, wie die Natur Individuen in Nationen vereinigt, und das Menschengeschlecht in Nationen absondert', auch die politische Verfassung herleitet und sie mit der Zeit in Beziehung setzt, in welcher Konstitutionen gestürzt wurden und in Mißkredit gerieten, während die 'politischen Formen der Verbindung der Staaten untereinander' sich vollkommen ausbildeten." Günther (1990). S. 46/47.
Die Abkehr von einem volkssprachlich verstandenen Begriff der Nation im Diskurs um die Ziele muttersprachlicher Bildung lassen sich exemplarisch an einer Preisschrift studieren, die pikanterweise von der "Diesterweg-Stiftung" 1872 ausgezeichnet worden ist: "Die Pflege nationaler Bildung durch den Unterricht in der Muttersprache" von Hugo Weber. In die Argumentation, die das Verhältnis von allgemeiner Menschenbildung und Nationalbildung klären soll, sickern imperiale Motive als steuernde ein: Beide Bildungsformen kommen zu einem Ausgleich, wenn das "Volksindividuelle berücksichtigt und so entwickelt" wird, "daß sich die Nation von den andern durch größere Zahl und höhere Grade allgemein-menschlicher Tugend unterscheidet." Dann wird sie "unter allen Nationen am höchsten stehen", und es wird ihr "die Führung der anderen von selbst zufallen." Der Gleichgewichtsgedanke ist zugunsten eines hegemonialen Denkens aufgegeben. Nicht mehr das "Ineinander mehrerer hochgebildeter Nationen", nicht mehr der Austausch "sprachverständiger Nationen" als das universalgeschichtlich Mögliche ist im Blick. Der hat sich ab- und einem sozialdarwinistischen Modell zugewendet: "Der Kampf ums Dasein (...) ist auch das herrschende Naturgesetz bis heute noch unter den Völkern." Weber (1872). S. 3/4.

Dies ist offensichtlich die politische Formulierung eines erreichten Zustandes in der Bildung des Menschengeschlechts, der in Humboldts Sprachdenken so auf den Punkt gebracht ist:

"Der Erscheinung des gleichzeitigen Bestehens der Literaturen mehrerer hochgebildeter Nationen neben einander war erst der neueren Zeit aufbehalten, und wurde Jahrhunderte lang durch welthistorische Begebenheiten vorbereitet."[245]

Diese universalhistorische Feststellung ist dann auch Anlaß, die Rolle der Verschiedenheit der Sprachen bzw. der Einzelsprachlichkeit herauszustellen:

"Die Sprachen trennen allerdings die Nationen, aber nur um sie auf eine tiefere und schönere Weise wieder inniger zu verbinden; sie gleichen darin den Meeren, die, anfangs furchtsam an den Küsten umschifft, die länderverbindensten Strassen geworden sind. Das *Ineinanderwirken* hochgebildeter Nationen hat erst den ganzen Process des geistigen Lebens, welchen die zu vollendeter Entwicklung ihrer Intellectualitaet gelangenden durchgehen, an leuchtenden und deutlich zu erkennenden Beispielen entfaltet."[246]

Der Sprachbestimmtheit von Kulturen ist also eine Entfaltungslogik inhärent, die, wenn die entsprechenden Voraussetzungen gegeben sind, die Dynamiken von Gestaltwerdung und Austausch, Begrenzung und Öffnung in ein produktives Wechselverhältnis zu überführen vermag. Der Vergleich mit dem trennenden Meer, das zum verbindenden wird, wenn die Menschen gelernt haben, es zu befahren, eröffnet einen Vorstellungsraum, in dem dies Wechselverhältnis ein produktives zunehmend genauer gefaßt werden kann:
- die Länder, zwischen denen Schiffe für eine Austausch sorgen, behalten ihre Gestalt. Humboldt spricht von der Sprache, die gerade in ihrer völkertrennenden Eigenschaft die "Verschiedenheit der Individualitäten (...) durch das Wechselverständnis fremdartiger Rede" vereinigt, "ohne ihnen Eintrag zu thun."[247]
- Die Grenzen können und sollen nicht gewaltsam beseitigt, sondern sprachbestimmt gemeistert werden. Humboldt nennt Nationen, die ihre Grenzen im Sinne des Vergleichs gemeistert haben "in jeder Art sprachverständige (...) Nationen."[248]
- In solcher Meisterung findet Patriotismus, verstanden als "Bewahren (...) der eigenen Nationalitaet", erst seine letzte Rechtfertigung. Denn solches Bewahren "ist nur dann wahrhaft achtungswürdig, wann es zugleich den Grundsatz in sich fasst, die scheidende Gränze immer feiner, und daher immer we-

---

245 Humboldt VI. S. 122/123.
246 Humboldt VI. S. 124.
247 Humboldt VI. S. 124 und 117.
248 Humboldt VI. S. 193.

niger trennend zu machen, sie nie zu beengender Schranke werden zu lassen." Der Grund hierfür liegt darin, daß sich nur dann Patriotismus aus dem "Gefühl für die Veredlung des Individuums und der Menschheit" speist, dem "letzten Ziel alles menschlichen Strebens."[249]
Damit ist im Sprachdenken Humboldts ein kardinaler Punkt aufgezeigt, von dem her eine politische Maxime formulierbar ("die scheidende Gränze immer ... weniger trennend zu machen") und diese aus dem höchsten Gedanken der Bildungsgeschichte der Menschheit herleitbar wird. Es bleibt die Frage, wie Humboldt die Rolle der Nation (verstanden als eine "durch eine bestimmte Sprache charakterisirte geistige Form der Menschheit, in Beziehung auf idealische Totalitaet individulisirt"[250]) in dieser Bildungsgeschichte begründet; oder in einer anderen Perspektive formuliert: wie er in der Nationalität (neben der Individualität) eine der "beiden grossen intellectuellen Formen" sehen kann, "in welchen die steigende und sinkende Bildung der Menschheit fortschreitet."[251]

Die Antwort ist ganz in Humboldts *Endlichkeitsdenken* gegründet: Die Nation ist diejenige intellektuelle Form "in der philosophischen Übersicht der Bildungsfähigkeit des Menschengeschlechts"[252], die es dem Menschen erst ermöglicht, während der Spanne seines flüchtigen Daseins in der Welt *einheimisch* zu werden.

In diesem Satz vereinigt sich der wesentliche Gehalt von drei verschiedenen Überlegungen:
- daß zum Einheimisch-Werden in der Welt eine soziale Gruppe nötig ist, die sprachbestimmt ist;
- daß deren Größe von Minimal- und Maximalkriterien begrenzt wird;
- und daß sie als sprachbestimmte zugleich entfremdet und einverleibt und im Absondern verbindet.

Daß der Mensch zum Einheimisch-Werden in der Welt unter den Endlichkeitsbedingungen seines Daseins einer *sprachlich bestimmten* Gruppe bedarf, ergibt sich, auf den letzten Grund zurückgeführt, aus der anthropologischen Funktion der Sprache: indem sie "den Menschen bis auf den ihm erreichbaren Punkt intellectualisirt, wird immer mehr der dunklen Region der unentwickelten Empfindung entzogen."[253] Sprachbildung und Menschenbildung sind also in einer für sie wesentlichen Hinsicht identisch; Menschenbildung ist damit entschieden auch an die Geschichte der "Ausbildung" von Sprachen (siehe S. 95ff.) geknüpft.

---

249 Humboldt VI. S. 225.
250 Humboldt VI. S. 125.
251 Humboldt VI. S. 189.
252 Humboldt (1859). S. 144ff.
253 Humboldt VII. S. 171.

Daß die soziale Gruppe, die dem Menschen das Einheimisch-Werden in der Welt unter kontingenten Bedingungen ermöglicht, *begrenzt* sein muß, ergibt sich zwingend aus eben der Kontingenz dieser Bedingungen. Diese nämlich stehen allen Versuchen entgegen, die Einheit des Menschengeschlechts unmittelbar denken oder gar verwirklichen zu wollen.[254] Es bedarf also der Zwischenstufen, auf denen Welt- und Sozialerfahrungen so zu unterschiedlichen Ordnungen verarbeitet sind, daß es Menschen möglich wird, sich während ihrer Lebenszeit mit ihren endlichen Kräften in sie einzuleben und in ihnen voranzuschreiten. Humboldt findet die soziale Gruppe, die solches leistet, in der Nation als "eines auf bestimmte Weise sprachbildenden Menschenhaufens." Die Frage, wie groß die gesuchte soziale Gruppe sein muß, ist für ihn also identisch mit der Frage nach der Maximal- und Minimalgröße sprachbildender Menschenhaufen. Ihre maximale Größe erörtert Humboldt nicht, weil sie sich wohl in seinem zeitgeschichtlichen Blick als nicht problematisch erweist. Wohl aber fragt er nach ihrer minimalen Größe und kommt zu dem Schluß, daß sie größer sein muß, als Familienverbände zu sein pflegen. Familien bzw. familienähnliche Verbände kommen also als sprachbildende soziale Gruppe nicht in Betracht.[255] Warum nicht? Die erste Antwort enthält ein empirisches Argument: "Sprachen kennen wir (...) durchaus nicht im Munde einer einzigen Familie".[256] Die zweite Antwort wird als Reflexion auf die Bedingungen der Möglichkeit, daß sich Sprachen "bilden" und "ausbilden" können, vorgetragen. Damit Sprache aus dem "dunkeln Naturwirken bewusstlos zusammenwirkender Anlagen" einer "Masse von Individualitaeten" hervorgehen kann[257], bedarf es einer solchen "Mannigfaltigkeit von Individualitäten", die unter Menschen, die nur "durch die Bande blosser Familienverwandtschaft" verbunden sind[258], nie erreicht werden kann. Die Gründe hierfür liegen in der doppelten Funktion der Verteilung des Menschengeschlechts in "grössere oder kleinere Haufen."

Insofern solche Verteilung "dem körperlichen Bedürfniss, dem blossen Naturtrieb und äusseren Umständen "Rechnung trägt"[259], sichert sie in einem biologischen Sinn das Überleben. Hierzu aber ist für ein, wie wir heute vielleicht sagen, weltoffenes und wenig instinktgeleitetes Wesen, wie es der Mensch

---

254 Erinnert sei an Humboldts Beispiele für "Abarten" jener "wohlwollend menschliche(n) Verbindung des ganzen Geschlechts": die "stürmenden Ländervereinigungen Alexanders, die staatsklug bedächtigen der Römer, die wild grausamen der Mexicaner."
Humboldt VI. S. 115.
255 Humboldts Zurückweisung der Rasse als sprachbildende Größe bleibt hier unberücksichtigt, weil sie auf einer anderen argumentativen Ebene erfolgt.
256 Humboldt VI. S. 194/195.
257 Humboldt VI. S. 189.
258 Humboldt VI. S. 195.
259 Humboldt VI. S. 184.

ist, die Verarbeitung heterogener Erfahrungen und Erprobungen zu einer kulturellen Ordnung unabdingbar. Nur wenn an solch kultureller Ordnung hinreichend verschiedene Personen und Personengruppen mitgewirkt haben, wird sich diese als lebenssichernd und entlastend auch unter den nie identisch bleibenden Bedingungen menschlichen Lebens erweisen.

Insofern solche Verteilung eine Funktion der geistigen Entwicklung des Menschengeschlechts ist, also "in dem Zusammenhang seines ganzes Daseyns" gründet, in dem "inneren, dem Menschen selbst nicht immer verständlichen Drang nach dem höchsten durch seine Natur Erreichbaren"[260], muß die kulturelle Ordnung, die die jeweilige Nationalität ausmacht, von solcher Komplexität sein, daß ein Prozeß der Bildung möglich wird. Hierzu muß sie "Gleiches und Geschiedenes" umspannen. Dann erst kann die "Denkkraft" des Einzelnen durch das ihr Gleiche "entzündet" und durch das von ihr Geschiedene "einen Prüfstein der Wesenheit ihrer innern Erzeugungen" erhalten.[261] So wird die Nationalität zu einer der beiden großen *intellektuellen* Formen der menschlichen Bildungsgeschichte. Was sie für den Einzelnen in seinen endlichen Lebensbedingungen bedeutet, wird in einem Bild deutlich, das ich wegen seiner Eindringlichkeit noch einmal zitiere: Die Sprache der Nation hält, ohne daß diese sich dessen im einzelnen bewußt wird,

"die ganze Masse des geistig von ihr Errungenen, wie einen Boden gegenwärtig, von dem sich der auftretend beflügelte Fuss zu neuen Aufschwüngen erheben kann, als eine Bahn, die, ohne zwängend einzuengen, gerade durch die Begränzung die Stärke begeisternd vermehrt."[262]

Die dritte Überlegung, die zur Nationalität als derjenigen intellektuellen Form führt, die es dem Menschen ermöglicht, in der Welt einheimisch zu werden, bestimmt die soziale Gruppe, die solches leistet, als eine, die *im Absondern*

---

260 Humboldt VI. S. 184.
261 Humboldt VI. S. 173.
 Ernest Gellner sieht eine der Schwächen des Nationalismus in der Tatsache, daß es mehr Aspiranten als zu vergebende Plätze gibt. Als entscheidendes Kriterium für die Mindestgröße einer Gruppe, die einen Platz als Nation einnehmen will, sieht er deren Fähigkeit an, ein "nationales Erziehungssystem" einzurichten und zu betreiben. Es hat die Form einer Pyramide: "An der Basis liegen die Grundschulen mit Lehrern, die an höheren Schulen ausgebildet wurden, diese sind mit Lehrern besetzt, die an Universitäten ausgebildet wurden, die ihrerseits von den Produkten der Eliteschulen geführt werden. (...) Kleiner können Einheiten nicht sein. Es gibt unter verschiedenen Umständen auch Obergrenzen für ihre Größe; aber das ist eine andere Frage."
 Gellner (1991). S. 56.
262 Humboldt VI. S. 124.

verbindet. Sie ist in ihren Grundzügen dargestellt worden. Eine Anmerkung mag darum genügen, diese Überlegung abzuschließen.

Sie greift noch einmal die Feststellung Humboldts auf, daß der Redende die Angeredeten sich immer als Einheit gegenüberstellt:

"Der Mensch spricht, sogar in Gedanken, nur mit einem Andren, oder mit sich, wie mit einem Andren, und zieht danach die Kreise seiner geistigen Verwandtschaft, sondert die, wie er, Redenden von den anders Redenden ab. Diese, das Menschengeschlecht in zwei Classen, Einheimische und Fremde, theilende Absonderung ist die Grundlage aller ursprünglichen geselligen Verbindung."[263]

Die produktive Wirkung dieser Klassenteilung in Einheimische und Fremde erweist sich nun darin, daß jedes Einheimisch-Gewordensein in sich die Kraft erzeugt, die damit gesetzten Grenzen zu transzendieren. Je mehr dieses Prinzip den Nationen bewußt wird, je gebildeter sie also - oder wie Humboldt auch sagt - je sprachverständiger sie werden, desto mehr setzen sie sich instand, die "Freiheit und Eingenthümlichkeit" der anderen nicht "gewaltsam, unzart oder gleichgültig" zu behandeln.[264]

Im Spiegel eines aktuellen Diskurses läßt sich, was Humboldt als "die Grundlage aller ursprünglichen geselligen Verbindung" bezeichnet, die "theilende Absonderung in Einheimische und Fremde im jeweiligen Reden, als "Schibboleth"-Funktion der Sprache[265] verstehen. Jacques Derrida, der seinen Celan-Essay unter das Wort "Schibboleth" stellt, verweist auf dessen Geschichte hin zum Losungswort, das sein Wichtigkeit nicht in seiner Bedeutung, sondern in der Art, wie man es aussprach, erhielt.[266] Im Buch der Richter (12,5f.) erfahren wir, daß Gileaditer die besiegten Ephraimiter, die über den Jordan fliehen wollten, das Wort Schibboleth aussprechen ließen. "Nun waren die Ephraimiter dafür bekannt, daß sie das Schi in Schibboleth nicht korrekt aussprechen konnte (...). Sie sagten Sibboleth und verrieten sich auf diesem unsichtbaren Grenzübergang von Schi zu Si dem Wachtposten bei Gefahr des Lebens."[267] Was im besonderen Fall für dieses eine Wort gilt, macht auf das Grundlegendere aufmerksam, das aber wegen seiner Wirksamkeit im Fundamentalen unserer Aufmerksamkeit im alltäglichen Reden eher entzogen bleibt, daß wir nämlich in jedem Akt des Redens diejenigen, sie so wie wir sprechen, von denen absondern, die anders sprechen.

Daß sich der Übergang über die Grenze, die damit gezogen ist, auch in diesem Jahrhundert als tödlich erweisen kann, ja daß die subtile Ausbeutung dieses

---

263 Humboldt VI. S. 25.
264 Humboldt VI. S. 115.
265 Burkhardt (1987). S. 171.
266 Derrida (1986). S. 51.
267 Derrida (1986). S. 51.

Prinzips des Absonderns in immer unentrinnbarere Situationen geführt hat und führt, wird in Derridas Schibboleth-Essay beschworen. Solches Beschwören ist eine Herausforderung an die dialogische Interpretation dieser "Grundlage aller ursprünglichen geselligen Vereinigung", wie sie Humboldt entwickelt hat. Da jede Sprache "ein Anklang der allgemeinen Natur des Menschen" ist[268], die menschliche Sprache "eigentlich nur Eine (...), die sich in den zahllosen des Erdbodens verschieden offenbart"[269], könnte auch, wenn die menschheitsgeschichtlichen Bedingungen entsprechend gegeben sind, im "Si" ein Anklang, nur eben ein anderer Anklang der allgemeinen menschlichen Natur vernommen werden, könnte sich ereignen, was er die höchste Stufe des Zusammenwirkens der Individualitäten nennt: "das Individuelle als Beschränkung zu vernichten und nur als *leise Gränze bestimmter Gestaltung* zu erhalten."[270] Die nötigen Voraussetzungen in der Bildungsgeschichte der Menschheit sind für ihn gegeben, wenn die Nationen zu "sprachverständigen Nationen", zu gebildeten Nationen werden können. Dies hat Humboldt für das Europa seiner Zeit angenommen und darum auf Bildung gesetzt.

In diesem Punkt vollendet er das volkssprachliche Denken, wenn man das so sagen darf, mit sprachlichen Mitteln. Was damit gemeint sein soll, wird klar, wenn wir noch einmal zu Dante zurückkehren, von dem die Überlegungen zur okzidentalen Volkssprachlichkeit ihren Ausgang nahmen. Auch Dante fragt nach Identität und Differenz und stellt fest, daß das eigentliche, das vernünftige Vermögen der Menschheit

"weder durch eine einzigen Menschen noch durch eine der (...) besonderen Gemeinschaften auf einmal gänzlich verwirklicht werden kann" und daß es darum notwendig ist, "daß es in der menschlichen Gattung eine Vielheit gibt, durch welche dieses ganze Vermögen verwirklicht wird."[271]

Damit diese Vielheit zusammenwirken kann, muß "allgemeiner Friede" (pax universalis) herrschen. Den aber garantiert nur die "zeitliche Monarchie, welche man Imperium nennt", also "die Herrschaft eines einzigen über alle anderen (Regierungen) in der Zeit oder die Herrschaft in allem über alles, was von der Zeit gemessen wird."[272] Humboldts Idee von der "wohlwollend menschlichen

---

268 Humboldt IV. S. 27.
269 Humboldt VI. S. 112.
270 Humboldt VII. S. 182. Hervorhebung von mir.
271 Dante (1989). S. 68/69:
 ista per unum hominem seu per aliquam particularium comminutatem tota simul in actum reduci non potest ... multitudinem esse in humano genere per quam quidem tota potentia hec actuetur.
272 temporalis Monarchia, quam dicunt 'Imperium' (...) unicus principalus et super omnes in tempore vel in hiis et super hiis que tempore mensurantur.

Verbindung des ganzen Geschlechts" muß wohl von Dante unter den menschheitsgeschichtlichen Bedingungen seiner Zeit noch macht- und autoritätsbezogen, noch ganz im Sinne der Pax Romana gedacht werden[273]; sie kann *noch nicht* sprachbestimmt (dialogisch) vorgestellt werden. Uns Gegenwärtigen stellt sich die Frage, ob wir diese Idee nach den Schrecknissen dieses Jahrhunderts, nach der Schoa, *noch* sprachbestimmt als Pax Locutionis Ratione ansehen dürfen als eine, die in unserem tiefsten Streben gegründet ist.

3.5. Die Warnungen Ivan Illichs

> "Als Sprachexperte der Krone will Nebrija (...) dem Volk seine Art, sein Wort, seine Mundart aus dem Mund nehmen und aus seinen Wörtern ein neues Werkzeug der Verwaltung schmieden."
> Ivan Illich[274]

Die Abkehr vom universellen Latein und die Ausgestaltung europäischer Sprachen zu "Kultursprachen" deutet Humboldt also als eine Folge von Ereignissen, die den Nationen die Möglichkeit eröffnen, ihr Zusammenleben an der Idee der *einen* Menschheit zu orientieren, ohne dabei ihre Identität zu verlieren. Ein solch sprachbestimmtes, also dialogisches Zusammenleben setzt zu seinem Gelingen die Thematisierung der je eigenen Sprachlichkeit voraus; denn das für den Dialog so entscheidende *Verstehen* der Verschiedenheit kommt nicht zustande, wenn man die fremde Form in die eigene "zwängt" oder sich ganz in die fremde "versetzt". Vielmehr gilt: "Die lichtvolle Erkennung der Verschiedenheit fordert etwas Drittes, nämlich ungeschwächt gleichzeitiges Bewusstseyn der eignen und fremden Sprachform."[275] Ein solch ungeschwächt gleichzeitiges Bewußtsein stellt sich aber - von genialen Einzelnen abgesehen - nicht her, nur weil es als wünschenswert vorgestellt und deshalb gewollt wird. Es bedarf vielmehr spezifischer Voraussetzungen in der kulturellen Praxis, damit wir in der Reflexion die eigene und die fremde Form ungeschwächt bewußthalten können. Sie werden in jenem Prozeß geschaffen, in dem Volkssprachen eine zweifache Gestalt annehmen. Humboldts Theorie von der "zwiefachen Gestalt der Sprache" entfaltet, was Dante mit seiner Unterscheidung von lccutio naturalis und

---

Dante (1989). S. 62/63.
273 Im Sinne dessen, was Humboldt unter "Abarten" dieser leitenden Idee in der Geschichte der Menschheit versteht, wird Dantes Gründung der Monarchie in römischer Herrschaft, in der pax romana, diesen zuzuordnen sein.
274 Illich (1982). S. 24.
275 Humboldt VI. S. 121/122.

locutio artificialis erst andeutet und bestimmt ihren Platz im evolutionären Verlauf menschheitlicher Bildungsgeschichte.

Ganz anders Ivan Illich. In seinem 1982 veröffentlichten Plädoyer "Vom Recht auf Gemeinheit" denkt er den Prozeß, durch den Volkssprachen eine zweifache Gestalt annehmen, als einen, in dem das Volk seine sprachliche Autonomie einbüßt.[276] Ausgangspunkt dieser Entwicklung ist für ihn die Grammatik des Kastilischen von Antonio de Nebrija. Ihre säkulare Bedeutung unterstreicht er, indem er auf die Gleichzeitigkeit der Entdeckung der neuen Welt durch Kolumbus und die Übergabe der Grammatik an die Königin Isabella verweist.

"Während Kolumbus durch portugiesische Gewässer und Häfen nach Westen segelte, wurde der Königin in Spanien die neue Architektur der sozialen Realität unterbreitet. Während Kolumbus nach fremden Ländern segelte, um das Vertraute - Gold, Untertanen, Lerchen - zu suchen, bereitete Nebrija in Spanien für die Untertanen der Königin eine völlig neue Form der Abhängigkeit vor. (...) Er bietet Isabella ein Werkzeug an, um die von ihren Untertanen gesprochene Sprache zu kolonisieren."[277]

Der neue Nationalstaat bedarf einer artifiziellen Sprache, die "auch die Armen verstehen und in der sie auch ge-horchen sollen"[278]; indem er über die Regeln der Grammatik verfügt, gewinnt er auch "Herrschaft über Denkformen, Lebensart und Leibhaftigkeit" des Volkes.[279] Den Untertanen wird - in deutlicher Parallelisierung zum Erbsünden- und Priestergedanken - ein Gefühl sprachlichen Nicht-Genügens eingepflanzt; sie geraten in die Abhängigkeit derer, die die Normen verwalten. Der Übergang von einer vernakulären Mundart

"zu einer offiziell unterrichteten Muttersprache ist vielleicht das subtilste - und daher am wenigsten erforschte Ereignis in der Entstehung einer warenintensiven Gesellschaft. Der radikale Wechsel von der Brust zur Flasche, vom Leben der Subsistenz zur Wohlfahrt, vom Unterhalt im Haushalt zur Produktion für den Markt, von einer Welt, wo die Hoffnungen zwischen Staat und Kirche geteilt waren, zu einer solchen, wo die Kirche marginal und die Religion privatisiert ist (...). Früher gab es kein Heil außerhalb der Kirche; jetzt sollte es außerhalb des Erziehungssektors kein Lesen, kein Schreiben - wenn möglich kein Sprechen geben. Die Menschen sollten, aus dem Schoß der Monarchien wiedergeboren, lebenslänglich an ihrer Brust genährt werden. Zum erstenmal werden jetzt der Staatsbürger und seine vom Staat zugeteilte Sprache ins Leben gerufen."[280]

---

276 In der früheren Fassung nennt er den vernakulären Sprecher Sprachsouverän. Illich (1979). S.328.
277 Illich (1982). S. 15.
278 Illich (1982). S. 26.
279 Illich (1982). S. 28.
280 Illich (1982). S. 24.

Ein 500jähriger Krieg hat damit begonnen, der das Volk in die "bildungsverbrähmte Sprachgefangenschaft zukünftiger Staatsbürger" führt.[281] Demgegenüber insistiert Ivan Illich auf der "Wiederentdeckung des vernakulären Bereichs."[282]

Die Ausgangslage aller europäischen Volkssprachlichkeit ist von Humboldt, dies sei erinnert, in dem Satz "Sobald eine Sprache literarische und wissenschaftliche Bildung bekommt, wird sie den Händen des Volkes entrissen"[283] zum Ausdruck gebracht. Humboldt zeigt die Bedingungen auf, unter denen die zweifache Gestalt der Sprache als Konsequenz dieses Ausgangs ihre produktive Wirkung in der menschlichen Bildungsgeschichte entfalten kann. Es sind diejenigen, unter denen sich die "beständige ungehemmte und energische Gemeinschaft"[284] zwischen beiden Teilen der Nation herstellen kann. Ivan Illich nennt die realgeschichtlichen Faktoren, an denen sich solche Wirkung bricht bzw. die sie von vorneherein unmöglich machen: die Organisation "warenintensiver Gesellschaft"[285] auf der einen Seite und die Schaffung von Nationalstaaten mit einem umfassenden Herrschaftsanspruch nach Innen auf der anderen.[286] Dieser Herrschaftsanspruch realisiert sich als staatliche "Invasion in den vernakulären Bereich (des) eigenen Volkes"[287] bzw. als Reduzierung der Untertanen zu modernen Staatsbürgern.[288]

Daß Ivan Illich mit seinem Insistieren auf der Wiederentdeckung des vernakulären Bereichs im Recht ist, scheint mir offenkundig angesichts des wiederholten Mißglückens beständiger ungehemmter und energischer Gemeinschaft. Zuletzt hat die mit dem Namen Basil Bernstein verbundene Debatte um verschiedene Code-Theorien dies gezeigt; aber auch, in welche Aporien das Denken sich verstrickt, wenn wegen gegenwartsbestimmter Nahsicht der Probleme die von Humboldt aufgewiesenen Dynamiken der Volkssprachlichkeit in den toten Winkel geraten.

---

281 Illich (1982). S. 28.
282 Illich (1982). S. 13.
283 Humboldt XIII. S. 11.
284 Humboldt VI. S. 217.
285 Illich (1982). S. 24.
286 Illich (1982). S. 23.
287 Illich (1982). S. 14.
288 Illich (1982). S. 26.

4. Gewendeter Humboldt.
Leo Weisgerbers sprachwissenschaftliche Fundierung muttersprachlicher Bildung

Leo Weisgerber hat sich zur sprachtheoretischen Begründung seines Konzepts von Sprachwissenschaft auf Wilhelm von Humboldt berufen von seiner ersten Buchveröffentlichung 1929 an ("Muttersprache und Geistesbildung") bis zu seiner letzten 1973 ("Zweimal Sprache"). Immer ausdrücklicher versteht er seine sprachwissenschaftliche Arbeit als Erfüllung des humboldtschen Sprachdenkens: Er kann mit modernen "wissenschaftlicheren Formen des Begreifens"[1] explizieren, was Humboldt, dem "scharfe Formulierungen" nicht recht lagen[2], nur erahnen läßt. Humboldt, der "alle Gebiete der Sprachforschung in ein neues Licht gebracht"[3] hat, dessen "geniales Werk ... mehr gerühmt als verstanden" blieb[4], ist, so wohl Weisgerbers Selbsteinschätzung, auch aufgrund seiner Publikationen "nach dem ersten Weltkrieg" wieder in die Diskussion gekommen[5]. Humboldt ist ihm schließlich auch Gewährsmann, als sich Weisgerber nach 1945 gegen den Vorwurf der Verstrickung in NS-Ideologeme wehrt[6].

Die Rezeptionsgeschichte zeigt, daß diese Selbst-Situierung Weisgerbers in der Zeit seines Wirkens weithin[7] akzeptiert wurde. Das gilt für Arbeiten zur Geschichte der Sprachwissenschaft ebenso wie für Diskursbeiträge. G. Helbig z.B. zitiert zustimmend L. Jost, der Weisgerber einen "Humboldt revidivivus" nennt[8], und K.-D. Apel führt in seiner Erörterung der Rolle, die der philosophische Wahrheitsbegriff bei der Konzeption von Sprachwissenschaft spielt, Humboldt und Weisgerber regelmäßig gemeinsam an.[9] Der vehemente

---

1 Weisgerber (1973). S. 111.
2 Weisgerber (1929). S. 86.
3 Weisgerber (1973). S. 111.
4 Weisgerber (1929). S. 4.
5 Weisgerber (1973). S.114
6 Weisgerber (1965).
7 Als Ausnahmen seien beispielhaft Adam Schaff (1964) und Johannes Lohmann (1965) genannt. Die Verhältnisse ändern sich in der neueren Rezeptionsgeschichte. Verwiesen sei auf: Borsche (1981), Junker (1986), Stetter (1986), Scharf (1989), Müller-Vollmer (1991), Schmitter (1991).
8 Helbig (1974). S. 122.
9 Apel (1973). S. 106ff.

Einspruch Walter Boehlichs von 1955 und 1964 hat diese zur wissenschaftsgeschichtlichen Selbstverständlichkeit gewordene Paarbildung nicht erschüttern können.[10] Als nach dem Funkkolleg "Sprache" 1972 - ein Datum, das Weisgerber zur Bestimmung einer Zäsur in der bundesrepublikanischen Sprachwissenschaftsgeschichte nutzt - Weisgerbers Einfluß auf die Sprachwissenschaft und die Sprachdidaktik zurückgeht, verliert auch die Frage nach der Berechtigung seiner Berufung auf Humboldt an Interesse. Es wird zu zeigen sein, warum diese liegengebliebene Frage erneut aufgegriffen wird.

Meine These lautet: Weisgerbers Konzept einer umfassenden Sprachwissenschaft hat mit Humboldts Sprachdenken die Annahme einer konstitutiven Rolle der Sprachen im Erkenntnisprozeß gemein. In der Auslegung dieser Rolle, ihrer Herleitung und in den Konsequenzen, die aus dieser Annahme gezogen werden, liegen die beiden Konzepte denkbar weit auseinander. In wesentlichen Punkten ist Weisgerbers Wissenschaftsentwurf de facto eine Negierung von Humboldts Denkansatz.

Ein Text, in dem Weisgerber "Die Zusammenhänge zwischen Muttersprache, Denken und Handeln" (1930) knapp vorstellt[11], mag als Grundlage dienen, die Differenzen zu studieren. Die Rolle der Sprache im menschlichen Leben umschreibt Weisgerber dort so: "jeder Mensch ist ein sprachfähiges Wesen, das in eine Muttersprache hineinwächst, aus dieser Muttersprache sich einen gewissen Sprachbesitz aneignet und dann diesen Sprachbesitz verwendet, mit ihm arbeitet." (177) Die vier in dieser Umschreibung verwendeten Begriffe "Sprachfähigkeit", "Muttersprache", "Spracherlernung" und "Sprachverwendung" werden dann als die tragenden seines Konzepts vorgestellt.

Die Bestimmung der "*Sprachfähigkeit*" beginnt mit der Zurückweisung unzureichender Auffassungen; daß sie sich nämlich in der "Fähigkeit, Laute zu bilden" (178), oder der Gabe, "lautliche Mittel ... zum Zwecke der Mitteilung, der Äußerung" zu verwenden (179), erschöpfe. Demgegenüber hebt Weisgerber den Akt des Benennens als wesentliche Verwirklichung menschlicher Sprachfähigkeit hervor: Im nomen appellativum wird ein jeweils Einzelnes als ein Allgemeines, also begrifflich gefaßt; "Sprachfähigkeit" wird bestimmt als Grundlage des begrifflichen Erkennens, des diskursiven Denkens. (182) Um zu dieser Einsicht gelangen zu können, ist es aus methodischen Gründen notwendig, "von der lautlichen Form der Sprachmittel abzusehen" (179), und aus systematischen Gründen notwendig anzunehmen, daß "an den lautlichen Sprachzeichen nicht die Lautform das Wesentliche ist, sondern ihr

---

10 Walter Boehlich (1955) (1964).
11 Weisgerber (1930/1964). S. 175-208.
   Die einzelnen Nachweise erfolgen im laufenden Text, und zwar nach der Aufsatzsammlung von 1964.

Zeichencharakter." (180) In der Einschätzung dieses Befundes für die Wesensbestimmung des Menschen kommt Weisgerber zu folgendem Schluß: "Sprachfähigkeit ist ein integrierender Bestandteil der menschlichen Vernunft. Ob man sie deshalb als *das* Kennzeichen des Menschseins betrachten soll, richtet sich danach, wie hoch man den Intellekt, das begrifflich-diskursive Denken unter den menschlichen Geisteskräften einschätzt. Ich selber möchte mich (...) nicht für eine so einseitig den Intellekt hervorhebende Betrachtungsweise entscheiden." (185)

Die Bestimmung der "*Muttersprache*" geht von der Feststellung aus, daß der sprachfähige Mensch sich nicht selbst eine Sprache bildet, sondern eine schon vorhandene erlernt, die seines Volkes, seine Muttersprache. Die spezifische Daseinsform der Muttersprache charakterisiert Weisgerber in Analogie zu anderen "Kulturgütern, etwa Recht, Sitte, Brauch" (185). Sie wird von einer Menschengruppe, dem Volk, getragen, das in dieser Rolle erst zur Volksgemeinschaft wird; dem Einzelnen kommt nur die Rolle eines Mitträgers zu. Sie existiert unabhängig vom Einzelnen, der "als solcher ziemlich belanglos für die Existenz der Muttersprache" ist (185). Sie enthält eine Norm, die dem Einzelnen keine freie Wahl läßt; sie zwingt ihn in ihre Formen und "hält ihn während seines ganzen Lebens darin fest." (185) Sprache als Muttersprache bewahrt wie jedes Kulturgut die "Früchte der intellektuellen Arbeit" auf, so daß sie nicht mit dem einzelnen Menschen untergehen. Die spezifische Leistung der Sprache als Form intellektueller Erkenntnis besteht im Bewahren und Vermitteln der Wege, auf denen die Sprecher einer Sprache, ein Volk, die Welt und ihrer Erscheinungen gemeistert, sie begriffen haben. Muttersprache enthält und bewahrt in ihren Begriffen und Denkformen ein bestimmtes Weltbild und vermittelt dies allen Mitgliedern der Sprachgemeinschaft. (187) Indem sie bei allen, die die Muttersprache lernen, "ein bestimmtes Weltbild erzeugt", ermöglicht sie "ein gleichartiges Verhalten zur Sinnes- und Geisteswelt." (188) Durch sie wird "jeder neue Angehörige einer Volksgemeinschaft in den Gesamtgeist dieser Gemeinschaft eingegliedert." (189)

Für die Definition des Begriffs "*Spracherlernung*" ist der Weltbild-Gedanke zentral: Spracherlernung ist "in erster Linie Aneignung des muttersprachlichen Weltbildes, Hineinwachsen in die Geisteswelt der Sprachgemeinschaft" (193). Mit der Vermittlung der Muttersprache schenkt "ein Volk seinen Angehörigen wohl das Wertvollste (...), was es überhaupt zu vergeben hat, sein Weltbild, das nunmehr die Grundlage bildet für das Denken und Tun der Menschen - ein unumstößlicher Beweis dafür, wie tief jeder einzelne Mensch wurzelt in seiner Volksgemeinschaft." (200) Weisgerber legt entschieden dar, daß die verschiedenen Phasen des Erlernens der Muttersprache, wie immer im einzelnen die Anteile an Eigentätigkeit sein mögen, auf Belehrung beruhen; freilich nicht auf ausdrücklicher Belehrung, sondern auf einer, die sich unbewußt vollzieht. So wird denn auch das Weltbild der Muttersprache zur "selbstverständlichen Voraussetzung" (200) im Denken und Handeln des

Einzelnen. Nicht von Beherrschung der Muttersprache sollte darum die Rede sein, sondern von einem "Beherrschtwerden durch die Muttersprache (...). Muttersprache ist tatsächlich Schicksal für den einzelnen, so wie sie auch eine gewaltige Schicksalsmacht im Leben des Volkes ist." (202)

Den Begriff "*Sprachverwendung*" setzt Weisgerber von dem des "Sprechens" ab: "die Anwendung der Sprache erschöpft sich nicht mit dem äußerlich wahrnehmbaren Sprechen oder Schreiben" (203). Vielmehr aktualisieren die Sprecher in der Sprachverwendung jedesmal das muttersprachliche Weltbild. "Wir müssen also damit rechnen, in unserem gesamten intellektuellen Tun, natürlich auch in dem darauf aufgebauten Handeln, Sprachverwendung, Einfluß unseres Sprachbesitzes anzutreffen" (203), "... daß unser Denken und Handeln auf Schritt und Tritt unter dem Einfluß des Weltbildes der Muttersprache steht" (204); und daß dies nicht nur dafür gilt, *wie* wir die Dinge auffassen, sondern auch dafür, *welche* wir *überhaupt* als solche auffassen, und nicht nur in unseren alltäglichen Lebenssituationen, sondern auch im wissenschaftlichen Denken.

Berufung auf Humboldt

In welcher Weise nimmt Weisgerber Humboldt in Anspruch und was ist an den Ausführungen Weisgerbers über den Zusammenhang zwischen Muttersprache, Denken und Handeln als in Übereinstimmung mit Humboldt oder durch ihn inspiriert anzusehen?

Humboldt wird im gesamten Text nur einmal ausdrücklich zitiert. Zur Standortbestimmung der Sprachwissenschaft in den 20er Jahren führt Weisgerber aus, daß die geschichtliche Sprachbetrachtung die sprachlichen Erscheinungen unter dem Gesichtspunkt der lautlichen Existenz und deren Veränderungen zu begreifen suchte, daß dagegen neuere Bestrebungen die sprachlichen Tatsachen in ihrem Wirken und ihrer Leistung verstehen wollen. "Vielleicht nähern wir uns mit dieser Fragestellung dem tiefsten Sinn des bekannten Wortes von Wilhelm von Humboldt, die Sprache sei keine Ergon, sondern eine Energeia. Abweichend von der Auslegung, die Humboldt selbst gibt, könnte man darunter verstehen, daß das Wesentliche der Sprache nicht in ihrem Sein, sondern in ihrer Leistung liegt, in den Wirkungen, die im Leben der Menschheit, der Völker wie der einzelnen, von den sprachlichen Tatsachen ausgehen." (177) Diese Stelle aus dem Text von 1930 macht deutlich, in welcher Weise sich Weisgerber in seinen Veröffentlichungen in aller Regel auf W. v. Humboldt bezieht: er zitiert einzelne Formulierungen Humboldts und implantiert diese in die Darstellung seiner Argumentationswege. In seinem Rückblick von 1965 auf die Enstehungsgeschichte seiner Lehre von den Sprachgemeinschaften expliziert Weisgerber dies Verfahren so: "Die Lehre von der Sprachgemeinschaft hatte inzwischen verstärkt zwei Humboldt-Worte auszuwerten gesucht: 'Was nun die Nationen im großen gestaltet, läßt sich auf allgemeine Punkte zurückführen. Obenan stehen in diesen Einwirkungen Abstammung und Sprache. Dann folgen das Zusammenleben und die Gleichheit der Sitten. Die dritte Stelle nimmt die bürgerliche Verfassung ein, und die vierte die gemeinschaftliche Tat und der gemeinschaftliche Gedanke, die nationale Geschichte und Literatur'" (Werke VI, 188). Und trotzdem: "Im Grunde ist die Sprache, nicht wie sie in fragmentarischen Lauten und Werken auf die Nachwelt kommt, sondern in ihrem regen, lebendigen Dasein, nicht auch die äußere bloß, sondern zugleich die innere, in ihrer Einerleiheit mit dem durch sie erst möglichen Denken, die Nation selbst, und recht eigentlich die Nation" (Werke VII, 641). Diese Worte stehen sinngemäß, so kommentiert sich Weisgerber nachträglich, über allen Abschnitten der Abhandlung über die Sprachgemeinschaft, und sie hätten "sogar ein vernünftiges Gespräch über den Faktor Abstammung ermöglicht."[12] In "Zweimal Sprache" wird dies Verfahren schließlich registriert: acht Einträge finden sich im Namen- und Sachregister unter "Humboldt-Zitate, wesentliche."[13] Ein solches Verfahren wirft zwei Fragen auf: In welcher Weise steuert es das Humboldt-Verständnis? Welche Funktionen erfüllen die Zitate in Weisgerbers Texten?

Die Herauslösung von einzelnen Formulierungen aus ihren Kontexten und ihre Transformation zu "Humboldt-Worten" organisieren einen Prozeß, den man als semantische Verdichtung bezeichnen kann. Die Zitate, nun auf sich gestellt, müssen allein für sich sprechen, und der Leser muß besondere Anstrengungen unternehmen, das Für-sich-selber-Sprechende auch zu hören, und zu kontrollieren, was er gehört hat. Solche Verdichtung erzeugt also Interpretationsbedürftigkeit und regt die Interpretationstätigkeit an. Das Humboldt-Verständnis, das sich auf diese Weise bildet, muß ohne die Kontrollinstanz der humboldtschen Kontexte auskommen. Das Verständnis der durch die Zitation entstandenen "Humboldt-Worte" wird, wenn ihm keine einläßliche Humboldt-Lektüre vorausging, anfällig für die Deutungen, die der neue Kontext, die Darstellung Weisgerbers nahelegt.

Weisgerber nimmt Humboldt vor allem in der Rolle des Anregers in Anspruch, der dazu für dasjenige, was neu zu sagen ist, schon eine Sprache bereithält. Die Auswahl der Stellen, auf die Weisgerber immer wieder zurückkommt, dürfte von diesen beiden Gesichtspunkten vorrangig bestimmt sein. Ausdrücklich hebt er hervor, daß die Mühen Humboldts um die Sprache "oftmals zu Formulierungen führten, denen man den Charakter des Klassischen zuerkennen muß."[14] Zu den Zitaten in dieser Rolle gehören: (1) Die Sprache "selbst ist kein Werk (Ergon), sondern eine Thätigkeit (Energeia)."[15] Diese Formulierung greift Weisgerber auch auf, um schließlich mit ihrer Hilfe seine

---

12 Weisgerber (1965). S. 204.
13 Weisgerber (1973). S. 220.
14 Weisgerber (1973). S. 114.
15 Humboldt. VII. S. 45/46.

Konzeption von Sprachwissenschaft zu kennzeichnen: er nennt sie energetische Sprachwissenschaft und stellt das energetische Sprachbild dem generativen gegenüber.[16] (2) "Wenn in der Seele wahrhaft das Gefühl erwacht, dass die Sprache nicht nur ein Austauschmittel zu gegenseitigem Verständniss, sondern eine wahre Welt ist, welche der Geist zwischen sich und die Gegenstände durch die innere Arbeit seiner Kraft setzen muss, so ist sie auf dem wahren Wege, immer mehr in ihr zu finden und in sie zu legen."[17] Von diesem "Humboldt-Wort" hat sich Weisgerber zur Bildung seines Terminus "sprachliche Zwischenwelt" anregen lassen. (3) "Ich wünschte gegenwärtig auf diesem Grund fortzubauen, die Sprachen an dem Punkte aufzunehmen, wo sie im Stande sind, in das Tiefste und Feinste des geistigen Strebens einzugreifen, allein die Individualität in Betrachtung zu ziehen, in der sie sich auf verschiedene Wege vertheilen, um , jede mit der ihr einwohnenden Kraft, das allen gemeinschaftlich vorliegende Gebiet in das Eigenthum des Geistes umzuschaffen."[18] Weisgerbers Terminus vom "Worten der Welt" ist durch dieses "Humboldt-Wort" angestoßen.[19]

Weisgerber zitiert Humboldt aber auch, um dessen Autorität für sich in Anspruch nehmen zu können. Ein sehr deutliches Beispiel hierfür liegt in dem angeführten Text von 1965 vor. (s. S.5/Anm. 11) Schließlich ist von Humboldt-Zitaten in der Rolle als Stichwortgeber zu reden. So steht z.B. die Formulierung "Der Mensch lebt mit den Gegenständen hauptsächlich, ja sogar ausschließlich so, wie die Sprache sie ihm zuführt"[20] als ein, wie Weisgerber meint, selten ausgeführtes Humboldt-Wort zur Eröffnung seiner eigenen Darlegungen zum Thema.[21]

Zweierlei mag aus dem Dargelegten deutlich werden: Die Art und Weise, wie Weisgerber sich auf Humboldt bezieht, kann sehr wohl den Eindruck begründen, daß er sein Konzept einer umfassenden Sprachwissenschaft ganz im Geiste des humboldtschen Sprachdenkens entwirft und seine Terminologie dicht an zentrale Formulierungen Humboldts anschließt.[22] Ob dieser durch das

---

16 Weisgerber (1973). S. 204ff.
17 Humboldt. VII. S. 176.
18 Humboldt. IV. S. 420.
19 Weisgerber (1973). S. 171f. Hier geht er rückschauend auf diese Terminologie-Bildung ein.
20 Humboldt. VII. S. 60.
21 Weisgerber (1973). S. 194f.
22 Durchgängig begegnet der Leser, dem Humboldts Texte nicht fremd sind, Formulierungen, die ihn auf solche Humboldts verweisen. Der Eindruck, daß in Weisgerbers Texten, sofern sie nicht von einem Entschlossenheitspathos durchpulst sind, Buchstaben und Geist Humboldts walten, hat somit schon einen Grund auch in den Texten selbst.

Text-Arrangement erzeugte Eindruck aber als stichhaltig angesehen werden kann, hängt davon ab, ob er sich an den Texten Humboldts bewährt.

Gegengründe

Zweifel sind schon deshalb angebracht, weil Humboldts nicht-terminologische Darstellungsweise die genaue Berücksichtigung der jeweiligen Kontexte erfordert. Ein klaubendes Verfahren, das einzelne Formulierungen separiert, zu "Humboldt-Worten" verdichtet und sie dann in neue Kontexte implantiert, ist darum gegenüber einem Autor wie Humboldt ein heikles Verfahren.[23] Eine einläßlich-philologische Beschäftigung mit Humboldts Texten bestätigt diesen Zweifel. Das von Weisgerber gewählte Verfahren wird den humboldtschen Texten nicht gerecht und gibt den "Humboldt-Worten" in den neuen Kontexten eine Bedeutung, die dem Geist und den Buchstaben seiner Darlegungen widerspricht. Im folgenden fasse ich die wesentlichen Aussagen Weisgerbers in seinem Text von 1930 zusammen und stelle ihnen in Form von Behauptungen Urteile darüber entgegen, ob und inwieweit eine Berufung auf Humboldt philologisch gerechtfertigt erscheint.

Weisgerbers Überlegungen zur "*Sprachfähigkeit*" lassen sich in vier Punkten zusammenfassen. (1) Es ist unzureichend, die menschliche Sprachfähigkeit nur als Fähigkeit zur Lautbildung oder zur Verwendung lautlicher Mittel zur Mitteilung aufzufassen. (2) Um zum spezifisch Sprachlichen vorzudringen, ist es aus methodischen und systematischen Gründen notwendig, von den Lauten als Schallereignissen abzusehen. (3) Sprachfähigkeit ist im Kern Benennungsfähigkeit und eine einzelne Sprache darum eine Erkenntnisform. (4) Weil Sprachfähigkeit mit der Fähigkeit zur Begriffsbildung zusammenfällt, kann sie nicht als das einzige oder herausragende Merkmal des Menschseins angesehen werden, jedenfalls dann nicht, wenn der Intellektualität eine solche exponierte Rolle nicht zugeschrieben wird.

Zu 1) Auch Humboldt weist in seinen Abhandlungen immer wieder eine unzureichende Auffassung von Sprache zurück, nämlich diejenige, nach der Wörter nur die unabhängig von ihnen vorhandenen Begriffe und Gegenstände bezeichneten, darum die Verschiedenheit der Sprachen nur eine der "Schälle" sei und die sprachlichen Zeichen durch Übereinkunft entstanden seien.[24] Die Differenz liegt also schon in dem, was als unzureichend zurückgewiesen wird. Fragt man nach den Gründen, warum die beiden Autoren gerade die von ihnen markierten Auffassungen als unzulänglich zurückweisen, so stößt man bei Weisgerber auf ein wissenschaftsgeschichtliches Argument: er setzt seinen Ansatz als Bestrebung "der neueren Sprachwissenschaft" von der "üblichen geschichtlichen Sprachbetrachtung" ab, die die sprachlichen Erscheinungen

---

23 Zum "Stil" Humboldts: Hubert Ivo (1988a).
24 Zu dieser "negatorischen Mitte" in Humboldts Texten: Hubert Ivo (1988a). S. 72ff.

"vorwiegend unter dem Gesichtspunkt ihrer lautlich faßbaren Existenz" zu begreifen sucht.[25] Es geht ihm, in Anlehnung an Kuhn gesagt, um einen Paradigmenwechsel in der Sprachwissenschaft. (In seiner Besprechung des Buchs von Schmidt-Rohr "Die Sprache als Bildnerin der Völker" benutzt er zustimmend dessen Formulierung von der "kopernikanischen Wende"[26] in der Sprachbetrachtung.) Humboldt sucht dagegen nach den Gründen für die große Verbreitung und die Suggestion der von ihm zurückgewiesenen Sprachauffassung und findet sie anthropologisch in der Typik unserer Alltagssituationen einerseits und in universalhistorischen Bedingungen andererseits, die ein Interesse am Anderen als Fremden um seiner selbst willen nicht zuließen. Die sprachtheoretische Reflexion Weisgerbers bleibt der Spezifik einer Konstellation wissenschaftlicher Thematisierung von Sprache verhaftet und bestimmt sein Nachdenken über "Sinn, Ziele und Wege sprachwissenschaftlicher Arbeit."[27] Humboldts sprachtheoretische Reflexion legt dagegen die philosophische Frage nach der Rolle der Sprache in der Bildungsgeschichte der Menschheit frei.

Zu 2) Auch Humboldt sieht aus methodischen Gründen - freilich nur vorübergehend - vom Sprachlaut als Schallereignis ab, um die linguistische Strukturiertheit (Artikuliertheit) des Sprachlauts als dessen kennzeichnendes Merkmal hervorzuheben. (Weisgerber spricht vom "Zeichencharakter" als dem Wesentlichen des lautlichen Sprachzeichens.[28]) Die illustrierenden Beispiele liegen dicht beieinander: Humboldt verweist auf die Sprachlichkeit der Taubstummen, Weisgerber auf die der Stummen.[29] Doch die Konsequenzen, die die beiden Autoren ziehen, sind grundlegend verschieden. Für Weisgerber hat sich das Thema "Sprachlaut" als zentrales sprachtheoretisches Thema mehr oder minder erledigt; er wendet sich nun entschieden der "inneren Form" der Sprache, den Sprachinhalten zu. In Humboldts Argumentation bleibt dagegen der heuristische Charakter des Absehens vom Schallereignis erhalten: "Die Artikulation ... kann den Ton auch als Geräusch, als auf ein Ohr wirkende Lufterschütterung nicht entbehren."[30] Die ausführlichen Erörterungen dieses Grundsatzes machen den Hauptteil seiner Darlegungen zur Artikulation aus und führen zu einer linguistisch motivierten Anthropologie, in der die Leib-Geistigkeit, die Geschichtlichkeit, die Dialogizität und Probleme der Universalität und der Individuation zum Thema werden. Sie erklären den Satz, der ganz am Anfang des Argumentationsweges formuliert ist: "... der Mensch kommt nicht nach Art eines reinen Geistes auf die Welt, der den fertigen

---

25 Weisgerber (1930). S. 177.
26 Weisgerber (1933). S. 59.
27 Weisgerber (1930). S. 176.
28 Weisgerber (1930). S. 180.
29 Humboldt. VI. S. 153. Weisgerber (1930). S. 179.
30 Humboldt. VI. S. 153.

Gedanken nur mit Tönen umkleidet, sondern als ein tönendes Erdengeschöpf."[31]

Zu 3) Auch für Humboldt ist Sprache eine Erkenntnisform. Aber damit ist das Wesen der Sprache nur unter einem Aspekt vorgestellt, dem des Referierens auf Welt. Der zweite, ihm gleich wichtige Aspekt ist der des Dialogischen, des Alterisierens. Während Humboldt diesen Aspekt bis hin zu anthropologischen Fundierungen und wahrheitstheoretischen Ausdeutungen bei der Entfaltung seiner Sprach-Idee berücksichtigt, bleibt er in der weisgerberschen Sprachkonstitution so gut wie unbeachtet. Daß es sich dabei nicht um Komplexitätsreduktion zur Ermöglichung wissenschaftlicher Arbeit handelt, macht Weisgerber ausdrücklich klar: es geht ihm "im Kern (...) um sprachphilosophische Fragen", "nicht um eine interne Angelegenheit der Sprachwissenschaft (...), sondern um Fragen von allgemeiner Wichtigkeit, (...) mit denen sich jeder auseinandersetzen muß, der sein eigenes Denken und Handeln begreifen will."[32] Später ist von "einer erlösenden Sinnerfüllung des Sprachstudiums" die Rede.[33] Die analoge Verwendung des bei Humboldt üblichen Ausdrucks "Sprachstudium" kann u.a. als Indikator gelesen werden, daß Weisgerber an Humboldts Gedanken vom bildenden Wert der Beschäftigung mit Sprache anzuschließen sucht. Seine sprachtheoretische Grundlegung ist aber sehr viel enger als die Humboldts. Wichtiger noch: Diese kann nicht durch das in ihr unbeachtet Gebliebene ergänzt werden, weil Weisgerber einen umfassenden Entwurf von der Sprachlichkeit des Menschen aus dieser eingeschränkten sprachtheoretischen Grundlage herleitet. Das zum Eckstein gewordene Merkmal des nomen appelativum, ein Einzelnes im Referieren auf Welt unter ein Allgemeines zu subsumieren und es so zu fassen, bestimmt nicht nur seine Weltbild-Vorstellung, sondern auch die vom Verhältnis der einzelnen Menschen zur Überlieferungsgeschichte des sprachlichen Weltbildes und die Verhältnisse derjenigen untereinander, die eine Sprache sprechen. Immer bestimmt das Allgemeine das jeweils Einzelne, und was für die logischen Verhältnisse der Begriffsbildung gilt, soll dann auch für die sozialethischen der Vergesellschaftung gelten. So geht es denn auch um "Eingliederung" des Einzelnen in den Gesamtgeist einer Gemeinschaft[34] und um das "Beherrschtwerden" durch ihn.[35] Humboldts Deutung des dialogischen Wesens der Sprache führt ihn zu einem ganz anderen Verständnis des Menschengeschlechts, das nicht nach Art des porphyrianischen Baumes in genus, species und differentia specifica gegliedert aufgefaßt werden kann, sondern nach Art von Anrede und Erwiderung, auf die in der Sprache alles

---

31   Humboldt. VI. S. 120.
32   Weisgerber (1930). S. 176/77.
33   Weisgerber (1933). S. 58.
34   Weisgerber (1930). S. 189.
35   Weisgerber (1930). S. 202.

gestellt ist, als die eine Natur, die in zahllose Individuen zerspalten ist. Das zurückgewiesene Verständnis des Menschengeschlechts kommt zum Gedanken der Einheit des Menschgeschlechts aufgrund einer begrifflichen Prozedur, in der diese Einheit gesetzt, also festgelegt wird. In dem von Humboldt favorisierten Verständnis beruht diese Einheit auf der "inneren Verwandtschaft des Menschengeschlechts. (...) In der Art dieser Verwandtschaft liegt das Geheimnis der menschlichen Individualität verschlossen, das man zugleich als das des menschlichen Daseyns ansehen kann." Ziel aller intellektuellen Bemühungen um die Sprache ist es, sich dem Geheimnis der menschlichen Individualität als dem des menschlichen Daseins zu nähern. Humboldt ist sich bewußt, daß er damit die Grenzen zur Metaphysik überschreitet. Aber er hält daran fest, in Richtung auf das verwiesene Geheimnis weiterzudenken und mahnt, "das wahre Wesen jener Verwandtschaft der menschlichen Individualität zu verkennen, es bloss aus logischen und discursiven Begriffen schöpfen zu wollen, statt es in der Tiefe des inneren Gefühls, und in einem die Untersuchung bis zu ihren Endpunkten verfolgenden Nachdenken aufzufassen. Man gewinnt daher schon, wenn man die im Vorigen als die richtig angegebene Ansicht auch nur in der Form geahndeter Möglichkeit als eine warnende stehen lässt, sich nicht in die entgegengesetzte zu verschliessen."[36] Weiter auseinander können Konzepte zur Deutung menschlicher Sprachlichkeit wohl schwerlich gedacht werden: hier eine am soziologischen Denken der Konformität[37] orientierte Deutung der Sprachlichkeit als Weg zur Eingliederung in einen übergeordneten Gesamtgeist und dessen Trägerschaft (Volk als Sprachgemeinschaft verstanden); da die Reflexion der Sprachlichkeit als Weg zur Annäherung an das Verständnis der Individualität und der Dialogizität. Weit auseinander liegen aber nicht nur die propositionalen Gehalte der Konzepte, sondern auch die Denkstile, in denen sie vorgetragen werden: hier die Berufung auf Unumstößlichkeiten, die später z.B. als "Gesetz der Muttersprache" vorgetragen werden; da eine in wissenstheoretischer Reflexion gewonnene Vorsicht, den eigenen Erkenntnisdrang mit den Endlichkeitsbedingungen seines Wirkens zu versöhnen.

Zu 4) Die Festlegung Weisgerbers, die Sprache sei eine Erkenntnisform im Sinne des begrifflich-diskursiven Denkens stellt im Vergleich mit Humboldts Sprachdenken auch ein erheblich eingeschränktes Verständnis von Sprache als Erkenntnisform dar. Der große Abstand der zwei Konzepte voneinander wird an Humboldts Bemühen um eine idealtypische Klassifizierung des Sprachgebrauchs deutlich, das in seinen Abhandlungen von der ersten Akademie-Rede bis zur "Kawi-Einleitung" und im Briefwechsel, z.B. mit K.F. Becker, seinen Ausdruck gefunden hat. Das Prinzip der Unterscheidung von Klassen des Sprachgebrauchs liegt ihm "sichtbar darin, ob die Sprache auf ein

---

36   Humboldt. VI. S. 175/76.
37   Weisgerber (1930). S. 188.

inneres Ganzes des Gedankenzusammenhangs oder der Empfindung bezogen oder mit vereinzelter Seelenthätigkeit einseitig zu einem abgeschlossenen Zwecke gebraucht wird."[38] Für die Beschränkung, die die Sprache im letzteren Fall erfährt, nennt Humboldt zwei Beispiele, von denen das erste für unseren Zusammenhang wichtig ist: den "bloss wissenschaftlichen Gebrauch, wenn dieser nicht unter dem leitenden Einfluss höherer Ideen steht."[39] Nicht die Beschränkung selbst kritisiert er, sondern wenn sie in einem Feld geübt wird, das einen Sprachgebrauch erfordert, den er den "rednerischen" nennt; ein Sprachgebrauch, in dem die menschlichen Geisteskräfte insgesamt unter den kontingenten Bedingungen menschlichen Daseins für die Erkenntnis zur Geltung gebracht werden.[40] Weisgerber kann sich mit seiner Festlegung, Sprache sei Erkenntnisform einer vereinzelten Seelentätigkeit, nämlich des begrifflich-diskursiven Denkens, nur dann auf das "Humboldt-Wort" berufen, das die o.a. Passage beschließt, - "dass die Sprache (...) eine wahre Welt ist, welche der Geist zwischen sich und die Gegenstände (...) setzen muss" - wenn er die humboldtschen Voraussetzungen, die zu diesem Satz führen, in ihr Gegenteil verkehrt.

Die Überlegungen, die Weisgerber zur "*Muttersprache*" vorträgt, lassen sich in zwei Punkten zusammenfassen: (1) Muttersprache hat eine "eigentümliche Existenz und Wirklichkeit", nämlich die des Kulturgutes. (2) Muttersprache tritt dem Einzelnen als Norm gegenüber, "die ihm keine Wahl läßt"; so wird sie "unabhängig von der Willkür und Zufälligkeit des einzelnen Menschenlebens."

Zum ersten Punkt: Auch Humboldt nimmt ein "eigenthümliches Daseyn" der Sprache an; auch für ihn wächst sie zu einer "selbst von der Menschheit in gewisser Art unabhängigen Macht an."[41] Aber auch hier sind die Unterschiede zwischen den Konzepten von grundsätzlicher Natur. Humboldt erläutert seine Formulierung, Sprache sei bildendes Organ des Gedankens, zweifach: einmal, indem er den Prozeß solcher Bildung untersucht, zum anderen, indem er das in diesem Prozeß Gebildete analysiert. Sprache als Prozeß und als Produkt sind ihm zwei gleich notwendige Thematisierungen von Sprache. In der historischen Analyse zeigt sich für uns, die wir in der "Mitte der Zeiten"[42] leben, daß in beiden Thematisierungen Gleichrangiges zur Sprache gebracht wird und sich erst von beiden her unsere Sprachlichkeit als eine geschichtliche angemessen aufklären läßt. In der systematischen Analyse muß der Vorrang der ersteren Thematisierung allein schon deshalb angenommen werden, weil Sprache als Produkt immer schon eine abgeleitete Größe ist. Weisgerbers direkte oder indirekte Berufung auf Humboldt ist immer eine, die in einem halbierten

---

38 Humboldt. VII. S. 176.
39 Humboldt. VII. S. 176.
40 Hubert Ivo (1991) S. 115-123.
41 Humboldt. VI. S. 180-81.
42 Humboldt. VI. S. 127.

humboldtschen Sprachkonzept gründet. Die beiden Begriffe, die bei ihm für Sprache als Prozeß stehen könnten, Sprechen und Sprachverwendung, werden von ihm so eng gefaßt, daß sie zur Ausbalancierung der beiden Sprachthematisierungen nicht taugen: Sprechen wird als Lautbildung verstanden, und Sprachverwendung wird nur insofern untersucht, als sich in ihr das Weltbild einer Sprache, also Sprache als Produkt, zur Geltung bringt. An die Stelle von Humboldts historischer Gleichgewichtung und einer systematischen Dominanz der Thematisierung der Sprache als Prozeß tritt bei Weisgerber die Dominanz der Thematisierung von Sprache als Produkt. Sie trägt sich selbst vor als Nutzung wissenschaftlichen Fortschritts, insofern der Anspruch erhoben wird, daß mit den Denkmitteln der Soziologie Sprache in ihrer eigentümlichen Existenz begrifflich besser als bislang möglich gefaßt werden kann.

Zum zweiten Punkt: Weisgerbers Formulierung von der Muttersprache als Norm, die dem Einzelnen "keine Wahl läßt", findet sich ähnlich bei Humboldt. "Denn der Mensch spricht nicht, weil er so sprechen will, sondern weil er so sprechen muss."[43] Aber schon der unmittelbare Kontext macht deutlich, daß - außer der Feststellung eines Zwangs - der humboldtsche Gedanke mit der Dichotomie Weisgerbers wenig gemein hat. Humboldt leitet den Zwang aus apriorischen Verhältnissen her, die sowohl anthropologisch als auch historisch gedeutet werden. Die Redeform ist im Einzelnen "ein Zwang seiner intellectuellen Natur; sie ist zwar frei, weil diese Natur seine eigene, ursprüngliche ist, aber keine Brücke führt ihn in verknüpfendem Bewusstseyn von der Erscheinung im jedesmaligen Augenblick zu diesem unbekannten Grundwesen hin."[44] Eine anthropologisch-systematische Erklärung findet diese Zuschreibung von Zwang und Freiheit in Humboldts Theorie der Sprachsphären. Die Sprache, so die Voraussetzung, liegt "in jedem Menschen in ihrem ganzen Umfange." Diese auf den ersten Blick erstaunliche Feststellung wird so erläutert: Jeder Einzelne besitzt ein "geregeltes Streben, die ganze Sprache, wie es äussere oder innere Veranlassung herbeiführt, nach und nach hervorzubringen und hervorgebracht zu verstehen." Dieses Streben wird durch eine "modificierende Kraft angestoßen und beschränkt". Sie ist mithin die allgemeine Sprachkraft, bestimmt durch den Völkerstamm, die Nation, die Mundart (...) zuletzt durch die in keine Kategorie mehr zu bringende Individualität."[45] Diese Theorie der Sprachsphären wird durch einen historischen Argumentationsstrang komplementiert: "Aus dem Sprechen aber erzeugt sich die Sprache, ein Vorrath von Wörtern und ein System von Regeln und wächst (...) zu einer von dem jedesmal Redenden, dem jedesmaligen Geschlecht, der Nation, ja zuletzt selbst von der Menschheit in gewisser Art

---

43 Humboldt. VI. S. 127.
44 Humboldt. VI. S. 127.
45 Humboldt. VI. S. 174.

unabhängigen Macht an."[46] Die Macht, die die Sprache als Produkt über den Einzelnen ausübt, und die Gewalt des Einzelnen über die Sprache sind dann Gegenstand der Abwägung. Die Übermacht der Tradition, in wichtigen Merkmalen vorgestellt, zeigt, "wie gering eigentlich die Kraft des Einzelnen gegen die Macht der Sprache ist. Nur durch die ungemeine Bildsamkeit der letzteren (...) und durch die Gewalt, welche alles lebendig Geistige über das todt Überlieferte ausübt, wird das Gleichgewicht wieder einigermaßen hergestellt."[47] Diese theoretischen Annahmen und empirischen Erklärungen ermöglichen die Bestimmung der Sprachkraft als einer der Menschheit und als einer je individuellen des "jedesmal Sprechenden".[48] Ohne aber "die reelle Kraft, die bestimmte Individualität an die Spitze der Erklärung aller menschlichen Zustände zu setzen, verliert man sich in hohle und leere Ideen."[49] Weisgerbers Denkweg nimmt gerade nicht seinen Ausgangspunkt bei der Individualität des jedesmal Sprechenden, noch führt er auf ihn als Zielpunkt hin. Er nimmt bei der - später von ihm so genannten - Sprachgemeinschaft seinen Ausgangspunkt und unterwirft den Einzelnen dem "Gesetz der Muttersprache."

Weisgerbers Überlegungen zur "*Spracherlernung*" negieren entschieden, daß "die Kinder bei der sog. 'Erfindung' und Ausgestaltung ihrer Sprache wesentlich selbst kreativ tätig wären"[50], und betonen dagegen den belehrenden Einfluß der Erwachsenen: "Der Sprachbesitz eines Menschen verdankt ja sein ganzes Entstehen der Belehrung, allerdings einer ganz unplanmäßigen, vielfach sogar unbeabsichtigten Belehrung."[51] Es soll aber auch gelten, daß das Erlernen der Sprache, namentlich der Sprachinhalte, "gar kein bewußter Vorgang" ist: "wir übernehmen die Begriffe und Denkformen der Muttersprache nicht auf dem Wege ausdrücklicher Belehrung"[52], die Übernahme vollzieht sich gewissermaßen von selbst und die muttersprachliche Norm gilt 'selbstverständlich'. Die Überlegungen Weisgerbers zur "Spracherlernung" führen alle auf einen Punkt: das Wesentliche der Spracherlernung ist die "inhaltliche Aneignung der Muttersprache"[53]; der Modus der Aneignung ist das Fähigwerden, sich von der Muttersprache beherrschen zu lassen.[54] Diese Richtung der Argumentation ist von der, die Humboldt einschlägt, wenn er vom Sprechenlernen handelt, verschieden. Humboldts Hinweise zum "Sprechenlernen"[55] der Kinder sind von

---

46 Humboldt. VI. S. 180.
47 Humboldt. VI. S. 182.
48 Humboldt. VI. S. 182.
49 Humboldt. VI. S. 126.
50 Weisgerber (1930). S. 195.
51 Weisgerber (1930). S. 199.
52 Weisgerber (1930). S. 200.
53 Weisgerber (1930). S. 197.
54 Weisgerber (1930). S. 202.
55 Humboldt. VI. S. 177.

dem Grundsatz bestimmt, daß "in der Seele nichts, als durch eigene Thätigkeit verhanden seyn" kann und daß Sprechen und Verstehen als "Anregung der Sprachkraft aufzufassen sind, in ihrer "äusseren Thätigkeit" und in ihrer "inneren Empfänglichkeit".[56] Folglich ist das "Sprechenlernen der Kinder (...) nicht ein Zumessen von Wörtern, Niederlegen im Gedächtniss, und Wiedernachlallen mit den Lippen, sondern ein Wachsen des Sprachvermögens durch Alter und Uebung."[57] Die Hinweise Humboldts zum "Sprechenlernen" dienen ihm zur Verdeutlichung des Problems, das in seiner allgemeinsten Form das der Beschreibung und Erklärung der "Vielfachheit des in sich Gleichartigen"[58] genannt werden kann. Das Sprachvermögen, das sich im Kind durch Wachstum und Übung bildet, ist die allgemeine menschliche Sprachkraft - im Sinne seiner Theorie der Sprachsphären modifiziert. Die allgemeine menschliche Sprachkraft beweist sich darin, "dass Kinder jedes Volkes, vom Mutterschoosse in jedes fremde versetzt, ihr Sprachvermögen in dessen Sprache entwickeln"[59]; die nationale Modifikation darin, daß die "vaterländische Sprache" für den "Gebildeten und Ungebildeten eine viel grössere Stärke und Innigkeit besitzt, als eine fremde", daß sie Teil der Identität der Sprechenden ist und darum ihr Erlernen nicht "bloss ein Wiedergeben des Gehörten ist"[60]; die individuelle Modifikation darin, daß erst "im Individuum (...) die Sprache ihre letzte Bestimmtheit erhält", somit wirklich jeder Mensch seine eigene Sprache besitzt und "alles Verstehen immer zugleich ein Nicht-Verstehen" ist.[61] Am Leitfaden der Sprache gewinnt Humboldt - wenn man das so ausdrücken kann - das Material zur Bestimmung der Vielfachheit innerhalb der *einen* Menschheit: die Universalität des menschlichen Sprachvermögens ermöglicht allererst die Einheit des Menschengeschlechts; die Partikularität der jeweils nationalen Modifikation des allgemeinen Sprachvermögens sichert die Bedingungen menschlicher Gestaltwerdung unter Endlichkeitsvoraussetzungen, nämlich hinreichende Mannigfaltigkeit zu verbinden mit nach Gemeinsamkeit strebender Denk- und Empfindungsweise[62]; die Singularität der idiolektalen Modifikation erlaubt es, "die bestimmte Individualität an die Spitze der Erklärung aller menschlichen Verhältnisse zu setzen." Die Situierung des Themas "Sprechenlernen" in diesem umfassenden Horizont der Bildungsgeschichte der Menschheit ist von Weisgerber aufgegeben. Geblieben ist nur die nationale Sprache, die bei ihm Muttersprache heißt, und die Spracherlernung als Prozeß zunehmenden Beherrschtwerdens durch sie. Sie

---

56 Humboldt. VI. S. 174.
57 Humboldt. VI. S. 177.
58 Humboldt. VI. S. 175.
59 Humboldt. VI. S. 178.
60 Humboldt. VI. S. 178.
61 Humboldt. VI. S. 182/83.
62 Humboldt. VI S. 127.

fungiert als "Schicksalsmacht"[63] und - damit kommt die Argumentation an ihr Ziel - ist ein "unumstößlicher Beweis dafür, wie tief jeder einzelne Mensch wurzelt in seiner Volksgemeinschaft."[64]

Der vierte von Weisgerber eingeführte Schlüsselbegriff, der der "*Sprachverwendung*" erschließt weder formaliter noch materialiter Neues. Festgestellt wird, daß sich in jeder "Sprachverwendung", auch der wissenschaftlichen, das Weltbild der Muttersprache zur Geltung bringt. Überraschen mag der Schlußsatz: "Dieses Eingreifen der Muttersprache in das Leben und in die Wissenschaft muß erst einmal erkannt sein, dann wird man versuchen können, das Weltbild der Muttersprache zu werten, zu überprüfen und zu untersuchen, wie sich diese muttersprachliche Begriffswelt verhält zu der 'Wirklichkeit' der Körper- und Geisteswelt."[65] Damit scheint in Aussicht gestellt, daß mit Mitteln der Wissenschaft sich ein Standpunkt erreichen läßt, der wohl als extralingual bezeichnet werden müßte. Er wird gewonnen aufgrund wissenschaftlicher Beschreibung der Weltbilder von Muttersprachen und erlaubt die Analyse und Bewertung des Verhältnisses von Bild und Abgebildetem. Beide Annahmen haben mit Humboldts Sprachdenken wenig gemein. Humboldt sieht keine Möglichkeit, mit Hilfe von diskursiven Begriffen die Individualität einer einzelnen Sprache, die sich in allem zeigt und eine ist, "von dem Alphabet bis zur Weltvorstellung" wirklich darzustellen.[66] In erkenntnistheoretischer Reflexion legt er die Voraussetzungen frei für einen kategorialen Rahmen, der den Vergleichspunkt für die Bestimmung des Charakteristischen von Sprachen erst einmal klärt. Er findet ihn im Begriff des "Verfahrens der Sprache" und entwirft in der Abhandlung "Grundzüge des allgemeinen Sprachtypus" für das Lautsystem, den Wörtervorrat und die Redeverbindung Kataloge von Fragestellungen, die zur Klärung dieses Vergleichspunktes führen. Er legt aber auch die Grenzen der "Zergliederung in Elemente" offen, setzt die "Analogien des Sprachgefühls" in ihr Recht und führt für das analogisierende Denken die steuernde Instanz "Takt" ein.[67] Weisgerbers "Einfügen" der "Höhenflüge Humboldtscher Sprachphilosophie in die unentbehrliche Kleinarbeit exakter sprachwissenschaftlicher Forschung" ist sicher nicht im Sinne von Humboldts Wissenschaftsverständnis.[68]

---

63 Weisgerber (1930). S. 202.
64 Weisgerber (1930). S. 200.
65 Weisgerber (1930). S. 206.
66 Humboldt. V. S. 395.
67 Humboldt. V. S. 394; VI. S. 250.
"Statt zu vereinzeln und zu zergliedern, muss man daher, um die Eigenthümlichkeit ihrer Form in dieser Hinsicht aufzufassen, die Sprache, soviel als möglich, in ihrer Einheit zu nehmen versuchen, und vermittels eines durch ihr Studium geschärften Tactes das Wesentliche vom Zufälligen unterscheiden."
68 Weisgerber (1953). S. 25.

Gravierender noch für die Bestimmung der Humboldtnähe oder -ferne Weisgerbers ist die Tatsache, daß Weisgerber mit dem leeren Begriff der "Sprachverwendung" eine Stelle im Argumentationsweg besetzt, die in Humboldts Sprachdenken von herausgehobener Bedeutung ist: die des Sprechens und des im Sprechen Erzeugten, der Rede. Indem Weisgerber den Begriff des Sprechens für den Vorgang der Lautbildung reserviert, exkommuniziert er zugleich den jeweiligen Erzeugungsprozeß des individuellen Sprechens als Thema aus sprachwissenschaftlicher Arbeit und halbiert wiederum den Denkansatz Humboldts: nur noch Sprache als das dem Menschen gegenüberstehende Objektgebilde bleibt für die Klärung der sprachlichen Verhältnisse relevant; an die Stelle der Erzeugungsprozesse im jeweiligen Sprechen tritt die Sprachverwendung.

Die Differenz der beiden Konzepte läßt sich folgendermaßen pointiert formulieren: Für Humboldt ist "der Mensch nur durch Sprache Mensch"[69], und folglich ist Sprache nur dann hinreichend thematisiert, wenn sie in ihrer konstitutiven Rolle für das Menschsein in allen Facetten in den Blick kommen kann: seine "edelsten Bestrebungen", die in seiner Natur gründen, "deren eine Seite er mit der Thierheit theilt"[70]; die "theilende Absonderung (...) in Einheimische und Fremde" als "Grundlage aller ursprünglichen geselligen Verbindung"[71]. Kurz: das Sprachstudium ordnet sich "dem höchsten und allgemeinen Zweck des Gesammtstrebens des menschlichen Geistes unter, dem Zwecke, dass die Menschheit sich klar werde über sich selbst und ihr Verhältniss zu allem Sichtbaren und Unsichtbaren um und über sich."[72] Für Weisgerber ist Sprache eine Erkenntnisform, und zwar für das begrifflich-diskursive Denken, also nur für eine - mit Humboldt geredet - "vereinzelte (...) Seelenthätigkeit einseitig zu einem abgeschlossenen Zwecke gebraucht."[73] Darum ist für ihn im Sprechen des Menschen, so wichtig es auch angesetzt wird, nicht dessen Wesen gefaßt. Dennoch sind für ihn die Bestrebungen der "neueren Sprachwissenschaft" keine "interne Angelegenheit der Sprachwissenschaft"; es handelt sich vielmehr "um Fragen von allgemeiner Wichtigkeit, die jeden einzelnen Menschen unmittelbar angehen, (...) der sein eigenes Denken und Handeln begreifen will."[74] Diese allgemeine Orientierungsrelevanz wird durch weitere thematische Eingrenzung erreicht: die Sprache wird als soziale Erkenntnisform aufgefaßt; mit Mitteln der Soziologie als Kulturgut, also als Institution gedeutet; deren konformitätsstiftende Wirkung wird herausgestellt; und deren Aufweis in ein sozialethisches Postulat

---

69 Humboldt. V. S. 118.
70 Humboldt. V. S. 378.
71 Humboldt. VI. S. 25.
72 Humboldt. VI. S. 6.
73 Humboldt. VII. S. 176.
74 Weisgerber (1930). S. 176/77.

überführt. Wie ist die Differenz der beiden Konzepte zu interpretieren? Die folgende Überschrift gibt die Richtung der interpretierenden Antworten an.

Für einen "liberalen Umgang mit Fremden" versus "Weltgeltung deutschen Geistes"[75]

Adam Schaff hat in seinem Essay "Sprache und Erkenntnis"[76] den Neuhumboldtianismus, der seit den 20er Jahren unter Berufung auf Humboldt ein neues Verständnis von Sprache anbahnt, als eine Geistesrichtung bezeichnet, die bei einigen Vertretern typische Züge des Epigonentums aufweise. Er nennt zwei solche Züge: (1) "Es ist bei allen Epigonenrichtungen, die mit Hilfe des Präfixes "Neu" unter der Flagge einer für klassisch geltenden Schule segeln wollen, zur Norm geworden, daß sie an das Rückständige innerhalb dieser Systeme anknüpfen."[77] (2) "(...) die Vereinfachung (ist) eine Gesetzmäßigkeit des Epigonentums (...). Diese Simplifizierung beseitigt anscheinend das Schwankende der Anschauungen des Meisters, während er diese faktisch verflacht."[78] Auf dieser Grundlage unterscheidet er in seinem Versuch, die Rolle "des subjektiven Faktors beim Erkennen" von seinem marxistischen Denkansatz her zu berücksichtigen, zwei Auffassungen von "der ‚Umschaffung' der Welt durch Sprache": die eine nimmt einen sprachlichen Einfluß auf unser Erkennen an, die andere behauptet die "'Schaffung' des Weltbildes durch ein gegebenes Sprachsystem" außerhalb dessen Erkenntnis nicht möglich sei. Nur die erste sei "rational" und können sich auf Humboldt berufen, während die zweite "mystisch-idealistisch" sei und den Denkansatz Humboldts verfehle.[79] Dieser Einspruch eines nicht-dogmatischen Marxisten gegen die Berufung Weisgerbers auf Humboldt ist eine Ausnahme geblieben[80] und hat die deutschsprachige Diskussion um dieses Thema kaum beeinflußt. Mit der Neubewertung Humboldts in den sprachtheoretischen Arbeiten der DDR in den 80er Jahren hat sich die Frage gestellt, "ob die Identität der Ideen Humboldts in der Sprachbetrachtung Weisgerbers gewahrt ist"[81] und ob die frühere Kritik an Weisgerber zugleich Humboldt hat treffen dürfen. Klaus Junker verneint dies 1986 entschieden und kommt zu dem Schluß: Seine Hinweise "auf fundamentale Unterschiede zwischen den ursprünglichen Gedanken Humboldts und ihrer Rezeption im System Weisgerbers durch die marxistische Sprachtheorie sollten die Einsicht vorbereiten, daß die

---

75 Humboldt. III. S. 181. Weisgerber (1941). S. 41.
76 Adam Schaff. (1964).
77 Adam Schaff. (1964). S. 17.
78 Adam Schaff. (1964). S. 24.
79 Adam Schaff. (1964). S. 28/29.
80 Iwar Werlen. (1989). S. 188ff.
81 Klaus Junker. (1986). S. 73.

polemischen Vorbehalte gegen das Sprachmodell Weisgerbers nicht global auf die sprachphilosophischen Ansichten Humboldts übertragbar sind."[82]

Sich die Differenz zwischen dem Sprachdenken Humboldts und dem Konzept einer umfassenden Sprachwissenschaft Weisgerbers klarzumachen, ist heute aus zwei Gründen von Belang: In der paarweisen Zitation gerät das Verständnis Humboldts in den Interpretationssog Weisgerbers. Ein solch weisgerberscher Humboldt verdeckt jene Traditionsrinnsale liberaldemokratischen Denkens in der deutschen Geschichte, das in Humboldts Verständnis vom Menschen als einem sprechenden Wesen einen so genauen, sensiblen und engagierten Ausdruck gefunden hat. Zum anderen ist zu bedenken, daß Weisgerber im Konvergenzpunkt der beiden Sprachverständnisse eine nur punktuelle theoretische Begründung für ein Konzept mit umfassendem Erklärungs-, ja Orientierungsanspruch gefunden hat. In der Auseinandersetzung mit konkurrierenden Konzepten konnte eine solch punktuelle theoretische Begründung dem Konzept nicht genügend Halt geben, so daß der Orientierungs-, also der Wirkungsantrieb den zur Gewinnung sachlogischer Kohärenz dominieren konnte. Das Studium des inneren Verhältnisses zwischen Konzeptbildung und theoretischer Fundierung, aus dem sich solcherart Anfälligkeit ergeben kann, ist aus vielen offensichtlichen Gründen vielleicht nicht unnütz.

Zur Verdeutlichung des ersten Hinweises seien beispielhaft einige Überlegungen Humboldts zur Sprache als "Wechselrede" skizziert, wie er sie in der Akademie-Rede "Ueber den Dualis" 1927 vorgetragen hat[83]. Humboldts Erläuterungen des Grundsatzes, Sprache sei bildendes Organ des Gedankens, lassen sich verstehen als Analyse der Bedingungen und Voraussetzungen individueller Gestaltwerdung. Beachten wir zunächst nur das Formelle des in dieser Analyse Gezeigten, so ist festzuhalten, daß etwas Gestalt wird, indem es sich von seinem Umfeld abhebt oder - wie wir auch sagen können - ausgrenzt. Es stellt sich dann die Frage, wie das Verhältnis der verschiedenen Gestalten, die zu ihrer jeweiligen Form erst im Prozeß der Aus- und Abgrenzung gelangt sind, gedacht werden kann. Für Humboldt, dem es um die je individuelle Gestalt innerhalb der Menschheit bzw. des menschlichen Wesens geht, stellt sie sich als Frage nach dem Verhältnis der "Individualitäten" untereinander. Er beantwortet sie, dem Leitfaden der Sprachanalyse folgend, so: Die jeweils individuelle Gestalt ist das Ergebnis eines doppelten Prozesses: der Verwandlung von Welt in Sprache und des Austausches der "Individualitäten" untereinander. Damit ist angenommen, daß die menschliche Gestaltwerdung nicht primär als entelechelischer Prozeß zu denken ist, sondern auch und vor allem als ein dialogischer. Eine solche Annahme aber ist widersprüchlich: Wie soll ein Aus- und Abgrenzungsprozeß als Austausch gedacht werden können?

---

82 Klaus Junker. (1986). S. 93.
83 Humboldt. VI. S. 4ff. S. 30.

Humboldts Lösungsweg beginnt mit der Feststellung, daß alles Sprechen "auf der Wechselrede ruht". In der Analyse dessen, was im Prozeß der Wechselrede geschieht, löst Humboldt den Widerspruch auf. Ich zitiere die Passage ungekürzt: "Besonders entscheidend für die Sprache ist es, dass die Zweiheit in ihr eine wichtigere Stelle, als irgendwo sonst, einnimmt. Alles Sprechen ruht auf der Wechselrede, in der, auch unter mehreren, der Redende die Angeredeten immer sich als Einheit gegenüberstellt. Der Mensch spricht, sogar in Gedanken, nur mit einem Anderen, oder mit sich selbst, wie mit einem Anderen, und zieht danach die Kreise seiner geistigen Verwandtschaft, sondert die, wie er, Redenden von den anders Redenden ab. Diese, das Menschengeschlecht in zwei Classen, Einheimische und Fremde, theilende Absonderung ist die Grundlage aller ursprünglichen geselligen Verbindung."[84] Humboldt hebt dann hervor, daß damit nur die Analyse der "empirischen Erscheinung" der Wechselrede angedeutet ist und führt diese dann weiter zur Analyse der "Pronominalität"[85], die im Kapitel 3.4. skizziert worden ist[86] Verweilen wir noch bei der Analyse der "empirischen Erscheinung". Offensichtlich sind zwei Sachverhalte in dieser Analyse wichtig: der Akt der Absonderung und der der Klassifizierung in "einheimisch" und "fremd". Unterstellen wir Evidenz für den ersten Sachverhalt, so wäre jeder Akt des Sprechens auch ein solcher der Aus- und Abgrenzung. Die Definitionslinie, so nun die weitere Argumentation, ist bestimmt durch das Merkmal des "So-Redens-wie-ich-Selbst". Die Interpretation dieses Merkmals wird durch die Verwendung des Ausdrucks "einheimisch" angeregt. Er ist die deutsche Entsprechung des lateinischen Begriffs "vernaculus", der in der Phase, die Humboldt für die wichtigste "im Entwicklungsgange der Sprachen"[87] hält, zur Kennzeichnung der Volkssprachen im Unterschied zum universellen Latein dient. Vereinfachend können wir sagen: das Merkmal "So-Reden-wie-ich-Selbst" vereinigt diejenigen, die eine Einzelsprache wie z.B. Russisch oder Italienisch oder Griechisch sprechen, und grenzt sie von Sprechern anderer Einzelsprachen ab. (Grob vereinfacht ist dies deshalb, weil alles zur "Behandlung der Sprache" Ausgeführte hier mitzudenken ist.) Da aber die modifizierende Kraft der Sprecher als Autoren des Sprechens weiter reicht und das menschliche Sprachvermögen erst im einzelnen Sprecher seine letzte Bestimmtheit erfährt, kann dieses Merkmal auch Sprecher unterhalb der Einzelsprachengliederung oder quer zu dieser Gliederung vereinen. Die herausgehobene Bedeutung des Merkmals "So-Reden-wie-ich-Selbst" im Sinne von "einheimisch"/vernakulär wird von Humboldt betont und ausführlich begründet. Entscheidend für unseren Gedankengang ist nun aber, daß mit dem Akt des Vereinigens der des Aussonderns verbunden ist; genauer: daß in einem

---

84 Humboldt. VI. S. 25.
85 Humboldt. VI. S. 26ff.
86 Siehe S. 130ff.
87 Humboldt. VI. S. 123.

Akt sich beides vollzieht, das eine ist nicht ohne das andere. Das humboldtsche Sprachdenken aber macht an dieser Stelle nicht Halt, es findet im Gegenteil erst in der Verhältnisbestimmung von "einheimisch" und "fremd" sein Ziel; denn es gibt für Humboldt zwei Gründe für die Sprecher, die in dieser Klassifikation gezogenen Grenzlinien zu überschreiten. Den ersten formuliert er als den, der zur Vollendung der Sprache führt: "Aber die Sprache im Allgemeinen, die ganze menschliche als Eine genommen, und jede einzelne, welche in diese höhere Berührung kommt, gewinnen, je grösser die Masse der Gegenstände, der in Sprache verwandelten Welt, wird, und je vielfacher die im gemeinsamen Verständnis tretenden Individualitaeten, diese eigentlich sprachbildenden Potenzen sind."[88] Der zweite ist erkenntniskritisch formuliert: "Objectivität ist erst vollendet, wenn der Vorstellende den Gedanken wirklich ausser sich erblickt, was nur in einem andren, gleich ihm vorstellenden und denkenden Wesen möglich ist."[89] Erst wenn der Gedanke aus einem gleich zur Vorstellung und zum Denken fähigen Wesen "zurückstrahlt"[90], wird Objektivität wirklich möglich, weil es damit von einem anderen "Standort der Weltansicht"[91] reflektiert wird. Es ist also gerade die Differenz zwischen "Denkkraft und Denkkraft"[92] die Objektivität ermöglicht. Diese aber wird gesteigert, wenn die Grenzlinie des "So-Reden-wie-ich-Selbst" tranzendiert wird. Darum hat das "Ineinanderwirken hochgebildeter Nationen erst den ganzen Process des geistigen Lebens (...) entfaltet."[93] Und darum gilt: "Das Bewahren der Nationalitaet ist nur dann wahrhaft achtungswürdig, wenn es zugleich den Grundsatz in sich fasst, die scheidende Gränze immer feiner, und daher immer weniger trennend zu machen, sie nie zu beengender Schranke werden zu lassen. Denn nur dann fliesst es aus einem wirklichen Gefühl für die Veredelung des Individuums und der Menschheit her, welche das letzte Ziel alles Strebens sind."[94] Humboldts Analyse der menschheitsgeschichtlichen Bedingungen und Voraussetzungen solchen Transzendierens der Grenze auf die im einzelnen noch eingegangen wird, ist mitzudenken, wenn es um die Interpretation der Imperative geht, wie die Verhältnisse zwischen "einheimisch" und "fremd" praktiziert werden sollen: nicht gewaltsam, nicht unzart, nicht gleichgültig.[95] Sicher aber ist in ihnen eine Zielvorstellung ausgedrückt, die sich aus dem

---

88 Humboldt. VI. S. 117.
89 Humboldt. VI. S. 160.
90 Humboldt. VI. S. 160.
91 Humboldt. VI. S. 160.
92 Humboldt. VI. S. 160.
93 Humboldt. VI. S. 124.
94 Humboldt. VI. S. 225.
95 Humboldt. VI. S. 115.

Wesen des Menschen als sprechendem herleitet: für einen "liberalen Umgang mit Fremden."[96]

Die Formulierung "Weltgeltung des deutschen Geistes" beschließt Weisgerbers Beitrag "Die deutsche Sprache im Aufbau des deutschen Volksdenkens" zum Sammelband "Von deutscher Art in Sprache und Dichtung" von 1941. Die Formulierung stellt klar, welche Aufgabe der deutschen Sprache und der Wissenschaft zu ihrer Erforschung in jenen Tagen gestellt ist: "den deutschen Sieg zu sichern und zu vollenden in der Weltgeltung deutschen Geistes."[97] Da es hier ausschließlich um die Frage geht, welche sprachtheoretische Begründung Weisgerbers Konzept einer umfassenden Sprachwissenschaft erfährt und wie die Berufung auf Humboldt zu interpretieren ist, mögen die zeitgeschichtlichen Implikationen einer solchen Formulierung auf sich beruhen bleiben. Sie läßt sich, um die Vergleichbarkeit der Interpretation zu sichern, verstehen als eine, die auf die individuelle Gestaltwerdung der deutschen Sprache zielt. Rückt man sie in den referierten Argumentationsgang Humboldts ein, so findet sie ihren Platz an der Stelle, die die "theilende Absonderung" in "Einheimische und Fremde" einführt. Sie ist das Ergebnis des genannten Klassifikationsaktes, bestimmt die Individualität der deutschen Sprache, grenzt sie von anderen ab und bestimmt das Verhältnis zu den anderen durch den Ausdruck "Weltgeltung". 1930 heißt es abschließend in der ausführlich referierten Abhandlung: "Die Folgerungen aus unseren Gedankengängen greifen aber auch ein in Fragen des Volkslebens und des Völkerlebens. Was für eine Aufgabe einem Volk erwächst in der Pflege seiner Muttersprache, brauche ich nach dem Gesagten nicht besonders hervorzuheben. Und wenn heute Europa an allen Enden im Zeichen von Sprachkämpfen steht, Sprachkämpfen, von denen vor allem deutsche Minderheiten an allen Randgebieten des deutschen Volksraumes betroffen sind, so muß auch der Sprachforscher diese Erscheinungen in seinem Forschungsgebiet beachten, und er hat ein Recht darauf, daß seine Ergebnisse gehört werden. Und wenn er die uralte Anschauung, die in dem Recht auf Muttersprache ein Naturrecht sieht, in ihren tiefsten Gründen aufhellt und bestätigt, so liegt darin ein Urteil der Wissenschaft, an dem niemand vorbeigehen darf."[98] Diese Konzentration auf die individuelle Gestaltwerdung eines Volkes oder - wie Weisgerber als Benennung vorschlägt - einer Sprachgemeinschaft im Akte des Ab- und Ausgrenzens bleibt auch in seiner für sein Sprachwissenschaftskonzept grundlegenden Schrift von 1948 "Die Entdeckung der Muttersprache im europäischen Denken" vorherrschend. Zwar wird über den Akt des Ab- und Ausgrenzens nicht mehr offensiv geredet; auch verliert die Darstellung das Entschlossenheitspathos, das viele seiner

---

96 Humboldt. III. S. 181.
97 Weisgerber (1941). S. 41.
98 Weisgerber (1930). S. 208.

Veröffentlichungen der vorausgegangenen Jahre kennzeichnete.[99] Die spezifisch weisgerbersche Thematisierung von Sprache bleibt erhalten; sie wird nur, entsprechend den gewandelten Verhältnissen, von anderen Ausgangsüberlegungen her angegangen. Die Erschütterungen zweier Weltkriege werden Anlaß, nach dem Anteil von Sprachproblemen an diesen Katastrophen zu fragen. "Europa hat nicht nur versagt, es ist gescheitert, zweimal gescheitert, und daran hat sein Verhalten gegenüber den sprachlichen Grundlagen seinen wesentlichen Anteil."[100] Gemeint sind die sprachlichen Grundlagen im "Staatsleben des 19. Jahrhunderts", die zu wachsenden Ansprüchen sprachlicher Minderheiten einerseits und zum "Zusammenstreben von staatlich aufgespaltenen Sprachgruppen" andererseits führen"[101] Entdeckt werden die "Grenzen der Muttersprache. Grenzen sowohl im Sinne der inneren Berechtigung wie der äußeren Durchführbarkeit."[102] Im Sinne der ersten Problemlage verweist Weisgerber für das 20. Jahrhundert auf die Randzonen Europas, in denen sich die Sprachkämpfe meistens "zur Sicherung der Eigenständigkeit kleiner Sprachgruppen" abspielen, während "wir in der Mitte Europas auf die noch viel weitergreifenden Bewegungen zur Einigung staatlich zerrissener Sprachgruppen, der Deutschen, der Italiener, der Polen" treffen.[103] Die Fragen der Gestaltwerdung einer individuellen Sprache und ihrer Sprecher als "Sprachgemeinschaft" werden in dieser Sicht zu Fragen von Staatsgrenzen bzw. zu solchen der Entmischung der Staatsvölker. Die Formulierung der Probleme, die sich damit stellen, gründet in der Sprachauffassung Weisgerbers; die kritischen Einwände, die er formuliert, haben in dieser Sprachauffassung

---

99 Beispielhaft seien einige Passagen seines Vortrags in Dresden 1937 zitiert: "Der Kampf unseres Volkes um Lebensrecht und Lebensmöglichkeit hat die Helle erreicht, wo es auch dem Letzten klar ist, daß dieses Ringen von uns höchste Leistungen und damit die bestmögliche Auswertung aller verfügbaren Kräfte verlangt. Richtiger Einsatz der richtigen Kräfte am richtigen Ort; (...) Zu den stärksten geistigen Kräften die ein Volk in seinem Daseinskampf einzusetzen hat, gehört seine Muttersprache. (...) Allen solchen Erfahrungen entsprechen Haltungen im Bereich der Muttersprache, die der volkhaften Kraft ihrer Leistungen angemessen sind (...): im Gefühl der unmittelbaren Schicksalsverbundenheit mit den Sprachgefährten, der Mitverantwortung für ein gemeinsames Volkserbe höchsten Wertes; in der Einzelbereitschaft für diese volkstumerhaltende Kraft, selbst unter den unsäglichen Opfern, die ein erbitterter Sprachenkampf verlangen kann; im Bewußtsein im Bereich der Muttersprache in täglicher Kleinarbeit mitwirken zu können an der inneren Geschlossenheit und äußeren Stoßkraft des Volkes." Weisgerber (1937). S. 151; S. 156.
100 Weisgerber (1948). S. 124.
101 Weisgerber (1948). S. 121.
102 Weisgerber (1948). S. 119.
103 Weisgerber (1948). S. 122.

nur eingeschränkt eine materiale Grundlage; sie sind aber von demselben "Denkstil" bestimmt, der auch die Ausgestaltung dieser Sprachauffassung prägt. Weisgerbers sprachtheoretischer Denkansatz, in dem Sprache nur als Objektgebilde thematisiert und dieses als Kulturgut nach Art gesellschaftlicher Institutionen aufgefaßt wird, führt zusammen mit seiner Vorstellung von der Spracherlernung als Eingliederung in den Gesamtgeist der Sprachgemeinschaft mit innerer Logik zur Setzung eines Naturrechts der Muttersprache. Die für ihn zentrale Annahme der Einzelsprache als gesellschaftliche Erkenntnisform legt dieses Recht primär als das der Sprachgemeinschaften[104] aus. Territoriale Konflikte zwischen Staaten werden als Konflikte interpretiert, die aus der Nicht-Anerkennung dieses Naturrechts resultieren, und Maßnahmen zur Sicherung dieses Naturrechts werden von hier aus legitimiert. Das ist von den sprachtheoretischen Grundannahmen her gesehen ebenso schlüssig, wie diese selbst eingeschränkt sind. Und es ist genau diese Eingeschränktheit der theoretischen Voraussetzungen, die die Konkordanz von Weisgerbers Sprachwissenschaftskonzept mit den politisch-geistigen Strömungen sichert, die für ihn offensiv auf die Verwirklichung des Naturrechts der deutschen Muttersprache gegen ihre Widersacher und Verächter zielen. Seine Kritik nach 1945 wird aber nicht aus einer Revision der theoretischen Grundlagen hergeleitet, sondern als eine an der praktischen Umsetzung (unter Berufung auf Humboldt[105]) vorgetragen: der "Sinn der Gliederung der Menschheit in Sprachgemeinschaften" begrenzt das "Recht jeder Muttersprache" und verbietet eine "künstliche (...) Ausweitung".[106] Die Kriterien, die festlegen, wann das "Naturrecht" in "künstliche Ausweitung" umschlägt, sind vage genug, nicht minder die Handlungsmaximen, die er aus ihnen ableitet: "Hinwegräumen der Verschiedenheiten[107] - wie überall dort, wo sie ein bloßes Hindernis ist;

---

104 Das Recht der Sprachgemeinschaft muß "von der Zweckbestimmung der Sprachgemeinschaft als ganzer her gefaßt werden", ein Gedanke, den Weisgerber als dem europäischen Denken noch fremd einschätzt. Weisgerber (1948). S. 139.
105 Weisgerber (1948). S. 120. Humboldt stellt in der Bockelmann gewidmeten Schrift über die "Vasken" von 1801 die Frage, wie die "Spanische Monarchie (...) die Vaskische Nation behandeln" soll, "um ihre Kräfte und ihren Fleiss für Spanien so erspriesslich, als möglich, zu machen?" Er charakterisiert diese Frage als eine, die "ein höheres praktisches Interesse" hat, "und das um so mehr, als gerade jetzt der Fall häufiger wird, dass verschiedene Völkerstämme in demselben Staat vereinigt werden. Man muss aber frei gestehen, dass man bisher wohl immer mehr daran gedacht hat, nur die Schwierigkeiten hinwegzuräumen, welche die Verschiedenheit entgegensetzt, als das Gute zu benutzen, das die Eigenthümlichkeit mit sich führt." Humboldt (1920). XIII. S. 14.
106 Weisgerber (1948). S. 129.
107 Die Verarbeitung des Humboldt-Zitats im Text Weisgerbers verschiebt an dieser wie an anderer Stelle die inneren Verhältnisse im Humboldt-Satz; dort heißt es: "(...) dass

Ausschöpfen der Eigenthümlichkeit - überall dort, wo sie einen eigenständigen Beitrag zur Bereicherung des Ganzen liefert."[108] Wann ist eine Verschiedenheit ein bloßes Hindernis, was ist ein eigenständiger Beitrag zur Bereicherung des Ganzen? Welches Ganze ist gemeint? Wie ist das Verhältnis von Eigenthümlichkeit und Ganzem vorgestellt? Hindernisse sieht er, wenn die "geistige Gemeinsamkeit Europas" in Gefahr gerät: "Das Entstehen und die betonte Verwendung so vieler neuer Schriftsprachen (...) mußte die sprachliche Zersplitterung in einer Weise steigern, daß die geistige Gemeinsamkeit Europas darunter zu leiden drohte." Die Bedingung eines eigenständigen Beitrags einer Muttersprache und ihrer Sprachgemeinschaft sieht er nicht als erfüllt an, wenn in den "in die Höhe schießenden Schriftsprachen des 19. Jahrhunderts" sich nicht die eigenständigen, "aus dem Geist der Muttersprache und der eigenen Arbeit erwachsenen Erfahrungen (...) niederschlagen, sondern die übernommenen und künstlich der eigenen Sprache einverleibten Ergebnisse fremder Arbeit." Aber aus der Rückschau nach der Katastrophe ist die Grenze zwischen dem Naturrecht der Muttersprache und ihrer Sprachgemeinschaft und der künstlichen Ausweitung dieses Rechts sichtbar geworden: Aus seinen Erfahrungen hat man gelernt, daß es eine "*Rangordnung der Werte im sprachlichen Bereich* gibt, die man nicht mißachten darf, wenn man nicht Entwicklungen gefährlichster Art heraufbeschwören will."[109] Wie verträgt sich eine solche Feststellung, die dazu führen kann, einer Muttersprache, weil sie, aus der Sicht des Urteilenden, keinen eigenständigen Beitrag zur Weltdeutung und -orientierung liefert, das Existenzrecht abzusprechen, mit der Deutung der Einzelsprache als "ein einzigartiger und unwiederholbarer Versuch, durch geistige Arbeit ein Bild von der Wirklichkeit zu gewinnen, so daß jede Sprache einen mehr oder minder geglückten und vollständigen, aber für das Ganze der Menschheit unentbehrlichen Beitrag zu der dem Menschen erkenntnismäßig erreichbaren Wahrheit bildet"?[110] Die o.g. Feststellung verträgt sich zwar nicht mit dieser weisgerberschen Paraphrase des Humboldt-Satzes "die Summe des Erkennbaren liegt, als das von dem menschlichen Geist zu bearbeitende Feld zwischen allen Sprachen und unabhängig von ihnen, in der Mitte"[111]; aber dieser Gedanke ist in Weisgerbers sprachtheoretischer Fundierung seiner Wissenschaft auch nicht konstitutiv und darum muß die Unverträglichkeit auch nicht als störend empfunden werden. Der Sprung in Weisgerbers Fundie-

---

man bisher wohl immer mehr daran gedacht hat, nur die S c h w i e r i g k e i t e n hinwegzuräumen, welche die Verschiedenheit entgegensetzt". Weisgerbers Text spricht vom Hinwegräumen der V e r s c h i e d e n h e i t e n selbst. (So auch Weisgerber (1948). S. 125).
108 Weisgerber (1948). S. 130.
109 Weisgerber (1948). S. 129-131.
110 Weisgerber (1948). S. 112.
111 Humboldt. IV. S. 27.

rungsargumentation vom Begriff der "Sprachtätigkeit" zu dem der "Muttersprache" als Objektgebilde ist wirklich ein Überspringen der Frage nach der Bedingung der Möglichkeit solcher Objektgebilde, und die Auffassung von Sprechen als "Sprachverwendung" hilft, über die Kluft hinwegzukommen. Die Bearbeitung von Problemen, die sich aus den übersprungenen Fragen ergeben, also auch solchen der Verhältnisbestimmung der einzelnen Weltbilder von Muttersprachen zum "Allgemein-Menschlichen", wird darum auch nicht durch die sprachtheoretischen Grundannahmen gesteuert, sondern anderswie. Ich gehe davon aus, daß es der "Denkstil" Weisgerbers ist, der die steuernde Funktion übernimmt, und sehe diesen bestimmt vom Wirken-Wollen auch außerhalb des Gehäuses der Wissenschaft. Zeitgeschichtliche Faktoren können sich darum in Weisgerbers Konzept gerade da zur Geltung bringen, wo die sprachtheoretische Fundierung leer bleibt oder fehlt.

Im Blick nach außen, also auf das Verhältnis der Muttersprachen und ihrer Sprachgemeinschaften untereinander, ist es 1941 die Sorge um die Sicherung des deutschen Sieges in der Vollendung der Weltgeltung des deutschen Geistes und 1948 die Sorge um Zersplitterung der geistigen Gemeinsamkeit Europas und die Rangordnung der Werte im sprachlichen Bereich. Im Blick nach innen, also auf die Binnenverhältnisse einer Muttersprache und ihrer Sprachgemeinschaft ist die Konkurrenz mit einer Deutung der Volksgemeinschaft als primär rassisch bestimmt, einer Deutung, die nach 1933 zu einer - wenn man das so sagen kann - Staatsdoktrin wird, Auslöser einer Sorge, "ob denn alle Mitglieder der Sprachgemeinschaft Gewähr dafür bieten, daß sie für die Volksgemeinschaft brauchbar und wertvoll sind. Man denke nur daran, daß die Eingliederung des Menschen in seine Sprachgemeinschaft sich bereits in einem Alter vollzieht, in dem noch keine Auslese möglich ist, zumal die Werte jedes Menschen erst erkennbar werden, wenn die Sprachgemeinschaft die Möglichkeit zu ihrer Entfaltung geschaffen hat. Soll man die Unbrauchbaren, die hier sicherlich in die Sprachgemeinschaft hineinkommen, nun bereits auch als Volksglieder anerkennen?"[112] Aus der Möglichkeit des Sich-Verständigen-Könnens erwächst - so argumentiert Weisgerber 1934 ganz auf der Grundlage seiner sprachtheoretischen Annahmen von "Muttersprache", "Spracherlernung" und "Sprachverwendung" - die Verpflichtung, "diese Möglichkeit mit ernsterem Wollen auszuschöpfen"; aus dem "gemeinsamen Verstande" (Fichte), zu dem die "Glieder" der Sprachgemeinschaft aufgrund der Weltbilder der Muttersprache zusammengeschlossen sind, ergibt sich der gemeinsame Wille zur Erfüllung der Aufgaben der Gemeinschaft. In der "Entfaltung ihrer Sprachfähigkeit" sind sie aufeinander angewiesen; "so sind sie eben nicht mehr selbstherrliche Individuen, sondern schicksalsverbundene Sprachgefährten", deren "sittliche Pflicht" es ist, "die Möglichkeiten dieses Zusammenwirkens auch dort zu verteidigen, wo Glieder der Sprachgemeinschaft durch fremde

---

112 Weisgerber (1934a). S. 297.

Gewalt an der Verwirklichung dieser Zusammenarbeit gehindert werden."[113] Diese Überlegungen werden, nun deutlich außerhalb dessen, was von Weisgerber sprachtheoretisch vermessen ist, weitergeführt zu der Feststellung: In der "Auswertung der durch die Sprachgemeinschaft eröffneten Möglichkeiten und der Erfüllung der in ihr angelegten Aufgaben, treten die volkhaft wertvollsten Kräfte, die Träger des besten Erbgutes, in den Vordergrund, während alle, die an diesen Aufgaben nicht mitarbeiten wollen, sich selbst aus der Volksgemeinschaft herausstellen, und alle, die nicht mitarbeiten können, volklich tot bleiben."

Wie hier verfahren? Die Antwort führt Weisgerber zum Eingeständnis eines partiellen Ungenügens seiner Theorie: "Es ist aber mit dem stärksten Nachdruck zu betonen, daß es im ganzen Bereich der volklichen Tatsachen keine Frage gibt, die nicht in ernster Zusammenarbeit von Rassen- und Sprachforschung gelöst werden könnte (...). Die Spannung, die dabei immer bleiben wird, insofern der Rassegedanke seinem Wesen nach mehr die Auslese, der Sprachgedanke seinem Wesen entsprechend mehr die Gemeinschaft betont, ist fruchtbar." Wie also verfahren im Hinblick auf diejenigen, die nicht mitarbeiten wollen oder können, die sich selbst ausschließen oder volklich tot bleiben? "Hier vollzieht sich in volklicher Bewährung die Auslese, die die Sprachgemeinschaft nicht vornehmen kann, weil sie den Menschen im zartesten Alter aufnehmen muß, um ihm die Möglichkeit der Entfaltung seiner Anlagen zu eröffnen, während sie andererseits von sich aus keine Handhabe besitzt, um unbrauchbare Mitglieder wieder auszuschließen."[114] Dieses Zugeständnis, daß sein sprachtheoretisch gesetzter Rahmen nicht ausreicht, um die Binnenverhältnisse innerhalb einer Muttersprache und ihrer Gemeinschaft zu klären, hat Weisgerber 1965 stillschweigend rückgängig gemacht und den Erklärungsanspruch auch für diesen Bereich erhoben, ohne in den sprachtheoretischen Fundamenten etwas zu ändern: Die Sprachgemeinschaften sind die Stellen, "an denen die 'rassenmäßigen' Bedingungen in übergeordnete Zusammenhänge eingehen und dort in geschichtlichen Formen auch die Tatsachen zur Geltung bringen, die in den Abstammungsbedingungen der Menschheit beschlossen sind." Und in der Retrospektive sieht er das Verhältnis zwischen seiner Lehre von der Sprachgemeinschaft und der rassistischen Doktrin so: es "stellten sich gegenüber: (...) zerstörerische Auslesegedanken und geistige Menschheitsordnung"[115]. Der Disput um dieses Thema in den 30er Jahren[116] und mit W. Boehlich in den 50er und 60er Jahren[117] hätte Anlaß sein können, die sprachtheoretischen Grundlagen im Blick auf die

---

113 Weisgerber (1934a). S. 298.
114 Weisgerber (1934a). S. 300.
115 Weisgerber (1965). S. 202.
116 Edgar Glässer. (1939).
117 Walter Boehlich. (1955) und (1964).

Binnenverhältnisse der Sprachgemeinschaften zu überdenken, zumal Weisgerber aufgrund seiner Nähe zu soziologischen Strömungen der 20er Jahre zu diesem Thema geradezu disponiert war. Sein Beitrag zum Handwörterbuch der Soziologie von Alfred Vierkant unter dem Stichwort "Sprache" breitet in mehreren Spalten sprachsoziologische Fragen aus, von der nach der Rolle von Mundarten bis hin zu der von Schriftsprachen, ohne sie freilich im Sinne des humboldtschen Konzepts vom Sprachstudium aus der Perspektive der denkenden und wirkenden Menschen zu stellen.[118] Der theoretische Grund dafür scheint mir darin zu liegen, daß er in seinem Konzept vom sprechenden Menschen den Einzelnen nur als "selbstherrliches Individuum"[119] oder als "Glied" der Sprachgemeinschaft zu denken vermag[120]: Die Tendenz seiner Argumentation geht dahin, das "selbstherrliche Individuum" - in der Sprache der Generationstheorie Karl Mannheims geredet - als "inneren Gegner"[121] zu bekämpfen. Es ist darum nicht eine aus der Komplexitätsreduktion oder der gewählten Untersuchungsmethodik sich ergebende und nahegelegte Sichtweise, wenn bei ihm aus dem einzelnen Menschen in seiner Individualität eine "dem Kulturgut Sprache gegenüber (...) kurzlebige, fast machtlos dem Einfluß der Sprache unterworfene Erscheinung" wird[122] und er in der sprachtheoretischen Argumentation nur in der Rolle eines Gliedes übergeordneter Ganzheiten vorkommt. Es ist wohl vielmehr so, daß die spezifisch eingeschränkte Thematisierung von Sprache das Ergebnis der Auseinandersetzung mit diesem "inneren Gegner" ist.

Diese Richtung der weisgerberschen Gedanken wird in seinen sprachdidaktischen Arbeiten besonders sinnfällig. In seinem umfangreichen Beitrag "Muttersprachliche Bildung" zum "Handbuch der Erziehungswissenschaften" von 1932[123] erörtert er im ersten Abschnitt "Die Voraussetzungen und Ziele der muttersprachlichen Bildung". Der Lernende als einzelner Mensch, verstanden als eine Größe eigenen Rechts, kommt in der Argumentation nicht vor. Er kommt nur aus Perspektive des Kulturguts "Muttersprache" in den Blick. "Es erhebt sich die Frage, wie und in welchem Maße eine Menschengruppe, ein einzelner Mensch Träger einer Sprache sein kann" (48). Das einzelne Menschleben wird, im Verhältnis zum Kulturgut in seiner "Willkür" und seinen "Zufälligkeiten" aufgefaßt und darum vernachlässigt (51). Nur die Frage, was die Sprache für die Gemeinschaft vollbringt, wird

---

118 Weisgerber (1931/1982). S. 173ff.
119 Weisgerber (1934a). S. 298.
120 "(...) nicht um der Einzelpersönlichkeit willen wirkt das Gesetz der Muttersprache, sondern vor allem deshalb, weil auf diesem Wege der einzelne zu einer brauchbaren Mitarbeit an den Leistungen der Gemeinschaft vorgeformt wird."
121 Karl Mannheim. (1928).
122 Weisgerber (1934b). S. 161. Die einzelnen Zitatnachweise im Text.
123 Weisgerber (1932). S. 25-180.

gestellt und erörtert (54). Zwar wird die Ziel-Erörterung mit der Feststellung eröffnet, daß mit dem Hineinwachsen des jungen Menschen in die Denkwelt der Muttersprache "grundlegende Fragen der Persönlichkeit - und der Volkserziehung" aufgestellt werden, aber die Rede ist doch nur von der "Lebensfrage unseres ganzen Volkes" (63/64). Ernst Kriecks "Philosophie der Erziehung" wird zustimmend zitiert: "Das Sprachlernen des Kindes ist ein erzieherischer Vorgang, durch den der in der Lebensgemeinschaft dargestellte Typus dem Kind als fester Bildungsbesitz einverleibt wird. Dieser Typus ist ganz enthalten im objektiven Sprachtypus. Damit wird das Kind zum Glied der Gemeinschaft, zum geschichtlichen Wesen, zum gebildeten Geist. Dieser Vorgang bestimmt den inneren Werdegang des Kindes entscheidend, denn mit dem Sprachtypus wird sein Bewußtsein normiert nach dem Bewußtseinstyp der Gemeinschaft: die Parallelisierung und Harmonisierung zwischen der individuellen Bildung und dem Kulturaufbau der Gemeinschaft ist eingeleitet." (66) Und was dies alles ausdrücklich *nicht* sein soll, wird am Ende des Abschnitts klar: "Wenn nun der einzelne Mensch durch die Spracherlernung an der Denkwelt seiner Muttersprache Anteil gewinnt, so kann sich der Sinn dieses Vorganges nicht darin erschöpfen, daß der Einzelne bessere Vorbedingungen und weitere Möglichkeiten für sein persönliches Denken und Handeln gewinnt. Aus dem Wesen der Muttersprache und der Spracherlernung folgt vielmehr, daß die Eingliederung in die Sprachgemeinschaft zugleich die Voraussetzungen schafft für die Verwirklichung der in der Sprachgemeinschaft angelegten Aufgaben." (69)

Weisgerbers "energetische" Sprachwissenschaft nimmt vom Wirken der Muttersprache als einem Objektgebilde, einem Kulturgut, einer - wie wir auch sagen können - Institution[124] ihren Ausgang und finden in der Muttersprache und ihrer Sprachgemeinschaft das Ziel sprachpolitischen und sprachdidaktischen Wollens. Die Differenz zu Humboldts Denken kann kaum größer gedacht werden. Dieser wendet sich gegen eine Geschichtsschreibung, die deshalb, weil "das Individuum seinen Gipfelpunkt immer innerhalb der Spanne seines flüchtigen Dasyns finden muss," meint, "den letzten Zweck der Ereignisse nicht eigentlich in das Lebendige setzen" zu können. Eine solche Geschichtsschreibung sucht ihn darum vorrangig oder ausschließlich in "gewissermassen todten Einrichtungen und dem Begriff eines idealen Ganzen." Humboldt zählt Beispiele solcher Einrichtungen und solcher Begriffe auf und

---

124 Arnold Gehlen, der sich auf L. Weisgerber - wie mir scheint: mit Recht - beruft, benutzt diesen Terminus der Soziologie und faßt Sprache nach Art einer Institution auf. Für diese aber gilt, daß sie die Menschen von dauerndem Entscheidungszwang und Verantwortungsdruck entlasten. Darum gilt andererseits, daß sich der Mensch, "von den historisch gewachsenen Wirklichkeiten *konsumieren* (Hervorhebung von mir) lassen muß, und das sind wieder die Institutionen." Arnold Gehlen. (1975). S. 8, hierzu: Hubert Ivo. (1990). S. 343 ff.

fährt dann fort: "Von all diesem hängt zwar unmittelbar die Thätigkeit und die Glückseligkeit der Einzelnen ab, allein was jede Generation davon, als durch alle vorigen errungenen, empfängt, ist nicht Beweis, und nicht einmal immer gleich bildender Uebungsstoff ihrer Kraft." Warum ist das so? Weil all diese Einrichtungen samt ihrem möglichen Sinn in einem idealen Ganzen nur wirksam sein können, solange sie von lebendigen einzelnen Menschen angenommen und gelebt werden. Humboldt spricht von Materie, zu der alles wird, auch die Früchte der Kunst, der Wissenschaft, der Ethik, wenn nicht der Geist des je individuellen Menschen "es immer von neuem belebt."[125] Was Humboldt in der Akademie-Rede von 1821 über die Aufgabe des Geschichtsschreibers sagt, gilt aus denselben Gründen für das Sprachstudium: "Wie der Vorrath von Wörtern und das System von Regeln, welche wir Sprache nennen, immer im Denken, Sprechen und Aufzeichnen von dem lebendigen Geist befruchtet werden, so muss auch die Untersuchung den lebendigen Geist und die todte Sprache immer zugleich vor Augen haben, und ihrer Wechselwirkung nachgehen."[126] Denn die Sprache hat "bloss in der Thätigkeit des jedesmaligen Hervorbringens ihr Daseyn."[127] Und darum gilt: " Ohne die reelle Kraft, die bestimmte Individualität an die Spitze der Erklärung aller menschlichen Verhältnisse zu setzen, verliert man sich in hohle und leere Ideen."[128] Die je individuelle Kraft aber denkt Weisgerber nur als "selbstherrliche", die dazu wegen ihrer Kontingenz vernachlässigt werden kann. Es ist Humboldts Denken der Individualität, auf die sich in Weisgerbers Argumentation die "Gefühls- und Willensintentionen, aber auch die Begriffserklärungen"[129] wie auf einen inneren Gegner hin orientieren.

---

125 Humboldt. IV. S. 46.
126 Humboldt. V. S. 398.
127 Humboldt. V. S. 393.
128 Humboldt. VI. S. 126.
129 Karl Mannheim. (1928). S. 183.

5. Schriftlichkeit, Grammatik und poetische Sprachwerke. Bezugspunkte sprachlicher Bildung

Festgefügt ist der Kanon der Themen und Aufgaben, die dem Unterricht in deutscher Sprache und Literatur für Kinder und Jugendliche, die das Deutsche als Muttersprache sprechen, gestellt sind. So ist es nur banal, was in den Verweisen der Überschrift als Bezugspunkte sprachlicher Bildung aufgeführt ist: Die nachwachsende Generation soll lesen und schreiben lernen, sich mit der Grammatik des Deutschen beschäftigen und sich in ein Verhältnis zur deutschen und zur Weltliteratur zu setzen lernen. Auffallen mag allenfalls, daß von *diesen* drei Bezugspunkten und von keinen anderen die Rede sein soll und daß sie *so* und nicht anders, geläufiger, formuliert sind.

Die Aufgaben mündlicher Sprachgestaltung werden vielleicht als fehlend notiert, der Verweis auf Dichtung wird dagegen eher der Domäne literarischer Bildung zugeordnet werden. Ein Erklärung findet ersteres in der Auffassung von Schriftlichkeit als bedingender Voraussetzung sprachlicher Bildung, letzteres in Humboldts Sprachdenken, das diese Skizze der Bezugspunkte angeregt hat.

Der erste dieser Bezugspunkte wird nicht 'Schreiben' o.ä. genannt, um schon in der Überschrift anzuzeigen, daß sich die Bedeutung dieses Lernthemas für die sprachliche Bildung nicht in seinem offensichtlich instrumentellen Sinn erschöpft; die wirkliche Bedeutung dieses Lernthemas kann erst expliziert werden, wenn es aus der Perspektive der Schriftlichkeit als einer Qualität begriffen wird, die die Bedingungen unseres In-der-Welt-Seins ändert; oder anders formuliert: wenn Schriftlichkeit als eine conditio humana aufgefaßt wird, die sich im Prozeß kultureller Evolution einstellt.

Der zweite Bezugspunkt sprachlicher Bildung zielt auf die Ermöglichung einer neuen Aufmerksamkeitsrichtung: Statt in quasi-natürlicher Einstellung durch die Wörter hindurch auf die durch sie organisierte Welt zu achten, werden diese selbst als organisierende das Thema bewußter Wahrnehmung, wird die Person als sprachliche sich selbst zum Thema der Reflexion. Schriftlichkeit als bedingende Voraussetzung dieses Prozesses bringt sich in der Etymologie des Wortes 'Grammatik' zum Vorschein: Sie bindet das zweite Merkmal sprachlicher Bildung, das der Selbstreflexivität, wortgeschichtlich an ihren wichtigsten Quellpunkt, an das Schreiben (graphein) zurück.

Die Formulierung des dritten Bezugspunktes 'poetische Sprachwerke' hebt für unser gegenwärtiges Wortbewußtsein erkennbar das Sprachliche der Dichtung hervor. Indem wir über 'poetische Sprachwerke', über Literatur reden lernen - wobei dieses Reden als Modell sprachverständiger Intersubjektivität steht -, kommt sprachliche Bildung an ihr Ziel: die Ermöglichung dialogbestimmter Mit-Menschlichkeit und dialogbestimmter Welterfahrung.

5.1. Schriftlichkeit als bedingende Voraussetzung

> "(...) dass die Natur der Sprache in der That nicht vollständig eingesehen werden kann, wenn man nicht zugleich ihren Zusammenhang mit der Buchstabenschrift untersucht."
> Wilhelm von Humboldt. V. S. 108.

Schriftdiskurs und sprachliche Bildung

Untersuchungen, die in historischer, empirischer oder theoretischer Absicht "Schrift, Schreiben, Schriftlichkeit"[1] zum Thema haben, nehmen in der Wissenschaftsgeschichte seit den 60er Jahren dieses Jahrhunderts einen exponierten Platz ein. Dies für die Wissenschaftsgeschichte, also nicht nur für diese oder jene Disziplin, festzustellen, findet seine Berechtigung darin, daß sehr unterschiedliche Wissenschaften sich der Frage angenommen haben, die mit dem Aufkommen, der Verbreitung und den Folgen der Schrift aufgeworfen werden: neben den Sprach-, Literatur- und Geschichtswissenschaften sind besonders Paläontologie, Archäologie, Ethnologie, Soziologie, Psychologie und Pädagogik zu nennen, aber auch Thematisierungen von Schrift, Schreiben und Schriftlichkeit in unterschiedlichen philosophischen und theologischen Diskursen. Diese Trias wird in der zweiten Hälfte dieses Jahrhunderts zu einem die Fachgrenzen Vergessen machenden Bezugspunkt wissenstheoretischer Reflexion ebenso wie empirischer Detailanalyse. Als initiatorische Publikationsereignisse mögen, unvermeidliche Ungerechtigkeiten im einzelnen in Kauf nehmen, die von Eric A. Havelock zum Aspekt der Medienabhängigkeit des Denkens aufgeführten[2] genannt

---

1 Günther/Günther (1983).
2 Havelock (1992). S. 49.
   Übersetzungen ins Deutsche: C. Levi-Strauss: Das wilde Denken. Frankfurt 1968.

C. Levi-Strauss: La Pensée Sauvage. Paris 1962.
M. McLuhan: The Gutenberg-Galaxy. Toronto 1962.
J. Goody/J. Watt: The Consequences of Literacy. 1963.
E. Mayr: Animal Species and Evolution. Harvard 1963.
E. Havelock: Preface to Plato. Havard 1963.
und um die Schriften von Jacques Derrida aus dem Jahr 1967
La voix et le phénomène. Paris
L'écriture et la différence. Paris
De la grammatologie. Paris
sowie um die von André Leroi-Gourhan
La geste et la parole
Band 1: Technique et langage. Paris 1964.
Band 2: La mémoire et les rythmes. Paris 1965.
ergänzt werden.

Wenn nach dem Ertrag dieser Erörterungen für die Bestimmung von Schriftlichkeit als bedingender Voraussetzung sprachlicher Bildung gefragt wird, lassen sich vier Schwerpunkte unterscheiden. Der erste kann als Proklamation, die beiden nächsten können als Einsprüche und der letzte kann als metatheoretische Revision aufgefaßt werden. Proklamiert wird das Ende der Buchkultur im Zeitalter der neuen Medien; Einspruch wird erhoben gegen die prinzipielle Gleichsetzung von Nicht-Schriftlichkeit (Illiteralität) mit Ungebildet-Sein, und ein zweiter Einspruch richtet sich gegen die verbreitete Definition der Schrift, die diese gänzlich auf eine abgeleitete und dienende Rolle gegenüber dem gesprochenen Wort festlegt; revidiert wird eine Sprachtheorie, die wegen des Verständnisses von Schrift als Derivat der Stimme, die Merkmale der Schriftlichkeit aus der Bestimmung menschlicher Sprachfähigkeit ausschließt.

Der *Proklamation* geht eine Medienanalyse voraus, deren Ergebnisse Mc Luhan in der griffigen Formel "the medium is the massage" präsentiert. Aleida und Jan Assmann charakterisieren diesen spezifischen Untersuchungsansatz, indem sie ihn von einem Denken absetzen, das sich dem linguistic turn ver-

---

M. McLuhan: Die Gutenberg-Galaxis. Das Ende des Buchzeitalters. Düsseldorf 1968.

J. Goody/J. Watt: Entstehung und Folgen der Schriftkultur. Frankfurt 1986.

E. Mayr: Artbegriff und Evolution. Berlin 1967.

J. Derrida: Die Stimme und das Phänomen. Frankfurt, 1979.

J. Derrida: Die Schrift und die Differenz. Frankfurt 1976.

J. Derrida: Grammatologie. Frankfurt 1974.

A. Leroi-Gourhan: Wort und Hand. Die Evolution von Technik, Sprache und Kunst. Frankfurt 1988.

pflichtet weiß: "Nicht die Sprache, in der wir denken, sondern die Medien, in denen wir kommunizieren, modellieren unsere Welt. Medienrevolutionen sind Sinnrevolutionen, sie re-modellieren die Wirklichkeit und schaffen eine neue Welt."[3] Auf der Grundlage dieser medientheoretischen Annahme proklamiert McLuhan das Ende der Buchkultur. Derrida stimmt zu und spricht vom "Tod der Buchkultur (...), der sich vor allem in der konvulsivischen Wucherung der Bibliotheken offenbart."[4]

Gerät das Lernthema "Sprache" im Sog dieser medientheoretischen Debatten ins Trudeln? Verliert es seine hervorragende Bedeutung im deutschen Bildungswesen? Gewiß nicht! Denn die Diskussion der These von der Mediengeprägtheit unserer Welterfahrung hat zu Einsichten geführt, die es uns erlauben, sie jenseits mechanischer Anwendung auf intelligente Weise zu gebrauchen. Die wichtigste: Ob und wie die spezifischen Möglichkeiten von Schriftlichkeit verwirklicht werden und Geltung erlangen, hängt von dem jeweiligen Umfeld ab, in dem Schrift entwickelt und Bestandteil der Kultur wird. Die aus der Strukturanalyse von Schriftlichkeit gewonnenen Merkmale können also nicht umstandslos von jeder Schriftkultur ausgesagt werden.

Das für die europäische Kultur grundlegende griechische Alphabet nennt Eric A. Havelock eine "kulturelle Revolution". Sie ist ihm ein mediales/technologisches Ereignis innerhalb spezifischer sozialer Dynamiken. Seine These umfaßt beides, Ereignis und Dynamiken:

"Wenn Griechenland und Rom (...) noch für uns Gegenwartscharakter haben, dann beruht das auf einer winzigen technologischen Tatsache. Die Zivilisation, die Griechen und Römer schufen, war die erste der Welt, die auf der allgemeinen Verbreitung der Fähigkeit des Lesens und Schreibens beruhte; die erste, die über Mittel verfügte, sich im geschriebenen Wort adäquat auszudrücken; die erste, die in der Lage war, das geschriebene Wort allgemein in Umlauf zu bringen; kurz, sie war die erste, die im vollen Sinn literal wurde und ihre Schriftlichkeit auf uns übertrug."[5]

Das Mittel, sich im geschriebenen Wort adäquat auszudrücken, das Alphabet, hat diesen Vorzug, weil es in der Lage ist, *"mündliche* Rede unverkürzt, vollständig und fließend wiederzugeben."[6] Und es vermag dies wegen seiner Abstraktheit und seiner Ökonomie. Havelock demonstriert diese Vorzüge durch Vergleiche mit Silbenschriften, die linguistische Einheiten indizieren oder ko-

---

3   A. u. J. Assmann (1990). S. 2 und 3.
4   Derrida (1974). S. 20.
5   Havelock (1990). S. 37.
6   A. u. J. Assmann (1990). S. 6.

pieren, während das Alphabet die Aufmerksamkeit auf die Analyse dessen lenkt,

"was eine linguistische Einheit ist, nämlich eine vibrierende Luftsäule, die zudem durch die Tätigkeit von Lippen, Zunge, Gaumen und Zähnen begonnen oder abgeschlossen oder sowohl begonnen als auch abgeschlossen wird (...). Die Kombination dieser beiden physischen Akte also konstituiert eine wirkliche linguistische Einheit, das heißt einen wirklichen Laut, der getrennt von anderen Lauten erzeugt werden kann. Die Anfänge und Abschlüsse durch die Tätigkeit von Lippen usw., die wir als 'Konsonanten' bezeichnen, können von sich aus überhaupt keine Laute produzieren. Ein Konsonant ist ein Nicht-Laut und wurde völlig richtig vor über zweitausend Jahren von Platon so benannt."[7]

Diese Benennung 'aphona' (stimmlose Elemente), die später durch die Unterscheidung 'hemiphona' (Semi-Sonanten) und 'symphona' (Kon-Sonanten) ersetzt wurde, weist darauf hin, daß die Unterscheidung der linguistischen Einheit in eine vibrierende Luftsäule und die auf diese Vibration wirkende Tätigkeit des Mundes theoretischen Urspungs ist. Es ist derselbe Ursprung, aus dem sich die Unterscheidung 'hyle' (Materie) und 'eidos' (Form) bilden wird. Während die vibrierende Luftsäule als Interjektion wie z.B. 'Ah' in der Sprache selbst existieren kann, ist dies von der einwirkenden Tätigkeit des Mundes nicht aussagbar.

"Sie war daher eine Abstraktion, ein Nicht-Laut, eine Idee. Das griechische System leistete den Schritt, diesen Nicht-Laut zu isolieren und ihm seinen eigenen begrifflichen Gehalt zu geben, und zwar in der Form dessen, was wir einen 'Konsonanten' nennen."[8]

Die Auswirkung der "akustischen Effizienz" dieser Schrift beschreibt Eric A. Havelock als ihre Reduzierung zu einem "Trick": Sie stellt sich nicht mehr "als ein Gedankenobjekt zwischen den Leser und seine Erinnerung der gesprochenen Sprache." Und dies, obwohl sie doch ein sichtbarer und wahrgenommener Gegenstand ist.

"Die Schrift wurde einem elektrischen Strom ähnlich, der dem Gehirn eine Erinnerung an die Laute des gesprochenen Wortes direkt übermittelte, so daß dessen Bedeutung ohne Bezug zu den Eigentümlichkeiten der benutzten Buchstaben im Bewußtsein gleichsam widerhallte."[9]

---

7   Havelock (1990). S. 69/70.
8   Havelock (1990). S. 70.
9   Havelock (1990). S. 72.

Ihr primärer Bewertungsrahmen ist die Ortho-Graphie, nicht mehr die Kalligraphie.[10]

Das Besondere der griechischen Ausgestaltung von Schriftlichkeit hat seinen Grund aber nicht nur im griechischen Schriftsystem, dem Alphabet, sondern eben so sehr in den sozialen Dynamiken, die dazu führen, Lesen und Schreiben zu allgemein verbreiteten Fähigkeiten werden zu lassen und Geschriebenes in allgemeinen Umlauf zu bringen. Jan Assmann hebt dieses Besondere im Vergleich mit orientalischen Schriftkulturen hervor, indem er fragt, wo die Instanzen der Weisung konzentriert sind, wie Verbindlichkeit geregelt und durchgesetzt ist. Er sieht das Spezifische der griechischen Situation in der sozialpolitischen Verwendung von Schrift, die er negatorisch kennzeichnet "als Freiraum, der weder von der weisungs-gebenden Stimme eines Herrschers noch eines Gottes besetzt ist."[11] So kann der Mensch, der mit der Alphabet-Schrift Verfügungsgewalt über sein Gedächtnis gewinnt, dieses im kulturellen Freiraum der Griechen auf ganz neue Weise nutzen: es ist "nicht mehr mit dem Memorierten vollgeschrieben, sondern wird zur Schreibfläche individueller Reflexion und Erfahrungen."[12]

So erst wird die Möglichkeit gewonnen, Überlieferungen zu thematisieren, sich also nicht nur in ihnen zu bewegen, sondern sie als das Vorgelegte wahrzunehmen und zu begreifen. In solcher Objektivierung kann es dann gelingen, "sich aus dem Griff der Überlieferung zu lösen"[13], der eigenen Ich-Instanz gewahr zu werden und diese den bis dahin selbstverständlich wirkenden Ansprüchen der Tradition gegenüber zur Geltung zu bringen. Welt wird nicht mehr im Sinne der *einen* oralen Überlieferung oder im Sinne machtbestimmter Schriftlichkeit, deren Verkehrsform das Anordnen und Gehorchen ist, wahrgenommen und begriffen, sondern wird aufgrund der Brechungen, die eine Vielzahl differenter Texte, die zugänglich sind, erzeugt, zur Aufgabe, sie als so oder so gefaßte allererst zu konstituieren.

In der Konsequenz solcher Literalisierung bildet sich eine kulturelle Praxis der Bezugnahme auf unterschiedliche Texte, eine Praxis der Auslegung und der Verständigung über Auslegungsverfahren heraus. In ihr verwirklicht sich wohl, was Eric A. Havelock die "literate revolution in Greece and its cultural consequences" genannt hat[14] und worin Aleida und Jan Assmann die medialen

---

10   Stetter (i.E.$_2$).
11   Jan Assmann (1992). S. 269.
12   Aleida u. Jan Assmann (1990). S. 20.
13   Aleida u. Jan Assmann (1990). S. 20.
14   So der englische Originaltitel.

Grundlagen für jenes Phänomen sehen, "das Max Weber 'okzidentalen Rationalismus' (...) genannt hat."[15]

Diese griechische Schriftrevolution ist aus der Sicht einer Praxis von Schriftlichkeit, die sich auf göttlich inspirierte Texte beruft und diese als heilige nur von Berufenen verwalten läßt, mit Unverständnis, Zweifel und Kritik betrachtet worden. Flavius Josephus hebt in seiner jüdischen Apologie aus dem ersten nachchristlichen Jahrhundert Alter und Einheit der heiligen jüdischen Schriften hervor, ihre sichere Überlieferung und ihre widerspruchsfreie Auslegung; alles Merkmale, die er der griechischen Schriftlichkeit abspricht. Deren Texte sind in seiner Sicht alle jüngeren Datums, widerspruchsvoll, und ihre Auslegung ist ungewiß. Aus der Überlegenheit dessen, dem Schriftlichkeit zuerst und vor allem sancta scriptura ist, erklärt er die Texte Homers als späte Fixierung mündlich tradierter Gesänge und führt deren Ungereimtheiten auf die Unverläßlichkeit des Gedächtnisses zurück, auf das allein mündliche Überlieferung sich stützen kann.[16]

---

15 Aleida u. Jan Assmann (1990). S. 20.

16 Mit meiner Charakterisierung der griechischen Schriftrevolution aus der Sicht des Flavius Josephus folge ich Jan Assmann (1992), S. 270ff. Es ist nützlich, auch in Hinblick auf den Abschnitt 5.3 "Reden über poetische Sprachwerke", den Argumentationsweg des Flavius Josephus knapp zu skizzieren.

Ziel seiner Argumentation ist es zu zeigen, daß das jüdische Volk um seine eigene Geschichte in verläßlicher Weise wisse und daß darum die Nichtbeachtung dieser Geschichte (durch die griechisch Gebildeten) unbegründet sei. Die Gründe, die für diese Nichtbeachtung angeführt werden, daß nämlich die griechischen Geschichtsschreiber sie "keiner Erwähnung gewürdigt" hätten (457; §1), daß aber nur bei diesen die geschichtliche Wahrheit zu erfahren sei, muß er darum zurückweisen. Dies ist ihm u.a. Anlaß dafür, jüdische und griechische Geschichtsschreibung zu vergleichen. In diesem Vergleich werden die unterschiedlichen sozialen Verfaßtheiten von Schriftlichkeit auf den Punkt gebracht. Im apologetischen Kontext zielt der Vergleich auf den Nachweis der Überlegenheit der einen, der jüdischen über die andere, die griechische Verfaßtheit von Schriftlichkeit.

Diese griechische bleibt aus zwei Gründen hinter jener zurück: Sie ist jünger und sie ist uneinheitlich.

Weil der Übergang von der Mündlichkeit zur Schriftlichkeit viel später erfolgte als in der jüdischen Tradition, kann es kein sicheres Wissen um den Anfang und um die frühen Phasen der Geschichte geben; was darüber geschrieben worden ist, bleibt unzuverlässig, weil es auf mündliche Tradition zurückgeht.

Die Uneinheitlichkeit der griechischen Historiker demonstriert Flavius Josephus genußvoll nach folgenden Schema: Der Autor A ist mit dem Autor B uneinig; B verbes-

Dagegen steht ein Verständnis, das in der dissonanten Vielstimmigkeit der griechischen Literatur "eine exklusive Errungenschaft der Schriftlichkeitkultur" selbst erkennt. Die Einstimmigkeit der biblischen Bücher, von der Flavius Josephus spricht, führt Jan Assmann auf das "Prinzip absoluter Wahrheitsgewißheit" zurück und stellt dem als Konsequenz der griechischen Schriftrevolution das Prinzip gegenüber, "daß Wahrheit immer nur annäherungsweise zu haben ist", ein Prinzip, in dem die Bedingungen unserer

---

sert C; D zeigt, daß A meistens lügt ... Diesen Zustand sieht er darin begründet, daß die Griechen (1) nicht von Anfang an zeitgenössische Ereignisse schriftlich festgehalten haben und daß es ihnen (2) mehr auf die Form der Darstellung als auf die Wahrheit des Dargestellten angekommen sei.

Typisch für die griechische Schriftlichkeit ist ihm also die diaphonia oder die asymphonia, also ihr Mißklang, ihre Uneinigkeit, ihr Nicht-Zusammen-Stimmen. Demgegenüber hebt er die symphonia der jüdischen Schriftlichkeit hervor. Deren Vorzüglichkeit besteht darin, daß sie das Hauptkriterium für gelungenen Bildung eines kollektiven Gedächtnisses erfüllt: daß "alle über dieselben Ereignisse das gleich sagen und schreiben" (S. 459; §26). Dies ist möglich,
- weil die Juden die Aufgabe, an der Bildung des kollektiven Gedächtnisses zu arbeiten, den "besten und dem Dienste Gottes sich widmenden Männern", Hohepriestern und Propheten übertragen haben (S. 459; §30);
- weil das Priestergeschlecht über die Zeiten hinweg "unvermischt und rein" (amikton, katharon) diese Aufgabe wahrgenommen hat (S. 459; §30);
- weil das Erinnerte in einer kleinen Zahl von Büchern, zweiundzwanzig, zusammenstimmend aufgeschrieben worden ist;
- weil alle Juden von Kindheit an lernen, diese für "Aussprüche Gottes" (dogmata theou) zu halten (S. 460; §42);
- und weil die Juden, wenn nötig, bereit sind, für diese zu sterben.

Mit der Einführung dieses existentiellen Kriteriums gelangt die Apologie an ihr Ziel. Die Überlegenheit einer sozialen Verfaßtheit von Schriftlichkeit zeigt sich für Josephus Flavius darin, daß Menschen für die Texte mit ihrem Leben einstehen, in denen sie die "Dogmen Gottes" finden. Oft schon haben Juden Marter und Tod ertragen, "weil sie kein Wort gegen die Gesetze und die Aufzeichnungen derselben (anagraphas) sich erlaubten." (S. 460; §43) Wer aber unter den Griechen, so die triumphierende Schlußfrage des Flavius Josephus, würde dies erdulden? Selbst wenn ihre Literatur vernichtet würde, wären sie dazu nicht bereit. "Wissen sie doch, daß es nur Worte sind, hingeworfen nach der Laune der Schreibenden." (S. 460; §45)
(Die Seitennachweise folgen der deutschen Ausgabe von 1938, die Paragraphenhinweise denen der griechischen Textausgabe von 1930).

kontingenten Existenz anerkannt und zum Ausgangspunkt des Denkens gemacht werden.[17]

Indem wir Schriftlichkeit als bedingende Voraussetzung sprachlicher Bildung in den Blick nehmen, gewinnen wir den gedanklichen Ort, von dem her sprachliche Bildung in ihrer menschheitsgeschichtlichen Dimension aufscheinen kann.

Zugleich gewinnen wir ein regulatives Kriterium gegenüber der Denkgewohnheit, Schrift ausschließlich als eine abgeleitete Größe aufzufassen, die nur von instrumentellem Interesse ist; deren Analyse also zum Verständnis des Menschen als eines sprachlichen Wesens nichts oder wenig beizutragen vermag. Entscheidungen über das, was sprachliche Bildung im einzelnen ausmachen soll, lassen sich im Gefolge solcher Denkgewohnheiten nur mit Argumenten zweiter und dritter Ordnung begründen. Wie z.B. die Anteile des Mündlichen und des Schriftlichen in einem Konzept sprachlicher Bildung zu gewichten und wie sie aufeinander zu beziehen sind, das läßt sich sinnvoll erst erörtern, wenn anerkannt ist, daß okzidentale Rhetorik in der griechischen Schriftrevolution gründet, daß sie - mit Christian Stetter gesprochen - ein "Produkt der schriftlichen Zivilisation" ist.[18]

Die Proklamation, die das Ende der Buchkultur feststellt, ist also nur vordergründig eine, die den Wechsel vom bedruckten und gebundenen Papier zu screen und cursor und zu terristrischen Bildfluten zum Thema hat. In Frage gestellt ist mit ihr auch jene schwierige Balance dialogischer Annäherung an Wahrheit, also jener Versuch, den Ernst des Wahrheitsanspruches mit den Bedingungen unserer kontingenten Existenz in ein - sozusagen - schwebendes Gleichgewicht zu bringen. In Frage gestellt wird also gerade dasjenige Muster, das vielleicht als das wichtigste und das am meisten charakteristische der okzidentalen Kultur angesehen werden kann, jenes Kulturmuster, das in der literalen Revolution der Griechen gründet. Die Krisenerscheinungen sind denn auch keineswegs allein durch Medienkonkurrenz entstanden, sondern haben auch mit der Entwicklung der Buchkultur selbst zu tun, und zwar unter allen drei Aspekten, die Eric A. Havelock zur Bestimmung griechischer Literalität aufführt[19]: Mit der allgemeinen Verbreitung der Fähigkeit des Lesens und Schreibens, die nur eingeschränkt gelungen ist, insofern Einzelne oder soziale Gruppen diese Fähigkeit nicht oder nur partiell erwerben und erwerben können.[20]

---

17 Jan Assmann (1992). S. 287.
18 Stetter (i.E.$_1$).
19 Vgl. S. 184. Anm. 5.
20 Beispielhaft sei auf die Diskussion aus jüngster Zeit verwiesen, die auch in der politischen Öffentlichkeit Aufmerksamkeit gefunden hat: die Diskussion um einen Anal-

Sie haben zu tun mit dem, was gewohnheitsmäßig als "Lautbezogenheit" der Alphabetschrift bezeichnet wird, die unserer Bildbedürftigkeit nicht abhilft. Sie haben schließlich mit dem Buchumlauf zu tun, der u.a. wegen seiner allgemeinen Zugänglichkeit in einer Weise expandiert ist, daß von ihm im medizinischen Bild des Tumors gesprochen wird. Die erste Krisenerscheinung wirft die Frage nach der Qualität des Bildungswesens auf, die zweite die nach der theoretischen Angemessenheit der Denkgewohnheit, unsere Schrift nur als Repräsentanz der Lautung zu verstehen; die dritte die nach einem Verarbeitungsrahmen[21], der eine Rückbindung des in unterschiedlichen Diskursen Erörterten an die Sprache des Lebens in seinen gewöhnlichen Verhältnissen[22] ermöglicht.

---

phabetismus bei Menschen in fortgeschrittenen Industriegesellschaften, die trotz abgeschlossener Schulausbildung die Fähigkeit zu schreiben nicht wirklich erwerben bzw. sie nicht behalten. Insofern die fehlende Schreib- und Lesepraxis im Umfeld der Schule bzw. in den Berufs- und Lebensfeldern nach Schulabschluß zur Erklärung herangezogen wird, ist von "funktionalem Analphabetismus" die Rede. Die Zahl dieser funktionalen Analphabeten in der BRD wird je nach verwendeten Kriterien unterschiedlich angegeben. Sie ist aber, nimmt man die sozialpolitische Resonanz zum Maß, auf jeden Fall dramatisch. Würde man über die "Alphabetisiertheit" hinaus nach dem Gelingen von "Literalität", also jener Stufe von Schriftlichkeit, in der sich diese erst vollendet, fragen, wo würden die Ergebnisse möglicherweise noch viel bedenklicher ausfallen.
Hierzu: Hasler (1991). S. 39ff. und S. 186ff.

21 Jan Assmann hat vorgeschlagen, Texte, die den Bezug (Hypolepse) auf andere Texte als konstitutives Merkmal haben und damit Zeit überdauern, hypoleptisch organisierte Texte zu nennen. Ein solcher Text in einem dreifachen Bezug: "1. in bezug auf frühere Texte, 2. in bezug auf die Sache, und 3. in bezug auf Kriterien, anhand derer sich der Wahrheitsanspruch des Textes (...) kontrollieren läßt. (...) Die Sache gehört aber ganz und gar in den Horizont der 'zerdehnten' Situation". Damit nämlich auch nach Hunderten von Jahren auf diese "Dreiecksbeziehung zwischen Autor, Vorgänger und Sache" eingegangen werden kann, muß die Relevanz der Thematisierung im Blick bleiben. "Worauf es also ankommt, ist eine trans-situative Fixierung der Relevanz." Jan Assmann (1992). S. 287/288.
Sucht man nach dem Rahmen, der solche Fixierung ermöglicht, und zwar nicht für diesen oder jenen Diskurs, sondern für Diskurs überhaupt, so läßt er sich, den Wegen humboldtschen Sprachdenkens folgend, in der Sprache der gewöhnlichen (der natürlichen) Verhältnisse finden.

22 Vgl. Kap. 3.4., S. 113.

Es ist offensichtlich, daß ohne Lösung dieser Schwierigkeiten die Neigung entstehen kann, das Heil darin zu suchen, die Dynamiken der Schrift als kulturelle Revolution stillzustellen bzw. machtbestimmt zu kontrollieren oder die Orientierung an der Idee dialogbestimmter Annäherung an Wahrheit zugunsten einer Praxis des anything goes aufzugeben.

Der zweite Ertrag des Schriftdiskurses für die Bestimmung von Schriftlichkeit als bedingender Voraussetzung sprachlicher Bildung hat die Form eines *Einspruchs*: Zurückgewiesen wird die Denkgewohnheit, *Schriftbeherrschung und Bildung* als *generell austauschbar* anzusehen oder Analphabeten als Menschen zu betrachten, die "im Kampf ums Dasein ins Hintertreffen geraten sind." Eric A. Havelock demonstriert das pejorative Moment, das im gegenwärtigen Gebrauch von Ausdrücken wie "illiterat" im Spiel ist, an einem Zeitungstext, in dem ganze Gesellschaften als analphabetisch bezeichnet und dies mit schlimmen Zuständen in diesen Gesellschaften, mit Hunger, Unterernährung und Unterentwicklung, verknüpft wird. Er verweist darauf, daß in griechisch-römischen Zeiten diesen Ausdrücken solche Konnotationen nicht anhafteten, und fordert, die Illiteralität im Sinne von Ungebildetheit nicht mit "Nichtliteralität oder Präliteralität menschlicher Gesellschaften" zu verwechseln, "die unserer eigenen vorausgegangen sind."[23]

Darin aber erschöpft sich noch nicht die Bedeutung dieses Einspruchs. Denn die überraschende Wendung in der Argumentation E. A. Havelocks besteht darin, daß er die großen Kulturleistungen der klassischen Griechen in einer Präliteralität gegründet ansieht. Im Ausdruck "Präliteralität" bringt er das spezifisch Historische der griechischen Schriftrevolution zur Geltung: diese Leistungen gründen nicht in Literalität überhaupt, sondern in einer, die sich im Umfeld einer lebendigen Oralität gerade herauszubilden beginnt. Diese geschichtliche Konstellation schaffte eine besonders gute Voraussetzung dafür, daß die spezifischen Merkmale der Mündlichkeit, ihr Verwobensein mit konkreten Lebensumständen, ihre Expressivität und Spontaneität, in einen energischen Austausch[24] mit den spezifischen Merkmalen von Schriftlichkeit treten können, mit ihren Räume und Zeiten transzendierenden Tendenzen, ihrer Subjektdistanz und Reflexivität.

Die Bestimmung dessen, was sprachliche Bildung ausmachen soll, wird also, so sehr diese von der Aneignung von Schrift und Schriftlichkeit ihren Ausgang nehmen und die mit der Schrift erzeugten Veränderungen der sprachlichen Verhältnisse insgesamt anerkennen muß, immer auch die lebensnotwendige

---

23 Havelock (1990). S. 38/39.
24 Vgl. Kap. 3.4., S. 104.

Bedeutung von - zugespitzt formuliert - autochthoner Mündlichkeit für diese Verhältnisse zu beachten haben.

Beispielhaft sei auf einen Aspekt verwiesen, unter dem der energetische Austausch gestört werden bzw. sich erst gar nicht entfalten kann: auf machtbestimmte Nutzung von Schriftlichkeit. Shakespeare stellt den Aufstand gegen die Mißwirtschaft unter Heinrich dem Sechsten im zweiten Teil des Königsdramas, das Heinrichs Namen trägt, dar als einen gegen den Terror von Schrift. John Cade, der Führer des Aufstandes bringt diesen Terror auf den Punkt:

"Ist es nicht ein erbarmungswürdig Ding, daß aus der Haut eines unschuldigen Lammes Pergament gemacht wird? daß Pergament, wenn es bekritzelt ist, einen Menschen zugrunde richten kann? Man sagt, die Bienen stechen, aber ich sage: das Wachs der Bienen tut es, denn ich habe nur ein einziges Mal etwas besiegelt, und seit der Zeit war ich niemals wieder mein eigener Herr."[25]

Schon die Fähigkeit, mit dem eigenen Namen zu zeichnen, wird zum Indiz der Zugehörigkeit zu derjenigen Gruppe, von der der Terror ausgeht, den Schriftkundigen oder - was dasselbe meint - den Gebildeten.[26] Einem aufgegriffenen Schreiber stellt Cade die Frage:

"Pflegst du deinen Namen auszuschreiben, oder hast du ein Zeichen dafür, wie ein ehrlicher, schlichter Mann?"

Seine Antwort

"Gott sei Dank, Herr, ich bin so gut erzogen, daß ich meinen Namen schreiben kann."

bringt ihn um Kopf und Kragen. Sie wird zum Shibboleth, das seine Zugehörigkeit zu einem Machtapparat anzeigt, der Bildung und Schrift als Mittel der Unterdrückung derer, die in ihr nicht einheimisch sind, benutzt. Cade ordnet seine

---

25 Shakespeare (1979). S. 160/161.
26 Cades Anklage gegen Lord Lay in 4.7 lautet u.a.:
    "Du hast höchst verräterischer Weise die Jugend des Reiches verderbet, indem du eine lateinische Schule errichtet; und da zuvor unsere Voreltern keine anderen Bücher hatten als die Kreide und das Kerbholz, so hast du das Drucken aufgebracht (...) und eine Papiermühle gebaut. Es wird dir ins Gesicht bewiesen werden, daß du Leute um dich hast, die zu reden pflegen von Nomen und Verbum und dergleichen scheußliche Worte mehr, die kein Christenmensch geduldig anhören kann." Shakespeare (1979). S. 169.

Hinrichtung an, und zwar so, daß dabei die Insiginien der Unterdrückung symbolisch ihren Tod finden:

"Fort mit ihm, sag ich; hängt ihn - mit seiner Feder und Tintenfaß um den Hals."

Daß in dieser Szene nicht einfach nur rohe und primitive Gewalt, sondern der dramatische Konflikt vorgeführt wird, in den oralitätsgeprägtes Ethos des Zusammenlebens mit machtbestimmter Scriptualität gerät, wird durch die dem Text inhärente Vorzeichenvertauschung des Shibboleth deutlich: Der Verweis auf eigene Schreibfähigkeit ("Gott sei Dank, Herr; ich bin so gut erzogen, daß ich meinen Namen schreiben kann.") verliert im Kontext dieser Szene seine alte Qualität, Erkennungszeichen für die Zugehörigkeit zur Geistlichkeit zu sein, das denjenigen, der es vorweist, vor dem Zugriff der weltlichen Gerichtsbarkeit schützt; er wird unter der Umkehrung der Gewaltverhältnisse, die für einen kurzen geschichtlichen Augenblick statt hat, zum todbringenden Indiz, das der Sprecher, ohne es zu wissen, selber beibringt.[27]

Der dritte Ertrag des Schriftdiskurses für die Bestimmung von Schriftlichkeit als bedingender Voraussetzung sprachlicher Bildung hat ebenfalls die Form eines *Einspruchs*. Es findet sich in Jacques Derridas Kritik am okzidentalen Phonozentrismus bzw. an der logozentrischen Metaphysik als seiner anderen Seite. In dieser Tradition ist die Schrift, genauer: die Alphabetschrift immer nur eine zweiter Ordnung, eine ohne semiotischen Eigenwert, *lediglich Signifikant des Signikanten*. Gegenüber einer solchen "bloß umschreibenden Schrift, steinernes Echo einer taub gewordenen Verbalität" bestimmt er in seinem Essay "Freud und der Schauplatz der Schrift" die Schrift erster Ordnung als eine "den Wörtern vorgreifende, nicht-linguistische, a-logische Lithographie."[28] Das Ende der Buchkultur zeigt an, daß sich das phonozentristische Paradigma seiner Erschöpfung nähert und daß sich eine neue, eine "Schrift-Situation" ankündigt, in der die Stimme ihre dominierende Rolle verliert und alles, was Anlaß einer "Ein-Schreibung" sein kann, eine eigenständige Beachtung verdient.[29]

Der Untergang des Buches ist also Indikator für das sich ankündigende Ende der Epoche des Logos, die die Schrift zu einem technischen und repräsentierenden Signifikanten "erniedrigt", ihr jede sinnbildende Funktion abgesprochen hat[30]; ist Indikator für das Ende der "Idee des Buches, die immer auf eine natürliche Totalität verweist" und gegen die "Differenz im allgemeinen" ab-

---

27 Shakespeare (1979). S. 161. Hierzu Hattaway (1991). S. 31.
28 Derrida (1976). S. 317.
29 Derrida (1974). S. 20/21.
30 Derrida (1974). S. 25.

schirmt, eine Idee also, die einer ersten, nicht auf Derivation basierenden Schrift zutiefst fremd ist.[31]

Derridas Gestus, mit dem er die phonetische Schrift zum "Zentrum der großen metaphysischen, wissenschaftlichen, technischen und ökonomischen Abenteuer des Abendlandes" erkärt[32] und den Anfang einer neuen Epoche ankündigt, in deren Struktur die Stimme nur noch eine untergeordnete Rolle einnimmt, verlangt, wenn der Begriff "sprachliche Bildung" in diese derridasche Denkbewegung gerät, eine Destruktion der vielen Verstrebungen, die dem Begriff seinen Platz in dem okzidentalen Abenteuer sichern. Ein solches Projekt ist hier weder möglich noch beabsichtigt.[33]

Möglich und angemessen ist dagegen die Frage, welche Denkrichtungen, Argumentationsstränge und theoretischen Positionen, die im Diskurs über sprachliche Bildung traditionellerweise von Bedeutung sind, im Kraftfeld des derridaschen Philosophierens angeregt und verstärkt oder eher an den Rand gedrängt bzw. ausgeschlossen werden. Wenn sich dies auch im Blick auf die vielgestaltigen Verzweigungen seiner "Grammatologie" nicht definitiv entscheiden läßt und vieles davon abhängt, welche seiner Argumentationsdomänen als die zentralen interpretiert werden, so muß wohl nicht strittig sein, daß dem Interagieren von Logos und Stimme (phone) seine besondere Aufmerksamkeit gilt. Seine Kritik am europäischen Phonozentrismus impliziert, daß Gedanke und Laut als quasi-identisch gedacht werden müssen. Die Schrift, die als alphabetische auf jede (sinnstiftende) Eigenständigkeit verzichtet, bringt darum ihre Selbst-Losigkeit nicht nur der Stimme, sondern zugleich dem Gedanken, dem Logos dar.

---

31 Derrida (1974). S. 35.
32 Derrida (1974). S. 23.
33 Im Umfeld von Jacques Derridas Engagement im Streit um den Philosophieunterricht im französischen Schulwesen ist ein Arbeitspapier von Jean Luc Nancy entstanden, das unter dem Titel "Philosophie und Bildung" auch in deutscher Sprache zugänglich ist. Seine Argumentation kommt in den Schlußsätzen auf den Punkt: "Wir müssen den Mut haben zu fordern, daß wir nicht mehr (obgleich auch nicht weniger) 'Philosophie' wollen als 'Sport', 'Geographie' oder 'Technologie', sondern daß wir eine wirkliche Bildung zu der Wahrheit und durch die Wahrheit unserer Geschichte wollen. Die Wahrheit unserer Geschichte besteht nun aber zunächst darin, daß die Philosophie und ihre Unterweisung im Wahren am Ende angelangt sind. Das ist nicht der Augenblick, die Saturnalien der Schule zu feiern, oder sich der Erlernung von Überlebenstechniken in der anthropologischen Wüste zu widmen, es ist im Gegenteil höchste Zeit, sich an dieser Endlichkeit zu *bilden*."
Nancy (1982). S. 241.

Diese Argumentation Jacques Derridas verstärkt ein Denken im Diskurs über sprachliche Bildung, das die bedeutungskonstitutive Rolle der Materialität in dem Laut- bzw. Schriftzeichen hervorhebt,
- ein Denken, das die Notwendigkeit sprachlicher Bildung aus einer Sprach-Idee herleitet, die Gedanke und Laut als in der Artikulation vermittelt vorstellt; ein Denken also, das im Laut darum *nicht nur* eine Repräsentanz sieht, die für die Informationsübermittlung notwendig, aber für die Formung des Gedanken gänzlich belanglos ist;
- ein Denken, das die Notwendigkeit sprachlicher Bildung aus einer Schrift-Idee herleitet, die Gedanke und Schrift als in der Artikulation, die sich schreibend herstellt, vermittelt vorstellt und darum in der Schrift nicht nur ein für die Informationsübermittlung außerhalb der Hörweite notwendiges, aber für die Formung des Gedankens belangloses Graphemsystem sieht, das den gesprochenen Laut lediglich repräsentiert.

Freilich könnte eingewendet werden, daß dasjenige, was Jacques Derrida den europäischen Phonozentrismus nennt und kritisiert, das Sprachdenken im Sinne der ersten Kennzeichnung wegen der kritischen Zielrichtung eher an den Rand drängt als verstärkt. Das scheint aber nur auf den ersten Blick so; denn seine Kritik gilt der Vorherrschaft des Lautes, der die Schrift in seinen Dienst nimmt, sie gilt nicht der Quasi-Identität von Logos und Stimme, die seine Argumentation ja impliziert. Darum kann, wenn auch nur (sozusagen) unter der Hand eine Verstärkung dieser Sprach-Idee durch die derridasche Argumentation angenommen werden.

Daß diese eine Verstärkung der Schrift-Idee im Sinne der zweiten Kennzeichnung bewirkt, ist offenkundig. Verstärkt wird, aus der Orthographieperspektive gesehen, dasjenige Konzept, das die artikulatorische Funktion der Schrift hervorhebt gegenüber einem Konzept, das die Phonem-Repräsentanz im Graphem betont, also ein grammatisches im Unterschied zu einem phonographischen Orthographieverständnis.

Gezeigt werden kann dies an den Aristoteles-Interpretationen von Jacques Derrida und von Utz Maas. Von ganz anderen Denkvoraussetzungen als jener kommend hat Utz Maas in seiner Arbeit, die den Titel "Die Schrift ist ein Zeichen für das, was im Gesprochenen ist" trägt, die Frühgeschichte des phonetischen Schriftverständnisses analysiert und für eine moderne Schriftdidaktik erschlossen.[34] Er unterscheidet ein Verständnis von Schrift und Orthographie, das diese als fixierte grammatische Artikulation eines Textes auffaßt, von einem phonographischen Verständnis, das die Repräsentanz des Lautes durch das Schriftzeichen herausstellt. Das erstere führt er auf Aristoteles zurück und in-

---

34 Maas (1986).

terpretiert durch seine Übersetzung des locus classicus aus der Schrift Peri hermeneias, also jener Sprach- und Schriftdefinition, die das europäische Sprach- und Schriftdenken nachhaltig beeinflußt hat, in gleicher Weise wie Jacques Derrida. Das Besondere dieser deutenden Übersetzung wird klar, wenn eine eher geläufige zum Vergleich herangezogen wird. Beispielhaft sei eine zitiert, die seit 1925 immer wieder Verbreitung gefunden hat:

"Es sind aber die Laute, zu denen die Stimme gebildet wird, Zeichen der in der Seele hervorgerufenen Vorstellungen und die Schrift ist wieder ein Zeichen der Laute."[35]

Im Unterschied hierzu schlägt Utz Maas vor:

"Es sind aber nun die in der Stimme (Enthaltenen) Zeichen für Zustände in der Seele und das Geschriebene (ist Zeichen) für die in der Stimme (Enthaltenen)."

Korrelat des schriftlichen Zeichens ist also dasjenige, "was in der Stimme enthalten ist, nicht die Stimme selbst".[36] Was Derrida und Maas miteinander teilen, die Abwendung von einem phonographisch akzentuierten Schriftverständnis, erhält im epochenkritischen Denkhorizont Derridas einen besonderen Aufmerksamkeitswert.
Festzuhalten bleibt, daß damit der Kreuzungspunkt Derridas "grammatologischer" und Maasens orthographietheoretischer Argumentation markiert ist, daß sich die Wege dann wieder trennen und in ganz unvergleichliche Denkgebilde führen.

Jacques Derrida geht es darum, "an eine ganz neue Situation des gesprochenen Wortes zu denken, an seine untergeordnete Stellung ein einer Struktur, in der es nicht mehr Herr sein wird."[37]

Für Utz Maas hat die ideengeschichtliche Rekonstruktion der beiden Schriftverständnisse, über die er referiert, "in der Verselbständigung der wissenschaftlichen Argumentationsstränge nur einen sehr beschränkten Erklärungswert." Darum überführt er diese Analysen in einen wissenssoziologischen Rahmen, in dem "die wissenschaftlichen Argumentationsfiguren auf das jeweils

---

35   Aristoteles (1974). S.95
36   Maas (1986). S. 254/255.
     Derrida: "Wenn beispielsweise für Aristoteles 'das in der Stimme Verlautende (...) Zeichen für die in der Seele hervorgerufenen Zustände (...) und das Geschriebene Zeichen für das in der Stimme Verlautende ist (...)."
     Derrida (1974). S. 24.
37   Derrida (1974). S. 20.

zeitgenössische 'Material'" beziehbar werden, "das in ihnen reflektiert wird und von ihnen allerdings auch in gewissen Grenzen wieder beeinflußt wird."[38] Als Beispiele, an denen er solche Überführung demonstriert, dienen ihm Orthographie-Programme der organisierten Arbeiterbewegung des vergangenen Jahrhunderts. Er zeigt, wie Aneignungskonzepte von Schrift, die in einem grammatischen Schriftverständnis gründen, aufgrund restriktiver staatlicher Bildungspolitik für die schriftfernen sozialen Gruppen zur Barriere werden. Aufgrund dieser Erfahrung weichen sie auf Gegenkonzepte aus und suchen auf der Grundlage einer strikten Lautschrift Partizipation aller an Schrift und Schriftlichkeit zu ermöglichen. Utz Maas kehrt also zu einem zentralen Thema von Schriftlichkeit, ihrer Demotisierung, zurück und zeigt in der Rekonstruktion spezifischer historischer Bedingungen die Wechselverhältnisse zwischen diesen Bedingungen und dem Verständnis, was sprachliche Bildung ausmacht, auf.

Der vierte Ertrag des Schriftdiskurses für die Bestimmung von Schriftlichkeit als bedingender Voraussetzung sprachlicher Bildung liegt in einer *metatheoretischen Revision*. Die Revision betrifft jene sprachwissenschaftliche Theoriebildung, die in der Tatsache, daß Schriftlichkeit als das historisch Spätere begegnet, das Motiv findet, deren Merkmale aus der Definition dessen auszuschließen, was die Sprachfähigkeit des Menschen ausmacht. Es ist aber im Denkhorizont dieses Schriftlichkeitsdiskurses davon auszugehen, daß im Umfeld einer Kultur, die sich im evolutionären Gang der Menschheitsgeschichte zu einer entfalteten Schriftlichkeitskultur gebildet hat, menschliche Sprachfähigkeit an diesem Gang teilhat und daß darum alles darauf ankommt, die Modi der Teilhabe zu rekonstruieren. Die Begriffe hierfür liegen seit der Antike bereit; wir finden sie vor allem in den Versuchen zu klären, ob das ethisch Gute als von Natur aus (physei) oder als beabsichtigt und verabredet (thesei) gegeben anzusehen sei. Es ist also notwendig, diese Unterscheidung so zu verdeutlichen, daß eine Bezugnahme auf gegenwärtige Thematisierungen von menschlicher Sprachfähigkeit möglich wird. Dies leistet Christian Stetters Abhandlung "Zu einer analytischen Philosophie der Schrift."[39]

Christian Stetters Ausgangsgedanke lautet: Was tun wir, wenn wir schreiben bzw. lesen? Es ist offenkundig, daß auf die *so* gestellte Frage die Antwort unmöglich heißen kann, Schreiben sei die Tätigkeit, mit der wir akustische Phänomene visuell repräsentieren, und Lesen sei die Tätigkeit, das Repräsentierte zu entziffern. Mit solchen Definitionen wird nicht die gestellte, sondern eine andere Frage beantwortet, nämlich die, was wir tun, wenn wir buchstabieren. Aber solange wir nur buchstabieren, schreiben wir nicht und lesen wir nicht.

---

38 Maas (1986). S. 281.
39 Stetter (1992).

Christian Stetter macht also in seinem sprachanalytischen Ansatz schon mit dieser Ausgangsfrage den "Mythos der Repräsentation" als einen solchen kenntlich und richtet die Aufmerksamkeit auf die Gelingensbedingungen des Schreibens und Lesens.

Die "normale" Verwendung von Buchstaben dient im Unterschied zu Lautumschriften dazu, die Wörter *analog* zur phonematischen Artikulation schreibend zu verdeutlichen, und zwar nach dem Prinzip der Differenz so weit zu verdeutlichen, daß ein Wort "von allen anderen, an dieser Stelle nicht zu lesenden unterschieden werden kann."[40] Christian Stetter verweist auf die "einzigartige Prägnanz" der Schriftdefinition Humboldts, die dies hervorhebt:

"Unter Schrift im engsten Sinn kann man nur Zeichen verstehen, welche bestimmte Wörter in bestimmter Folge andeuten. Nur eine solche kann wirklich gelesen werden. Schrift im weitläufigsten Verstande ist dagegen Mitteilung blosser Gedanken, die durch Laute geschieht."[41]

Die zentrale Gelingensbedingung für die Verwendung von Schrift, auf die die Argumentation hinführt, lautet, daß Schreiben "selbst in seinen rudimentärsten Formen in der Regel schon nicht nur ein bestimmtes *Können*, sondern auch schon ein bestimmtes (...) *Wissen*" impliziert.[42] In der Formulierung dieser Gelingensbedingung sind die Ausdrücke "Können" und "Wissen" verwendet. Sie geben in deutscher Übersetzung die Begriffe "knowing how" und "knowing that" wieder, die Gilbert Ryle verwendet, um die "intellektualistische Legende", "intelligentes Handeln (verlange) das Einhalten von Regeln oder die Anwendung von Kriterien" zu zerstören und um sein Gegenprinzip zu entfalten, "erfolgreiche Praxis (gehe) ihrer eigenen Theorie voraus."[43] Mit ihrer Hilfe macht Christian Stetter die nur auf den ersten Blick banale Beobachtung, daß der mündliche Sprachgebrauch erworben, Schreiben aber gelernt werden muß, zum Gegenstand der Reflexion in theoretischer Absicht.[44] Sie führt zur Schlüsselstelle, die über den sinnvollen Gebrauch des Ausdrucks "sprachliche Bildung" entscheidet.[45]

---

40 Stetter (1992). S. 344.
41 Humboldt. V. S. 34.
42 Stetter (1992). Hervorhebungen von mir.
43 Ryle (1969). S. 32/33.
44 Diese Beobachtung wurde auch für Dante der Bezugspunkt für eine Reflexion in theoretischer Absicht. Vgl. Kap. 3.1. S. 69ff.
45 Siehe den Verweis auf das Paradoxe der Formulierung in Kap. 1. S. 9, Anm. 2.

Wenn Schreiben immer auch, um zu gelingen, nicht nur ein Können, sondern auch ein Wissen impliziert, dann kann es partiell (*muß* es vielleicht auch in bestimmten Hinsichten) "einer 'theoretisch' zu nennenden Kontrolle unterworfen werden."[46] Dies als gewiß angenommen, stellt sich die Frage, ob und ggfs. wie eine solche im knowing that gegründete theoretische Kontrolle für die Bestimmung dessen, was menschliche Sprachfähigkeit als entfaltete ausmacht, anzunehmen sei. Christian Stetter geht dieser Frage nach, indem er dem Gebrauch der Wörter "sprechen", "reden" und "schreiben" im Deutschen analysiert.

"*Sprechen* und *reden* sind im Deutschen deutlich unterschieden; vergleichbare Differenzen des semantischen Werts dürften in jeder Sprache auszumachen sein: Daß jemand spricht, braucht nicht mehr zu besagen als daß er lebt und halbwegs bei Bewußtsein ist. "sprechen" meint hier reines Verhalten, Lebensäußerung. "reden" verwenden wir nicht in gleicher Weise. ... redet ... verlangt als obligatorische Valenz normalerweise nicht nur ein Agens, sondern eine weitere Valenz, in der gesagt wird, *mit wem, zu wem, über was* oder *von wem* geredet wird. Im Bereich dieses Redens läßt sich dann wiederum ein rhetorischer vom nicht-rhetorischen Sprachgebrauch unterscheiden: die bedachte, geplante, kunstvolle Rede von der unbedachten, spontanen, informellen. Nur der rhetorische Gebrauch läßt sich - partiell - der Kontrolle eines knowing-that unterwerfen, am explizitesten bezeichnenderweise dort, wo man Reden schriftlich entwirft."[47]

Während nun innerhalb einer Skala des "Sprechens" für die rudimentärsten Formen nicht einmal ein knowing how angenommen zu werden braucht, gilt für das Schreiben umgekehrt, daß es immer ein knowing how *und* ein knowing that impliziert. Daraus leitet Christian Stetter ein Verteilungsschema her, das die Extreme einer möglichen Merkmalsverteilung enthält:[48]

---

46 Stetter (1992). S. 348.
47 Stetter (1992). S. 348.
48 Stetter (1992). S. 349.
    Die Indizes "i" und "j" führt Stetter ein "für verschiedene Formen des Schreibens, die in jedem Fall unterschieden werden müssen, es sei denn, man nähme an, schreiben sei immer dasselbe."

			knowing how	knowing that
Sprache:	(1) sprechen	nicht-rhet. Gebrauch	-	-
	(2) reden	rhetorischer Gebrauch	+	-
	(3) reden$_2$	rhetorischer Gebrauch	+	+
Schrift:	(1)	-		
	(2) schreiben i		+	(+)
	(3) schreiben j		+	+

Mit einem solchen Aufriß ist vielleicht derjenige Ertrag des Schriftdiskurses in der zweiten Hälfte dieses Jahrhunderts skizziert, der für die Bestimmung sprachlicher Bildung als der wichtigste angesehen werden kann. Er ermöglicht es, den Begriff, der diesem vorgeordnet ist, den der menschlichen Sprachfähigkeit, so zu denken, daß diese zugleich als gegeben und als aufgegeben in den Blick kommen kann. Dieser Ertrag ist ein doppelter,
- insofern diese zweifache Seinsweise nicht nur postuliert, sondern hergeleitet ist, also im Gedanken einer menschheitsgeschichtlichen Evolution einen Rückhalt findet;
- und insofern die zweite nicht als fakultativer Zusatz zu einer an sich gegebenen Sprachpotenz hinzutritt, sondern beide Seinsweisen als interagierende aufzufassen sind, also den Begriff der menschlichen Sprachfähigkeit dynamisieren.

Sprachliche Bildung ist in diesem Konzept das Agens, das das knowing that bewirkt. Der Modus, in dem sich dies personenbezogen herstellt, ist die Reflexion. Das Ergebnis dieses Wirkens, insofern es sich als sprachliches Wissen kundgibt, ist kein Wissen neben, über oder sonstwo außerhalb der Sprachfähigkeit, sondern wird ein Teil von ihr.[49]

Humboldts Gedanke von der "zwiefachen Gestalt" der Sprache kann nun auf der Grundlage der stetterschen Analyse nicht nur für Sprache als Gebilde und für die soziale Stratifikation der Sprecher, sondern auch personal gedacht werden: als zweifache Gestalt in einem menschlichen Sprachwesen.

---

49 Humboldt formuliert das so: "Die Sprache gehört aber dem Menschen selbst an, sie hat und kennt keine andere Quelle, als sein Wesen, wenn man sagt, dass sie auf ihn wirkt, sagt man nur, dass er sich in ihr nach und nach in immer steigendem Umfang und immer wechselnder Mannigfaltigkeit bewußt wird." Humboldt. VI. S. 121.

Schrift und Volkssprachlichkeit

In den langen Phasen der Ausgestaltung okzidentaler Volkssprachen zu Schriftsprachen ist das Konzept sprachlicher Bildung zusätzlich bestimmt durch diejenigen Impulse, die in das post-lateinische Zeitalter hinüberführen; insbesondere durch den Wunsch, das jeweils Eigene gegenüber dem fremden Anderen, dem universellen Latein, zur Geltung zu bringen.

Drei exponierte Beispiele seien angeführt, die zeigen, wie in der Entwicklung des Deutschen zur Schriftsprache die Ermöglichung des Eigenen ein wesentlicher Beweggrund gewesen ist. Der fränkische Mönch Otfried von Weißenburg stellt in seinem Evangelienbuch 871 die rhetorische Frage: "Nu es fílu manno inthíhit, in sína zungun scríbit, ioh ílit, er gigáhe, thaz sínaz io biuuánkon, ni sie in frénkisgon bigínnen, sie gótes lób singen?" Und er schließt den Abschnitt, indem er begründet, warum er dies Buch "theotisce" gedichtet hat: "Nu fréuuen sih es álle, (...) thaz uuir Kríste sungun in únsera zungun, ioh uuír ouh gilébetun, in frénkidgon nan lóbotun!"[50] Luther weist im Sendbrief vom Dolmetschen 1530 theologische Einwände gegen seine Bibelübersetzung unter Berufung auf die deutsche Sprache zurück. Gewiß, so räumt er ein, findet sich in der umstrittenen Römerbriefstelle nicht das Wort "solum"; aber "ich habe deutsch nicht lateinisch noch kriegisch reden wollen da ich teutsch zu reden ym dolmetzschen furgenommen hatte. Das ist aber die art vnser deutschen sprache wenn sie ein rede begibt von zweyen dingen der man eins bekennet vn das ander verneinet so braucht man des worts solum (allein) neben dem wort (nicht oder kein) Als wenn man sagt Der Baür bringt allein korn ûn kein geldt."[51] Leibniz unterstreicht in seinen "Unvorgreiflichen Gedanken betreffend die Ausübung und Verbesserung der deutschen Sprache" (zuerst 1717 herausgegeben) die Leistungsfähigkeit der deutschen Sprache für alles "was mit den fünf Sinnen zu begreifen ist und auch dem gemeinen Mann vorkommt." Dagegen fehlt es in "unserer Sprache in den Dingen, so man weder sehen noch fühlen, sondern allein durch Betrachtung erreichen kann: als bei Ausdrückung der Gemütsbewegungen, auch der Tugenden und Laster (...); dann ferner bei den noch mehr abgezogenen und abgefeimten Erkenntnissen, so die Liebhaber der Weisheit in ihrer Denkkunst und in der allgemeinen Lehre von den Dingen unter dem Namen der Logik und Metaphysik auf die Bahn bringen."[52] Dies zu ändern, der eigenen Sprache ihren Platz auch im begrifflichen Denken und in der Abstraktion zu sichern, dient sein Engagement.

---

50   Siehe S. 84/85.
51   Luther (1959). S. 184.
52   Leibniz (1967). S. 26f.

Im Kapitel "Volkssprachlichkeit: Ereignisfolgen und Deutungen" sind die menschheitsgeschichtlichen und die spezifisch okzidentalen Rahmenbedingungen skizziert worden, innerhalb derer die Beweggründe zur Ausbildung volkssprachlich bestimmter Kulturen verstanden werden können. Es bleibt noch, auf Einsprüche gegen dieses Konzept und auf Probleme der Bildungsbeschränkung einzugehen.

Die Einsprüche richten sich gegen das Konzept volkssprachlich bestimmter Kultur überhaupt oder kritisieren seine Realisierung als Sprachenteignung des Volkes. Dem ersten Einspruch liegt die Vorstellung vom Vorrang der Sachen vor den Wörtern zugrunde; der zweite zielt auf eine Bewahrung vernakulärer Mündlichkeit und ist im Kapitel 3.5 "Die Warnungen Ivan Illichs" vorgestellt worden.

Der Vorrang der Sachen

Der Einwand hat in der Abhandlung von Ernst Christian Trapp "Ueber den Unterricht in Sprachen" eine klassische Ausprägung erfahren, insofern die sprachtheoretischen Grundannahmen im Volkssprachenkonzept durch solche ersetzt werden, die das Ausgedrückte vom Ausdruck als abgelöst und das Verhältnis zwischen beiden als beliebig und zufällig zu betrachten erlauben und insofern als sich hieraus der Vorrang der Sachen vor den Sprachen herleiten läßt.

Trapps Abhandlung erschien 1788 als Beitrag zur "Allgemeinen Revision des gesamten Schul- und Erziehungswesens", der von J. H. Campe besorgten Publikation der Philanthropisten. Er erörtert den Bildungs- und Erziehungswert von Sprachen überhaupt, der alten und neuen, der fremden und der eigenen. Diese Erörterung markiert einen völligen Bruch mit dem Volkssprachenkonzept. Die Verschiedenheit der Sprachen ist für Trapp ein grundlegender Mangel. Darum ist die Erlernung fremder Sprachen als ein "nothwendiges Uebel" anzusehen; "nothwendig, wegen des nothwendigen Verkehrs der Nationen miteinander, welcher Verkehr in Bedürfnissen und Trieben der menschlichen Natur gegründet ist; ein Uebel, weil die Vermehrung und Verbesserung der Ideen dadurch gehindert wird."[53] Er führt diesen Kampf mit der sprachtheoretischen Grundannahme: "Die Sprache besteht aus Zeichen oder Körpern der Ideen. Eine Idee braucht nur ein Zeichen, um gefaßt und mitgeteilt zu werden. Hundert Zeichen für eine Idee sind nicht hundert neue Ideen, nicht hundert Erläuterungen, Erweiterungen, Aufklärungen der einen Idee. Wenn ich das Vaterunser in hundert Sprachen herzusagen weiß, so verstehe ich darum seinen

---

53 Trapp (1979). S. 217.

Sinn nicht besser."[54] Das "Sprachstudium" ist auf die Erforschung der "körperlichen Hüllen" gerichtet; insofern also eine Spezialbeschäftigung, die keine fundierende Funktion im Bildungs- und Erziehungsprozeß haben kann. Es ließe sich überhaupt nur als Vorbereitung künftiger Sprachgelehrter rechtfertigen. Aber dann müßte begründet werden, "warum für den künftigen Sprachgelehrten auf Schulen mehr gesorgt werden müsse, als für den künftigen Mathematiker, Physiker, Metaphysiker, Mediciner, Juristen, Theologen u.s.w."[55] Er faßt zusammen: "Das Sprachstudium befördert nicht die Geistesbildung und Aufklärung überhaupt, weil es sich bloß mit Wörtern beschäftigt (...). Das Sprachstudium ist nicht der Grund, also auch nicht die unumgängliche Bedingung aller Gelehrsamkeit, weil Sachgelehrsamkeit ohne dieses Statt finden kann."[56] Der Grund dafür liegt darin: "Wir können itzt, da über alle Wissenschaften und Künste in der Muttersprache geschrieben wird, ohne Kenntniß fremder Sprachen sehr gelehrt seyn."[57] Aristoteles verstand keine fremde Sprache "und war doch ein so großer Gelehrter. Sollte ein Deutscher das nicht auch ohne jene Kenntniß seyn können?"[58]

Dieser Einspruch macht zunächst deutlich, daß mit dem Volkssprachenkonzept ein Denkraum eröffnet wird, in dem sich der Begriff der sprachlichen Bildung entwickelte und die Modellbildung für die Aneignung und Vermittlung von Lesen und Schreiben erfolgen kann; daß aber nicht eine Form von Theorie formuliert ist, aus deren Sätzen die Modelle deduktiv gewonnen werden können. Der Einspruch Trapps setzt realgeschichtliche Faktoren und den im Begriff der "Nützlichkeit" organisierten Bezug auf sie, also zwei für die Modellbildung wichtige Größen in ihr Recht. Insofern er aber auf eine konventionalistisch zu nennende sprachtheoretische Grundannahme rekurriert, ersetzt er den volkssprachlichen durch einen konventionalistischen Denkraum, der den Begriff der sprachlichen Bildung in einem strikten Sinn zu denken nicht zuläßt. Das Unangemessene dieser sprachtheoretischen Grundannahme besteht darin, daß sie, was für einen "conventionellen Gebrauch der Sprache" zutrifft, für die Sprachlichkeit des Menschen überhaupt nimmt und mit dieser pars-prototo-Setzung den sprachtheoretischen Denkraum nach Art eingeschränkter, nach utilitaristischer Zweck-Mittel-Rationalität organisiert. Die Kompetenz, über die Rolle der Sprache im Bildungsprozeß Aussagen zu machen, ist damit

---

54 Trapp (1979). S. 116.
55 Trapp (1979). S. 210.
56 Trapp (1979). S. 214.
57 Trapp (1979). S. 212.
58 Trapp (1979). S. 213.

in diejenigen Instanzen verlagert, die über die Verwendung des Nützlichkeitsbegriffs befinden.

Bildungsbeschränkung

Sprachliche Bildung hat im Schriftsprachenerwerb ihr praktisches Zentrum. Dieser aber ist an Unterweisung gebunden. Da die elementaren Unterweisungen in der Regel im Schulunterricht erfolgen, lassen sich die Beschränkungen an der Schulgeschichte studieren und dabei idealtypische Annahmen über realgeschichtliche Bedingungen der Aneignung und Vermittlung von Lesen und Schreiben gewinnen. Als Ausgangstext wähle ich die Schrift von Rudolf von Raumer "Der Unterricht im Deutschen" von 1851, weil sie an einem politischen Wendepunkt die Aufgabe der Schule vom Unterricht im Deutschen her schulformbezogen bestimmt:

"Ihre Aufgabe ist die Ueberlieferung der Hochdeutschen Schriftsprache und der in ihr niedergelegten Literatur. In den verschiedenen niederen und höheren Schulen wird also die Grenze des Unterrichts im Deutschen dadurch bezeichnet sein, wie weit sich die Stände, die ihre Bildung in diesen Schulen erhalten, an der Hochdeutschen Schriftsprache und deren Literatur betheiligen sollen. Denn nicht die Mundart, die das Kind ohne Unterricht in seiner Familie erwirbt, sondern nur die Heranführung an das Verständnis oder auch den Gebrauch der Schriftsprache kann Aufgabe der Schule sein."[59]

Die niederen Schulen sind für ihn solche, in denen Bauern und Handwerker, allgemeiner gesprochen, solche Stände ihre Bildung erhalten, die "ihren Lebensunterhalt vorzugsweise durch körperliche Arbeit gewinnen." Für sie stellt sich also die Frage: "In wie weit und in welcher Weise soll sich die Masse der Bauern und Handwerker an der Hochdeutschen Schriftsprache betheiligen?"[60] die Antwort fällt eindeutig genug aus: Man sorgt für das Wohl dieser Stände am besten, wenn man sie dahin bringt, "daß sie die Hochdeutschen Bücher lesen können, die für sie bestimmt sind, und die Dinge einigermaßen zu Papier bringen, die das Leben von ihnen verlangt."[61] Bestimmt sind für diese Stände als geistliche Bücher Bibel, Gesangbuch und Katechismus; und als weltliches das Lesebuch. Dieses stellt von Raumer als dreigeteilt vor: als *Lehrbuch* mit den wichtigsten Daten zur Naturgeschichte und Geographie: als *Lesebuch*, das ein "gewisses Mittelgut in Prosa und Versen" neben Beiträgen zur Ge-

---

59 Raumer (1852). S. 106.
60 Raumer (1852). S. 108.
61 Raumer (1852). S. 109.

schichte enthalten soll, in denen "nur die hervorragendsten Thaten des Deutschen Volkes und seiner Fürsten (...) eine lebendige und charakterbildende Darstellung finden"; und schließlich alles "Sangbare" aus der Poesie als *Liederbuch*. Diese Bücher sind ausdrücklich nicht nur Lehr- und Lernmittel, sondern Bücher für das ganze Leben, "da die Mittel dieser Stände in der Regel nicht so sind, daß sie sich ganze Bibliotheken anschaffen können"[62]. Aufgabe der niederen Schule ist es, Geläufigkeit im Schreiben überhaupt zu erreichen; nicht weniger, aber auch nicht mehr. Weniger würde heißen, auf den Schreiblehrgang überhaupt zu verzichten. Gegenüber solchen Bestrebungen verweist von Raumer auf lebensdienliche Zwecke: eine Rechnung ausstellen, im Kalender einen Termin festhalten, einen Brief schreiben. Mehr würde z.B. heißen, zum Schreiben von Aufsätzen anzuleiten, die Mittel der Schriftlichkeit für die Ordnung und Entfaltung der Gedanken nutzen zu lehren. Für solche pädagogischen Vorschläge hat von Raumer nur Hohn und Spott bereit. Solche Unterfangen sind ihm im Leben der handarbeitenden Stände offensichtlich dysfunktional; sie überfordern das Curriculum einer siebenjährigen Volksschule; sie leiten zu Selbstbeobachtung an und zerstören so die natürliche Unbefangenheit der Kinder in ihrer Sprache. Konsequenterweise ist der Schreiblehrgang nach der Fibelphase bestimmt durch Abschreiben, nach Diktat schreiben und als oberste Grenze das schriftliche Nacherzählen einer kleinen Geschichte.

Umfang und Art der Teilhabe der in den niederen Schulen gebildeten Stände an der hochdeutschen Schriftsprache und ihrer Literatur werden also aus der zur Norm erhobenen sozialen Zuständlichkeit dieser Stände bestimmt. Die Grenzlinie, die nicht überschritten werden darf, markiert den Übergang zur Reflexion; der Reflexion, in der der Weg von der locutio naturalis zur locutio artificialis gebahnt wird. Damit bleiben diese Stände von dem, was das Herzstück muttersprachlicher Bildung ausmacht, ausgeschlossen. Eine solche Exkommunikation kann plausibel erscheinen, weil die einzelnen Beobachtungen, Feststellungen, Schlußfolgerungen und Bewertungen zur Didaktik und Methodik des Lesen- und Schreibenlernens nicht in dem Denkraum arrangiert werden, der durch das Volkssprachenkonzept eröffnet wird; weil sie überhaupt nicht in einem explizierten Denkraum einander zugeordnet werden, sondern weil sich die Plausibilität eines Teilelements mit der eines anderen assoziativ verbindet und sich somit die Verbindung unter wechselnden Parametern herstellt.

In den Gymnasien werden "unseren künftigen Pfarrern, Richtern und Ärzten die Anfangsgründe der höheren allgemeinen Bildung"[63] gegeben. Sie bereiten

---

62 Raumer (1852). S. 112.
63 Raumer (1852). S.120.

auf die volle Teilhabe an der hochdeutschen Schriftsprache und ihrer Literatur vor. Das heißt für von Raumer dreierlei: Die "hochdeutsche Schriftsprache (soll) diesen Ständen wo möglich so zur zweiten Natur werden, daß sie ihrer in derselben Weise mächtig sind wie der schriftlose Mensch im mündlichen Verkehr seinen Dialekt zu handhaben weiß." Sodann sollen sie Vermittlerinnen zwischen "unsern großen Schriftstellern und den studierenden Ständen" sein, für die "unsre großen Dichter und Prosaiker ihre Werke (...) vorzugsweise geschrieben." Und schließlich werden sie, da diese Stände ihre Bildung nur zur ersten Hälfte im Gymnasium erfahren, die zweite aber der Universität vorbehalten ist, auf die "wißenschaftliche Behandlung unsrer Sprache und Literatur (...) die elementare Vorbereitung zu geben haben."[64]

Dieses Programm einer Teilhabe an Schriftlichkeit ist eines einer geschlossenen Gesellschaft. Es ist darüber hinaus aber auch eines des potentiellen Abbruchs, insofern der Weg volkssprachlicher Bildung nicht ausgeschritten wird. Denn auch für das gymnasiale Programm gilt: es ordnet die Plausibilitäten seiner Teileelemente assoziativ einander zu. Es entbehrt des strukturierenden Prinzips des Volkssprachenkonzepts. Die unterrichtsmethodischen, altersbezogenen, didaktischen und institutionellen Erwägungen des Programms werden nicht an das neue Verständnis vom Menschen, von seinem In-der-Welt-Sein und seiner Mit-Menschlichkeit gebunden, das im Volkssprachenkonzept angelegt ist. Darum kann das Ziel, "fehlerloses Schriftdeutsch schreiben zu lernen", verstanden werden als Aufgabe, "provinzielle Eigenheiten aus der Schreibung (der) Schüler auszurotten."[65] So einschneidend die Erfahrung ist, sich die eigene Sprache i.S. von locutio naturalis als eine fremde i.S. von locutio artificialis vorzustellen und sie erschließen zu lernen, so ist mit ihr im Volkssprachenkonzept gerade kein "Ausrotten" der quasi-natürlichen Sprachgrundlage, sondern Versöhnung mit ihr angestrebt. Dieses Abbrechen entzieht dem Bildungskonzept, Eigenes und Fremdes, Spontaneität und Reflexivität, Partikularität und Universalität in ein dialogisches Verhältnis zu bringen, eine wesentliche personenbezogene Grundlage.

Programme wie das angedeutete verknüpfen soziale, ökonomische und politische Daten mit institutionellen, didaktischen und methodischen. Freilich erscheinen die politischen, ökonomischen und sozialen Daten, die mit institutionellen, didaktischen und methodischen des Unterrichts verknüpft werden, eher als Hintergrunddaten. Um die durch sie angezeigten realgeschichtlichen Bedingungen der Aneignung und Vermittlung von Lesen und Schreiben angemessen thematisieren zu können, sind sie in umfassenderen Kontexten vorzustellen

---

64 Raumer (1852). S. 120/121.
65 Raumer (1852). S. 118.

und zu erörtern. Eine solche Bearbeitung findet sich in struktur- und prozeßgeschichtlichen Untersuchungen, wie sie z.B. in dem großangelegten Versuch einer deutschen Gesellschaftsgeschichte von Hans-Ulrich Wehler vorliegt. Dieser Versuch basiert auf der Annahme, daß sich Gesellschaft in dem "Wechselwirkungen zwischen Wirtschaft, Herrschaft und Kultur" konstituiert und daß diese "Bereiche eine relativ autonome Geltung und Wirkungsmacht" besitzen, also nicht einer aus dem anderen abgeleitet werden kann, "so sehr auch für die historische Analyse alles auf Mischungs- und Interdependenzverhältnisse ankommt"[66]. Die Annahme von der relativen Autonomie der Bereiche ermöglicht es, die didaktische Thematisierung von Schrift und Schriftlichkeit an solche Untersuchungen anzuschließen. So analysiert Wehler den Ausbau des preußischen Schulsystems von 1815 bis 1845/49[67] und liefert damit den gesuchten umfassenderen Kontext, in dem ein Programm wie das von Raumers situiert werden kann, und zwar sowohl im Hinblick auf die in diesem Programm angenommenen ökonomischen, sozialen und politischen Daten als auch im Hinblick auf das Programm selbst. Im ersteren Sinn werden die nicht-fachlichen Daten des Programms aus dem historischen Prozeß heraus, in dem sie ihren Platz haben, interpretierbar; im letzteren Sinn kann das Programm in seiner politischen Funktion historisch verstanden und bewertet werden. Erst in diesem Anschließen an eine offene struktur- und prozeßgeschichtliche Thematisierung von Schule im Kontext Gesellschaft konstituierender Faktoren kommen die realgeschichtlichen Bedingungen der Aneignung und Vemittlung von Lesen und Schreiben zum Vorschein und werden Einschätzungen dieser Bedingungen kritisierbar. Wehlers Analyse der Entwicklung der preußischen Elementarschulen in dem angegebenen Zeitraum zeigt die Ambivalenzen der Bildungspolitik eines konservativ-autoritären Staates, die Eigendynamik des bereits etablierten Elementarschulwesens (Eigeninteressen der zuständigen Verwaltungsbürokratie, der Direktoren der Lehrerseminare und der Lehrer) und schließlich die Nischenbildung, die durch regionale und lokale Machtentfremdung gefördet wird. Mit Hilfe dieses Dreifaktoren-Modells beantwortet er die Frage, warum "das Schulsystem nach der kurzen Reformära in den Jahrzehnten bis 1848 (und darüber hinaus) trotz des Restaurationsregimes pluralistisch" blieb, warum es "nicht eindeutig konservativ" wurde, sondern "vielerorts seine liberal-rationalistischen Züge" behielt[68]. Zugleich werden die Kriterien verdeutlicht, an denen sich solche Werturteile bemessen: z.B. die Zunahme der effektiven Schulbesuchsquote von 60% auf 82%; die Abnahme der Analphabetenzahlen auf 10%,

---

66 Wehler (1987). Bd. I. S. 6ff.
67 Wehler (1987). Bd. II. S. 487ff.
68 Wehler (1987). Bd. II. S. 484.

maximal 15% in den späten 40er Jahren, "während sie zu dieser Zeit in England und Frankreich noch regelmäßig 40% bis 45% erreichten."[69] Solche sozialgeschichtlichen Analysen sind nicht zuletzt vonnöten, um den eigenen Blick auf die gegenwärtige Situation von Schriftlichkeit als Bezugspunkt sprachlicher Bildung als zeitgenössischen begreifen und relativieren zu lernen.

5.2 Grammatik als "Logik der Zunge, als erste Philosophie der Reflexion"[70]

> "Darum (...) beachte ich nicht Wortstellung und Rhythmus und den Kasus der Präpositionen, da ich es für sehr unwürdig erachte, die Worte des himmlischen Orakels unter die Regeln des Donat zu beugen."
> Gregor der Große: Brief an Leandrum[71]

Wie Grammatik als Thema sprachlicher Bildung gefaßt werden kann, das läßt sich paradigmatisch an dem Kapitel "Sprache und Schrift" aus Jean Pauls Erziehungslehre (1807) studieren. Ihre zentrale Aussage lautet: Im "Zurück-Erkennen"[72] liegt der bildende Wert der Denkbewegung, die in der grammatischen Analyse mündet. Was macht dieses "Zurück-Erkennen" in seinem Wesen aus? Worin besteht sein bildender Wert? Wie kann es gelingen?

Seinem *Wesen* nach besteht dieses "Zurück-Erkennen" in einem Akt und in dem, was in diesem Akt gefaßt wird. Den Akt beschreibt Jean Paul als Zurückwendung des Geistes auf sich selbst mit dem Ziel "seine eigene Geschäftigkeit des Anschauens anzuschauen, d.h. zu reflektieren." Gefaßt werden in diesem Akt "die Zeichen der Sachen"[73], die in eben diesem Akt als Zeichen selbst wieder zu Sachen erhoben werden. Wir können dann z.B. vom Nomen und Verbum in analoger Weise reden, wie wir über Baumarten oder unterschiedliche Formen der Fortbewegung reden.

Ein solcher Akt markiert eine Zäsur im psychischen Haushalt derer, die ihn vollziehen. Der Zustand vor diesem Akt ist charakterisiert durch eine Aufmerk-

---

69 Wehler (1987). Bd. II. S. 486.
70 Jean Paul (1975). Band 10. S. 831.
71 Gregor der Große. Migne. P.L. LXXV. S. 516
Nam ... situs motusque et praepositionum casus servare contemno, quia indignum vehementer exstimo, ut verba caelestis oraculi restringam sub regulis Donati.
72 Jean Paul (1975). 10. S. 831.
73 Jean Paul (1975). 10. S. 831.

samkeit, die sich durch die Zeichen hindurch quasi-unmittelbar auf das richtet, worauf die Zeichen referieren, und durch ein Befolgen der in den Zeichen enthaltenen Anweisungen, sie zu verknüpfen, ohne sich über dieses Befolgen ins Bild zu setzen. Dieser status quo ante ändert sich mit dem Akt der Reflexion, des "Zurück-Erkennens", und er ändert sich nachhaltig, wenn die Möglichkeit, ihn erfolgreich zu vollziehen, einer Person habituell geworden ist. Die tief in unserer Lebenspraxis gegründete Welt- und Kommunikationsgewißheit wird transformiert in eine, die um ihre Sprachbedingtheit weiß. Wenn damit auch noch nichts darüber gesagt ist, wie sich diese Änderung des Menschen durch Grammatik in unterschiedlichen kulturellen Kontexten auswirkt, so kann doch schon an dieser Stelle des Denkweges festgehalten werden, daß in diesem Akt eine notwendige Bedingung, Ethnozentrismus zu überwinden, erfüllt wird.

Damit ist eine Antwort auf die Frage, worin der *bildende Wert* des "Zurück-Erkennens" bestehe, schon vorbereitet: Indem die Sprachzeichen als solche vergegenständlicht, die unterschiedlichen Sprachzeichen in ihren strukturalen und funktionalen Besonderheiten identifiziert werden, löst sie der Geist aus ihrer Verschmelzung mit der Empfindung und aus der mit anderen Faktoren pragmatischer Umfelder. Die bildende Wirkung besteht genau in dieser, nun stufenweise möglich werdenden (gedanklichen) Lösung aus den Zwängen der Situation; oder anders formuliert: die bildende Wirkung besteht darin, daß der Gebrauch der Sprachzeichen von den situativen Verständnishilfen zunehmend unabhängig werden kann. Darin aber ist die Bedingung der Möglichkeit zu sehen, Ethnozentrismus zu überwinden. Solche Situationstranszendenz, für die die Überwindung von Ethnozentrismus metonymisch stehen mag, wird in der Reflexion auf Geschriebenes in noch höherem Maße ermöglicht als in der Reflexion auf Gesprochenes; denn "das Schlagewerk der Töne lehrt ruckweise und kurz; das Zifferblatt des Schreibens weiset unausgesetzt und feiner geteilt."[74]

Wie *gelingt* die Beschäftigung mit Grammatik als "Logik der Zunge, als (...) erste Philosophie der Reflexion"? Es ist wohl offensichtlich, daß eine solche Logik, eine solche erste Philosophie der Reflexion nicht gelehrt werden kann; jedenfalls nicht im Sinn einer Lehre, die Ergebnisse von Erkenntnisprozessen vorträgt, sie im Lernenden zu deponieren sucht und dessen Echo erwartet, damit erkennbar wird, ob die Übergabe gelungen ist; denn den Akt, die Zeichen zu vergegenständlichen und sich damit in ein reflexives Verhältnis zur eigenen Sprachlichkeit zu setzen, können die Lernenden nur selbst vollziehen. Die Lehre kann hierzu nur anregen. Soll dies gelingen, so müssen eine Reihe von Bedingungen auf seiten der Lehre erfüllt sein. Zuerst und vor allem muß akzeptiert sein, daß das grammatische Curriculum in seinem wesentlichen Gehalt ein

---

74   Jean Paul (1975). 10. S. 832.

Curriculum des "Zurück-Erkennens" ist und keines der Verteilung portionierter Erkenntnisergebnisse. Und darum bedarf es des Gespürs für den rechten Augenblick der Anregung; der Empfänglichkeit für Indizien, die die Reflexion anzeigen (und die erfahrungsgemäß oft in dem, was ihren propositionalen Gehalt ausmacht, 'falsch' sind); der Beweglichkeit, auf dem Reflexionsweg dialogbereit zu sein.

Jean Paul verweist darauf, daß die Schwierigkeiten, die solches "Zurück-Erkennen" Kindern und Jugendlichen bereitet, allgemein bekannt sind und ihre, wie wir heute sagen, institutionalisierten Lösungen gefunden haben:

"Dem unreifen Alter wird aber dieses Zurück-Erkennen leichter durch die Grammatik einer fremden Sprache als durch die der eigenen, in die Empfindung tiefer verschmolzen - daher logisch-kultivierte Völker erst an einer fremden Sprache die eigne konstruieren lernten und Cicero früher in die griechische Schule ging als in die lateinische."[75]

In einer preußischen Verfügung vom 8. März 1843 werden Versuche, im gymnasialen Deutschunterricht der unteren und mittleren Klassen die "natürliche Äußerung der Sprachtätigkeit von dem Standpunkt eines philosophischen grammatischen Systems her" anzusehen und zu einer bewußten zu erheben, als unangemessen zurückgewiesen; hierzu bietet der Lateinunterricht "am natürlichsten Gelegenheit"; an dieser ihm fremden Sprache können die jungen Schüler zwanglos "grammatische Formen und Verhältnisse anschauen und auffassen" und bei fortschreitender Entwicklung verallgemeinern lernen.[76]

Diese institutionalisierte Lösung der Schwierigkeit, die sprachlichen Zeichen zu objektivieren, verliert im Verlauf des 19. und des 20. Jahrhunderts die Voraussetzung, die sie ermöglicht hat: Im sich ausweitenden Volksschulwesen kann die Frage nach der grammatischen Reflexion nicht an einen Fremdsprachenunterricht gekoppelt werden, und im gymnasialen Schulwesen verliert der Lateinunterricht schließlich seine initialen Funktionen fast gänzlich.

Jean Pauls Einsicht, daß für das "Zurück-Erkennen" eine "fremde Sprache, besonders die lateinische, unter den früheren Übungen der Denkkraft die gesündeste"[77] sei, verblaßt und wird überlagert

- von dem Zumessungsstreit, was dem niederen, dem Volks-, dem Hauptschulwesen als Vermittlungsaufgabe allgemeiner und damit auch grammatischer Bildung aufgegeben werden soll[78];

---

75 Jean Paul (1975). 10. S. 831.
76 Wiese (1886). S. 171f.
77 Jean Paul (1975). 10. S. 832.
78 Frank (1973). S. 170ff.

- von den Etablierungsproblemen des gymnasialen Unterrichtsfachs Deutsch, das seine Vollwertigkeit u.a. in einem eigenen Grammatik-Curriculum zu erweisen sucht[79];
- von den Auseinandersetzungen um eine angemessene Gebrauchs- oder Schulgrammatik des Deutschen[80].

Vor diesem historischen Hintergrund kann die Frage, wie Grammatik, als Thema sprachlicher Bildung aufzufassen ist, für die gegenwärtige didaktische Situation gestellt werden. Drei Merkmale lassen sich als typisch für diese Situation bestimmen: (1) die Legitimation des Lernthemas Grammatik im Muttersprachenunterricht wird vorwiegend im Erweis seiner Nützlichkeit gesucht. (2) Im kollektiven Gedächtnis ist das Urteil präsent und wirksam, daß Grammatik not tue. (3) Skepsis herrscht gegenüber dem tatsächlichen Grammatikbetrieb in der Schule.

Die Frage, inwiefern die Beschäftigung mit Grammatik *nützlich* sei oder nicht, wird ganz allgemein oder im Blick auf spezielle sprachliche Tätigkeiten gestellt. Ganz allgemein läßt sich das Nützlichkeitskriterium in seiner Zwiegesichtigkeit an einem Satz demonstrieren, den Detlef Liebs in seiner Sammlung lateinischer Rechtsregeln und Rechtssprichwörter überliefert hat: "Schlechte Grammatik beeinträchtigt nicht die Wirksamkeit einer Urkunde". (Mala grammatica non vitiat chartam.)[81] Schärfer läßt sich die objektive Nutzlosigkeit eines reflexiven grammatischen Wissens, das "schlechte Grammatik" verhindern könnte, kaum dartun. Gesetzt aber ein Kandidat wäre im juristischen Examen, wenn ein Gesetzestext auszulegen ist, ernsthaft nicht in der Lage, mit den Begriffen Nomen und Verb sachgemäß zu hantieren, so ist nicht auszuschließen, daß dies sein angestrebtes Prädikatsexamen sehr wohl beeinträchtigen könnte. Zur Erklärung der Ungereimtheit, daß etwas sachlich Unnützes, wenn es fehlt, sozial dennoch sanktioniert wird, sind auch in diesem Fall Gründe schnell zur Hand, z.B. Bildungsdünkel oder Grammatik als Mittel sozialer Disziplinierung. Wie immer es im Einzelfall um den Mißbrauch von Bildung stehen mag, ein Beurteilungstrend, für den das juristische Kandidatendebakel stehen soll, ist damit nicht hinreichend zu erklären. Im Abschnitt über das kollektive Gedächtnis wird hierzu einiges ausgeführt.

Von den verschiedenen Nützlichkeitserwägungen, die reflexives grammatisches Wissen für spezifische sprachliche Tätigkeiten als wichtig behaupten, sei eine hervorgehoben, die für die Fragestellung dieses Kapitels interessant ist.

Ossner (1993). Bd. 4. S. 64ff.
79 Matthias (1907). S. 256ff.
80 Erlinger u.a. (1989).
81 Liebs (1986). S. 116.

Historisch früh begegenet sie z.B. bei Ernst Christian Trapp, der sie formuliert, um die grammatische Unterweisung im Muttersprachenunterricht auf das Allernötigste zu beschränken, vornehmlich auf die Bedürfnisse des Orthographieunterrichts: Einige grammatische Kunstwörter genügen, um die Aufgaben der Orthographie und der Interpunktion, der Kasusverhältnisse im Deutschen und des Stils zu erfüllen. Die Einführung dieser grammatischen Kunstwörter soll ohne "philosophische Definition" erfolgen, weil "Kinder sie schlechterdings nicht verstehen" und weil für die höheren Klassen der Gelehrtenschule gilt, daß sie nur zukünftigen Sprachgelehrten von Vorteil sein würden,und es nicht einsichtig ist, warum für diese mehr gesorgt werden sollte "als für den zukünftigen Mathematiker, Physiker, Metaphysiker, Mediciner, Juristen, Theologen usw."[82] Interessant ist diese Nützlichkeitserwägung deshalb, weil in ihr noch eine schwache Erinnerung daran nachwirkt, daß die Grammatikalisierung einer Sprache[83] und ihre Ausgestaltung zur Schriftsprache nur unterschiedliche Aspekte desselben Prozesses sind. Freilich hält seine Einschätzung, daß wenige grammatische Kunstwörter reichen, einer Überprüfung nicht stand[84]; denn es bedarf *aller* kanonisierten Themen der deutschen Gebrauchs- und Schulgrammatik.[85] Für diesen Kanon kann es als geradezu konstitutiv angesehen werden, daß er das Begriffsrepertoire bereithält, das für das Lehren und Lernen der deutschen Orthographie samt der Interpunktion von Belang ist. Im Lichte des Schriftlichkeitsdiskurses in der 2. Hälfte dieses Jahrhunderts gewinnen diese Erwägungen an Profil.

Damit wäre auch für schulisches Lehren und Lernen ein neuer Denk- und Handlungsrahmen gewonnen, um die Frage nach der Möglichkeit grammatischer Reflexion in einer Zeit etablierter Volkssprachlichkeit so zu stellen, daß den Bedingungen dieser Periode als einer nun - gewissermaßen - endgültig

---

82 Trapp (1979). S. 205/210.
83 Vgl. Kap. 3.4. S. 100ff.
84 Das gilt unabhängig davon, ob orthographische Kompetenz mehr auf behavioristischer Grundlage oder im Sinne einer grammatikalisierten Formulierung der Richtlinien auf der Grundlage eines konsistenten Regelwerks angestrebt wird.
    Hierzu: Christian Stetter (Hrsg.): Zu einer Theorie der Orthographie. Tübingen 1990.
    Utz Maas: Grundzüge der deutschen Orthographie. Tübingen 1992.
85 Siehe: Ivo/Neuland (1991). S. 479-484.
    Anmerkungen zur Gleichförmigkeit des grammatischen Curriculums.

postlateinischen[86] Rechnung getragen wird. Nachdem das Latein den volkssprachlich bestimmten Kulturen seinen letzten Dienst, als Medium der Anbahnung grammatischer Reflexion zu dienen, erwiesen hat, muß die schwierige Arbeit, die sprachlichen Zeichen selbst zu Sachen zu machen, sie also zu objektivieren und damit vor die Sinne zu bringen, ohne fremde Hilfe an der eigenen Sprache geleistet werden.

Ist sie damit leichter geworden? Das mag so scheinen, denn die eigene Sprache wird ja als die nahe und vertraute erlebt und erfahren. Genau darin liegt aber die besondere Schwierigkeit: die eigene Sprache muß, um vor die Sinne zu kommen, in gewisser Weise zu einer fremden gemacht werden. Daß die Muttersprache als die näherliegende gegenüber dem fernen fremden Latein als leichter verstanden werden kann, gilt für die praktischen, nicht für die Reflexionsverhältnisse. Und darum ist die Grammatik als Logik der Zunge, als erste Philosophie der Reflexion unter postlateinischen Bedingungen wesentlich schwieriger geworden. Im Denk- und Handlungsrahmen des Lateinunterrichts konnten die grammatischen Formen und Verhältnisse auf "gesündeste" und auf "natürlichste" Weise für die Kinder zur Anschauung gelangen; auf "gesündeste" und "natürlichste" Weise deshalb, weil die für sie an sich noch unerreichbaren reflexiven Leistungen im praktischen Tun, dem konstruierenden Übersetzen, immer mitvollzogen werden konnten. Nachdem die Notwendigkeit solch subsidiärer praktischer Tätigkeit für die Anbahnung von Reflexion unter den sie überlagernden grammatikdidaktischen Diskursen freigelegt ist, können die Erwerbsbedingungen von Schriftlichkeit für solche Funktionen erschlossen werden.

Daß im *kollektiven Gedächtnis* das Urteil, *Grammatik tue not*, präsent und wirksam ist, wird als zweites Merkmal der gegenwärtigen didaktischen Situation angesehen. Der Verweis auf das kollektive Gedächtnis soll deutlich machen, daß die Präsenz und die Wirksamkeit dieses Werturteils nicht allein oder vorwiegend aus den einschlägigen Fachveröffentlichungen hergeleitet wird, sondern vor allem und zuerst aus institutionellen Regelungen und aus einem gesellschaftlichen Wissen, über das diejenigen, die es teilen, wie selbstverständlich verfügen. Solcherart Wissen, das in den Fachdiskursen reflektiert wird, ohne dabei - in aller Regel - als ein solches in Erscheinung zu treten, sichert über Generationen-Risse und historische Brüche hinweg die Kontinuität einer Kultur oder eines Kultursegments; es ist plastisch genug, um in neuen Situationen neu interpretiert werden zu können, aber in seinem Kern stereotyp, also krisenfest

---

86 "Postlateinisch" ist ausschließlich auf die Etablierung okzidentaler Volkssprachen bezogen. Das Lateinische lebt auch "postlateinisch" weiter. Hierzu: Burke (1989) mit seinem Abriß einer Sozialgeschichte des post-mittelalterlichen Lateins.

und einwandsimmun. Von diesem Kern aber kann angenommen werden, daß er losgelöst von allen Besonderheiten einer ursprünglichen Problemsituation die Problemlösung aufbewahrt. Solches Wissen enthält somit zweierlei: eine Typisierung von relevanten Situationen und eine schematisierte Lösung der Probleme, die sich in ihnen stellen.

Das Urteil, Grammatik tue not, bildet den Kern eines solchen Wissens. Daß es, wenn von Schule, Bildung oder Erziehung die Rede ist, ein wirksames Urteil ist, mit dem gerechnet wird (und sei es in Form seiner Negation), kann aufgrund von Alltagserfahrungen als gewiß gelten. Eva Neuland und ich sind in einer Pilot-Studien über Art, Umfang und Verteilung grammatischen Wissens in der Bundesrepublik auf ein solches Wissen gestoßen. Die holzschnittartige Zusammenfassung der Ergebnisse der Untersuchung macht das deutlich:

"Die Befragten wissen wenig von der Grammatik ihrer Muttersprache, sie mögen sie nicht sonderlich und erinnern sich nicht gern an ihren Grammatikunterricht, halten aber daran fest, daß Grammatikunterricht sein muß, und geben hierfür unterschiedliche Gründe an, die sich in ihre Aussagen insgesamt nicht nahtlos einpassen. Dies gilt für die aus dem Berufsleben schon Ausgeschiedenen in gleicher Weise wie für diejenigen, die sich auf den Beruf noch vorbereiten; wobei die Jüngeren der Befragten nicht weniger nachdrücklich als die Älteren die Notwendigkeit grammatischer Unterweisung betonen und die älteren Befragten im Wissen den Jüngeren nichts voraus haben."[87]

Aufschlußreich an solchen Ergebnissen sind solche Auffälligkeiten, die Widersprüchliches anzeigen. Die Tatsache, daß sie gehäuft auftreten und unbemerkt bleiben, zwingt zu Erklärungen, die schließlich in der Logik der Tradition sprachlicher Bildung gefunden werden können.[88] Wenn nämlich trotz eingeschränkter Kenntnisse, wenig positiver Erlebnisresonanz und eher schlechten Erinnerungen grammatische Unterweisung nachdrücklich als notwendig angesehen wird, ohne daß dafür (im Sinne der jeweiligen Äußerungen) stringente Begründungen angeführt werden, dann muß hierfür ein Motiv angenommen werden, das nicht in den persönlichen Biographien und nicht in gruppenspezifischen Borniertheiten gegründet, sondern im Traditionszusammenhang in irgendeiner Weise funktional ist.

Der Blick auf solche Funktionalität wird frei, wenn die bildende Wirkung grammatischer Reflexion in der Etablierungsphase okzidentaler Volkssprachen zu Schrift- und Literatursprachen erinnert wird. Die grammatische Reflexion war für die Formungsphase der zweiten Gestalt der Volkssprache (der sprach-

---

87 Ivo/Neuland (1991). S. 437.
88 Ivo/Neuland (1991). S. 460-474.

lichen Norm, wie wir heute meist sagen) eine notwendige Voraussetzung bzw. war Teil dieses Formungsprozesses. Die Notwendigkeit grammatischer Reflexion auch für die individuelle Aneignung der zweiten Gestalt war während dieser Phase evident. Diese Evidenz verblaßt, wenn der Formungsprozeß zu einem gewissen Abschluß gekommen und die Norm - im Grundsatz - zur allgemein anerkannten geworden ist; wenn es also den Anschein hat, als sei die Volkssprache in ihrer zweiten Gestalt zu einer - redensartlich ausgedrückt - Sprache des gewachsenen Schnabels geworden.[89]

Wie ist es zu erklären, daß die Kernaussage des stereotypen Wissens, Grammatik tue not, dennoch aufrecht erhalten und praktiziert wird? Dies könnte daraufhin deuten, daß die Gründe für das Werturteil mit der Etablierung der Volkssprachen als "Kultursprachen" nicht erschöpft sind. Tatsächlich hat die grammatische Reflexion in der europäischen Tradition nicht nur im Gedanken der Sprachrichtigkeit ihr Ziel, sondern auch, wie im zweiten Kapitel exemplarisch an den Texten des Martianus Capella und Augustins gezeigt, in der Anstrengung, zu wissen, was wir tun, wenn wir sprechen, reden und schreiben. Im stereotypen Wissen bringt sich also die Logik der Tradition sprachlicher Bildung auch gegen den jeweils gegenwartsverhafteten Blick zur Geltung. Der grammatikdidaktische Diskurs findet in der Rekonstruktion dieses Wissens sein erstes und vordringlichstes Thema.

Die didaktische Situation ist schließlich bestimmt von der *Kritik an der Praxis des gegenwärtigen Grammatikunterrichts*. Nun stehen außer Einschätzungsurteilen, die in jeweiligen Erfahrungen vor Ort gegründet sind, keine verallgemeinerungsfähigen Daten über diese Praxis zur Verfügung. Darum sei hier vorsichtiger von Gefährdungen die Rede, mit denen das Projekt, Grammatik als Logik der Zunge, als erste Philosophie der Reflexion zu praktizieren, rechnen muß. Drei solcher Gefährdungen seien hervorgehoben: die alters-, prozeß- und sprachbedingten.

Grammatik ist im deutschen Schulcurriculum dieses Jahrhunderts vorwiegend in den Klassen 3 bis 7 ein Lernthema. Es sind also die Acht- bis Zwölfjährigen, die in der Dramaturgie des "Zurück-Erkennens" ihren Part übernehmen und lernen sollen. Die erste Gefährdung ist damit schon offenkundig, nämlich die spezifischen Reflexionsmöglichkeiten dieser Altersphasen zu verfehlen. Daß sich diese Möglichkeiten nur auftun, wenn die Reflexion ein Moment praktischer Tätigkeit wird, ist schon dargetan worden (S. 213). Ebenso, daß die didaktische Kunst, da sie ohne die Dienste des Lateinischen auskommen muß, im Schriftspracherwerb ein Feld erschließen kann, das der Reflexion in einer solchen Tätigkeit Halt gibt, die die Vergegenständlichung bewirkt. Unterstellt, daß

---

89 Hierzu Werner Besch (1984). 2. Halbband, S. 1781-1805.

eine grammatikdidaktische Erschließung des Feldes (von der Orthographie bis zum Texte lesen und Texte schreiben) die zentralen grammatischen Kategorien in diesem Feld neu situiert hätte, so könnten im Spielen mit Sprache[90] die vorbegrifflichen Erfahrungen und in der Dramatisierung von Gedanken die Momente des Staunens[91] aufgesucht werden, die den Reflexionsakt anregen und begleiten.

In der grammatischen Reflexion erheben wir die Sprachzeichen, die uns üblicherweise als Medium unterhalb der Schwelle unserer Aufmerksamkeit dazu dienen, unsere Aufmerksamkeit auf das zu richten, wovon die Rede ist, selbst zu Gegenständen bewußter Wahrnehmung und des Nachdenkens. Indem wir also die Sprachzeichen zu Objekten der Betrachtung machen,
- heben wir ins Bewußtsein, was sich vorher bewußter Aufmerksamkeit entzog;[92]
- reißen wir, was in unserem psychosomatischen Haushalt seinen angestammten und zweckdienlichen Platz hat, aus seinem natürlichen Umfeld und fixieren es in einem artifiziellen Kontext, stellen also seine Verweisungsenergien still;
- und tun dies mit Hilfe von Sprachzeichen, die in ihrer Zweckdienlichkeit zwar erhalten bleiben, aber insofern sie zugleich ihre eigenen Referenten sind, eine Art Doppelexistenz führen.[93]

In dieser - gewiß noch nicht vollständigen - Explikation dessen, was Jean Paul als Akt und Prozeß grammatischer Reflexion definiert, nämlich "die Zeichen der Sachen selber wieder zu Sachen" zu erheben, deutet sich die zweite Gefähr-

---

90 Haueis (1985). S. 658-667.
    Theoretisch ausgewiesene und praktisch erprobte Ansätze, die Reflexion auf Sprache vom Schriftsprachen-Erwerb, insbesondere von der Orthographie-Aneignung her operational anzuregen, finden sich beispielhaft in der von H. Glinz und U. Maas inspirierten Arbeit von Christa Röber-Siekmeyer "Die Schriftsprache entdecken" (1993).
91 Switalla (1992). S. 34-49.
92 Merleau-Pontys phänomenologische Beschreibung von Sprache läßt das Umstürzlerische grammatischer Reflexion sinnfällig werden:
    "Nun ist es wohl ein Ergebnis der Sprache, selbst unbemerkt zu bleiben in dem Maße, wie es ihr gelingt. etwas auszudrücken. (...) *Aber gerade darin liegt die Stärke der Sprache*: sie ist es, die uns zu dem hinführt, was sie bedeutet; sie verbirgt sich vor unseren Augen durch ihre eigenen Tätigkeit; ihr Triumph ist es, sich selbst auszulöschen (...)."
    Merleau-Ponty (1984). S. 33-34.
93 Vgl. Kap. 2.2. S. 47ff.

dung des Projekts an, Grammatik als erste Philosophie der Reflexion zu praktizieren. Es liegt nahe, den offenkundigen Schwierigkeiten des Projekts dadurch zu entgehen, den Grammatikunterricht nicht vom Akt und Prozeß grammatischer Reflexion her, sondern von seinen Ergebnissen, den Sprachzeichen als Objekten her zu denken und einzurichten. Dann aber wird das Hantieren mit grammatischen Begriffen - mit Wittgenstein gesprochen[94] - zu einem abgerichteten. Eine bildende Wirkung kann ein solcher Unterricht, wenn überhaupt, nur zufällig entfalten.

Die dritte Gefährdung des Projekts, Grammatik als erste Philosophie der Reflexion zu praktizieren, ist insofern sprachbedingt, als Sprache in diesem Projekt immer in ihrer "zwiefachen Gestalt" gedacht werden muß. Diese Zwiefachheit kann ignoriert bzw. die eine Gestalt auf Kosten der anderen hervorgehoben werden.

Grammatische Reflexion, insofern sie in der Sprachrichtigkeit bzw. in der Etablierung und "Pflege" sprachlicher Normen ihr Ziel hat, ist immer in Gefahr, den besonderen Charakter dieser Normen dadurch zu verfehlen, daß sie als zu exekutierende[95] gedacht werden. Das führt zu einer partiellen Enteignung der volkssprachlichen Sprecher, wie sie beispielhaft im Abschnitt "Höfische Modellierung der Volkssprache" demonstriert worden ist. Im Sinne der Volkssprachlichkeit, die das jeweils Eigene zur Geltung bringen will, können die Normen - idealtypisch - aber nur als Ergebnis von Einvernehmen (und sei es noch so stillschweigend) vorgestellt werden; nur so ist ihre ihnen eigene Verbindlichkeit gesichert: jeder, der verstanden werden will, muß auf sie Bezug nehmen, ist aber in der Art dieser Bezugnahme frei.

Insofern die grammatische Reflexion aufs engste mit der Herausbildung der Volkssprachen zu Schriftsprachen verwoben ist und Schriftlichkeit das Hauptstück muttersprachlichen Unterrichts ausmacht, ist sie auch immer in Gefahr, die Sprache der Bildung gegen die Sprache des Lebens in seinen gewöhnlichen Verhältnissen - mit Schottelius geredet[96] - als "Lingua Ipsa" (Germanica), als die eigentliche Sprache zu behandeln. Dem stehen Humboldts Analysen entgegen, die zeigen, daß die Ausbildung der Sprachen in ihrem Entwicklungsgang

---

94 Wittgenstein (1971). I. 5.
95 Die praktische Bedeutung eines exekutierenden und eines maieutischen Umgangs mit sprachlichen Normen habe ich in meinem Buch "Lehrer korrigieren Aufsätze" zu erweisen gesucht. Ivo (1982).
96 Schottelius (1967). S. 174.
"Die Hochdeutsche Sprache aber/davon wir handeln und worauff dieses Buch zielet/ist nicht ein Dialectus eigentlich/sondern LINGUA IPSA GERMANICA, sicut viri docti, sapientes et periti eam tandem receperunt et ursupant.

nur gelingt, wenn die Sprache "volksthümlich" und "gebildet" zugleich bleibt: immer muß ihre Strömung "von dem Volke zu den Schriftstellern und Grammatikern und von diesen zurück zu dem Volke ununterbrochen fortrollen"[97]; denn in der "volksthümlichen" Gestalt wirkt sie als Quelle der Kraft, in ihrer "gebildeten" Gestalt als Quelle der Läuterung.[98]

Gegen Versuche, die "gebildete" Gestalt der Sprache dominant zu setzen oder sie gar mit Sprache überhaupt ineinszusetzen, ist von unterschiedlichen Voraussetzungen her und mit unterschiedlichen Argumenten immer wieder Einspruch eingelegt worden. Ich verweise auf zwei Beispiele, die die Instanzen dokumentieren, auf die sich die Einsprüche berufen: Gott und Natur.

Gregor der Große verteidigt die Sprache der Bibel, die ihm auch in der lateinischen Übersetzung die Sprache des "himmlichen Orakels" ist, eine Sprache, die unter den Wertmaßstäben eines gebildeten Lateins, der Latinitas, höchst unvollkommen ist; denn es ist "unwürdig" (indignum), die Worte der Offenbarung im Sinne der Normen der Latinitas (wofür Gregor die Grammatiken des Aelius Donatus stellt) zu beugen, zu fesseln, zu unterwerfen (restringere). Das Verb macht deutlich, worauf die Argumentation zielt: das offenbarte Wort (das himmlische Orakel) darf nicht der Verfügungsgewalt des Menschen zugänglich werden[99].

Aller theologischen Kontexte entkleidet, verteidigt Jacob Grimm die "herrliche Anstalt der Natur", die ein "unvermerktes, unbewußtes Geheimniß" ist, gegen alle Versuche, sie durch die "abgezogenen, matten und mißgegriffenen Regeln der Sprachmeister" lenken zu wollen. Ihnen gegenüber gilt: "Jeder Deutsche, der sein Deutsch schlecht und recht weiß, d.h. ungelehrt, darf sich, nach dem treffenden Ausdruck eines Franzosen: eine selbsteigene, lebendige Grammatik nennen und kühnlich alle Sprachmeisterregeln fahren lassen."[100]

Die Einsprüche als Gegenpositionen teilen mit dem, was sie kritisieren, die Hervorhebung jeweils nur einer Sprachgestalt; deren funktionale Zugeordnetheit im Sinne eines energischen Austausches, wie sie Humboldt aufgewiesen hat, gerät in den toten Winkel. Im Sinne seines Aufweises argumentiert Hugo Steger in seiner Rede zur Verleihung des Duden-Preises 1982. Der institutionelle Rahmen der Rede belegt die Aktualität des Themas. Die Formulierung des Themas "Über die Würde der alltäglichen Sprache und die Notwendigkeit von Kultursprachen" zeigt an, daß hier ganz in der Tradition Humboldts gedacht wird, auch wenn dies nicht ausdrücklich vermerkt wird; sie läßt erkennen,

---

97 Siehe Kap. 3. S. 96. Anm. 103.
98 Siehe Kap. 3. S. 96. Anm. 102.
99 Havelock (1992). S. 49.
100 Grimm (1968). S. 1-3.

daß die funktionale Bewertung derjenigen Sprachgestalt, die der "gebildeten" entgegensteht, ohne die metaphysischen Kategorien des Göttlichen und des Natürlichen auskommt. Sie wird nun im Denkrahmen von Alltags- bzw. Lebenswelttheorien gedeutet und bewertet:

"Die Würde der alltäglichen Sprache ist (...) gegründet auf die verhaltenssichernde und verhaltenssteuernde Leistung für alle Sprachteilnehmer. Die Alltagssprache ist in der gegenwärtigen Welt für den Menschen eine der ganz wenigen funktionierenden und konsenssichernden Einrichtungen."[101]

Es ist aber auch festzuhalten, daß der Abstand zwischen den "nur fachsprachlich oder literatursprachlich ausdrückbaren Erkenntnissen gegenüber dem lebenspraktischen Welt- und Sprachwissen" enorm groß geworden ist.[102] Kommt es aber nicht zu einem produktiven Austausch, so ist zweierlei zu gewärtigen:
- alle fach- oder literatursprachlich ausgedrückten Erkenntnisse gehen "dem Leben und der Allgemeinheit in seiner Gesamtheit verloren", wenn sie nicht "in das Alltagsbewußtsein und die Alltagssprache aufgenommen" werden;[103]
- die "Würde der Alltagssprache leidet, wenn sie nicht aus den humanitären der Kultursprachen angemessene Normen enthält, aus der Wissenschaft, der Religion und der Literatur."[104]

Gewiß sind in einer solchen Mißlingensanalyse noch keine positiven Bedingungen für das Gelingen eines produktiven Austauschs bestimmt. Für die Bestimmung dessen, was sprachliche Bildung ausmachen soll, ist aber schon viel gewonnen, wenn die grammatische Reflexion als die Anstrengung zu wissen, was wir tun, wenn wir sprechen, reden und schreiben, ihre zentralen Kategorien, wie sie in den griechischen und römischen Grammatiken angeregt sind, unter dem

---

101 Steger (1982). S. 16.
102 Steger (1982). S. 16.
103 Steger (1982). S. 17.
104 Steger (1982). S. 22.
Vgl. Humboldts Formulierung der Gelingensbedingungen für die "Ausbildung" der Sprache: daß zwischen der Sprache, die verwandt ist "mit den Verhältnissen des gewöhnlichen Lebens" und der Sprache der Bildung "eine beständige ungehemmte und energische Gemeinschaft" statthaben muß; daß ohne solche Gemeinschaft die Bildung "irre geleitet hat oder Natur zur Rohheit herabgesunken ist."
Ausführlich Kap. 3.4. S. 96ff.

doppelten Aspekt der alltäglichen und der gebildeten Sprache interpretiert und so die sprachkritischen Potenzen dieser Kategorien freilegt.[105]

Zu einer solchen Interpretation zentraler Kategorien grammatischer Reflexion vermag Michail M. Bachtins Untersuchung "Das Wort im Roman" den Weg zu weisen, und zwar deshalb, weil seine Definition des Romans, er sei "künstlerisch organisierte Redevielfalt, zuweilen Sprachvielfalt und individuelle Stimmenvielfalt"[106] die Entstehung dieser literarischen Form an ein Stadium in der menschheitsgeschichtlichen Sprachentwicklung bindet, das in Humboldts Verlaufsschema als das zweite und dritte der Ausbildung von Sprachen gefaßt ist. Unter spezifischen historischen Voraussetzungen bildet sich der Mensch als sprechendes Wesen eine Sprachen- und Redewelt, die ex post im Text Michail M. Bachtins so in den Blick kommt:

"Die innere Aufspaltung der einheitlichen Nationalsprache in soziale Dialekte, Redeweisen von Gruppen, Berufsjargon, Gattungssprachen, Sprachen von Generationen und Altersstufen, Sprachen von Interessengruppen, Sprachen von Autoritäten, Sprachen von Zirkeln und Moden, bis hin zu Sprachen sozial-politischer Aktualität (...) ist die notwendige Voraussetzung für die Romangattung: der Roman orchestriert seine Themen, seine gesamte abzubildende und auszudrückende Welt der Gegenstände und Bedeutungen mit der sozialen Redevielfalt und der auf ihrem Boden entstehenden Stimmenvielfalt."[107]

Die Kategorie einer einheitlichen Sprache ist für Michail M. Bachtin der "theoretische Ausdruck der historischen Prozesse sprachlicher Vereinigung und Zentralisierung, ein Ausdruck der zentripetalen Kräfte der Sprache."[108] Die Entstehung von Sprachphilosophie, Linguistik und Stilistik fällt für Michail M. Bachtin mit diesen zentralisierenden Tendenzen des sprachlichen Lebens zu-

---

105 Vor dem Hintergrund von Humboldts sprachtheoretischer Unterscheidung können dann auch Fragen der sprachlichen Varietäten so gestellt werden, daß deren Zusammenhang mit der "Bildung des Menschengeschlechts" erkennbar wird. Dies zeigt sich eindrucksvoll in den Diskursen, die um die Begriffe der inneren und der äußeren Mehrsprachigkeit kreisen. Beispielhaft verweise ich auf Franz Lanthalers Einführung in den von ihm herausgegebenen Sammelband "Dialekt und Mehrsprachigkeit" und auf Horst Sittas Beitrag zu diesem Band, in dem er denjenigen Erfahrungen nachsinnt, die in der Formulierung "Im Dialekt leben" ausgedrückt sind.
Lanthaler (1994). S. 6ff. und Sitta (1994). S. 13ff.
106 Bachtin (1979). S. 157.
107 Bachtin (1979). S. 157.
108 Bachtin (1979). S. 164.

sammen. Wegen dieser Herkunft sind sie auf die zentripetalen Kräfte fixiert; in den toten Winkel gerät, daß diese Kräfte, "die in der 'Einheitssprache' verkörpert sind, (...) im Milieu der faktischen Redevielfalt" wirken, daß also Aufspaltung und Vielfalt nicht nur eine Frage der Statik, sondern auch der Dynamik des sprachlichen Lebens sind:

"die Aufspaltung und die Redevielfalt verbreitern und vertiefen sich, solange die Sprache lebendig ist und sich entfaltet; neben den zentripetalen Kräften verläuft die ununterbrochene Arbeit der zentrifugalen Kräfte der Sprache, neben der verbal-ideologischen Zentralisierung und Vereinheitlichung finden ununterbrochen Prozesse der Dezentralisierung und Differenzierung statt."[109]

In den toten Winkel geraten die dialogischen Prozesse innerhalb der Redevielfalt. "Man kann sogar sagen, daß das dialogische Moment des Wortes und alle mit ihm verbundenen Phänomene bis zum gegenwärtigen Augenblick von den Linguisten ignoriert worden sind."[110]

Solche Überlegungen - unabhängig davon, ob die wissenschaftsgeschichtlichen Urteile im einzelnen Zustimmung finden - führen mit einer gewissen Zwangsläufigkeit zu einer Neuinterpretation zentraler Kategorien grammatischer Reflexion, damit nicht nur "in das Verlies eines einzigen Kontextes" eingesperrte sprachliche Äußerungen mit ihnen gefaßt werden können, sondern auch "deren Widerhall in anderen Aussagen"[111] und damit auch ihre spezifische Perspektivität. Die bildende Wirkung grammatischer Reflexion, die die "soziale Redevielfalt" und die "individuelle Stimmenvielfalt" als konstitutiv in ihr Sprachbild aufgenommen hat, läge also in der Ermöglichung, annäherungsweise zu begreifen, was wir immer schon wissen, daß unsere Sprache stets nur eine unter anderen möglichen ist.

---

109 Bachtin (1979). S. 165.
110 Bachtin (1979). S. 167.
111 Bachtin (1979). S. 167.

5.3. Reden über poetische Sprachwerke.
Ein Modell sprachverständiger Intersubjektivität

> "Die nationale Urkunde des Abendlandes heißt Poesie (...)".
>
> Rudolf Borchardt: Die Tonscherbe[112]

Die spezifischen Bedingungen volkssprachlich bestimmter Kulturen in Europa haben Wilhelm von Humboldt angeregt, ein Entfaltungsmodell für das zu entwerfen, was Schriftlichkeit potentialiter ausmacht. Die vierte Stufe dieser Entfaltung definiert er, wie im dritten Kapitel schon dargelegt, als "Verlassen einer todten Sprache im wissenschaftlichen und literärischen Gebrauch" und dem gleichzeitigen Bestehen "der Literaturen mehrerer hochgebildeter Nationen neben einander."[113] Der Ausdruck "Literaturen" ist wohl als Inbegriff von Schriftlichkeit einer Kultur aufzufassen. Hierzu gehört auch poetische Literatur. In ihr prägt sich wie in den wissenschaftlichen Texten Schriftlichkeit auf wesentliche Weise aus; dies zeigt derjenige Teil der Definition, der die Emanzipation von einer "todten Sprache", dem Lateinischen, betrifft. Von ihr als Bezugspunkt sprachlicher Bildung soll im folgenden gehandelt werden.

Poetische Sprachwerke im Denkrahmen von Schriftlichkeit

Poetische Literatur als konstitutives Moment von Schriftlichkeit wird zum Bezugspunkt sprachlicher Bildung, insofern Schriftlichkeit als die sie bedingende Voraussetzung aufgefaßt wird. In solcher Sicht wird die Frage nach dem Bildungssinn des Literarischen - wie wir, dem allgemeinen Sprachgebrauch folgend, vereinfachend sagen können - in den umfassenden Denkrahmen des Schriftlichkeitsdiskurses gerückt.

Das hat Vorteile. Zum einen können damit eine Reihe von Schwierigkeiten bei der Beantwortung der Frage nach dem Warum von Literatur im Unterricht vermieden werden; von Schwierigkeiten, die alle gemeinsam haben, das Literarische funktional auf ein Anderes beziehen zu müssen, das es nicht selbst ist. Volker Bohn hat in einer Art Zitaten-Montage solcher Funktionszuschreibungen diese in einen Schwebezustand gebracht, in dem sie sich - durch's bloße Zusammengestelltsein einander ironisierend - jede für sich und alle zusammen um jede Glaubwürdigkeit bringen.[114] Die logische Struktur solcher Funktionszu-

---

112 Borchardt (1973). S. 67.
113 Siehe Kap. 3.4. S. 99.
114 Bohn (1980). S. 101ff.

schreibungen bleibt, in den Mantel der großen Bildungsdefinitionen gehüllt, meist unbeachtet. Sie läßt sich darum leichter an Texten demonstrieren, die das Literarische unverhohlen instrumentalisieren, und zwar in einem ganz kalkulatorischen Sinn. Zum Beispiel als Mittel erotischer Annäherung, des Flirts, der Anmache. "Schlag nach bei Shakespeare, kram ein Zitat von ihm aus und die Frauen flippen aus", so lautet das Rezept der beiden "gunmen" in Cole Porters "Kiss me, Kate", und analog zum leporelloschen Register werden Shakespeares Dramen zur Lösung von Spezialproblemen durchmustert, und es wird begründet, warum das Konzept funktionieren kann:

"Da heut' die jungen Weibsgesichter
alle stehn auf olle Dichter,
gewinnst ihr Herz du nur, zitierst du ohn Streß
Aeschylus und Euripides.
Kennen mußt du den Homer. Dito
den Sophokles und die Sappho.
Kennst du nicht Shelley, Keats und Pope
Kriegst du vom Mädel nur Gespote.
Aber einer macht das Rennen,
mit ihm stürmst du den Salon.
Diesen Dichter soll man nennen
den Barden von Stratford am Avon."[115]

Was hier in ironischer Absicht vorgeführt wird, daß nämlich die Literatur zu etwas genutzt werden kann, das mit ihr wenig zu tun hat, gründet in einer Zuschreibungslogik, die nicht intrinsischer, sondern gänzlich extrinsicher Natur

---

115 The girls today in society
   Go for classical poetry
   So to win their hearts, one must quote with ease
   Aeschylus and Euripides;
   One must know Homer, and, b'lieve me, bo,
   Sophocles - also Sappho-Ho,
   Unless you know Shelley and Keats and Pope,
   Dainty debbies will call you a dope.
   But the poet of them all
   Who will start 'em simply ravin'
   Is the poet people call
   "The Bard of Stratford-on-Avon"
   Porter (1991). S. 142-147.

ist. Sie ist dieselbe, mit deren Hilfe die Kluft zwischen der Ordnung des Literarischen und der Ordnung des Pädagogischen überbrückt werden soll. Solche Mißlichkeit läßt sich vermeiden, wenn das Literarische im umfassenden Rahmen des Schriftlichkeitsdiskurses gedeutet wird.

Im Diskurs über Schriftlichkeit wird Schreiben nämlich als eine Qualität erwiesen, die methodisch und planvoll erlernt werden muß.[116] Dieses Merkmal ist kein nur hinzugefügtes, sondern für die Definition von Schriftlichkeit konstitutiv. Insofern ist diesem Denkrahmen der Lernaspekt inhärent. Die Frage nach dem Warum und dem Wie der Anbahnung eines angemessenen Umgangs mit Literatur kann somit als eine intrinsisch motivierte Frage gestellt werden.

Diesem Vorteil entspricht der zweite, nämlich im Denkrahmen des Schriftlichkeitsdiskurses ein besonders geeignetes genus proximum zu gewinnen, innerhalb dessen das spezifisch Literarische bestimmt werden kann. Ein so gestalteter porphyrianischer Baum erlaubt es, das Literarische mit Hilfe von Merkmalen zu definieren, die sowohl in ihrer anthropologischen als auch in ihrer historischen Dimension zu fassen sind. Eben darin liegt der Vorteil für die Beantwortung der Frage nach dem Bildungssinn des Literarischen.

Die europäische Geschichte, in der wir uns bewegen, legt uns also auf, Schriftlichkeit in ihrer Potentialität mit anthropologisch-universellen Mitteln zu bestimmen und diese mit Merkmalen zu verbinden, die für die Spezifik der europäischen Realisation typisch sind. So wird der Blick auf die bedingenden Voraussetzungen dessen frei, was in Europa das Literarische genannt wird. Dies führt wieder zu der Erörterung der besonderen Ausprägung der Schriftlichkeit durch die Griechen. Eric A. Havelock hat den hier interessierenden Aspekt mit der einprägsamen Wendung "Als die Muse schreiben lernte" hervorgehoben[117], Rudolf Borchardt den Unterschied zu anderen Formen von Schriftlichkeit, in der nicht die Musen, sondern Gott, die Propheten und andere Verfügungsgewalten schreiben (lernen):

"Die heilige Grundsprache der Hellenen, ihr 'Sanskrit' sozusagen, haftet für spätere Generationen nicht wie beim Inder oder wie die klassischen Sprachen Alt-Israels und Alt-Chinas und Alt-Irans an religiösen Urkunden. Nur in der morgenländischen Fügung muß die nationale Ewigkeit als Einheit von Gesetz, Lehre und Geschichte im Gefäß zeitloser Sprache immer wieder übernommen werden. Die nationale Urkunde des Abendlandes heißt Poesie

---

116 Siehe Kap. 5.1. S. 196ff.
117 The Muse Learns to Write.
　　Havelock (1992).

und die von ihr abhängende Geisterwelt der poetisch gezeugten menschlichen Individualität in Literatur und Forschung."[118]

Es ist dieser Unterschied, den Rudolf Borchardt beachtet wissen will, wenn wir von den ägyptogriechischen Kleinsiedlern hören, "die mit einer altgriechischen Dichterrolle neben sich ins Grab gehen", oder von der verbreiteten Kenntnis der Verse der Sappho u.a., die "zum kanonischen Volksbesitz werden (...) wie anderwärts halbverstandene Gebete, Litaneien. Riten und Kultworte", Verse, die man auswendig wissen mußte "wie der alexandrinische Judäer das Gebot 'Du sollt keine anderen Götter haben neben mir.'"[119]

Sucht man nach einer einfachen Formel für dasjenige, was der griechische Sonderweg an Möglichkeiten einer Schriftkultur verwirklicht, so könnte die *Vielstimmigkeit* als markantestes Merkmal hervorgehoben und zum Ausgangspunkt der weiteren Überlegungen gemacht werden. "Die orientalischen Schriften sind als Instrumente politischer Repräsentation und wirtschaftlicher Ordnung entwickelt worden". Folglich heißt - darauf verweist Jan Assmann - Schreiben soviel wie "ordnen, planen, gliedern", und Schrift wird zu einem "Organ der Weisung"[120]. Die Schriftspraxis Israels ist in einer Hinsicht ähnlich geprägt: auch hier gilt der

"Nexus zwischen Schrift und Verbindlichkeit, Lesen und Gehorchen (...), jedoch nicht im Kontext eines irdischen Macht-Apparats. In Israel wurde die Schrift entpolitisiert und zum wichtigsten Dispositiv der Macht Gottes."[121]

Der Weisung, ob politisch-bürokratisch oder religiös gegründet, in ihrer - tendenziellen - Einstimmigkeit steht die Vielstimmigkeit der griechischen Schriftlichkeitskultur gegenüber. Sie gründet in sozialen Dynamiken, auf die schon verwiesen worden ist[122], und bringt einerseits einen Typus von Sprachwerken hervor, der verschiedene Namen erhalten hat, Poesie, Dichtung, Literatur; und

---

118 Borchardt (1973). S. 67.
Assmann, der diese Passage zur Charakterisierung des Sonderwegs griechischer Kulturentwicklung zitiert, kritisiert "die schwer erträglichen Verzeichnungen einer einseitigen Wertperspektive." Seine Kritik gilt wohl eher dem Gestus, denn den Befund macht er sich zu eigen.
Assmann (1992). S. 269/270.
119 Borchardt (1973). S. 68.
120 Assmann (1992). S. 268.
121 Assmann (1992). S. 269.
122 Vgl. Kap. 5.1. S. 184.

andererseits ein Typus von Verstehen, der nicht in einem extrinsisch motivierten "Glaubensgehorsam" seine Voraussetzung hat, sondern in einer Reflexion der Verstehensbedingungen und in der Erfahrung der Differenz der Sprachwerke und der Weisen, sich aufeinander zu beziehen, auf der Erfahrung ihres "hypoleptischen Horizonts", wie Jan Assmann diese Bezüglichkeit begrifflich faßt.[123]

Poetische Sprachwerke nehmen als wesentliche Komponenten griechischer Schriftlichkeitskultur einen solchen Platz ein, der in verschiedenen Hinsichten unbestimmt bleibt, aber gerade darin seine besondere Eigenart zeigt: sie behalten engen Kontakt zur Mündlichkeit, sie haben ihre Funktion als Medium zur Bildung kultureller Identität, und sie schaffen in der mimetischen Vergegenwärtigung von Praxis Raum für vergewissernde Orientierung.

Daß der Sonderweg der griechischen Schriftkultur darin bestehe, engen Kontakt zur Mündlichkeit zu wahren, ist ein Urteil, für dessen Begründung die Oralitätsforschung der letzten Jahrzehnte faszinierendes Material zusammengetragen und ausgewertet hat.[124] Eric A. Havelock bestimmt den Zeitpunkt, bis zu dem hin "die primär oralen Sprach- und Denkformen als eine Speichertechnik noch lange nach der Erfindung des Alphabets in Gebrauch waren", mit dem Tod des Euripides (wenn dies auch gegen Ende dieser Phase nur in abgeschwächter Form gelte).[125] Seine funktionale Deutung des Wechselverhältnisses von Oralität und Scriptualität kommt bis ins einzelne Wilhelm von Humboldts Vorstellung einer "beständigen, ungehemmten und energischen Gemeinschaft" zwischen der Sprache des Lebens in seinen gewöhnlichen Verhältnissen und der Sprache der Bildung sehr nahe.[126] Zunächst bestimmt er die Merkmale der klassischen Oralität der Griechen: "das Dynamische, Fließende, Partikulare, Konkrete". Er demonstriert diese Merkmale bis hin zur spezifisch oralen Behandlung grammatischer Kategorien und nennt dann die Sprache dieser Oralität eine des "Handelns, der Tat, des Fühlens."[127] Dem stellt er scrip-

---

123 Assmann (1992). S. 283.
124 Einen instruktiven Literaturüberblick geben Assmann/Assmann in ihrer Einleitung zu Havelock (1990). S. 27-35.
125 Havelock (1992). S. 147.
 Euripides ist 406 vor Chr. gestorben.
126 Vgl. Kap. 3.4. S. 112ff.
127 Humboldt charakterisiert die Sprache des Volkes als das Ergebnis des "wirklichen Sprechen(s) erfahrenen Lebens", sie ist, die "mehr zum Anschauen, Empfinden und Handeln gebrauchte, an kräftige Gedanken, Phantasien, Gefühle, Leidenschaften öfter geknüpfte."
 Vgl. Kap. 3.4. S. 107.

tuale Merkmale gegenüber: "Die sich wie Gerundien verhaltenden Partizipien, Verben und Adjektive sind begrifflichen Einheiten, Abstraktionen und Gegenständen gewichen." Die historische Einmaligkeit der griechischen Literatur, auch der "hochklassischen", besteht nun gerade darin, daß nicht einfach das eine an die Stelle des anderen getreten ist, sondern daß zwischen beiden ein wirksamer Austausch stattgefunden hat: "Als die Muse schreiben lernte, mußte sie sich vom lebendigen Erfahrungshorizont und seinem rastlosen Fließen abwenden, aber solange sie griechisch blieb, konnte sie ihn doch nicht gänzlich vergessen."[128] Indem so Mündlichkeit im neuen scriptualen Kontext von der Aufgabe, Erinnerung zu bewahren, entlastet wurde, konnte sie sich in ihrer Situationsbezogenheit gegenüber der relativen Situationsentbundenheit zur Geltung bringen. Aus der wechselseitigen Durchdringung von Oralität und Scriptualität mußte so wegen des rastlosen Situationsflusses Vielstimmigkeit erwachsen, wenn es die sozialen Dynamiken zuließen. Sie ließen sie zu; nicht genug damit: sie wirkten auf sie hin.

Daß die poetischen Sprachwerke die Funktion hatten, Medium zur Bildung kultureller/nationaler Identität zu sein, ist in der langen Rezeptionsgeschichte der griechischen Literatur eher ein mitgedachter Gemeinplatz. Die neuere Schriftlichkeitsforschung hat diese Funktion ausdrücklich thematisiert und dabei das Besondere griechischer Literalität in den Blick kommen lassen. Jan Assmanns Untersuchung zum "kollektiven Gedächtnis", die dem Zusammenspiel von Schrift, Erinnerung und politischer Identität in frühen Kulturen nachgeht, stellt die Frage nach der Bedeutung Homers für die "griechische Ethnogenese".[129] Der Vergleich mit Israel macht deutlich: "Beide Nationen formieren sich im Rückgriff auf einen fundierenden Text."[130] Aber die fundierenden Texte, ihre kulturgeschichtliche Einbettung und die Weise, wie auf sie zurückgegriffen wird, unterscheiden sich erheblich.

Der Kanon der hebräischen Bibel ist identitätsfundierend, insofern er zur "orthopraktische(n) Heiligung des Lebens (hebr. "halakhah"), wie sie in den 613 Verboten und Geboten der Torah niedergelegt ist", anleitet und das Bewußtsein der "Einzigartigkeit (...) der Gottesbeziehung" vermittelt[131], und dies in einem Volk, das etwas "weltgeschichtlich Neues" schafft: die Ausdifferenzierung der

---

128 Havelock gewinnt die Mündlichkeitskriterien, indem er auf Platons Dichterkritik zurückgreift und diese als Mündlichkeitskritik erweist.
Havelock (1992). S. 156.
Ausführlich ist dieser Gedanke entfaltet in Havelock (1963).
129 Assmann (1992). S. 272.
130 Assmann (1992). S. 273.
131 Assmann (1992). S. 197.

Religion zu einer von allen Bereichen der Kultur und Politik scharf abgesonderten "Wert-, Sinn- und Handlungssphäre".[132] Priestern und "Schriftgelehrten", die institutionell an dieser Ausdifferenzierung teilhaben, obliegt es, die Ein-Stimmigkeit der kanonischen Schriften zu sichern.

Die homerischen Gesänge organisieren das Zugehörigkeitsbewußtsein zum Griechentum. Dieses panhellenische Bewußtsein bei

"einem 'Volk', das nicht die geringsten Ansätze zu einer politischen Identität aufweist und dessen verschiedene politische Einheiten untereinander in außenpolitischen Beziehungen stehen",

ist also vornehmlich das "Werk eines Textes und seiner Verbreitung: Der *Ilias*", deren zentrale Erinnerungsfigur "die Geschichte einer Koalition, eines panhellenischen Zusammenschlusses gegen den Feind im Osten" ist.[133] Die Autorität dieser Gesänge reicht noch weiter[134]: denn die Rhapsoden, die sie vortragen, sind als Sprecher des Sprechers der Götter[135] zugleich Erzieher; - aber gewiß sind sie auch "Unterhalter". Und als die Gesänge Homers dann zum Kristallisationspunkt eines literarischen Kanons werden, sind es Philologen, die sich um die Texte kümmern, und nicht Priester oder ähnlich definierte Personengruppen. Zwar gilt auch für die Philologen das Gebot, "nichts hinzu zu fügen und nichts zu streichen"[136], aber es gilt als ein philologisches, nicht als ein priesterschriftliches: sich nämlich dem letztlich ungewissen Text durch alle Verderbnisse und Varianten der Überlieferung zu nähern und die unter den gegebenen

---

132 Assmann (1992). S. 204.
133 Assmann (1992). S. 273.
134 Eine Vorstellung von der Wirkung Homers vermag der Rat des Sokrates an Glaukon zu vermitteln, wie mit Menschen am besten umzugehen sei, die in dieser Wirkung befangen sind: "...wenn du Lobredner des Homeros antriffst, welche behaupten, dieser Dichter habe Hellas gebildet, und bei der Anordnung und Förderung aller menschlichen Dinge müsse man ihn zur Hand nehmen um von ihm zu lernen und das ganze eigene Leben nach diesem Dichter einrichten und durchführen: so mögest du sie dir gefallen lassen, (...) auch ihnen zugeben, Homeros sei der dichterischste und erste aller Tragödiendichter, doch aber wissen, daß in den Staat nur der Teil der Dichtkunst aufzunehmen ist, der Gesänge an die Götter und Loblieder auf treffliche Männer hervorbringt." Pol. 606e; 607a.
135 Im Dialog, der den Namen des Rhapsoden Ion trägt, werden die Dichter als Sprecher der Götter (hermenes ton theon), die Rhapsoden als Sprecher der Sprecher (hermenes hermeneon) bezeichnet. Ion 534e; 535a.
136 Deuteronumium 4.2.

Bedingungen bestmögliche Textgestalt zu organisieren; also nicht von der Authentizität einer vorgeblich ersten Gestalt auszugehen und deren Reinheit in der Überlieferung zu kontrollieren. Die Vielstimmigkeit der griechischen Kultur ist also auch im philologischen Textverständnis gegründet.

Daß poetische Sprachwerke in der mimetischen Vergegenwärtigung von Praxis Raum für vergewissernde Orientierung eröffnen, zeigt die zweite große Literaturgattung der Griechen, die attische Tragödie. Aus zeremoniellen Anlässen bildete sich, auf Lyrisches zurückgreifend, die Idee und Praxis des Theaters. Dieses bleibt zwar fester Bestandteil religiöser Feste, vor allem der Dionysien, aber es kommt "ohne priesterliche oder sonstige Autorität" aus; es sind nun die Spieler im Spiel, die "das Schicksal der Menschen öffentlich untersuchten und ihre Erklärungen dazu abgaben"[137] und dies vor einem Publikum, das bis zu 14.000 Menschen zählen konnte. Gewiß, die Mythen bildeten den "Stoff" dieser Tragödien. Das ist wenig erstaunlich, denn es war - wie Moses J. Finley den kulturellen Charakter der griechischen Religion veranschaulicht - "unwahrscheinlich, daß ein Grieche mehrere Minuten lang sprach, ohne irgendwie die Götter oder die Mythen zu erwähnen"[138]; erstaunlich dagegen ist, wie "freimütig und ungehemmt" die Tragiker

"die überlieferten Mythen und Glaubensvorstellungen sondieren und auch neue Probleme erörtern, die sich in der Gesellschaft stellten, so zum Beispiel die neue sokratische Betonung der Vernunft, das Menschentum der Sklaven oder die Verpflichtung und der verderbliche Einfluß der Macht."[139]

So ist das Tragödienwort denn kein Verkündigungswort, und es ist nicht "untrennbar mit der Autorität verwachsen - mit einer politischen Macht, Institution, Person", mit der es "steht und fällt."[140] Die Tragiker

"waren weder Pamphletisten noch politische Theoretiker oder Propagandisten (es sei denn, man verstünde darunter Propaganda für Gesittung und ganz allgemein auch für Gerechtigkeit)."[141]

---

137 Finley (1990). S. 73.
138 Finley (1990). S. 77.
139 Finley (1990). S. 77.
140 Bachtin (1979). S. 230.
141 Finley (1990). S. 76.

Die griechische Vielstimmigkeit gründet somit also auch in einer poetischen Form, in der Praxis mimetisch vergegenwärtigt, angeschaut und so der Reflexion zugänglich wird.

Die poetischen Sprachwerke des griechischen Sonderweges in die Schriftlichkeitskultur haben unter vielen Gesichtspunkten eine angemessene theoretische Deutung erfahren, z.B. unter poetologischen, ästhetischen und kultursoziologischen. Im Schriftdiskurs tritt an ihnen ein Merkmal hervor, das die Selbstverständlichkeit, mit der wir vielleicht die Gesänge Homers, die Oden Pindars und die attischen Tragödien und Komödien Dichtung nennen, von ihnen also als der griechischen Literatur sprechen, in Frage zu stellen und Anlaß zum Staunen zu werden vermag. Hervorgehoben wird nämlich ihr eigentümlicher Schwebezustand: einerseits verbindlich zu sein und höchstes Ansehen zu genießen und andererseits in ihrer Geltung mit Wissens- oder Glaubenssätzen und Handlungsmaximen nichts gemein zu haben. Dieser Schwebezustand ist dann auch für das Verständnis der europäischen Literatur charakterisiert, die sich an der griechischen gebildet hat.

Denken wir uns zur Veranschaulichung ein Kontinuum von Texten zwischen zwei Endpunkten. Der eine sei durch solche Texte bestimmt, die ihre Botschaft als unumstößlich wahr präsentieren oder als Gebote deklarieren, auf die die angemessene Antwort *Gehorsam* ist; der andere durch solche, die ohne (greifbare) Botschaft auskommen, "Wettertexte"[142] gleichsam, auf die mit einer *genußvollen Kundgabe "reiner Gesprächigkeit"*[143] angemessen zu reagieren ist. Das griechisch angeregte Literaturverständnis Europas läßt sich dann bestimmen als eines, das die poetischen Sprachwerke zwischen diesen beiden Endpunkt-Texten positioniert, und zwar so, daß sie an beiden Charakterisierungen Anteil haben. Die Weisen diese Anteilhabens können sehr verschieden sein. Dies spiegelt sich in poetischen Diskursen, in denen z.B. die Prinzipien des "Engagements" und des "L'art pour l'art"[144] erörtert werden. Immer aber bleibt die mittlere Po-

---

142 Die Formulierung ist von Schleiermacher angeregt:
"Nicht alles Reden ist gleich sehr Gegenstand der Auslegungskunst. Einige Reden haben für dieselbe eine Nullwert (...). Einen Nullwert hat, was weder Interesse hat als Tat noch Bedeutung für die Sprache. Es wird geredet, weil die Sprache sich nur in der Kontinuität der Wiederholung erhält. Was aber nur schon vorhanden Gewesenes wiederholt, ist an sich nichts. Wettergespräche."
Schleiermacher (1977). S. 82/83.
143 Humboldt VI. S. 156.
144 Aristoteles listet im 8. Buch der Politik Funktionen der Musik auf. Die von ihm favorisierte Funktion nimmt eine ähnliche Mittelstellung zwischen zwei Extremen ein. Das ernste Extrem enthält einen Hinweis auf die Rolle der Musik in der Erziehung

sition der "Schnittmengen" für das europäische Literaturverständnis entscheidend. Literatur "trägt nicht" - wie Vladimir Nabokov von seinem Roman "Verzweiflung" sagt - "eine Botschaft zwischen den Zähnen herbei"[145]; sie lebt aber als Kundgabe "reiner Gesprächigkeit" auch nicht in der faden Wiederholung konventionalisierter Unterhaltung.[146] Ihr Anteil an den "Gehorsamstexten" sichert ihr die Lebensbedeutsamkeit, die sie für uns hat; ihr Anteil an den "Wettertexten" eröffnet die Möglichkeit, Wahrheit als vielstimmig gelten zu lassen, ohne sie - relativierend - um ihren Ernst zu bringen.

Im Modell der Sprachfunktionen, das Roman Jakobson in seiner Abhandlung "Linguistik und Poetik" vorgetragen hat, finden wir die sprachlichen Kategorien, um die Position poetischer Sprachwerke im skizzierten Texte-Kontinuum zu präzisieren. Danach realisieren Texte, die ihre Botschaft als unumstößlich wahr präsentieren oder als Gebote deklarieren, auf besondere Weise die "referentielle" oder die "konative" Funktion; die "referentielle", insofern die Struktur dieser Texte vorrangig auf ihre "Nachricht", die "konative", insofern sie vorrangig auf den "Empfänger" ausgerichtet ist. Dagegen realisieren Texte, die gleichsam als "Wettertexte" ohne (greifbare) Botschaft auskommen, diejenige

---

(paideia). Die Begriffe, mit denen sie hier in Verbindung gebracht wird, sind Tugend (arete) und Sittlichkeit (ethos). Das unernste Extrem enthält den Verweis auf Erholung von der Anstrengung (anapausis). Sie wird hier mit Scherz und Spiel (paidia) in Verbindung gebracht. Dazwischen liegt ihre Funktion für die "Muße" (schole). Dieser für den "freien" Mann wesentliche Lebensbereich verknüpft die Musik mit Glück (euemeria), Geselligkeit (synusia), Kultur des Geistes (phronesis) und Heiterkeit (euphrosyne). In den Extrempositionen wird die Mujsik also zu etwas genutzt, was sie nicht selbst ist. In der Mittelstellung widerfährt ihr solche Instrumentalisierung nicht, das sie ihrem Wesen nach Teil der "Muße" ist.
Aristoteles: Politik. 8. Buch. Kap. 5 und 7.
Schon ein sehr frühes Zeugnis für die Berufung zum Dichter (durch die Musen) weist auf die Mittelstellung hin. Es findet sich in den Einleitungsversen der Theogonie Hesiods: "Die Musen lehrten einst Hesiod den schönen Gesang...". Die Passage endet mit der Frage: "Doch was soll ich denn mit dem Felsen, der Eiche?" Hermann Koller interpretiert diesen "halb unwillig gesprochenen Vers": "Jeder Hörer Hesiods mußte dabei unwillkürlich an Eiche und Fels von Dodona, dem Zeus-Heiligtum im Epirus, denken. (...) Hesiod nimmt also eigentlich nur einen Teil des Auftrages der Musen an, Musen und Götter zu besingen, weist aber die Verkündigung des Orakels von sich." Koller (1963). S. 30.

145 Nabokov (1972). S. 8: "has no social comment to make, no message to bring in its teeth".
146 Bürger (1990).

Funktion, die Roman Jakobson die phatische nennt. Texte oder Textpartikel, in denen diese Funktion vorherrscht, sind nach ihm dazu da,

"Kommunikation herzustellen, zu verlängern oder zu unterbrechen, zu prüfen, ob das Kontaktmedium (Kanal) in Ordnung ist ('Hallo, hören Sie mich?'), um die Aufmerksamkeit des Angesprochenen zu erhalten oder sich seiner fortgesetzten Interessen zu versichern ('Hören sie zu?' oder mit Shakespeares Worten 'Lend me your ears' - und am anderen Ende der Leitung: 'Hm, hm!')"[147]

Phatisch bestimmte Texte sind also in einer Hinsicht solche, die aus dem Interesse erwachsen, daß nicht (peinliche) Stille herrsche; oder schärfer noch: die aus dem horror vacui hervorgehen. (Roman Jakobsons Beispiel: "'Well!', the young man said. 'Well!', she said. 'Well, here we are", he said. 'Here we are', she said. 'Aren't we?', 'I should say, we were', he said. 'Eeyop! Here we are'. 'Well', she said, 'well'."[148])

Die Wahrnehmung der phatischen Funktion kann aber auch aus dem Interesse an kommunikativen Abläufen, am Gelingen von Kommunikation erwachsen; oder personal gewendet: aus einem Interesse, daß und wie sich Personen redend und schreibend untereinander in Beziehung setzen, und aus der sich daraus bildenden Verantwortung dafür, daß z.B. jeder zu seinem Wort komme.[149]

---

[147] Jakobson (1979). S. 91.

[148] Jakobson (1979). S. 91.
Jakobson zitiert Dorothy Parker: Here lies. The collected stories. New York 1939. S. 51-66 ("Here we are").

[149] Schleiermacher: Versuch einer Theorie des geselligen Betragens. In: Werke Bd. II. 2. Neudruck der 2. Aufl. von 1927. Aalen 1981.

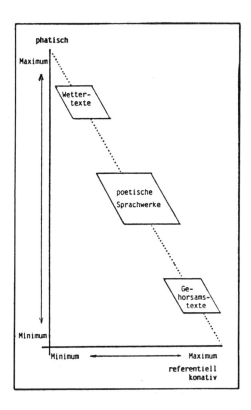

Geht man davon aus, daß im sprachlichen Handeln immer alle Sprachfunktionen realisiert werden, daß es also immer um ein Mehr oder Weniger, nie um ein Entweder-Oder geht, so wird deutlich: in poetischen Sprachwerke sind - quantitativ betrachtet - die Strukturelemente, die auf die "Nachricht" und auf "Empfänger" auf der einen und die auf "Kommunikation" auf der anderen Seite gerichtet sind, ausgewogen dosiert; sie erzeugen - qualitativ betrachtet - zusammen mit den hier nicht beachteten Strukturelementen die spezifische Seinsweise des Literarischen.

Der Rückgriff auf Roman Jakobsons Modell der Sprachfunktionen läßt es nun offenkundig werden, daß die Anordnung des Text-Kontinuums zwischen den beiden Endpunkten "Gehorsamstexte" und "Wettertexte" eine Bewertung enthält, sie sich aus der Definition der Sprachfunktionen nicht herleiten läßt. Denn Texte, die ganz auf die Darstellung der "Nachricht" gerichtet sind, führen zur höchst möglichen Objektivität; solche, die imperativisch organisiert sind, zur höchst möglichen Unmißverständlichkeit des Gewollten - ihnen kommt also nicht als solchen höchste Autorität zu, der nur im Gehorsam zu begegnen ist, so wenig wie den "Wettertexten" wegen ihres phatischen Charakters[150] nur marginale Bedeutung zugeschrieben werden kann.

Diese Bewertung ist offenkundig in der spezifischen Ein-Stimmigkeit solcher Schriftkulturen verankert, die ihre Gründungsurkunden für sakrosankt erklären und diese in die exklusive Obhut eines sozial exponierten und hierfür eigens legitimierten Personenkreises überantworten. Unter solchen Bedingungen spielt die phatische Funktion der Sprache nur insofern eine Rolle, als darauf zu achten ist, daß die Verkündigung ihre Adressaten erreicht, das Phatische erschöpft sich im Kerygmatischen.

Der griechische Sonderweg in die Schriftlichkeit ist dagegen dadurch bestimmt, daß den identitätsfundierenden Schriften zwar höchste Autorität zukam, sie aber als literarische Schriften niemals sakrosankt waren. Wegen der poetischen Form konnte, was sie als referentiell begreifbare Botschaft enthielten, der Kritik zugänglich werden, wie sie uns z.B. in den harschen Worten des Xenophanes überliefert ist:

"Alles haben Homer und Hesiod den Göttern angehängt, was nur bei Menschen Schimpf und Schande ist: Stehlen und Ehebrechen und sich gegenseitig betrügen."[151]

Und Platons Rückführung der Dichtung auf göttliche Einwirkung hat ihre Pointe gerade nicht darin, sie für sakrosankt zu erklären. Denn der Dichter, so argumentiert Sokrates gegenüber einem der angesehensten Rhapsoden seiner Zeit, Ion, ist "nicht vermögend zu dichten, bis er begeistert worden ist und bewußtlos und die Vernunft nicht mehr in ihm wohnt." Darum ist das, was die Dichter sagen, nicht deshalb "so viel wert", weil *sie* es sagen, sondern deshalb, weil "der Gott selbst es sagt (ho theos autos estin ho legon)" und "er nur durch diese zu uns spricht."[152] Die Rhapsoden-"kunst" durch die (wie schon auf Seite

---

150 Für das Modell der Sprachfunktion, das Jakobson entwirft, gilt wohl das Urteil Bachtins, daß der modernen Linguistik, im Zuge der zentralistischen Tendenzen des sprachlichen Lebens entstanden, "das dialogische Prinzip der Sprache (...) verschlossen" bleibe. So wird zwar in der Definition der konativen Funktion der "Empfänger"-Bezug thematisiert, aber gleichsam nur einstrahlig vom Sprecher zum Hörer in den Blick genommen. Es fehlt, wie Bachtin sagt, "deren Widerhall in anderen Aussagen." Interessanterweise kommt Jakobson in seiner Beschreibung des Phatischen dem noch am nächsten.
Bachtin (1979). S. 166/167.
151 Diehls (1922). S. 59/60.
152 Platon: Ion. 534b-d.

? zitiert) der Rhapsode zum Sprecher der Dichter wird, die selbst wiederum Sprecher des Gottes sind, wird von anderen "Künsten" abgegrenzt. Von der Kunst des Wagenführens, der Heilkunst, der Rechenkunst, der Fischerkunst, der Kunst, ein Schiff zu führen, der Strategiekunst - kurz: dem Rhapsoden, der dem Dichter seine Zunge leiht, bleibt am Schluß des Dialogs nichts, was er zur praktischen Bewältigung des Lebens und zum Verständnis der Welt und der Menschen beitragen könnte; ja selbst von Rhapsoden-"*kunst*" kann nicht wirklich gesprochen werden: an Homer "durch göttliche Schickung festgehalten, ohne etwas zu wissen", bleibt dem Rhapsoden nur die Wahl, vorzutäuschen, er könne zur Lebensorientierung Maßgebendes sagen, und dann für unrechtlich erachtet zu werden, oder diese Ansprüche aufzugeben und für einen "göttlichen Mann" gehalten zu werden.[153] Schärfer läßt sich wohl die Belanglosigkeit der Berufung auf göttlich inspirierte Texte für alles, was den Sinn menschlichen Daseins betrifft, kaum dartun, um diese Aufgabe dann ganz der menschlichen Vernunft zu überantworten.

Platons Dichterkritik insgesamt, wie immer sie ausgelegt wird, muß an dieser Stelle nicht berücksichtigt werden, weil es allein darauf ankommt zu zeigen, wie in ihr die Auffassung von Offenbarungsschriften als Erkenntnisquelle und den damit verbundenen Exklusivitätsansprüchen destruiert wird. Diese Kritik ist bereits Ausdruck griechischer Vielstimmigkeit. Sie setzt - in den Begriffen Roman Jakobsons geredet - voraus, daß die phatische Funktion der Sprache keine marginale, sondern eine gleich wichtige Bedeutung wie die referentielle und konative Funktion in der Praxis der griechischen Kultur erlangt hat.

Christian Meier hat die historischen Voraussetzungen hierfür in seinen Erwägungen zu den "Konstellationen, unter denen der griechische Sonderweg im achten Jahrhundert begann"[154], aufgezeigt. Als die für die Ausbildung der Vielstimmigkeit wichtigsten Voraussetzungen ziehe ich heran:
- daß "die Griechen, abweichend von aller Regel der Weltgeschichte, ihre Kultur nicht von monarchischen Zentren, sondern im Widerspiel verschiedenster Kräfte bildeten"[155] und
- daß sich das Politische vorrangig in der "Exklusivität der Polis-Gesellschaften" bei "gegenseitiger Respektierung der Städte"[156] vollzog, die gemeingriechische Öffentlichkeit in ihrer Weite in erster Linie eine kulturelle Insti-

---

153 Platon: Ion. 542a-b.
154 Meier (1993). S. 116.
155 Meier (1993). S. 109.
156 Meier (1993). S. 131/135.

tution war, vor der man als einer unpolitischen "weniger Macht denn Rang und Namen anstreben" mußte[157], und
- daß die Muße zu einem wesentlichen Inhalt der kulturprägenden Schicht wurde, durch die "der Bereich der Öffentlichkeit" sich ausweitete und an Bedeutung gewann und in der Agora ihren Platz fand, wo gesprochen wurde und wohin sich darum alles drängte.[158]

Das Besondere der griechischen Schriftlichkeit, ihre Vielstimmigkeit, zeigt sich also zunächst einmal in der Abwesenheit von machtbestimmter Ein-Stimmigkeit. Sie zeigt sich sodann in einer Vielzahl poetischer Werke, denen hohe Bedeutung, ja Autorität beigemessen wird, die aber nicht als sakrosankte auf erste Plätze gelangen, sondern als solche, die im Wettkampf als die besten erachtet werden. Sie zeigt sich sodann in der Rezeption der Werke, insofern diese unterschiedlich bewertet und verstanden werden.

Vielstimmigkeit ist immer in einer doppelten Gefahr: daß der Kontakt unter denen, die am literarischen Prozeß beteiligt sind, abreißt, dieser also zerfällt; oder daß die Werke wegen ihrer Hochschätzungen zu kanonisierten werden, und zwar so, daß sie der Kritik entzogen sind, der literarische Prozeß also versteinert.

Die Abwehr dieser Gefahren führt zur Bildung von Auslegungsverfahren, die es erlauben, unterschiedliche Verständnisse der Werke mit methodisch kontrollierten Argumenten zu begründen. Darüber wird im nächsten Abschnitt "Rationalisierung der Auslegung: die Allegorese" gehandelt. Sie führt weiter zur Entwicklung einer Form des Gesprächs über diese Werke, die ihrem eigentümlichen Schwebezustand angemessen ist, nämlich Werke mit hoher Verbindlichkeit und Autorität sein zu können, aber dennoch mit der Geltung von Glaubens- oder Wissenssätzen und der von Handlungsmaximen nichts gemein zu haben. In dieser - noch zu beschreibenden - Form des Gesprächs über poetische Sprachwerke kann sich jeweils ein Zyklus im literarischen Prozeß vollenden und zum Ausgangspunkt eines neuen werden. Und als Gespräch - so mannigfaltig schriftliche Substitutionen sind oder sein mögen - mündet ein solcher Zyklus in ein Reden von Angesicht zu Angesicht. Der letzte Abschnitt dieses Kapitels "Reden über poetische Sprachwerke: vom Nutzen der Balancier-Stange" ist diesem Aspekt des literarischen Prozesses gewidmet.

Die Frage nach dem Bildungssinn des Literarischen, im Rahmen des Schriftlichkeitsdiskurses gestellt und, weil sich die europäische Literatur an ihr gebildet hat, in die Perspektive griechischer Schriftlichkeit gerückt, führt zu einer ersten vorläufigen Antwort: Das Lesen poetischer Sprachwerke, ihre Ausle-

---

157 Meier (1993). S. 135.
158 Meier (1993). S. 145.

gung und die Verständigung über die Auslegung sind als konstitutive Tätigkeiten in der Tradition dieser Schriftlichkeit immer auch Einübung in kulturelle Vielstimmigkeit; das Gespräch über Literatur wird zum Modell "sprachverständiger", nicht machtbestimmter Intersubjektivität.

Vom Lesen zur Auslegung: die Allegorese

> In einem italienischen Comic fand ich dies Jahr folgende Geschichte: Ein Landstreicher erklärt einem ältlichen Priester des Vatikans die biblische Schöpfungsgeschichte, wonach die Erdkugel ein Wollknäuel ist, welches Gott aus dem Schoß gefallen sei und nun langsam von ihm wieder aufgerollt werde. Unser Leben sei insofern rückläufig, die Vergangenheit unsere Zukunft und das Finale der Welt absehbar, es hänge am Fadenende. Auf die Frage des entsetzten Priesters, wo denn, bei Gott und allen Teufeln, dies in der Bibel stünde, entgegnete der Landstreicher: So direkt steht es natürlich nicht drin. Aber du bekommst es sehr schnell mit, wenn du verstehst, zwischen den Zeilen zu lesen.
> Christoph Hein: Waldbruder Lenz[159]

Jeder Schriftlichkeitskultur stellt sich das Problem der Zeitdifferenz: Geschriebenes steht im Verweisungszusammenhang einer Zeit, die es überdauert und dann von Lesern zur Kenntnis genommen wird, deren Zeit nicht die des Geschriebenen ist.

Wollen sie das Aufgeschriebene in *historischem* Interesse lesen, werden sie versuchen, die Zeit im Text, auf die dieser eine Antwort war, zu rekonstruieren; gelingt dies schlecht und recht, gilt das Problem der Zeitdifferenz als gelöst.

Anders stellt sich das Problem, wenn die Bedeutung des Aufgeschriebenen *für die eigene Zeit* erschlossen werden soll, denn dann ist nicht nur der Zeitkontext der Schrift zu rekonstruieren, sondern auch ein neuer zu entfalten, auf den hin das Verstandene anzuwenden, zu applizieren ist. Die Lösung dieses Problems der Zeitdifferenz ist offenkundig komplizierter und risikoreicher als das zuerst genannte.

Eine weitere Schwierigkeit tritt auf, wenn die alte Schrift mehr ist als *irgendein* Text, sondern eine, der in der Tradition ein Status zugewachsen ist, der sie zur Mitte einer Kultur hat werden lassen, weil sie mit den Anfängen und Ursprüngen verbindet, die Ordnung der Welt repräsentiert, dem Handeln Rich-

---

[159] Hein (1992). S. 81.

tung und Ziel gibt und den Menschen, die sich um sie versammeln, als Spiegel ihrer Gemeinsamkeit gilt; weil sie von ihrer Form her geeignet ist, die Aufmerksamkeit zu fesseln, Kopf und Herz anzusprechen, Nachdenklichkeit und Handlungsbereitschaft zu erzeugen, Leidenschaften zu erregen und Ängste zu besänftigen. Rekonstruktion und Applikation werden unter diesen Voraussetzungen zu Tätigkeiten, die zwangsläufig in das Kraftfeld geraten, das sich um die Autorität einer solchen Schrift oder eines Korpus von Schriften gebildet hat. Verändern sich mit dem Abstand zur Entstehungszeit solcher Schriften die praktischen Lebensverhältnisse dergestalt, daß sie und die Botschaft der Schriften in Widerspruch geraten, wird das Problem der Zeitdifferenz, das zunächst - in darstellungslogischer Sicht[160] - ein Problem des Verstehens war, zugleich zu einem der Autorität der Schriften, es entsteht eine *Autoritätskrise*. Für deren Meisterung scheint es, insofern sie hier nur in ihren medialen Aspekten Beachtung findet, drei idealtypische Möglichkeiten zu geben: die Verhältnisse im Sinne der Schriften zu beeinflussen, die praktischen Veränderungsdynamiken also zu bremsen; die Schriften aus ihrer Verbindlichkeit zu entlassen (z.B. die Schriften des Bundes von Jachwe mit seinem Volk zur "Poesie der Hebräer" zu erklären); oder die Auslegung der Schriften so zu gestalten, daß die aufgebrochenen Widersprüchlichkeiten durch ein anderes Verstehen der Texte überwunden werden. In der geschichtlichen Wirklichkeit werden solche Krisen regelmäßig auf allen drei Wegen zugleich angegangen. Die Unterschiede hängen davon ab, welcher von ihnen zum Hauptweg geworden ist.

Immer freilich kommt der Auslegung der Schriften eine wesentliche Bedeutung zu. Denn eine neue, veränderte Lebensverhältnisse beachtende Auslegung der Schriften liegt einerseits in der Logik des Übergangs von der Mündlichkeit zur Schriftlichkeit, insofern - nur mit anderen Mitteln, nämlich denen der methodischen Auslegung - fortgesetzt wird, was als Austarierung mündlich tradierter "Texte" mit veränderten Lebensbedingungen immer schon praktiziert wurde. Andererseits liegt sie in der Entfaltungslogik von Schriftlichkeit, insofern damit das Deutungspotential schriftlicher Texte allererst erschlossen wird.

Im Grundsatz leitet sich eine Auslegung, die gängiges Schriftverständnis verändert, aus einer zweifachen Unterscheidung her: der von Text und Textverständnis zum einen und der von einem offenkundigen und einem verborgenen Textsinn zum anderen.

In der ersten Unterscheidung bringt sich eine Reflexion zur Geltung, die dasjenige Verständnis vom Leseprozeß thematisiert, das unserer alltäglichen Lesepraxis als "Begleitbewußtsein" beigesellt ist: daß nämlich (objektiver) Textsinn und (subjektives) Textverständnis eines sind und nur im Falle des Mißlin-

---

160 Historisch ist eher von einer umgekehrten Reihenfolge auszugehen.

gens von Verstehen auseinandertreten. Die Reflexion auf dieses Begleitbewußtsein (oder wie wir auch sagen können: auf unsere Alltagstheorien vom Lesen) erweist dies für die Praxis alltäglicher Verständigung als funktional. Tatsächlich bedarf es im gesellschaftlichen Verkehr zunächst nur dann der Unterscheidung von Text und Textverständnis, wenn - technisch gesprochen - die Kommunikation gestört ist. Die Reflexion auf dieses Begleitbewußtsein erweist aber auch den notwendig subjektiven und nur tendenziell hintergehbaren Anteil am Textverstehen und zeigt, daß das Ineinssetzen von Text und Textverständnis nur im Rahmen von selbstverständlich geltendem und geteiltem Orientierungswissen funktional ist.[161] In Zeiten der Autoritätskrisen von Schriften, die solches Orientierungswissen fundieren, steht aber dieses selbst zur Disposition: es wird unumgänglich, die subjektiven Anteile des Textverstehens näher zu bestimmen und ihnen bis in die kulturellen Grundmuster, in deren Rahmen sie sich entfalten, nachzugehen und auf dieser Reflexionsgrundlage neue Formen der Verständigung mit den orientierenden Schriften und neue Formen der Verständigung für die Leser untereinander zu schaffen. Daß die einzelnen Menschen und die Gesellschaften, die in solche Reflexionsprozesse geraten, tiefgreifende Wandlungen durchmachen, bedarf keiner besonderen Aufweise; daß aber auch die Frage, ob und wie solche Reflexionsprozesse gesteuert werden bzw. gesteuert werden sollen, für die politische Verfaßtheit einer Kultur und für die Bildung der Menschen in ihr von höchster Dringlichkeit ist, ebenso wenig. Es ist ein weiteres Merkmal des griechischen Sonderwegs, daß diese Fragen nicht machtbestimmt gelöst, sondern dem "Volk" überantwortet wurden.

Die zweite Unterscheidung, die vom offenkundigen und verborgenen Schriftsinn, schafft eine Voraussetzung für neue Auslegungen von Schriften, insofern sie die Selbstverständlichkeit des offenkundigen Textsinns als einzig möglichen in Frage stellt und zur Suche nach Anhaltspunkten im Text für andere Verständnisse anleitet. Sie führt zur Ausbildung einer Methode der Auslegung, die die Probleme der Zeitdifferenz vom Text her bearbeitbar macht; und, insofern die Autorität von Schriften in Frage steht, zu einer Krise jenes Schriftsinns, der als offenkundiger (sensus obvius) den Anspruch des selbstverständlich Geltenden repräsentiert. Die Auslegungsmethode, die auch den letzteren Aspekt einschließt, wird Allegorese (oder allegorische bzw. allegoretische Schriftdeutung) genannt.

---

161 Humboldt nennt die Vorstellung, "dass die verschiedenen Sprachen nur dieselbe Masse der unabhängig von ihnen vorhandenen Gegenstände und Begriffe mit andren Wörtern bezeichnen (...), dem Menschen zu natürlich." Denn: "Immer in Objekten lebend, webend und handelnd, bringt er die Subjektivität zu wenig in Anschlag (...)." Humboldt. VI. S. 119.

Wird die Krise des offenkundigen Sinns in irgendeiner Weise machtbestimmt (z.B. hierarchisch) kontrolliert, so wird diese Methode zu einem Instrument der Herrschaft, das, der öffentlichen Beobachtung entzogen, genutzt wird, um den alten offenkundigen Textsinn zu bewahren und zugleich neu zu bestimmen. Wird diese Krise dagegen zum Thema der Erörterung auf den Plätzen der öffentlichen Rede, so wird sie zu einem Instrument, sich über die Autorität der Texte zu verständigen, die Texte neu auszulegen und sich als individuelle Hörer oder Leser der Texte dialogisch aufeinander beziehen zu können.

Der griechische Sonderweg ist im Sinn der letzten Krisenbearbeitung bestimmt. Das ist auch an der verwendeten Terminologie ablesbar. Zunächst hat für die griechische Homerdeutung die Entdeckung des verborgenen Sinns als Anschauungsgrundlage für die Bezeichnung der Auslegungsmethode gedient: das *Wahrnehmen* und *Bemerken* dessen, was *unter* dem Offenkundigen liegt (*hyponoia*), schafft die Voraussetzung für eine neue Auslegung. Der spätere Terminus *Allegorese* hebt das Reden über die Texte hervor: an die Stelle des Redens, in dem sich der überkommene, offenkundige Textsinn ausspricht, tritt ein *anderes* (allos) *öffentliches Reden* (agoreuo), in dem also ein davon abweichendes Verständnis des Textes zu Wort kommt.[162]

Die Praxis der Allegorese führt zur Ausarbeitung der Lehre vom mehrfachen Schriftsinn, und zu einer kulturellen Praxis der einläßlichen Beschäftigung mit aufgeschriebenen Texten; eine Beschäftigung, die später Philologie heißen wird[163] und die, insofern sie zu einer spezifisch reflexiven und meditativen Einstellung gegenüber diesen Texten führt, schon sehr früh die Vorstellung von Bildung und Erziehung beeinflußt. Die Gründe für solchen Einfluß sind unmittelbar einsichtig: Wenn die allegoretischen Deutungen Zustimmung erfahren sollen, müssen sie plausibel sein; das aber setzt voraus, daß die Rezipienten zwischen Text und Textverständnis unterscheiden lernen; daß ihnen die Bereitschaft zur zweiten Natur wird, einen offenkundigen Textsinn, wie er sich auf den ersten Blick hin erschließt, gegebenenfalls in Frage zu stellen; und daß sie dialogische Fähigkeiten erwerben, ein "Anders-Reden" über Texte annehmen und sich über das "Anders-Reden" verständigen zu können. Daß es sich dabei nicht um eine mehr oder minder beliebige Randerscheinung einer Kultur handelt, liegt auf der Hand: denn die Texte, um deren Deutung es dabei geht, sind solche, die zur Orientierung in der Welt, für das Zusammenleben und für das Fin-

---

162 Hierzu: Dobschütz (1921). S. 1-13; Müller (1924). S. 16-22; Joosen/Waszink (1950). S. 283-293; Auty u.a. (1980). S. 420-427.
   Ausführliche Literaturhinweise in Hartmut Freytags "Theorie der allegoretischen Schriftdeutung" (1982).
163 Hierzu: Pfeiffer (1970), Steinthal (1971), Schlaffer (1990).

den der eigenen Rolle als Verständigungstexte fungieren; es sind Texte, die - mit einem Ausdruck Humboldts gesprochen - "Licht und Wärme" in einer Kultur verbreiten.

Wenn die klassische griechische Kultur "noch für uns Gegenwartscharakter" hat, dann liegt das für Ernst A. Havelock an einer "winzigen technologischen Tatsache": sie ist die erste in der Welt

> "die auf der allgemeinen Verbreitung der Fähigkeit des Lesens und Schreibens beruhte; die erste, die über die Mittel verfügte, sich im geschriebenen Wort adäquat auszudrücken; die erste, die in der Lage war, das geschriebene Wort allgemein in Umlauf zu bringen; kurz, sie war die erste, die im vollen Sinn des Wortes literal wurde und ihre Schriftlichkeit auf uns übertrug."[164]

Zur vollen Literalität im Sinn dieser Beschreibung gehört
- die Ausbildung einer Praxis, in der Text und Textverständnis als zu trennende Aspekte des Lesens in den Blick kommen und so die *Auslegung* als Form der Verständigung des Lesers mit dem Text als Problem entsteht;
- die Unterscheidung eines offenkundigen und eines verborgenen Schriftsinns, der erst die Entwicklung einer *Auslegungsmethode* möglich macht, mit deren Hilfe das Problem der Zeitdifferenz vom Text her bearbeitbar wird;
- eine gesellschaftliche Organisation, in der die Schriften, die eine Kultur fundieren, nicht sakralisiert und damit der Kritik entzogen werden; in der die Auslegung von jedermann praktiziert werden kann; und in der die Auslegungspraxis auf den Plätzen der öffentlichen Rede ihren Ort hat, wo die auslegenden Subjekte *Formen der Verständigung* untereinander entwickeln, für die das *Streben nach Balance* zwischen der Jeweiligkeit des Zugangs und einer allgemeinen Geltung charakterisiert ist.

Die Allegorese ist die Auslegungsmethode der - wenn man das so sagen darf - ersten Stunden voll ausgebildeter Literalität bzw. Schriftlichkeit. Als eine solche ist sie notwendig apologetisch und innovativ zugleich. Sie ist apologetisch im Hinblick auf die Autorität der Fundierungsschriften, sie ist innovativ im Hinblick auf das Verständnis von ihnen. Beide Eigenschaften zusammen ermöglichen es dieser Auslegungsmethode, ein neues Verständnis dieser Schriften zu gewinnen, ohne ihre Autorität ad hoc in Frage zu stellen.

Versucht man im Blick auf die Auslegungsthematik solche Ereignisse der europäischen Schriftlichkeitsgeschichte hervorzuheben, die eine neue Stufe der inneren Ausgestaltung von Schriftlichkeit anzeigen, so lassen sich, im Zeitbild der Stunden geredet, drei unterscheiden.

---

164 Havelock (1990). S. 37.

Die erste Stunde ist die des Weges von der Autorität des Mythos hin zum Logos und zu poetischen Sprachwerken, zur Literatur. Sie erfüllt sich in der griechischen Praxis der Allegorese.

Die zweite Stunde ist die der Etablierung von neuen Fundierungsschriften auf der Grundlage eines Kanons von Fundierungsschriften, der schon lange Bestand hatte und noch in Geltung ist. Sie ist die Stunde der christlichen Allegorese mit der Kernaufgabe, dasjenige, was die Christen das Alte und das Neue Testament nennen, zur Einheit der Heiligen Schriften zusammenzuschließen.

Die dritte Stunde ist die einer doppelten Transformation: der Fundierungsschriften in die Abstraktion dessen, was im jeweils Vorgefundenen immer schon gilt, und die Transformation der Autorität, die den Fundierungsschriften eignet, in die Macht, die das jeweils Vorgefundene als das schon Seiende über das noch Werdende ausübt. Es ist die Stunde, in der die Allegorese von Konzepten allgemeiner Hermeneutik abgelöst wird.

Die erste Stunde markiert den Übergang von der Mündlichkeit zur Schriftlichkeit; die zweite von *einer* Schriftlichkeit in eine *andere*; in der dritten kommt - wie noch zu zeigen sein wird - die autoritätsabschmelzende Wirkung öffentlicher allegoretischer Praxis an ihr Ende; die Auseinandersetzung mit der Macht des Überkommenen in der Auslegung der Geschichte und in der Auslegung des Alltags wird zu einem Thema, in dem sich die Endlichkeit selbstverantworteter menschlicher Orientierung und Lebenspraxis sinnfällig zur Geltung bringt.

Als ein Beispiel für die *Praxis griechischer Allegorese* seien jene Verse aus dem 20. Gesang der Ilias herangezogen, die von dem Götterkampf (theomachia) berichten, mit dem die Erzählung der letzten Phase des trojanischen Krieges anhebt, dem Kampf zwischen Hektor und Achill. Zeus hat die Götter zum Olymp gerufen und ihnen mitgeteilt, daß ihn "das Schicksal der Sterbenden" dauere, daß er aber von dem "kluftigen Hang des Olympos" sein "Herz am Zusehen" laben wolle; die übrigen Götter fordert er dagegen auf, sich in den Kampf der Achaier und Troer einzumischen, da sonst der Streit wegen der Überlegenheit des Achill schon vorentschieden sei:

"Kämpft Achilleus nämlich alleine nur gegen die Troer,
Stehen sie nicht für ein Weilchen sogar dem schnellen Peliden."

Die Götter verteilen sich, "wie jedem der Sinn es gebietet" im "Männergewühl":

"Gleich erhob sich die völkerentflammende Eris, und rufend
Stand Athene nun bald am Graben und außer der Mauer,
Bald erscholl am hallenden Strand ihre mächtige Stimme.
Ares brüllte von drüben, dem düsteren Sturme vergleichbar

Der bald mahnte herab von der Höhe der Feste."

Die Wirkung ist eine doppelte: Die "seligen Götter" bringen die Völker gegeneinander auf und schüren "in ihrem Herzen brennende Feindschaft"; und insofern sie sich an diesem Kampfe beteiligen, droht das Weltall zu bersten, "solch ein Dröhnen erscholl, wie die Götter zum Streit sich erhoben." So wird die Schlachtlinie zwischen Griechen und Troern auch zu einer zwischen den Göttern:

"Denn da stellte sich eben entgegen dem Herrscher Poseidon
Phoibos Apollon als Feind, in der Hand die gefiederten Pfeile,
Gegen Ares die Göttin mit funkelnden Augen, Athene,
Heren entgegen die rauschende Herrin mit goldenem Köcher,
Artemis, Pfeile versendend, die Schwester des treffenden Schützen;
Leto trat der starke geschmeidige Hermes entgegen
Und dem Hephaistos der mächtige Strom von wirbelnder Tiefe,
Xanthos genannt von den Göttern, von sterblichen Menschen Skamandros."[165]

Von einem Standpunkt her, der im Verständnis derer, die ihn einnehmen, ein Standpunkt geläuterter Gottesvorstellung war, mußte an einer solchen Darstellung vieles anrüchig sein: die Moral der Götter, die anthropomorphe Vorstellung von ihnen, auch die Zahl der Götter. Auf dem langen Weg von der vorsokratischen Homerkritik des Xenophanes bis hin zu den hellenistischen Philologenschulen entwickelt sich so eine allegoretische Auslegungspraxis, wie sie z.B. im Kommentar des Porphyrios dokumentiert wird: Unter dem, was in dieser Textpassage von den Göttern erzählt wird, liegt ein anderer, ein tieferer Sinn. Die Götter und ihr Wirken stehen für konstitutive Merkmale der Natur:

Apollon gegenüber Poseidon für
das Trockene gegenüber dem Feuchten

Athena gegenüber Ares für
das Warme gegenüber dem Kalten

Artemis gegenüber Hera für

---

165 Homer (1983). XX, 21-74.

das Leichte gegenüber dem Schweren.[166]

Homer stellt also einen Kampf dar, der das Universum erschüttert, dergestalt, daß die Ordnung, die im Ausgleich zwischen den konstitutiven Merkmalen der Natur liegt, aus den Fugen gerät. Darum kann die Geschichte von dem Götterkampf weitererzählt und Homer verehrt werden, aber im Verständnis der Geschichte alles Anstößigen entkleidet.

Es liegt in der Logik der griechischen Organisation von Schriftlichkeit, daß ein solches allegoretisches Verfahren selbst wiederum Thema von Auseinandersetzungen wird und daß damit seine apologetische Funktion zunehmend an Bedeutung verliert. Zeitlich parallel und sachlich im Wechselverhältnis vollzieht sich - wie Stefan Weinstock gezeigt hat[167] - auch eine Veränderung der Erwartungen an den Homertext; er wird zunehmend in seiner Rolle als Fundierungstext für das "Griechischsein" ästhetisch aufgefaßt. Die Qualitäten, die ihm als ästhetischem Fundierungstext zugeschrieben werden, unterscheiden sich von denen pragmatischer und philosophisch-wissenschaftlicher Texte; sie haben zwischen Nutzen und Freude (ophelimon und hedy, prodesse und delectare), zwischen Belehren und die Seele Verlocken (didaskalia und psychagogia) ihren axiologischen Ort.

Als Beispiele für die *Praxis christlicher Allegorese* seien eine Passage aus dem Paulusbrief an die Galater und eine Episode aus einer spätmittelalterlichen bzw. frühneuzeitlichen "Armenbibel" herangezogen. Das erste Beispiel zeigt, wie in der Auseinandersetzung mit der Autorität der überkommenen Bibel die christliche Botschaft Gestalt gewinnt; das zweite, wie die christliche Allegorese diese Bibel (als Altes Testament) gänzliche in die eigene Botschaft integriert hat. An beiden Beispielen mag deutlich werden, in welcher Weise diese besondere Schriftlichkeitskonstellation die Auslegungspotentiale der Texte steigert und die allegoretischen Verfahren verfeinert; darüber hinaus auch das spezifisch Historische dieses Prozessen, das darin gegründet ist, daß die Formulierung des neuen Fundierungstextes auf der Grundlage eines älteren, dessen Geltung ausdrücklich auf ein einziges, das auserwählte Volk begrenzt war, notwendig zu einem universalen Geltungsanspruch drängen mußte.

---

166 Es ist "unangemessen" und "unziemlich", was in der Geschichte von Göttern gesagt wird. Der Einwand löst sich auf, wenn sie als Allegorie aufgefaßt wird, in der die Götter für die "Elemente der Natur" stehen.
Porphyrios (1980). Y 67. S. 240.
167 Weinstock (1927). S. 121-153.

Erstes Beispiel
Formierung neuer Fundierungstexte in Auseinandersetzung mit solchen, die schon in Kraft sind: Galaterbrief 4, 21-31. Paulus schreibt an seine Gemeinden in Galatien, von denen er gehört hat, daß sie im Begriffe sind, sich von seiner christlichen Botschaft abzuwenden und sich einer anderen, einer judenchristlichen zuzuwenden; der Brief zielt also in seinen argumentativen Teilen auf eine Widerlegung der judäistischen Positionen in den christlichen Urgemeinden, die in der Forderung nach Beschneidung der nicht-jüdischen Gemeindemitglieder ihren sinnfälligen Ausdruck fand. Paulus stellt zwei Heilswege gegenüber, das "gesetzesfreie Christentum" und "die jüdische Lebensweise, wie sie im Judentum und strengen Judenchristentum für heilsnotwendig angesehen wird", und erweist die letztere Position als unchristlich.[168] Dieser Erweis erfolgt unter Beruf auf die heiligen jüdischen Schriften, (deren Autorität damit anerkannt wird,) indem diese allegorisch ausgelegt werden.

4.21 Sagt mir, die ihr unter dem Gesetz leben wollt, hört ihr das Gesetz nicht? 22 Es steht doch geschrieben, daß Abraham zwei Söhne hatte, einen von der Sklavin und einen von der Freien. 23 Aber der (Sohn) der Sklavin ist auf natürliche Weise gezeugt worden, der von der Freien dagegen kraft der Verheißung. 24 Das ist allegorisch gesagt. Denn diese (Frauen) bedeuten zwei Bundesschlüsse: Die eine den vom Berg Sinai. Sie gebiert für die Sklaverei. Das ist Hagar. 25 Hagar bedeutet den Berg Sinai in Arabien. Sie entspricht dem jetzigen Jerusalem, denn sie (d.h. diese Stadt) ist Sklavin mit ihren Kindern zusammen. 26 Das obere Jerusalem jedoch ist eine Freie. Sie ist unsere Mutter. 27 Denn es steht geschrieben:

"Freue dich, Unfruchtbare, die du nicht gebierst!
Jubele und jauchze, die du nicht in Geburtswehen liegst!
Denn viele Kinder wird die Vereinsamte haben,
mehr als die, die den Ehemann hat."

28 Ihr aber, Brüder, seid in der Weise Isaaks Kinder der Verheißung. 29 Doch wie damals der nach dem Fleisch Geborene den nach dem Geist Geborenen verfolgte, so (ist es) auch jetzt. 30 Aber was sagt die Schrift?

"Verstoße die Sklavin samt ihrem Sohn. Denn der Sohn der Sklavin soll nicht zusammen mit dem Sohn der Freien erben."

31 Darum, Brüder, sind wir nicht Kinder einer Sklavin, sondern der Freien.
V 22: 1 Mose 16-17; 21 - V 27 Jes. 54,1 - V 30 1 Mose 21,10.

---

168 Becker (1990). S. 15.

Jürgen Becker, dessen Übersetzung und Kommentar ich hier in wesentlichen Punkten folge, schätzt die Argumentation so ein, daß "in der Geschichte des Urchristentums erstmals in literarischer Darstellung der Heilsweg aufgrund des Gesetzes als dem wahren Christentum entgegengesetzt ausgesperrt" wird.[169]

Die Auslegung beginnt mit der üblichen Zitationsformel "Es steht geschrieben, daß ..."; es folgt eine knappe Wiedergabe der herangezogenen Schriftstelle und die Erklärung, wie sie zu deuten ist, nämlich allegorisch (hatina estin allegorumena). Es wird damit vorausgesetzt, daß "die beiden Frauen nicht allein in ihrer damaligen geschichtlichen Situation Bedeutung hatten, (...) sie weisen über sich hinaus auf einen tieferen, allgemeingültigen Sinn."[170] Der wird von Paulus so bestimmt: die beiden Frauen stehen für zwei Bundesschlüsse (zwei Testamente, dyo diathekai). Durch diese Gegenüberstellung gewinnt die Allegorese die Form einer exegetischen Typlogie, insofern diese Bundesschlüsse als Typus und Antitypus aufeinander bezogen werden. Die allegoretische Ableitung des Typus lautet dann: "Hagar - Sklavin - Sinai-Bund - irdisches Jerusalem."[171] In dieser Reihe steht der Sinai-Bund für das jüdische Gesetz, dessen Befolgung abwertend als Sklaverei bezeichnet ist; sie rückt zugleich die gesamte jüdische Geschichte und Tradition der Zeit zwischen den Sinai-Ereignissen und der paulinischen Gegenwart in den toten Winkel. Die allegoretische Ableitung des Antitypus lautet: "Sara - Freiheit - himmlisches Jerusalem", und mit Hilfe einer weiteren Schriftstelle (Jes. 54,1) wird das himmlische Jerusalem als die Mutter der Freien erwiesen. Dies wird dadurch erreicht, daß die Jesaias-Stelle als Rede über Sara verstanden wird. Somit gelangt die Argumentation an ihr Ziel: Die christliche Gemeinde versammelt die Kinder der Freien; deshalb hat sie mit dem jüdischen Gesetz (also auch mit dem Beschneidungsgebot) nichts zu tun. Das Heraustreten aus der jüdischen Gesetzesreligion wird als heilsnotwendig begründet, und zwar mit Hilfe der Autorität jüdischer Fundierungsschriften. Es ist zugleich ein Heraustreten aus dem begrenzten Geltungsbereich eben dieser Fundierungsschriften, der - in der Regel - auf "die leiblich-natürliche Abfolge von den Erzvätern"[172] beschränkt war, in eine neue, universelle Offenheit, die

---

169 Becker (1990). S. 15.
170 Becker (1990). S. 56.
171 Becker (1990). S. 57.
   Zur "typologischen Deutung des Alten Testaments im Neuen": Goppelt (1990). S. 164ff.
   Zur jüdischen Verwendung der Allegorese: Heinemann (1952).
   Zur Typologie im Alten Testament: Goppelt (1990). S. 23-69.
172 Becker (1990). S. 35.

einzig an die Taufe gebunden war: "Da ist nicht Jude oder Grieche, nicht Sklave oder Freier, nicht Mann oder Frau." (Gal. 3.28)

Zweites Beispiel
Die gänzliche Integration der alten Autorität in die neuen Fundierungsschriften: die "Armenbibel". "Armenbibeln" sind bebilderte Texte (darum auch biblia picta genannt), die als Lehrmaterial zur Ausbildung in der Bibelauslegung dienen. Sie sind vorwiegend aus dem 13. und 14. Jahrhundert bekannt. Der Name "Armenbibel" (biblia pauperum) ist als Bezeichnung für dieses didaktische Genre nicht aufgeklärt.

Das Beispiel aus einer Armenbibel, die hier herangezogen wird, mag zeigen, mit welcher Intensität das Alte Testament (wie es die Christen nennen) allegoretisch durchforstet wird, um es ganz in den Dienst der neutestamentalischen Botschaft nehmen zu könne.

Jede Seite eines solchen Unterrichts enthält die Darstellung einer Heilsstation aus dem Leben Jesu. Begleitet wird sie von zwei Darstellungen von Ereignissen aus dem Alten Testament, in denen diese Heilsstation als präfiguriert aufgezeigt wird, und von vier Prophetenbildern und vier Prophetenworten, die auf das christliche Heilsereignis bezogen werden.

Das auf der Seite 85 (?) zitierte Beispiel entfaltet die allegoretische Typologie an der Flucht der heiligen Familie nach Ägypten. Die Texte sind jeweils frühneuhochdeutsch und lateinisch geschrieben. Eine genaue Datierung und Lokalisierung ist bislang nicht gelungen.[173]

Im Kreisbild in der Mitte findet sich der Antitypus: Maria mit dem Kind auf einem Esel begleitet von Joseph. Im Mittelteil der Kopfleiste ist diese Heilsstation sprachlich wiedergegeben:

Wie sehr die Sicht auf die biblischen Schriften der Juden in den christlichen Kirchen noch heute christologisch geprägt ist, dokumentiert Rendtorff (1989) auf eindrucksvolle Weise. Er hebt den "Holocaust als Wendepunkt" hervor und spricht im Anschluß an Bertold Klappert von dessen "hermeneutischer Bedeutung": "(...) daß erst nach der Schoa (und erst mit einiger Verspätung) ernsthaft damit begonnen wurde, die neutestamentlichen Aussagen über das jüdische Volk (...) in ihrem eigenen Kontext und nicht aus der Sicht späterer dogmatischer Konzeptionen zu verstehen." (S. 75) Ein Gespräch zwischen Juden und Christen über die gemeinsame Schrift verlangt, daß die unterschiedlichen Auslegungstraditionen, "die oft weit vom ursprünglichen Sinn der Texte weggeführt haben" (S. 117), rekonstruiert werden.

173 Biblia Pauperum (1982). Kommentarband S. 23ff.

Christus das kint fluhet den
grymmen zorn Herodis. v(ersus)
Herodis diram Christo puer
anfugit iram.

Im Typus links schickt Rebecca ihren Sohn Jakob außer Landes, als sie hört, daß Esau seinen Bruder erschlagen will; im Typus rechts wird David von seiner Frau Michal aus einem Fenster seines Hauses abgeseilt, damit er den Häschern des Königs Saul entfliehen kann. Die allegoretische Deutung des linken Typus lautet:

"Das bezeichente wol die flucht Christi in Egypten, da yu Herodes suchte zu virdirbene. wan der engel hatte also gesprochen zu Ioseph: 'nym das kint und syn muder und fluch zu Egypten'."

Und für den rechten Typus:

"Der König Saul bedudit Herodem und David Christum, den Herodes suchte zu todene, da Ioseph Christum und Mariam furte in Egypten. Also entging Christus dem tode."

Die Worte der vier Propheten, deren Bilder um das von der Flucht nach Ägypten angeordnet sind,

David		Jesaja
	Flucht nach Ägypten	
Jeremia		Hosea

sind so gewählt, daß sie als Vorausdeutung auf diese Episode aus dem Leben Jesu gelesen werden können.

Die Biblia Pauperum im Codex Palatinus Latinus 871 der Biblioteca Apostolica Vaticana:
Die Flucht nach Ägypten

Von der Gewaltsamkeit des letzten Wortes und der Disziplin, ohne ein solches auszukommen

> Die Bindung des Wortes an die Autorität (...) bewirkt, daß das Wort auf besondere Weise hervorgehoben und isoliert wird; (...) sein Sinn genügt dem Buchstaben und erstarrt. Das autoritäte Wort verlangt von uns bedingungslose Anerkennung und keineswegs freie Aneignung und Assimilation an unser eigenes Wort.
> Michail M. Bachtin[174]

Die dritte Stunde der Entfaltung von Schriftlichkeit wird, unter dem Gesichtspunkt der Schriftauslegung betrachtet, geprägt von der Maxime, die Auslegung ohne Rücksicht auf mögliche oder tatsächliche Autorität von Texten nur nach den Regeln der Kunst zu praktizieren. Die allegorische Schriftdeutung, insofern ihr der Autoritätsbezug wesentlich ist, gerät in Mißkredit[175] und wird in zunehmendem Maße funktionslos.

Welche treibenden Kräfte führen zu dieser Maxime und zum Funktionsverlust der Allegorese? Beachten wir nur solche, die in der Schriftlichkeitsentfaltung der zweiten Stunde wirksam sind, so ist vor allem die allegoretische Schriftauslegung selbst zu nennen, die solches bewirkt. Sie wird über Jahrhunderte praktiziert und erzeugt so ein Kommentar-Schrifttum, das durch sein Eigengewicht die Autorität der ausgelegten Texte mindert und die Auslegungen in ihrer Vielgestaltigkeit als willkürlich erscheinen läßt, bis schließlich Sätze wie diejenigen Plausibitlität gewinnen, mit denen Baruch de Spinoza im "Theologisch-Politischen Traktat" von 1670 das Kapitel über die Schriftauslegung einleitet:

---

174 Bachtin (1979). S. 230.

175 Dies drückt sich beispielhaft in der Definition aus, die Konrad Müller in Paulys Realencyclopaedie von der allegoretischen Dichtererklärung gibt: sie ist "diejenige Methode, die den Worten eines Dichters einen verborgenen Sinn unterschiebt." Sie ist offenbar nur als ein nicht ganz redliches Verfahren vorstellbar. Müller (1924). S. 17. Isaak Heinemann ist in seinen wichtigsten Arbeiten zur griechischen und jüdischen Allegoretik dieser Wertung, die er bei Wilhelm Dilthey zurückweist, entgegengetreten, indem er ihre historische Funktion rekonstruiert und systematisch ihren wissenschaftlichen von ihrem apologetischen Charakter unterscheidet. Heinemann (1949), (1952).

"Wir sehen (...), daß die Theologen meistens darauf bedacht gewesen sind, ihre Erfindungen und Einfälle aus der Heiligen Schrift herauszupressen und sie auf die göttliche Autorität zu stützen."[176]

Hinzu kommt aber noch eine spezifische Eigenart der christlichen Fundierungstexte: sie sind auf ein historisches Geschehen bezogen. Der historische Sinn der Texte (der sensus historicus als der sensus obvius) kann darum nicht mehr zur Disposition gestellt werden, um unter diesem offenkundigen, den tieferen, den wahren Sinn auszumitteln. Die Zeus-Grotte im kretischen Ida-Gebirge konnte auch sonst irgendwo ihren Platz haben; chronologisch war sie sowieso kaum identifiziert. Die Jesus-Krippe aber stand in Bethlehem zur Zeit des Kaisers Augustus, und die Raum- und Zeitangaben sind für den christlichen Glauben nicht beliebig. Darum kann die Allegorese nun nicht mehr das Problem der Zeitdifferenz so lösen, daß sie den offenkundigen mit dem historischen Sinn ineinssetzt, diesen dann für die Botschaft des Textes als nicht wesentlich erklärt, in dem, was unterhalb dieser Textebene liegt, den entscheidenden Sinn ausmacht und auf diese Weise die Aktualisierung des Texte bewerkstelligt. Die heilsgeschichtlichen Setzungen zwingen dazu, den historischen und den darunter liegenden geistigen Sinn als gleich konstitutiv für die Fundierungstexte zu denken, also ohne eine Sinnebene auszukommen, die, weil vernachlässigbar, samt dem Anstößigen und Inaktuellen in den toten Winkel abgedrängt werden kann. An einem auch historisch bedeutsamen Fundierungstext führt, von welcher Seite man auch kommt, kein Weg vorbei.

Damit werden die Kriterien historischer Quellenanalyse zu solchen, die die geistige Deutung zwar nicht gänzlich determinieren, ihr aber Grenzen setzen und sie auch in Frage stellen können. Und im Gefolge davon kann es dazu kommen, daß die historischen und die Glaubensgehalte der Schriften auseinandertreten. Eine wesentliche Leistung allegoretischer Schriftdeutung wird damit unmöglich, nämlich einen in sich konsistenten Textsinn, wenn auch auf Kosten einer Ausblendung, zu verbürgen. Die Möglichkeit solchen Auseinandertretens war dem Christentum immer inhärent. Sie wurde real, als historische Forschung in Frage stellte, was über die Zeiten hinweg als geschichtlich gewiß gegolten hatte. Der "garstige breite Graben" zwischen historischer Wahrheit und Glaubenswahrheit, von dem Lessing sprach[177], war an einem neuralgischen Punkt

---

176 Spinoza (1984). S. 113.
177 Lessing antwortet 1777 auf die Schrift von J.D. Schumann "Über die Evidenz der Beweise für die Wahrheit der christlichen Religion", indem er die Differenz von historischer und dogmatischer Argumentation hervorhebt: "Wenn ich historisch nichts darwider einzuwenden habe, daß dieser Christos selbst von dem Tode auferstanden,

christlichen Selbstverständnisses aufgebrochen, der Osterbotschaft vom auferstandenen Jesus. Er ist, wie Rudolf Pesch analysiert, "in unserem Jahrhundert als 'Ostergraben' zwischen dem irdischen Jesus und dem verkündeten Christus ausgehoben (...) ein Konstrukt des neuzeitlichen Geistes."[178] Mit ihm waren die Voraussetzungen allegoretischer Schriftdeutung entfallen.[179]

Haben sich damit auch die Probleme gelöst, auf die die Allegorese eine Antwort war, oder ist nur das Verfahren als Verfahren überfällig geworden? Die Antwort wird wohl eher im Sinne der letzteren Alternative zu geben sein; denn wenn sich auch die Formen und die Verteilung von Textautorität erheblich verändert haben, so kommt auch die dritte, die neuzeitliche Stunde der Schriftlichkeitsentfaltung nicht ohne Autorität, auch nicht ohne Gewalt bei der Exegese und der Interpretation von Texten aus. Als wichtigste Veränderung kann gelten: die herausragende Rolle, die die christliche Bibel als Buch der Bücher, als Fundierungstext gespielt hat, bleibt unbesetzt. Sie wird ersetzt durch solche Rollen, in denen Schriften entweder eine eingeschränkte Lebensdomäne fundieren oder aber als allgemein fundierende ohne jede einklagbare Verbindlichkeit bleiben. Nimmt man das Kriterium der Verbindlichkeit zum Maß, so lassen sich die Auslegungspraktiken in ihrer Rollenvielfalt zwischen zwei Extremen anordnen: die Auslegung führt zu einem letzten, verbindlichen und machtbestimmten Wort oder sie ist so angelegt, daß sie die Möglichkeit neuer und individueller Zugänge zum Text prinzipiell offenhält. Im ersteren Sinn löst die Neuzeit unmittelbar anstehende parzellierte Probleme des Zusammenlebens, die keinen Aufschub vertragen; im letzteren die der Verständigung über die Orientierung in der Welt, über die Sinnhaftigkeit der überkommenen Insti-

---

muß ich darum für wahr halten, daß ebendieser auferstandene Christus der Sohn Gottes sei? (...) Aber nun mit jener historischen Wahrheit in eine ganz andere Klasse von Wahrheiten herüberzuspringen und von mir verlangen, daß ich alle meine metaphysischen und moralischen Begriffe danach umbilden soll", hält er für eine Zumutung. "Das ist der garstige breite Graben, über den ich nicht kommen kann, sooft und ernstlich ich auch den Sprung versucht habe."
Lessing (1967). Band III. S. 310/311.

178 Pesch (1988). S. 240.

179 In gewisser Weise scheint ihre Wirkmächtigkeit aber doch noch unterstellt zu werden; so z.B. von Paul de Man, wenn er in "Semiologie und Rhetorik" die Wechselbeziehung von Fiktionalität und Referentialität in literarischen Texten in dem Denkrahmen von Innen/Außen gefaßt sieht. In ihm ist der allegoretische Prozeß (de Man spricht von einem metaphorischen Modell) angelegt und muß, um an ein Ende zu kommen, dekonstruiert werden.
de Man (1988). S. 31.ff.

tutionen und über die Existenziale der Lebensspanne zwischen Geburt und Tod.

Die Auslegungspraktiken in der dritten Stunde der Schriftlichkeitsentfaltung, insofern sie die Auslegungspraxis von autoritätsbesetzten Fundierungsschriften beerben, lassen sich in der Skala zwischen den aufgeführten Extremen als juristische, theologische und literarische[180] unterscheiden.

Die *juristische Auslegungspraxis* orientiert das Auslegungsproblem strikt an den praktischen Problemen alltäglichen Zusammenlebens. Sie organisiert sich also aus der Interessensicht des "gemeinen Lebens"[181], in dem eine Angelegenheit vorgebracht, ein Streit entschieden und die Entscheidung in einem Urteil Bestand haben soll. Die juristische Auslegungskunst, solcherart auf praktische Interessen bezogen, von ihnen ihren Ausgang nehmend und in ihrem Dienst auf ein letztes Wort hinführend, das im Namen des Volkes ergeht, hat im Gesetz die Normen, im "gemeinen Leben" das Feld der Subsumption und im Gedanken des Rechts die Leitmarkierung für die Auslegung der Normen und der jeweiligen Fragmente des "gemeinen Lebens", für die Auslegung, die sie als Applikation praktiziert. Weil es dabei um Leib und Leben, Hab und Gut, Schimpf und Schande geht und es Rechtens zugehen soll, ist die juristische Auslegung nicht freischwebend praktizierte Auslegungskunst, sondern ein institutionell organisierter Vorgang, in dem Verfahren und Instanzen, Revisionsverfahren und Instanzenzüge sicherstellen sollen, daß ein unter den Endlichkeitsbedingungen menschlichen Daseins zwar unumgängliches, aber an sich unmögliches letztes Wort in einem durchsichtigen und kontrollierten, in einem fairen Auslegungsverfahren zustande kommt.

Die *theologische Auslegungspraxis* hat es auch unter den neuzeitlichen Bedingungen mit einem Kanon von Schriften zu tun, die als heilige, weil geoffenbarte, anerkannt sind. Aber diese Anerkennung ist die der christlichen Gemeinden, die im nun umfassenderen Verbund national-kultureller Vergesellschaftung und staatlicher Verfaßtheit partikular geworden sind. Damit stellt sich als erstes die Aufgabe, das Verhältnis dieser partikularen Gemeindebildung zur umfassenderen Vergesellschaftung und Verfaßtheit zu bestimmen. Baruch de Spinoza analysiert dieses Verhältnis im Hinblick auf die Auslegungsfrage so: Für das öffentliche Recht eines Landes bedarf es irgendeiner öffentlichen Autorität, die für seine Durchsetzung sorgt.

---

180 Philosophische Texte haben in der okzidentalen Tradition den Charakter von Fundierungsschriften nie angenommen - anders als z.B. in der chinesischen Tradition.
181 Schleiermacher (1977). S. 82/83.

"Denn wenn jeder einzelne die Freiheit hätte, das öffentliche Recht nach seinem Gutdünken auszulegen, dann könnte kein Staat bestehen. (...) Ganz anders liegt die Sache bei der Religion. Denn da sie nicht so sehr in äußeren Handlungen als in der Einfalt und Wahrhaftigkeit der Gesinnung besteht, so fällt sie nicht unter ein Recht oder eine öffentliche Autorität."

Aus staatsrechtlicher Sicht kann darum die Konsequenz nur lauten, daß das

"unumschränkte Recht und die höchste Autorität, über Religion frei zu urteilen und folglich sie sich zu erklären und auszulegen, ebenfalls einem jeden zusteht."[182]

Aus der Binnensicht der christlichen Gemeinden, insofern sie sich als Gemeinschaften derer verstehen, die den Anspruch der Bibel, Quelle und Norm christlicher Verkündigung zu sein, im Glaubensgehorsam anerkennen, stellt sich die Frage nach der Auslegung aber noch anders. Zwar kann die Zugehörigkeit zu einer solchen Gemeinde - aus rechtlicher Sicht - nur in der individuellen Entscheidung, sie zu wollen, gründen. Ob aber eine individuelle Deutung der Schrift innerhalb einer Gemeinde akzeptiert wird oder nicht, ist eine Frage, die die Gemeinde beantwortet. Diese Antwort kann sehr wohl die Form eines letzten Wortes annehmen mit Konsequenzen für diejenigen, die auf ihrer abweichenden Auffassung beharren. Dabei ist es für Betroffene gewiß von großer Bedeutung, ob das letzte Wort im Sinne des päpstlichen Stellvertreter-Anspruchs ein "Roma locuta, causa finita" ist oder eher volkskirchlich pragmatisch gesprochen wird oder ob in einer Art von Hier-anarchie die Gemeinde sich vom Abweichler abwendet. Immer aber ist es die Gemeinde, die in der Auslegung das letzte Wort spricht. Klaus Berger drückt in seiner "Hermeneutik des Neuen Testaments" die daraus erwachsende Verpflichtung für die Ausleger so aus:

"Die Existenz jeder Gemeinde von Getauften ist per se ein Wert und Gottes Werk und Zeichen in der Welt. (...) Positiv gesehen heißt das: Das Ziel der Schriftauslegung ist die lebendige Existenz von Gottes Gemeinde selbst und deren Einheit."[183]

Im Gegensatz zur juristischen und theologischen Auslegung kennt die *literarische Auslegungspraxis* kein letztes Wort und wird darum zum Modell sprachverständiger Intersubjektivität.

Mit dem Ausdruck "letztes Wort" ist darauf verwiesen, daß eine Angelegenheit definitiv entschieden ist, daß ein weiteres Erwägen der Gründe nicht mehr

---

182 Spinoza (1984). S. 136/137.
183 Berger (1988). S. 53.

statthat und daß andere Überlegungen nicht mehr gehört werden. Nachdem es gesprochen worden ist, wird es die bestimmende Grundlage für alles, was dann folgt.

In der Auslegungspraxis hat ein letztes Wort nicht nur am Ende exegetischer und interpretativer Durchdringung der Texte seinen Platz, sondern auch in deren Voraussetzungen:
- in den zu deutenden Texten, insofern diese selbst im Hinblick auf Vorausgegangenes ein letztes Wort sein können;
- in der sozialen Organisation der Auslegung und der Auslegungsinstanzen, insofern dadurch der Deutungsprozeß geregelt, also zwischen geforderten, zugelassenen und verbotenen Deutungen bzw. Deutungsformen unterschieden wird;
- und schließlich in den Entscheidungen über den Rang spezifischer Kriterien der Argumentation, insofern damit die Bewertung von Auslegungen festgelegt wird.

Wir können im Hinblick auf diese unterschiedlichen Aspekte von einem Arrangement des letzten Wortes in der Auslegungspraxis reden.

Poetische Sprachwerke verpflichten anders als Gesetze nicht zu Handlungen oder Unterlassungen; sie enthalten selbst nicht in Rück-Sicht auf vorausgegangene Probleme ein letztes Wort. Sie bringen, insofern sie selbst Bezug auf bereits vorhandene Texte, auf abgeschlossene Ereignisse oder auf Prozesse sind, die in der Geschichte irgendwann ihren Anfang haben, *eine* Stimme zur Geltung. Und in ihr kann sich Vergangenes in der Offenheit des erst noch zu Verstehenden zeigen.[184] Die Aufmerksamkeit, die sie zu erzeugen vermag, ist - im Grundsatz - ganz und gar abhängig von ihrem Klang und von dem, was sie, und nur sie, zu einem eigenen Kosmos gebildet hat. Darum behalten die Hörer und Leser poetischer Sprachwerke ihnen gegenüber die *Freiheit der Antwort*, wo das Gesetz Gehorsam und Treue verlangt.

Poetischen Sprachwerken eignet auch keine Schriftautorität, wie sie der christlichen Bibel zugeschrieben worden ist und zugeschrieben wird. Über sie ist ein letztes Wort bereits gesprochen, insofern sie zur "Quelle und Norm für alle Verkündigung und Lebensgestaltung der Kirche" gemacht worden ist und insofern sie "sich je und je tatsächlich Geltung verschafft hat, wie es ihrem Wesen entspricht. Erst gemeinsam mit diesem Gehorsam macht die Autorität die

---

[184] Christian Meier zeigt am Tragödienbeispiel, den "Persern" des Aischylos, wie ein zurückliegendes Ereignis, der Sieg des griechischen David über den persischen Goliath, jenseits aller politischen Interessen und historischer Kausalität auch "in den tieferen Schichten des Verstehens angeeignet" und damit "einverleibt" werden konnte. Meier (1993). S. 317-321.

ganze Bedeutung der Schrift für die Kirche aus."[185] Während also die Autoritätszuschreibung den Modus der Zuwendung zum Text für alle Zukunft festlegt[186], bleiben poetische Sprachwerke für jedwede Zugangsweise offen. Wenn sie z.B. zu Elementen eines nationalen Gedächtnisses und somit kanonisiert werden[187], verlieren sie doch nicht diese Offenheit für die Hörer und Leser. Der typische Konflikt zwischen Text und zugeschriebener Autorität wird darum auch im Fall einer starken Kanonisierung, wie sie an den christlichen Bibeltexten praktiziert wird, und im Fall einer schwachen Kanonisierung, wie wir sie an der Inkorporation poetischer Sprachwerke in nationale Bildungsideen beobachten können, jeweils im Sinne des Gesetzes gelöst, nach dem sie antreten. So wird z.B. die historisch-kritische Textauslegung biblischer Schriften ("Entmythologisierung") in der Kirche nur soweit wirksam, wie die Autorität der Texte nicht wirklich tangiert wird (wie immer dies erreicht wird[188]), während die Kanonisierung poetischer Sprachwerke regelmäßig zu Auslegungen führt, die die kanonisierten Verständnisse unterlaufen, ihnen entgegenstehen, sie destruieren.

Die Auslegung poetischer Sprachwerke kennt keine *spezifische Sozialform*, an die ihre Praxis gebunden ist bzw. die aus ihrer Praxis hervorgeht. Wenn von einer Sozialform literarischer Auslegungspraxis geredet werden kann, dann im Sinne jenes Grenzbereichs, in dem Menschen sich austauschen jenseits aller besonderen Zwecksetzungen und ihrer sozialen Ein- und Ausgrenzungen. Friedrich Schleiermacher nennt ihn den des "geselligen Betragens", in dem "freie Geselligkeit" praktiziert wird. Der sittliche Zweck solch freier Geselligkeit besteht für ihn darin, daß sie es ermöglicht, "alle Beschränkungen der häuslichen und bürgerlichen Verhältnisse auf eine Zeitlang, soweit er will, zu verbannen", um sich so "dem höheren Ziele menschlichen Daseins" zu nähern. Das Ziel aber besteht darin, die unumgängliche Beschränktheit individuellen Daseins in die Allgemeinheit des Menschseins, der Menschheit zu transzendieren. Dies aber setzt einen Zustand voraus,

"der die Sphäre eines Individui in die Lage bringt, daß sie von den Sphären anderer so mannigfaltig als möglich durchschnitten werde, und jeder seiner eigenen Grenzpunkte ihm die Aussicht in eine andere und fremde Welt gewähre, so daß alle Erscheinungen der

---

185 Karpp (1992). S. 2.
186 Diese Festlegung wird ja auch als Ergebnis der Glaubensgnade gefaßt und somit wenigstens partiell der Verfügbarkeit des Einzelnen entzogen.
187 Hierzu Kap. 6. S. 282ff.
188 Der apologetische Charakter christlicher Schriftauslegung erweist sich dabei, wie ein beliebiger Blick in ihre tagtägliche Praxis zeigt, noch immer wirksam.

Menschheit ihm nach und nach bekannt, und auch die fremdesten Gemüther und Verhältnisse ihm befreundet und gleichsam nachbarlich werden können. Diese Aufgabe wird durch den freien Umgang vernünftiger, sich unter einander bildender Mensch gelöst."[189]

Der soziale Aggregatzustand solch "freier Geselligkeit" hat streng genommen nur ein dauerhaftes Merkmal: jeder dauerhaften Verfestigung zu widerstehen. Ihr "Sitz im Leben" ist nicht im Netzwerk förmlicher Institutionen und förmlicher Kommunikationswege auszumachen; viel eher läßt sie sich als ein Prinzip sozialen Handelns denken, das realisiert wird, wenn es sich so ergibt, wenn sich ein Gelegenheit bietet. Darin freilich, ob und wie sich solche Gelegenheiten bieten, können dann doch strukturale Voraussetzungen für das an sich Ereignishafte "freier Geselligkeit" in der sozialen Organisation einer Kultur erkannt werden.

Ihre Affinität zur literarischen Auslegung[190] gründet einerseits in den subjektiven Anteilen jedweder Interpretation, die in ihr auch zur Geltung gebracht

---

189 Schleiermacher (1981). S. 253/254.

190 Norbert Altenhofer hat in seiner Rekonstruktion der Hermeneutik Schleiermachers den inneren Zusammenhang zwischen der Auslegungslehre und der Theorie der freien Geselligkeit hervorgehoben: "Schleiermacher konstruiert seine Theorie der geselligen Kommunikation aus diesem (...) Widerspruch (zwischen der notwendigen Beschränktheit des Einzelnen und der postulierten Darstellung der Grundidee des Menschen selbst. H.I.) und gelangt zu einer Reihe von Regeln, die den Kanones seiner späteren Hermeneutik verwandt sind und mit diesen die Eigenschaft der Nichtmechanisierbarkeit, des 'Kunstmäßigen' teilen." Gegen Szondis Schleiermacher-Interpretation hält er fest: "Schleiermachers hermeneutischer Rekurs auf die Rede stellt sich im Lichte seiner Theorie geselliger Kommunikation nicht als lebensphilosophische oder psychologisierende Wendung dar, sondern als der Versuch, die Dialektik von Individuellem und Gesellschaftlichem, von Freiheit und Bedingtheit in den Bereichen Geselligkeit, Kunst, Auslegung zu fassen und zugleich die Interdependenz der diesen Bereichen zugeordneten Tätigkeiten nachzuweisen."
Altenhofer (1993). S. 67 u. 69.
Der Hinweis auf die Affinität "freier Geselligkeit" zur literarischen Auslegungspraxis wirft die Frage auf, wie eine solche Affinität im institutionellen Rahmen der einschlägigen Wissenschaften, also vor allem der Philologien bzw. Literaturwissenschaften zur Geltung kommen kann. Die Frage setzt einen Differenzierungsprozeß voraus, der sich am Sprachgebrauch des Ausdrucks "Literat" ablesen und sich mit Hilfe z.B. einer Theorie sozialer Systeme beschreiben läßt. Zum ersteren ziehe ich ein Passage aus Heinz Schlaffers Untersuchungen "Poesie und Wissen" heran: "Im 18. Jahrhundert beginnt sich der Philologe vom Liebhaber der Literatur zu unterscheiden. Dies wird

werden; insofern kommt es im Reden über poetische Sprachwerke immer - im Sinne Friedrich Schleiermachers - zu Überschneidungen der Sphären von Individuen, zu Überschneidungen, die Aussichten in andere und fremde mensch-

---

am Bedeutungswandel des Begriffs 'Literat' sichtbar. Während zunächst in Rom als litteratus jeder galt, der - im Gegensatz zum illiteratus - lesen und schreiben konnte, schränkt Cicero die Bezeichnung auf die Kenner von Poesie und Geschichte ein. Seitdem die Kenntnis vergangener Poesie und Geschichte jedoch eine spezielle Ausbildung in einer professionell betriebenen Wissenschaft erfordert, ist der 'Literat' ein - vom Philologen verachteter - Teilnehmer am aktuellen Geschehen der Literatur. (...) Im neuzeitlichen Prozeß allgemeiner Verwissenschaftlichung wird das Mitspracherecht des Laien immer mehr eingeschränkt."
Schlaffer (1990). S. 175.
Bärbel Rompeltiens systemtheoretische Rekonstruktion der "Germanistik als Wissenschaft" hebt am Prozeß der Disziplinbildung das Moment der "Schließung der disziplinären Kommunikation" (als Separierung und Konstituierung des disziplinären Gegenstandes, als Autonomisierung und Methodisierung der Erkenntnis sowie als Verdichtung und Differenzierung im Adressatenbezug der wissenschaftlichen Kommunikation) hervor (S. 133); sie zeigt, daß die autopoetische Schließung in der Germanistik nicht vollständig war, sondern daß an der wissenschaftlichen Thematisierung von deutscher Sprache und Literatur auch andere als wissenschaftsendogene Motive beteiligt waren (S. 148); diese faßt sie für den Zeitraum des beginnenden 19. Jahrhunderts bis 1945 in den Begriffen "Nation" und "Bildung" zusammen; sie zeigt dann, wie die "Semantik der Nation" und die einer "nationalen Bildungswissenschaft" ihre wissenschaftskonstitutive Kraft verloren haben und nennt zwei Versuche, die Germanistik als Wissenschaft neu zu fundieren: die Einforderung von Wissenschaftsautonomie in S. J. Schmidts Entwurf einer empirischen Literaturwissenschaft auf der einen Seite und auf der anderen die Herleitung aus einem gesellschaftlichen "Bedarf an Sprach- und Literaturwissenschaft als historische und kritische Gesellschaftswissenschaft sowie an sprachlich-literarischer Bildung" (z.B. Jürgen Förster u.a.: "Wozu noch Germanistik?" und das Projekt des Germanistenverbandes eines "Deutschen Instituts für Philologie in der Informationsgesellschaft").
Rompeltien (1994). S. 234-36.
Mein Vorschlag, in "klinischen" Veranstaltungen das Reden über poetische Sprachwerke auch personen- und sozialbezogen zum Thema der Reflexion zu machen, versucht eine Balance zwischen einer aus wissenschaftsexogenen Motiven angeregten Thematisierung von freier Geselligkeit und literarischer Auslegungspraxis auf der einen und den wissenschaftsendogenen Autonomisierungs- und Methodisierungsanforderungen auf der anderen Seite, und zwar so, daß Forschung und Lehre als Einheit praktiziert werden.

liche Welten gewähren und die es ermöglichen, mit ihnen nachbarlich zu werden. Ihre Affinität gründet andererseits darin, daß die poetischen Sprachwerke wegen ihres ästhetischen Charakters außerhalb der Logiken jener Beschränkungen ihren Ort haben, die sich in den häuslichen und bürgerlichen (für Schleiermacher in den politischen und beruflichen) Verhältnissen manifestieren. Gerade darum vermögen sie ihre Hörer und Leser, deren soziale Rollen durchdringend, in ihren tieferen menschlichen Möglichkeiten anzuregen.

Wenn auslegendes Reden über poetische Sprachwerke glückt, dann ist die Empfänglichkeit für die Anregung der Werke gesteigert, sind die Redenden untereinander nachbarlicher geworden. Solches Reden wird zum Modell sprachverständiger Intersubjektivität, weil sie ohne alle physische und strukturale Gewalt zustande kommt, den fremden Anderen zu Wort kommen läßt und jeden möglichen Konsens an dialogische Erfahrung bindet, damit er von allen und in allen Punkten auch wirklich gewollt werden kann.

Die soziale Organisation der juristischen Auslegungspraxis ist der der literarischen offenkundig strikt entgegengesetzt. Ist hier die Vermeidung von Festlegungen, von Förmlichkeit und von Stabilität eine Tugend, so sind es dort Definitionen sowie Form- und Verfahrensstabilität. Beide Auslegungspraktiken verbindet freilich die Anerkennung der Endlichkeitsbedingungen menschlichen Daseins: beide verbindet auch die Einsicht, daß über menschliches Leben, unter welchen Aspekten auch immer, kein letztes Wort gesagt werden kann, es sei denn ein Machtwort, also eines das nicht mehr aus der Sprache und dem Sprechen, sondern aus der Macht lebt, die ihm verliehen wird. Im auslegenden Reden über poetische Sprachwerke wird die Balance gesucht zwischen der unbedingten Anerkennung des Einzelnen in seiner unumgänglichen Begrenztheit und einem dialogischen Austausch, der ohne Einschränkung ist, um sich - vielleicht - einem möglichen Konsens zu nähern. Die juristische Auslegungspraxis anerkennt aber mit den Endlichkeitsbedingungen menschlichen Daseins auch die in ihr gründende Notwendigkeit, in praktischen Fragen des Zusammenlebens in angemessener Zeit zu Entscheidungen zu kommen, die in Urteilen die Form eines letzten Wortes annehmen. Gerade weil dies im Wissen um seine wesentliche Bedingtheit, ja seine Hinfälligkeit ergeht, machen die institutionellen Regelungen, in denen sich die Urteilsfindung vollzieht, die Erhabenheit des Rechts aus; denn sie stellen den Versuch dar, das zwar unumgängliche Machtwort soweit als menschenmöglich nachvollziehbar und kritisierbar zu machen und es damit - in der Tendenz - der menschlichen Rede wieder zurückzugeben.

Die soziale Organisationsform der theologischen Auslegungspraxis ist die Gemeinde. Sie versammelt diejenigen, die die christlichen Fundierungsschriften als heilige Schriften und in einem gemeinsamen Glaubensbekenntnis die Basis ihrer Auslegung anerkennen. Insofern die Gemeinde entscheidender Bezugspunkt der Auslegung ist, ist sie Teil des Arrangements eines letzten Wortes und ebenfalls der freien Geselligkeit literarischer Auslegungspraxis strikt entgegegesetzt. Daß sich Gemeinde als Kirche unterschiedlich konstituiert hat, ist dabei gewiß immer mitzudenken. Wenn z.B. das vatikanische Konzil 1870 beschließt, daß es die "heilige Mutter Kirche" ist, der "das Urteil über den wahren Sinn und die Erklärung der heiligen Schriften" zustehe[191], so ist damit die Kirche in ihrer hierarchischen Verfaßtheit gemeint und das letzte Wort den Amtsträgern der Kirche reserviert. Wenn dagegen bäuerliche Gemeinden in Oberschwaben 1525 die "Zwölf Artikel" formulieren, deren erster das Recht der Gemeinden, Pfarrer zu wählen, zu kontrollieren und abzusetzen, fordert ("das wir nun fürohin Gewalt und Macht wöllen haben, ain ganze Gemain sol ain Pfarer selbs erwölen und kiesen; auch Gewalt haben den selbigen wider zu entsetzen, wann er sich ungepürlich hielt"), so ist mit solcher "Kommunalisierung" die Basis als Berufungsinstanz in Auslegungsfragen gedacht, die ihr letztes Wort spricht.[192] Immer ist damit die Frage gestellt, wie ein jenseitig Göttliches, das absolut vorgestellt wird, in die endliche Menschenwelt hineinwirkt und dort manifest wird. Wenn die Gemeinde (unabhängig davon, ob sie hierarchisch oder basal strukturiert ist) als Manifestation des transzendent Absoluten geglaubt wird, so hat auch deren Auslegung der Schrift an dieser Manifestation teil. Sie führt zu einem letzten, einem rechtgläubigen Wort, das seine Autorität (und historisch oft genug seine Macht, die sich in den Schleifspuren zu Hinrichtungsstätten dokumentiert) aus der Berufung auf den Beistand göttlichen Geistes bei der Auslegung der Schrift gewinnt. Die Versuchungen, die darin liegen, sind in Augustins Gegenüberstellung von "Weltbürgerschaft" (civitas terrena) und "Gottesbürgerschaft" (civitas dei) andeutungsweise thematisiert. In der "Gottesbürgerschaft" bricht das Jenseitig-Ewige in das Zeitliche ein; die "Gottesbürgerschaft" irrt in der Weltzeit unter Gottlosen umher.[193] Aber dieses Jenseitig-Ewige wird doch nicht im Sinne einer soziologisch beschreibbaren Institution manifest; denn unter denen, die sich zu den Schriften als heiligen bekennen, verbergen sich auch solche, die nicht zur "Gottesbürgerschaft" gehören, wie umgekehrt unter denen, die die Schrift ablehnen oder ignorieren "auch künftige Bürger (der civitas dei) verborgen sind."[194]

"Die 'Gottesbürgerschaft' als das Wirken des Ewigen in der Zeit ist konzipiert nach dem Modell individuellen Zeitempfindens. Augenblickhaft, in der flüchtigen Gewißheit der Vi-

---

191 Neuner/ Roos (1954). S.67.
192 Blickle (1985). S.34.
193 Augustinus (1977). 1. Buch. Vorwort.
194 Augustinus (1977). 1. Buch. 35.

sion oder dem plötzlichen Ereignis der Bekehrung erfahrbar, gibt es sich in den Heiligen und Märtyrern der Kirche zu erkennen. Es läßt sich aber mit keiner Institution identifizieren."[195]

So wird ein Grenzbereich von möglicher Vergesellschaftung markiert, von dem her auch die christliche Gemeinde als Versammlung derer, die sich zur Schrift bekennen, sich und ihre Auslegungspraxis des letzten Wortes in Frage stellen kann.

Zum Arrangement des letzten Wortes gehören schließlich noch die Entscheidungen über den Rang von argumentativen *Kriterien*, insofern *Auslegungen bewertet* werden.

Die juristische Auslegungspraxis, unter dem Zwang, in angemessener (bezogen auf die Größe der Aufgabe immer knappen) Zeit zu einem letzten Wort zu kommen, kann dieses nicht mit letzter Gewißheit begründen, sie muß die Zweifel nur insoweit ausräumen, als sie für vernünftig gehalten werden, und begnügt sich insofern auch mit dem Wahrscheinlichen. Das gilt sowohl für die Auslegung von Lebenswelt als auch für die Abwägung konkurrierender Normen. Das Moment von Gewalt im letzten Wort juristischer Auslegungspraxis liegt also nicht nur darin, daß es "ergeht" und "vollstreckt" wird, sondern auch darin, daß ein Rest an Auslegungsunsicherheit bleibt, die im letzten Wort, wenn es in Geltung gesetzt ist, getilgt worden ist.[196]

Die theologische Auslegungspraxis gerät unter der Vorgabe, daß die auszulegenden Schriften als heilig zu gelten haben, regelmäßig dann in einen Konflikt, wenn sich zwischen dem, was vernunftgeleitete Deutung der Texte ergibt und der geglaubten Botschaft ein Graben auftut. Dieser Konflikt ist in jeder Vorstellung einer Schrift als göttlich inspirierter angelegt; in den christlichen Fundierungsschriften wegen ihres historischen Gehalts, der als Teil des Kerygmas geglaubt wird, noch verschärft. Auf die lange und vielgestaltige Geschichte der Verhältnisbestimmung von Vernunft und Glauben braucht an die-

---

195 Günther (1993). S. 42.
196 "Zwar genügt ein noch so hoher Grad von Wahrscheinlichkeit nicht als 'Beweis' im mathematischen oder streng naturwissenschaftlichen Sinne. Aber 'beweisen' heißt in der Sprache des Prozeßrechts: 'dem Gericht die Überzeugung von der Richtigkeit einer Tatsachenbehauptung verschaffen'. Diese Überzeugung kann der Richter auch dann gewinnen, wenn aufgrund der vorliegenden Indizien nur ein sehr hoher Grad von Wahrscheinlichkeit dafür spricht, daß die Tatsachenbehauptung zutrifft. (...) Auf die Mitwirkung der menschlichen Persönlichkeit, eine vom richterlichen Ethos geprägte sorgfältige Weise der Beurteilung, kann auch hier nicht verzichtet werden." Larenz (1991). S. 306.

ser Stelle nur ganz allgemein verwiesen zu werden, um zu erinnern, wie wichtig und auch belastend es durch die Zeiten empfunden worden ist, daß der spezifischen Auslegungssituation in der zweiten Stunde europäischer Schriftlichkeitsentwicklung ein sacrificium intellectus als Zumutung immer inhärent war. Insofern dies unvermeidbar für die Gemeinde der Gläubigen wird, macht es ein Gewaltmoment im letzten Wort theologischer Auslegungspraxis aus.

Die literarische Auslegungspraxis, in der ihr eigenen sozialen Form der freien Geselligkeit betrachtet, verwirklicht sich vornehmlich im Reden über poetische Sprachwerke. Noch einmal sei festgehalten: Solches Reden, wenn es denn glückt, steigert die Empfänglichkeit für die Wirkungen poetischer Sprachwerke und läßt die Redenden untereinander nachbarlicher werden. Es ist nun aber in seiner Offenheit und Beweglichkeit keineswegs ein Reden, das sich aus der Lust an "reiner Gesprächigkeit" einfach ergibt; es folgt auch nicht bloß spontan der redensartlichen Logik "Wes das Herz voll ist, des geht der Mund über". Hinzukommen muß eine zweifache Achtsamkeit: diejenige, die den Text nicht aus dem Blick geraten läßt, und die andere, die den Personen gilt und der Weise, wie sie redend untereinander agieren. Es ist also eine doppelte Disziplin, die aus den vielgestaltigen Antrieben erst ein Reden über poetische Sprachwerke werden läßt, in dem sich literarische Auslegungspraxis vollendet. Das Wort Disziplin ist kein zu strenges Wort, um das Gemeinte zu bezeichnen; denn mit ihm ist eine Gelingensbedingung für ein Unterfangen angezeigt, das aller vorgeprägten Förmlichkeit ebenso entraten muß wie jedes Anflugs hierarchischer Ordnung, das also ganz in der Verantwortung derer liegt, die auf ein solches sich einlassen. Wegen seiner Zerbrechlichkeit bedarf es einer Anstrengung der Subjekte, die etwas ad hoc zu leisten haben, wovon sie in vielen anderen Lebensfeldern durch Institutionen entlastet sind.

Was unter "Disziplin des Textbezugs" verstanden werden soll, ist in Helmut Brackerts methodologischen Beiträgen zur Märcheninterpretation exemplarisch demonstriert worden. Sie zeigen, wie die schöpferische Deutungsphantasie im Text Anregung, Widerstand und Halt gewinnt. Die vier Voraussetzungen, an die sie Möglichkeiten und Grenzen der Märchendeutung binden, lassen sich verallgemeinernd als Beschreibung derjenigen Disziplin des Redens über poetische Sprachwerke auffassen, die aus seinem Textbezug erwachsen:

"Deren allererste Voraussetzungen ist offenbar, daß kein Deutungsmoment zugelassen wird - so gut man es auch im eigenen Argumentationsgang gebrauchen könnte -, das offensichtlich im Widerspruch zum Wortlaut des Textes steht. Voraussetzung ist sodann, daß auch alle wichtigen und rätselhaften Erzählmomente in die Deutung einbezogen werden; weiter, daß sich aus alledem ein Zusammenhang ergibt, der einer gewissen

Stimmigkeit folgt; schließlich eine letzte Voraussetzung: Märchen der Art (...) dürfen nicht nur auf der Oberflächenstruktur, ihrem äußeren Geschehnisgang interpretiert werden, sonst verfehlt man ganz offensichtlich eine entscheidende Dimension ihrer Aussage (...)."[197]

Die Disziplin, die aus der Achtsamkeit erwächst, die den Personen gilt und der Art und Weise, wie sie redend untereinander handeln, ist eine, die im weitesten Sinn gesprächsethisch zu bestimmen ist. Eine solche Ethik reicht hinein in Umgangsformen des Miteinander-Redens und hat ihre Tiefendimension in der Verschränkung von Hermeneutik und kommunikativer Ethik, wie sie Edeltraud Bülow in Auseinandersetzung mit Hans-Georg Gadamer vorgestellt hat:

"Die Hermeneutik klammert bewußt (aber ungerechtfertigt) aus, was die kommunikative Ethik bewußt akzentuiert und zum Postulat erhebt: den kommunikativen Partnerbezug, der sich im kommunikativen Bewußtsein realisiert. Hermeneutisches Bewußtsein und kommunikatives Bewußtsein unterscheiden sich durch ihre Prioritäten, den Sachbezug auf der einen, den Partnerbezug auf der anderen Seite."[198]

Reden über poetische Sprachwerke ist eben wegen dieser geforderten Disziplin ein Reden im Sinne dessen, was Christian Stetter in seiner Skala als ein "Reden$_2$" definiert, das an die Erfüllung der knowing-how- und der knowing-that-Bedingung geknüpft ist.[199] Als ein solches muß es gelernt werden.

Der muttersprachliche Unterricht ist der wichtigste Ort, wo solches Reden gelernt werden kann. Die Reflexion auf die Methoden dieses Unterrichts gewinnt in der Bestimmung dessen, was die Disziplinen des Redens über poetische Sprachwerke ausmacht, einen Denkrahmen, innerhalb dessen die einschlägigen unterrichtspraktisch-operativen Verfahren einerseits und die Widerständigkeiten der spezifischen Handlungsbedingungen andererseits aufgabenbezogen erörtert werden können.

Das germanistische Studium bereitet auf die Aufgaben, die sich aus dem Dargestellten für Deutschlehrer ergeben, vornehmlich in Lehrveranstaltungen vor, die den Textbezug unter historischen und systematischen Gesichtspunkten thematisieren. Ich stelle im letzten Abschnitt dieses Kapitels "Vom Nutzen der Balancierstange" einen hochschuldidaktischen Versuch vor, in dem die textliche *und* die personale Dimension des Redens über poetische Sprachwerke Thema der Reflexion werden soll, und zwar so, daß das *eigene* Reden über poetische

---

197 Brackert (1982). S. 235.
198 Bülow (1972). S. 249.
199 Siehe Kap 5.5. S. 197/198.

Sprachwerke Gegenstand des Nachdenkens werden kann. Wegen dieser Praxisbezogenheit nenne ich solche Versuche klinische Veranstaltungen. Der Bericht über einen solchen Versuch hat im Gedankengang dieses Kapitels seine Platz, weil das bislang nur abstrakt charakterisierte Reden über poetische Sprachwerke in ihm eine Konkretisierung erfährt.

5. Vom Nutzen der Balancier-Stange

Der Ablauf einer solchen Lehrveranstaltung ist im wesentlichen durch zwei Arrangements bestimmt: (1) Einige Teilnehmer reden über einen literarischen Text, andere beobachten sie dabei. (2) Im anschließenden Reden über die Beobachtungen samt ihren expliziten und impliziten Urteilen werden die praktizierten Kriterien dingfest gemacht und im Hinblick auf die Frage, ob und wie das Gespräch über den Text geglückt ist, erörtert.

An der Veranstaltung, die ich kurz vorstelle, nahmen Studentinnen und Studenten aller germanistischen Studiengänge teil; sie war aber insofern schulbezogen, als die Texte im voraus so ausgewählt wurden, daß vermutet werden konnte, sie würden analog zur Schülersituation von den Teilnehmern als fremd und hermetisch erfahren werden: die Pelopsgeschichte; dann die Geschichte vom Ende des Herakles, beide in der Fassung von Karl Kerényi; anschließend die "Trachinierinnen" von Sophokles; zur Erholung gönnten wir uns dann Friedrich Dürrenmatts Hörspiel "Herkules und der Stall des Augias"; am gemeinsam ausgewählten Text "Von dem Machandelboom", in der niederdeutschen Fassung, in der Philipp Otto Runge das Märchen erzählt, sollte, was sich an theoretischen Einsichten in das Reden über Literatur gebildet hatte, erprobt und überprüft werden.[200]

Rückschauend lassen sich im Ablauf dieser klinischen Veranstaltung vier Phasen unterscheiden, in denen jeweils die "Größen" Person, Text und Situation in spezifischer Weise aufeinander bezogen sind. In der *ersten Phase* ist die Situation nur durch die Seminarankündigung und deren Kommentar definiert und wird von den Teilnehmern mit einem gewissen Vertrauensvorschuß hingenommen; das Verhältnis der Personen untereinander, die sich fast alle nicht kennen, aber aufgrund der Arrangements sich nicht ausweichen können, ist von Takt und Taktik bestimmt; das Gespräch über den Text verbleibt im Vorhof der Interpretation und greift nur Verständnisschwierigkeiten auf, von denen die Studentinnen und Studenten bald annehmen können, daß niemand von ihnen Ant-

---

[200] Kerényi (1966). Bd. II. S. 57-61 und S. 161-165; Sophokles (1988). S. 77ff.; Dürrenmatt: Herkules und der Stall des Augias. Deutsche Grammophon 43013; Runge/Koeppen (1987).

worten bereit hat, wie z.B. die genealogischen Verhältnisse im Atridengeschlecht und die Verwobenheit der Akteure der Pelopsgeschichte in die Göttererzählungen. Die beobachtenden Teilnehmer heben vor allem Aspekte der Gesprächsmoral hervor wie: ausreden lassen, nicht ins Wort fallen, auf Beiträge eingehen, das Gespräch in Gang halten (sich verantwortlich fühlen), alle einbeziehen. Sie gehen auf die Thematik der Beiträge kaum ein oder aber sie fallen, wenn sie es tun, aus ihrer Beobachterrolle und bekräftigen die Verständnisschwierigkeiten. Das eigene Sprechen über Literatur ist als Thema des Seminars noch nicht etabliert.

Auch in der *zweiten* Phase bleibt die Situation in ihrer vorgegebenen Definition unberedet. Dagegen zeigt sich das Verhältnis der Personen untereinander deutlich verändert: die Teilnahme am Gesprächskreis über den Text (in der Regel in der Raumausnutzung als innerer Kreis arrangiert) wird auch davon mitbestimmt, wer sich sonst noch am Gespräch beteiligt. Der Text erfährt erste und deutlich konkurrierende Deutungen (vor allem initiiert durch eine feministische Interpretation der Heiratsbedingungen, die Oinomaos für seine Tochter Hippodameia festsetzt). In den Beiträgen der Beobachter treten gesprächsethische und gruppendynamische Hinweise deutlich zurück hinter solchen, die in der Art des Redens das personale Einstehen für das jeweils Gesagte zu entschlüsseln suchen: die Ernsthaftigkeit eines Beitrags wird herausgestellt, die Distanz zum Thema, der Spaß am produktiven oder destruktiven Widerspruch. Konkurrierende Deutungen werden probeweise klassifiziert und Deutungspluralität in Annäherungen als Problem formuliert. Das eigene Reden über Literatur ist in textueller und in personeller Hinsicht als Seminarthema etabliert.

In der *dritten* Phase verändert sich vor allem die Situation. Während der beiden ersten Phasen war die Geltung der Seminardefinition wesentlich durch die Seminarleiter verbürgt. Nun geben sie diese Rolle auf, bleiben einer Sitzung (angekündigt) fern und arbeiten in den weiteren Sitzungen mit wenigen Ausnahmen nur noch im Gesprächskreis oder als Beobachter mit. Diese Phase ist krisenhaft, weil der weitere Verlauf der Sitzungen in die Verantwortung der Teilnehmer übergeht und damit noch einmal und vehement die gruppendynamischen Faktoren ins Spiel kommen, die in der zweiten Phase durch die Konzentration auf den Text und sein Echo in den Personen zurückgedrängt worden waren. Tatsächlich war der Abbruch des Seminars in dieser Phase nicht nur eine gedankliche Möglichkeit. Sie wurde beendet durch eine Rückschau auf die Krisenerfahrungen und ihre Einschätzungen.

Die *vierte* Phase zeigt ein spezifisches Interesse der Personen aneinander. Sie wissen - mehr oder minder genau - um ihre Vorlieben und Abneigungen, so oder so an Texte heranzugehen, und es wird wichtig für sie zu erfahren, warum die eine bevorzugt, was eine andere eher abweist. Die Gründe, nach denen gefragt wird, sind unterschiedlich: es sind solche literaturtheoretischer und personaler Art. Auch die Frage, was ein Teilnehmer als lebensbedeutsam am Text herausstellt, worin er dessen mögliche Funktion sieht, wird zu einer Frage, die sich in jeweiligen Personenkonstellationen spezifisch stellt. Die Texte kommen jetzt von vorneherein unter dem Blickwinkel der Deutungsvielfalt zu Wort, und dies wird immer wieder Anlaß zu Beiträgen, Grenzen der Pluralität zu bestimmen oder Blockierung von Pluralität zu kritisieren. Die Situation, nun ganz in der Verantwortung der Studentinnen und Studenten, wird durch deren Entscheidungen über den Ablauf der Gesprächsrunden und über die Auswertung der Beobachtungen geprägt. Geeint durch das wechselseitige Interesse zu erfahren, wer von ihnen was und mit welchen Gründen an einem Text hervorhebt, und geeint auch durch die Erfahrung, in diesem Kreis zum Entdecken von Neuem am Text angeregt zu werden, gelingt ihnen phasenweise eine Gesprächsatmosphäre, die voller Spannung und doch manchmal von tänzerischer Leichtigkeit ist, die perspektivisch bewegt und reflexiv innehaltend Text und Personen in einem Aufmerksamkeitskegel hält, die die Frustration vergeblicher Anläufe und das mehr oder minder unterschwellige gruppendynamische Gegrumel vergessen macht. Gewiß ist damit kein Zustand erreicht, den Friedrich Schlegel in seinem Athenäum-Beitrag "Gespräch über die Poesie" so beschreibt:

"Alle Gemüter, die sie lieben, befreundet und bindet Poesie mit unauflöslichen Banden. Mögen sie sonst im Leben das Verschiedenste suchen, einer gänzlich verachten, was der andre am heiligsten hält, sich verkennen, nicht vernehmen, ewig fremd bleiben; in dieser Region sind sie dennoch durch höhere Zauberkraft einig und in Frieden."[201]

Aber immerhin deutet sich in der Auswertung der Beobachtungen der Gesprächsrunden an, was denn das Reden über poetische Sprachwerke in seiner Spezifik ausmacht und welcher Status diesem Reden für die Orientierung in der Welt zukommt. Am Ende des Seminars ist folgende Situation erreicht: Es wird über das Märchen "Von dem Machandelboom" miteinander geredet im Bewußtsein, daß spezifische Regeln zu beachten sind, wenn das Miteinander-Reden über diesen Text glücken soll, und daß wir von diesen spezifischen Regeln einen deutlicheren Begriff haben sollten, um typische Probleme, die bei diesem Reden entstehen, besser lösen zu können. In der Auswertung der Beobachtungen sind Formulierungen gesucht worden, annäherungsweise die Spezifik dieses Redens (und damit seine Regelhaftigkeit) zu bestimmen. Alle diese Formulierungen suchen ein Mittleres, zunächst noch Unbestimmtes, das jeweils zwischen antipo-

---

201 Schlegel (1987). S. 165.

dischen Formen des Redens liegt und als ein Mittleres durch seine Anteile an diesen Formen definiert ist. Die Balancier-Stange mag die nötigen Vorstellungen anregen, um das Typische des Redens über poetische Sprachwerke anschaulich werden zu lassen: eine Tätigkeit, bei der die Sprecher stets nach zwei Seiten hin vom Absturz bedroht sind und die Balancier-Stange die Möglichkeit bildet, der Fallsucht nach der einen durch Belastung der anderen Seite zu entkommen. Unter vier verschiedenen Aspekten wird ein solch Mittleres zu bestimmen gesucht:

- *Reden über poetische Sprachwerke ist ein Mittleres zwischen Plaudern und Verkündigen*

Mit dem Plaudern teilt es den leichten Ton, die Unabgeschlossenheit, die Entlastung von unmittelbar lebenspraktischen Funktionen, die "reine Gesprächigkeit". Mit dem Verkündigen teilt es den Horizont, insofern sie auf ihre, auf ästhetische Weise die Rollen der Fundierungstexte übernommen haben, in denen es um Orientierung in der Welt, um Selbst- und Fremdverständnis, um das Zusammenleben und seine Ordnung geht. Poetische Sprachwerke als die Erben der Fundierungstexte kommen ohne abgeleitete Autorität aus, haben nie das letzte Wort, ein Machtwort schon gar nicht, das es zu verkündigen gilt. Aber die Beschäftigung mit ihnen hat auch im Als-ob ihren Ernst, der in seiner Weise nicht weniger entschieden sein muß als der, den uns Entscheidungssituationen abverlangen. Beispielhaft sei J. M. Reinhold Lenz zitiert, der sich in seinen Briefen zu "Werthers Leiden" Goethes Romanheld wie eine reale Person gegen eine abstrakt moralische Verurteilung in Schutz nimmt:

"Daß man aber mit eben dem kalten Blick sich hinsetzt und nach der Moral der Leiden des jungen Werther fragt, da mir als ich's las die Sinnen vergingen, ich ganz in seine Welt hineingezaubert mit Werthern liebte, mit Werthern litt, mit Wethern starb - das kann ich nicht vertragen (...)."[202]

Das Mittlere zwischen Plaudern und Verkündigen, das im Reden über poetische Sprachwerke getroffen werden soll, verlangt nach beiden Seiten hin eine besondere Disziplin. Gegenüber dem Plaudern und seinen "Stunden aus silbernen Gesprächen"[203] die Disziplin, den Verlockungen dieses Tons zu widerstehen, die Referenz auf den Text nicht aufzugeben, im Redebeitrag des Partners nicht nur ein Stichwort aufzugreifen, um das Gespräch im Fluß zu

---

202 Lenz (1992). S. 9/10.
203 Rilke (1912). S. 22.

halten, sondern darauf zu hören, wie der Partner mit seiner Person einsteht für seinen Beitrag; gegenüber dem Verkündigen die Disziplin zu wahren, die man die einer Hermeneutik des vorletzten Worts nennen könnte, die also auf letzte Gewißheit ebenso verzichtet, wie auf das Verlangen, unbedingt Recht behalten zu wollen.

Verletzungen dieser Disziplin führen zu typischen Fehlformen des Redens über poetische Sprachwerke: nach der ersten Seite hin zu einer, die abschätzig (und ungerecht eine Fehlform für das Ganze nehmend) "feuilletonistisches Geschwätz" genannt wird; nach der zweiten Seite hin zu einer Apodiktik, z. B. des Schmähens und Fluchens, durch das abgestoßen wird, was der eigenen kanonisch gewordenen Vorstellung von Literatur im Wege ist. Zur Veranschaulichung zitiere ich aus einen Beitrag zum Streit um das Gedicht "Nachhut" von Günter Eich in der FAZ von 1957: "In jüngeren Jahren hatte ich für Entmündigung und Einweisung Geistesgestörter in Irrenanstalten zu sorgen. Der Herr Eich gehört meines Erachtens zweifellos dorthin! Es ist nur tief, tief traurig, daß ein Redakteur solch einen Mist annimmt. Ich möchte raten, diesem Herrn umgehend den Laufpaß zu geben."[204]

- Reden über poetische Sprachwerke ist ein Mittleres zwischen privatem und öffentlichem Reden

Mit dem privaten Reden teilt das Reden über poetische Sprachwerke die Intimität, das vorrangige Interesse an Personen und das Interesse an deren Einzigkeit und Unvertretbarkeit. Mit dem öffentlichen Reden teilt es die Tendenz, das Verallgemeinerungsfähige herauszustellen, Argumente personenunabhängig zu prüfen und das je Einzelne als Fall einem Allgemeinen zu subsumieren. Reden über poetische Sprachwerke wird so zu einem risikoreichen Versuch, eine Balance zwischen Ich-Du-Reden und Es-Reden zu finden und die Spannung der widerstreitenden Anforderungen beider Rede-Domänen im Akt des dialogischen Redens über einen literarischen Text und für die Dauer dieses Dialogs zu lösen. Die referentiellen und alterisierenden Konstituenten des Sprechens machen sich - wenn man das so ausdrücken darf - im Schwebezustand eines solchen Dialogs von den domänenspezifischen Mischungsnormen und Ausrichtungen eingelebter Praxis frei, und es eröffnet sich, wie im (imaginierten) Werdezustand der Sprache, die Möglichkeit des Anfangs, der Erstmaligkeit. Da dies aber immer nur zu realisieren ist, indem wir uns im schon Gesprochenen und Gere-

---

204 Frankfurter Allgemeine Zeitung vom 20. Februar 1957.

deten ausdrücken, wird das Reden über poetische Sprachwerke als ein sehr indirektes, "konfiguratives"[205] Reden wahrgenommen und gedeutet.

Die besondere Disziplin, die das Reden über poetische Sprachwerke als ein Mittleres zwischen privatem und öffentlichem Reden erfordert, soll - situationsbezogen - die jeweils angemessene Balance zwischen Offenheit und Diskretion ermöglichen. Formuliert man das Problem von der Seite des privaten Redens her, so ist festzuhalten: Die eigenen Lebensgeschichten haben im literarischen Dialog einen angestammten Platz. Aber es gilt: (1) Jeder wird selbst bestimmen, ob und wie die Lebensgeschichten im literarischen Dialog tatsächlich zu Wort kommen; jeder hat hier allein für sich das Recht des ersten Wortes. Die Disziplin des Redens über poetische Sprachwerke ist eine des Taktes und der Diskretion. (2) Jedes durch einen literarischen Text angeregte Thema muß auch Thema des literarischen Dialogs werden können. Weder die Berufung auf die Privatsphäre noch die Berufung auf förmliche und nicht-förmliche Tabuisierungs-, Verdrängungs- oder sonstige Ausschließungsurteile darf diese Möglichkeit einschränken. Die Disziplin des Redens über poetische Sprachwerke ist eine der Selbstreflexivität, die das Wissen um das eigene Eingelassensein in solches Urteilsgeschehen gegenwärtig hält. (3) Erst im Blick auf die je besondere Redesituation werden die beiden Anforderungen zu einem spezifischen Ausgleich gelangen. Das setzt eine aktive Bereitschaft voraus, die Eigenart der Situation erkennen zu wollen und sich auf sie zu beziehen. Die Disziplin des Redens über poetische Sprachwerke ist eine, die darauf aus ist, die situativen Faktoren eines Dialogs zu ihrem Recht kommen zu lassen.

- Reden über poetische Sprachwerke ist ein Mittleres zwischen Leser- und Textorientiertheit

Zunächst eine Vorbemerkung: Das Reden über poetische Sprachwerke ist durch den Kontext, in den es gerückt worden ist, zu einer Bedeutung gelangt, die dem schlichten Ausdruck "Reden über ..." nicht anzusehen ist. Das Mittlere, das nun zur Erörterung ansteht, verlangt diesen terminologischen Hinweis, denn es ist offensichtlich, daß Literatur auch als Stichwortgeber für dieses oder jenes herhalten kann; so wie es jedem unbenommen ist, sich mit anderen zu einem inneren Kreis um einen Dichter zu scharen und das Reden über sein Werk als Dienst an diesem zu zelebrieren. Wird aber ein Reden über poetische Sprachwerke als freie Verständigung über sie angestrebt, dann ist eine besondere Disziplin nötig, das angestrebte Mittlere zwischen Leser und Textorientiertheit zu erreichen. Sie ist eine, die die Verstehens- und Deutungstätigkeiten

---

205 Adorno (1973).Bd. I. S. 366-371.

der Leser, die durch den Text angeregt sind, immer wieder der Kontrolle des Textes unterwirft und damit die Grenze zwischen dem literarischen Diskurs und sonstigen Diskursen (z. B. einem therapeutisch-pädagogischen Diskurs) markiert; sie ist aber auch eine, die intersubjektiv den hermeneutischen Vorbehalt des vorletzten Worts respektiert.

- Reden über poetische Sprachwerke als eine Bewegung zwischen Eigenem und Fremdem

Im Reden über poetische Sprachwerke kommen Lektüre-Erfahrungen zu Wort. Ein wesentliches Merkmal dieser Erfahrungen ist die Ich-Bewegung zwischen Eigenem und Fremdem. Verstehen wir mit Helmuth Plessner das Ich als "den Ort, von dem meine Impulse ausgehen und auf den hin alle Perspektiven konvergieren"[206], so liegt der Anfang dieser Bewegung in jenem Schwerpunkt, in dem sich die lebenspraktischen und die imaginierten Rollen zu meinem Ich-Bewußtsein eingependelt und verdichtet haben. Die "exzentrische Position" des Ichs[207] macht es nun möglich, dieses Ich-Bewußtsein zu objektivieren und damit jenen Prozeß in Gang zu setzen und in Gang zu halten, der die Personalität des Menschen ausmacht. Die Ich-Bewegung in der Lektüre literarischer Texte steigert die Möglichkeiten der Objektivierung nachhaltig: z. B. durch die Übernahme von Erzählperspektiven, die nicht die eigenen sind, insofern der Leser mit fremdem Blick auf Bekanntes und Unbekanntes sieht. Indem der Leser dem Protagonisten zustimmt, mit ihm leidet, ihn kritisiert, hat er aber nicht nur eine fremde Perspektive übernommen, sondern bringt sich auch als das empirische Leser-Ich zur Geltung. Diese Ich-Bewegung in doppelter Richtung, vom Eigenen zum Fremden und vom Fremden zum Eigenen, durch moderne Erzähltechniken zu einem sich selbst reflektierenden Vorgang elaboriert, entläßt das Leser-Ich mit der Erfahrung der Möglichkeit, Fremdes anzuerkennen, ohne sich an es zu verlieren, Fremdes verstehen zu wollen, ohne es dem eigenen Verständnis zu unterwerfen, ohne es sich, wie wir sagen, einzuverleiben. Indem solche Lektüre-Erfahrungen ausgetauscht werden, potenzieren sich nicht nur die Möglichkeiten der Objektivierung, sondern auch die Möglichkeiten, im Dialog diese Objektivierungen für das individuelle und soziale Leben zu verarbeiten.

Die besondere Disziplin, die das Reden über poetische Sprachwerke als Bewegung zwischen Eigenem und Fremdem erfordert, ist eine dreifache: sie liegt in der Behutsamkeit, jenem schmalen Grat zu folgen, der Ich-Verwischung ebenso vermeidet wie Fremd-Verbeißung; in der Achtsamkeit, die wechselsei-

---

206 Plessner (1983). S. 338.
207 Plessner (1983). S. 190ff.

tige Bedingtheit der Potenzierung von Objektivität und applikativer Verarbeitung im Auge zu behalten; schließlich leitet sie sich aus den Bedingungen mündlicher Rede her, von Angesicht zu Angesicht zu sprechen und sich etwas ins Gesicht sagen zu können. Zwar ist mit dem Ausdruck "Reden über poetische Sprachwerke" vor allem auf das Dialogische dieses Redens verwiesen, ohne daß unbedingt eine ausschließliche Festlegung auf mündliches Reden gemeint ist, aber als Bewegung zwischen Eigenem und Fremdem muß sich das Reden über poetische Sprachwerke in der Mündlichkeit bewähren: den eigenen Beitrag so zu formulieren, daß ich, auch wenn er eine entschiedene Zurückweisung ist, dem Anderen in die Augen sehen kann.

6. Was heißt und zu welchem Ende betreiben wir sprachliche Bildung? Vom "Zungenmesser" als Instrument, sie zu ermöglichen[1]

> "Ich habe einen gesehen, der ohne Auftrag lebt.
> Einen der lesen kann und dennoch aufstehen und fortgehen."
> A. Andersch: Sansibar oder der letzte Grund

1. Reflexion
oder: die Subjektivität in Anschlag bringen

Der Ausdruck sprachliche Bildung fügt die beiden Wörter sprachlich und Bildung zu einer Ordnung, die ganz durchsichtig und vertraut ist: von Bildung als dem Umfassenden soll unter einem besonderen, dem sprachlichen Gesichtspunkt die Rede sein; ein Allgemeines wird also spezifiziert. Ist, was in der Ordnung seines Gefügtseins klar und nahe, auch in dem geläufig und gewiß, was in diesem Ausdruck zu uns spricht?

Die so gestellte Frage erlaubt es nicht, in einer - wie Humboldt sagt - "Gewaltthat des Verstandes"[2] einfach festzulegen, was hier und jetzt und unter uns mit diesem Ausdruck gemeint sein soll oder sich auf eine überkommene Festlegung dieser Art zu berufen. Indem wir fragen, was in diesem Ausdruck zu uns spricht, fragen wir, wie er in unserer Redepraxis vorkommt; anders formuliert: wir fragen nach seiner Bedeutung im Gebrauch.

Können wir uns über den Ausdruck sprachliche Bildung leicht verständigen? Wie präsent ist er überhaupt in unserem Reden und Schreiben? Zweifel scheinen angebracht. Immerhin, im "Kleinen Lexikon untergegangener Wörter", in dem Nabil Osman Wörter versammelt hat, "die seit dem Ausgang des 18. Jahr-

---

[1] Vortrag im Rahmen des Züricher Symposiums Deutschdidaktik - siehe unter "Nachweise"
[2] Humboldt. IV. S. 25/26. Anm. 2.
"Man kann zwar allerdings den Begriffen absichtlich ganz unwillkürliche Zeichen geben, und schon vorhandene Laute, ohne alle Beachtung ihrer Eigenthümlichkeit, dazu anwenden, aber alsdann muss der Begriff, ohne das ihn bezeichnende Wort, völlig klar und bestimmt seyn, und die Reflexion, durch eine Gewaltthat des Verstandes, von aller eignen Einwirkung des Wortes abstrahiren".

hunderts aus der allgemeinen (deutschen) Schriftsprache verschwunden sind"[3], findet sich der Ausdruck sprachliche Bildung nicht.

Er teilt also nicht das Schicksal von Wörtern wie Abhub oder Federlesen, die ihre Bedeutung verloren haben, weil sich das, was sie bezeichnen und charakterisieren, in unserer Lebenswelt heute anders darstellt: das Abtragen der Speisen von der herrschaftlichen Tafel, der Abhub, bedarf im Umfeld großangelegter "Denaturisierung" von menschlicher Nahrung keines eigenen Wortes mehr; so wenig wie das Ablesen der Federchen von der Kleidung Höhergestellter metonymisch für kriecherisches Verhalten stehen kann, wenn eine Fussel-Rolle leicht bei der Hand ist, Federvieh nur noch in Ausnahmefällen zu unseren Hausgenossen zählt und sich devote Schmeichelei gefälligst verdeckter zu praktizieren hat. Auch mit dem Untergang des Wortes Herzenszähmerin hat der Ausdruck sprachliche Bildung nichts gemein, ein Wort, das als Bennenung der Dichtkunst sich, wie der Kommentar begründet, wegen seiner Mehrdeutigkeit nicht hat halten können.[4]

Wichtige Gründe, die zum Untergang von Wörtern geführt haben, scheinen also auf den Ausdruck sprachliche Bildung nicht zuzutreffen. Ist darum, was im Ausdruck zu uns spricht, eindeutig? Ist, was er bezeichnet und charakterisiert, in unserer Lebenspraxis immer schon ausgemacht? Vermutlich ganz so eindeutig nicht. Die einen mögen polyglotte Menschen sprachlich gebildet heißen, andere eher an gepflegte Ausdrucksweise denken und wieder andere die Fähigkeit hervorheben, Auskunft geben zu können über das, was wir tun, wenn wir miteinander reden. Auch wird, was sprachliche Bildung heißt, unterschiedlich bewertet. Einige halten sie für überholt, weil unser Leben das Kraftfeld der Gutenberg-Galaxia verlassen habe und von medialer Vielfalt geprägt und in medialer Vernetzung organisiert sei. Andere beharren darauf, daß sprachliche Bildung trotz aller medialer Turbulenzen ihren Sinn behalte, ja sogar Mittel bereitstelle, diesen zu begegnen.

Was aber ist das Identische im Gebrauch des Ausdrucks sprachliche Bildung, an dem so Verschiedenes synekdochisch hervorgehoben und der so unterschiedlich bewertet wird? Was also heißt sprachliche Bildung? "Wenn mich niemand danach fragt, weiß ich es; will ich es einem Fragenden erklären, weiß ich es nicht."[5] Mit diesem Satz antwortet Augustin in den "Bekenntnissen" auf die Frage "Was ist Zeit?". Seine Antwort wendet sich vom propositionalen Gehalt der Frage ab und der Fragesituation zu: Sein Wissen um die Zeit kommt als ein implizites in den Blick, als eines, das sich gegen seine analytische und diskursive Ausfaltung sperrt. Um also zu seinem impliziten Wissen um die Zeit vordringen zu können, muß er diese Sperre erst überwinden.

---

3   Osman (1971). S. 14.
4   Osman (1971). S. 24 und 114.
5   Augustin. conf. XI. 14, 17.

Nehmen wir Augustins Wendung weg vom propositionalen Gehalt seiner Frage hin zur Fragesituation als Fingerzeig, und rechnen wir auch für das, was wir untersuchen wollen, mit einer ähnliche Sperre. Frage wir also zunächst: Warum ist unser implizites Wissen von sprachlicher Bildung, das wir immer schon parat haben, schwer zugänglich?

Im Hinblick auf unser kulturelles Wissen überhaupt gibt der Titel des Vortrags, der Friedrich Schillers Antrittsvorlesung anklingen läßt, einen ersten Hinweis. Die Notwendigkeit eines Studiums dessen, was er Universalgeschichte nennt, demonstriert Friedrich Schiller an der Redesituation in der Universität Jena am 22. Mai 1789:

"Selbst daß *wir* uns in diesem Augenblick hier zusammenfinden, in diesem Grade von Nationalkultur, mit dieser Sprache, diesen Sitten, diesen bürgerlichen Vorteilen, diesem Maß von Gewissensfreiheit zusammenfinden, ist das Resultat vielleicht aller vorhergegangenen Weltbegebenheiten: die *ganze* Weltgeschichte würde wenigstens nötig sein, dieses einzige Moment zu erklären."[6]

Auch wenn wir vor der Totalisierung dieses Erklärungsanspruches zurückschrecken, so macht er doch deutlich,
- in welchem Maße unser Handeln, unser Wissen, Fühlen und Denken von menschheitsgeschichtlicher Erfahrung gesättigt ist,
- daß wir aber davon nur sehr weniges in unserem Traditionswissen oder, mit Maurice Halbwachs geredet, in unseren "kollektiven Gedächtnissen"[7] zugänglich halten
- und daß die Funktion solch lebenspraktischer Reduktion von Komplexität darin liegt, uns den Kopf für die Lösung unmittelbar anstehender Aufgaben in unserer Lebenswelt freizuhalten.

Daß unser implizites Wissen von sprachlicher Bildung schwer zugänglich ist, schützt also geformte Tradition vor Reflexion. Denn indem wir uns dem impliziten Wissen zuwenden, wenden wir uns von dem ab, was aktualiter dieses Wissen in unserer Lebenswelt bedeutet; und indem wir uns anschicken, es auszufalten, lösen wir die Paßform auf, die dieses Wissen zur Bewältigung anstehender Aufgaben in unserer Lebenswelt gefunden hat.

Was aber, wenn die Paßform unseres impliziten Wissens von sprachlicher Bildung zur Lösung anstehender lebensweltlicher Probleme nicht mehr attraktiv zu sein scheint; wenn ihre Eignung nicht mehr gespürt und selbstverständlich vorausgesetzt wird? - Nun wird zum Segen, was vorher abgewehrt wurde: die analytische Kraft und die diskursive Dynamik der Reflexion löst bezweifelte Paßformen auf, legt frei, was die Tradition unterdrückt hat und dringt zu den Quellen vor, damit die veränderte

---

6   Schiller (1847). S. 368/369.
7   Halbwachs (1985).

Lebenswelt neu und in der Vergewisserung, woher wir kommmen, mit frischem Blick angeschaut werden kann.

Auf der Suche nach den Quellen, den Ursprüngen sprachlicher Bildung, vernehmen wir den Satz des Antisthenes über einen Zeitraum von fast zweieinhalbtausend Jahren hinweg[8]: "Der Anfang der Erziehung ist das Achthaben auf die Wörter." Arche paideuseos he ton onomaton episkepsis.

Ein befremdlicher Satz! Nach den Worten zu spähen, - wie wir, der Etymologie folgend, auch übersetzen können[9] - soll den Erziehungsprozeß in Gang bringen? Sind es nicht eher sittliche Kategorien, die wir in dieser Rolle erwarten: Verantwortung zu übernehmen, die eigenen Wünsche und Bedürfnisse zurückzustellen lernen, eine Situation auch mit den Augen anderer sehen zu lernen? Oder Tugenden wie Wahrhaftigkeit oder Hilfsbereitschaft? Lassen wir das Befremdliche des Satzes zu und erledigen wir es nicht mit einem eiligen Hinweis auf die antike Hochschätzung der Rhetorik, so stellt sich die Frage, was mit dem Satz des Antisthenes gesagt ist.

Der Satz spricht nicht von diesem oder jenem Sprachwissen; er spricht überhaupt nicht von Wissen in einem irgendwie objektivierbaren Sinn. Er spricht aber auch nicht von einer besonderen Qualität des Redens, nicht von Wohlredenheit im allgemeinen. Er spricht von einer Aufmerksamkeit und von einer Richtung, die sie nehmen soll: auf die Wörter soll sie sich richten. Es ist aber, wie Maurice Merleau-Ponty es formuliert,

"ein Ergebnis der Sprache, selbst unbemerkt zu bleiben in dem Maße, wie es ihr gelingt etwas auszudrücken. (...) Wenn jemand (...) es verstanden hat, sich auszudrücken, dann geraten die Zeichen sogleich in Vergessenheit, und zurück bleibt alleine der Sinn; die Vollkommenheit der Sprache besteht offensichtlich darin, unbemerkt zu bleiben."[10]

Indem wir auf die Wörter achten, bemerken wir, was Maurice Merleau-Ponty den Triumph der Sprache" nennt, nämlich "sich selbst auszulöschen."[11] Aber nicht nur diese eine Besonderheit menschlicher Sprache wird Gegenstand der Aufmerksamkeit, sondern in dieser Besonderheit ihr stilles Wirken überhaupt: "sich an alles Vorhandne, Körperliche, Einzelne, Zufällige zu heften, aber dasselbe in ein idealisches, geistiges, allgemeines, nothwendiges Gebiet hinüberzuspielen"; der Nation, wie Humboldt die Sozietät nennt, die eine Sprache spricht, die Welt zu eröffnen; die Nationen zu trennen, "aber nur um sie auf eine tiefere und schönere Weise wieder inniger zu verbinden."[12] Und je bewußter uns dieses stille Wirken wird, das Humboldt so eindringlich beschreibt, um so mehr ge-

---

8   Zu anderen Deutungen des Fragments siehe z.B. Classen (1959).
9   Frisk (1973). II. S. 725/726.
10 Merleau-Ponty (1984). S. 33/34.
11 Merleau-Ponty (1984). S.33/34.
12 Humboldt. VI. S. 124/125.

winnen wir die Möglichkeit, im Begleitbewußtsein unser eigenes Sprechen zu spiegeln und so auf es einzuwirken. Unsere angeborene und in früher Kindheit verwirklichte Sprachfähigkeit - Dante nennt sie locutio naturalis - überformen wir auf diese Weise zur locutio artificialis.

In dieser Unterscheidung wird ein doppelter Lernbegriff gesetzt. Im ersten fassen wir den Vorgang, in dem unsere angeborene menschlich-universale Sprachfähigkeit in einer konkreten Sprache Gestalt gewinnt. Diese konkrete aber ist uns nicht angeboren; vielmehr wird sie uns von außen zugesprochen. Dante verbindet diesen Vorgang des Zusprechens mit der Amme, von der wir die Sprache, die die unsere sein wird, "ohne alle Regel empfangen".[13] Dieser Lernvorgang vollzieht sich also nicht, was nur auf den ersten Blick banal ist, nach einem von uns reflexiv erdachten methodischen Konzept; er richtet auch unsere Aufmerksamkeit mehr auf das, was wir mit den Wörtern tun, weniger darauf, wie wir es tun; und er führt uns in die raumzeitliche Irdischheit unserer Existenz oder - wie Augustin es im berühmten Abschnitt der "Bekenntnisse" über den Spracherwerb sagt, wo er anolog einen doppelten Lernbegriff benutzt - in den "Sturmbereich der menschlichen Gesellschaft"[14]; er führt, mit Helmuth Feilke gesprochen, zur idiomatischen Prägung unserer "common sense - Kompetenz."[15]

Im zweiten Lernbegriff fassen wir den Vorgang, in dem die Wörter Gegenstand der Aufmerksamkeit, der Reflexion, des Diskurses werden - oder nochmals mit Dante geredet - in dem die locutio naturalis zur locutio artificialis überformt wird. Charakteristisch für dieses Lernen ist seine schulische Methodik: Zu einer solchen Überformung gelangen wir nur, wenn wir in "einer Spanne Zeit und durch ausharrendes Lernen geschult und gebildet werden."[16]

Der Satz des Antisthenes leitet also den Erziehungsprozeß aus einer Wendung der Aufmerksamkeitsrichtung her. In allgemeinster Form läßt sich diese Wendung als Anbahnung einer neuen Möglichkeit beschreiben, Welt aufzufassen. Üblicherweise ist sie uns in den alltäglichen Handlungssituationen intentione recta gegeben; wir haben sie, sozusagen, vor Augen. Angeregt wird eine neue, zusätzliche Aufmerksamkeitsrichtung: intentione obliqua werden wir uns als diejenigen, die handeln, die wollen, fühlen und denken, zum Thema. Damit kommen wir uns selbst zugleich auch als bedingende Möglichkeit, Welt intentione recta aufzufassen, in den Blick.

Im Satz des Antisthenes stehen, wie in der Antike üblich, die Wörter auch für Sprache überhaupt. Der Satz hebt, so können wir sagen, die Sprachlichkeit

---

13   Dante, De vulgari eloquentia. I.1.2.
     Daß es die Amme ist, von der wir unsere erste Sprache empfangen, liegt in der Logik dessen, was wir empfangen: es ist "natürlich" und doch auch sozial gesetzt.
14   Augustin. conf. I.8.13.
15   Feilke (1993). S. 142f.
16   Dante, De vulgari eloquentia. I.1.2.

des Menschen als eine Bedingung der Möglichkeit, Welt intentione recta aufzufassen, hervor. Die Reflexion, die angebahnt werden soll, macht somit zum Thema der Aufmerksamkeit, was der phänomenologische Aufweis Merleau-Pontys als etwas zeigt, das sich seinem Wesen nach der Aufmerksamkeit entzieht. Warum dieses Sich-Entziehen?

Wegen der Selbstreflexivität der sprachlichen Zeichen. Diese Eigenschaft erfordert eine Regel, wie die Zeichen üblicherweise zu nehmen sind, nicht selbstreflexiv oder selbstreflexiv. Demonstrieren läßt sich eine solche Notwendigkeit am einfachsten an einer kalauernden Ausbeutung der Selbstreflexivität.

Auf die Frage, was der Mensch sei, läßt sich mit Verweisen auf entsprechende Passagen der Genesis, auf Darwin oder einen Weisheitslehrer antworten. Möglich aber ist auch der Satz, Mensch sei ein Nomen. Oder penetranter noch: Demjenigen, der gerade das Wort Löwe gesagt hat, wird, wörtlich genommen, das Wort im Munde umgedreht und vorgehalten, soeben einen Löwen aus seinem Mund in die Freiheit entlassen zu haben.

Soll also nicht in jedem einzelnen Sprechereignis festgelegt werden, wie ein Sprachzeichen zu nehmen ist, so bedarf es einer Regel, was als unmarkierter Fall zu gelten hat. Man kann nun getrost annehmen, daß es eine universelle Eigenart menschlicher Redepraxis ist, die Nutzung der Sprachzeichen, die die Selbstreflexivität ausschließt, zum unmarkierten, ihre selbstreflexive Nutzung zum markierten Fall zu machen.

In meinen begrenzten historischen Studien habe ich diese Eigenart menschlicher Redepraxis zuerst von einem Sechzehnjährigen auf den Begriff gebracht gefunden. Im Dialog über den Lehrer spricht Adeodatus, der Sohn Augustins, davon, "daß eine Gespräch", wie dasjenige, das der Vater gerade mit ihm führt, "ganz unmöglich ist, wenn nicht der Geist nach dem Hören der Wörter zu den Dingen geführt wird, deren Zeichen die Wörter sind." Er unterstellt eine "für das Sprechen anerkannte Regel"; gründet ihre Geltung aber nicht nur in der freien Geistestätigkeit des Menschen (ad placitum), sondern auch in seiner Natur, indem er sie eine "von Natur aus sehr bedeutungsvolle Regel" nennt (naturaliter plurimum valet).[17]

Diese Adeodatus-Regel, wie wir sie probeweise nennen können, läßt in ihrem umfassenden - thesei und physei gegründeten - Geltungsanspruch ahnen, daß die im Satz des Antisthenes geforderte Wendung der Aufmerksamkeitsrichtung auf die Wörter als Wörter nicht leicht zu vollziehen ist; daß es besonderer Anstrengungen bedarf, sie nicht nur punktuell, sondern nachhaltig praktizieren zu können. In der Geschichte des Nachdenkens über sprachliche Bildung ist denn auch das Einschneidende solcher Wendung und der mit ihr angebahnten Reflexion auf die Wörter hervorgehoben worden. Sinnfällig treffen wir noch heute diese Einschätzung, wenn wir Darstellungen der Sieben freien Künste in gotischen Domen betrachten. Die erste der drei Sprachkünste, die Frau Gram-

---

17 Augustin. de mag. 22.5; 24.4; 24.6.

matica, können wir an der Rute, dem Stock oder der Geißel erkennen; manchmal, wie z.B. in Freiburg, mit zwei Schülern, deren einer für die bevorstehende Züchtigung schon entkleidet ist.

Das Einschneidende, auf das der Satz des Antisthenes verweist, verbinden wir also angesichts solch figürlicher Darstellung mit pädagogischer Züchtigungspraxis, und die Literatur bestätigt uns darin. "Ruthe und Stock, überhaupt die körperliche Züchtigung spielen in der Erziehungskunst des Mittelalters eine hervorragende Rolle", so lesen wir in einer grundlegenden Arbeit zu den Figuren der "Künste" in der Vorhalle des Freiburger Münsters.[18] Aber in diesem Deutungshorizont wird die allegorische Darstellung von demjenigen Gedankengehalt getrennt, den sie allegorisiert, nämlich dem der sprachlichen Bildung. Spätestens wenn wir erfahren, daß neben Rute und Stock auch Messer das Wirken der Grammatica charakterisieren, wird die Züchtigungsdeutung zweifelhaft.

Wir werden auf den allegorisierten Gedankengehalt geführt, wenn wir auf denjenigen Text zurückgreifen, der die Allegorisierung der Sieben freien Künste wirkungsgeschichtlich bestimmt hat, auf das Satyricon "Über die Heirat der Philologia und des Merkur". Autor ist der jüngere Zeitgenosse Augustins, Martianus Capella. Die Schrift erfreute sich im ganzen Mittelalter großer Beliebtheit wurde in immer neuen Handschriften verbreitet, kommentiert und zitiert. Die frühesten Kommentare kennen wir aus dem 9. Jahrhundert; Notker der Deutsche übersetzte die beiden ersten Bücher ins Althochdeutsche. Der junge Hugo Grothius besorgt noch 1499 eine Buchausgabe, und aus einem Pariser Brief von 1673 erfahren wir, daß Leibniz den Plan verfolgte, "den Martianus Capella wieder zu Ehren zu bringen und in einem schöneren Gewande herauszugeben."[19] Auch bildliche Darstellungen sind uns aus diesem Jahrhundert noch überliefert; der Stich aus den sogenannten Mantegna-Tarocchi des 15. Jahrhunderts ist "eine wörtliche Umsetzung der Beschreibung der 'Grammatica' von Martianus Capella."[20]

Die beiden ersten Bücher der Schrift enthalten die Rahmenerzählung: die Brautschau des Gottes Merkur, seine Wahl der Philologia, also einer menschlichen Frau, und das Brautgeschenk, sieben Mägde, die die Sieben freien Künste personifizieren. Die Eingangsparagraphen des dritten Buches stellen die Frage nach der Funktion grammatischer Reflexion, und sie tun dies in allegorischer Form.

Der Deutungshorizont, in den Frau Grammatica als "hochbetagte Frau von lockender Heiterkeit" gerückt wird, ist kein pädagogischer, sondern ein medizinischer; sie entnimmt nämlich die Sinnbilder ihres Wirkens (insignia) dem Gefäß, das sie mit sich trägt, "wie eine kunstfertige Meisterin des Heilens". Erst in

---

18 Kap. 2.1. Anm. 4.
19 Hess (1940). S. 22.
20 Wittkower (1984). S. 314.
    Siehe Abbildung S. 33.

diesem medizinischen Deutungshorizont gewinnt dann das Pädagogische Gestalt; und damit wird wiederum aus dem medizinischen Deutungshorizont das im strikten Sinn Pathologische getilgt.

Vier Sinnbilder verweisen auf das Wirken der Grammatica: ein Messer, eine Medizin, die einzunehmen ist, eine weitere Medizin, die mit Hilfe eines Umschlags angewendet wird, und eine Feile.

Das Messer steht für die einschneidende Veränderung, die das Wirken der Grammatica im Sprecher hervorruft: Sie verändert ihn - wie wir heute sagen - als muttersprachlichen Sprecher. Sein Sprechen als eine quasi-natürliche Tätigkeit (wie einem der Schnabel gewachsen ist) soll auch der bewußten Formung des freien menschlichen Geistes zugänglich werden; es soll, insofern es von "ungebildeter Einfachheit und Plumpheit" bestimmt ist, von diesem Makel befreit werden (so die gewiß polemische Formulierung, die Raum für eine noch zu etablierende Sprachnorm schaffen will); grundsätzlicher: das quasi-natürliche "Sprechen" soll - im Vorgriff auf den noch darzustellenden Theorie-Entwurf Christian Stetters formuliert - in ein "Reden" transformiert werden. Diese Transformation hat eine somatische und eine psychische Seite. Die erste Medizin bewirkt, daß sich im somatischen Prozeß der Artikulation Wohlklang bilden kann; die zweite regt zur Achtsamkeit an (vigilias inferebat), schafft also eine psychische Instanz, in der sich das Sprechen spiegeln kann, eine Instanz, die wir Begleitbewußtsein nennen können. Die Feile ist nun das Instrument, durch das, wenn sanft und langsam mit ihm gerieben wird, die Transformation des Sprechers endgültig zustande kommt. Sie ist höchst kunstvoll gebildet: Sie besteht aus acht goldenen Teilen, die aber nicht in einem fixen, sondern in einem dynamischen Verhältnis zueinander stehen; so können sie verschiedene Verbindungen untereinander eingehen und gewinnen in solchen Verbindungen jeweils die für das Feilen nötige Stabilität. Die Paragraphen, die dieser Beschreibung folgen, bestätigen die Vermutung: Die Feile steht für den Kernbereich der antiken Grammatik, für die Lehre von den Redeteilen.[21]

Martianus Capella entwickelt also eine subtile und in sich konsistente Allegorie sprachlicher Bildung. Sie rückt den zu bildenden jungen Menschen in seiner Leib-Geistigkeit in den Mittelpunkt der Betrachtung. Sie bestimmt den Modus der Veränderung, die er im sprachlichen Bildungsprozeß erfährt, als einen eingreifend-chirurgischen. Das Messer wird, weil glossa, lingua oder Zunge für Sprache stehen, als Zungenmesser zum wichtigsten Insignium dieses Wirkens, insofern es für die Entfernung sprachlicher Fehler einerseits und für die Implantation der Instanz "Achtsamkeit" andererseits steht. Die Tätigkeit, in der sich sprachliche Bildung herstellt, wird als Reflexion auf das Sprechen gezeigt und die ars grammatica als das orientierende Medium, in dem sich die Reflexion vollziehen kann.

---

21 Dick (1925). S. 22-24.

Auch für Rute und Stock, die später vorherrschenden Attribute der Frau Grammatica, ist diese Bedeutung grundlegend. Sie heben sodann das Schulmäßige sprachlicher Bildung im Unterschied zum Quasi-Natürlichen des Spracherwerbs hervor. Erst in letzter Hinsicht - wenn überhaupt - dürfen wir in ihnen Hinweise auf Züchtigung sehen, die als Maßnahme verstanden wird, das Lernen zu unterstützen.

Der Versuch, uns der Ursprünge sprachlicher Bildung zu vergewissern, hat uns auf den Satz des Antisthenes geführt: Der Anfang der Erziehung ist das Achthaben auf die Wörter. Im Schallraum der Wirkungsgeschichte haben wir gehört, was der Satz sagt: Das Einüben in Reflexion ist als eine einschneidende Erfahrung der Anfang, das Prinzip der Erziehung. Auf welche moderne Begrifflichkeit können wir diesen Gedanken zuführen? Probieren wir es mit dem Kompetenzbegriff nach dem Vorschlag von Eugenio Coseriu.[22] Er verwendet ihn im Sinne des aristotelischen dynamis-Begriffs. Sprachkompetenz ist dann als ein Sprechen-Können aufzufassen, aus dem in der Tätigkeit (energeia) des Sprechens ein sprachliches Produkt (ergon) erzeugt wird.

Was ist sprachliche Kompetenz ihrer Natur nach? Eugenio Coseriu diskutiert zwei Antworten: sprachliche Kompetenz sei ein unbewußtes oder ein intuitives Wissen. Beide Antworten, das ist offenkundig, können nur als Teilantworten gelten, wenn es denn zur Kompetenz sprachlich gebildeter Personen gehört, das jeweilige Sprechen auch im Begleitbewußtsein spiegeln zu können. Die erste Antwort vermag das Sprechen-Können überhaupt nur zu erklären, insofern es ausdrücklich als ein in unserem Sinn ungebildetes Sprechen aufgefaßt wird; die zweite Antwort verlangt eine Abgrenzung des intuitiven sprachlichen Wissens vom reflexiven sprachlichen Wissen.

Eugenio Coseriu, der der zweiten Antwort zuneigt, - freilich ausdrücklich unter Zurückweisung des Verständnisses Chomskys von ihr - interpretiert das intuitive sprachliche Wissen als ein im griechischen Sinn "technisches" Wissen, das sich im Tunkönnen manifestiert, das bestimmt, "wie man etwas macht" und das sich in einer "techne grammatike" objektiviert findet.[23] Mit diesem Rückgriff auf das "technische Wissen" im Sinne der Griechen stellt sich die Aufgabe, den Grenzverlauf zwischen intuivem und reflexivem Wissen zu bestimmen. Für Coseriu ist sie durch das markiert, was jeweils als begründungsbedürftig gilt. "Nur die tatsächlich unmittelbare Begründung" gehört zum intuitiven Wissen, "jede wietere Begründung (...) ist bereits reflexiv."[24] Beispiele für "unmittelbare Begründungen" sieht Coseriu in der Berufung auf das Sprachübliche oder auf die Bedeutungsdifferenz zweier Ausdrücke.

Da Eugenio Coseriu das reflexive sprachliche Wissen den Experten, nämlich den Linguisten vorbehält, eignet sich seine Argumentation gut, das Problem

---

22 Coseriu (1988).
23 Coseriu (1988). S. 210/211.
24 Coseriu (1988). S. 221.

aufzuzeigen, wie der Gedanke des Antisthenes-Satzes auf einen modernen Kompetenzbegriff zugeführt werden kann; eine Lösung aber bietet sie nicht. Denn unsere Sprachlichkeit kommt in der Reflexion, die sprachliche Bildung ausmacht, nicht nur unter dem Gesichtspunkt, was als sprachrichtig gelten soll, in den Blick, sondern auch als bedingende Möglichkeit, Welt intentione recta aufzufassen. In den Blick kommt damit das Wirken der Sprache, Welt zu konstituieren, Menschen zu Gruppen zu vereinen, Menschengruppen von einander zu trennen, um sie wieder inniger zu verbinden. Im Kompetenzbegriff Coserius könnte dies alles keinen Platz finden.

Dagegen bietet sich Christian Stetters Abhandlung "Zu einer analytischen Philosophie der Schrift"[25] für den Anschluß an den Gedanken des Antisthenes-Satzes an. Christian Stetter fragt nach den Gelingensbedingungen für die Verwendung von Schrift und hält fest, daß Schreiben "selbst in seinen rudimentärsten Formen in der Regel schon nicht nur ein bestimmtes Können, sondern auch schon ein bestimmtes (...) Wissen" impliziert. Die Ausdrücke "Können" und "Wissen" geben in deutscher Übersetzung die Ryleschen Begriffe "knowing how" und "knowing that" wieder. Sie bieten ihm die Möglichkeit, die denkbare Verteilung der Begriffsmerkmale für die Mündlichkeit und die Schriftlichkeit in einer Matrix vergleichend darzustellen:

			knowing how	knowing that
Sprache:	(1) sprechen	nicht-rhet. Gebrauch	-	-
	(2) reden	rhetorischer Gebrauch	+	-
	(3) reden$_2$	rhetorischer Gebrauch	+	+
Schrift:	(1) -			
	(2) schreiben i		+	(+)
	(3) schreiben j		+	+

Unsere Sprachkompetenz kann also verschiedene Formen annehmen. Von sprachlicher Bildung in einem strikten Sinn ist nur zu reden, wenn die angestrebte Kompetenz beide Merkmale umfaßt, die des knowing how und des knowing that. In der Abhandlung Christian Stetters gewinnen wir damit die Möglichkeit, den Gedanken der Sprachbildung an eine moderne linguistische Theorie anzuschließen. Daß sie als Schrifttheorie diese Möglichkeit eröffnet, ist kein Zufall, da sprachliche Bildung im vorgetragenen Sinn selbst ein Kind der Schriftlichkeit ist.[26]

---

25 Stetter (1992). S. 349.
26 Freilich bleiben die Schwierigkeiten groß, den Gedanken sprachlicher Bildung in seinem Verhältnis zu jener Thematisierung von Sprache, wie sie im Trend *herrschender* linguistischer Theorien praktiziert wird, auch nur angemessen zu prüfen. Die Natur

2. Dialog
oder: Anrede und Erwiderung

Im Rückgang auf die Quellen sprachlicher Bildung haben wir uns ihrer bislang vor allem als Reflexion vergewissert. Von Sprache war dabei immer im Singular die Rede. In der nachantiken Geschichte des okzidentalen Europas aber ist sprachliche Bildung ganz und gar verwoben in den Prozeß der Ausgestaltung von Volkssprachen zu Schrift- und Literatursprachen, zu Nationalsprachen oder wie auch - manchmal mißverständlich - formuliert wird: zu Kultursprachen. Zu vergewissern bleibt also noch ihre Herkunft aus diesem Prozeß, in dem Sprachenvielfalt zu ihrem zentralen Thema wird.

Der Prozeß, von dem die Rede ist, erstreckt sich von den schriftsprachlichen Anfängen im irischen und angelsächsischen Bereich des 7. Jahrhunderts bis zur Verdrängung des Lateins aus der Buchproduktion im Deutschland des 17. Jahrhunderts über ein Jahrtausend. Seine Einmaligkeit liegt (1.) in seiner Voraussetzung, daß nämlich die Völkerscharen, die das römische Reich beerben, die Sprache dieses Reiches zu ihrer Schriftsprache machen, und zwar so, daß die Universalität des nachrömischen Lateins nicht machtgestützt in Geltung ist; sie liegt (2.) darin, daß allen, die sich vom universellen Latein lösen und ihre volkssprachlichen Mundarten zu eigenen Schrift- und Literatursprachen, zu Nationalsprachen ausgestalten, eben dies gemeinsam haben; sie liegt (3.) darin, daß die Ausformung von nationalen Kulturen und die Formung von volkssprachlichen Mundarten zu Nationalsprachen nur unterschiedliche Aspekte ein und desselben Vorganges sind.

In seiner kulturevolutionären Theorie der Entwicklung menschlicher Sprachlichkeit hebt Wilhelm von Humboldt die Bedeutung dieses Prozesses mit starken Worten hervor:

"Die Nationen mussten erst enge religiöse, politische und sittliche Verbindungen eingehen, sie mussten, ihnen vom Alterthum überliefert, ein allgemeines Sprachverständigungsmittel besitzen, endlich, grösstentheils durch dieses und die Werke der Alten belebt, geübt und ermuthigt, sich von diesem selbst, als von einer einengenden Fessel losmachen, und es nur beschränktem, willkührlichem Gebrauch vorbehalten. Das Verlassen einer todten Sprache

---

sprachlicher Kompetenz intuitiv und reflexiv zugleich denken zu sollen, ist für Linguisten, insofern sie als Vermesser der Sprache, als Zungenmesser, die Sprache nur insoweit thematisieren, als sie ordine geometrico - moderner gesagt: ordine recursivo bearbeitbar wird, eine Zumutung; wie umgekehrt alle, die - mit Jean Paul geredet - in der "Grammatik die Logik der Zunge, die erste Philosophie der Reflexion" sehen, in eben dieser Thematisierung ihre Idee von Sprache nur schwer wiedererkennen können.

im wissenschaftlichen und literarischen Gebrauch ist unstreitig der wichtigste Schritt im Entwicklungsgange der Sprache zu nennen."[27]
Dieser Schritt ist so wichtig, weil die kulturell-politischen Identitäten, die sich in ihm bilden, sprachbestimmte Identitäten sind. Der fränkische Mönch Otfried von Weißenburg schließt den Abschnitt seines Evangelienbuches von 870, in dem er begründet, warum er das Buch "theotisce" gedichtet hat:

"Nun mögen sich alle darüber freuen, /jeder, der guten Willens ist
Und der im Herzen wohlgesinnt ist / dem Volke der Franken,
Daß wir von Christus gesungen haben / in unserer Sprache
Und auch das erlebt haben,/daß wir ihn auf fränkisch gepriesen haben."[28]

Die Sprachbestimmtheit solcher Identitätsbildungen läßt die Sprache als Organ des Gedankens, als Organ der Vergesellschaftung und die Sprachen als Organe der Denk- und Empfindungsarten der Nationen zum Thema der Aufmerksamkeit werden. Dante Alighieri hat in den Schriften "De vulgari eloquentia" und "Il convivio" den Prozeß okzidentaler Volkssprachlichkeit als erster theoretisch gedeutet. Er hat die spezifisch reflexiven Momente der Identitätsbildung herausgearbeitet, ebenso aber auch schon die Konsequenzen bedacht, die sich aus der Fragmentierung lateinischer Universalität in die volkssprachliche Pluralität ergeben. Er hat noch nicht *die* Lösungsmöglichkeiten herausgestellt, die diesem Prozeß wesenseigentümlich sind.

Seine Lösung, das Plurale zu vermitteln, findet sich denn auch nicht in den schon genannten Schriften, sondern in einer eigenen mit dem programmatischen Titel "Monarchia". Das Problem der Vielheit und Einheit erörtert er dort als eines des vernünftigen Vermögens der Menschheit. Dies kann "weder durch einen einzelnen Menschen noch durch eine der (...) besonderen Gemeinschaften aufeinmal gänzlich verwirklicht werden." Darum ist es notwendig, "daß es in der menschlichen Gattung eine Vielfalt gibt, durch welche dieses ganze Vermögen verwirklicht wird". Damit diese Vielfalt zusammenwirken kann, muß "allgemeiner Friede" herrschen. Den aber garantiert nur die "zeitliche Monarchie, welche man Imperium nennt," also "die Herrschaft eines einzigen über alle anderen (Regierungen) in der Zeit oder die Herrschaft in allem über alles, was von der Zeit gemessen wird." Dante löst also das Friedensproblem unter den

---

27 Humboldt. VI. S. 123.
    Umberto Eco unterstreicht in umgekehrter Gedankenrichtung die Bedeutung dieses Ereignisse, wenn er es zum entscheidenden seiner Europa-Definition macht:
    "Gegenüber der massiven Einheit des römischen Reiches (...) präsentiert sich Europa zunächst als ein Babel neuer Sprachen und erst danach als ein Mosaik von Nationen, Europa beginnt mit der Geburt seiner Volkssprachen (...)."
    Eco (1994). S. 32.
28 Siehe Kap. 3.2. S. 85 und Kap. 5.1. S. 199.

menschheitsgeschichtlichen Bedingungen seiner Zeit noch macht- und autoritätsbestimmt, noch ganz im Sinne einer Pax Romana.[29]

In Wilhelm von Humboldts Sprachdenken erfährt der okzidentale Prozeß der Volkssprachlichkeit seine umfassendste, seine einläßlichste und seine am meisten zukunftsoffene Deutung. Die "wohlwollend menschliche Verbindung des ganzen Geschlechts"[30], auf die hin er das Problem der Vielfalt und Einheit denkt, wird von ihm als in Sprache gegründet und durch Sprache ermöglicht vorgestellt. Denn in der Entwicklungsstufe, die für eine solche Verbindung die Voraussetzungen herstellt, sind mehrere "hochgebildete Nationen" in Kontakt zur gleichen Zeit wirksam (also nicht einzelne getrennt von einander oder nur eine, die andere dominiert). Dasjenige, was sie zu "hochgebildeten" macht, ist, daß sie "schon in jeder Hinsicht sprachverständige Nationen"[31] sind. In den Ausdruck "sprachverständige Nationen" fließt alles ein, was Humboldt als welt- und dialogkonstituierende Leistungen menschlicher Sprache aufgewiesen hat. Indem sich Nationen, auf dem Wege der Bildung, über die wesenhafte Sprachlichkeit des Menschen, über die eine Sprache der Menschheit in ihrer Vielstimmigkeit ins Bild setzen, können sie sich unter einander auch um ihrer selbst willen wahrnehmen, also nicht nur als potentielle Gegner, Verbündete, Konkurrenten oder Nutznießer. Um ihrer selbst willen heißt: daß sie sich als "Individuen" wahrnehmen, in die die Menschheit "zerspalten" ist, und darum sowohl dasjenige, worin alle übereinkommen, aber genauso worin sie sich unterscheiden, im Wortsinn interessant zu werden vermag. Sprachverständige Nationen gehen Beziehungen unter einander ein, die wir sprachverständige Inter-Nationalität nennen können, nämlich nicht die "Freiheit und Eigenthümlichkeit der Nationen gewaltsam, unzart oder gleichgültig" zu behandeln.[32] Die Merkmale eines allgemeinen Friedens, die damit angedeutet sind, sind denen eines monarchischen, machtgestützten Friedens entgegengesetzt. Nicht eine Pax Romana, sondern eine Pax Ratione Locutionis kommt als Denkmöglichkeit in den Blick. Sie gründet in Anrede und Erwiderung, nicht im Machtwort und Gehorsam.

3. Übersehene "Sprachverständigkeit"
oder: Re-vision, nicht Beerbung

Die europäische Geschichte ist den Weg nicht gegangen, der vom Gedanken einer solchen Pax Ratione Locutionis bestimmt ist. Auch der Diskurs über sprachliche Bildung hat sich von seinen eigenen volkssprachlichen Vorausset-

---

29 Siehe Kap. 3.5. S. 146.
30 Humboldt. VI. S. 115.
31 Humboldt. VI. S. 193.
32 Humboldt. VI. S. 115.

zungen ab- und - oft genug - sozialdarwinistischen Denkgewohnheiten zugewendet.

Zwei Beispiele: Die Preisfrage der Diesterweggesellschaft von 1870 "Wie ist der Unterricht in der Muttersprache, besonders auch der grammatische in der Volksschule einzurichten, um nationale Bildung unserer Jugend nach allen Seiten hin zu fördern?" beantwortet der Preisgekrönte, Hugo Weber, mit einem Hinweis auf den Vorrang allgemeiner Menschenbildung, um dann fortzufahren, daß derjenigen Nation, die es darin am weitesten bringt, "die Führung der anderen von selbst zufallen" wird. "Denn der Kampf ums Dasein, der in der Natur sich überall zeigt, indem er das vollkommener organisirte Wesen an die Stelle des minder vollkommenen zu setzen bemüht ist, ist auch das herrschende Naturgesetz bis heute noch unter den Völkern."[33] Und ein halbes Jahrhundert später formuliert Leo Weisgerber unter dem Titel "Sprachgemeinschaft und Volksgemeinschaft und die Bildungsaufgabe unserer Zeit" im Organ des deutschen Germanistenverbandes, daß "der Sprachgedanke seinem Wesen entsprechend mehr die Gemeinschaft betont" und damit den der Auslese vernachlässigen muß. Dies ist so, weil die Sprachgemeinschaft "den Menschen im zartesten Alter aufnehmen muß, um ihm die Möglichkeit der Entfaltung seiner Anlagen zu eröffnen, während sie andererseits von sich aus keine Handhabe besitzt, um unbrauchbare Mitglieder wieder auszuschließen." Darum bedarf es "ernster Zusammenarbeit von Rassen- und Sprachforschung."[34]

Die Paßform, die in diesen zeitgeschichtlichen Umfeldern die Konzepte von sprachlicher Bildung angenommen haben, ist von Aleida Assmann für die deutsche Bildungsidee auf eindrucksvolle Weise skizziert worden. "Die Aufklärung hatte davon geträumt, Menschen zu Menschen schlechthin bilden zu können." Aber mit der einsetzenden Epoche der Nationalisierung gegen Ende des 18. Jahrhunderts sind an die Stelle des "offenen und universalistischen Ideals (...) sehr bald distinktive, kollektive, exklusive Menschenbilder getreten." Bildung ändert ihr Profil: sie "verbündet sich mit der Eigenart eines in Sprache, Geschichte und Territorium verwurzelten Volkes."[35] Das "formative Selbstbild", auf das hin Bildung geschieht, findet in der Kanonisierung der Tradition und der Steigerung der Überlieferung zu einer profanen Religion seiner Prägung."[36]

So verstandene Bildung relativiert zwei Modernitätsaxiome, daß nämlich Kunst mit der Moderne "ihren Ritterschlag der Autonomie empfangen" habe und daß sich der von Max Weber beschriebene "Komplex sozialer Evolution als irreversibler Prozeß der Ausdifferenzierung von kulturellen Wertsphären" vollziche. Sie zeigt ein Gegenläufiges in der Modernitätsgeschichte an, das der "Entautonomisierung der Kunst" und das des Willens zur "Entdifferenzierung".

---

33 Weber (1872). S. 4.
34 Weisgerber (1934a). S. 200.
35 Assmann (1993). S. 33.
36 Assmann (1993). S. 78.

Ausdrücklich möchte Aleida Assmann darin nicht "Ausnahmen" oder "Rückfälle" sehen, sondern einen der Moderne immer auch immanenten "modernen Antimodernismus"[37], den sie aus einer "Kernspaltung der Kultur" im 19. Jahrhundert erklärt, einer "Parallelführung von Verwissenschaftlichung und Sakralisierung kultureller Werte."[38]

Das Ende dieser deutschen Bildungsidee ist ihr gewiß. Die veränderten personalen und nationalen Verhältnisse, die Erfahrungen von Imperialismus und Kolonialismus, vor allem aber die Erfahrungen des organisierten Judenmordes lassen es nicht zu, sie "als Tradition zu beerben, sie ist vielmehr als Teil der deutschen Geschichte zu erinnern."[39]

Aleida Assmanns Analyse changiert zwischen universellen, spezifisch europäischen und deutschen Bedingungen neuzeitlichen Bildungsverständnisses und läßt so das Bedürfnis fühlbar werden, zwischen den europäischen Nationen selbstvergewissernde Gespräche über die jeweiligen Bildungsideen in Gang zu bringen.[40] Sie erweist sich aber auch als eine, die zwar die "Kernspaltung der

---

37 Assmann (1993). S. 109.
38 Assmann (1993). S. 110.
39 Assmann (1993). S. 111.
40 Versuche, sich über die Zukunft von "Politik und Bildungspolitik nach Maastricht" ein Bild zu machen, gibt es selbstredend. Der Band, den Klaus Schleicher zur "Zukunft der Bildung in Europa" herausgegeben hat, zeigt beispielhaft das Vorwalten des Interesses an der Lösung unmittelbar anstehender Probleme, die sich z.B. für die wechselseitige Anerkennung von Bildungsabschlüssen ergeben. Dieses praktische Interesse führt im Kontext gegenwärtiger EG-Verfaßtheit dazu, daß Probleme vorwiegend rechtlich-administrativ gedacht werden. Sie bedürfen aber auch einer dialogischen Bearbeitung, und zwar im emphatischen Sinn dieses Wortes. Schleicher (1993).
Die Analogie zur Formulierung von Problemen, die sich mit der europäischen Sprachenvielfalt stellen, ist keine nur strukturelle, sondern in dem wechselseitigen Verwiesensein von Bildung und Volkssprachen gegründet. In einer halbironischen Klage hat Jean Le Rond d'Alembert in seiner Einleitung zur "Enzyklopädie" die Begrenztheit der nur praktischen Problemformulierung 1751 auf den Begriff gebracht:
"Nach der Ausbreitung unserer Sprache (i.e. der französischen H.I.) in ganz Europa glaubten wir den Zeitpunkt gekommen, sie anstelle der lateinischen Sprache einzusetzen (...). Es ergibt sich aus alledem jedoch ein Übelstand, den wir hätten voraussehen müssen. Die Gelehrten anderer Nationen glaubten nach unserem Vorbild nun durchaus mit Recht, in ihrer eigenen Sprache noch besser schreiben zu können als in der französischen. England folgte also unserem Beispiel, Deutschland, wohin das Lateinische sich anscheinend geflüchtet hat, beginnt unmerklich, es seltener anzuwenden. Zweifelos werden die Schweden, Dänen und Russen bald folgen. So wird also noch vor dem Ende des 18. Jahrhunderts ein Philosoph, wenn er sich über die Entdeckungen seiner Vorgänger gründlich unterrichten will, zur Belastung seines Ge-

Kultur" als zwangsläufig konstatiert, den Gründen für diese Zwangsläufigkeit aber eher implizit nachgeht. Dem entspricht es auch, daß sie Konzepte unbeachtet läßt, die erklären, was mit dem Ausdruck "Kernspaltung der Kultur"[41] beschrieben wird, über die aber die geschichtliche Entwicklung hinweggegangen ist.

Für solche Konzepte mag als das wohl wichtigste das verfassungsrechtliche und bildungstheoretische Wilhelm von Humboldts stehen, das in seiner Idee von sprachlicher Bildung, seiner Vorstellung von sprachverständigen Einzelnen und sprachverständigen Nationen mündet. Diese Idee von sprachlicher Bildung ist in ihrem Kern der Versuch, die universalistischen Dynamiken, die in der aufklärerischen Bildungsidee zu Ausdruck kommen, mit einem menschlichen Maß zu versöhnen. Das menschliche Maß aber ist mit den Endlichkeitsbedingungen menschlicher Existenz gesetzt, "weil das Individuum seinen Gipfelpunkt immer in einer Spanne seines flüchtigen Daseyns finden muss."[42] Darum ist es zwar richtig, daß Menschen und Sprachen "gewinnen, je grösser die Masse der Gegenstände der in Sprache verwandelten Welt wird, und je vielfacher die in ein gemeinsames Verständniss tretenden Individualitaeten (...) sind"[43], aber richtig ist auch, daß sich dies in einer Spanne Zeit zwischen Geburt und Tod und in Aufgaben vollzieht, die uns fast alle immer schon vorgegeben sind. Humboldts Deutung europäischer Volkssprachlichkeit entwickelt eine neuzeitliche Auffassung des delphischen meden agan[44]; in der Verschiedenheit der menschlichen Kultursprachen finden die universellen Dynamiken aufklärerischer Humanität ihre menschliche Form, ihr Maß, das die Endlichkeit unserer Existenz im Selbstentwurf der Menschen zur Geltung bringt. Humboldts Verweis auf den Riesen Antaios der Heraklitmythen bringt die Versöhnung von universeller Norm und Einheimischwerden in der gesetzten Lebensfrist und im Erdenraum unseres Lebens (soweit die Sinne reichen) ins Bild:

---

dächtnisses mit sieben oder acht verschiedenen Sprachen verurteilt sein, und nachdem er mit deren Erlernung die kostbarste Zeit seines Lebens vertan hat, wird er vor dem Beginn seiner eigentlichen Forschungsarbeit sterben. Die Anwendung der lateinischen Sprache ist auf künstlerischem Gebiet, wie wir aufgezeigt haben, zwar lächerlich, würde jedoch in philosophischen Werken von größtem Vorteil sein können, die sich durch Klarheit und Genauigkeit auszeichnen müssen und nur einer allgemeinen und auf Vereinbarung beruhenden Sprache bedürfen. Eine Wiederherstellung des alten Brauches wäre also erstrebenswert, wenn auch keine Hoffnung darauf besteht."
d'Alembert (1989). S. 85/86.

41 Assmann (1993). S. 110.
42 Humboldt. VI. S. 46.
43 Humboldt. VI. S. 117.
44 Platon. Protagoras, 343.

"Denn tief innerlich nach jener Einheit und Allheit ringend, möchte der Mensch über die trennenden Schranken seiner Individualität hinaus, muss aber gerade, da er, gleich dem Riesen, der nur von der Berührung der mütterlichen Erde seine Kraft empfängt, nur in ihr seine Stärke besitzt, seine Individualitaet in diesem höheren Ringen erhöhen."[45]

In der einzelnen Sprache also die menschliche Form universeller Humanität erspähen zu lernen, macht Menschen und Nationen zu "sprachverständigen". Unsere Bildungstraditionen, auch wenn sie diesem Konzept nicht gefolgt sind, haben doch vieles bereitgehalten. Beispielhaft verweise ich, da ich in Zürich spreche, auf drei Namen.

Walter Ruegg hat als Soziologe autobiographisch und sozialhistorisch in der "Pflege der Sprache" eine wesentliche Komponente der "dialogischen Struktur des Humanismus" hervorgehoben. Sie beginnt damit, "richtig reden, hören und schreiben zu können", und sie führt zu Einsichten, daß "Grammatik, Dialektik und Rhetorik die Sprache als gesellschaftliche Form der Wirklichkeit und Persönlichkeitsbildung zugrunde legen", eine Einsicht, die die Voraussetzungen schafft, "die Syntax der Menschlichkeit, die mitmenschlich bezogene, alle eigenen Grenzen in der Rücksicht auf fremde Menschlichkeit überschreitende Handhabung der Sprache zu erlernen."[46]

Wolfgang Boettcher und Horst Sitta demonstrieren in ihrem Entwurf eines "anderen Grammatikunterrichts", warum sprachliche Bildung nicht in der Vermittlung von Kenntnissen an ihr Ziel gelangt, sondern in der Ermöglichung und Anregung von "Reflexionsverfahren".[47]

Hans Glinz, dem der Diskurs über sprachliche Bildung soviel verdankt, hat die fundierende Rolle von Sprachtheorie für alle sprachlichen Tätigkeiten, also auch für diejenigen, die wir üblicherweise literarische nennen, herausgearbeitet und damit einen besonders wichtigen Anstoß gegeben, Einheit und Umfang sprachlicher Bildung im Rückgang auf unsere europäischen Ursprünge neu zu denken.[48]

Lassen sie mich mit einem literarischen Beispiel enden, zu dem mich Harro Müller-Michaels angeregt hat. Das narrativ Entworfene mag uns inspirieren, uns die begrifflichen Annäherungen an das, was sprachliche Bildung ihrem Wesen nach ist und worin sie ihren "Sitz im Leben" hat, auch vorzustellen.

Gregor, der Kommunist im Widerstand gegen die Nationalsozialisten, wartet in einer Kirche auf den Genossen, den er dort treffen soll. Die Rede ist von Alfred Anderschs Roman "Sansibar oder der letzte Grund". Im Warten wird er sich der Anwesenheit einer Holzfigur bewußt: "Sie saß, klein, auf einem niedrigen Sockel aus Metall, zu Füßen des Pfeilers schräg gegenüber. Sie war aus Holz

---

45 Humboldt. VI. S. 125.
46 Ruegg (1968). S. 39-54.
47 Boettcher/Sitta (1978). S. 203.
48 Glinz (1993). S. 214.

geschnitzt, das nicht hell und nicht dunkel war, sondern einfach braun. Der junge Mann trug ein langes Gewand, ein Mönchsgewand, nein, ein Gewand, das noch einfacher war als das eines Mönchs: einen langen Kittel. (...) Sein Körper unter dem Kittel mußte mager sein, mager und zart; er durfte offenbar den jungen Mann beim Lesen nicht stören."

Der Anblick der Holzfigur ruft Erinnerungen in ihm wach: "Das sind ja wir, dachte er. (...) Genauso sind wir in der Lenin-Akademie gesessen und genauso haben wir gelesen, gelesen, gelesen. (...) So versunken wie er. Er sind wir. (...) Er trägt unser Gesicht, dachte er, das Gesicht unserer Jugend, die ausgewählt ist, die Texte zu lesen, auf die es ankommt."

Aber beim weiteren Betrachten entdeckt Gregor, daß der junge Mann ganz anders war. "Er war gar nicht versunken. Er war nicht einmal der Lektüre hingegeben. Was tat er eigentlich? Er las ganz einfach. Er las aufmerksam. Er las genau. Er las sogar in höchster Konzentration. Aber er las kritisch. Er sah aus, als wisse er in jedem Moment, was er da lese."

Diese bildgewordenen Selbstreflexivität verwirrt Gregor, stellt sein eigenes Leben in Frage, zeigt ihm eine neue Möglichkeit der Existenz: "Ich habe einen gesehen, der ohne Auftrag lebt. Einen der lesen kann und dennoch aufstehen und fortgehen."[49]

Könnte es sein, daß wir in unserer medialen Labyrinthen-Welt nur lesend einen Platz finden, der es uns ermöglicht, auch ihr aufmerksam, einläßlich und genau zu begegnen, einen Platz, der es uns zugleich erlaubt, aufzustehen und fortzugehen?

Könnte es sein, daß wir in unserer Sprache den innersten Ort unserer Freiheit finden, weil sie - so sehr wir auf sie als allgemeine Bezug nehmen müssen, um Verständnis als Möglichkeit zu eröffnen - ihr Dasein und ihr individuellen Sosein doch auch ganz von uns empfängt?

Könnte es sein, daß wir, indem wir auf sie achten, also sprachverständig werden, der Idee der Freiheit überhaupt erst innewerden, insofern sie mehr ist als Negation von Knechtschaft?

Freilich: Wenn auch all dies von sprachlicher Bildung erwartet wird, so stellt sie sich doch nicht von selbst ein. Wir müssen sie auch wollen, wohl wissend um die "Mühen der Ebenen"[50], denn - wie Friedrich Hölderlin 1801 an C.U. Böhlendorff schreibt - "der freie Gebrauch des Eigenen ist das schwerste."[51]

---

49 Andersch (1960). S. 45-47.
50 Brecht (1967). 10. S. 960.
51 Hölderlin (1954). 6.1. S. 426.

7. Im Vorhof wissenschaftlicher Praxiserkundung

7.1. Der sprachdidaktische Dreiweg[1].
Dimensionen sprachdidaktischer Reflexion

> Für Oidipous war also der
> Geteilte Weg und die Untat daran
> der Anfang seines Unglücks, und die Grabmäler
> des Laios und des ihn begleitenden Dieners
> befinden sich hier mitten im Dreiweg,
> und Feldsteine sind auf ihnen aufgehäuft.
> (...) Der Hauptweg von dort nach Delphoi
> wird nun steiler und auch für einen
> rüstigen Mann schwieriger.
> (Pausanias: Reisen in Griechenland. X.5.5)

Der Titel verweist auf das sprachdidaktische Interesse an der Antwort auf Fragen wie: Welche Rolle kann oder soll eine Einrichtung wie die Muttersprachenmethodik bzw. -didaktik spielen? In welchen institutionellen Zusammenhängen kann oder soll sie solche Rollen spielen? Welchen Platz nimmt sie in der kulturellen Praxis als einer arbeitsteiligen Gesamtheit ein?

Ich gehe aus von einem konkreten Sachverhalt: vom kindlichen Strukturieren schriftlicher Texte in förmlichen Lernsituationen. Nun läßt sich schon aus dem Sprachgebrauch der alten BRD ein Dilemma ablesen: da ist von einer *fachdidaktischen* Beschäftigung mit einem solchen Thema die Rede, die von einer *fachwissenschaftlichen* unterschieden wird. In solcher Rede ist unterstellt, daß eine Muttersprachenmethodik bzw. -didaktik nicht einfach eine wissenschaftliche Teildisziplin zum Beispiel der Sprachwissenschaft oder der Germanistik ist, sondern daß sie in irgendeiner Hinsicht auch nicht zur Wissenschaft bzw. zur Fachwissenschaft zu zählen ist.

In einer ersten, vorläufigen und versuchsweise eingeführten Formulierung läßt sich das Dilemma so formulieren: Eine jede denkende Beschäftigung mit einem Sachverhalt, die den Anspruch erhebt, eine wissenschaftliche zu sein, ist an zwei Voraussetzungen geknüpft: erstens an eine solche Thematisierung des Sachverhalts, die es erlaubt, daß sich der Sachverhalt als ein identischer zu zei-

---

1 Vortrag, gehalten am 5. Juni 1991 beim Symposium der Muttersprachenmethodiker in Erfurt.

gen vermag und in gesammelter Ruhe mit dem Ziel zu erkennen betrachtet werden kann; und zweitens an die Ausdrücklichkeit und Konstanz der Verfahren, die zur Untersuchung des Sachverhalts verabredet werden. Nennen wir zur Vereinfachung des Redens die erste Vorbedingung die der Objektivität und die zweite die der Methodizität. Eine sprachdidaktische Untersuchung kann zu einer wissenschaftlichen erst dann werden, wenn sie diese Vorbedingungen erfüllt.

Es werden von der Muttersprachenmethodik bzw. -didaktik aber auch Lösungen unmittelbar praktischer Probleme erwartet. Diese Erwartungen kann sie nur erfüllen, wenn sie sich auch in authentischer Weise auf authentische Probleme der Praxis bezieht. Das Spannungsverhältnis, in das sie damit gerät, macht ihre prekäre Lage aus, die sich noch dadurch verschärft, daß die Praxis, auf die sie sich beziehen soll, eine durch machtbestimmte Satzung geregelte Praxis ist.

Die Muttersprachenmethodik bzw. -didaktik steht also am Kreuzungspunkt dreier Wege: der eine verbindet sie mit der Praxis des muttersprachlichen Unterrichts, der zweite mit machtbestimmter Satzung und der dritte mit der Institution Wissenschaft, insofern sie - hier folge ich erst einmal dem alltäglichen Sprachgebrauch - Fachwissenschaft ist. Ich nenne den ersten den Theta-Weg, den nächsten den Delta-Eins-Weg und den letzten den Delta-Zwei-Weg. Die Dunkelheit in der Bezeichnung durch griechische Buchstaben und durch Zahlen wird sich, so hoffe ich, am Ende meiner Überlegungen in Helligkeit verwandeln.

Als Anschauungsgrundlage soll ein Schüleraufsatz dienen, der den methodischen Reflexionen Halt zu geben vermag. Der ausgewählte Aufsatz ist Anfang der 80er Jahre in einer vierten Grundschulklasse als "Phantasieaufsatz" geschrieben worden. Die Kinder hatten folgende Reizworte zur Auswahl: Das verhexte Telephon. Ein Geist im Waldschwimmbad. Wie sich ein Hering in eine Kartoffel verliebte.

1. Der Theta-Weg

Folgen wir zunächst dem Theta-Weg, der in der Handlungssitutation des Lehrers seinen Ausgang nimmt: Nach einer Vorbereitungsphase haben die Mädchen und Jungen ihre Aufsätzchen in der Klasse geschrieben. Der Lehrer sitzt an seinem Schreibtisch vor dem Heftstapel und beginnt - wie man das so nennt - mit der Korrektur. Für die Ausgangssituation soll nun, entgegen den tatsächlichen Verhältnissen, gelten: Dem Lehrer steht unbegrenzt Zeit zur Verfügung; er kann also ohne Zeitdruck arbeiten. Und er hat, während er korrigiert, Gelegenheit, mit anderen Lehrern (oder wen Sie sich als kompetente Partner hinzudenken mögen) über die Texte zu sprechen.

Dies vorausgesetzt, kann nun der erste Weg beschritten werden. Unser Lehrer schlägt das oberste Heft auf und liest:

Wie der Hering sich in einer Kartoffel verliebte

Eins alter Man Fischte ein kleinen Hering und warf in einen Eimer Wasser. Er angelte weiter und hat nich mehr als einen Hering gefangen. Er samelte Heringe als der alte Man kam da legte er ins Akwarium der der Hering war son seit Tagen alein im Akwarium. Als der Alte man Kartofel schelde fing auf ein mal das Haus zu brennen. Er nam alle werte sachen raus das Akwarium sein Bett essbare sachen seine angel sein Jagt gewer und Werktzeug. er war so müde das er einschlief und als der Man schlief kipte das Akwarium ins Wasser und der Eimer de wo eine schöne Kartoffel er fand sie so schön das er sie schwimen beibringte als sie par Tage zusamen waren beschlos der Hering die Kartofel zu heiraten sie heiratelten und bekamen Kartoffelheringe seit de gibts Kartoffelheringe

Unsere Lehrer tauschen zunächst einmal ihre ersten Eindrücke aus. "Verworren", "chaotisch" und "unvollständig", "schwer lesbar" sind Ausdrücke, die die erste Erfahrung mit dem Text auf den Punkt bringen; und über das "O je!" zur Grammatik und Orthographie sind sich alle auch einig. Die Frage kommt auf, ob der Schreiber (alle unterstellen, daß hier ein Bub schreibt) Deutsch als Muttersprache spricht. Lassen wir die Einzelheiten auf sich beruhen, die angeführt werden, um den allgemeinen Eindruck analytisch zu begründen, und konzentrieren wir unsere Aufmerksamkeit auf diejenigen Fragen, die eine Wende im Gespräch einleiten:
- Was meint "als der alte Man kam da legte er ins Akwarium"? (7/8)
- Wie ist der Abschnitt "und als der Man schlif kipte das Akwarium ins Wasser und der Eimer wo eine schöne Kartoffel er fand sie so schön das er sie schwimmen bei bringte" syntaktisch zu interpretieren? (17-21)
- In welches Wasser kippt das Aquarium?
Unsere Gesprächspartner verständigen sich, nachdem die Fragen gestellt sind, schnell darauf, daß hier - nach guter alter philologischer Tradition - Konjekturen anzubringen seien:
- als der alte Man *nach Hause/ins Haus* kam, da legte er *ihn* ins Akwarium
- und als der Man schlif, kipte das Akwarium *mit dem Hering* ins Wasser und auch der Eimer *mit einer schönen Kartoffel*. Er (*der Hering*) fand sie (*die Kartoffel*) so schön.
- kipte das Akwarium in das Wasser *des Baches, der am Haus des alten Mannes vorbeifloß und in dem er zu angeln pflegte*
Der konjizierte Text, der auch noch weitere Dunkelheiten beseitigt, *lautet somit (in orthographischer Form)*:
1 Wie der Hering sich in
2 einer Kartoffel verliebte
3 Ein alter Mann fischte im Bach *bei seinem Haus* einen kleinen
4 Hering und warf *ihn* in einen Eimer
5 Wasser. Er angelte weiter und hat
6 nicht mehr als einen Hering gefangen.
7 Er sammelte Heringe. Als der alte Mann
8 *ins Haus* kam, da legte er *ihn* in Aquarium.
9 Der Hering war schon seit Tagen
10 allein im Aquarium. Als der
11 alte Mann Kartoffel schälte, fing
12 auf einmal das Haus zu brennen *an*.
13 Er nahm alle Wertsachen raus:
14 das Aquarium, sein Bett, eßbare Sachen,
15 seine Angel, sein Jagdgewehr und
16 Werkzeug. Er war so müde,
17 daß er einschlief. Und als der Mann
18 schlief, kippte das Aquarium *mit dem Hering*

19 und *auch* der Eimer *mit einer schönen* Kartoffel ins Wasser *des Baches.*
20 *Der Hering* fand *die Kartoffel* so schön,
21daß er sie Schwimmen beibringte. Als
22 sie *ein* paar Tage zusammen waren, beschloß
23 der Hering, die Kartoffel zu heiraten.
24 Sie heirateten und bekamen Kartoffelheringe.
25 Seit dem gibt's Kartoffelheringe.

Die Arbeit an den Konjekturen läßt in der Gesprächsrunde um den korrigierenden Lehrer den Text in seiner Struktur neu in den Blick kommen und zwingt zu einer Revision der Urteile, die im ersten Leseeindruck gründeten. Nicht verworren und chaotisch ist die Erzählung: sie ist im Gegenteil als geradezu klassisch geordnet zu bezeichnen. Im ersten Abschnitt (2-10) werden wir mit dem Handlungsraum und den "handelnden" Personen bekanntgemacht und erfahren das Handlungsthema: ein Hering ist allein und einsam, weil ein alter Mann ihn gefangen hat. Der zweite Abschnitt (10-17) bringt für den alten Mann eine Katastrophe: sein Haus gerät in Flammen. Dies aber schafft die Voraussetzungen dafür, den Hering aus seiner Einsamkeit zu befreien. Der dritte Abschnitt (17-23) zeigt die Befreiung in die Gemeinsamkeit mit der "schönen" Kartoffel und die Sicherung eines gemeinsamen Lebenselements: der Hering lehrt sie schwimmen. Die Koda (24-25) bringt in der Neubildung eines Kompositums - "Karoffelheringe" - die unio mystica des Heterogenen als Ziel der Handlung auf den Begriff und die Erzählung zum Abschluß.

"Wie aber kam unser Eindruck von Verworrenheit und Chaotik auf", so mag einer der Dialogpartner unsere Lehrer fragen, "zumal dies nicht der Eindruck nur eines einzelnen gewesen ist?" Bald wird im Gespräch klar, daß vor allem die fehlende Explikation *einer* Information Desorientierung erzeugt hat: Was hat es mit dem Wasser in der Zeile 19 auf sich, das die beiden aufnimmt und zusammenführt? Die Lösung ist ja einigermaßen simpel. Es muß sich um ein Gewässer in unmittelbarer Nähe des Hauses handeln, wohl um den Bach, in dem der alte Mann geangelt hat.

Warum hat der Schreiber dies nicht bei der Vorstellung des Handlungsraums beachtet? Und warum "vergißt" er, wenn er in der Exposition die Information gibt, sie im entscheidenden Augenblick der Geschichte nachzuholen? Das Gespräch um den Schreibtisch des Lehrers beschäftigt sich also mit Vermutungen, was den Schreiber bewegt haben mag, so und nicht anders zu schreiben. Die folgende Hypothese scheint den meisten plausibel: Der Schreiber bezieht sich auf einen Handlungsraum, den er in seiner Vorstellung *vor sich* sieht. Er expliziert von dieser Vorstellung nur dasjenige, was ihm für den Handlungsablauf nötig erscheint. Die Lage des Baches ist für dasjenige, was er im ersten Abschnitt erzählt, nicht von Belang; also sagt er darüber nichts. Als die Lage des Gewässers wichtig wird, ist aber auf den Handlungsraum schon verwiesen; also fehlt die Motivation, etwas "nachzuholen". Wenn diese Vermutung zutrifft, dann muß der Strukturierungs-"Fehler" jenseits der Erzähllogik liegen, insofern sie eine Handlungs- und Verlaufslogik ist. Wo aber wäre dann nach dem "Fehler" zu suchen?

Das Gespräch zwischen dem korrigierenden Lehrer und seinen Partnern wird mit einiger Sicherheit auf eine Unterscheidung geführt: die Unterscheidung einer Motivation für Explikationen, die bei der Darstellung von Handlungsschritten, Verlaufslogiken u.ä. entsteht, von einer, die sich aus der Tatsache ergibt, daß auch der monologisch geschriebene Aufsatz an einen anderen gerichtet ist (bzw. so verstanden wird). Der Schreiber muß lernen, Verweise innerhalb seiner eigenen konstruktiven Phantasie aus dem Blickwinkel dessen zu sehen, dem das "Phantasma" nur in seiner Entäußerung zugänglich ist. Die Gesprächspartner einigen sich darauf, diese Hypothese zu überprüfen, indem sie dem Schreiber ihre Orientierungsunsicherheit mitteilen. Aus der Reaktion des Schreibers, so nehmen sie an, ist dann zu erkennen, ob die Vermutung zutrifft oder nicht. Aufgrund dieser Beobachtungen lassen sich dann Lernanregungen formulieren. Trifft die Vermutung zu, daß die, wie wir sie nennen können, dialogische Motivation für Explikationen gering ausgebildet ist, so läßt sich durch wiederholtes und gezieltes Nachfragen der gewünschte Perspektivenwechsel anregen, und es läßt sich schließlich, wenn die Erfahrungsbasis stark genug ist, auch begrifflich darüber reden. Daß aller Grund vorliegt, dieser Hypothese nachzugehen, wird vollends klar, wenn das Aufsätzchen insgesamt noch einmal vergegenwärtigt wird. Denn es sind mehrere Konjekturen, die wahrscheinlich aus demselben Grund, der fehlenden dialogischen Motivation für Explikationen wegen, notwendig geworden sind. Das Fehlen nicht nur der einen Explikation, so zentral sie auch ist, sondern aller zusammen hat den Eindruck von "Verworrenheit" und "Chaotik" erzeugt.

Brechen wir hier ab und betrachten wir im Blick auf unser methodisches Interesse das Wegstück, daß wir, das Gespräch des korrigierenden Lehrers mit seinen Partnern beobachtend, mitgegangen sind.

Zuvor aber ist festzuhalten, daß das Gespräch - natürlich - auch anders hätte verlaufen können. Schon am Anfang hätte zum Beispiel die Feststellung von "Verworrenheit" sofort Widerspruch erfahren können. Denkbar ist auch ein von allen zuerst positiv formuliertes Echo. Ich unterstelle nur, daß in einem sprachdidaktischen Gespräch über diesen Text sich die Frage nach Konjekturen notwendigerweise stellt und daß, wenn es darum geht, dem Schüler als Autor des Textes zu antworten, Hypothesen über die Gründe für "Defizitäres" im Text formuliert werden müssen.

Können wir annehmen, daß auf diesem Weg authentische Probleme der Praxis in authentischer Weise thematisiert werden? Es bedarf keiner besonderen Herleitungen und Begründungen, wenn diese Frage - alles in allem - bejaht wird. Offensichtlich ist die Handlungssituation in wesentlichen Merkmalen in dem enthalten, was im Kreis um den korrigierenden Lehrer verhandelt wird. Das gilt auch für die kommunikative Lehr- und Lernsituation: das Schreiben, die Antwort auf das Geschriebene und die erwartete Rückantwort auf die Antwort. *Daß* also authentische Probleme der Praxis verhandelt werden, ist unmittelbar einsichtig.

Freilich wird die Authentizität der Art und Weise, wie die Praxisprobleme zum Thema werden, durch zwei Veränderungen der Handlungssituation - durch den Wegfall des Faktors "knappe Zeit" und durch die Ermöglichung von Dialog - tangiert. Ob damit die Authentizität der Zugangsweise überhaupt in Frage gestellt wird, mag offen bleiben. Zunächst sollen die Gründe für die Veränderungen aufgeführt und erörtert werden.

Mit den Veränderungen werden Bedingungen geschaffen, die sehr ähnlich denen sind, an die die denkende Beschäftigung mit einem Sachverhalt als eine wissenschaftliche geknüpft worden ist. Die Auseinandersetzung mit den 25 Zeilen der Heringskartoffel-Geschichte wird nicht durch den Blick auf den Heftstapel und den Termin der Rückgabe beeinträchtigt. Die Einordnung in eine vorgebliche Normalverteilung spielt keine Rolle. Mögliche Vorlieben oder Abneigungen des Lehrers werden im Gespräch als solche erkennbar und damit kontrollierbar. Die spezifischen Kontingenzen im je individuellen Blick auf den Text können im Dialog kompensiert werden. Die eine Vorbedingung wissenschaftlicher Tätigkeit, die der Objektivität, wird in spezifischer Weise realisiert: Die Lesenden stellen sich das im Leseprozeß Erfaßte reflexiv gegenüber und steigern diese Objektivität dadurch, daß sie sich darüber wechselseitig austauschen. Schon Nikolaus von Kues unterstreicht den Gewinn eines solchen wechselseitigen Austauschs so:

"Ganz zutreffend kann das, was zu sagen ist, nicht ausgedrückt werden. Dann ist es sehr nützlich, es vielfach darzustellen." (Nam quod disendum est, convenienter expremi nequit. Hinc multiplicatio sermonum perutilis est.).[2]

Die zweite Vorbedingung, die der Methodizität, ist im Merkmal der Ausdrücklichkeit nicht verwirklicht; es sei denn, daß die Diskursregeln, denen der Kreis um den korrigierenden Lehrer folgt, als gelernte Vorgaben angesehen werden, die jederzeit expliziert werden können, wenn ein praktischer oder legitimatorischer Bedarf entsteht.

Können wir also sagen, daß durch die zwei Veränderungen der Handlungssituation die denkende Beschäftigung des imaginierten Kreises mit dem Text zu einer wissenschaftlichen Beschäftigung geworden ist? Warten wir mit einer Antwort, bis wir die beiden anderen Wege vergegenwärtigt haben. Festgehalten werden kann aber schon jetzt: (1) Die denkende Auseinandersetzung mit dem Text in dem imaginierten Gesprächskreis ist eine hermeneutische, die durch wenige zusätzliche Arrangements leicht so organisierbar wird, daß sie den historisch-philologischen Diskursen entsprechender Disziplinen analog wird. (2) Die Muttersprachenmethodik bzw. -didaktik als eine Hochschuleinrichtung ist zur

---

2   Nikolaus von Kues (1989). III. S. 507.

Zeit allein in der Lage, solch veränderte Handlungssituationen in Forschung und Lehre herzustellen.

2. Der Delta-Eins-Weg

Von der Muttersprachenmethodik bzw. -didaktik werden Beiträge zur Lösung unmittelbar praktischer Probleme erwartet. Aber was ist legitimerweise als ein praktisches Problem anzusehen? Alles das, was dem Lehrer bei der Erreichung der gesetzten Ziele als Schwierigkeiten entgegentritt? Diese Frage wirft die nach den institutionellen Rahmenbedingungen des Handlungsfeldes Deutschunterricht auf: nach den curricularen Vorgaben und ihren schulorganisatorischen Kontexten, der Infrastruktur des Muttersprachenunterrichts und den bildungspolitischen Kontroversen und dem bildungspolitischen Konsens. Der Delta-Eins-Weg führt zu - wie all dies zusammengefaßt werden kann - den machtbestimmten Satzungen, die für das unterrichtliche Handeln gelten. Ob also das imaginierte Gespräch des Kreises um den korrigierenden Lehrer lehrplankonform ist, das ist nicht ohne weiteres ausgemacht. Nehmen wir eine curriculare Vorgabe an, die den Vorrang der Rechtschreibung mit einiger Ausschließlichkeit setzt, so könnte der Phantasieaufsatz als schulische Textsorte kaum geduldet werden; dann hätte sich die Korrektur der Probleme von Groß- und Kleinschreibung im Text anzunehmen, und die Muttersprachenmethodik bzw. -didaktik hätte sich gefälligst darauf zu konzentrieren, Modelle zur Lösung dieser Probleme bereitzustellen. Fragen des kindlichen Strukturierens schriftlicher Texte stellten sich allenfalls am Rande.

Nach einer geläufigen Vorstellung erzeugt eine solche Situation für jede Wissenschaft, die sich unmittelbar an der Lösung praktischer Probleme beteiligt (und dies soll und will), ein Dilemma: Läßt sie sich ihre Themen, Fragestellungen und die Lösungsrichtungen von außen vorschreiben, so steht ihr Status als Wissenschaft in Frage; kritisiert sie solche Vorgaben in ihrer normativen Substanz, so geraten ihre Aussagen als wissenschaftliche ins Zwielicht.

Nun ist eine solche Vorstellung von Wissenschaft, die frei sein muß im Sinne von "an Weisungen nicht gebunden", aber sich darauf zu beschränken hat, zu erkennen und zu sagen, was ist, ohne zu werten, eine Vorstellung, die in ihrer Pointierung viele Nuancen außer acht läßt. Sie vermag dennoch die prekäre Lage der Muttersprachenmethodik bzw. -didaktik zu verdeutlichen. Nehmen wir als geschichtliches Beispiel das Diktum Rudolf von Raumers aus dem Jahre 1852: daß man für das Wohl der Bauern und Handwerker "am besten sorgt, (...) sie dahin zu bringen, daß sie die Hochdeutschen Bücher lesen können, die für sie bestimmt sind, und die Dinge einigermaßen zu Papier bringen, die das Leben von ihnen verlangt".[3] Mit diesem Diktum nimmt von Raumer in einem Streit Partei gegen solche Konzepte muttersprachlichen Unterrichts, die sich an Vor-

---

3   von Raumer (1852). S. 109.

stellungen einer umfassenden Volksbildung orientieren, und er tut dies in einem Lehrbuch der "Geschichte der Pädagogik", das sich selbstredend als wissenschaftlich verstand und in diesem Anspruch wohl auch so verstanden wurde. Zieht man nun zum Beispiel die "Deutsche Gesellschaftsgeschichte" von Hans-Ulrich Wehler[4] zu Rate, so wird schnell klar, daß Rudolf von Raumer in der Gilde der Wissenschaftler seiner Zeit eine Art Statthalter, besser noch: eine Art Proxenos der politisch Konservativen war, der die politischen Konzepte zur Stabilisierung sozialer Ungleichheit im Hause der Wissenschaft in curriculares Kleingeld wechselte. Ein Blick in seine Abhandlung "Der Unterricht im Deutschen" zeigt aber auch schnell, daß von Raumer die eigenen historischen Herleitungen zur muttersprachlichen Bildung im Deutschen bei der Formulierung seines Diktums ganz unbeachtet läßt. (Sein Abschnitt über die Geschichte der deutschen Grammatik, in dem er die Gründungsurkunden muttersprachlicher Bildung im Deutschen vorstellt und historisch situiert, ist - nicht nur aus historischen Gründen - noch immer lesenswert und anregend.) Hätte er sie beachtet, wäre er, lassen wir offen zu welcher, jedenfalls zu einer begründeten Position gekommen und nicht nur zu einer verkündeten.

Damit ist ein Fingerzeig zur Annäherung an Lösungen des Dilemmas gewonnen. In der Analyse der curricularen Vorgaben ect. werden historische und systematische Argumente gewonnen, machtbestimmte Satzungen zu prüfen. Belassen wir es an dieser Stelle bei diesem Fingerzeig, wohl wissend, daß der Weg, folgt man ihm, steinig und steil wird und in ausgesetztes Terrain führt.

3. Der Delta-Zwei-Weg

Dieser Weg führt ins Gehäuse der Wissenschaft; zu dem Ort organisierten Erinnerns und der methodisch geleiteten Erweiterung unseres Wissens; des konzentrierten Zuhörens und des unabgelenkten Hinsehens, sine ira et studio; der konstant gehaltenen Distanz, die das Leben still macht. Schon auf dem Theta-Weg, der von der Handlungssituation des Lehrers seinen Ausgang nahm, war durch eine zweifache Veränderung der Situation ein gut Stück Distanz geschaffen worden, so daß sich der Dialog über den Schülertext jenseits des Eingelassenseins in Betriebsamkeit und Engagement entfalten konnte. Ja, nicht nur ein gut Stück Distanz war damit geschaffen worden, sondern fast die ganze schon. Nur weniges wird noch auf dem Weg ins Gehäuse der Wissenschaft hinzukommen. Aber in dem wenigen verändert sich etwas grundlegend. Was immer in diesem Gehäuse zum Thema wird, gerät in die Rolle dessen, worauf die Blicke um Dr. Tulp gerichtet sind: auf das Stillgestellte und auf die modellhaften, die hypothetischen Vorstellungen von ihm, im Bilde repräsentiert durch das Buch, den Anatomie-Atlas.

---

4   Wehler (1987).

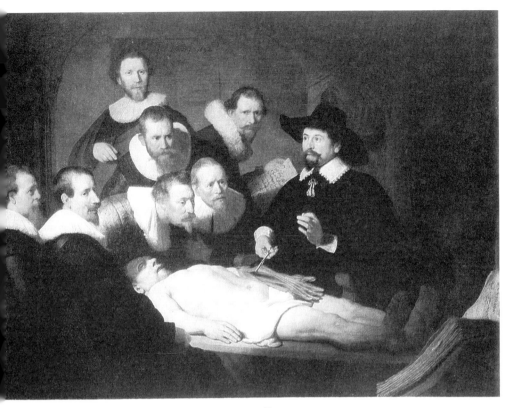

Rembrandt: "Die Anatomie des Dr. Tulp", 1632, Öl.

Treten wir ein ins Gehäuse der Wissenschaften. Halten wir dort Umschau nach Arbeiten, die mit unserem Thema, dem kindlichen Strukturieren von schriftlichen Texten zu tun haben. Da treffen wir zum Beispiel den Sprachdidaktiker Dietrich Boueke und seine Mitarbeiter dabei an, die in anderen wissenschaftlichen Vorhaben entwickelten Schemata von "story grammars" sprachdidaktisch nutzbar zu machen. Ihr - noch vorläufiger - Vorschlag einer "Geschichtengrammatik" "soll die narrative Struktur einer Erzählung und der ihr entsprechenden kognitiven Repräsentation 'im Kopf' des Erzählers abbilden. Die darin enthaltenen 'Konstituenten' spiegeln die Aufgaben wider, die der Erzähler zu bewältigen hat (...). Falls diese 'Geschichtengrammatik' die Struktur von Erzählungen und der ihr zugrunde liegenden 'mentalen Repräsentationen' richtig abbildet, könnte man die 'strukturelle Erzählfähigkeit'(...) in ihren zentralen Merkmalen angemessen beschreiben. Zugleich hätte man damit auch ein Modell zur Beschreibung und Analyse der *Entwicklung* dieser Fähigkeit zur Verfügung - diese wäre zu interpretieren als die allmähliche Herausbildung eines derartigen Strukturschemas."[5]

Boueke und seine Mitarbeiter gehen am Schluß der Vorstellung ihrer Untersuchung auf den Einwand ein, daß ihre methodischen Vorschläge zum Erzählunterricht, die sie aus der Untersuchung herleiten, durchweg nicht neu seien. Sie stimmen diesem Einwand zu, sehen aber auch nicht in methodischer Innovation den Sinn ihrer Untersuchung, sondern in theoretischer Fundierung und Systematisierung vorhandener Methoden. Der wahre Gewinn für die Praxis bestehe darin, daß sie "in einer bisher so nicht möglichen Weise diskutierbar" werde.[6]

Das ist nicht wenig. Ist es genug? Unser Text von den Kartoffelheringen wirft keine erzählgrammatischen Fragen auf, sondern solche der Explikation, die damit zusammenhängen, daß sich die deiktischen Verhältnisse grundlegend ändern, wenn an der Stelle der demonstratio ad oculos die Deixis am Phantasma tritt.[7] Nun ist dies gewiß kein Einwand gegen die Untersuchung Bouekes. Wir haben lediglich nicht gefunden, was wir bei ihm gesucht haben. Wir haben an die falsche Tür geklopft; dafür haben wir, nicht Boueke und seine Mitarbeiter aufzukommen. Wir werden, in bestimmten Hinsichten jedenfalls, bei den Psychologen fündig werden. Darauf gehe ich hier nicht ein; vielmehr auf das Mißliche der Lage: mit jedem neu auftretenden Problem eine Suche im Lager der Wissenschaft zu veranstalten, ob sich denn was Passendes fände. Eduard Haueis hat wiederholt und mit guten Gründen einen Blickwechsel in der Anlage sprachdidaktischer Untersuchungen gefordert: die Modellierung der praktischen Frage zu *einer*, die sich mit den Mitteln der Wissenschaft bearbeiten läßt statt der Applikation anderweitig gewonnenen Wissens auf die Handlungssituation. (Gewiß ist auch dies kein Einwand gegen den Untersuchungsansatz von Boueke und seinen Mitarbeitern, für den sich mit guten Gründen streiten läßt; wohl aber gegen die Forschungspraxis einer Disziplin, die sich schwer tut, ihre prekäre Lage am Kreuzungspunkt der drei Wege durch die Entwicklung eines originären Forschungsansatzes zu verbessern.)

---

5   Boueke (1988). S. 392.
6   Boueke (1988). S. 403.
7   Bühler (1965). S. 123.

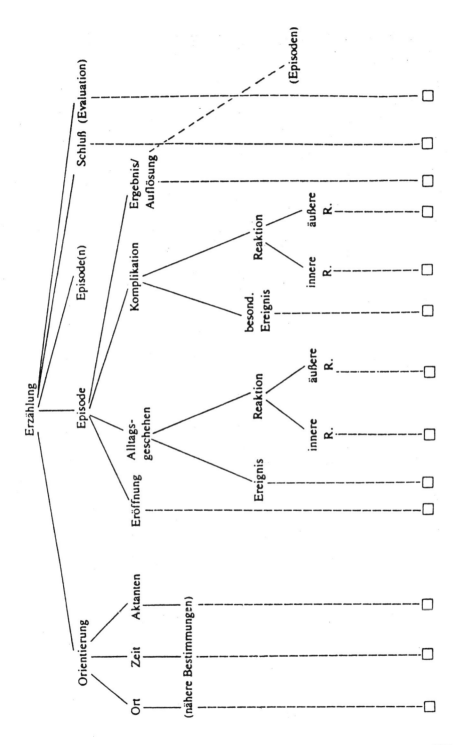

Freilich ist auch, wenn eine Modellierung im Sinne von Haueis gelingt, nicht zu übersehen: Die Transformation einer praktischen in eine theoretische Frage ist unvermeidlich verbunden mit Komplexitätsreduktion, Akzentverschiebung in der Bedeutsamkeitsstruktur, Versetzung in andere Umfelder und anderes mehr. Folglich können auch bei dieser Untersuchungsanlage auf dem Weg zurück zur Handlungssituation keine fertigen Lösungen transportiert werden, auch keine Fertigbauteile. Die Auseinandersetzung mit dem theoretisch gewonnenen Wissen durch den praktizierenden Lehrer ist nicht mit der Lektüre einer Bauanleitung vergleichbar, sondern führt jeweils zu einer schöpferischen Neubestimmung der Handlungssituation.

4. Am sprachdidaktischen Dreiweg im Spiegel des Mythos

Der erste, der Theta-Weg ging von der Handlungssituation des Lehrers aus und führte in dialogischer Reflexion ein gut Stück weg von der Praxis, damit sie frei von den Zwängen der Situation bedacht werden konnte. Von diesem Weg führte ein anderer, der Delta-Eins-Weg zur Analyse machtbestimmter Satzung als dem Bedingungsgefüge unterrichtlichen Handelns. Zurück zur Weggabelung ging es von dort schließlich in einer dritten Richtung zum Gehäuse der Wissenschaften. Dreiweg meint in diesem Bild zunächst einmal den Schnittpunkt dreier Wege; dann die drei Wege mit ihren Zielorten. Angeregt durch eine Mythentopographie habe ich den sprachdidaktischen Dreiweg mit dem mytischen Tripodos analogisiert, der - vom Schnittpunkt her gesehen - nach Theben im Osten, nach Daulis im Norden und schließlich nach Delphi im Westen führt. Theben, im Gründermythos der Ort der Schrift; Kadmos brachte sie dorthin und schenkte sie den Griechen. Theben aber auch der Ort, von dem viele Handlungen im Mythos ausgehen, in dem viele Handlungen ihren Zielpunkt haben. Daulis, Ort leidvoller Erfahrung von Satzung, von Ehesatzung: Tereus, der daulische König, will dieser Satzung entgehen. Er versteckt Prokne, sein Weib, um deren Schwester Philomele zu verführen, der er Proknes Tod vorspiegelt. Ans Ziel gelangt, will er Philomele daran hindern, die Tat preiszugeben: er nimmt ihr die Sprache (griechisch glossa - Zunge, die auch für Sprache steht), er schneidet ihr die Zunge heraus. Aber Philomele webt die Ereignisse in das Tuch des Gewandes. Prokne entziffert das Bild. Die Schwestern tun, was oft im Mythos geschieht, sie bringen die nicht eingehaltene Satzung, also die Ehe zwischen Tereus und Prokne, um ihre Früchte; Tereus verspeist sein Kind. Und schließlich Delphi, der Nabel der Erde, der Sitz des Orakels.

Ein solcher Rückgriff auf den Mythos kann eine genaue, eine - mit dem Ausdruck gesprochen, den Leibniz[8] verwendet - abgefeimte wissenschaftstheoretische Bestimmung der auf die Lösung praktischer Probleme gerichteten wissenschaftlichen Tätigkeit nicht ersetzen. Ein solcher Rückgriff erfolgt, weil die

---

8   Leibniz (1967). S.27.

Art und Weise, wie in ihm Erfahrung auf den Punkt gebracht worden ist, Anregungsmomente zum Weiterdenken enthält.

Nehmen wir zunächst, sicher nur durch die geographische Zufälligkeit der Wegführung des Tripodos bedingt, die längste Strecke zwischen der Kreuzung und dem Ausgangs- und Zielort, die Strecke zwischen Theben und der Kreuzung, die ich Theta-Weg genannt habe. Um den Ort der Aneignung von Schrift und Schriftlichkeit als solchen begreifen zu können, bedarf es des Abstandes. Er erst ermöglicht es, daß der Gegenstand des Nachdenkens nicht mehr nur intentione recta, sondern auch intentione obliqua gegeben ist. Der Wechsel in der Aufmerksamkeitsrichtung aber ist notwendig, um einen Sehepunkt zu gewinnen, der nicht in eins fällt mit dem, von dem her gehandelt wird. Nur derjenige, der für das Feld seines Handelns einen solchen Blickwechsel vollzogen hat (also nicht mehr zufällig von irgend einem Punkt aus auf dieses Feld schaut), weiß um die Mühsal und auch um die lange Zeit, die solches braucht; aber auch nur ein solcher kann gewiß sein, daß die Sache seines Handelns und Denkens, wenn auch von verschiedenen Punkten betrachtet, identisch ist. Dieses Wegstück halte ich aus eben diesem Grund für das wichtigste jeder sprachdidaktischen Untersuchung. Hier wird der Grund dafür gelegt, daß theoretisch gewonnenes Wissen im Verhältnis zur Handlungssituation nicht im Beliebigen verbleibt. Die Anfechtungen sind freilich groß, weil außer dem vollzogenen Blickwechsel kein Ergebnis zu vermelden ist; schon gar keines, das im kalten Licht fortgeschrittener Methodik strahlt, sondern nur im hermeneutischen Diskurs Aufmerksamkeit erfährt.

Der Delta-Eins-Weg führt nach Daulis, die machtbestimmten Satzungen des Handelns zu klären. In dreifacher Gestalt treten in der Theogonie des Hesiod die Satzungen auf, "die sorgend die Werke sterblicher Menschen betreuen": Eunomia und Dike "und die zarte Eirene".[9] Als eine solche Eunomia, eine gute gesetzliche Ordnung, die ein Geschenk der Götter an die Menschen ist, gilt auch die Ehe. Aber der König von Daulis macht daraus eine Kako-nomia, eine schlechte Ordnung, und er kann das, weil er die Macht dazu hat. Wie aber die Grenze zwischen Eunomia und Kakonomia erkennen, besonders dann, wenn man sich nur im eigenen Nomos bewegt? Zwei Antworten bringt der daulische Mythos auf den Punkt, die für die Analyse der Satzungsvoraussetzungen des Handelns wichtig sind: (1) Wenn, machtbestimmt, Eu-nomia in Kako-nomia verdreht wird, dann ist auch verdrehte Zunge im Spiel, Pseudo-Sprache, die mit dem, wovon sie spricht, nur mehr oder minder übereinstimmt. Satzungsvoraussetzungen menschlichen Handelns zu untersuchen heißt auch immer, mit verdrehter Zunge rechnen zu müssen, in der sich die Satzung kundtut. (2) Wo Kakonomia herrscht, da ist Sprachlosigkeit, herausgeschnittene Zunge, aber auch, im gewebten Tuch, Zeugnis von dem, was sich ereignet.

---

9   Hesiod (1965). 901 u. 902.

Nur auf eines sei verwiesen: Was weiß einer von einem Land, wenn er von der Zeichenhaftigkeit des Gewandes der Philomele nichts weiß? Was wird so ein Nicht-Wissender tun? Er wird, da Philomele ohne Zunge, die vermeintliche Leere mit seiner eigenen füllen. Zwangsläufig ist dies allerdings nicht: Prokne, die Schwester, sah das Zeichen.

Und der Delta-Zwei-Weg gar, nach Delphi, dem Orakel. Die Wahrheit der Dinge, im Munde der Pythia tönend, in menschliche Sprache von Eingeweihten übersetzt, bedarf, soll sie im Handeln produktiv werden, der schöpferischen Aneignung. Wer darauf nicht achtet, sie umstandslos verhandelt, wird grausam bestraft. Krösus, dem die Zerstörung eines großen Reichs vorausgesagt war, zerstört sein eigenes. Ödipus, dem angekündigten Unglück entfliehen wollend, rennt in sein Verderben. Dies ist, sieht man von der Dramatik der alten Geschichten ab, heute nicht anders. Die "wissenschaftlichen" Wahrheiten mögen, sofern unser Handeln auf technische Systeme bezogen ist, Meßlatten sein. Wo sich Menschen als Personen begegnen, geben sie Hinweise, aber sie können erst im Medium der Reflexion der Handelnden auf sich selbst und ihre Handlungssituation produktiv werden. In Delphi stand dafür die Maxime: Erkenne dich selbst! Und diese Maxime hat allemal Vorrang vor einer, die im Methodenzwang gründet, sonst heißt es "gewissen Irrthum wählen, um noch ungewisser Gefahr des Irrthums zu entgehen"[10].

Die drei Wege verweisen auf drei wesentliche Merkmale unserer Arbeit als Muttersprachenmethodiker bzw. -didaktiker: der erste sichert, daß die Praxisprobleme muttersprachlicher Bildung tatsächlich aufgenommen werden und als Probleme der Reflexion identifiziert werden können; der zweite sichert, daß die Rahmenbedingungen, innerhalb derer die Praxisprobleme auftreten, in einem offenen Dialog kritisierbar werden; der dritte schließlich sichert die Möglichkeit, Aspekte dieser Probleme mit wissenschaftlichen Ressourcen zu bearbeiten. Am Kreuzungspunkt dieser Wege erzeugen die verschiedenen Aufgaben, die unterschiedlichen Lösungskriterien und die weit auseinander liegenden Erwartungen an die Disziplin erhebliche Konfliktpotentiale, denen sie, wenn sie mit sich identisch bleibt, nicht ausweichen kann. Der Kreuzungspunkt des sprachdidaktischen Dreiwegs ist nicht notwendig ein Ort des Verhängnisses; aber doch einer fortdauernden Unheils, wenn nämlich die Felder des unterrichtlichen Handelns, der Politik und der Wissenschaft nur scheinbar aufeinander bezogen, sozusagen kurzgeschlossen werden. Mag das Handlungsfeld in sprachdidaktischen Traktaten wissenschaftlich oder politisch legitimiert oder kritisiert werden oder mögen sprachdidaktische Ratschläge im wissenschaftlichen Gewande oder unter Berufung auf's Unvermeidliche dargereicht werden, sie werden dunkel und verworren lassen, was doch aufgeklärt werden soll, wenn die Konfliktpotentiale des Kreuzungspunktes nicht, wenn man das so sagen darf, intellektuell tapfer durchgearbeitet werden. Wenn dies gelingt, werden die

---

10 Humboldt. IV. S. 37.

Ergebnisse so formuliert sein, daß sie zur schöpferischen Synthese mit dem Handlungswissen der Lehrer einladen. Die Möglichkeit zu solcher Synthese macht also das einschneidende Kriterium sprachdidaktischer Untersuchung aus.
Was dem neunjährigen Schüler in der Synthese des Heterogenen in Form der kompositionellen Neubildung "Kartoffelhering" gelingt, verschafft ihm uns gegenüber einen Vorsprung. Versuchen wir, ihn zu verkleinern, mit unseren Mitteln, den Mitteln des Denkens.

7.2. Das Wissen der Deutschlehrer, das Wissen der Deutschdidaktiker und das Wissen der Bildungspolitiker. Dimensionen sprachdidaktischen Redens

1. These

1.1
Meine These lautet: Deutschlehrer, Deutschdidaktiker und Bildungspolitiker (sofern sie sich politisch zum Deutschunterricht verhalten) wissen von der Unterrichtspraxis jeweils anderes; sie haben dieses Wissen auf je andere Weise; sie setzen aber ihr jeweiliges Wissen um die Praxis - jedenfalls im Grundsatz - als von allen geteiltes Wissen voraus.

Nun will ich mit meiner These nicht andeuten, daß es überhaupt kein gemeinsames Wissen über den Deutschunterricht bei Lehrern, Didaktikern und Politikern gibt. Meine These soll besagen: Die Verschiedenheit dieses Wissens behindert die Verständigung untereinander; oder: die Verständigung ist in einigen wesentlichen Punkten eine Scheinverständigung.

Die Verschiedenartigkeit dieses Wissens um die Praxis des Deutschunterrichts, die ich behaupte, ist keine nur quantitative, sondern eine qualitative. Und es ist auch nicht so, daß die Wissensbestände der einen Gruppe für die anderen offenkundig wären und daß es nur eine Frage des guten Willens wäre, das Offenkundige zur Kenntnis nehmen zu können; vielmehr gehe ich davon aus, daß dieses Wissen nach Genese, Struktur und Funktion unterschiedlich ist und daß es zur Herausarbeitung dieser Verschiedenheit einer besonderen Anstrengung, einer wissenschaftlichen Anstrengung bedarf.

1.2
Das theoretische Konzept, mit dem ich diese Verschiedenheit zu fassen versuche, also zu beschreiben und zu erklären versuche, ist die Lebenswelt-Philosophie von Alfred Schütz, genauer: seine wissenssoziologische Theorie. Ich bediene mich dabei einiger Methoden der Schulen phänomenologischer Soziologie. Ich erwarte von dieser Beschreibung und Erklärung des verschiedenartigen Wissens

- in unterrichtspraktischer Hinsicht: daß die spezifische Weise der Interdependenz von individuellen Absichten der Handelnden, institutionellen Rahmenbedingungen und den Handlungen selbst greifbar wird;
- in theoretischer Hinsicht: daß die fachdidaktische Modell-Bildung, insofern im Modell Unterrichtswirklichkeit implizit oder explizit abgebildet wird, empirisch fundierbar wird;
- in bildungstheoretischer Hinsicht: die Identifizierung von bislang unbeachteten Faktoren, die die Konstanz von Deutschunterricht (Unterricht) bestimmen.

1.3
Ich werde im folgenden darlegen, aufgrund welcher Untersuchungen ich zu dieser These gelangt bin und damit zugleich diese These an einem Beispiel erläutern.

Die Untersuchung, auf die ich mich beziehe, hatte das "Korrigieren von Deutschaufsätzen" zum Thema. Wir wollten wissen, wie solches Korrigieren vor sich geht; welche Ziele und Motive die Handlung bestimmen; wie diese Handlung in den Schulalltag eingefügt ist etc. Es ging also nicht darum, Vorschläge zu unterbreiten, wie zu korrigieren sei, wie besser zu korrigieren sei.[11] Solche Vorschläge setzen ja immer schon ein Wissen voraus, wie es um die Praxis des Korrigierens bestellt ist. Insofern dieses Wissen aber nicht explizit gemacht wird, bleibt es einerseits vage, ist es meist nur erschließbar, hat es aber andererseits apodiktischen Charakter. Ziel der Untersuchung war es, an die Stelle solchen impliziten, vagen und apodiktischen Wissens über die Praxis des Korrigierens überprüfbare Aussagen zu setzen.

Als Kernstück der Untersuchung bildete sich heraus: Beschreibung und Erklärung der Wissensvorräte, die beim Korrigieren im Spiel sind. Von welcher Position aus kann die Untersuchung dieser Wissensvorräte in Gang kommen.

Ich wähle zur Charakterisierung dieser Position eine Passage aus der Schrift von Siegfried Kracauer "Die Angestellten" (1929). Kracauer kritisiert dort jene radikalen Intellektuellen, die auffallende Entartungen im gesellschaftlichen Leben ihrer Zeit geißeln, aber darüber die Folge der kleinen Ereignisse vergessen,

---

11 Hans Ramge stellt in seinem Beitrag "Korrekturhandlungen von Lehrern im Deutschunterricht" fest, daß sich in der unterrichtstheoretischen und sprachdidaktischen Literatur zur Frage, wie Lehrerkorrekturen hinreichend zu analysieren sind "bestensfalls beiläufige Bemerkungen" finden lassen. Diese Einschätzung der fachdidaktischen Diskussion teile ich. In Ramge (1980) S. 132.
Das Projekt, das hier vorgestellt wird, ist u.a. dokumentiert in:
Ivo (1977). S. 55ff.
Ivo (1982).
Wagner (1982).
Ivo, Körner u.a. (1983).

"aus denen sich unser normales gesellschaftliches Leben zusammensetzt (...). Der Radikalismus dieser Radikalen hätte mehr Gewicht, durchdränge er wirklich die Struktur der Realität, statt von der Beletage herab seine Verfügungen zu treffen. Wie soll der Alltag sich wandeln, wenn auch die ihn unbeachtet lassen, die dazu berufen wären, ihn aufzurühren."[12] Im Verständnis Kracauers gelingt die gesellschaftliche Analyse erst dann, wenn diese den "Alltag" erreicht, und hierfür wiederum muß aus einer anderen als aus der Position der "Beletage" analysiert werden.

Die Position des Fachdidaktikers scheint derjenigen der "Beletage" nicht unähnlich, wenn man darunter versteht:

(a) Wer von dort her beschreibt und erklärt, unterliegt selbst nicht den Handlungsverpflichtungen und den Handlungsanforderungen des Feldes, das er analysiert.

(b) Er argumentiert, das macht das zweite Charakteristikum der "Beletage" aus, gegenüber den Akteuren im Feld aus der Position des Wissenden.

Ich gehe davon aus, daß jenes erste Merkmal für wissenschaftliche Arbeit unaufgebbar ist - auch für Konzepte der Aktions- und Handlungsforschung. Hingegen befinden sich die Fachdidaktiker keineswegs einfach in der Position der Wissenden. Es sind vielmehr - erst einmal - die Akteure im Feld, die - im Beispiel "Korrigieren" - wissen, wie man das macht, das Korrigieren. *Sie* wissen um die Schwierigkeiten der Situation; *sie* kennen Lösungswege; *sie* können die Probleme nennen, die für sie ungelöst sind. Insofern die Sprachdidaktiker dieses Wissen der Akteure zur Kenntnis nehmen wollen, müssen sie die "Beletage" der Wissenden (der Besser-Wissenden) aufgeben, müssen sie sich, noch einmal mit Kracauer geredet, auf den "Alltag" der Akteure einlassen.

"Alltag" ist in der gegenwärtigen Soziologie und in den sich soziologischer Begriffe und Verfahren bedienenden Wissenschaften ein vielfältig und unterschiedlich gebrauchter Terminus.[13] Mein Interesse an diesem Begriff ist einmal ein lebensweltphilosophisches: nämlich zu bestimmen, wie alle Erkenntnis verflochten ist mit Bedingungen, Themen und Zielen menschlichen Lebens. Zum anderen ein zeitkritisches, nämlich - mit Ludwig Landgrebe gesprochen - die Entfremdung "zwischen philosophisch-wissenschaftlicher Interpretation der Welt und demjenigen Verständnis unserer Welt (...), das uns im Alltag leitet und in der Umgangssprache seinen Ausdruck findet"[14] für den Bereich, für den meine Disziplin eine Zuständigkeit hat, zu verstehen. Nimmt nun der Wissenschaftler das Wissen der Akteure im Feld, das deren Alltag leitet und bestimmt, zur Kenntnis und beschreibt er es, so verdoppelt er nicht, wie ein naheliegender

---

12 Kracauer (1971). S. 109.
13 Vgl. Hammerich/Klein (1978). Insbesondere die Einleitung der Herausgeber und die Definitionsübersicht von Norbert Elias (1977). S. 22ff.
14 Landgrebe (1982). S. 58.

Einwand lautet[15], das eh schon Bekannnte, sondern beschreibt und erklärt dieses Wissen theoriegeleitet. Die Daten werden als "Alltagswissen" erhoben und aufgefaßt, somit genetisch, strukturell und funktional im theoretischen Konzept von "Alltagswissen" ausgelegt, dessen zentrale Idee es ist, dieses Wissen in seiner Situationsbedingtheit zu analysieren.

"Alltagswissen" wird in diesem Konzept nicht als deformiertes Wissen aufgefaßt, das in seiner Deformiertheit eine, wie auch immer ausgelegte gesellschaftliche Verblendung garantiert oder ausmacht; es ist aber auch nicht - wie Norbert Elias diese Position skizziert - das Ergebnis "des natürlichen, spontanen, unreflektierten wahren Erlebens und Denkens"[16] (wie in manchen wissenschaftskritischen Publikationen angenommen[17]), sondern es wird - allgemein gesprochen - in seiner Funktion im Ablauf menschlichen Lebens, seiner raumzeitlichen und seiner sozialen und kulturellen Bedingtheit, kurz: im Blick auf seine kontingenten Bedingungen beschrieben und erklärt.[18]

Zwei Charakterisierungen des "lebensweltlichen Wissensvorrats" durch Alfred Schütz wurden in der Untersuchung als grundlegend angesehen.

(1) Ein solcher Wissensvorrat entsteht unter den Bedingungen lebensweltlicher Zeit, deren Struktur sich in Überschneidungen aufbaut, nämlich "der subjektiven Zeit des Bewußtseinsstroms, der inneren Dauer, mit der Rhythmik des Körpers wie der 'biologischen Zeit' überhaupt, mit den Jahreszeiten wie der Weltzeit überhaupt und dem Kalender, der 'sozialen Zeit'". Hieraus ergeben sich die Phänomene des Wartens sowie des Zwanges, die zeitliche Abfolge des Tuns nach Dringlichkeitsstufen bestimmen zu müssen ("first things first")[19].

---

15   Hammerich/Klein (1978). S. 16 (Anm. 8).
16   Elias in: Hammerich/Klein (1978). S. 26.
17   Vgl. die Diskussion um alternative Wissenschaft:
     E. Chargaff: Unbegreifliches Geheimnis. Stuttgart 1980.
     E. Böhme: Alternative Wissenschaften. Frankfurt 1980.
     M. Gruppe (Hrsg.): Wissenschaft auf Abwegen. Fellbach 1980.
18   Dieser Verweis auf ein lebenswelt-philosophisches Konzept, in dem der Begriff des "Alltagswissens" entfaltet wird, muß sich den Einwand gefallen lassen, daß es nicht angeht, aus globalen philosophischen Konzepten ein Forschungsdesign herleiten zu wollen. So berechtigt dieser Einwand im Grundsatz sein mag, so trifft er doch für die Inspruchnahme des Konzepts von A. Schütz nicht ohne weiteres zu. Denn dies wird auch als Grundlagendiskussion über die Strukturen der Lebenswelt aufgefaßt, "die den empirischen Sozialwissenschaften vorgelagert (ist), aber dennoch ihre Methodik" bestimmt (Klaus Hedwig). Oder mit Thomas Luckmann gesprochen: Die exakte Beschreibung der universalen Struktur des Alltagslebens dient dem methodologischen Zweck, "eine Matrix (zu) liefern für die empirischen Analysen".
     Hedwig (1979). S. 289.
     Luckmann (1979). S. 202.
19   Schütz/Luckmann (1975). S. 63ff.

(2) Der lebensweltliche Wissensvorrat ist in seinem Kern routiniertes Wissen ("Fertigkeiten", "Gebrauchswissen", "Rezeptewissen"), in dem sich Erfahrungen zur Identifizierung und Typisierung von Situationen und zur Lösung der mit ihnen gestellten Aufgaben sedimentieren[20].

Dieser Wissensvorrat dient der "Lösung praktischer Probleme". A. Schütz kommentiert dies so: "Im theoretischen Denken kann ich den Zweifel zum methodologischen Prinzip machen. In der Welt des Alltags liegt mir dagegen daran, mich routinemäßig in meinem Handeln orientieren zu können. Die in meinem Wissensvorrat sedimentierten Auslegungen haben den Status von Gebrauchsanweisungen (...). Durch die erfolgreiche Anwendung von Gebrachsanweisungen brauche ich nicht an jeweils neue Problemlösungen, Horizontauslegungen usw. zu gehen (...). Ihr kontinuierlicher 'praktischer' Erfolg garantiert mir ihre Zuverlässigkeit und sie wird als Rezept habitualisiert."[21]

Mit diesen Charakterisierungen des lebensweltlichen Wissensvorrats wird freilich etwas allen speziellen Erfahrungen, allen antreffbaren Wissensvorräten logisch Vorgeordnetes beschrieben. Alle speziellen Erfahrungen, alle speziellen Wissensvorräte ereignen sich bzw. stellen sich in der Form dieser allgemeinen Charakterisierungen her. Zugleich aber werden sie auch von den spezifischen Strukturen der jeweiligen Felder, in denen sie statthaben, geprägt. Darum stellen die institutionell vorgegebenen Rahmenbedingungen des unterrichtlichen Handelns den nächsten Bezugsrahmen der Analyse innerhalb des universellen lebensweltlichen Rahmens dar.

2. Beispiel: Korrigieren[22]

2.1 Methodisches

Die Verfahren der Untersuchung, die resümierend vorgestellt werden soll, waren: qualitative Interviews, Fallstudien, Simulation und schließlich historische Exegese von Gesetzes- und Verordnungstexten. In qualitativen Interviews haben Lehrer und Schüler über ihre Erfahrungen mit Korrektur berichtet, sowie über ihre Einstellungen und Erwartungen hierzu.[23] Die Interviews geben Auskunft darüber, auf welche Themen Lehrer und Schüler im einzelnen zu sprechen kommen, wie sie die Themen situieren, sie perspektivieren und verknüpfen.

In Korrektur-Simulationen sind Prozesse, die in den Originalsituationen simultan und schnell ablaufen, kontrolliert worden, insbesondere im Hinblick auf die Wirkung des Zeitfaktors, im Hinblick auf den Einfluß von förmlich-ope-

---

20 Schütz/Luckmann (1975). S. 118ff.
21 Schütz/Luckmann (1975). S. 32.
22 Zitiert wird in folgendem nach Ivo (1982).
23 Ivo (1982). S. 15ff.

rational und andererseits deklamatorisch gesetzten Normen und im Hinblick auf die Übereinstimmung und Differenz der geredeten und faktischen Allocution von Sinn. Kontrolliert wurde unter deskriptiven und konstruktiven Gesichtspunkten.[24]

Fallstudien dienten einerseits der Überprüfung von Hypothesen, die im Verlauf der Simulationen aufgestellt waren, andererseits der Spezifizierung der jeweiligen Sinnzuschreibung in ihrer Situationsbezogenheit.[25]

Einschlägige Gesetzes- und Verordnungstexte dienten der Bestimmung normativer Anteile an den institutionell vorgegebenen Handlungsbedingungen des Korrigierens sowie deren Konstanz und deren Veränderung.

Schließlich waren die einzelnen Ergebnisse so zu modellieren, daß die Intentionen, Erwartungen und Einschätzungen von Lehrern und Schülern im Rahmen der institutionell vorgegebenen Handlungsbedingungen als interagierende Größen aufgefaßt werden konnten.

2.2 Zusammenfassende Skizzierung der Ergebnisse

Korrigieren ist, so läßt sich das Ergebnis der Untersuchung zusammenfassen,
a) in aller Regel ein ausschließlich funktional gelernter (also in Ausbildungsphasen nicht thematisierter) Handlungstyp;
b) der auf der Basis von routinisiertem Wissen ausgeführt und interpretiert wird;
c) dessen Handlungssinn sich unter institutionellen Rahmenbedingungen knapper Zeit, Isolation und förmlicher, unmittelbarer Handlungsanweisungen enthaltener Normierungen unter der Hand verschiebt.

Die typische Lerngeschichte lautet: Korrigieren war kein Thema in der Ausbildung, aber die Erinnerung an die eigene Schulzeit und ein Über-die-Schulter-Gucken bei Kollegen reichte hin.

Das Wissen, wie zu korrigieren sei, weist alle Merkmale auf, mit denen A. Schütz "Gewohnheitswissen" charakterisiert: Es gilt ebenso wie die damit verbundenen Tätigkeiten "als absolut vertraut, fraglos durchführbar"; es "stellt 'endgültige' Lösungen für Probleme dar, die in den Erlebnisablauf eingeordnet sind, ohne daß man ihnen Aufmerksamkeit zu schenken braucht"[26]; in der Weitergabe der im "Gewohnheitswissen" sedimentierten Erfahrungen werden die Problemlösungen weithin anonymisiert, d.h. die subjektiven Anteile an Problemlösungen werden zugunsten einer Optimierung der Lösungen abgeschliffen, auf Kosten freilich der Flexibilität.[27] Korrigieren sei leicht, schwer dagegen

---

24 Ivo (1982). S. 109ff.
25 Hierzu: Wagner (1982). S. 86ff.
26 Schütz/Luckmann (1975). S. 120.
27 Schütz/Luckmann (1975). S. 293/294.

das Benoten - das ist der Tenor der Einschätzung dieser Tätigkeit in den Lehrer-Interviews.

Zur Interpretation solcher Äußerungen sei eine Unterscheidung Husserls genannt, auf die A. Schütz zurückgreift: auf die Unterscheidung von "In-den-Relevanzen-Leben" ("wobei die Relevanzen selbst gar nicht in den Griff des Bewußtseins kommen") und dem reflektierenden "Auf-die-Relevanzen-Hinsehen". Routine- und Gewohnheitswissen ist von größter Relevanz zur Bewältigung von Lebenssituationen, aber nur von sehr geringer, von marginaler Relevanz für die Reflexion.[28] Korrigieren, verstanden als Auseinandersetzung mit Schülertexten, kommt in den Interviews, die zu diesem Stichwort verabredet waren, nur am Rande zur Sprache. Beredet werden die äußeren Umstände der Korrektur, die Einschätzung des Erfolgs dieser "Schinderei", die Benotung und die Korrektursituation insgesamt und dies vorrangig unter Legitimationsgesichtspunkten. Wie bedeutsam die Unterscheidung Husserls für das Verständnis der Lehrerberichte aus der Praxis ist, mag eine Auffälligkeit in einer Fallstudie illustrieren. Ein Lehrer erklärt in dem weithin narrativ geführten Interview, was er auf keinen Fall in Schülertexten anstreicht (nämlich "Ausdrucksfehler"), weil dies die sprachliche Entwicklung der Schüler hemme. Nur wenige Minuten später tut er genau dies, was er zu meiden erklärt hat, und es finden sich in seinen Kommentaren zu seinem Tun keinerlei Hinweise hierzu, so daß wohl davon auszugehen ist, daß der Widerspruch unbeachtet bleibt.

Im Konzept der Situationsbezogenheit des lebensweltlichen Routinewissens von A. Schütz finden solche Widersprüche folgende Erklärung: "Grundsätzlich ist also festzuhalten, daß 'theoretisch' sich widersprechende Wissenselemente in der natürlichen Einstellung nicht notwendig kollidieren müssen. Der Ursprung des 'theoretischen' Widerspruchs ist auf die Verschiedenartigkeit der Situationen des Wissenserwerbs zurückzuführen; der Fortbestand der 'theoretischen' Widersprüchlichkeiten im lebensweltlichen Wissensvorrat dagegen auf die Verschiedenartigkeit der Situationen, in denen die Wissenselemente zur Anwendung kommen."[29]

---

28 Schütz/Luckmann (1975). S. 186/S. 120/121.
29 Schütz/Luckmann (1975). S. 161.
Zum Begriff "natürliche Einstellung": Alfred Schütz unterscheidet die natürliche von der theoretischen Einstellung. "Wir müssen von der Tatsache ausgehen, daß der lebensweltliche Wissensvorrat nicht das Ergebnis rationaler Denkvorgänge in der theoretischen Einstellung ist. (...) Wir müssen vielmehr davon ausgehen, daß der lebensweltliche Wissensvorrat das Ergebnis der Sedimentierung der subjektiven Erfahrungen der Lebenswelt ist" (S. 132/133). Die Lebenswelt des Alltags aber ist die "vornehmliche und ausgezeichnete Wirklichkeit des Menschen". (S. 23) In ihr findet sich der Mensch als der von ihm erfahrenen Natur- und Sozial- bzw. Kulturwelt in "natürlicher" Einstellung als einer "fraglos und selbstverständlich 'wirklich(en)'" Welt.

Zum verschiedenartigen Ursprung des Wissenserwerbs: Wie Korrigieren bzw. Schreibunterricht zu legitimieren sei, dies Wissen wird in der akademisch organisierten Ausbildung erworben; darauf verweisen die verwendeten theoretischen Begriffe in den legitimierenden Passagen der Interviews. Das Wissen dagegen, wie zu korrigieren sei, stellt sich traditionsvermittelt und imitativ in Handlungssituationen her und gerinnt zu "unterrichtlichem Brauchtum".

Zum Fortbestand des Widerspruchs: Es sind offenkundig verschiedenartige Situationen, in denen korrigiert und der korrigierte Text in die Hände der Schüler zurürckgegeben wird einerseits und in denen andererseits rechtfertigend, begründend, einschränkend über Schreibunterricht und Korrektur geredet wird. Nur so erklärt sich auch folgender Sachverhalt: Aus den Korrekturen läßt sich kaum auf die Zeit ihrer Entstehung rückschließen; sie bleiben eben weithin konstant. Dagegen lassen sich reflektierende Äußerungen über Schreibunterricht meist leicht datieren, wenn man den permanenten Wechsel der Konzeptionen kennt.

Das hohe Maß an Gleichförmigkeit im Handeln und somit auch im Gewohnheitswissen, das das Handeln steuert, bei gleichzeitig wechselnder Konzeptbildung und Legitimation von Schreibunterricht belegt
- die Kluft zwischen beruflich geformter Lebenswelt und einer Theoriebildung der "Beletage", die - in aller Vorsicht gesprochen - in dieser Lebenswelt nur bedingt Fuß fassen kann;
- daß die Wirkung dieser Theorien sich vor allem in Redesituationen nachweisen läßt, in denen es um Legitimation geht;
- daß sich Traditionen "unterrichtlichen Brauchtums" unterhalb des Streites um Konzepte fast ungestört fortsetzen können;
- daß historische Argumentationen in der didaktischen Diskussion vermutlich vorrangig die Wechsel in den Konzeptionen betreffen, ohne unbedingt etwas über Veränderungen im Handeln bzw. im Routinewissen der beruflich geformten Lebenswelt zu besagen;
- daß schließlich in der fachdidaktischen Modell-Bildung die bestehende Praxis solange unbegriffen bleibt, wie diese Kluft nicht selbst thematisiert wird.

Diese allgemeine Charakterisierung der Kluft zwischen dem Gewohnheitswissen, das die Korrekturhandlung steuert, und theoriegeleiteten Konzepten und Legitimationen soll an drei Problembereichen noch verdeutlicht werden: dem Problem der spezifischen Textrezeption beim Korrigieren; dem Problem der spezifischen Konfiguration von subjektiven Absichten der korrigierenden Lehrer, pädagogisch-gesellschaftlichen Normen und den institutionell vorgegebenen Handlungsbedingungen; und schließlich dem Problem, in welcher Weise

---

Die Möglichkeit einer Reduktion von Erfahrung auf isolierte Elemente "und die sich daraus ergebende Frage, wie sich solches wieder zu Erfahrungsgegenständen rekonstruiert", begegnet "nicht in der natürlichen Einstellung, sondern stellt ein Problem des spezifischen philosophischen und wissenschaftlichen Denkens dar." (S. 23)

die marginale Aufmerksamkeit, die Gewohnheitswissen erfährt, bildungspolitisch bedeutsam wird.

2.3 Textrezeption

Eine einfache Versuchsanordnung fördert folgendes zutage: Ein literarischer Text (gewählt wurde einer von Alois Brandstetter[30] mit dem Titel "Unserm Nachbar sein linkes Bein") wurde Probanden in Kinderhandschrift und anderen Probanden gedruckt vorgelegt; dies bewirkte unterschiedliche Reaktionen. Während in aller Regel die Probanden den handgeschriebenen Text - in der Sprache der Lehrer-Interviews geredet - "mit dem Rotstift lesen", sich auf "Fehlersuche" begeben (schon der Titel "Unserm Nachbar sein linkes Bein" findet ausführliche Aufmerksamkeit), mobilisieren die Leser des gedruckten Textes ihre interpretatorischen Fähigkeiten. Ohne auf Einzelheiten dieses Befunds einzugehen, sei festgehalten: die unterschiedliche Darbietungsform desselben Texte führt zu unterschiedlichen Typisierungen des Textes, zu unterschiedlichen Zuweisungen zu Verwendungssituationen, und es werden unterschiedliche Wissensbestände, wie mit dem Text umzugehen sei, ins Spiel gebracht. Damit wird die Interdependenz von Handlungssituatuionen und Wissensbeständen auch für die Rezeption von Texten deutlich. Freilich bleibt, polemisch formuliert, die Frage, warum die textanalytischen und die Wissensbestände zur Interpretation nicht auch bei der Rezeption von Schülertexten Anwendung finden können. Dies macht deutlich, daß die Frage, wie Situationen typisiert und entsprechend Wissensbestände aufgebaut werden, im Blick auf ihre Inhalte historisch gestellt werden muß. Mit anderen Worten: Die Gründe, warum die Aufmerksamkeit bei der Rezeption von Schülertexten auf Fehlerhaftes gerichtet ist, finden sich nicht in der Lehr-Lernsituation überhaupt, sondern in deren spezifischer Ausprägung. Diese spezifische Ausprägung wird faßbar in der Analyse der institutionell vorgegebenen Rahmenbedingungen für die Korrektur. Die spezifische Aufmerksamkeitsfokussierung findet ihre Erklärung in den Handlungsbedingungen knappe Zeit, Isolation und in den operationalisierten Detailnormierungen. Darüber wird in den nächsten zwei Punkten zu reden sein.

2.4 Konfiguration von subjektiven Absichten, pädagogisch-gesellschaftlichen Normen und institutionell vorgegebenen Handlungsbedingungen

Die Lehrer äußern sich in den Interviews auch über Sinn und Zweck des Korrigierens. Insgesamt kommen sieben verschiedene Sinn-Definitionen vor. Die Wertungen, die diese Sinn-Definitionen erfahren, ergeben zusammen mit den Einschätzungen des Erfolgs der Korrekturarbeit ein geradezu aufregendes Thema der Interviews. Zugespitzt formuliert zeitigen die entsprechenden Pas-

---

30 Brandstetter (1974).

sagen der Interviews folgendes Paradoxon: Die Lehrer möchten mit der Korrektur etwas erreichen, was sich aber nicht verwirklichen läßt; sie verwirklichen etwas, was sie so nicht wollen: sie schätzen die Korrekturarbeit als erfolglos ein und halten sie zugleich für eine besonders wichtige Tätigkeit. Die inhaltlichen Merkmale dieses Paradoxons: Lehrer möchten mit ihrer Korrekturarbeit den sprachlichen Lernprozeß ihrer Schüler in Gang bringen und unterstützen, sie widmen aber alle Aufmerksamkeit und alle Energie der Notenfindung; die Schüler beachten nach ihren Beobachtungen die Korrekturarbeit fast gar nicht, und dennoch - so wörtlich eine Interviewpassage - ist dies "eine der gegenwärtig wichtigen Aufgaben des Lehrers (...) durch die Anmerkung, durch die Fehlermarkierung dem Schüler an sich helfen zu wollen, besseren Ausdruck auch im Schriftlichen zu erreichen (...)".

Eine erste Erklärung findet dieses Paradoxon in der Handlungsbedingung "knappe Zeit". Im Bundesdurchschnitt benötigen die Lehrer von der Grundschule bis zur gymnasialen Oberstufe 18 Minuten für die Korrektur eines Deutschaufsatzes. (Diese Zahl wurde in einer Studie ermittelt, die von der Kultusministerkonferenz zur Feststellung tatsächlicher Lehrerarbeitszeit in Auftrag gegeben worden ist. Untersuchungen der Lehrerverbände kommen, insofern sie in dieser Hinsicht detailliert sind, zu vergleichbaren Ergebnissen.) Zu beachten ist, daß diese Zahl in einer Gesamtrechnung aufscheint, die den Lehrern eine Gesamt-Ist-Arbeitszeit attestiert, die höher als die Marke 40 Stunden pro Woche liegt.[31]

Wie ist der zeitliche Aufwand von 18 Minuten für die Korrektur eines Deutschaufsatzes einzuschätzen? Geht man davon aus, daß durch die Korrektur das sprachliche Lernen der Schüler in Gang gehalten und unterstützt werden soll, so wäre der einzelne Text in seiner Struktur zu analysieren; es wären Überlegungen anzustellen, warum Auffälligkeiten auftreten; welche Lernhilfen sinnvoll vorzuschlagen sind; und nicht zuletzt auch Überlegungen über den Anteil des Lehrers am Textverständnis. Da ich die einzelnen Aspekte dieser Arbeit hier nicht darlegen kann, sei Rudolf Hildebrandt aus seinen gesammelten Aufsätzen und Vorträgen zur deutschen Philologie und zum deutschen Unterricht von 1890[32] zitiert, der kritisiert: "Wie leicht verwirft der Lehrer, zumal in der Eile des sogenannten Corrigierens, solche (gemeint sind "auffällige") Stellen als Unsinn und erstickt damit einen Keim, aus dem etwas Eigenes, Rechts sprießen wollte, aber nicht konnte." Und er berichtet von seinen Mühen, "seitenlang aus dem halb verkehrt Gesagten gleichsam herauszuholen und nachzutragen und nachzuflicken, was vom Schüler gemeint war (...)". Daß sich eine solche Arbeit nicht in durchschnittlich 18 Minuten bewerkstelligen läßt, zumal in dieser Zeit noch eine Note gefunden und im Vergleich zu den anderen Aufsätzen der Lerngruppe begründet werden muß, mag als plausibel gelten. Der korrigierende

---

31 Ivo (1982). S. 86ff.
32 Hildebrandt (1890). S. 133f.

33 Ivo (1982). S. 86ff. und S. 37ff.

Lehrer steht also unter Zeitdruck (mit einer meist streßartigen Erlebnisresonanz) und muß darum die einzelnen Arbeitsschritte nach Dringlichkeiten einstufen: first things first.[33] Was aber hat in einer solchen Stufung die höchste Dringlichkeit? Hier ist zu unterscheiden zwischen dem, was prinzipiell als Dringlichkeitszuschreibung erfolgt (ich nenne dies eine deklamatorische Dringlichkeit) und dem, was operational en detail normiert ist (operationale Dringlichkeit). Da die Erledigung des operational definierten Dringlichen von jedermann überprüft werden kann, rückt unter der Bedingung knappe Zeit das en detail Normierte in die höchste Dringlichkeitsstufe, unabhängig davon, was deklamatorisch festgelegt ist. Operational geregelt aber ist alles, was mit der Benotung der Aufsätze zusammenhängt, und so wenden denn auch die korrigierenden Lehrer ihre Aufmerksamkeit entschieden auf die Notenproblematik. Der Schüler bleibt dabei - und dies ist für das Verständnis der Situation fundamental - die entscheidende Bezugsgröße: Die Korrekturarbeit sollte im Verständnis der Lehrer den sprachlichen Lernfortschritt der Schüler im Auge haben: nun ist der Schüler als Adressat einer möglichst gerechten, möglichst schonenden, möglichst pädagogischen Note im Blick. Dieser Mechanismus, der es dem Lehrer erlaubt, das Wohl des Schülers als Blickpunkt seiner Arbeit, wenn auch unter anderen Aspekten, zu erhalten, erklärt, daß die Sinnverschiebung vom sprachlichen Lernen zum prüfenden Benoten von den Lehrern als irgendwie noch akzeptabel erfahren wird. (Hier ist - methodisch gesehen - eine Anschlußstelle zur Erklärung, wie der in makrostrukturalen Untersuchungen erhobene Befund eines hohen Prüf- und Selektionswertes des Schulsystems in der BRD zustande kommen kann, obwohl die Lehrer, die diesen Wert schließlich erzeugen, ein anderes Selbstverständnis von ihrer Arbeit haben.)

Erwähnt sei noch ein letzter Faktor, der in diesem Mechanismus eine wichtige Rolle spielt: der der Isolation. Der korrigierende Lehrer liest, korrigiert und bewertet in aller Regel allein und auf sich gestellt. Sein Textverständnis wird damit zum einzigen Maßstab. Dies erzeugt eine Aufmerksamkeitsrichtung, die sich an solchen Auffälligkeiten an Texten orientiert, deren Bewertung gesellschaftlich eindeutig ist und die auch als Auffälligkeiten überprüfbar sind. (In einer Versuchssituation erklären Lehrer zunächst die Grundsätze ihrer Korrektur. Dann wird eine Gruppe von Lehrern gebeten, sich auf *eine* Korrektur eines Aufsatzes innerhalb einer Frist zu einigen. In der Regel einigen sich die Lehrer nicht über Fragen, die mit dem Text insgesamt zu tun haben, wohl aber über Rechtschreibung, Zeichensetzung und teilweise über Phänomene, die grammatische genannt werden. Für die Dringlichkeitseinstufung von textuellen Problemen findet also eine der bereits genannten analoge Verschiebung statt.)

2.5 Institution und Gedächtnis

Wie kommen solche Rahmenbedingungen zustande? Daß sie letztlich politische Setzungen sind, versteht sich von selbst. Dennoch bleibt die Frage, wie denn politische Grundsatzentscheidungen in Detailregelungen wie Zahl und Art der Klassenarbeiten (Schularbeiten/Schulaufgaben) umgegossen werden. Erinnert sei an E. Wenigers Erklärung zum Lehrplan, nach der gesellschaftliche und politische Anforderungen an die Schule im Lehrplan (als dem einen steuernden Faktor des Unterrichts) erst wirksam werden können, wenn sie in eine pädagogische Sprache übersetzt worden sind.[34] Diese Übersetzungsarbeit wird in den Bildungsverwaltungen von Ministerialbeamten geleistet. Welche Rolle spielt bei dieser Arbeit das Wissen um die Praxis des Unterrichts? Was charakterisiert dieses Wissen?

Ich will das Ergebnis unserer Untersuchung aller einschlägigen Erlasse und Verordnungen dieses Jahrhunderts, also solcher, die sich unmittelbar oder mittelbar mit dem Korrigieren befassen, nur skizzenhaft zusammenfassen:

Die Diktion dieser Erlasse ist durchdrungen vom Pathos der Reformpädagogik. Sie versuchen, die Anteile und die Bedeutung von Prüfungen im Unterricht klein zu halten, indem sie entsprechende Grundsätze formulieren, und sie versuchen, durch klare Festlegungen der Details (Zahl und Art der Prüfungen, Anrechenbarkeit der Noten etc.) die Einhaltung dieser Grundsätze zu gewährleisten. Das Wissen der Bildungsverwaltung um Unterricht ist also fokussiert auf das Spannungsverhältnis von Sein und Sollen, Anspruch und Wirklichkeit, Norm und Realität.

Charakteristischerweise enthalten die administrativen Verlautbarungen dann auch immer einen Teil, in dem Unterrichtspraktiken gegeißelt werden (z.B.: Es ist unrichtig, schriftliche Arbeiten so zu benutzen, "daß von dem Ausfall dieser Arbeiten das Zeugnis und die spätere Versetzung wesentlich abhängt. Bei solchem Verfahren arbeitet der Schüler unter einem Druck, der dem Erfolg des Unterrichts schädlich ist". Extemporale-Erlaß 1911) und einem zweiten Teil, in dem konkrete Regelungen getroffen werden, die den kritisierten Schaden ("die in vielen Hinsichten schädliche dauernde Spannung und Beunruhigung der Schüler wie der Lehrer") beseitigen und die Realität (wieder) normgerecht machen soll (in diesem Fall: Beschränkung der Zahl der Arbeiten, Viertel-Klausel etc.)[35].

Daß eine Verwaltung auf Einhaltung der Normen dringt und daß sie sich dafür administrativer Maßnahmen bedient, ist zu erwarten. Ich übergehe zunächst die Frage, wie das spezifische Normenverständnis und die spezifische Einschätzung der Praxis bei den Bildungsverwaltern zustande kommen mag, und halte nur fest:

Indem die Bildungsverwaltung das Prüfungswesen in Unterricht und Schule eindämmen will und es deshalb administrativ regelt, lenkt sie, entgegen ihrer

---

34 Weniger (1952) Teil 1. S. 13, 17 und bes. S. 22/23.
35 Ivo, Körner u.a. (1983). S. 236/237.

Absicht, die Aufmerksamkeit der Lehrer genau auf diesen Punkt und bindet nicht nur erhebliche Energien zur Erledigung des administrativ Geregelten, sondern fokussiert das unterrichtliche Handeln mehr oder minder auf diesen Punkt. Ein Lehrer hat im Interview dies ironisch unter Verweis auf eine besondere Liturgie in der katholischen Kirche so formuliert: "Klassenarbeiten/Klausuren, das sind die Hochämter."

Auffällig ist nun, daß sich der Tenor dieser Erlasse im Grundsatz während eines dreiviertel Jahrhunderts nicht geändert hat. Mit anderen Worten: Die Bildungsverwaltungen versuchen von Zeit zu Zeit, mit den gleichen Maßnahmen ein Ziel zu erreichen, deren Anwendung gegenteilige Wirkung zeitigt. Das deutet darauf hin, daß die Widersprüchlichkeit unbemerkt bleibt (wenn man ausschließt, daß sie bewußt gewollt oder in Kauf genommen wird) und daß eine historische Analyse über die Wirkungen solcher Maßnahmen kaum vorgenommen wird.

Diese auffällige "Geschichtslosigkeit" findet sich auch in den Lehrer-Interviews, wenn dort von Merkmalen die Rede ist, mit denen sich eine neue, sich fortschrittlich verstehende Lehrergeneration von vergangenen, älteren Generationen absetzt. Es erweist sich nämlich, daß z.B. die Beteuerung, auf Rot als Korrekturfarbe zu verzichten, schon seit Generationen als Merkmal für Modernität und Aufgeschlossenheit gedient hat. So können die immer gleichen Probleme mit den gleichen Maßnahmen angegangen werden, den jeweiligen Akteuren Handlungsmöglichkeiten für Veränderungen eröffend, ohne daß sich die Institution in ihrer Grundstruktur ändert. Die Beharrungskraft von Institutionen, so läßt sich tentativ verallgemeinern, resultiert u.a. auch daraus, daß ein Wissen um Versuche, sie zu verändern, nicht tradiert wird. Voraussetzung dafür wiederum ist es, daß der Erwerb des Routine-Wissens für das Handeln in der Institution funktional und nicht thematisch gelernt wird, mithin selbst für die Reflexion marginal bleibt.

Wie aber ist, wenn nicht unterstellt wird, die Bildungsverwaltungen nähmen die genannte Widersprüchlichkeit in Kauf, das Agieren der Bildungsadministratoren zu erklären?

Hierzu folgende Hypothese[36]: Die typische Berufskarriere der Bildungsadministratoren ist dadurch gekennzeichnet, daß die Übernahme erster Funktionsstellen in derjenigen lebensgeschichtlichen Phase erfolgt, die - in der Sprache einer Entwicklungspsychologie für Erwachsene geredet - als Phase des "Seßhaft-Werdens" charakterisiert ist. Der Beginn dieser Phase ist u.a. dadurch bestimmt, daß der Erwachsene, meist krisenauslösend, gewahr wird, nicht mehr zu den nachwachsenden Generationen zu gehören, nicht mehr einer von ihnen zu sein, sondern auf der anderen, auf der Seite der etablierten Generationen zu stehen. Der Beginn dieser Phase ist ferner dadurch gekennzeichnet, daß die Routinisierung der Berufsarbeit zum Abschluß kommt, die Routine also nicht

---

36   Ivo (1982). S. 84ff.

mehr erworben, sondern nur noch angewendet wird. In dieser für Lehrer besonders kritischen Phase (der Bezug zur nachwachsenden Generation ist für diesen Beruf ja konstitutiv) beginnt, so läßt sich pointiert formulieren, der Exodus aus der vollen Unterrichtsarbeit.

Der Wissensvorrat der Bildungsadministratoren vom Unterricht, von der Praxis des Unterrichts enthält die kontrastiven Komponenten der Noch-nicht-Etablierten. In diesem Wissensvorrat fehlen aber Erfahrungen und Einsichten, die den Routinierungsvorgang selbst zum Thema haben. So findet das Agieren der Bildungsadministratoren, nämlich mit den immer gleichen Mitteln dieselben Probleme immer von neuem lösen zu wollen, in diesem Wissensvorrat über die Unterrichtspraxis hypothetisch eine lebensphasentypische und karrieretypische Erklärung (die an Hypothesen über die Rolle des Staates und der Bürokratien im Schulsystem anzuschließen wären).

3. Schlußfolgerungen

Das Gewohnheitswissen der Lehrer ist von größter Relevanz zur Meisterung von Unterrichtssituationen; es ist von geringer Relevanz für die Reflexion im Umfeld des Handelns.

Dieser Satz ist für die Charakterisierung des Wissens von Lehrern - und analog für das der Bildungspolitiker bzw. der Bildungsadministratoren - grundlegend. Was bedeutet er für die Fachdidaktik?

Fachdidaktik ist als Wissenschaft - wie jede andere Wissenschaft auch - das Ergebnis eines Prozesses, den A. Schütz die "Entpragmatisierung" des Wissens nennt, also des Prozesses der Trennung des Wissens vom Handeln, des Entstehens einer theoretischen Einstellung. Als Wissenschaft muß sie um die Gewinnung situationsentbundenen Wissens bemüht sein.[37] Als fachdidaktische Wissenschaft muß sie sehen, wie sie eingangs in das Handlungsfeld ihrer Zuständigkeit findet, wenn sie ihre spezifische Aufgabe erfüllen will. Diese Aufgabe für die zentrale Arbeit der Fachdidaktik, die der Modell-Bildung, hat A. Achtenhagen bündig so formuliert: für das unterrichtliche Handeln schlüssige Entscheidungshilfen bereitstellen und im theoretischen Zusammenhang begründen.[38] Das Wissen, das die Fachdidaktik bereitstellt, soll also gewonnen

---

37 Die Tatsache, daß allein die Verwendung bestimmter Termini als Indikator für das Erkennen von Wissenstypen fungiert, könnte für die Klärung der Frage nach dem Wechselverhältnis von Sprache und Wissen von Bedeutung sein.
Vgl. Schlieben-Lange (1983). S. 20ff.
38 Achtenhagen (1981). S. 275ff.
Zum Modell-Begriff:
Dichanz (1981). S. 143ff.
Hartmann (1965). S. 364ff.
Stachowiak (1983).

Die Modellbildung als Kernstück fachdidaktischer Arbeit zu verstehen, bedarf der Erläuterung, und zwar deshalb, weil der eher inflationäre Gebrauch des Modellbegriffs in der Didaktik nicht auf allgemein anerkannten und geteilten Auffassungen beruht, was darunter zu verstehen sei. Für die Sprachdidaktik verschärft sich die Situation noch, weil die Sprachwissenschaft zu jenen Wissenschaften zu zählen ist, in denen die Modell-Vorstellung eine wichtige Rolle eingenommen hat.

Ich gehe davon aus, daß die Modell-Vorstellung für das fachdidaktische/sprachdidaktische Denken aus zwei Gründen attraktiv geworden ist: insofern Fachdidaktik/Sprachdidaktik Entscheidungshilfen für unterrichtliches Handeln bereitstellen will, muß sie - bei Vermeidung eines puren Dezisionismus - Bedingungen, Ziele und "Themen" dieses Handelns charakterisieren: und insofern sie dies will, muß sie diese Bedingungen, Ziele und "Themen" auffinden, beschreiben und in Beziehung zueinander setzen. Das Modell-Denken kommt diesen Absichten und Aufgaben entgegen, insofern

- in einem Modell komplexe Realität Komplexität reduzierend abgebildet wird;
- die Reduktion von den Zwecken, denen das Modell dienen soll, bestimmt wird und ausgewiesen werden kann;
- das Modell in seiner Komplexitätsreduktion zur Entscheidungshilfe in praktischen Situationen dienen kann;
- schließlich in seinem tentativen Charakter revisionsbedürftig und revisionsfähig bleibt. Es sind die Interessen an Praktikabilität, die das didaktische Modell-Denken in die Nähe neopragmatischer Wissenschaftstheorie gebracht hat, ohne daß doch davon auszugehen ist, der von H. Stachowiak in einer grundsätzlichen Reflexion aufgezeigte Zusammenhang ("Modellbegriff ... die neopragmatische Seinsform des Wissens" S. 436) habe hier Gültigkeit. Dennoch bleibt dieses Interesse an Praktikabilität der neuralgische Punkt fachdidaktischen Arbeitens. Denn so weit die Aufgabenbereiche auch formuliert sein mögen und so spezifisch der einzelne Wissenschafter sich in dieses Feld einläßt, alles fachdidaktische Wissen wird endlich auf den Punkt "Entscheidungshilfe" für unterrichtliches Handeln zu beziehen sein. So verstanden ist die Modellbildung Kern fachdidaktischer Arbeit.

Das Bemühen, dabei dem Anspruch auf Wissenschaftlichkeit zu genügen, stößt insofern auf besondere Schwierigkeiten, als die "planerisch-konstruktiven" Funktionen der Modelle in praktischer Hinsicht keinen Aufschub dulden. D.h.: diejenigen, die an Modellen arbeiten, geraten selbst, wenn auch weniger rigide, unter Zeidruck. So mag es zu verstehen sein, daß Modelle, die eine "analytisch-deskriptive" Funktion (Horst Dichanz) erfüllen, weniger Aufmerksamkeit und Sorgfalt erfahren.

Meine Kritik zielt darauf, daß die unterrichtliche Alltagswelt mit ihren Beständen an Gebrauchswissen, Routinewissen, Gewohnheitswissen, mit ihrem "unterrichtlichen Brauchtum" (Hubert Ivo) nicht genügend beachtet wird und daß darum die "anayltisch-deskriptiven" Modelle unzureichend bleiben. Es versteht sich von selbst, daß die Modelle ihre "planerisch-konstruktiven" Aufgaben nur auf der Basis zurei-

werden nach den Regeln, die in dem Prozeß der Entpragmatisierung für Wissenschaften etabliert worden sind; es soll aber auch für die Akteure im Feld situationsbezogen und handlungsrelevant sein.

Zur Lösung der Schwierigkeiten, die sich aus diesen beiden Anforderungen ergeben, sind bislang, insofern sie nicht einfach umgangen wurden, zwei Wege beschritten worden:

(a) Der Fachdidaktiker tut sich bei denjenigen wissenschaftlichen Disziplinen um, die unter irgendeiner Hinsicht mit dem Handlungsfeld befaßt sind. Der Deutschdidaktiker stellt dann sprach- und literaturwissenschaftliche Wissensbestände mit solchen der Psychologie, der Erziehungs- und Sozialwissenschaften, der Geschichts- und Politikwissenschaften zusammen. Aber was heißt da "zusammenstellen"? Wenn es nicht - etwas bitter formuliert - bei graphischen Darstellungen bleiben soll, in denen zeichnerisch die Interdependenz der Faktoren angedeutet wird (mit der Information, daß alles mit allem irgendwie zusammenhängt), dann sieht sich der Fachdidaktiker als Ausweg auf oberste Erziehungs- und Bildungsnormen verwiesen, die ihm eine stringente Synthetisierung ermöglichen sollen. Es muß aber inzwischen als ausgemacht gelten, daß dies nicht möglich ist.

(b) Der Fachdidaktiker übernimmt, um die Handlungsrelevanz seiner Ergebnisse zu gewährleisten, streng die Sichtweise der Akteure und organisiert aus dieser Perspektive sein Modell. Unter dieser Voraussetzung entstehen zwei typische Probleme: übernimmt er mit der Perspektive der Akteure auch deren Relevanzsysteme, so kann er den Horizont des Gewohnheitswissens nicht übersteigen, was immer er an wissenschaftlichen Erkenntnissen im einzelnen in den Bestand von Gewohnheitswissen implantiert. Versucht er dagegen die Handlungssituationen zu thematisieren samt der Interdependenz von Inhalten (Sprache/Literatur), Personen, Rahmenbedingungen und Normen, so ist er in Gefahr, sich im Dickicht der Unterrichts-Alltagswelten zu verlieren.

Indem die lebensweltlichen Handlungszusammenhänge selbst Thema wissenschaftlicher Aufmerksamkeit werden, kann die Fachdidaktik als Wissenschaft nach den Regeln von Wissenschaft agieren. Es kann aber auch erwartet werden, daß ihre Arbeit handlungsrelevant sein wird, insofern ja die Befunde die Akteure und die Bedingungen ihres Handelns zum Thema haben.

Schließlich leistet dieses Konzept etwas, was durch wissenschaftliche Konstruktion allein nicht leistbar ist: mit der Fokussierung der Aufmerksamkeit auf lebensweltliche Wissensbestände (in ihrer spezifischen historischen Ausprägung) wird die Beschreibung von Unterrichtswirklichkeit zu einer vergleichsweise überschaubaren Aufgabe; und zum anderen: die Analyse dieser Wissensbestände bringt zutage, wie Handlungsbedingungen, subjektive Absichten, normative Vorgaben und die Sachen/die Themen des Unterrichts zum Gold der

---

chender Deskription der Wirklichkeit erfüllen können, die in den Modellen abgebildet sein soll.

Handlungskonzepte tatsächlich amalgamiert worden sind; die Analyse klärt über die tatsächlichen Interdependenzen auf.

Und die kritische Würdigung? An die eingangs formulierte begriffliche Abgrenzung sei erinnert: Alltagswissen sollte nicht als deformiertes Wissen aufgefaßt werden, aber ebensowenig als das Ergebnis eines "natürlichen, spontanen, unreflektierten wahren Erlebens und Denkens". Das vorgetragene Konzept steht in keiner Rousseau-Nachfolge und ist auch kein später Abkömmling einer Narodniki-Bewegung. Wenn - ein letztes Mal sei das Beispiel "Korrigieren" angeführt - deutlich wird, wie sich unter der Hand der Sinn von Handlungen verschiebt und warum das so ist, wenn offenkundig wird, wie eine Institution von denen, die sie ändern wollen, zugleich auf vertrackte Weise auch verfestigt wird, so ist ja schon Stoff für kritisches Nachdenken dingfest gemacht. Dem einen mag das zu wenig an kritischem Potential sein, einem anderen vielleicht zu viel. Wie immer das eingeschätzt werden mag: ich hoffe, daß die Kritik, die aufgrund der angedeuteten Befunde geübt werden kann, den Vorzug hat, genau und überprüfbar zu sein.

7.3. Donatschnitzer.
Der grammatische Boden, auf dem wir stehen

Das *Grimmsche Wörterbuch* enthält die folgenden Einträge: *Donat* - eine lateinische sprachlehre für schulen in beziehung auf die grammatik des Donatus; *Donatschnitzer* - ein verstosz gegen die ersten regeln der lateinischen grammatik. Aelius Donatus aus dem vierten nachchristlichen Jahrhundert steht hier also metonymisch für sein grammatisches Werk; sein Name, unter die Regeln der deutschen Wortbildung versetzt, wird zum Bestandteil des neuhochdeutschen *Wort*schatzes, den es - so J. Grimm in der Vorrede zum ersten Band 1854 - "zu heben, zu deuten und zu läutern gilt"; Bestandteil eines Wörterbuchs "zum hausgebrauch", das sich als Mittel versteht, "das unverdorbene sprachgefühl zu üben".[39]

Diese Einträge sucht man in Wörterbüchern zur deutschen Gegenwartssprache im 20. Jahrhundert meistens vergebens. Wer Auskunft wünscht, sieht sich auf "Konversationslexika", vor allem aber auf einschlägige Fachlexika, verwiesen; ein Indiz dafür, daß eine Tradition grammatischer Wissensbestände, von Einstellungen und Bewertungen, die sich mit dem Namen Donat verbinden, für eine größere Öffentlichkeit dem Vergessen anheim gefallen ist.

Der Geschichte des Sprachgebrauchs entsprechen Periodisierungen, die als Interpretationen dieser Geschichte gelesen werden können. J. Latacz weist in seinem Vorschlag zur Periodisierung der Entwicklung der griechischen und

---

39 Grimm (1854). S. 13.

lateinischen Schulgrammatik⁴⁰ den Donat einer Periode (150 v. Chr. bis 500 n. Chr.) zu, die er Periode der Übertragung und Anpassung nennt. Seine Übersicht endet mit der Periode, die er als die der Verwissenschaftlichung (1850 bis zur Gegenwart) charakterisiert. Danach verlöre sich der Ausdruck "Donat" aus dem allgemeinen Sprachgebrauch, als mit der wissenschaftlichen Bearbeitung der lateinischen Schulgrammatik ältere Formen verdrängt und als vorwissenschaftlich zu Recht vergessen werden. Diese sind dann nur noch von archivarischem Interesse.

Eine solche Beschreibung mag die tatsächlichen Abläufe des Vergessens und ihre Spiegelung im Bewußtsein der Beteiligten angemessen wiedergeben. Sie ist aber unzulänglich, wenn Einzelheiten, die in dieser Beschreibung unbeachtet bleiben, hervorgehoben werden. Ich nenne drei: die unverminderte Präsenz der Grammatik des Donat; die Konnotationen des Ausdrucks "Donat"; die didaktische und die spekulative Seite des Elementarbuches.

Die unverminderte Präsenz der Grammatik des Donat: Beispielhaft sei auf eine Veröffentlichung des Bibliographischen Instituts Mannheim verwiesen: Der kleine Duden. Deutsche Grammatik. 1988.⁴¹ Hier ein Vergleich: In "Donati de partibus orationis ars minor"⁴² werden alle Redeteile zweifach befragt; danach, was ihr Wesen ausmacht (quid est?), und danach, wieviel und was ihnen akzidentaliter zukommt (quot accidunt?). Beschränken wir uns auf die Frage: Nomen quid est? Die Antwort lautet: Pars orationis cum casu corpus aut rem proprie communiterve significans. Eine Gegenüberstellung der ars minor des Donat mit dem kleinen Duden ergibt das in Tabelle 1 dargestellte Bild.

Tabelle 1

Nomen

Donat	Duden
significans	benennen
cum casu	-
corpus	Gegenstandswörter
rem	Begriffswörter
proprie	Eigennamen
communiter	Gattungsbezeichnung
-	Materialbezeichnung

Beide Definitionen stimmen in vier Merkmalen überein; jeweils ein weiteres Merkmal kommt in einer Definition vor, das in der anderen fehlt. Zunächst zu

---

40 Latacz (1979).
41 Hoberg (1988).
42 Keil (1864). S. 355-366.

den Übereinstimmungen. Da scheint es eine Unklarheit zu geben: Ist es berechtigt, die Duden-Merkmale "Gegenstandswörter" und "Begriffswörter" auf die Donat-Merkmale "corpus" und "res" zu beziehen"? Der grammatikgeschichtliche Zusammenhang erlaubt eine klare positive Antwort. Verdeutlicht werden soll dieser an der onoma-Definition des Dionysios Thrax[43], dem die Nomen-Definition des Donat genau entspricht.

Dionysios Thrax gibt für soma (corpus) "Marmor" und für pragma (res) "Erziehung" als Beispiel. Gemeinsam ist also den Definitionen im Donat und im kleinen Duden, daß mit Nomen jeweils etwas von der "Welt" gefaßt wird, entweder als etwas Konkretes oder als etwas Abstraktes; oder aber als etwas Individuelles, das mit einem Eigennamen versehen wird (D.Th.: "Sokrates", "Platon"), oder als etwas Allgmeines (D.Th.: "Mensch", "Pferd").

Der kleine Duden berücksichtigt nicht das Kasus-Merkmal des Donat (D.Th.: meros logu plotikon), das er unter den Flexionsparadigmen abhandelt. Der Unterschied zur ars minor des Donat besteht in folgendem: Donat zählt unter der Frage "quot accidunt?" auch das Kasus-Merkmal auf und stellt die verschiedenen Deklinationsformen vor; insoweit stimmen die beiden Grammatiken noch überein. Für den Donat aber ist das Merkmal "Flektierbarkeit" nicht nur ein morphologisches, sondern auch ein sytematisches zur Bestimmung des "Redeteils". Dieser Gedanke ist der Duden-Grammatik fremd.

Bleibt noch das Merkmal "Materialbezeichnung" im kleinen Duden, das in der Donat-Grammatik fehlt. Sie wird als besondere Art der Gattungsbezeichnung weil "inhaltlich begründet" und wegen der eingeschränkten Pluralfähigkeit eingeführt.[44]

Insgesamt, so läßt sich festhalten, ist mit diesem Vergleich ein Fingerzeig dafür gewonnen, daß die grammatischen Wissensbestände, auf die mit dem Ausdruck "Donat" verwiesen ist, keineswegs aus dem gegenwärtigen grammatischen Diskurs verschollen sind; vielmehr muß ihre Aktualität, wenn das beispielhaft Angeführte verallgemeinert werden darf, angenommen werden. Das Vergessen betrifft also den Namen "Donat", nicht aber das grammatische Wissen, wofür er steht. Freilich gilt dieser Satz wohl auch schon für die Zeit der Einträge ins Grimmsche Wörterbuch; denn die beiden Einträge "Donat" und "Donatschnitzer" beziehen sich vorrangig nicht auf die grammatischen Wissensbestände, sondern auf Einstellungen und Wertungen im Zusammenhang mit ihnen.

Die Konnotationen der Ausdrücke "Donat" und "Donatschnitzer": Die Gründe um derentwillen diese beiden Ausdrücke in das Wörterbuch aufgenommen worden sind, werden in den Belegstellen deutlich. Da steht "Donat" für etwas Grundlegendes, aber zugleich doch auch Irrelevantes: ein Fehler in der lateinischen Sprache heißt "eine sünde wider den donat", aber es gilt auch: "durch

---

43   Uhlig (1883). S. 24ff.
44   Hoberg (1988). S. 168-171; 180.

donatschnitzer kommt die kirche nicht in gefahr"; und es verbinden sich mit diesen Ausdrücken eher unangenehme Gefühle: für Donatschnitzer gibt es "die ruthe, wie sichs gebührt" und "es sind nicht alle glückselig, die mit dem donat in die seiten geworfen sind".

Zu den historischen Voraussetzungen, die sich in einem solchen Sprachgebrauch kundtun, gehört die Kritik an einer schulmäßigen Grammatik-Instruktion, wie sie beispielhaft in Herders *Jounal meiner Reise* (1769) zu finden ist. Es ist für Herder nicht zweifelhaft, daß Grammatik "als Grammatik, als Logik und Charakteristik des Menschlichen Geistes" gelernt werden soll. Es ist der Betrieb, dies Ziel zu erreichen, den er verwirft. "Welcher Quintaner kann ein Kunststück von Casibus, Deklinationen, Conjugationen und Syntaxisis Philosophisch übersehen? Er sieht nichts, als das tote Gebäude, das ihm Qual macht." Und das im pädagogischen Diskurs immer naheliegende Argument von der "notwendigen Verfrühung" (verstanden als eine Art Rucksack-Pädagogik: jetzt einpacken und mitschleppen für späteren Verzehr) weist er zurück: "Man sage nicht, die toten Gedächtnis Eindrücke, die er hier von der Philosophischen Form einer Sprache bekommt, bleiben in ihm, und werden sich zeitig genug einmal entwickeln." Seine eigene Lernerfahrung führt er dagegen an: "(...) kein Mensch hat mehr Anlage zur Philosophie der Sprache, als ich, und was hat sich aus meinem Donat je in mir entwickelt?"[45] Mit dieser rhetorischen Frage wird die Vergeblichkeit einer grammatischen Instruktion, für die der Name Donat steht, festgestellt. Worin hat sie ihren Grund? Herders Antwort: zu früh, an der falschen Sprache erörtert und methodisch falsch ausgelegt.

Schon der Hinweis auf den Quintaner signalisiert, daß Herder vom Verfrühungsargument nichts hält. Dies wird dadurch bestätigt, daß er erst in der höchsten Klasse die "Philosophische Grammatik" zur Sprache kommen läßt,[46] und zwar im Lehrplan der französischen Sprache. Gewiß sei die lateinische, weil sie eine "so sehr ausgebildete Grammatik ist dazu die beste", aber eben nicht für Kinder. Dagegen sei die französische dem kindlichen Fassungsvermögen besser angepaßt; sie ist die leichteste unter allen Sprachen. "Die Sprache ist einförmig, Philosophisch an sich schon, vernünftig: ungleich leichter als die Deutsche und Lateinische (...). Zudem hats auch den Vorzug, wenn man an ihr Philosophische Grammatik recht anfängt, daß ihr Genie zwischen der Lateinischen und unserer steht: von dieser wird also ausgegangen und zu jener zubereitet."[47] Schließlich hat sich aus seinem Donat nichts entwickeln können, weil methodisch alles verpatzt worden sei: "man lernt Grammatik aus der Sprache; nicht Sprache aus der Grammatik."[48]

---

45 Herder (1984). S. 397.
46 Herder (1984). S. 403.
47 Herder (1984). S. 397 und 403.
48 Herder (1984). S. 398.

Es mag auffallen, daß Herder zwei Argumente nicht aufführt, die aus gegenwärtiger Sicht erwartbar wären: Herder spricht nicht von Unzulänglichkeiten der Grammatik des Donat und er spricht auch nicht davon, daß sie als lateinische die volkssprachlichen knechte. Letzteres findet seine Erklärung darin, daß Herder, wenn von Grammatik, "als Grammatik, als Logik und Charakteristik des Menschlichen Geistes" die Rede ist, nicht von einzelsprachlicher Deskription handelt, sondern von der Sprachlichkeit des Menschen als Thema des Nachdenkens und der Orientierung. Dies wird auch in einer Schulrede von 1780 bekräftigt: "*Eine* Grammatik muß der Mensch lernen (...) ein Mensch, der in seinem Leben keine Grammatik gelernt hat, lernt sein Leben durch nicht genau, wenigstens nicht sicher sprechen und schreiben: er irret in Ungewißheit umher, und hat kein Leitseil im grossen Labyrinth der Sprachen und Worte."[49]

Daß Herder nicht von sachlichen Unzulänglichkeiten der Grammatik des Donat spricht, mag damit zusammenhängen, daß "Donat" einfach nur als Ausdruck für einen Typ schulmäßiger Grammatik-Instruktion steht, der im Sinne der angeführten Argumente kritisiert wird; daß er also vom "Donat" im Sinne eines Wörterbuchs, nicht aber im Sinne einer Enzyklopädie spricht. Wie Herder die grammatischen Wissensbestände im Umfeld des Donat historisch gewürdigt hat, muß ich offen lassen; ebenso muß ich die Vermutung, daß die ars minor des Donat für ihn und seine Zeitgenossen nichts als ein elementares Schulbuch mit langer Tradition gewesen sein wird, auf sich beruhen lassen.

Die didaktische und die spekulative Seite des elementaren Donat: Über die didaktische muß nicht viel gesagt werden. Bis ins hohe Mittelalter ist die ars minor, in der Tradition der griechischen Merismoi den Lehrstoff in Fragen und Antworten aufteilend, für die erste der sieben freien Künste *das* Elementarbuch, bleibt aber weit darüber hinaus noch Bezugspunkt der Lehrbuch-Konzeption.[50] Auch bei der Entwicklung volkssprachlicher Grammatiken spielt sie eine wichtige Rolle.[51] Aber damit ist die Bedeutung dieses knappen Textes nicht erschöpft; denn ein beachtlicher Teil wichtiger grammatischer Texte findet sich im Mittelalter in Form von Kommentaren zu den Schriften des Priscian und des Donat. Bursill-Hall verweist darauf, daß allein aus der Zeit vom 11. bis 15. Jahrhundert über 200 solcher Donat-Kommentare erhalten geblieben sind und daß sich unter den Kommentatoren wichtige Vertreter der Modisten und ihrer Nachfolger finden.[52] Textüberlieferung[53] und die Kommentarliteratur belegen die Bedeutung dieses Textes auch für die sprachtheoretische Spekulation.[54]

---

49 Herder (1984). S. 56.
50 Hierzu aus jüngster Zeit Köhn (1986).
51 Beispielhaft sei verwiesen auf Müller (1969), Stengel (1879), Ising (1966; 1970).
52 Bursill-Hall (1981).
53 Holtz (1981).
54 Bursill-Hall (1971); Rosier (1983).

Dies wirft ein neues Licht auf die Charakterisierung der ars minor als ein Elementarbuch. Mit dem Ausdruck "Elementarisierung" wird nicht nur auf die Verarbeitung eines Wissensgebietes im Hinblick auf kindliches Fassungsvermögen verwiesen, sondern auch auf eine theoretische Durchdringung dieses Wissensgebietes auf leitende Prinzipien und letzte Elemente hin. Diese zweite Hinsicht auf den Text verliert sich im Verlauf der neuzeitlichen Rezeptions- bzw. Wirkungsgeschichte des Donat, bis schließlich nur noch die Vorstellung von einem Bodensatz nichtkohärenter grammatischer Terminologie übrigbleibt, die dann plausiblerweise dem Vergessen anheimgegeben wird.[55]

Gegenüber einer solch einseitigen Rezeptions- und Wirkungsgeschichte käme es darauf an, die sprachphilosophischen Implikationen der ars minor wieder zum Sprechen zu bringen. Anders formuliert: Es käme darauf an, diese Einseitigkeit, als Schnitzer in der Donat-Rezeption aufgefaßt und so dem Ausdruck "Donatschnitzer" eine neue Bedeutung gebend, zu korrigieren. Solche Donatschnitzer in der Rezeptionsgeschichte wären für das gesamte Umfeld lateinischer Grammatiken bis zum Humanismus festzustellen;[56] ihre Charakterisierung als Donatschnitzer erscheint aber wegen der prominenten Stellung der "Donati de partibus orationis ars minor" gerechtfertigt.

Eine Korrektur erscheint dann auch für einen weiteren Donatschnitzer im Sinne einer vereinseitigenden Donatrezeption geboten: Die Vorstellung nämlich, daß der Donat als lateinische Grammatik, insofern sie Vorbildcharakter für die Entwicklung volkssprachlicher Grammatiken gewinnt, diese unter das Joch der lateinischen beuge und damit verfälsche. In dieser Sicht erscheint die neuere Geschichte der volkssprachlichen Grammatiken als Geschichte der Befreiung aus der lateinischen Knechtschaft. Gegenüber dieser Sicht wäre zu klären, inwiefern der Donat eine Grammatik des Lateinischen darstellt und inwiefern er den Versuch darstellt, eine universelle Grammatik in Form einer einzelsprachlichen[57] zu entwerfen. Bildungstheoretisch ausgedrückt: Es wäre zu prüfen, inwieweit das Schulbuch nicht nur der Erlernung der lateinischen Sprache dient, sondern auch einer Maxime folgt, wie sie z.B. Jean Paul sehr einprägsam in seiner Erziehungslehre formuliert hat: "Sprache-Lernen ist etwas Höheres als Sprachen-Lernen."[58]

---

55 Insofern dieser Bodensatz anonym präsent ist, verfällt er dann oft genug harscher Kritik. Beispielhaft aus der langen Tradition dieser Kritik: "Jene Formbegriffe und Titel der Grammatik werden uns schon in der geistlosen und öden Sprachlehre der Schule zu leeren, völlig unverstandenen und unverständlichen Hülsen." Heidegger (1987). S. 40/41.

56 Jeep (1893).

57 Coseriu (1972). S. 150/151.

58 Jean Paul (1975). S. 827: "(...) aber die Grammatik - als die Logik der Zunge, als die erste Philosophie der Reflexion - entscheidet; denn sie erhebt die Zeichen der Sachen selbst wieder zu Sachen und zwingt den Geist, auf sich zurückgewendet, seine eigene

Schließlich müßte ein dritter Donatschnitzer revidiert werden, nämlich der, daß in den Definitionen der donatschen Grammatik fliegender Wechsel bei der Dimensionierung von Definitionsmerkmalen festzustellen sei, woraus entweder der Einwand logischer Inkohärenz hergeleitet wird oder mischgrammatische Terminologien mit einem Bedürfnis des Sprachunterrichts begründet und gerechtfertigt werden. Demgegenüber wäre zu unterscheiden zwischen unverarbeiteten Überlagerungen in den Definitionen, die zu Inkonsequenzen führen, und dem, was an theoretischer Dimensionierung in dieser Grammatik entworfen ist.

Ich werde im folgenden einige vorläufige Überlegungen zur Korrektur dieser Donatschnitzer anstellen. Die Überlegungen werden konzentriert sein auf den zentralen Begriff der ars minor, auf den Begriff "Redeteil" und auf die schon angeführten zwei Fragen, mit deren Hilfe die Redeteile bestimmt werden: quid est? und quot accidunt?

Die Interpetationshypothese, die ich zur Diskussion stellen möchte, lautet: Mit der Beantwortung der Frage nach dem Wesen eines Redeteils wird eine sprachtheoretische und insofern universelle Bestimmung eines notwendigen Aspekts menschlicher Sprachlichkeit gegeben. Der Zahl der notwendigen Aspekte entspricht die Zahl der Redeteile. Mit der Beantwortung der Frage, was den Redeteilen jeweils in akzidenteller Weise zukommt, wird eine Beschreibung kontingenter Eigenschaften einer Einzelsprache (des Lateinischen) gegeben.

Folgende sprachtheoretischen und methodischen Voraussetzungen sollen gelten:
- Dem, was als Wesen eines Redeteils bestimmt wird, entspricht in der Redepraxis nichts, was für sich Bestand hat. Solches findet sich nur einzelsprachlich. Das einzelsprachlich Analysierte verweist auf ein Universelles, ohne daß dieses als ein Allgemeines ein für allemal auf den Begriff und damit die Kenntnis der Sprachlichkeit des Menschen definitiv unter Dach und Fach gebracht werden kann. Anders formuliert: Die einzelsprachliche Analyse öffnet den Blick für das Sprach-Universelle; dieses aber kann nicht frei von einzelsprachlichen Hinsichten begriffen werden.
- Der hohe Grad von Elementarisierung des zugrunde liegenden philosophischen und grammatischen Wissens in der ars minor erzeugt eine relative Distanz zu den spezifisch historischen Ausprägungen dieses Wissens. Diese Distanz eröffnet Interpretationsspielräume, die genutzt werden.

Zunächst eine Anmerkung zum Ausdruck "Redeteil". Als Übersetzung des lateinischen Ausdrucks pars orationis, der selbst wiederum eine Übersetzung des

---

Geschäftigkeit des Anschauens anzuschauen, d.h. zu reflektieren; wenigstens das (Sprach-)Zeichen fester zu nehmen und es nicht, wie eine Ausrufung, in die Empfindung selber zu verschmelzen. Dem unreifen Alter wird aber dieses Zurück-Erkennen leichter durch die Grammatik einer fremden Sprache als durch die der eigenen (...)"

griechischen meros logu ist, scheint er in den deutschen Grammatiken bis ins 18. Jahrhundert ziemlich unangefochten seinen Platz zu haben. Die Spuren dieses Sprachgebrauchs verlieren sich im Laufe des 19. Jahrhunderts; heute hat er nur noch einen Stellenwert in der linguistischen Geschichtsschreibung. Ein Text, in dem die Verdrängung dieses Ausdrucks faßbar wird, findet sich in der Grammatik von J.Chr.A. Heyse (in der 4. Auflage 1827).[59] Die Überschrift zum 3. Abschnitt dieser Grammatik lautet: "Verschiedene Arten der Wörter (gewöhnlich Redetheile, richtiger Sprachtheile) nach ihrer Bedeutung und ihrem gegenseitigen Verhältnisse (...)." Die Distanzierung von dem noch als üblich unterstellten Ausdruck "Redetheil" begründet Heyse von der Sache her im Sinne einer Realdefinition und vom Wort her im Sinne einer Nominaldefinition.[60] Er grenzt das Thema des Abschnitts sachlich ein: Es soll von "grammatischen *Classen*" oder den "*Wortgattungen*" die Rede sein. Ausgeschlossen werden ausdrücklich alle Fragen, die sich stellen, wenn Wörter nach ihrer Funktion betrachtet werden, nämlich mit ihnen als "hörbare Zeichen Gegenstände auszudrücken" (125). Diese werden in die Zuständigkeit philosophischer Sprachforschung verwiesen. Der Ausschluß sprachphilosophischer und zeichentheoretischer Gesichtspunkte aus der Definition ist verknüpft mit der Verdrängung des Ausdrucks "Redetheil". für den gleich vier Neubenennungen durchprobiert werden: Sprachtheile und Classen, Wortarten und Wortgattungen. Im Sinne einer Nominaldefinition ist für Heyse der Ausdruck "Redetheil" als zweideutig nicht mehr brauchbar,

"weil *Rede* eigentlich eine Reihe wohl verbundener Sätze bedeutet. Die Sprachlehre hat es aber hier nicht mit den *Worten* zu thun, sofern sie ein zusammenhangende Rede bilden, sondern mit *Wörtern*, sofern sie Theile der Sprache sind. Ebenso unpasslich würde der Ausdruck *Satztheile* sein; denn wenn gleich Alles, was wir reden, aus Sätzen zusammengesetzt ist, wie Alles, was wir denken, aus Urtheilen: so ist doch darum die Sprache nicht mit dem Satze und also der Sprachtheil nicht mit einem Satztheile gleichbedeutend. Am besten nennt man also die verschiedenen Wortformen der Sprache, sofern sie Zeichen von Begriffen sind - *Wortarten* oder *Sprachtheile*." (125)

Die Veränderungen in der Nomenklatur zeigt hier also eine Eingrenzung des Untersuchungsbereichs an. Vorsichtiger formuliert: sie zeigt den Willen zu einer Eingrenzung an (unabhängig davon, wie dies dann tatsächlich gelingt). In der Retrospektive pflegt dieser Vorgang als wissenschaftlicher Fortschritt im Sinn der Präzisierung und Überprüfbarkeit von Aussagen aufzuscheinen; dage-

---

59 Heyse (1827).

60 Heyse verweist in einer Anmerkung auf einen Beitrag von Grotefend von 1815, den er in wesentlichen Punkten teilweise wörtlich wiedergibt. Der Abschnitt über die Elementarlehre gibt einen guten Einblick in die Diskussion um die Festigung einer neuen Termininologie. Grotefend (1818). S. 165ff.

gen gerät dasjenige, was bei diesem Vorgang ausgeblendet wird, eher in den toten Winkel. Unter diesem Gesichtspunkt wird die Beschäftigung mit der Lehre von den Redeteilen, wie sie sehr dicht in der ars minor dargestellt ist, zu einem Versuch, Veränderungen in den sprachwissenschaftlichen Fragestellungen, wie sie sich im Beispiel Heyses andeuten, auch auf die Kosten hin zu betrachten, die der Fortschritt verursacht. Es spricht nun einiges dafür, daß die Beantwortung der quot-accidunt-Fragen auf Kosten der quid-est-Fragen den Fortschritt ausmachen. Darum sollen die letzteren vorrangig herangezogen werden.

Hier zunächst die Antworten auf die Fragen nach dem Wesen der acht Redeteile:

Nomen quid est?
Pars orationis cum casu corpus aut rem proprie communiterve significans. (Der Teil der Rede, der mit einem Kasus ein Konkretes oder Abstraktes durch einen Eigennamen oder ein Appellativum bezeichnet.)
Pronomen quid est?
Pars orationis, quae pro nomine posita tantundem paene significat personamque interdum recipit. (Der Teil der Rede, der für ein Nomen gestellt, fast ebenso die Person bezeichnet und bisweilen wieder aufnimmt.)
Verbum quid est?
Pars orationis cum tempore et persona sine casu aut agere aliquid aut pati aut neutrum singnificans. (Der Teil der Rede, der mit einer Zeit- und einer Personenbestimmung ohne Kasus eine Tätigkeit oder ein Leiden oder ein im Hinblick auf diese beiden Formen neutral aufgefaßtes Werden bezeichnet.)
Adverbium quid est?
Pars orationis, quae adiecta verbo significationem eius explanat atque inplet. (Der Teil der Rede, der, dem Verb beigefügt, dessen Bedeutung erklärt und ausfüllt.)
Participium quid est?
Pars orationis partem capiens nominis, partem verbi; nominis genera et casus, verbi tempora et significationes, utriusque numerum et figuram. (Der Teil der Rede, der einen Teil des Nomens und einen des Verbs enthält. Vom Nomen hat es Genus und Kasus, vom Verb Tempora und Bedeutung, von beiden Numerus und Wortgestalt.)
Coniunctio quid est?
Pars orationis adnectens oridinansque sententiam. (Der Teil der Rede, der den Satz verknüpft und ordnet.)
Praepositio quid est?
Pars orationis quae praeposita aliis partibus orationis significationem earum aut conplet aut mutat aut minuit. (Der Teil der Rede, der den anderen Redeteilen vorangestellt ist und deren Bedeutung entweder ergänzt, verändert oder verkleinert.)
Interiectio quid est?

Pars orationis significans mentis affectum voce incondita. (Der Teil der Rede, der die Befindlichkeit des Geistes mit ungeregelter Stimme bezeichnet.)
Achten wir zunächst auf die unterschiedlichen grammatischen Formen, in denen Donatus die Bezeichnungsfunktion (significatio) der Redeteile ausdrückt (vgl. Tab. 2). Viermal wird die Grundbedeutung "Zeichen geben" (signa facere) partizipial, dreimal nominal gebracht; einmal kommt sie in einer Definition nicht vor. (Die Gründe dafür, das Pronomen, obwohl in der Definition eine finite Verbform benutzt wird, zur ersten Gruppe zu rechnen, werden weiter unten dargelegt.)

Tabelle 2

	signa facere	
partizipial	nominal	-
Nomen	Adverb	Konjunktion
Pronomen	Partizip	
Verb	Präposition	
Interjektion		

Im einzelnen zeigt diese Verteilung folgendes:
- Die Redeteile in der Partizipial-Gruppe sind definiert im Hinblick auf den Vorgang "significare".
- Das Partizip hat Anteil an dieser Vorgangsdefinition, insofern es Eigenschaften mit dem Nomen und Verb teilt.
- Adverb und Präposition bestimmen eine im Vorgang des "significare" gewonnene "significatio" näher.
- die Konjunktion verknüpft und ordnet die im Vorgang des "significare" gewonnene und näher bestimmte "significatio".

Schon dieser erste Überblick zeigt, daß die Dimensionierung der Definitionsmerkmale einer Logik folgt, die als eine gestufte Objektivierung bezeichnet werden kann: Was im Vorgang des "significare" als "significatio" gefaßt wird, kann selbst wieder Objekt näherer Bestimmung werden, und diese wiederum Objekt der Verknüpfung und Ordnung.

Wie wird der Vorgang des "significare" im einzelnen bestimmt? Die Antwort auf diese Frage soll in drei Schritten erfolgen:

1. Schritt: Die Definitionen der Redeteile, die der Partizipial-Gruppe angehören, geben ein "Objekt" an, in dem der Vorgang des "significare" sein Ziel findet. Für das Nomen sind es Formen des so oder so aufgefaßten Seins, nämlich Konkretheit und Abstraktheit (corpus aut rem significans), diese wiederum entweder als Eigenname oder als Appellativum gefaßt (proprie communiterve);

für das Verb Formen des so oder so aufgefaßten Werdens, nämlich Tätigkeit oder Leiden von etwas oder ein im Hinblick auf diese beiden Formen neutral aufgefaßtes Werden (aut agere aliquid aut pati aut neutrum significans); für die Interjektion eine Befindlichkeit des Geistes (significans mentis affectum). Diese drei Bestimmungen zielen also darauf klarzustellen, wie im Vorgang des significare Welt als konkretes oder abstraktes Sein, als Individuelles oder Allgemeines, als aktives oder passives oder im Hinblick auf diese Merkmale neutrales Werden oder als Ausdruck der Befindlichkeit des Geistes gefaßt wird. Die sprachtheoretische Dimension dieser Definition ist die des Referierens.

Das Pronomen gehört, wie schon angedeutet, nur indirekt zur Partizipial-Gruppe. Der Vorgang des "significare" ist in einer finiten Verbform ausgedrückt. Insofern aber in der Definition dieses Vorgangs auf die des Nomens Bezug genommen wird, ist es gerechtfertigt, das Pronomen dieser Gruppe zuzuordnen. Die Sonderstellung des Pronomens ergibt sich daraus, daß der Vorgang des "significare", der in der "Person" sein Ziel findet, nur fast so wie beim Nomen ist (pronomine posita tantundem paene significat personam). Es handelt sich also nicht um einen Vorgang des Referierens wie beim Nomen, sondern um einen, der ihm ähnlich ist. Was macht die Sonderstellung aus? Im Pronomen findet der Vorgang des "significare" in der "Person" sein Ziel. Die sprachtheoretische Dimension dieser Definition ist die des Alterierens. (Die Gründe für diese Interpretation werden erst in den beiden folgenden Schritten im einzelnen entfaltet.) Unterstellt, daß - in üblichen anthroplogischen Additionsformeln geredet - für die beiden Themenbereiche "Mensch und Welt" und "Mensch und Mensch" die sprachtheoretische Begründung für die jeweilige Und-Verknüpfung in den Verweisen auf die Akte des Referierens und Alterierens gefunden ist, so bleibt für die Interpretation des Donat-Textes die Frage, wie die bislang vernachlässigten Definitionsmerkmale berücksichtigt werden sollen.

2. Schritt: Für das Nomen wurden bislang der Verweis auf den Kasus (cum casu) nicht berücksichtigt; für das Pronomen das Merkmal "für ein Nomen gestellt" (pro nomina posita) und die Möglichkeit, eine Person "wieder aufzunehmen" (personam interdum recipit); für das Verb der Verweis auf Zeit und Person sowie der Ausschluß des Kasus-Merkmals (cum tempore et persona sine casu); für die Interjektion das Merkmal der ungeregelten Stimme (voce incondita).

Diese Merkmale betreffen entweder ein Grenzgebiet dessen, was zur menschlichen Sprache gerechnet werden soll: die Produkte "ungeregelter Stimme"; oder sie betreffen ein syntaktisches Phänomen: wie in einem sprachlichen Kontext ein Element ein anderes vertritt; oder sie kehren als Namen bei der Erörterung der quot-accidunt-Frage wieder: Kasus, Tempus und Person.

Von dieser letzten Gruppe soll im zweiten Schritt die Rede sein. Wie ist zu deuten, daß die drei Merkmale Kasus, Tempus und Person sowohl Wesensmerkmale als auch solche akzidentaler Natur sein sollen? Es versteht sich, daß die Feststellung, es handele sich um eine der sattsam bekannten Ungereimtheiten dieser Grammatik, nur am Ende, nicht am Anfang der Interpretation stehen darf. (Die Lektüre bliebe sonst einfach im Horizont der Donatschnitzer.)

Einen interessanten Versuch, diesen Widerspruch aufzulösen, unternimmt R.H. Robins. Zwar bezieht er sich auf die Grammatik des Dionysios Thrax. Das Problem stellt sich aber in dieser Grammatik genauso wie in der des Donat, so daß die Argumentation auch für diese zutrifft. Interessant ist dieser Versuch insofern, als Robins einerseits die Redeteile als Wortklassen auffaßt und andererseits die Definition der Redeteile in ihrer logischen Struktur auf eine aristotelische Definitionslehre zurückführt. So kann dann das von ihm als Beispiel gewählte Kasus-Merkmal als unterscheidendes Merkmal (differentia specifica) in die Definition einer species/Wortklasse eingehen. Es meint dann die Kasusfähigkeit dieser Wortklasse. Im Unterschied hierzu kommen die einzelnen Kasusformen der Klasse nur akzidentaliter zu.[61]

Gegen diese Lösung kann prinzipiell angeführt werden, daß die Grammatiken des Dionysios Thrax und des Donat aufgrund ihres philosophiegeschichtlichen Zusammenhangs die Definitionselemente genus, species, proprium und accidens kaum zur Bestimmung von Wortklassen im Sinne der Beschreibung von Einzelsprachen benutzen; zumal die Definitionsmerkmale wie Z.B. Kasusfähigkeit (i.S. von Robins) leer bleiben: sie halten nur fest, daß etwas, das der Klasse in einzelnen akzidentaliter zukommt, als Potenz grundsätzlich zuzuschreiben ist. Was es mit der Kasus-Eigenart selbst auf sich hat, dies gerät in den toten Winkel. Genau dies aber ist Thema der ptosis-Spekulation bei Aristoteles und vor allem der Stoa.[62] Für eine sprachtheoretische Explikation des Problems der Wesens- und Akzidenz-Zuschreibungen in den Definitionen der Redeteile ist darum der Begiff der "Wortkategorie", wie ihn E. Coseriu eingeführt hat, der angemessene. Von der "Wortkategorie" unterscheidet er die "Wortklasse". Mit dem ersteren Begriff werden Merkmale des Sprechens, also universelle Merkmale für eine Theorie der Sprache gefaßt, mit dem letzteren Merkmale einer Einzelsprache für eine Deskription eines Sprachgebildes.[63] Auch für eine textimmanente Interpretation ist die Lösung von Robins nicht akzeptabel. Sie wirft nämlich, wenn man sie akzeptiert, ein neues Problem auf: Warum gelten Kasus, Tempus und Person als wesentliche Definitionsmerkmale, nicht aber die übrigen Akzidentien wie Geschlecht, Zahl, Komperation, "Verbqualitäten" etc.?

---

61 Robins (1958). S. 105.
62 Übersichten zu dem Gebrauch von ptosis bei Aristoteles geben: Barwick (1957). S. 46 und Schmidt (1979). S. 147; zur Kauslehre der Stoa Pohlenz (1939) und Barwick (1957) und Schmidt (1979). Siehe auch die kommentierte Bibliographie zur stoischen Sprachwissenschaft von Urs Egli in Schmidt (1979).
63 Coseriu (1987). Zum philosophiegeschichtlichen Zusammenhang der quid est- und der quot accidunt-Frage Borsche (1990b). S. 13ff.

Gerade diese Frage legt folgende Vorgehensweise bei der Interpretation nahe: diejenigen Merkmale, die in den Wesensdefinitionen (quid-est-Fragen) aufgeführt sind und namensgleich auch bei der Beantwortung der quot-accidunt-Fragen genannt werden, nicht umstandslos in eins zu setzen, sondern den jeweiligen Fragerichtungen nachzugehen und erst dann nach ihrer möglichen Zuordnung, die die Namensgleichheit rechtfertigt, zu suchen.

3. Schritt: Dieser Hinweis führt zu der Ausgangsfrage zurück: Wie wird der Vorgang des "significare" im einzelnen bestimmt? Für vier Merkmale des Nomens und drei des Verbs ist bereits eine Antwort gefunden: Die sprachtheoretische Dimension dieser Merkmale ist die des Referierens.

Für das Merkmal "Person" in der Definition des Pronomens ist die sprachtheoretische Dimension des Alterierens angegeben und die Begründung in Aussicht gestellt worden. Sie kann nun versucht werden. Da das Merkmal "Person" sowohl in den Antworten auf die quid-est-Frage als auch in denen auf die quot-accidunt-Frage vorkommen, muß entsprechend dem im 2. Schritt Vorgetragenen den verschiedenen Fragerichtungen nachgegangen werden. Für die letztere mag der Hinweis genügen, daß sie letztlich auf die Bestimmung derjenigen morphologischen Eigenarten des Pronomens zielt, die dem Merkmal "Person" zugeordnet werden können. Die erstere zielt auf die Bestimmung des Vorgangs "significare" als pronominalen. die Ähnlichkeit dieses Vorgangs mit dem des Referierens (tantundem paene significat), die in der Definition festgestellt ist, war der Grund, dem pronominalen significare die gleiche grundlegende Rolle beim Sprechen zuzuschreiben und nach der Bestimmung des Unterscheidenden zu suchen. Da nun einzelsprachliche morphologische Besonderheiten als Zielpunkt der Fragerichtung bei der quid-est-Frage ausgeschlossen sind, drängt die Logik der Definition auf die Dimension des Alterierens: das Pronomen fungiert - mit E. Benveniste gesprochen[64] - als Diskursinstanz.

Zwei Einwände seien angedeutet. Zum einen: Gilt diese Annahme nicht nur für eine einzelne Gruppe von Pronomen, die Personalpronomen, und von denen streng genommen nur für die 1. und 2. Person? Dieser Einwand deutet die quid-est-Frage als eine nach einem einzelsprachlichen Repertoire. Ist in diesem eine Klasse von Pronomen festgestellt, zu der als Unterklasse Personalpronomen gehören, so ist mit der Definition in der ars minor wenig anzufangen. Geht man dagegen davon aus, daß mit der quid-est-Frage nach universellen Eigenarten des Sprechens[65] gefragt wird, so führt die Formulierung tantundem paene significat personam auf die Spur hin zur Aufassung des Pronomens als Diskursinstanz. Zum anderen: Muß nicht die repräsentative Rolle des Pronomens berücksichtigt werden? Schließlich heißt es: significat personamque interdum recipit. Auch dieser Einwand bestätigt die vorgeschlagene Interpretation; denn significare und recipere sind Vorgänge, von denen der letztere nur

---

64   Benveniste (1974). S. 281.
65   Coseriu (1970b).

bisweilen vorkommt, so daß sie nicht als einheitliche, sondern als getrennte Definitionsbestandteile aufzufassen sind.

Freilich muß in der Konsequenz dieser Intepretation für das Merkmal "Repräsentativität" eine universelle Deutung gesucht werden. Davon weiter unten. An dieser Stelle kann aber das Merkmal "Person" schon der Dimension Alterieren zugeordnet werden, so daß eine erste Zusammenfassung schematisch wie in Tabelle 3 vorgestellt werden kann.

Tabelle 3

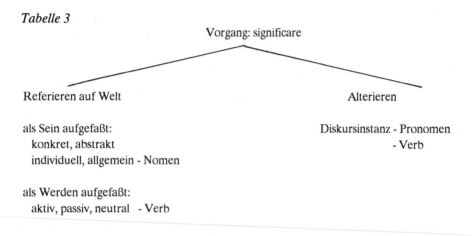

Von den Definitionsmerkmalen in den Antworten auf die quid-est-Frage, die bislang noch unberücksichtigt geblieben sind, sei als nächstes das Tempus-Merkmal in der Verbdefinition erörtert.

In welcher Weise könnte das Tempus-Merkmal als ein universelles aufgefaßt werden, wenn die Tempus-Morphologie sowie die ebenfalls einzelsprachlichen Formen, innerhalb der Rede Zeitbezüge herzustellen, als Akzidenzien behandelt werden? Wiederum soll aus denselben Gründen, die für die Interpretation des Personen-Merkmals galten, eine "leere" Antwort nicht zugelassen werden, die lediglich eine Fähigkeit, Zeitbestimmungen aufzunehmen, für diesen Redeteil als universell feststellt. Nochmals also: Was könnte als allgemeinste Prägung der Zeitlichkeit des Sprechens angenommen werden? Unter der Hand habe ich der Fragestellung eine spezifische Richtung gegeben. Nicht nach universellen Formen, innerhalb der Rede Zeitbezüge herzustellen, wird gesucht, sondern die Zeitlichkeit des Sprechens wird zum Thema. Offensichtlich kann die banale Feststellung, daß alles Sprechen in der Zeit statthabe, nicht die Grundlage für die Zuschreibung eines konstitutiven Merkmals des Sprechens genügen. So wird die Interpretation dahin gedrängt, in dem Tempus-Merkmal einen Platzhalter für etwas zu sehen, was nur indirekt erschlossen werden kann. In einer ersten Annäherung könnte in ihm ein Platzhalter für die Setzung der origo des Zeigefeldes, wie sie Bühler beschrieben hat[66], gesehen werden. Drei Zeigewörter müssen, so Bühler, als Bestimmung der origo herangezogen werden: "hier, jetzt und ich". Diese Annahme, versuchsweise weitergeführt, müßte das Tempus-Merkmal mit dem Zeigewort "jetzt" verbinden und dies dann pars pro toto setzen. Dem steht freilich entgegen, daß die pronominale Bestimmung des Vorgangs "significare" bereits erfolgt ist. "Ich" und "Du" können zwar als Zeigewörter aufgefaßt werden, sind aber in ihrer Zuordnung zur sprachtheoretischen Dimension des Alterierens grundsätzlicher bestimmt als nur "Zeigepartikel" zu sein. Die Spur, auf die die Heranziehung Bühlers geführt hat, wird also noch weiter zu verfolgen sein. Das Grundlegendere, auf das wir als nächstes stoßen, kann darin gesehen werden, daß im jeweiligen Sprechen die Akte des Referierens und des Alterierens immer vollzogen werden, indem mit ihnen zugleich das Koordinatensystem des Zeigefeldes mitgesetzt wird. Aber auch diese Interpretation reicht noch nicht hin. Denn wenn auch die Setzung des Zeigefeldes im jeweiligen Sprechen für jedes Sprechen als konstitutiv angesehen werden muß, so bleibt doch, da "Zeigefeld" ein theoretischer Begriff in Bühlers Sprachtheorie ist, die Frage nach dem Komplementärbegriff, die nach dem "Symbolfeld". Das Grundlegende, das wir suchen, muß offensichtlich, wenn Bühler zu Rate gezogen wird, beide Felder umfassen. Wie sie zusammen-denken? Der Begriff, mit dem Bühler diese Felder grundsätzlich aufeinander bezieht, ist der der Entbindung (auch Erlösung und Befreiung). Er unterstellt im Werden der Menschheitssprache Entwicklungsschritte, die zur "Entbindung der einzelnen Sprachäußerung aus den Situationshilfen, aus dem Zeigefeld der Sprache"[67] geführt haben. Diese "schrittweise Erlösung des Satzsinnes aus den Umständen der Sprechsituation" läßt sich als "schrittweise ansteigende Dominanz des Symbolfeldes" vorstellen; aber die Sätze (wenn sie "nicht unversehens im Rollenfach der rein begrifflichen Sätze übergehen") können "niemals der Ordnungsdaten aus dem Zeigefeld restlos entraten."[68] Weil dies so ist, kann die Setzung des Zeigefeldes im jeweiligen Sprechen gedacht werden als eine Setzung, die die Möglichkeit der Entbindung aus dem Zeigefeld immer mitenthält; wobei das so etablierte Symbolfeld stets auf diesen Ursprung verwiesen bleibt. Das Grundlegende, dem wir uns damit nähern, vollzieht sich in einem Akt, in welchem die Akte des Referierens und Alterierens ihre Gegenwärtigkeit als Sprechereignis gewinnen. "Der Gedanke, wenn man sich so sinnlich ausdrücken könnte, verläßt durch das Verbum seine innere Wohnstätte und tritt in die Wirklichkeit über."[69] Diese Dimension des Setzens andeutungsweise mit Hilfe

---

66 Bühler (1965). S. 102ff.
67 Bühler (1965). S. 255.
68 Bühler (1965). S. 373.
69 Humboldt. VII. S. 214.

des Definitionsmerkmals "Tempus"[70] zum Thema der Aufmerksamkeit zu machen, erscheint nicht unplausibel.

Konnte in der Analyse der Akte des Referierens und des Alterierens ein sprachtheoretischer Zugang zu den anthropologischen Themenbereichen "Mensch und Welt" und "Mensch und Mensch" gefunden werden, so eröffnet die Analyse des als Setzen bezeichneten Aktes das Feld der Themenbereiche "Mensch und Geschichte" und "Leib und Geist des Menschen".

Die Implikationen der Wesensdefinitionen in der ars minor sind im Hinblick auf die beiden letzten Themen vielgestaltig und reich. Zunächst war der Akt des Setzens verstanden worden als einer, der denen des Referierens und Alterierens im jeweiligen Sprechereignis Dasein verleiht; mit ihm war das Sprechereignis zugleich in Raum, Zeit und Sozialität situiert. Aber damit ist seine Bestimmung noch lange nicht erschöpft; denn das Setzen gewinnt in seinem Resultat, dem Gesetzten, neben den Merkmalen des Daseins und der raumzeitlichen und sozialen Situierung noch solche des Soseins; denn alles Sprechen vollzieht sich in der Dimension des Nacheinander. Aus dieser Dimensionierung des Sprechens ergeben sich ein Reihe von Erfordernissen, die im Akt des Setzens erfüllt werden. Drei Soseins-Bestimmungen dieses Aktes, die sich hieraus ergeben, nennt die ars minor: die Bestimmung "cum casu" beim Nomen, die des "personam interdum recipit" beim Pronomen und die - dies sei hier schon vorweggenommen - des "partem capiens nominis, partem verbi" beim Partizipium.

"*cum casu*": Dieses Merkmal gehört zur Wesensdefinition des Nomens; es ist aber auch das letzte seiner sechs Akzidentien. Daß es sich hier nicht um einen Fall definitorischer Inkohärenz handelt, sondern daß ein sprachlicher Sachverhalt unter zwei unterschiedlichen Aspekten abgehandelt wird, ist nun offenkundig: Kasus, akzidentel verstanden, wird im Hinblick auf die Kasusmorphologie in den verschiedenen lateinischen Deklinations-Paradigmen (wie wir sie auch heute ähnlich in den lateinischen Unterrichtswerken finden) beschrieben; demgegenüber verweist cum casu in der quid-est-Frage auf einen Zusammenhang mit dem Vorgang des significare. Auf welchen? Für die Antwort können wir auf ähnliche textimmanente Kriterien zurückgreifen wie bei der Bestimmung der Wesensmerkmale "persona" und "tempus". Zusätzlich gibt es grammatikgeschichtliche Hinweise, denen ich nachgehen möchte.

Die Vorstellung vom "Fall" und ihre unterschiedliche Inanspruchnahme in der sprachtheoretischen Spekulation der philosophischen und philologischen Schulen Griechenlands ist vergleichsweise gut belegt.[71] Immer ist mit dem Ausdruck ptosis (Fall, Einsturz; pipto: hinstürzen, umfallen) etwas Umfassenderes und Grundlegenderes gemeint als die Feststellung einer Kasusmorphologie und ihrer Ordnung. Aristoteles wird als derjenige angesehen, der diesen

---

70 Es mag interessant sein, das Verfahren Heideggers, etymologisch zu argumentieren, zum Vergleich heranzuziehen. Seine Tempus-Etymologie: Heidegger (1980).
71 Siehe Anm. 62.

Ausdruck für das Nachdenken über Sprache eingeführt hat. Er und später die peripatetische Schule hatten "jedwede grammatische Flexion ('Beugung') als ptosis bezeichnet, welche sich von den regulären ('geraden') ursprünglichen Formen der Nomina und Verba bilden läßt".[72] Demgegenüber bezogen die Stoiker ptosis ausschließlich auf das Nomen, dessen Bedeutung durch den Fall in einem wesentlichen Sinn verändert wird. Die stoische Auffassung wirft zwei Fragen auf: Welche Veränderungen erfährt das Nomen durch den Fall und was sollen wir uns unter dem Fall vorstellen?

Es liegt nahe, zur Beantwortung der ersten Frage an Kasuslehren zu denken, wie sie auch in Sprachlehrbüchern heute selbstverständlich sind; also an jene Kapitel der Grammatik, in denen syntaktische Verhältnisses von den einzelnen Kasus her beschrieben werden. Diesem Naheliegenden werden wir folgen dürfen; denn gewiß ist dieses Feld von der Stoa eröffnet worden, was sich schon in der Benennung der einzelnen Kasus andeutet. (he genike ptosis; he genea Geschlecht, Geburt - he genesis Ursprung, Erzeugung - to genos Gewordenes, Art, Gattung. Aber auch: he ktetike ptosis; ktetikos zum Erwerb gehörig, besitzanzeigend und schließlich: he patrike ptosis; patrikos väterlich, ererbt. He dodike ptosis; didomi geben. Aber auch he epistaltikos; epistello hinschicken, befehlen. He aitiake ptosis; aitikon verursacht). Insofern kann das Merkmal cum casu in der ars minor in Richtung auf solche Grammatik-Kapitel hin interpretiert werden.

Was nun die zweite Frage betrifft, so könnte sie auch verstanden werden als die nach dem Bildgehalt des für uns terminologisch gewordenen Ausdrucks ptosis, casus, Fall.[73] Eine geläufige Deutung findet sich in besonders knapper Form bei Baebler: "Die Veränderung, welche das nomen durch die ptosis erleidet, ist die klisis, declinatio, weil die Begriffe aus der ratio in die oratio fallen. 'Wie etwas Spitzes, das von oben herab auf den Boden fällt und in ihm stecken bleibt, bald gerade, bald schräg steckt, ebenso fällt der Begriff aus der Seele in die Rede bald gerade, bald schräg.'"[74] Gegen den naheliegenden Einwand, daß eine solche Deutung ein nachträgliche sei,[75] spricht der gut belegte Streit zwischen den Peripatetikern und den Stoikern, ob der Nominativ als Kasus aufzufassen sei; denn die sinnliche Vorstellung vom Fall kommt in den Bezeichnungen des Unterschieds zwischen diesem und den anderen Kasus, wie sie sich in diesem Streit herausbilden und bis heute üblich sind, sehr deutlich zum Ausdruck: Der eine ist orthe ptosis, casus recuts, der aufrechte Fall; die anderen plagiai ptoseis, casus obliqui, die schrägen, schiefen Fälle. Wenn auch die

---

72 Schmidt (1979). S. 80.
73 Auf diesen Bildgehalt wird der heutige Leser bei der Lektüre der frühen Donat-Übersetzungen gestoßen.
74 Baebler (1971). S. 3.
75 Zum frühesten Nachweis dieser Vorstellung: Ammonius (um 550). Übersetzung in Schmidt (1979). S. 148.

"Begriffe piptein (unter etwas fallen) und ptosis (...) schon bei Aristoteles (...) abgeschliffen" und verblaßt waren,[76] so hat die sinnliche Vorstellung vom Fall den Streit aber durchaus mitbestimmt (wie kann etwas Aufrechtes als Gefallenes aufgefaßt werden?) und noch lange nachgewirkt. Harris z.B. versucht im "Hermes" diesen sinnlichen Gehalt in seinem Referat des peripatetisch-stoischen Streits graphisch zu veranschaulichen. Ich zitiere ausführlich, weil sich an seiner Darstellung der zweifache Begriff von Fall sehr deutlich ablesen läßt.[77]

Harris stellt in dem Kasus-Kapitel zuletzt den Nominativ vor. "The Peripatetics held it to be no Case, and linkened the Noun, in this its primary and orignınal Form, to a perpendicular Line, such for example, as the line AB (vgl. Abb. 1)

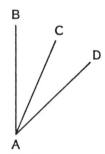

Abbildung 1

The Variations from the Nominative, they considered as if AB were to fall from its perpendicular, as for example, to AC, or AD. Hence then they only called theses Variations, ptosis, casus, cases, or fallings. The Stoics on the contrary, and the Grammarians with them, made the Nominative a Case also. Words they considered (as it were) to fall from the Mind, or discursive Faculty. Now when a Noun fell thence in its primary Form, they then called it ptosis orthe, casus rectus, an erect, or upright case or falling, such as AB, and by this name they distinguished the Nominative. When it fell from the Mind under any of its variations, as for example in the form of a Genitive, a Dative, or the like, such variations they calles ptosis plagiai, casus obliqui, oblique cases or sidelong fallings (such as AC, or AD) in opposition to the other (that is AB) which was erect and perpendicular."

"Fall" meint also (1) "Fall aus dem Verstand oder dem Sprachvermögen" in die Rede oder (2) Fall aus einer senkrechten in eine schräge Lage. Im letzteren Verständnis ist uns die Kasus-Vorstellung geläufig und der Bildgehalt, da weithin nicht mehr als funktional erlebt, verblaßt. Im ersteren Verständnis ist, läßt man alle Metaphysik beiseite, die Spur auf etwas gelegt, was sich im Anschluß

---

76   Pohlenz (1939). S. 171.
77   Harris (1976). S. 277-279.

an die schon vorgetragene Deutung der quid-est-Fragen so formulieren läßt: Im Akt des Setzens gewinnen die Akte des Referierens und des Alterierens Dasein, wird die Rede raumzeitlich und sozial situiert. Im Akt des Setzens gewinnen die im Vorgang des significare enstandenen significationes zusätzliche Eigenschaften: sie gewinnen im Nacheinander des jeweiligen Sprechens nicht als - wenn man das so sagen darf - Bedeutungsentitäten Wirklichkeit, die wie festgefügte und festumrissene Klötzchen nur angeordnet und kombiniert werden, vielmehr gewinnen sie Wirklichkeit als in spezifischer Weise plastische sifnificationes. Die spezifische Plastizität ermöglicht es, daß die einzelne significatio in der Ordnung des Gesetzten, des Satzes, unterschiedliche Rollen übernehmen kann. Die Summe der Eigenschaften, die die einzelnen significationes hierfür tauglich macht, könnte unter den universellen Ansprüchen der quid-est-Fragen als Protosyntax bezeichnet werden. (Man kann solche Eigenschaften auch in einer gesonderten Wortbildungslehre anhandeln, hat damit dann aber gerade deren Zusammenhang mit einer Theorie des Sprechens abgeschnitten.)

Kasus wäre dann eine im Akt des Setzens gewonnene Eigenschaft einer significatio, nämlich in der Ordnung des Gesetzten eine bestimmte (lokale und logische im Sinne einer rationalen und einer orationalen) Position einzunehmen. Für die sprachtheoretische Spekulation, die sich an einer, wie wir sagen, flektierten Sprache entzündet hat, lag es nahe, diese Kasusmöglichkeit als die der Verknüpfbarkeit der significationes vorzustellen. Die Analyse der Deklinations-Paradigmen führte auf die Spur einer universellen Eigenschaft, die dann unter den Wesensbestimmungen als Kasus gekennzeichnet und unter den Akzidentien als beobachtbares Phänomen beschrieben wurde.

"personam interdum recipit": Ich fasse die Überlegungen zum Setzen zunächst zusammen. Der Akt des Setzens, der mit dem des Referierens und Alterierens den Vorgang des significare ausmacht, ist bislang vom Begriff des Sprechens her bestimmt worden, insofern Sprechen als ein Sich-Äußern in der zeitlichen Dimension, also des Nacheinander verstanden worden ist. Die Akte des Referierens und Alterierens gewinnen erst durch den Akt des Setzens ihre Gegenwärtigkeit im konkreten Sprechereignis. Das Verb, insofern "tempus" eine seiner Wesensbestimmungen ausmacht, verleiht als Setzung den durch das Referieren und Alterieren gewonnenen significationes Dasein und situiert sie damit raumzeitlich und sozial.

Sodann ist das Sprechen als Sich-Äußern in der Dimension des Nacheinander mit dem Merkmal "cum casu" zusammengedacht und damit der Antcil des Nomens am Akt des Setzens bestimmt worden: Das Merkmal "cum casu" verleiht der im Referierungsakt des Nomens gewonnenen significatio eine Eigenschaft, die diese tauglich macht, unterschiedliche positionale, rationale und orationale Rollen in der Abfolge der Äußerungen einzunehmen. Abstrakt ist diese Eigenschaft als spezifische Form von Plastizität bezeichnet und für das Kasus-merkmal als Verknüpfbarkeit ausgelegt worden. Diese Überlegungen zu einer Protosyntax sind nun im Hinblick auf das o.g. Merkmal weiterzuführen. Das Merkmal "personam interdum recipit" ist uns, wenn wir es verallgemeinern, als repräsentative Funktion von Pronomen geläufig. Wie ist es zu denken als konstitutiv für den Akt des Setzens? Gehen wir zunächst auf die Dimension des Nacheinander ein. Ereignisse, die aufeinander folgen, sind, indem sie sich ereignen, schon Vergangenheit. Die einzige Möglichkeit zu überdauern besteht im Präsent-Halten durch das Gedächtnis. Die auf diese Weise bewahrten Ereignisse können dann auch so oder so verknüpft werden. Sprechen ist nun dadurch bestimmt, daß im Akt des Setzens genau diese Möglichkeit des Überdauerns, des Präsent-Haltens einzelner Ereignisse mit organisiert, unterstützt und angeregt wird. (Das Gedächtnis des Einzelnen wird, sozusagen, in dieser Arbeit nicht allein gelassen.) Indem ein schon Gesagtes oder ein noch zu Sagendes in der pronominalen repräsentatio aktualisiert ist, wird die Flüchtigkeit der Ereignisfolge im zeitlichen Nacheinander sprechend aufgehalten.[78] Der flatus vocis selbst wird, solcherart grammatikalisiert, zum Mittel, dem Gehauchten vorübergehend Dauer zu verleihen. Dies ist möglich, weil im Akt des Setzens die jeweilige significatio selbst wieder Objekt eines Referierungsaktes werden kann. Die Eigenschaft, die den significationes durch den pronominalen Anteil am Akt des Setzens verliehen wird, ist die der Selbst- Referentialität.[79]

"*partem capiens nominis, partem verbi*": Das dritte Merkmal der Protosyntax in der ars minor wird durch das Partizip erzeugt. Dagegen kann eingewendet werden: Daß ein Redeteil wesensmäßig Teil an anderen Redeteilen hat, begründet für sich genommen noch keinen besonderen Redeteil. Das Partizip verliert in den neuzeitlichen Grammatiken tatsächlich in der Konsequenz einer solchen Feststellung diesen Status. Nehmen wir die ars minor beim Wort, so kommt mit dem Partizip als einem eigenen Redeteil aber eine weitere protosyntaktische Eigenschaft in den Blick, nämlich die, daß die im Referierungsakt erzeugten significationes nicht ein für allemal in einem Redeteil festgezurrt sind, sondern sich in alle Redeteile inkorporieren können, die überhaupt Anteil am Vorgang des significare haben. Auch mit dieser Eigenschaft gewinnen die significationes eine spezifische Form der Plastizität. Auch hier wird dies möglich, weil sie selbst wiederum Ziel weiterer Referierungsakte werden. Im pronominalen Part der Protosyntax wird diese Möglichkeit genutzt, um dem flatus vocis vorübergehend Dauer zu verleihen; im pronominalen Part wird die Möglichkeit eröffnet, eine significatio, referierend und alterierend gewonnen, in ver-

---

78 Vgl. sprachpsychologische Untersuchung zum Kurzzeitgedächtnis und zum Begriff rehearsal: Engelkamp (1974). S. 38ff.
79 Die Bedeutsamkeit dieser Unterscheidung für eine philosophische Anthropologie ist offensichtlich. Besonders das Verständnis von Leib-Geist-Verhältnis, wie es sich über eine sprachtheoretische Konzeption erschließt, scheint mir wichtig, insofern es sich mit Konzeptionen vom "menschlichen Bauplan" trifft. Siehe z.B. Plessner (1976).

schiedenen positionalen, rationalen und orationalen Rollen zu verwirklichen; im partizipalen Part wird die Möglichkeit erzeugt, in diese Rollen unterschiedliche significationes zu inkorporieren.

Damit sind - bis auf eine Ausnahme, auf die ich am Schluß kurz eingehen werde - die Wesensbestimmungen der ersten Gruppe von Redeteilen, die den Vorgang des significare partizipial bestimmen (vgl. Tab. 2) vorgestellt. Schematisch läßt sich das Ergebnis wie in Abbildung 2 festhalten.

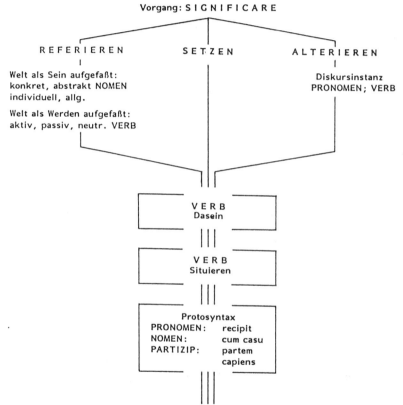

Abbildung 2

Vom signa facere, von der significatio, nicht als Vorgang, als Prozeß, sondern von derem Ergebnis handeln die Redeteile, die in Tabelle 2 der zweiten und dritten Gruppe zugeordnet worden sind: Adverb, Partizip und Präposition der zweiten und Konjunktion der dritten Gruppe. Da es mir darum geht, die sprachtheoretischen Gehalte in den Wesensdefinitionen nur im Grundsatz zum

Sprechen zu bringen, kann ich mich nach der ausführlichen Beschäftigung mit der ersten Gruppe jetzt kurz fassen.

Die Redeteile der zweiten Gruppe verbindet ein Merkmal, das als determinatives bezeichnet werden kann. Die im Prozeß der significatio gewonnenen significationes werden näher bestimmt im Sinne des Erklärens und Ausfüllens (significationem explanat atque inplet) durch das Adverb im Sinne des Ergänzens, Veränderns oder Verkleinerns (significationem earum aut conplet aut mutat minuit) durch die Präposition. Weiter werden für diese Redeteile, weil sie sich auf schon (wenn man sich so ausdrücken will) fertige Ergebnisse der significatio beziehen, Hinweise auf ihre Stellung in der Rede gegeben (adiecta verbo; praeposita aliis partibus orationis). Für diese Redeteile, die man aus den angeführten Gründen als solche zweiter Ordnung auffassen kann, ist die Annahme nicht unplausibel, daß dies Merkmal der Positionalität universell ist.

Problematisch bleibt bei dieser Interpretation die Deutung des Partizips. Den Part dieses Redeteils in der Protosyntax habe ich schon dargetan; insofern er dort eine Rolle spielt, gehört er zur Gruppe der Redeteile erster Ordnung. Dafür spricht auch die Wesensdefinition. Danach ist es für das Partizip wesentlich, am Nomen und Verb teilzuhaben. Diese aber werden definiert in ihrer Rolle, die sie im Prozeß des significare haben. Dies müßte dann auch für das Partizip gelten. Es bleiben aber Ungereimtheiten: akzidentelle Merkmale der Nomen- und Verbdefinition, wie z.B. Numerus und Genus, werden beim Partizip auch zu wesentlichen. Und: Es fehlt die Explikation eines eigenen Bezuges dieses Redeteils auf den Prozeß oder das Ergebnis des significare. Ich lasse es offen, ob diese Inkohärenz zu Lasten meiner Interpretation oder zu Lasten des Textes geht.

Bleibt noch die Konjunktion als Redeteil dritter Ordnung. Sie verknüpft und ordnet (adnectens ordinansque) die in den Akten des Referierens, Alterierens und Setzens gebildeten und im Akt des Determinierens näher bestimmten significationes. Die Annahme, ein solcher Redeteil sei universell, erscheint plausibel. Schematisch fasse ich in Abbildung 3 zusammen

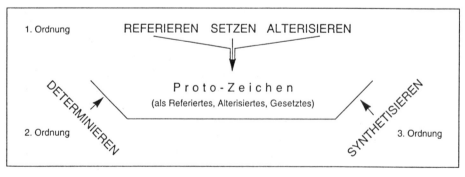

Abbildung 3

Meine Interpretationshypothese, daß die Antworten auf die quid-est-Fragen in der ars minor die Sprachlichkeit des Menschen, wie sie sich im universell verstandenen Sprechen kundtut, ausmessen, konnte sich am Text bewähren. Das gilt auch für das Partizip, allerdings nur in einer Hinsicht (für dessen Rolle in der Protosyntax), nicht für die Definition insgesamt.

Die Interpretation hat in der ars minor fünf Dimensionen des Sprechens als universell freigelegt. Es werden aber acht Redeteile abgehandelt. Insofern hat sich derjenige Teil meiner Interpretationshypothese nicht bewährt, der die Zahl der universellen Dimensionen mit der Zahl der Redeteile gleichsetzt.

Ein Grund für diese Diskrepanz wird sichtbar, wenn man die Grammatik des Donat als eine auffaßt, die universelle und einzelsprachliche Aspekte verbindet. Mit Hilfe der quid-est-Fragen werden die Redeteile in dreifach gestufter Ordnung letztlich auf den Vorgang, auf den Prozeß des significare bezogen. Dieser kann als "Sprechen" aufgefaßt werden. Insofern ist die Grammatik des Donat eine allgemeine Grammatik. Es kann nun gar nicht anders sein, als daß die in den Definitionen des Sprechens gefundenen Merkmale in der einzelsprachlichen Beschreibung des lateinischen eine Rolle spielen, wie umgekehrt gilt: die Beschreibung der Einzelsprache, des Lateinischen, führt hin auch zu Einsichten in universelle Eigenschaften des Sprechens.

Damit ist die prekäre Frage nach dem Verhältnis einer universellen Theorie des Sprechens zur Beschreibung einer einzelsprachlichen Grammatik aufgeworfen. Ein naheliegendes Mißverständnis sei gleich ausgeräumt. Ich verstehe die ars minor als eine Grammatik, die universelle und einzelsprachliche Fragestellungen verbindet. Diejenigen Partien, die mit der quid-est-Frage eröffnet werden, verhandeln die universellen, diejenigen, die von der quot-accidunt-Frage ihren Ausgang nehmen, die einzelsprachlich-lateinischen. Aber die letzteren Partien stehen zu den ersteren nicht in einem Subsumptionsverhältnis, noch sind die ersteren das Ergebnis einer Generierung von höheren Klassifikationsmerkmalen aus den Beobachtungen in den letzteren. Und zwar aus zwei Gründen: (1) In den Antworten auf die quid-est-Frage werden Themen einer Prozeßgrammatik, in den Antworten auf die quot-accidunt-Frage Themen einer Gebildegrammatik erörtert. Aussagen des einen Teils dieser Grammatik können darum niemals unmittelbar auf die des anderen bezogen werden, sondern nur mittelbar, also über die Bestimmung des Verhältnisses von Prozeß- und Gebildegrammatik. (2) Im Verständnis von der Einzelsprache, wie es sich in der Donat-Grammatik ausdrückt, ist die Einzelsprache etwas wesenhaft Individuelles. Dieses Verständnis mag sich, historisch gesehen, in einer Gleichsetzung von Sprache und Latein bzw. Sprache und Griechisch (wenn es um die techne grammatike, die ars grammatica geht) verbergen. Es verbietet aber, "Einzelsprache" als species eines genus "Sprache" aufzufassen.

Das spätere sprachtheoretische Denken wird von der unterschiedlichen Auslegung dieses Verhältnisses seinen Ausgang nehmen. Die einen werden die Einzelsprachen nur als Exemplare der Gattung Sprache sehen. Allein Sprache ist wesenhaft; die Einzelsprachen fügen ihr lediglich kontingente Merkmale hinzu. Die anderen gehen von der Wesenhaftigkeit der Einzelsprachen aus und sehen in dem Allgemeinbegriff "Sprache" nur eine leere Abstraktion.

Für die Donat-Grammatik ist anzunehmen, daß in ihr, wenn auch noch in der genannten Gleichsetzung verborgen, Einzelsprache und Sprache gleich wesenhaft angesehen werden. Wie aber kann dann das Verhältnis zwischen beiden gedacht werden? Welche Analogien können unser Vorstellungsvermögen anregen? Wilhelm von Humboldt, für den diese Frage eine zugleich sprachtheoretische wie bildungstheoretische ist, wählt die Analogie der Verwandtschaft. Er stellt die Einheit des Menschengeschlechts als auf "innerer Verwandtschaft" beruhend vor, eine Einheit, die in zahllose Individuen zerspalten ist. Zu dieser Einsicht wird er durch Reflexion auf Sprache geführt, verstanden als Nachdenken über die Individualitäten der Sprachen und als Nachdenken über den allgemeinen Sprachtypus. Ausdrücklich weist er die Vorstellung zurück, das Menschengeschlecht als zahllose zur selben Gattung gehörende Naturen zu betrachten. Die Sprachlichkeit des Menschen scheint ihm in dieser Betrachtungsweise "verkannt", "nur scheinbar erklärt", "unrichtig gewürdigt".

Nun ist die Einsicht, der eine so bedeutende Rolle zugeschrieben wird, eine, die sich einer Analogie verdankt. Ihr erkenntnistheoretischer Status ist also prekär. Humboldt trägt dem Rechnung, indem er fordert, sich für sie offenzuhalten, "sich nicht in die entgegengesetzte zu verschließen".

Für das Verhältnis von Universalgrammatik zu einzelsprachlichen Grammatiken wäre zu folgern, daß ihre Definitionen möglichst offen für einander sein sollten. Eine solche Offenheit scheint dem überkommenen Begriffssystem der Sprachforschung, das in wichtigen Teilen in der ars minor repräsentiert ist, zu eignen. Karl Bühler, der die "Fruchtbarkeit" gerade dieses Begriffssystems unterstreicht, stellt im wissenschaftstheoretischen Teil seiner Sprachtheorie hierzu fest: "Ein geradezu klassisches Beispiel einer Wissenschaft, die weder idiographisch noch naturwissenschaftlich-nomothetisch verfährt und trotzdem ihre Existenzberechtigung und Leistungsfähigkeit bewiesen hat, ist im Rahmen der Sprachforschung alles, was zum Bereich der unentbehrlichen deskriptiven Grammatik gehört. Ich denke nicht an die vielgeschmähte 'Schulgrammatik' dabei (für die ich nebenbei gesagt ganz gern einmal ein freundliches Wort aufbringen möchte), sondern an alle schlichten Struktureinsichten, die man seit den genialen Griechen in irgendeiner gegebenen Sprache gewonnen hat".[80] Die ars minor des Donat kann nun exemplarisch für die vielgeschmähte Schulgrammatik und für schlichte Struktureinsichten stehen. Die Offenheit ihres Begriffssystems steht in einem unmittelbaren Zusammenhang mit den Diskrepanzen (fünf universelle Dimensionen, acht Redeteile), von denen diese Überlegung ihren Ausgang nahm: Die Beobachtung einzelsprachlicher Phänomene leitet hin zu universellen Bestimmungen des Sprechens, aber auch zur Gruppie-

---

80 Bühler (1965). S. 18/19.

rung einzelsprachlicher Merkmale, die die Individualität der Einzelsprache kennzeichnen. So ist das Verb in der Donat-Grammatik, um eine Beispiel herauszugreifen, aufgrund des Personenmerkmals der Dimension des Alterierens, aufgrund der Merkmale "aktiv, passiv, neutral" der des Referierens zuzuordnen; und es spielt die zentrale Rolle beim Setzen. Es wäre aber, wenn vom Lateinischen die Rede ist, nicht nur in hohem Maße gekünstelt, den Redeteil "Verb" aufzugeben und die entsprechenden Merkmale freischwebend auf die Begriffe des universellen Sprechens zu beziehen; ein solches Verfahren verhöhnte auch die konkrete Sprache, wie sie sich zeigt.

Liest man solche Diskrepanzen wie die zwischen der Zahl universeller Dimensionen und der von Redeteilen als Ausdruck eines Spannungsfeldes zwischen Individuellem und Umgreifendem, ein Feld, das offenzuhalten und in der Offenheit auch auszuhalten ist, so zeigen sich die Vorzüge dieser Elementargrammatik. Was wie ein bunter Strauß von Definitionskriterien erscheinen mag, erweist sich als etwas gänzlich anderes, wenn die zugrundeliegende Ordnung erkannt ist: als Versuch nämlich, die Kriterien des universellen Sprechens und die der einzelsprachlichen Gebildegrammatik zusammenzudenken. Die Schnitzer in der Donat-Rezeption sind es, die den Blick für diese Vorzüge verstellt haben. Sie ist nicht nur (1. Donatschnitzer) ein pädagogisches, sondern auch ein sprachtheoretisches Elementarbuch, das nur deshalb, weil es auch ein sprachtheoretisches Elementarbuch war, seine überragende didaktische Rolle spielen konnte. Sie ist nicht einfachhin das lateinische Joch, (2. Donatschnitzer), unter das die volkssprachlichen Grammatiken seit dem Mittelalter gebeugt werden. Daß diese sich zum Teil aus Wort-für-Wort-Übersetzungen des Donat haben entwickeln können, hat damit zu tun, daß sich die Bestimmungen der Redeteile, soweit sie Antworten auf die quid-est-Fragen sind, auf das Sprechen beziehen und insofern universelle Bestimmungen sind. Der Einwand der lateinischen Knechtschaft trifft also nur sehr viel eingeschränkter zu, als das der locus communis dieses Schnitzers suggeriert. Sie ist auch keine mit fliegenden Kriterienwechseln (3. Donatschnitzer): "logical, formal, rhetorical and semantical criteria are jumbled together",[81] sondern hat in den beiden Achsen "universelles Sprechen" und "einzelsprachliche Gebildegrammatik" eine sprachtheoretisch begründete Ordnung. Selbst in den offenkundigen Fehlern ist die ars minor produktiv. Die Interjektion als achter Redeteil hat den Platz des Artikels der griechischen Grammatiken eingenommen, da das Lateinische ihn nicht kennt. Das ist kein gutes Argument für die Einführung eines Redeteils "Interjektion". Die Geschichte von dem Mönch, der im 9. Jahrhundert erklärt, die Zahl der Redeteile festzulegen sei Sache der Kirche, kann, ob authentisch oder nicht,[82] weitererzählt werden. Wie aber fügt die ars minor die Interjektionen in das Konzept der Redeteile ein? Als eine weitere *Weise* des Referierens (significans

---

81 Michael (1970). S. 82.
82 Naumann (1986). S. 111.

mentis affectum) und dann durch einen Verweis auf das *Mittel*, durch das sie zustandekommt: mit ungeregelter Stimme (voce incondita). Beide Merkmale sind Merkmale des Sprechens; und insofern die quid-est-Fragen die Ordnung des Sprechens zum Thema haben, liegt kein Sprung in eine andere Ordnung vor. Wohl aber wird die Zufälligkeit der kanonisierten Zahl "Acht" und das irgendwie Unpassende der Interjektion in der Reihe der Redeteile genutzt, die Grammatik des Sprechens ins Grundsätzlichere weiterzuführen, in die Grammatik der Beziehungen von intellektueller Tätigkeit und Artikulation, die beide das Sprechen ausmachen.

J. S. Vater hat in seiner Besprechung der philosophischen Grammatiken von Harris und Meiner 1799 angemerkt: "(...) seit einiger Zeit, wo sich Alle über Alles Rechenschaft zu geben wünschen, zeigt sich eine erfreuliche Regsamkeit für philosophisches Nachdenken über Sprache".[83] Die ars minor, gegen die Rezeptionsgeschichte gelesen, kann vielleicht gerade wegen ihres elementaren Charakters ein Leitseil für solches Nachdenken sein. - Warum?

Nicht, weil von der Lektüre der ars minor neue sprachtheoretische Einsichten erwartet werden. Nicht, weil mit größerer Elaboriertheit der grammatischen Kenntnisse zu rechnen ist. - Inwiefern ist also von der ars minor als Leitseil für philosophisches Nachdenken über Sprache zu reden?

Es sind drei Besonderheiten der ars minor und ihrer Wirkungsgeschichte, die diese Leitseil-Tauglichkeit ausmachen. (1) Nach wie vor sind die Bestimmungen der Redeteile in der einzelwissenschaftlichen und in der sprachtheoretischen Begriffsbildung präsent: als nicht beachteter Bodensatz; als Markierungen, von denen man sich absetzt; als Thematisierung der Zugänge zum Sprachlichen. Sie sind zugleich präsent in der schulgrammatischen Tradition. (2) Sie handelt auf knappstem Raum Themen zusammenhängend ab, die sich im gegenwärtigen Wissenschaftsbetrieb, in verschiedene Disziplinen verstreut, zu eigenen Theorien und zu monographischen Arbeiten verinselt haben. (3) Ihre Begrifflichkeit ist noch nicht terminologisch geworden. Derselbe Ausdruck wird in den Horizont der quid-est- und der quot-accidunt-Frage versetzt.

Es kann also die ars minor Leitseil des Nachdenkens über Sprache sein: weil sie, gegen ihre Rezeptionsgeschichte gelesen, fundamentale Wissensbestände in uns zum Thema erhebt; weil sie anregt zusammen zu denken, was in der Zersplitterung der methodisch bestimmten Wissenschaften vereinzelt ist; weil sie eine Anzahl plastischer Begriffe bereithält, die dem Thematisieren und Zusammendenken Halt und Energie geben.

---

83 Vater (1799). S. 21.

7.4. Jacob Grimm und die sprachdidaktischen Häresien.
Wissenschaftsgeschichte und die Schwierigkeiten mit der Praxis

Die Grimms oder einen von ihnen als Deutschdidaktiker zu porträtieren, mag plausibel erscheinen, aber auch befremden.
Plausibel, weil - zum Beispiel - die Hausmärchen einen festen Platz im Lehrplan des Fachs haben; oder: weil der Ruf der Göttinger Sieben, an dem sie teilhaben, für ein didaktisches Vorbild-Denken willkommmen ist; oder: weil wir in ihrem Werk Passagen finden, die sich wie Träume pädagogischer Phantasien lesen lassen. So schreibt Jacob Grimm 1854 im ersten Vorwort zum monumentalen Deutschen Wörterbuch:

"Einen haufen bücher mit übelerfundenen titeln gibt es, die hausieren gehn und das bunteste und unverdaulichste gemisch des manigfalten wissens feil tragen. fände bei den leuten die einfache kost der heimischen Sprache eingang, so könnte das wörterbuch zum hausbedarf, und mit verlangen, oft mit andacht gelesen werden. warum sollte sich nicht der vater ein paar wörter ausheben und sie abends mit den knaben durchgehend zugleich ihre sprachgabe prüfen und die eigne anfrischen? die mutter würde gern zuhören. frauen, mit ihrem gesunden mutterwitz und im gedächtnis gute sprüche bewahrend, tragen oft wahre begierde ihr unverdorbenes sprachgefühl zu üben, vor die kisten und kasten zu treten, aus denen wie gefaltete leinwand lautere wörter ihnen entgegen quellen: ein wort, ein reim führt dann auf andere und sie kehren öfter zurück und heben den deckel von neuem. man darf nur nicht die fesselnde gewalt eines nachhaltigen füllhorns, wie man das wörterbuch zu nennen pflegt, und den dienst, den es thut vergleichen mit dem ärmlichen eines dürren handlexicons, das ein paarmal im jahr aus dem staub unter der bank hervor gelangt wird, um den streit zu schlichten, welche von zwei schlechten schreibungen den vorzug verdiene oder die steife verdeutschung eines geläufigen fremden ausdrucks aufzutreiben."[84]

Die sprachdidaktische Familienidylle ruht freilich auf einem sehr polemisch gedachten Fundament: *der Zurückweisung normativen Denkens, wenn es um Sprache geht.*
Die Borstigkeit dieser Zurückweisung löst sich im - rezeptionsgeschichtlich bedingten - milden Blick auf die "Gebrüder" leicht auf und verwandelt sich in etwas, das als "kräftige Sprache" bemerkt wird. Aber lassen wir uns nicht täuschen, selbst die rechte Schreibung, die Orthographie, also die unbestrittene Domäne sprachlicher Normierung, ist nur Tand und Larifari, denn es geht ihr nur darum, welche von zwei schlechten Schreibungen den Vorzug verdiene. Wer so argumentiert, will nicht ein Normierungsproblem erörtern, sondern will treffen, will einen Gegner aus dem Feld schlagen. Und vertrieben werden sollen alle diejenigen, die in die "herrliche anstalt der natur", in das "unvermerkte, unbewuste geheimnis", das die Sprache ist, eingreifen wollen; sei es, daß sie eine

---

84 Jacob Grimm (1961). S. 20.

Sprache unter die Herrschaft ihrer selbstentworfenen Grammatik zwingen wollen; sei es, "dasz ein so tief angelegter, nach dem natürlichen gesetze weiser sparsamkeit aufstrebender wachsthum durch die abgezogenen matten und misgegriffenen regeln der sprachmeister" Ziel ihrer Lenkungs- und Regelungsversuche wird. Und der Platz, auf dem sich die Normierer kindlichen Sprachwachstums, die Störer der "freien entfaltung des sprachvermögens in den kindern"[85] einfinden, ist die Schule, insbesondere die allgemeine, die auch die niedere hieß. Jacob Grimm hat sie nicht gemocht, und darum mag es befremdlich sein, ihm einen Platz in der Ahnengalerie der Sprachdidaktiker einzuräumen.

Er hat sie nicht gemocht. In seiner Akademierede von 1849 "Über Schule, Universität, Academie" stellt er fest: "Deutschland ist ein wahres land der schulmeister, etwa wie Italien und Spanien das land der geistlichen." Er setzt 30.000 Schumeister für Preußen an und errechnet einen Lehrer auf 50 Schüler. Zusammen mit den übirgen deutschen Ländern kommt er auf "ein heer von 50.000 - 60.000 lehrern, dem schwerlich ein gleich groszes in andern ländern derselben Bevölkerung zur Seite treten kann und dessen sold den staatshaushalt mächtig belastet". Zwar räumt er ein, daß unter diesen Lehrern "auch eine grosze zahl von männern (ist), die ihren beruf getreu erfüllen", aber die Skepsis überwiegt; und so macht er sich Gedanken, wie eine Lehrerschaft, die in ihren Seminaren mit Kenntnissen angefüllt worden ist, die "der schule hernach nicht frommen", angeleitet werden kann, sich auf das zu konzentrieren, was der Schule nottut: "milch und brot des glaubens und der vaterlandsliebe." So rät er:

"als nebengeschäfte für sie eignen sich vorzugsweise musik, gartenbau, veredlung des obstes und bienenzucht, aus welchen allen sie treffende gleichnisse und bilder für das gelingen ihrer hauptarbeit schöpfen mögen. zu gewissen, in der gegenwärtigen lage unsrer literatur unumgänglichen nachforschungen, ich meine das sammeln der sprache und sage des gemeinen volks, welche vertrauten umgang mit diesem und völlige eingewohntheit im lande voraussetzen, taugte niemand besser als verständige schulmeister."

Ein solcher Rat enthält zugleich die Abwehr von Forderungen der Schullehrer, "höher und unabhängiger gestellt zu werden". Denn auf der einen Seite ist ja der "zusammenhang zwischen unruhigen schullehrern, communisten und proletariern" bekannt, ein Zusammenhang, "der nicht ohne gefahr für die gemeinde bleiben konnte"; und auf der anderen Seite sind die Fähigkeiten, die von einem Schulmeister erwartet werden können, geringer einzuschätzen als die eines "sinnreichen handwerkers": da

"der lehrer ein fast jedem zugängliches mittelgut darreicht und sein talent leicht überboten werden kann. wir sehen nicht selten männer, die in andern ständen verunglücken, sich

---

85 Jacob Grimm (1968). S. 30.

hintendrein dem lehrergeschäft als einer ihnen noch gebliebenen zuflucht widmen, ungefähr wie alte jungfern, die nicht geheiratet haben, zu kleinkinderbewahranstalten übertreten."[86]

Er hat sie also nicht gemocht. Einige Gründe für diese Distanz sprechen aus den angeführten Argumenten. Der wohl entscheidende im Denken Jacob Grimms hat aber zu tun mit seiner sprachtheoretischen Grundposition. Negativ ist sie bestimmt durch die Zurückweisung normativer Vorstellungen und Ambitionen, wenn es um Sprache geht, und deren Tendenzen zur Vereinheitlichung; positiv läßt sie sich mit den beiden Ausdrücken "Vielfalt" und "Wachstum" andeuten. Durch die niedere Schule und ihre Agenten sieht er bedroht, was ihm kostbar ist. Der eher resignative Satz aus der Akademierede:

"über die nothwendigkeit des lesens und schreibens für alle kinder ohne ausnahme ist freilich längst nicht mehr hinweg zu kommen, auch wenn man einsieht, wie viel die angeborene sprachregel unter dem schreiben in der schule verdorben wird."[87]

kann unter diesem Gesichtspunkt als ein Schlüsselsatz gelesen werden. In den "Altdeutschen Wäldern" hatte Jacob Grimm schon 1813 unter dem Titel "Grammatische Ansichten" zum Stichwort "Neuerungen" ausgeführt:

"Unserer Sprache entstehen von Zeit zu Zeit Puristen und Besserer, die mit mehr oder weniger Gewalt eindringen wollen, wo gerade keine Gewalt gilt, und ohne Schaden selbst die leiseste nicht."

Und zum Stichwort "Vollkommenheit":

"Die ganze Natur beschließt sich eben in der unzertrennlichen Mischung des Hohen und Niedrigen, wollen wir eines von beiden herausschneiden, so würde das Leben sterben. Käme es, was Gott verhüte, zu einer allgemeinen deutschen Sprache, die im Ganzen trefflicher seyn wollte, als das einzelne in den Mundarten, so würde sie diese, die gerade allein jedermann erfrischen sollen und können, abtödten und aufheben wollen, da aus ihnen doch nur ein Extract gekocht werden kann."[88]

Vielfalt und Wachstum in der deutschen Sprache sieht er 1844 mit der Ausbreitung von Schriftlichkeit in Gefahr; besonders wenn der Zugang zur Schriftlichkeit für alle Kinder ohne Ausnahme eröffnet wird. Eine solche Öffnung ist nicht mehr zu verhindern; daß die angeborene Sprachregel unter dem Schreiben verdorben wird, muß hingenommen werden. Was als Aufgabe bleibt ist, den Scha-

---

86 Jacob Grimm (1984). S. 225-227.
87 Jacob Grimm (1984). S. 226.
88 Brüder Grimm (1966). S. 179-181.

den wo möglich zu begrenzen. Das Konzept, solchen Schaden klein zu halten, formuliert Jacob Grimm in der Akademierede in Form einer Feststellung: "der erste jugendunterricht ist von natur aus so beschaffen, dasz er einen niedern stand halten musz und sich nicht gewaltsam in die höhe schrauben läszt."[89]

Unter diesem Gesichtspunkt wird auch der Paukenschlag verständlich, mit dem die Einleitung in die Deutsche Grammatik (1819), jenes epochale Werk historischer Grammatikbeschreibung, beginnt: mit einem Verdikt des Grammatikunterrichts in der Muttersprache. Überflüssig, und wie alles Überflüssige geheimen Schaden nach sich ziehend, nennt Jacob Grimm es, die "eigene landessprache unter die gegenstände des schulunterrichts zu zählen (...) eine unsägliche pedanterie". Entsprechende Sprachlehren hält er für "verwerflich, ja für thöricht". Und sein in allen Wassern polemischer Rhetorik gewaschenes Verdikt schließt:

"vielleicht herrscht in keinem andern theil unserer literatur eine ähnliche leere bei aller anscheinender fruchtbarkeit, als in der grammatik; ohne jene vorhin getadelte unmittelbare anwendung auf den schulgebrauch würde das jährliche erscheinen immer neuer sprachlehren völlig unbegreiflich sein. diese menge von büchern kann jeder, der auf den rechten pfad zu treten gesonnen ist, ganz ungelesen lassen."[90]

Vom Standpunkt der historischen Sprachwissenschaft aus erscheint ein solch bildungstheoretisches Thema eher abgelegen; vom Standpunkt einer praktischen Schultradition, in der das Werturteil, Grammatik tut not, eher unangefochten gilt, muß eine solche Argumentation ketzerisch und anstößig wirken. Tatsächlich hat diese Position Jacob Grimms Interpreten in Verlegenheit gebracht.[91]

In ihrem wesentlichen Gehalt findet sie eine Erklärung darin, daß J. Grimm normative Ansprüche im Sprachleben entschieden zurückweist.

Diese Zurückweisung ist in der Einleitung zur Deutschen Grammatik 1819 freilich so formuliert, daß damit der Blick für eine neue Form von Sprachwissenschaft, ja für ein neues Verständnis von Wissenschaft überhaupt frei wird. Und so gesehen ist das Verdikt muttersprachlichen Grammatikunterrichts in der Einleitung zur historischen Grammatik des Deutschen weder abgelegen noch beiläufig, sondern trifft genau den Punkt: den der Abwendung von einer Sprachwissenschaft, die "gesetzgeberisch werden will", hin zu einer, die historisch beschreibt und erklärt; sie trifft genau den Punkt: den der Abwendung von einem Verständnis der Wissenschaft als auf praktische Zwecke unmittelbar bezogene (eine gesetzgeberische Sprachwissenschaft will als solche unmittelbar praktisch wirken, indem sie sagt, was gelten soll) hin zu einer, die, von prak-

---

89 Jacob Grimm (1984). S. 225.
90 Jacob Grimm (1966). S. 30 u. 37.
91 Siehe z. B. Frank (1973). S. 451ff.

tischen Rücksichten frei, nur darauf zielt, neue wissenschaftliche Gesetze zu entfalten.[92] Wissenschaftliche Gesetze aber können in Grimms Verständnis nur historische sein. Lapidar und in sich völlig konsequent stellt Jacob Grimm in der Grammatik-Einleitung fest:

"Gibt es folglich keine grammatik der einheimsichen sprache für schulen und hausbedarf, (...) so kann das grammatische studium kein anderes, als ein strenges wissenschaftliches (...) sein."[93]

Und ebenso unmißverständlich und konsequent seine Feststellung in der Akademierede, die Wissenschaftlichkeit überhaupt betreffend:

"In jeder der drei ersten facultäten tauchen practische zwecke auf, die der vierten, und darum wisenschaftlich mächtigsten fremd bleiben (...) theologische professoren können zugleich einen predigtamt in der kirche vorstehen, die juristische faszt in schwebenden rechtsstreiten ihre vor gericht gültigen urtheile ab und noch deutlicher tritt in der medicinischen eine practische bestimmung auf, da alle professoren auch kranke heilen dürfen, was wörtlich practiciren heiszt. (...) ihre facultätswissenschaft als solche ist es, die unacademisch erscheint. (...) entkleidet man sie dessen, was in ihnen schon andern wissenschaften angehört, so bleibt ihnen eine (...) satzung zurück, die bei noch so hohem werthe wissenschaftlichen gehaltes ermangelt. man nehme der theologie die kirchengeschichte (...), der jurisprudenz ihre überreiche rechtsgeschichte (...), so sieht sich der theolog auf sein dogma, der rechtsgelehrte auf sein (...) gesetzbuch verwiesen, denen sie beide geltung verschaffen möchten und die nur der lehre, nicht mehr des unendlichen forschens bedürfen."[94]

Jacob Grimm eröffnet die Einleitung in die Deutsche Grammatik mit einem Hinweis auf die Geschichte der deutschen Grammatikschreibung von ihren Anfängen bis zur Gegenwart des beginnenden 19. Jahrhunderts. Es folgt dann der stolze Satz, daß er "nicht in diese reihe, sondern ganz aus ihr heraustreten" wolle.[95] Damit ist ein Bruch mit der Tradition markiert. Bestimmt ist er von
- sprachtheoretischen Grundentscheidungen, die das "Wachstümliche" in der Vielfalt des sprachlichen Lebens hervortreten lassen;
- von methodischen Entscheidungen für die sprachwissenschaftliche Praxis, die auf historische Beschreibung und Erklärung zielen;

---

92 Jacob Grimm (1984). S. 242.
93 Jacob Grimm (1966). S. 31. Zwar wird eine dreifache wissenschaftliche Bearbeitung als möglich aufgeführt: eine philosophische, kritische und ein historische. Wirklich akzeptiert wird freilich nur die letztere.
94 Jacob Grimm (1984). S. 241f. Auch die Medizin fällt unter diese Ausgrenzung; nur ist die Argumentation so kompliziert, daß sie sich für ein kanppes Zitat nicht eignet.
95 Jacob Grimm. (1966). S. 29f.

- von wissenschaftstheoretischen Bestimmungen, die den Wissenserwerb innerhalb der Institution "Wissenschaft" von Zwecksetzungen anderer Institutionen abkoppeln.[96]

Die wechselseitige Bedingtheit dieser drei Entscheidungen kommt in dem Verdikt des muttersprachlichen Grammatikunterrichts zum Ausdruck: er stellt einen Eingriff in die freie Entfaltung des Sprachvermögens dar, der auf einer sprachwissenschaftlich überholten Vorstellung von Grammatik beruht, die, weil von praktischen Zwecken bestimmt, unwissenschaftlich ist.

Wirksam geworden ist das Grimmsche Verdikt kaum in dem, was es unmittelbar zum Ziel hatte: die Verhinderung von Grammatikunterricht. Wohl aber hat es die sprachdidaktischen Diskurse insofern bestimmt, als mit seinen sprachtheoretischen, wissenschaftsmethodischen und wissenschaftstheoretischen Positionen Eckwerte etabliert wurden, von denen abzuweichen allemal hieß, zum Häretiker zu werden. Aus dem Blick geraten damit sprachdidaktische Fragen, die mit dem Schriftsprachenerwerb zu tun haben und sich gerade nicht unter Wachstumsvorstellungen subsumieren lassen und weit über unmittelbar unterrichtspraktische Probleme hinaus bildungstheoretisch im Sinne universalgeschichtlicher Bestimmungen von Schriftlichkeit von Bedeutung sind. Aus dem Blick geraten "Fragen der Erforschung der deutschen Standardsprache (...) und ihrer regionalen, funktionalen und soziolektalen Verflechtungen", was H. Henne (in seinem Beitrag "Johann Christoph Adelung - Leitbild und Stein des Anstoßes. Zur Konstitutionsproblematik gegenwartsbezogener Sprachforschung") als Folge des Kontinuitätsbruchs Jacob Grimms charakterisiert.[97] In den toten Winkel geraten die sprachdidaktischen Fragen, wie die muttersprachliche Norm des "gewachsenen Schnabels" mit den Normen der Standard- bzw. Schriftsprache zu vermitteln seien. Abgeschnitten werden die sprachtheoretischen Fragen, wie denn die Rolle nationalsprachlicher Konzepte im Sprechen der Menschheit gedacht werden kann.

Der geschichtliche Abstand erlaubt es uns heute, die bedeutenden Leistungen Jacob Grimms zur Erforschung der Geschichte der deutschen Sprache bewundernd anzuerkennen, ohne dabei selbst den Traditionsbruch in der Weise nachzuvollziehen, wie er ihn vollzogen hat. Dieser Traditionsbruch selbst scheint zudem zu eben diesen Leistungen in einer eher kontingenten Beziehung zu stehen. Diese Einschätzung wird nahegelegt, wenn wir das Konzept einer Sprachwissenschaft heranziehen, wie es W. v. Humboldt in seiner ersten Akademierede "Über das vergleichende Sprachstudium in Beziehung auf die verschiedenen Epochen der Sprachentwicklung" 1820 entworfen und in einer Reihe von großen Arbeiten bis hin zur Kawi-Einleitung formuliert hat. Denn W. v. Humboldt hat die Arbeiten Grimms nicht nur hoch geschätzt, sondern fast alle sprachtheoretischen Positionen Grimms selbst eingenommen. Nur war

---

96 Hierzu Ivo. (1989). S. 22ff.
97 Henne (1984). S. 107.

für ihn damit niemals das einzige oder gar letzte Wort gesprochen. In seinem Konzept spiegelt sich die Umbruchphase in den Sprachwissenschaften nicht wie bei Grimm als Bruch. Vielmehr führt er die Tradition der Theorien allgemeiner Grammatik und die Tradition der Theorien von der Einzelsprachlichkeit aufeinander zu und verarbeitet dabei die Konsequenzen des neuen Wissenschaftsverständnisses ebenso wie die der historischen Methodik.

Aber es gibt noch unmittelbarere, gleichsam handgreifliche Anlässe, auf die Schriften W. v. Humboldts zurückzugreifen.

Die 1827 bis 1829 niedergeschriebene Abhandlung "Über die Verschiedenheiten des menschlichen Sprachbaues" (zuerst veröffentlicht in der Akademie-Ausgabe 1907) enthält im Kapitel "Von der Sprache in Beziehung auf die Verschiedenheit der in der Nation vorhandenen Individualitäten" eine Passage, in der sich Humboldt mit Grimms Verdikt des muttersprachlichen Grammatikunterrichts von 1819 auseinandersetzt. Die Tatsache, daß "der Schulunterricht (...) sogar theoretische grammatische Begriffe" mitteilt, ist ihm nicht Anlaß zur Kritik; im Gegenteil: "Es würde ein Misgriff seyn, dies zu tadeln."[98] Aber nicht die Tatsache für sich genommen, daß Humboldt einen gegenteiligen Standpunkt einnimmt, ist sonderlich interessant, sondern wie er ihn begründet, wie er auf die Sorgen und Befürchtungen Grimms eingeht und wie er dieser Frage in einem umfassenden Konzept von Sprachwissenschaft einen Platz zuweist.

Das herangezogene Kapitel enthält die Elemente einer Theorie der sprachlichen Varietäten innerhalb einer Einzelsprache. Den Fragen nach dem Verhältnis von Sprache und Geschlecht, Alter, Gewerbe und Stand geht Humboldt nach, und zwar in doppelter Richtung, von der Wirkung dieser sozialen Gliederung auf die Sprache und umgekehrt. Besonders ausführlich befaßt er sich mit Fragen, die das Verhältnis von Schriftsprache bzw. Bildungssprache zur Volkssprache betreffen, also einem Thema, dem die Sorge und Besorgnis Jacob Grimms galt. Es besteht für Humboldt kein Zweifel, daß die Quelle von "Kraft, Frische und Lebendigkeit der Sprachen (...) nicht in den gebildeten Classen, insofern sie dem Volke entgegenstehen, gesucht werden kann". Sie gehören vielmehr dem Volke an und jenen Klassen, "insofern sie Eins mit ihm ausmachen". Dagegen ist die gebildete Sprache "eine nach absichtlichem Gebrauch der Sprache, gereinigte, also verarmte, in ihrem Zusammenhang zerrissene"[99]. Die Verstandesbildung, aus der sie hervorgeht, wird, wenn sie nicht zur höchsten Entfaltung gelangt, auf Kosten der Gefühle gewonnen und führt zu einem unzureichenden Verständnis der Sprache:

"Der blosse Verstand, nicht der Volkssinn, sträubt sich die Sprache als wesentlich mit dem Menschen verwachsen, als ein nie ganz zu ergründendes Geheimnis zu betrachten, und neigt immer hin, sie nur als einen Inbegriff gesellschaftlich erfundener, in sich gleichgülti-

---

98 Humboldt VI. S. 286.
99 Humboldt VI. S. 285.

ger Zeichen, deren lästige Verschiedenheit man nun einmal nicht loswerden kann, anzusehen."[100]

Die Verstandesbildung, insofern sie vor allem auf Terminologie zielt, legt ein solches Verständnis von Sprache nahe. Und obwohl dies unzureichend ist, besteht für Humboldt kein Zweifel, daß auch das Volk an der Verstandesbildung teilhaben soll:

"Es ist nicht zu verhindern, dass diese Art der Bildung nicht auch auf das Volk übergeht, der Schulunterricht verbreitet sie absichtlich, bemüht sich das Sprechen zu regeln, die Provinzialismen zu vertreiben, theilt sogar theoretische grammatische Begriffe mit. Es würde ein Misgriff seyn, dies zu tadeln. Jede Aufhellung der Begriffe, jede Gewöhnung, alles was der Mensch thut, der ihm vom Verstande vorgeschriebenen Regel zu unterwerfen, ist wohlthätig und im Entwicklungsgang der Menschheit geboten."[101]

Solche Formulierungen machen deutlich und heben hervor, was in den sprachtheoretischen Grundannahmen Grimms in den toten Winkel gerät: die Rolle der Sprache in der Bildungsgeschichte der Menschheit. Zwar ist es auch für Humboldt eine Tatsache, daß durch die Verbreitung der Bildung, wie sie durch das niedere Schulwesen als einer Pflichtschule, insbesondere durch den Lese- und Schreibunterricht angestrebt wird, zu einer Schwächung der Dialekte führt. (Grimm spricht - dies sei noch einmal erinnert - von der angeborenen Sprachregel, die unter dem Schreiben in der Schule verdorben werde.) Aber es wäre "thöricht und unmöglich zugleich", die Volkssprache, die Fülle der Dialekte über den Punkt hinaus erhalten zu wollen, bis zu dem "das ihnen innewohnende Leben währt". Und dies ist kein Grund, sich resignativ ins Unvermeidliche zu schicken und mit Konzepten der Bildungsbeschränkung den Schaden gering halten zu wollen, sondern eine Herausforderung, diese Bildung "weniger dürftig und wahrhaft in das Volk eindringender zu machen, den Unterricht von der nur scheinbaren wissenschaftlichen Zurüstung zu befreien".[102] Was damit gewonnen ist? "Wenn die Bildung, die gesellschaftliche und schriftstellerische, wie nicht zu läugnen ist, auf der einen Seite die Kraft der Volkssprache schwächt, so schafft sie auf der anderen in der Sprache eine neue, höhere, edlere und wohlthätigere, welche allein ihr angehört."[103]

W. v. Humboldts Sprachtheorie zeigt sich schon in diesen wenigen Andeutungen als eine, die vom Gedanken der "Sprache als wesentlich mit dem Menschen verwachsen" ihren Ausgang nimmt und die das Verstehen dieses Gedankens zum Ziel hat. Sie ist in ihrem wesentlichen Gehalt eine Philosophie vom

---

100 Humboldt VI. S. 286.
101 Humboldt VI. S. 286.
102 Humboldt VI. S. 286f.
103 Humboldt VI. S. 287.

Menschen als einem sprechenden Wesen. Im Sprachstudium, in dem diese Philosophie ihre bildende Wirkung entfaltet, gewinnt die Sprachwissenschaft Halt und Richtung, wie umgekehrt das Sprachstudium in der Sprachwissenschaft Anschauung, Klarheit und Grenze findet.

Jacob Grimms sprachtheoretische Grundannahmen sind dagegen, wenn diese eher assoziative Anleihe bei Thomas S. Kuhn verstattet ist, deutlich auf einen Paradigmawechsel in den Sprachwissenschaften bezogen.[104] Für die neue, die historische und "strenge" Wissenschaft gewinnen die Veränderungen in den sprachlichen Verhältnissen, die Grimm als Zeitgenosse erlebt, den Charakter einer Verdunkelung, ja einer Löschung des letzten Widerscheins von Epochen wachstümlicher Vielfalt der deutschen Sprache. Dessen Erhalt und Pflege war ein durchaus wissenschaftsimmanentes Gebot. Aber als bildungstheoretisches, ja bildungspolitisches und sprachdidaktisches formuliert, wurde es bestimmend in einem Feld, für dessen Analyse ganz andere Theorien und Verfahren notwendig waren und sind, als sie Grimms historische und "strenge" Wissenschaft bot. Die Exkommunikation entsprechender Frage-stellungen, Theorieansätze und Methoden aus der - nochmals eine Kuhn-Anleihe - "normalen" Sprachwissenschaft ist stilbildend geworden und bestimmt in der einen oder anderen Form ein verbreitetes Verständnis vom Verhältnis der germanistischen Sprachwissenschaft zu den sprachlichen Realitäten, von denen sie handelt bzw. nicht handelt.

Wilhelm von Humboldt schreibt an dem Konzept von Sprachstudium, das historisch nicht zum Zug gekommen ist,[105] als ein politisch Gescheiterter.[106]

---

104 Bahner/Neumann (1985). S. 24ff.

105 Trabant (1986): "Die gewissermaßen 'offizielle' Präsenz Humboldts bei den Sprachwissenschaftlern des 19. Jahrhunderts (man grüßt in Humboldt wohl mehr den Freund der Klassiker, den Gründer der Universität, den Vertreter des politischen Liberalismus als den Linguisten; man belobigt Humboldt etwas kondeszendent wegen seiner 'tiefen' Einsichten in die Sprache, geht aber ansonsten zur Tagesordnung über) verdeckt das totale Scheitern des humboldtschen Projekts linguistischer Beschreibung, das Nicht-Zur-Kenntnis-Nehmen jenes Ensembles empirischer oder 'historischer' Forschungen, die Humboldt 'allgemeine Sprachkunde' oder 'vergleichendes Sprachstudium' nennt und die aufs innigste mit seiner Sprachphilosophie verbunden sind." S. 162.

106 Clemens Menze (1985) beurteilt die Frage, ob die Bildungsreform Humboldts gescheitert ist, von deren Anwesenheit oder Nichtanwesenheit in den Bildungseinrichtungen her. Er kommt in der Auseinandersetzung mit gegenteiligen Einschätzungen zu dem Schluß: "In der geschichtlichen Auswirkung ist seine Bildungstheorie nicht das Fundament für die Neueinrichtung des Bildungswesens." Die bildungsreformerische Maxime kann darum nicht lauten: "Zurück zu Wilhelm von Humboldt!, sondern vorwärts im Sinne Wilhelm von Humboldts! (...)." S. 393. Die Einleitungspassage aus dem Litauischen Schulplan erlaubt es freilich auch, in der

In dem geschichtlich Liegengebliebenen lassen sich die Hinweise auf einen Standort finden, von dem her die institutionellen Folgen der Grimmschen Häretisierungen verarbeitet werden können. Als in diesen Folgen präsent, bleibt auch diese Seite im Werk Jacob Grimms eine Herausforderung.

7.5. Sprachdidaktik als Konterbande.
Vom Sinn institutioneller Differenzierung

Der langjährige Herausgeber der Schriftenreihe "Der Deutschunterricht", Robert Ulshöfer, eröffnet 1978 das erste Heft dieses Jahrgangs mit Vorschlägen "zu einer engeren Anpassung der Hefte oder einzelner Beiträge an die Leseerwartungen." Er erinnert an das Programm eines "Gemeinschaftswerks der Deutschlehrer" und verteidigt strikt die Praxisorientierung, die die Schriftenreihe weiter verfolgen will:

"Herausgeber und Verlag beobachten seit Jahren mit wachsender Sorge eine Entwicklung innerhalb der Theorie des Deutschunterrichts, die dem Fach u.E. abträglich ist: Es entstanden Theorien (Didaktiken), die - am Schreibtisch in Auseinandersetzung mit politischen, soziologischen, ideologischen, linguistischen, literaturwissenschaftlichen Theorien entworfen, z.T. in einer für den Deutschlehrer schwer verständlichen Sprache abgefaßt - die Didaktik zu einem Selbstzweck werden ließen. So erhielt auch diese Reihe immer mehr Beiträge über *schulferne Themen in kaum verständlicher Sprache und in überproportionaler Länge*. Da ist es im Interesse der Leser nötig, den Autoren zu erklären, daß 'Der Deutschunterricht' zwar die Theorie für grundlegend hält, jedoch eine *an der Praxis orientierte Theorie* zu unterstützen als seine vordringliche Aufgabe erachtet: Weder sollen die Beiträge aus falschem Praxisverständnis heraus Rezepte für den Unterricht liefern, noch sollen sie aufgrund eines falschen Theorieverständnisses eine sich selbst bespiegelnde Theorie vorführen. Der Ruf vieler Leser nach Beiträgen aus der reflektierten Praxis für die zu reflektierende Praxis wird immer größer."[107]

Im sechsten Heft von 1980 verabschiedet sich Robert Ulshöfer mit seinem Beitrag "Ein Drittel Jahrhundert 'Der Deutschunterricht'" von den Lesern und stellt in einem Ausblick fest: "Der Gedanke, der dieser Schriftenreihe zugrunde liegt, ein 'Gemeinschaftswerk der Deutschlehrer' zu begründen, ließe sich heute mit größerem Aufwand zwar, aber vielleicht auch mit konkreterem Erfolg planmäßig weiterführen; denn die Zahl der didaktisch ausgebildeten Deutschlehrer ist heute größer als etwa vor 20 Jahren." Er bedankt sich besonders bei den aktiven Lehrern. "Sie haben in diesem Dritteljahrhundert die Reihe getra-

---

Tatsache, daß Menze dieses Postulat so formulieren kann, einen Erfolg Humboldts zu erkennen.
107 Ulshöfer (1978). Vorspann.

gen. Sie haben den 'DU' als ihr eigenes Fachorgan angesehen; und sie haben ihn für den Unterricht hilfreich und anregend betrachtet." In der Retrospektive klagt er: "(...) ich bedaure, daß nach Beendigung meiner Herausgeberschaft Ende 1980 die Reihe das Gesetz vergessen hat, wonach sie angetreten: 'Gemeinschaftswerk der Deutschlehrer'. Sie ist u.a. auch zu einer Ablage von Schreibtischaufsätzen von Hochschuldidaktikern geworden. Das pulsierende Leben hat man damit abgetötet."[108]

Sowohl die Person, die sich über die Praxisferne von deutschdidaktischen Beiträgen beklagt, als auch der Zeitpunkt und der Publikationsort der Klage sind interessant, wenn es um die Analyse der Störung gehen soll, die dadurch eingetreten ist, daß Hochschuldidaktiker die Schriftenreihe zu einer "Ablage von Schreibtischaufsätzen" gemacht haben; wenn es also darum geht, an diesem Beispiel die Verhältnisse in und zwischen den Diskursen zu studieren, die muttersprachliche Bildung zum Thema haben.

Die Person Robert Ulshöfers ist von Interesse, weil er zusammen mit Erika Essen durch seine Kritik am germanistischen Lehr- und Forschungsbetrieb der Nachkriegszeit das Feld bereitet hat, auf dem die Entscheidung heranreifte, Lehrstühle für die Methodik und Didaktik des Deutschunterrichts in den Universitäten einzurichten. 1963 kritisiert er das Germanistikstudium als "einseitig theoretisch und diese theoretische Ausbildung (als) einseitig ästhetisch oder literaturhistorisch ausgerichtet." Darum möchte er das Studium der Germanistik "von den Erfordernissen der Praxis her berichtigen." Hierzu stellt er fest: "Wichtige und schwierige Gebiete des Deutschunterrichts werden an der Universität nicht oder zu wenig gepflegt (z.B. neuhochdeutsche Grammatik, Sprachphilosophie, Sprachgestaltung, Sprecherziehung). Es fehlt in der Regel auch eine philosophisch-pädagogische Durchdringung des Studiums." Seine Forderung, das germanistische Studium den "Bedürfnissen der zu reformierenden Schule" anzugleichen, enthält vier Punkte: Arrondierung des fachwissenschaftlichen Lehrangebots, auch durch solche Themen, die von unmittelbar unterrichtspraktischer Bedeutung sind; Reflexion auf die unterrichtliche Relevanz der Studieninhalte; Änderung der Arbeitsweisen im Studium: stärkere Betonung der Übungsmöglichkeiten für Studenten, Zurückdrängen der nur rezeptiven Tätigkeiten; und schließlich:

"Einrichtung von ordentlichen Lehrstühlen für Pädagogik der deutschen Sprache und Literatur an allen Universitäten. Sprachphilosophie und Sprachpsychologie, literarische Anthropologie, systematische Grammatik, Methoden der Sprach- und Literaturwissenschaft, Förderung von Colloquien der Studenten, Übungen im sprachlichen Gestalten; dies wären Arbeitsgebiete der Lehrstuhlinhaber, die eine Mittlerrolle zwischen Pädagogik und den Fachwissenschaften übernehmen könnten."[109]

---

108 Ulshöfer (1980). S. 78.
109 Ulshöfer (1963). S. 2 und S. 5/6.

Im Resümee von 1980, daß die Schriftenreihe "Der Deutschunterricht", zur Ablage von Schreibtischaufsätzen von Hochschuldidaktikern geworden, ihr pulsierendes Leben verloren habe, kann er also kaum in der Einrichtung entsprechender Lehrstühle selbst die Ursache der Störung ausgemacht haben, sondern entweder in den Personen der Hochschuldidaktiker, die die Aufgaben der Lehrstühle nicht im Sinne seiner Forderung wahrnehmen, oder in der Entscheidung, "Schreibtischaufsätze" in dieser Schriftenreihe zu publizieren. Im Sinne der ersten Annahme wäre dann zu prüfen, warum die Publikation der Hochschuldidaktiker so sind, wie sie Robert Ulshöfer wahrnimmt; im Sinne der zweiten Annahme, warum sie in der Schriftenreihe publiziert worden sind, aber, aus der Sicht Ulshöfers, nicht hätten publiziert werden sollen.

Interessant ist auch der Zeitpunkt der Klage, weil sie publiziert wird, als die Forderung nach Einrichtung solcher fachdidaktischen Lehrstühle in allen Bundesländern so gut wie überall eingelöst zu sein oder die Einlösung doch unmittelbar bevorzustehen schien. Diese vorsichtige Formulierung ist angebracht, weil die Einrichtung dieser Lehrstühle in aller Regel Teil einer anderen Maßnahme war, nämlich der Integration derjenigen Lehramtsstudiengänge in die Universitäten und Technischen Hochschulen, die zuvor in eigenen Instituten auf das Lehramt in Volksschulen vorbereiteten; und verbunden mit dieser Integration die Einführung des Fachlehrerprinzips auch in diesen Lehrämtern. Die Widmungen der Professuren sind sehr ähnlich: sie bringen in der einen oder anderen Weise die Lehr- und Forschungsthemen "deutsche Sprache" und "deutsche Literatur" in einem Zusammenhang mit "Didaktik" und "Methodik". In diesen Widmungen wird aber nur *ein* Aufgabenfeld solcher Professuren gekennzeichnet: den Graben zu füllen, der sich zwischen der germanistischen Lehr- und Forschungspraxis einerseits und der Arbeit im Handlungsfeld Deutschunterrichts andererseits aufgetan hat. Nicht ausgewiesen ist in einer solchen Widmung, ob und in welcher Weise diese Professuren für die germanistische Lehre überhaupt, nur eben unter den eingeschränkten Zeitbedingungen dieser Studiengänge, aufzukommen haben (für eine, wenn man das so sagen kann, "kleine Germanistik"). Interessant ist es nun zu sehen, ob und in welcher Weise sich diese Janusgesichtigkeit der "Hochschuldidaktik" zum Zeitpunkt ihrer Etablierung in der prominenten Klage spiegelt.

Schließlich ist auch der Publikationsort der Klage interessant, insofern die Schriftenreihe von ihrem Begründer auch noch bei seinem Ausscheiden als "Gemeinschaftswerk der Deutschlehrer" apostrophiert worden ist. In dieser Formulierung bringt Robert Ulshöfer, was immer er selbst damit sonst noch im Sinn gehabt haben mag, einen Trend im Beruf zum Ausdruck, der als Professionalisierung bezeichnet wird. Die Schriftenreihe wäre dann ein eigenes Forum berufsbezogener Öffentlichkeit, auf dem Probleme des beruflichen Alltags im Sinne dieses Trends nicht vorrangig traditionsgeleitet im Rahmen vorgegebener Definitionen und etablierter Lösungswege erörtert werden, sondern theoriegeleitet. Im theoriegeleiteten Reden über das Handlungsfeld aber wird diesem gegenüber eine Meta-Ebene erzeugt, von der her die Handelnden ihre Tätigkeiten relfexiv begreifen sowie Handlungskonzepte frei entwerfen und rationaler Prüfung unterziehen können. Im Zuge solcher Professionalisierung verändert sich damit das Verständnis des Handlungsfeldes, das Selbstverständnis der einzelnen Akteure und das des "Berufsstandes".

Das Handlungsfeld ist nicht mehr nur ein Aggregat von Subsumptionsfällen, sondern wird als das struktural Spezifische und als das im jeweiligen Gegebensein Einmalige begrifflich zur Geltung gebracht..

Dem einzelnen Akteur fällt diese Aufgabe zu. Sein Eingefügtsein in hierarchische Dienstverhältnisses rechtfertigt sich unter diesem Aspekt nur noch insoweit, als damit nötige subsidiäre Leistungen verbunden sind.

Der "Berufsstand" übernimmt zunehmend solch subsidiäre Aufgaben. Damit kann sich verwirklichen, was die preußische Kultusverwaltung 1924 für einen Kernbereich der Profession festgelegt hat: Die Lehrerschaft wird zum wichtigen Organ der Lehrplanentwicklung.[110] Von den subsidiären (berufsgenossenschaftlichen) Aufgaben sei diejenige besonders hervorgehoben, die sich daraus ergibt, daß der Lernort Schule als der jeweils individuelle Beachtung findet: die einzelne Schule gewinnt höhere Eigenständigkeit, die ihrerseits die Lehrer dazu zwingt, zusätzliche Kompetenzen zu erwerben, um in den neuen institutionellen Rollen agieren zu können.

Damit sind die Aspekte genannt, unter denen Robert Ulshöfer die Störung in der fachlichen Kommunikation charakterisiert: die dadurch entstanden ist, daß Hochschuldidaktiker Theorien entworfen haben,
- die schulfern am Schreibtisch entstanden sind,
- in Auseinandersetzung mit anderen Theorien
- und sich selbst bespiegelnd,

und daß sie diese dann als Abhandlungen von überproportionaler Länge und in kaum verständlicher Sprache in der Schriftenreihe "Der Deutschunterricht" veröffentlicht haben.

Zu der Störung, die zwischen der *germanistischen* Lehr- und Forschungspraxis einerseits und dem Handlungsfeld Deutschunterricht andererseits eingetreten ist, kommt nun in der Diagnose Ulshöfers eine weitere hinzu, die den ureigenen, den *didaktischen* Bereich der Deutschlehrer, ihre Professionalisierung betrifft.

Ulshöfers Befund muß nicht strittig sein. Fraglich dagegen ist, ob diejenigen, von denen Lösungen erwartet wurden, die Deutschdidaktiker der Hochschulen, versagt haben oder ob die Erwartungen an sie als unangemessen zur Disposition zu stellen sind. Um dies prüfen zu können, bedarf es unter systematischen Gesichtspunkten einiger Anmerkungen zur institutionellen und historischen Differenzierung, die sich aus der Einrichtung von deutschdidaktischen Lehrstühlen ergibt.

---

110 Richert (1927). S. 35.

Für die historisch-systematische Situierung dieser Anmerkungen wähle ich den Denkrahmen, den Bärbel Rompeltien in ihrer Untersuchung "Germanistik als Wissenschaft. Zur Ausdifferenzierung und Integration einer Fachdisziplin" expliziert. Drei Gründe sind für diese Wahl auschlaggebend: Ihre Untersuchung ist von dem Erkenntnisinteresse bestimmt, die "organisatorisch-institutionelle Einheit der Germanistik" wissenschaftsgeschichtlich verständlich zu machen und zum anderen darlegen zu können, "in welcher Weise sich Gesellschaft als Wissenschaft vollzieht."[111] Die Einrichtung von deutschdidaktischen Lehrstühlen kann in diesem Rahmen als weitere Ausdifferenzierung interpretiert und im Blick auf ihren Platz in der organisatorisch-institutionellen Einheit erörtert werden. Zum anderen kann in diesem Rahmen untersucht werden, wie sich Erwartungen an diese Lehrstühle mit dem Prozeß "Gesellschaft als Wissenschaft" miteinander vertragen. Der dritte Grund hat damit zu tun, daß im bislang Dargestellten die Störung der fachlichen Kommunikation nur aus der Perspektive des Handlungsfelds Deutschunterricht in den Blick gekommen ist. Da nun in diese Störung eine wissenschaftliche Disziplin involviert ist, bedarf es auch eines Denkrahmens, in dem das Verhältnis des sozialen Systems Wissenschaft zu anderen sozialen Systemen theoretisch interpretierbar wird. Diesen stellt die Untersuchung von Bärbel Rompeltien bereit, insofern sie auf die Theorie sozialer Systeme von Niklas Luhmann zurückgreift und sie für die Erfordernisse der Rekonstruktion der Geschichte der Germanistik in spezifischer Weise modifiziert.

Ihre Ausgangsfrage lautet: Wie kommt es zu Beginn des 19. Jahrhunderts zur Ausbildung "einer nationalsprachlich abgegrenzten Disziplin", der Germanistik, obwohl in der Perspektive des ausgehenden 18. Jahrhunderts "die Entstehung einer allgemeinen Sprachwissenschaft einerseits, einer allgemeinem Literaturwissenschaft andererseits viel plausibler" gewesen wäre.[112] Ihre Antwort erfolgt in zwei Schritten: Im ersten bestimmt sie den Deutungsrahmen im Sinne der Gesellschaftstheorie Luhmanns, die eine Theorie sozialer Systeme mit einer Theorie sozialer Evolution in der Kategorie der "systematischen Differenzierung" verbindet, einer Kategorie, die einen "Steigerungszusammenhang zwischen Systemdifferzierung und Bewältigung von Umweltkomplexität formuliert."[113] Wissenschaft wird in diesem Denkrahmen verstanden als Subsystem des ersten der drei sozialen Systeme, Gesellschaft, Organisation und Interaktion. Die Ausdifferenzierung von Wissenschaft zu einem autonomen Subsystem wird als Teil im "übergreifenden Prozeß der Umstellung des Gesellschaftssystems von stratifikatorischen auf funktionale Differenzierung" für den Übergang vom 18. zum 19. Jahrhundert angesetzt.[114] Im zweiten Schritt wird der

---

111 Rompeltien (1994). S. 33.
112 Rompeltien (1994). S. 67.
113 Rompeltien (1994). S. 45.
114 Rompeltien (1994). S. 51/52.

Abstand dieses kategorialen Rasters zur "Ebene historischer Empirie"[115] herausgestellt, theoretische Annahmen zur Veringerung dieses Abstandes eingeführt[116] und im gesellschaftlichen Integrationsbedarf das die Ausdifferenzierung begünstigende Umfeld[117] ausgemacht, welches zur Ausdifferenzierung der Germanistik im gesellschaftlichen Subsystem Wissenschaft führt.

"Dieser Integrationsbedarf stellt sich in der Perspektive des Gesellschaftssystems als Notwendigkeit dar, sich im Zuge der Differenzierung des Gesellschaftssystems neu formierende bzw. aus alten ständischen Zuordnungen freigesetzte Gruppen zu integrieren, also das Inklusionsproblem zu lösen."[118]

Soziologisch greifbar wird der Bedarf auf zwei Ebenen:

"Erstens in der Semantik von Volk und Nation (...). Zweitens sozialstrukturell (...) in der spezifischen Ausprägung des Spektrums akademischer Professionen und professioneller Karrieren, die durch eine starke Betonung des Bildungselements und einen ebenso starken Staatsbezug gekennzeichnet ist."[119]

Die Geschichte der Germanistik wird in diesem Rahmen rekonstruierbar als Geschichte einer wissenschaftlichen Kommunikation über deutsche Sprache und Literatur, für deren Einheit die Kategorie Nation konstitutiv ist;[120] als Geschichte der Methodisierung und Formalisierung des Wissens über diese Gegenstände; und als Geschichte der Leistungen des Subsystems germanistische Wissenschaft für andere gesellschaftliche Subsysteme, insbesondere für Schule und Erziehung.

Bärbel Rompeltien unterscheidet drei Phasen der Disziplinbildung und zeigt, wie im Sinne der ersten Rekonstruktion die Identität der Germanistik bis in die Phase "normaler Evolution" bestimmt ist davon, "daß sie sich als Kern nationaler Selbsterkenntnis und Selbstreflexion versteht",[121] daß aber die Methodenorientierung zunehmend die Oberhand gewinnt, es zur inneren Differenzierung der Disziplin kommt und "die Aussprache des nationalen Bezugrahmens (...) in die Vorworte" abwandert.[122]

---

115 Rompeltien (1994). S. 66.
116 Rompeltien (1994). S. 70ff.
117 Rompeltien (1994). S. 68.
118 Rompeltien (1994). S. 78.
119 Rompeltien (1994). S. 75.
120 Rompeltien (1994). S. 148.
121 Rompeltien (1994). S. 225.
122 Rompeltien (1994). S. 227.

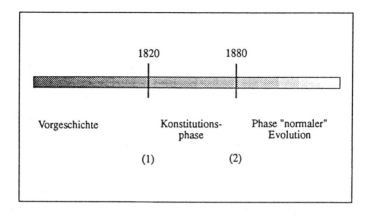

Für die endgültige Etablierung der Germanistik ist schließlich ihre Leistung für andere gesellschaftliche Subsysteme wichtig, allen voran für die Ausbildung von Deutschlehrern. Erst als sie "aus eigenem Recht heraus in die Lehrerausbildung einbezogen und damit auch außerhalb der Universität professionell verankert wird",[124] ist ihre Stellung innerhalb der Universität hinreichend gestärkt; "das Größenwachstum der Disziplin steht in einem direkten Zusammenhang mit dem durch das Studium der Disziplin erwartbaren Berufschancen."[125]

Bärbel Rompeltien hebt zwei Aspekte dieser Leistungsrelation im "Professionalisierungskreislauf zwischen Gymnasien und Universität"[126] hervor: einen organisatorischen und einen bildungstheoretischen. Die Einrichtungen von Seminaren in der Universität, die als formale Durchgangsstationen zum Lehrerexamen dienen, schafft für die externe Leistung einen organisatorischen Rahmen im Wissenschaftsbetrieb der Germanistik. Sie arbeiten nach dem curricularen Grundsatz, daß die "Anleitung der Studierenden zu selbständigem wissenschaftlichem Arbeiten (...) zugleich die beste Weise der Ausbildung von Lehrern darstellt."[127]

Bildungstheoretisch ist für Bärbel Rompeltien von Belang, daß sich innerhalb der Germanistik die Position formiert hat, "die den Deutschunterricht auf den Schulen zum Zentrum einer postulierten nationalen Erziehung" gemacht hat.[128] Sie verweist auf Rudolf Hildebrandt und Konrad Burdach, auf die Gründung der "Zeitschrift für den Deutschen Unterricht" (1887) und schließlich darauf, wie sich dieses Verständnis vom Deutschunterricht in den

---

123 Rompeltien (1994). S. 85.
124 Rompeltien (1994). S. 215/216.
125 Rompeltien (1994). S. 228.
126 Rompeltien (1994). S. 223.
127 Rompeltien (1994). S. 216.
128 Rompeltien (1994). S. 216/217.

gymnasialen Lehrplänen und in der Abiturordnung auswirkt und schließlich das Fach Deutsch Vorrangstellung gewinnt.

Auch wenn es um die Zukunft der Germanistik aus heutiger Sicht geht, ist der Leistungsgesichtspunkt für sie der entscheidende, weil die Germanistik in ihrer Angewiesenheit auf Sprache sich nicht gänzlich "vom allgemeinen gesellschaftlichen Kommunikationsgeschehen" abkoppeln kann. Sie wird also keine "vollständige Autonomie oder autopoietische Geschlossenheit" erreichen können.

Nachdem die in der Semantik der Nation gegründete Einheit der Disziplin ihre Kraft verloren hat, reichen "die Leistungserwartungen, die vom Schulbereich ausgehen" aus, um den Zusammenschluß der Komponenten der Disziplin zu erhalten.[129] "Nach der bisherigen Analyse kann ein starker Impuls zur Störung der Identitätsbalance der Germanistik vor allem von Störungen ihrer Leistungsrelation ausgehen. M.a.W., die Germanistik wird als organisatorische Einheit an der Universität weiter bestehen, solange es eine universitäre Deutschlehrerausbildung gibt."[130]

Die als Beispiel vorangestellte Kritik Ulshöfers an der germanistischen Deutschlehrerausbildung legt eine Störung der Leistungsrelation offen. Die Fragen, worin diese Störung besteht und wie ihr beizukommen ist, können nun in dem Denkrahmen beantwortet werden, den Bärbel Rompeltien entworfen hat.

Der lange gültige Grundsatz universitärer Lehrerausbildung, in der Anleitung zum selbständigen wissenschaftlichen Arbeiten die beste Vorbereitung für die Tätigkeit im Handlungsfeld Deutschunterricht zu sehen, erweist sich als einer, der solange alle Plausibilität haben konnte, wie einerseits die Germanistik sich als "Kern nationaler Selbsterkenntnis und Selbstreflexion" verstand und ihre disziplinären Gegenstände entsprechend konstituierte und andererseits Deutschunterricht als Kern einer Nationalbildung konzipiert war. Die kontextbestimmte Plausibilität dieses Grundsatzes hatte auch noch Bestand, als sich die Methodenorientierung innerhalb der Germanistik verstärkte, die nationale Denotation in die Vorworte abwanderte, aber aus der Germanistik selbst die nationalen Bildungskonzepte für den Deutschunterricht kamen. Mit dem Wegfall dieser Kontexte mußte der Grundsatz entweder eine neue Deutung erfahren oder seine Gültigkeit verlieren.

Mit der damit zutage tretenden Störung germanistischer Leistungsrelation korrespondiert im gesellschaftlichen Subsystem Erziehung und Schule ein Professionalisierungsschub der Deutschlehrerschaft i.o.g. Sinne. Dadurch wiederum wird die Störung der Leistungsrelation noch offenkundiger und der Problemdruck größer. Es lag nahe, die Lösung in der Einrichtung solcher

---

129 Rompeltien (1994). S. 231/232.
130 Rompeltien (1994). S. 237.

Lehrstühle zu suchen, deren Widmung die Beseitigung dieser Störungen versprach.

Indem die Aufgabe, die Störung der Leistungsrelation zu beseitigen, mit spezifisch gewidmeten Lehrstühlen im Wissenschaftsbetrieb, verbunden wurde, waren zwei Grundsatzentscheidungen getroffen:
- Die Störung sollte im Rahmen der Wissenschaft beseitigt werden. Damit war klar, daß die Lösung der Aufgabe nicht in der bloßen Arrondierung des germanistischen Studiums durch Schulpraktika gesucht werden konnte.
- Die Aufgabe wurde, indem sie mit speziellen Lehrstühlen verbunden wurde, zu einer Spezialaufgabe einiger Germanisten in der Disziplin. Deren Stellung innerhalb der Disziplin war damit von vornherein prekär. Wollten sie die Aufgabe umfassend einlösen, mußte sich die Diaktik der deutschen Sprache und Literatur in die Rolle einer regina scientiarum begeben, in eine Rolle, die - wie die Diskussion um die Begriffe Deutschdidaktik als Reflexions- und Integrationswissenschaft gezeigt hat - im modernen Wissenschaftsgefüge eine ganz absurde ist.[131] Die spezifisch wissenschaftliche Bearbeitung der Aufgabe mußte also erst gefunden werden.

Mit diesen Lehrstühlen wird also die Konstitutionsphase einer germanistischen Teildisziplin, der Didaktik der deutschen Sprache und Literatur, eingeleitet, und darum gelten für sie auch die Kriterien wissenschaftlicher Disziplinbildung im allgemeinen. Bärbel Rompeltien beschreibt sie so:

"- Separierung und Konstituierung des disziplinären Gegenstandes im Rahmen von Theorien und Programmen;
- Autonomisierung der Erkenntnisprozesse und Methodisierung der Forschung;
- Verdichtung und Intensivierung der Wissenschaftlerkommunikation sowie Differenzierung im Adressatenbezug als Mechanismus der kommunikativen Schließung."[132]

Der Gegenstand einer germanistischen Teildisziplin Deutsche Sprache und Literatur wird sich in allgemeinster Form als sprachliche Bildung bestimmen lassen. Mit dieser Formulierung ist lediglich eine denkbare Lösung angedeutet, die eigene Sprache, insofern sie Thema intentionalen und methodischen Lernens ist, als Gegenstand der Teildisziplin zu separieren und zu konstituieren. Sie hätte dann in sprachtheoretischer und bildungstheoretischer Absicht zu klären, was Konzepte sprachlicher Bildung ausgemacht haben und was sie ausmachen könnten. Sie hätte Voraussetzungen und Bedingungen gegenwärtiger Praxis, sprachliche Bildung anzubahnen und anzuregen, empirisch zu erforschen. Erst wenn solche Programme verwirklicht werden, kommt es auch tatsächlich zur Ausdifferenzierung der Germanistik, insofern zum eigenständigen Thema von

---

131 Ivo (1977). S. 35ff.
132 Rompeltien (1994). S. 133.

Forschung und Lehre wird, was zuvor nur als ein Aspekt Beachtung gefunden hat.

Die Autonomisierung der Erkenntnisprozesse, in denen solche Programme realisiert werden, teilt die Teildisziplin mit Wissenschaft überhaupt; sie schafft dagegen eine spezifische Differenz zu der analytischen Behandlung, die die namensgleichen Themen erfahren, wenn es im Handlungsfeld Deutschunterricht um die Lösung praktischer Probleme geht. Autonomisierung von Erkenntnis heißt, von ihr alle Bestimmungen fernzuhalten, die nicht Erkenntnis um ihrer selbst willen zum Zweck haben. Daraus ergibt sich ein spezifische, eine noetische Verantwortung der Wissenschaftler, nämlich die Autonomisierung zu garantieren, Wer sich z.B. mit Fragen des Schriftsprachenerwerbs im Rahmen eines Forschungsprogramms beschäftigt, trägt Sorge dafür, daß personen- und prozeßbezogen nur das eine Motiv wirksam wird, alles wissen zu wollen, was zur Beantwortung der definierten Frage nötig ist, und er sichert dies, indem er die Untersuchung an eine explizierte Vorgehensweise bindet. Wer dagegen eine ähnliche, aber durch praktische Interessen definierte Frage des Schriftsprachenerwerbs im Handlungsfeld Deutschunterricht im Zusammenhang mit seiner Unterrichtsplanung aufgreift, analysiert mit dem Ziel, ein praktisches Problem zu lösen. Seine Verantwortung ist eine, die er den Lernenden und der Institution gegenüber wahrnimmt.

Diese spezifische Differenz zu erkennen und anzuerkennen, macht offenbar eine wesentliche Schwierigkeit aus, die mit der Widmung der Lehrstühle "Didaktik der deutschen Sprache und Literatur" ausgedrückten Erwartungen umzusetzen. Wer im Gehäuse der Wissenschaften Praxis imaginiert und z.B. eine Problem des Schriftsprachenerwerbs so analytisch angeht, als wolle er ein praktisches Problem lösen, erfüllt zwar auf den ersten Blick diese Erwartungen, kann aber innerhalb der Wissenschaften seine Analysen nur als Schmuggelware in Umlauf bringen, seine Deutschdidaktik wird zur Konterbande. Aber auch das Umgekehrte gilt: Wer im Sinne autonomisierter Erkenntnisprozesse seine Analysen vom Schriftsprachenerwerb in den didaktischen Diskurs vor (Schul-)Ort als praktische Problemlösung einführt, macht seine Deutschdidaktik mit vertauschten Vorzeichen nicht weniger zur Konterbande. Da nun diese beiden Schmuggelformen leicht zu durchschauen sind, ist auf Dauer mit solchen zu rechnen, die gegenüber den Leistungserwartungen nach keiner der beiden Seiten Auffälligkeiten zeigen, die also die Differenz der analytischen Behandlungen der Probleme ignorieren: die Konterbande kommt als Konterbande zu sich selbst und muß als eine solche dann jeweils aufgebracht werden, wenn die gestörten Verhältnisse zwischen den Leistungen der Teildisziplin und den Leistungserwartungen an sie überwunden werden sollen.

Die Alternative zu diesen Scheinlösungen wird dann erkennbar, wenn das dritte Kriterium wissenschaftlicher Disziplinbildung beachtet wird, das der "kommunikativen Schließung". Da in der soziologischen Systemtheorie ein System definiert ist durch "seine Differenz zur Umwelt", als "grenzdefinierende, grenzerhaltende Ordnung", ist eine soziale Systembildung erst mit ihrer "kommunikativen Schließung" als etabliert zu betrachten. Für die Bildung der germanistischen Teildisziplin "Didaktik der deutschen Sprache und Literatur" heißt das, daß (1) sich die Kommunikation unter den Wissenschaftlern der Teildisziplin verdichten und intensivieren muß, weil einerseits die noetische Verantwortung für den Erkenntnisprozeß nur so wahrgenommen werden kann und andererseits die gewünschte Dynamisierung der Erkenntnisgewinnung in Gang kommen und in Gang gehalten werden kann; es heißt aber auch, daß (2) gegenüber dem status quo ante eine Differenzierung des Adressatenbezugs stattfinden muß. Hier wiederholt sich strukturell, was schon in der Konstitutionsphase der Germanisitik ein Problem war. Die Beschäftigung mit Literatur und Sprache als eine Angelegenheit von Liebhabern und Gebildeten (aus späterer Sicht formuliert: von engagierten Laien) führt, indem sie für einige zu einer Angelegenheit von Wissenschaft i.S. des neuen Wissenschaftsverständnisses wird, zu unterschiedlichen kommunikativen Orientierungen derer, die in der Wissenschaft tätig sind. Bärbel Rompeltien zeigt das zu Beginn dieser Phase noch diffuse Bild: Tiecks Bearbeitung altdeutscher Literatur ist "nicht (nur) für Gelehrte, sondern auch für echte Liebhaber" geschrieben, während sich Lachmann ausschließlich an Fachkollegen wendet; "seine Texte sind, da sie ohne jegliche Erläuterung abgefaßt sind, für Laien, auch interessierte Liebhaber, nicht lesbar."[133]

Die Tatsache, daß eine germanistische Teildisziplin Themen desjenigen Diskurses aufgreift, der Teil des Handlungsfeldes Deutschunterricht ist, erzeugt verständlicherweise nach beiden Seiten hin Irritationen. Aber mit dieser Tatsache wird ja keine Abwanderung der Themen von einem zu einem anderen Diskurs vollzogen, vielmehr werden die Themen in unterschiedlicher Weise Gegenstand der Analyse. Im Professionsdiskurs vor Ort werden sie möglichst kontextoffen zum Gegenstand des Nachdenkens, im erkenntnisautonomen Diskurs möglichst kontextabgeschottet. Die Etablierung des neuen Diskurses kann den älteren, gewissermaßen autochthonen nicht überflüssig machen; aber wegen der Prestigeverhältnisse in unserem gesellschaftlichen Umfeld, mag die Kennzeichnung des einen Diskurses als wissenschaftlich für den anderen schon angstauslösend sein. Die heftige Reaktion Robert Ulshöfers auf die "Schreibtischaufsätze" der Hochschuldidaktiker in seiner Schriftenreihe kann als Verteidigung eines Forums für die praxisorientierten Diskurse verstanden werden. Auf diesem Forum, so können wir seine Schelte lesen, ist kein Platz für einen Diskurs, der im Sinne autonomisierter Erkenntnis in der Auseinandersetzung mit anderen Theorien (also nicht unmittelbar mit der Praxis) geführt wird und der sich selbst bespiegelt (also realisiert, was Wissenschaft auszeichnet, nämlich einen "intensivierten Selbstbezug"[134]); der Platz muß freigehalten wer-

---

133 Rompeltien (1994). S. 141/142.
134 Rompeltien (1994). S. 171.

den für den Diskurs, der die Themen aufgreift, um in Verantwortung den Lernenden und der Institution gegenüber ein praktisches Problem zu lösen.

Was folgt daraus? Zunächst einmal die Nachfrage, wieweit die Intensivierung und Verdichtung der Kommunikation unter den Vertretern der Teildisziplin gediehen ist. Legt man für die Beantwortung das Kriterium der Differenzierung des Adressatenbezugs an, so fällt das Fehlen eines eigenen Besprechungsorgans ebenso auf wie das Fehlen eines Forums, um z.B. die historischen und empirischen Arbeiten, die ja vorliegen, zu diskutieren; von "kommunikativer Schließung" in einem noch so vorläufigen Sinn kann also wohl kaum die Rede sein.

Diese vorausgesetzt: Wären damit die in der Lehrstuhlwidmung formulierten Erwartungen erfüllt? Sicher nicht; aber eine wesentliche Voraussetzung wäre geschaffen die beiden Diskurse nicht mehr kategorial zu vermengen, ihre Differenz also zu erkennen und anzuerkennen. Erst dann kann sich auch die Hoffnung erfüllen, die in die Differenzierung gesetzt ist: wachsende Komplexität, die sich in der gesellschaftlichen Evolution gebildet hat und bildet, bearbeitbar zu machen.

Neu zu lernen ist freilich für diejenigen, die sich am Diskurs vor Ort beteiligen, wie für diejenigen im Gehäuse der Wissenschaften, aufeinander zu hören; neu zu lernen ist ein Dialog, in dem die unterschiedlichen Behandlungen von Komplexität wechselseitig produktiv werden können. Vielleicht findet in solchem Dialog dann auch das verschwiegene Problem der "kleinen Germanistik" eine Sprache.

Wie der Hering sich in die Kartoffel verliebte

Es war einmal ein Hering der schon seid viele Jahre in Meer lebte. Aber eines Tages hatte er es sat. Und wollte laufe lehrnen. Als er es konnte hatt er lust Geld zu verdienen als er 100 Mark verdiente. Ging er zu den Haubtbahnhof. Und kaufte sich ein Fahrschein nach Deutschland. Nemlich da hatte er gehört das es dort Kartoffel giebt. Als es 15³⁰ Uhr war stieg der Häring in den zug ein. Als der Hering seit 5 Stunde unterwegs war kamm der Schfner und wollt die Fahrscheine überprüfen mußte viel er beine in Ohmacht als er den Hering sah. Er ging ganz schnel weg und fasste sich an den Kopf ob er ein Sonnenstich hatte. Als der Hering entlich in Deutschland an kamm und er noch 20 Mark hatt fur er gleich mit den Bus weg. Auf einmal war der ganz Bus leer. Er stieg aus und ging in die Stad weil heute die Gemusen stehnde stehen. Der Hering sah ein Kartoffel. Der Hering verliebte sich in die Kartoffel und kaufte die gleich die Kartoffel. Eine Frau sah das alles und sgte ich schreibte ein Buch und die überschrieft soll so heisen. Wie der Hering sich in die Kartoffel verliebte.

7.6. Statt eines Resümees:
Vom fremden Hering und der einheimischen Kartoffel.
Phantasieaufsatz eines Schülers, der zu uns kam

Die verschiedenen Überlegungen dieses letzten Kapitels sind abschließend aufeinander zuzuführen.

Dies könnte geschehen, indem sie als Bausteine einer Theorie derjenigen germanistischen Teildisziplin behandelt werden, die dem Gedanken sprachlicher Bildung historisch und systematisch nachgeht und die Bedingungen und Voraussetzungen seiner Verwirklichung empirisch untersucht. Die vorgestellten Überlegungen fänden dann ihren Platz in einer *wissenschaftstheoretischen Skizze* dieser Teildisziplin.

Dies könnte aber auch geschehen, indem gefragt wird, welche Bedeutung sie für die *Lehre* dieser Teildisziplin haben, insbesondere wie sie zu spezifischen *Formen der Lehre* führen können. Sie würden dann unter hochschuldidaktischen Gesichtspunkten aufeinander zugeführt.

Angesichts der hochschuldidaktischen Herausforderungen an ein gegenwärtiges germanistisches Lehrerstudium wähle ich die zweite Möglichkeit und stelle eine Form der Lehre vor, die sich aus der Aufgabe ergibt, das vorgeprägte Wissen der Studierenden von der Praxis des sprachlich-literarischen Unterrichts so zu thematisieren, daß es in seiner handlungsorientierenden Qualität erschlossen, aber auch - wie man sagen kann - in seiner naturwüchsigen Geltung für die Studierenden überprüfbar wird.

Über einen solche Typ von Lehrveranstaltung kann ich freilich nur subjektiv berichten. Der Bericht ist geprägt von der Perspektive dessen, der diesen Seminartyp in vielen Anläufen entwickelt und praktiziert hat. Es bedarf noch weiterer Objektivierungen, die durch Berichte aus der Außenperspektive einerseits und einer Verarbeitung der Daten im Rahmen einer Theorie erfahrungsbezogenen und dialogischen Lernens andererseits erreicht werden kann. Zu solcher Objektivierung werde ich selber nichts mehr beitragen können und nehme darum das Subjektive des Berichts in Kauf.

Mit der Wahl dieses spezifischen Aufsatzes als Demonstrationsmaterial rücke ich die hochschuldidaktischen Erwägungen zugleich in das Spannungsfeld sprachlicher Bildung zwischen einheimisch und fremd.

Autor diese Textes ist ein Viertkläßler. Er hat ihn 1981 geschrieben. Die Lehrer dieser Klassenstufe einer großen Grundschule aus dem Frankfurter Umfeld hatten mehrere Phantasiethemen zur Auswahl gestellt: Das verhexte Telefon - Der Geist im Waldschwimmbad - Ein Krokodil in der Schule - Wie der Hering sich in die Kartoffel verliebte.

Solche Texte spielen in meinen klinischen Veranstaltungen[135] im Rahmen des germanistischen Lehrerstudiums eine wichtige Rolle; also in Lehrveranstal-

---

135 Hierzu: Kap. 5.3. S. 263ff. und Brumm/Wild (1993).

tungen, die den Studierenden Gelegenheit geben sollen, Praxis zu erkunden. Was sie in der Auseinandersetzung mit Texten dieser Art in Erfahrung bringen, ist aber nicht an ihre physische Anwesenheit in Klassenräumen gebunden; es hat nicht einmal mit Fremdbeobachtung zu tun. Zukünftige Deutschlehrer erkunden sich selbst. Sie gewinnen, wenn die Prozedur gelingt, einen Ort, von dem her sie ihre eigenen Meinungen, wie auf solche Texte einzugehen sei, objektivieren können; sie beginnen, die eigenen Meinungen, denen sie üblicherweise folgen, wie fremde zu betrachten und zu analysieren. Sie treffen dabei auf sehr genaue Vorstellungen, was von ihnen erwartet wird, mit welchen Rahmenbedingungen zu rechnen ist und was sie selbst, wenn sie eine Stelle als Lehrer gefunden haben, "anders" machen wollen. Sie entdecken, daß ihre zukünftige Praxis in ihnen "west", längst bevor sie den ersten Schritt in der Lehrerrolle über eine Klassenschwelle getan und den Korrekturstift zwischen den Fingern gespürt haben.

Darin liegt nichts Geheimnisvolles. Als Schüler haben sie während ihres Schulmarathons ein Überlebenswissen ausgebildet, das sie zu den wichtigsten Schulexperten hat werden lassen: Sie wissen, wie es in der Schule zugeht, und - aufgrund freudvoller oder leidvoller Erfahrungen - wissen sie auch, welche Akzente sie mit dem Wechsel von der Schüler- zur Lehrerrolle setzen wollen. Dieses ihnen lebensgeschichtlich zugewachsene Expertenwissen, das Teil ihrer Identität ist, soll Thema gemeinsamen Nachdenkens werden. Warum dies und warum es auf solche Weise geschehen sollte, das wird - hoffentlich - in den folgenden Darlegungen deutlich.

In Gesprächen über einen Text wie den, der die Reise des Herings nach Deutschland erzählt, wird nun dieses Expertenwissen mobilisiert und im Verlauf des Geprächs selbst zum Thema. Meist sind die Teilnehmer schnell einig, daß orthographisch viele Wünsche offen bleiben, daß etliche grammatische Fehler stören, daß einige Wörter unbeholfen verwendet sind und daß Ungewißheiten bleiben, wie die erzählten Ereignisse aufeinander bezogen werden sollen. Umstritten bleibt dagegen fast immer, wie der Text bewertet und schließlich auch benotet werden soll.

Es ist nun eine Regel solch klinischer Veranstaltungen, Gespräche solange zu führen, bis sich alle auf eine gemeinsame Deutung und Bewertung geeinigt haben, und, wenn dies nicht gelingt, das Scheitern dieses Versuchs ausdrücklich festzustellen. Dies führt dazu, daß sich die Gesprächsteilnehmer in eine argumentative Auseinandersetzung verwickeln, die zunehmend differenzierter wird, die aber auch vorher nicht gespürte Unsicherheiten aufkommen läßt. Letztere erzeugen zwei typische Abwehrhaltungen: sich noch einläßlicher, noch detailgenauer mit dem Text zu befassen und schließlich dem Thema überhaupt noch Zeit zu widmen. Zur Begründung verweisen die Teilnehmer einerseits auf die knappe Zeit, mit der sie in ihrer zukünftigen Lehrerpraxis zu rechnen haben; der gedehnte Fortgang des Seminars erscheint dann als pure Zeitverschwendung oder, schlimmer noch, als utopisches Gehabe, das im wirklichen Leben keinen Platz hat. Andererseits deuten sie das akribische Eingehen auf die Texte als *vorurteilsgesteuert*: Wer sich so intensiv und ins Einzelne gehend mit einem Schülertext beschäftigt, sucht nach Fehlern (und findet sie dann natürlich auch) oder er sucht gegen allen Augenschein nach dem kindlich Gelungenen (und wird dann ebenso natürlich auch fündig). Das Reden über den Schülertext droht zu einer (offenen oder verdeckten) wechselseitigen Image-Verteidigung zu werden.

Als Ausweg aus diesem Dilemma bleibt dann nur die Thematisierung der Abwehrhaltungen selber. Damit kommt das im Verlauf der Schulzeit gewonnene Wissen vom Unterricht in seiner Eigenart als ein *implizites* Wissen in den Blick. Als ein solches speichert es Erfahrungen, pointiert diese aber so, daß ein leicht und schnell abrufbares Wissen zur Bewältigung von Handlungssituationen bereitstehen kann. In solcher Pointierung gewinnt also das Erfahrungswissen diejenige Paßform, in der es seine besondere Qualität zur Lösung typischer bzw. erwartbarer Aufgaben gewinnt.

In der Abwehrhaltung gegenüber einer zeitlich allzu ausgedehnten und argumentativ ohne die typischen Abkürzungswege verfahrenden Auseinandersetzungen mit den Schülertexten wird man darum tunlichst keine intellektuelle Unlust, kein mangelndes moralisch-pädagogisches Engagement vermuten dürfen. In ihr drückt sich vielmehr aus, daß solcherart Orientierungs- und Steuerungswissen seine Funktion im Lebensfluß nur erfüllen kann, wenn es krisenfest und einwandsimmun in unseren Köpfen verankert ist. Denn es ist gerade die fraglose Gültigkeit solchen Wissens, die Selbstverständlichkeit, mit der es gewußt, genutzt und anerkannt ist, in der die Paßformen Bestand gewinnen. Die Paßformen aber geraten in Gefahr, wenn Selbstverständliches unter einen Begründungszwang gestellt wird, der diskursiv einzulösen ist.

Die Unsicherheiten, die in diesem Diskurs aufkommen, lassen sich als Indikatoren dafür verstehen, daß ein quasi-natürlicher Traditionsfluß unterbrochen wird; ein Traditionsfluß, der garantiert, daß eine zurückliegende Unterrichtserfahrung in den Studierenden als zukünftige vor aller eigenen Lehrerfahrung als normsetzender Rahmen schon anwesend ist. Eine solche Unterbrechung löst Angst aus; auch deshalb, weil damit den Vorstellungen, was man, wenn der Rollenwechsel ins Lehrfach vollzogen ist, "anders", also besser, machen will, die eingelebte Vergleichsgröße entzogen wird.

Unter institutionsgeschichtlichen Gesichtspunkten wird man die Bedeutung der Unterbrechung des quasi-natürlichen Traditionsflusses in folgendem sehen können: Mit der Rekonstruktion der Paßformen unseres Handlungswissens schaffen wir eine wichtige Voraussetzung dafür, die Reform der Institution nicht nur als Reaktion auf die Zwänge veränderter Umfelder denken und bewerkstelligen zu können, sondern auch im Sinne immanenter Bildungs- und Erziehungsziele vorstellen und praktizieren zu können.

Die Bedeutung der Reflexion, wie sie in den klinischen Veranstaltungen angeregt wird, liegt unter personalen Gesichtspunkten darin, daß etwas zum

Thema des Nachdenkens wird, was tief in der Person verankert ist. Das kann nicht en passant gelingen, denn es bedarf einer unabgelenkten Konzentration auf die Paßformen des tradierten Handlungswissens, um sie als die in uns "wesenden" rekonstruieren zu können, und behutsamer Versuche, sie im Sinne eigener Konzepte zu akzentuieren, um neue Orientierung zu gewinnen. Der Verlust an fragloser Sicherheit kann dabei sehr wohl auch erlitten werden, der Gewinn an Unterscheidungsqualität nicht immer gewiß sein.

Der Prozeß, in dem die Paßformen des tradierten Handlungswissens thematisiert werden, durchläuft drei Stadien, die sich idealtypisch so anordnen lassen: Im ersten Stadium wird die spezifische Weise, in der wir uns Schülertexten nähern, Gegenstand der Aufmerksamkeit; in einem zweiten die Weise, wie wir die Aufgaben der Schriftlichkeitsdidaktik akzentuieren; und in einem dritten, wie wir uns auf die Schreibsituation als Lernsituation einlassen.

In jedem Stadium, das sei schon vorweggenommen, wird jeweils eine Paßform des Erfahrungswissens kenntlich, deren Funktionalität bewundernswert, zugleich aber doch auch von zweifelhaftem Wert ist. Solche Ambiguität macht eine wesentliche Schwierigkeit im Prozeß der Thematisierung der Paßformen aus; in deren Auflösung liegt der Gewinn an Unterscheidungsqualität.

Zur Wahrnehmung von Schülertexten

Der Basissatz unseres Handlungswissens, der die Wahrnehmung von Schülertexten steuert, lautet: Schülertexte sind ihrem Wesen nach defizitär. Eine Versuchsanordnung, die gesprächsethisch nicht ganz unproblematisch ist, fördert ihn zutage.

Die Teilnehmer tagen während einer Sitzung in zwei Gruppen, zunächst auch an zwei verschiedenen Orten. Der ersten Gruppe wird ein Text (siehe S. 367) vorgelegt, ein Vorgang, der wie üblich als Aufgabe aufgefaßt wird, sich mit ihm auseinanderzusetzen.

Die Studierenden greifen zu ihren Korrekturstiften und beginnen mit der Arbeit. Schon die Überschrift zeigt sich als verbesserungsbedürftig und so auch jede weitere Zeile, die folgt. Aber auch diejenigen, die erst einmal den Text insgesamt lesen, sind sich einig, daß viel Arbeit auf sie wartet. Einige Irritationen bleiben freilich nicht unausgesprochen und führen zu der Überlegung, ob vielleicht ein Kind wiedergibt, was es an Erwachsenenunterhaltung aufgeschnappt hat. In der Regel fällt auch die Orthographie auf, weil sie kaum Fehler aufzuweisen scheint. Aber in den 20 Minuten, die als zeitlicher Rahmen vorgegeben sind, lesen doch alle, wie man so sagt, mit dem Rotstift.

Unserm Nachbar sein linkes Bein

Unser Nachbar heißt Johann Mendl. Er ist ein Landwirt und besitzt ein Bein aus Holz, welches noch vom Ersten Weltkrieg herrührt, und es ist das linke. Währenddem unser Nachbar im Weltkrieg seinen Dienst verrichtete und sich nichts dabei dachte, währenddessen schoß ihn ein italienisches Kind in den Dolomiten, wo sich der Krieg damals zutrug, auf das linke Bein. Später kam wie so oft ein Wundbrand dazu, und alles wurde blau und schwarz, sagte der Nachbar, und daß er recht laut geschrien hat. Er hat gemeint, daß er vielleicht wahnsinnig wird. Der Feldarzt im Lazarett Cavalese hat aber zu unserm Nachbarn gesagt, daß er nicht so schreien soll, wie wenn er wahnsinnig wäre, und das Bein muß abgeschnitten oder auf lateinisch amputiert werden, was in 20 Minuten vorbei ist. Seitdem hat unser Nachbar ein Bein aus Menschenfleisch und ein Bein aus Birnbaumholz und eine kleine Rente vom Staat, welcher sich um Invaliden sorgt.

hutsamen Abfolge von Deutungsvorschlägen und deren Überprüfung am Text, die für ein gelungenes Reden über poetische Texte u.a. charakteristisch ist.[136]

Die beiden Gruppen, wieder beisammen, berichten wechselseitig über die Arbeit mit den Texten. Schon nach wenigen Sätzen wird klar, daß sie an ein und demselben Text gearbeitet haben und daß die Präsentationsform den Ausschlag dafür gegeben hat, wie sie sich dem Text zugewendet haben. Die Kinderhandschrift hat offenbar ein Korrekturkonzept, die gedruckte Form Interpretationskonzepte abgerufen. Die Annahme poetischer Lizenzen regt an, Abweichungen von der Norm auf ihre Funktion für den Text hin zu bedenken, während die Defizitannahme die Abweichung als Berichtigungsfall in den Blick rückt.

Die Reflexion auf dies Ergebnis führt, nachdem sich das in gewisser Weise Unfaire des Verfahrens nicht mehr als problematisch empfunden wird, zu dem Basissatz, daß Schülertexte defizitär seien, der wiederum das Abrufen des Korrekturkonzepts rechtfertigt. In der Vorgehensweise der ersten Studentengruppe liegt also nichts Bedenkliches; im Gegenteil: Ihr Verhalten, einen Kindertext daraufhin zu lesen, was es für seinen Autor noch zu lernen gibt, ist völlig angemessen. Aber es bleibt doch auch ein Unbehagen. Warum die Bedachtsamkeit und Einläßlichkeit in der zweiten Gruppe, und warum der schnelle Griff zum Korrekturstift in der ersten? Die wiederholten Hinweise auf die Zeitknappheit werden Anlaß, diesem Problem Aufmerksamkeit zu schenken. Der Untersuchungsbericht "Lehrer korrigieren Aufsätze"[137] wird herangezogen. Die Auseinandersetzung mit Berechnungen der Arbeitszeit für Lehrer führt zur Vermutung, daß das Handlungswissen der Teilnehmer seine Paßform ganz im Traditionsfluß der Institution gefunden hat. Sie wissen schon vor aller Berufserfahrung, daß da eine Aufgabe auf sie wartet, für die nicht genügend Zeit zur Verfügung steht, und - was noch wichtiger ist - sie fühlen schon vor dem Eintritt in den Beruf den Zeitdruck. Wie tief dieses Wissen in der Person verankert ist, zeigt sich in den Veranstaltungen daran, daß immer wieder im Verlauf des Semesters der Zweifel aufbricht, ob denn die Dispens von solchem Zeitdruck in einer Lehrveranstaltung der Universität zu rechtfertigen sei. Es scheint so, als äuge in einer Falte der Seelen ein Verdacht, der alles, was unter solch luxuriöser Freistellung geschieht, als vertane Zeit betrachtet.

---

136 Hierzu Kap. 5.3. S.264ff.
137 Ivo (1982). S. 86ff.

Unserem Nachbar sein linkes Bein

Unser Nachbar heißt Johann Meindl. Er ist ein Landwirt und besitzt ein Bein aus Holz, welches noch vom Ersten Weltkrieg herrührt, und es ist das linke. Währenddem unser Nachbar im Weltkrieg seinen Dienst verrichtete und sich nichts dabei dachte, währenddessen schoß ihm ein italienischer Feind in den Dolomiten, wo sich der Krieg damals zutrug, auf das linke Bein. Später kam wie so oft ein Wundbrand dazu, und alles wurde blau und schwarz, sagt der Nachbar, und daß er recht laut geschrien hat. Er hat gemeint, daß er vielleicht wahnsinnig wird. Der Feldarzt im Lazarett in Cavalese hat aber zu unserem Nachbar gesagt, daß er nicht so schreien soll, wie wenn er wahnsinnig wäre, und das Bein muß abgeschnitten oder auf lateinisch amputiert werden, was in 20 Minuten vorbei ist. Seither hat unser Nachbar ein Bein aus Menschenfleisch und ein Bein aus Birnbaumholz und eine kleine Rente vom Staat, welcher sich um Invaliden sorgt. Das linke Bein kann aber in der Mitte nicht abgebogen werden, was sehr schade ist, sagt der Nachbar, aber für ein Bein, das man in der Mitte abbiegen kann und das man eine Maschinenprothese nennt und heute in Mode ist, ist unser Nachbar schon zu alt. Ein Maschinenbein, sagt der Nachbar, zahlt sich für mich nicht mehr aus. Auch die Anschaffung ist zu hoch. Ein Maschinenbein kommt für einen Mann wie ihn nicht mehr in Betracht. Einmal habe ich heimlich durch das Fenster gesehen, wie sich unser Nachbar sein linkes Bein angesteckt hat, und es war sehr aufschlußreich, weil es oben einen Lederpolster hat, an welchem Gurten und Riemen befestigt sind wie Hosenträger, aber viel breiter. Auch Schnallen finden sich vor. Wenn unser Nachbar eine Hose und einen Rock anhat, ist es dem Auge verborgen, und man kann nur raten, wie es darunter aussieht.
Obwohl das linke Bein unseres Nachbars längst im Spitalsgarten vom Lazarett in Cavalese die ewige Ruhe gefunden hat, gibt es ihm auch heute immer noch keine Ruhe und meldet sich mit rheumatischen Schmerzen, wie unser Nachbar sagt, woran er erkennt, daß das Wetter umschlägt. Dies ist ein großes Geheimnis der Natur, aber wissenschaftlich einwandfrei beglaubigt. Unser Nachbar sagt, er hat sich mit seinem Birnbaumbein in den vielen Jahren seit dem Krieg längst abgefunden, so daß ihn der Verlust heute nicht mehr schmerzt, und es trotzdem an der Stelle weh tut, wo eigentlich gar nichts mehr ist, aber nur vor einem Wettersturz.
Das linke Bein unseres Nachbars, sagt mein Vater, ist weit genauer als ein Barometer. Ein Barometer ist nichts gegen dem Nachbar sein linkes Bein, sagt Vater oft. Auf das linke Bein des Nachbars kann man sich verlassen. Noch nie, sagt Vater, hat sich das linke Bein des Nachbars getäuscht. Es ist weit zuverlässiger als die Wettervorhersage im Radio. Nicht einmal die alten Bauernregeln, die auch nicht schlecht sind, kommen an das linke Bein von unserem Nachbar heran. Wir verdanken ihm sehr viel, sagt Vater, weil das Wetter gerade in der Landwirtschaft eine große Rolle spielt, indem der Landmann seine Werkstatt in Gottes freier Natur hat und wissen muß, ob er mähen kann oder besser noch wartet. Ein Krieg, sagt mein Vater, ist nichts Rares, und er hat sich selbst eine kleine Verwundung in ihm zugezogen. Den Krieg soll sich keiner loben lassen, und weit besser als ein Krieg ist natürlich kein Krieg, sondern Frieden. Niemand braucht sich einen Krieg wünschen, sagt mein Vater. Und auch das linke Bein von unserem Nachbar war zu seiner Zeit ein harter Schlag. Heute aber ist es in gewissem Sinne eine Ausnahme, und wir sind froh, daß wir es haben, weil so das ganze Dorf weiß, wie wir mit dem Wetter dran sind. Die Landwirtschaft in Nisting, sagt mein Vater, stünde nicht so gut da, wenn auch dem Nachbar sein linkes Bein aus Fleisch und Blut wäre.

Zur Wahrnehmung der Schreibaufgaben

Wer schreibt, buchstabiert nicht Wörter, sondern bringt seine Gedanken und Vorstellungen zu Papier. Wer Kinder Schreiben lehrt, muß sie als erstes mit den Buchstaben vertraut machen. Das zeitliche Voraussetzungsverhältnis ist für die erste Phase des Schriftsprachenerwerbs gewiß auch ein sachliches Bedingungsverhältnis: Ohne die angemessene Verwendung der Buchstaben wird es keinen Text geben, jedenfalls keinen, der in unserem Kulturkreis als ein solcher anerkannt wird. Diese Phase wird oft, das erste Schulbuch für die Zeitspanne nehmend, Fibelphase genannt. Ist sie abgeschlossen, gilt das sachliche Bedingungsverhältnis nicht mehr. Nicht, daß damit die orthographische Beherrschung der Schrift schon erreicht sei. Dies kann sinnvollerweise niemand annehmen. Dennoch sind jetzt das Lernen, orthographisch zu schreiben, und das Lernen, Texte zu verfassen, zwei Aufgabenbereiche, die, bei aller Überschneidung, doch auch getrennte Aufmerksamkeit verlangen.

Der Text, der von der Heringsreise nach Deutschland erzählt, wird in den klinischen Veranstaltungen auch regelmäßig mit dem Blick auf beide Aufgabenbereiche wahrgenommen. In den Gesprächen heben die Studierenden den orthographischen, oft dem grammatischen, einerseits hervor, und andererseits mit den, wie er meist genannt wird, inhaltlichen. Aber solange es vorrangig um die Charakterisierung des Textes geht, zieht der erste Bereich doch sehr viel mehr Aufmerksamkeit auf sich; die ihm gewidmeten Gesprächsanteile sind umfangreicher, die Beiträge detailgenauer, während die Anmerkungen zum Inhalt globaler ausfallen und weniger Zeit in Anspruch nehmen. Auch wenn das Gespräch um die Bewertung kreist, ist Ähnliches zu beobachten; freilich kommt es regelmäßig zu zeitaufwendigen und engagierten Kontroversen, wenn es darum geht, die Leistungen in beiden Bereichen gegeneinander abzuwägen.

Die meisten Studierenden sind überrascht, wenn sie merken, daß sie im ersten Aufgabenbereich höhere Grade von Engagement zeigen, sich mit ihm einläßlicher auseinandersetzen, als sie es im zweiten tun; denn sie haben ein anderes Bild von sich selbst. Aus diesem Selbstbild können nun gut die Motivationen hergeleitet werden, den quasi-natürlichen Traditionsfluß zu unterbrechen, in dem sich die Paßform ihres Handlungswissens hergestellt hat, die ihre eigene Gewichtungspraxis steuert. Das Verfahren, die Bereiche für die Textwahrnehmung zu trennen, wird schnell angeeignet und auch gerne praktiziert, nämlich den Text in eine orthographisch und grammatisch nicht mehr auffällige Form zu bringen. Dies kann in verschiedener Weise geschehen. Hier eine Fassung, die jüngst eine Studentin zur Diskussion gestellt hat:

Wie der Hering sich in die Kartoffel verliebte

1 Es war einmal ein Hering, der schon seit vielen
2 Jahren im Meer lebte. Aber eines Tages hatte er es
3 satt und wollte laufen lernen. Als er es konnte,
4 hatte er Lust, Geld zu verdienen und als er 100 Mark
5 verdient hatte, ging er zum Hauptbahnhof und kaufte sich
6 einen Fahrschein nach Deutschland.
7 Er hatte nämlich gehört, daß es dort
8 Kartoffeln gibt. Als es 15.30 Uhr war, stieg
9 der Hering in den Zug ein. Als der Hering 5 Stunden
10 unterwegs war, kam der
11 Schaffner und wollte die Fahrscheine überprüfen.
12 Er fiel beinahe in Ohnmacht, als er den
13 Hering sah. Er ging ganz schnell weg und
14 faßte sich an den Kopf, ob er einen Sonnen-
15 stich hatte. Als der Hering endlich in Deutschland
16 ankam und er noch 20 Mark hatte, fuhr
17 er gleich mit dem Bus weg. Auf einmal war
18 der ganze Bus leer; die Mitfahrenden samt dem Busfahrer
hatten das Weite gesucht. Er stieg aus und ging
19 in die Stadt, weil heute die Gemüsestände
20 auf dem Marktplatz stehen. Der Hering sah eine
21 Kartoffel. Der Hering verliebte sich in die
22 Kartoffel und kaufte sie gleich, die Kartoffel.
23 Eine Frau sah das alles und sagte: "Ich schreibe
24 ein Buch und die Überschrift soll
25 heißen: Wie der Hering sich in die
26 Kartoffel verliebte."

Was hat sich mit der neuen Textform für die Wahrnehmung der Studierenden geändert? Im gemeinsamen Nachdenken wird deutlich, daß die orthographischen und grammatikalischen Auffälligkeiten den Blick so auf sich gezogen hatten, daß im Extremfall der Text als Erzähltext hinter diesen Auffälligkeiten unkenntlich blieb. Die neue Textform entlastet den Leser also, insofern er nun nicht mehr gezwungen ist, sich durch die Abweichungen hindurch zum Erzähltext vorzuarbeiten. Es sind aber nicht diese Schwierigkeiten selbst, die das Problem ausmachen, sondern deren Bearbeitung im Gefühl, wenig Zeit zu haben. Die Paßform des tradierten Handlungswissens erweist sich erneut als eine, die von diesem Faktor bestimmt ist.

Geändert hat sich mit der neuen Textform die Situation der Studierenden also auch insofern, als sie damit aus dem Kraftfeld des tradierten Handlungsmusters herausgetreten sind. Der Blick wird nun frei, die beiden Aufgabenfelder getrennt wahrzunehmen.

Im ersten sprachdidaktischen Aufgabenfeld zeigt der Heringstext eine Reihe von Auffälligkeiten, die vermuten lassen, daß der Autor die deutsche Sprache nicht als Muttersprache spricht. (Die Vermutung erweist sich als richtig; seine Muttersprache ist persisch.) Die grammatikalischen und orthographischen Auffälligkeiten sind darum im Paradigma des Zweitsprachenerwerbs zu interpretieren und gewinnen so eine andere Wertigkeit.

Für den zweiten sprachdidaktischen Aufgabenbereich eröffnet sich nun die Möglichkeit, den Text als Erzähltext wahrzunehmen, es also nicht mehr bei der eher leeren Kategorie "Inhalt" zu belassen. Die interpretatorische Arbeit wird - durchaus im anspruchsvollen Sinn des Begriffs - zu einer formgeschichtlichen.

Der Autor organisiert die Erzählung offensichtlich in der formgeschichtlichen Tradition des Märchens. Die einsträngige Handlung führt mehrepisodisch zur glücklichen Lösung; die Figuren sind i.S. der Kategorien Lüthis "flächenhaft", der Erzählraum "eindimensional". Der didaktische Elan der Studierenden gewinnt in dieser Formbestimmung seinen - wenn auch nicht immer sofort akzeptierten - Halt, insofern der Text in seiner Eigenart wahrgenommen wird und die Lernanregungen sich auch auf diesen Formenkontext beziehen.

Der Wunsch von Teilnehmern, z.B. erfahren zu wollen, wie der Hering sich bei der Überprüfung der Fahrscheine gefühlt habe oder was denn eigentlich in der Kartoffel vorgegangen sei, erweist sich als unangemessen, weil der Sinn der Episode auf dem Weg zur gesuchten Kartoffel ebenso klar ist, wie die Rolle der Kartoffel im Erzählarrangement. Aber der Sinn wird gerade nicht in Form von Beschreibungen innerer Zustände konstituiert, sondern durch lakonische Beschreibung von Handlung. Das Insistieren auf solchen Lernanregungen unter Berufung auf das eigene Interesse an der Geschichte ist typisch für ein weiteres Problem, das sich beim Reden über diesen Text einstellt. Es verweist auf das dritte Stadium der Thematisierung der tradierten Paßformen unseres Handlungswissens.

Wahrnehmung der Schreibsituation als Lernsituation

Der Basissatz des tradierten Handlungswissens, Schülertexte seien ihrem Wesen nach defizitär, läßt die Schreibsituation, in der ein Text entsteht wie der von dem fremden Hering, der sich in die einheimische Kartoffel verliebt, auch nur als Lernsituation in den Blick kommen. Ist dagegen etwas einzuwenden? Wohl kaum, so könnte die Antwort lauten, schließlich ist die Schule der Lernort schlechthin. Freilich ist die Schule auch ein Lebensort, an dem die Schüler über Jahre hin einen beträchtlichen Anteil seiner Lebenszeit verbringen. Dies wird sich, sieht man von sehr spezifischen Aufgaben ab, in den Texten, die sie schreiben, zur Geltung bringen: Sie werden mit ihrer Person, ihren Erfahrungen und Wünschen, ihrem Stolz und ihren Verletzungen, ihren Meinungen und Urteilen in den Texten anwesend sein. Das mag hin und wieder eine explizierte Anwesenheit sein, vielleicht auch nur eine vorgetäuschte. In aller Regel bleibt sie auf der Textoberfläche unausgedrückt; es ist eine verschwiegene, diskrete Anwesenheit. Sie ist ganz unvermeidlich, weil, wer sich schreibend seiner Sprache anvertraut, gar nicht anders kann, als sich selbst ins Spiel zu bringen. Und in einem Phantasieaufsatz als einer Art literarischen Schreibens ist vieles sagbar, was sich in kommunikativen Ernstsituationen nicht ins Wort traut.

Die Studentinnen und Studenten zeigen nun eine gewisse Scheu, alles, was sie im einzelnen an dem Text beobachtet haben, zu einer Deutung des Textes insgesamt zusammenzuführen, die Erzählung beim Wort zu nehmen und damit vielleicht auch den Erzähler bzw. Autor in Verbindung zu bringen.

Vorsichtige Versuche, uns diesem Wort zu nähern, führen zu der Vermutung, daß in dem bildhaften Geschehen möglicherweise eine Liebeserklärung angedeutet ist. Aber die läßt eher Ratlosigkeit aufkommen. Hindert die Paßform unseres tradierten Handlungswissens die Studierenden daran, darauf eine Antwort zu versuchen? Aber vielleicht haben sie sich, und dafür gebührt ihnen dann Lob, von der Tugend der Diskretion leiten lassen, das verschlüsselt Gesagte nicht plump beim Namen zu nennen. Und schwierig ist es gewiß auch, dem Autor im Kommentar einen Wink zu geben, daß die indirekt geäußerte Botschaft, wie man so sagt, angekommen ist; die Botschaft nämlich, die sich - bezieht man die ersten Zeilen ebenfalls schon auf die Annäherung an die Kartoffel - so skizzieren läßt:

Der Hering, unzufrieden mit seiner Lage, hört von der Kartoffel in Deutschland. Sie muß schön und begehrenswert sein. So macht er sich auf den Weg, und wie es sich für ein Märchen gehört, muß er sich dreimal bewähren:
- das Laufen lernen und Geld für die Reise verdienen;
- den Schock ertragen, den er mit seinem Anderssein bei dem Uniformierten auslöst;
- sich nicht davon beirren lassen, daß so viele Menschen mit ihm den Raum nicht teilen wollen.
So gelangt er schließlich ans Ziel seiner Wünsche, entdeckt das Liebenswerte, die Kartoffel, die irgendwie für das Land zu stehen scheint, in das er da kommt.
Er verliebt sich in sie und (er-)findet gleich noch eine Heroldin, die das allüberall bekannt macht.

Wir haben in unseren Lehrveranstaltungen hier in Frankfurt bislang eine Antwort nicht gefunden, die der Diskretion und der Sprachmächtigkeit entspricht, mit der der Zehnjährige vielleicht seinen Wunsch andeutet, seine Zuneigung möge doch wahrgenommen werden; wir haben vor allem keine Antwort formulieren können, die im Kommentar wie selbstverständlich ihren Platz finden könnte.

Nachweise

Gewendeter Humboldt
Leo Weisgerbers sprachwissenschaftliche Fundierung muttersprachlicher Bildung
In:
Hubert Ivo (Hrsg.):
Leo Weisgerber: Engagement und Reflexion
Kritik einer didaktisch orientierten Sprachwissenschaft
Frankfurt/M. 1994. S. 195-224

Was heißt und zu welchem Ende betreiben wir sprachliche Bildung?
Vom "Zungenmesser" als Instrument, sie zu ermöglichen
Öffentlicher Vortrag im Rahmen des 10. Symposions Deutschdidaktik am 13.4. 1994 in Zürich

Der sprachdidaktische Dreiweg
Dimensionen sprachdidaktischer Reflexion
Plenarvortrag im Rahmen des Symposions Deutschdidaktik am 6.6. 1991 in Erfurt
In:
Deutschunterricht. 1991. 7. S. 494-504

Das Wissen der Deutschlehrer, das Wissen der Deutschdidaktiker und das Wissen der Bildungspolitiker
Dimensionen sprachdidaktischen Redens
Vortrag im Rahmen des Deutschen Germanistentages in Passau 1984
In:
Georg Stötzel (Hrsg.): Germanistik - Forschungsstand und Perspektiven
Berlin/New York 1985. 1. Teil. S. 615-632

Donatschnitzer
Der grammatische Boden, auf dem wir stehen
In:
Zeitschrift für Literaturwissenschaft und Linguistik (LiLi). 1989. 76. S. 29-55

Jacob Grimm und die sprachdidaktischen Heräsien
Wissenschaftsgeschichte und die Schwierigkeiten mit der Praxis
In:
Diskussion Deutsch. 1989. 110. S. 586-593

Literatur

Achtenhagen, Frank (1981)
: Theorie der Fachdidaktik. In: W. Twellmann (Hrsg.): Handbuch Schule und Unterricht. Bd. 5.1. Düsseldorf 1981.

Adorno, Theodor W. (1993)
: Thesen über die Sprache des Philosophen. In: Gesammelte Schriften. Bd. 1. Frankfurt/M. 1973.

Ahlzweig, Claus (1994)
: Muttersprache - Vaterland. Die deutsche Nation und ihre Sprache. Opladen 1994.

Albrecht, Michael von (1992)
: Geschichte der römischen Literatur. 2 Bände. Bern 1992.

d'Alembert, Jean Le Rond (1989)
: Einleitung zur "Enzyklopädie". Frankfurt/M. 1989.

Altenhofer, Norbert (1993)
: Poesie als Auslegung. Heidelberg 1993.

Andersch, Alfred (1957)
: Sansibar oder der letzte Grund. Olten/Freiburg 1957.

Apel, Karl-Otto (1973)
: Die Transformation der Philosophie. Band 1. Frankfurt/M. 1973.

Aristoteles (1974)
: Kategorien/Lehre vom Satz. (Organon I/II). Übersetzt von Eugen Rolfes. Hamburg 1974.

Aristoteles (1981)
: Politik. Übersetzt von E. Rolfes. Hamburg 1981.

Assmann, Aleida (1993)
: Arbeit am nationalen Gedächtnis. Eine kurze Geschichte der deutschen Bildungsidee. Frankfurt/M. 1993.

Assmann, Aleida und Jan (1990)
: Einleitung zu Eric A. Havelock: Schriftlichkeit. Das griechische Alphabet als kulturelle Revolution. Weinheim 1990.

Assmann, Jan (1992)
: Das kulturelle Gedächtnis. Schrift, Erinnerung und politische Identität in frühen Hochkulturen. München 1992.

Aurelius Augustinus
: Das glückselige Leben (De beata vita) - Die Ordnung (De ordine) - Die Größe der Seele (De quantitate animae) - Der Lehrer (De magistro) - Bekenntnisse (Confessiones) - Dreieinigkeit (De trinitate) - Der Gottesstaat (De civitate Dei) - Retractationen in zwei Büchern (Retractationes).

Die zitierten Seitenzahlen verweisen auf Ausgaben, die leicht zugänglich sein sollten:

- De beata vita. Hrsg. von J. Schwarz-Kirchenbaum und W. Schwarz. Stuttgart 1982.
- De ordine. Philosophische Frühdialoge. Hrsg. von C. Andersen. Zürich 1972.
- De quantitate animae. De magistro. Philosophische Spätdialoge. Hrsg. von K.-H. Lütke u. G. Weigel. Zürich 1973.
- De magistro. Hrsg. von C. J. Perl. Paderborn 1964.
- Confessiones. Hrsg. von J. Bernhart. Frankfurt/M. 1987.
- De Trinitate. Ausgew. u. übertragen von M. Schmaus. München 1951.
- De civitate Dei. Übertragen von W. Thimme. München 1978.
- Retractationes. Hrsg. von C. J. Perl. Paderborn 1976.

Auroux, Sylvain (i.E.)
La Revolution Technologique De La Grammatisation. (im Erscheinen)

Auty, R. u.a. (1980)
Allegorie. Allegorese. In: Lexikon des Mittelalters. München/Zürich 1980.

Bachtin, Michail M. (1979)
Die Ästhetik des Wortes. Frankfurt/M. 1979.

Baebler, J. J. (1971)
Beiträge zur Geschichte der lateinischen Grammatik im Mittelalter. Halle 1885. Reprint: Hildesheim 1971.

Bahner, Werner/Neumann, Werner (Hrsg.) (1985)
Sprachwissenschaftliche Germanistik. Ihre Begründung und Herausbildung. Berlin 1985.

Barwick, Karl (1922)
Remmius Palämon und die römische Ars grammatica. Leipzig 1922.

Barwick, Karl (1957)
Probleme der stoischen Sprachlehre und Rhetorik. Berlin 1957.

Baum, Richard (1987)
Hochsprache, Literatursprache, Schriftsprache. Materialien zur Charakteristik von Kultursprachen. Darmstadt 1987.

Baumgarten, Fritz (1898)
Die sieben freien Künste in der Vorhalle des Freibürger Münsters. In: Schau ins Land. 25. Jahrgang. 1898. S. 16-49.

Baumgarten, Fritz (1902)
Nochmals die sieben freien Künste in der Vorhalle des Freiburger Münsters. In: Schau ins Land. 29. Jahrgang. 1902. S. 25-40.

Baumgartner, Alexander (1905)
Die lateinische und griechische Literatur der christlichen Völker. Freiburg i. Br. 1905.

Becker, Jürgen u.a. (1990)
Das Neue Testament Deutsch. Band 8. Göttingen/Zürich 1990.

Behaghel, Otto (1929)
Lingua materna. In: Behrens-Festschrift. Supplementheft der Zeitschrift für französische Sprache und Literatur. S. 13-15. Jena/Leipzig 1929.

Benveniste, Emile (1974)
: Probleme der allgemeinen Sprachwissenschaft. München 1974.

Berger, Klaus (1988)
: Hermeneutik des Neuen Testaments. Gütersloh 1988.

Besch, Werner (1984)
: Entstehung und Ausformung der neuhochdeutschen Schriftsprache/Standardsprache. In: Werner Besch u.a. (Hrsg.): Sprachgeschichte. 2. Halbband. Berlin/New York 1984.

Biblia Pauperum (1982)
: Codex Palatinus Latinus 871. Biblioteca Apostolica Vaticana. Faksimileausgabe u. Kommentarband von Karl-August Wirth. Zürich 1982.

Bichler, Reinhold (1983)
: "Hellenismus". Geschichte und Problematik eines Epochenbegriffs. Darmstadt 1983.

Blickle, Peter (1985)
: Gemeindereformation. Die Menschen des 16. Jahrhunderts auf dem Weg zum Heil. München 1985.

Boehlich, Walter (1955)
: Über Sprache. Besprechung von Leo Weisgerber: Vom Weltbild der deutschen Sprache. In: Merkur. 1955. Heft 9. S. 889-894.

Boehlich, Walter (1964)
: Irrte hier Walter Boehlich? In: Frankfurter Hefte. 1964. Heft 10. S. 731-734. Druckfehlerberichtigung dazu in: Frankfurter Hefte. 1964. Heft 12. S. 894.

Böhler, Dietrich (1983)
: Wittgenstein und Augustinus. In: Eschenbach/Trabant (Hrsg.): History of Semiotics. Amsterdam/Philadelphia 1983.

Boettcher, Wolfgang/Sitta, Horst (1978)
: Der andere Grammatikunterricht. München 1978.

Bohn, Volker (1980)
: Literatur als Sozialfall? Plädoyer für einen planlosen Literaturunterricht. In: Freibeuter Nr. 5 (1980). S. 101-112.

de Boor, Helmut (Hrsg.) (1965)
: Mittelalter. Texte und Zeugnisse. 2. Teilband. München 1965.

Borchardt, Rudolf (1973)
: Die Tonscherbe. Prosa IV. Stuttgart 1973.

Borsche, Tilman (1981)
: Sprachansichten. Der Begriff der menschlichen Rede in der Sprachphilosophie Wilhelm von Humboldts. Stuttgart 1981.

Borsche, Tilman (1985)
: Macht und Ohnmacht der Wörter. In: Kodikas/Code 8. 1985. S. 231-252.

Borsche, Tilman (1990a)
: Wilhelm von Humboldt. München 1990.

Borsche, Tilman (1990b)
: Was etwas ist. München 1990.

Boueke, Dieter/Schülein, Frieder (1988)
: Von der Lehr- und Lernbarkeit des Erzählens. In: Diskussion Deutsch. 1988. Heft 102. S. 386-403.

Brackert, Helmut (Hrsg.) (1982)
: Und wenn sie nicht gestorben sind... Perspektiven auf das Märchen. Frankfurt/M. 1982.

Brandstetter, Alois (1974)
: Überwindung der Blitzangst. München 1974.

Brecht, Bertolt (1967)
: Gesammelte Werke in 20 Bänden. Frankfurt/M. 1967.

Brumm, Doris/Wild, Kirsten (1993)
: Überraschungen mit einer Überraschung. In: Deutschunterricht. 1993. Heft 11. S. 537-541.

Bühler, Karl (1965)
: Sprachtheorie. Stuttgart 1965.

Bülow, Edeltraud (1972)
: Kommunikative Ethik. Düsseldorf 1972.

Bürger, Christa (1990)
: Bemerkungen zu einer Literatur der mittleren Sphäre. In: Der Deutschunterricht 1990. Heft 6. S. 6-13.

Burke, Peter (1989)
: Küchenlatein. Sprache und Umgangssprache in der frühen Neuzeit. Berlin 1989.

Burkhardt, Armin (1987)
: Der Dialogbegriff bei Wilhelm von Humboldt. In: Rudolf Hoberg (Hrsg.) Sprache und Bildung. Beiträge zum 150. Todestag Wilhelm von Humboldts. Darmstadt 1987.

Bursill-Hall, G. L. (1971)
: Speculative Grammars of the Middle Ages. Paris 1971.

Bursill-Hall, G. L. (1981)
: Medieval Donatus Commentaries. In: Histographia Linguistica. Bd. VIII. 1981.

Classen, C. Joachim (1959)
: Sprachliche Deutung als Triebkraft. In: Zetemata 22. 1959.

Coseriu, Eugenio (1970a)
: Einführung in die strukturale Betrachtung des Wortschatzes. Tübingen 1970.

Coseriu, Eugenio (1970b)
: Der Mensch und seine Sprache. In: ders.: Sprache, Strukturen und Funktionen. Tübingen 1970.

Coseriu, Eugenio (1972)
: Geschichte der Sprachphilosophie von der Antike bis zur Gegenwart. Bd. II. Tübingen 1972.

Coseriu, Eugenio (1987)
 Über die Wortkategorien ("partes orationis"). In: ders. (Hrsg.): Formen und Funktionen. Studien zur Grammatik. Tübingen 1987.
Coseriu, Eugenio (1988)
 Sprachkompetenz. Grundzüge der Theorie des Sprechens. Tübingen 1988.
Coulmas, Florian (1985)
 Sprache und Staat. Berlin 1985.
Dante Alighieri (1965)
 Das Gastmahl. Übersetzt und kommentiert von C. Sauter. München 1965.
Dante Alighieri (1953)
 Il Convivio. Opere di Dante. Volume I. Firenze 1953.
Dante Alighieri (1957)
 De Vulgari Eloquentia. Opere di Dante. Volume VI. Firenze 1957.
Dante Alighieri (1966)
 Über das Dichten in der Muttersprache. Übersetzt und erläutert von Franz Dornseiff und Joseph Balogh. Darmstadt 1966.
Dante Alighieri (1989)
 Monarchia. Stuttgart 1989.
Decleva Caizzi, Fernanda (1966)
 Anthisthenis Fragmenta. Milano 1966.
Derrida, Jacques (1974)
 Grammatologie. Frankfurt/M. 1974.
Derrida, Jacques (1976)
 Die Schrift und die Differenz. Frankfurt/M. 1976.
Derrida, Jacques (1986)
 Schibboleth. Graz/Wien 1986.
Dick, Adolfus (Hrsg.) (1925)
 Martianus Capella. Leipzig 1925.
Diogenes Laertius (1967)
 Leben und Meinungen berühmter Philosophen. Hrsg. von Klaus Reich. Hamburg 1967.
Dolch, Josef (1965)
 Lehrplan des Abendlandes. Zweieinhalb Jahrtausende seiner Geschichte. Ratingen 1965.
Der Große Duden (1937)
 Bildwörterbuch der deutschen Sprache. Leipzig 1937.
Diehls, Herrmann (1922)
 Fragmente der Vorsokratiker. Berlin 1922.
Dobschütz, Ernst von (1921)
 Vom vierfachen Schriftsinn. Die Geschichte einer Theorie. In: Festschrift für Adolf von Harnack. Leipzig 1921.

Dürrenmatt, Friedrich
: Herkules und der Stall des Augias. Deutsche Grammophon 13013.
Eco, Umberto (1994)
: Die Suche nach der vollkommenen Sprache. München 1994.
Elias, Norbert (1977)
: Über den Prozeß der Zivilisation. Band 1. Frankfurt/M. 1977.
Engelkamp, Johannes (1974)
: Psycholinguistik. München 1974.
Erlinger, Hans Dieter u.a. (1989)
: Satzlehre - Denkschulung - Nationalsprache. Deutsche Schulgrammatik zwischen 1800 und 1850. Münster 1989.
Eucken, Rudolf (1880)
: Ueber Bilder und Gleichnisse in der Philosophie. Leipzig 1880.
Feilke, Helmuth (1993)
: Common Sense-Kompetenz. Überlegungen zu einer Theorie des "sympathischen" und "natürlichen" Meinens und Verstehens. Diss. Siegen 1993.
Finley, Moses I. (1990)
: Die Griechen. Frankfurt 1990.
Flasch, Kurt (1980)
: Augustin. Einführung in sein Denken. Stuttgart 1980.
Förster, Jürgen/Neuland, Eva/Rupp, Gerhard (Hrsg.) (1989)
: Wozu noch Germanistik? Wissenschaft - Beruf - kulturelle Praxis. Stuttgart 1989.
Frank, Horst Joachim (1973)
: Geschichte des Deutschunterrichts. München 1973.
Freytag, Hartmut (1982)
: Die Theorie der allegoretischen Schriftdeutung und die Allegorie in deutschen Texten des 11. und 12. Jahrhunderts. Bern/München 1982.
Frisk, Hjalmar (1973)
: Griechisches etymologisches Wörterbuch. Heidelberg 1973.
Fuchs, H. (1962)
: Enkyklios Paideia. In: Reallexikon für Antike und Christentum. Band 5. Hrsg. v. Th. Klauser. Stuttgart 1962.
Gehlen, Arnold (1975)
: Urmensch und Spätkultur. Frankfurt/M. 1975.
Gellner, Ernest (1990)
: Pflug, Schwert und Schrift. Grundlinien der Menschheitsgeschichte. Stuttgart 1990.
Gellner, Ernest (1991)
: Nationalismus und Moderne. Berlin 1991.
Glinz, Hans (1993)
: Sprachwissenschaft und Schule. Zürich 1993.

Goppelt, Leonhard (1990)
: Typos. Die typologische Deutung des Alten Testaments im Neuen. Gütersloh 1939. Reprint: Darmstadt 1990.

Grammaire générale et raisonée ou La Grammaire du Port Royal (1966)
: Hrsg. von Herbert E. Breckle. Stuttgart/Bad Cannstatt 1966.

Grillparzer, Franz
: Gesammelte Werke. Hrsg. von E. Rollet u. A. Sauer. Bd. 2. Sprüche und Epigramme, Aphorismen, Erzählungen. Wien o.J.

Brüder Grimm (1966)
: Altdeutsche Wälder. 1. Band. Hrsg. von W. Schoof. Darmstadt 1966.

Grimm, Jacob (1854)
: Vorwort zum Deutschen Wörterbuch von J. u. W. Grimm. Bd. 1. Leipzig 1854.

Grimm, Jacob (1968)
: Vorreden zur Deutschen Grammatik von 1819 und 1822. Hrsg. von H. Steger. Darmstadt 1968.

Grimm, Jacob (1984)
: Reden in der Akademie. Hrsg. von W. Neumann und H. Schmidt. Berlin 1984.

Grotefend, G. F. (1818)
: Bemerkungen zum Grundrisse der reinen allgemeinen Sprachlehre von G.M. Roth. In: Abhandlungen des Frankfurter Gelehrtenvereines für deutsche Sprache. 2. Stück. Frankfurt/M. 1818.

Günther, Horst (1990)
: Versuche, europäisch zu denken. Deutschland und Frankreich. Frankfurt/M. 1990.

Günther, Horst (1993)
: Zeit der Geschichte. Welterfahrung und Zeitkategorien in der Geschichtsphilosophie
Frankfurt/M. 1993.

Günther, Klaus B./Günther, Hartmut (Hrsg) (1983)
: Schrift, Schreiben, Schriftlichkeit. Arbeiten zur Struktur, Funktion und Entwicklung schriftlicher Sprache. Tübingen 1983.

Haage, Bernhard Dietrich (1983)
: Deutsche Artesliteratur des Mittelalters. Überblick und Forschungsbericht. In: Zeitschrift für Literaturwissenschaft und Linguistik 13. 1983. Heft 51/52. S. 185-205.

Haarmann, Harald (1993)
: Die Sprachenwelt Europas. Geschichte und Zukunft der Sprachnationen zwischen Atlantik und Ural. Frankfurt M./New York 1993.

Halbwachs, Maurice (1985)
: Das kollektive Gedächtnis. Frankfurt/M. 1985.

Hammerich, Kurt/Klein, Michael (Hrsg.) (1978)
: Materialien zur Soziologie des Alltags. Sonderheft der Kölner Zeitschrift für Soziologie und Sozialpsychologie 20. 1978.

Harris, James (1976)
: Hermes or an Philosophical Inquiry concerning Universal Grammar. London 1765. Reprint: Hildesheim 1976.

Hartmann, Peter (1965)
: Modellbildungen in der Sprachwissenschaft. In: Studium generale. 1965. Heft 18. S. 364ff.

Hasler, Herbert (1991)
: Lehren und Lernen der geschriebenen Sprache. Darmstadt 1991.

Hattaway, Michael (1991)
: Introduction to W. Shakespeare: The second Part of Henry VI. Cambrigde 1991.

Haueis, Eduard (1985)
: Sprachspiele und didaktische Modellierung von Wissensstrukturen. In: Stötzel (Hrsg.): Germanistik - Forschungsstand und Perspektiven. Teil 1. Berlin 1985.

Havelock, Eric A. (1963)
: Preface to Plato. Cambrigde/London 1963.

Havelock, Eric A. (1990)
: Schriftlichkeit. Das griechische Alphabet als kulturelle Revolution. Weinheim 1990.

Havelock, Eric A. (1992)
: Als die Muse schreiben lernte. Frankfurt/M. 1992.

Hedwig, Klaus (1979)
: Lebenswelten der Lebenswelt. Aspekte einer philosophischen Thematik. In: Philosophischer Literaturanzeiger. Band 32. 1979.

Heidegger, Martin (1980)
: Holzwege. Frankfurt/M. 1980.

Heidegger, Martin (1987)
: Einführung in die Metaphysik. Tübingen 1987.

Hein, Christoph (1992)
: Waldbruder Lenz. In: J.M.R. Lenz: Briefe zu Werthers Leiden. Frankfurt/Leipzig 1992.

Heinemann, Isaak (1949)
: Die wissenschaftliche Allegoristik der Griechen. In: Mnemosyne 4.2. 1949. S. 5-18.

Heinemann, Isaak (1952)
: Die Allegoristik der hellenischen Juden außer Philon. In: Mnemosyne 4.5. 1952. S. 130-138.

Heinimann, Siegfried (1988)
: Die Muttersprache im Denken und Wirken Dantes. In: Romanische Literatur- und Fachsprachen in Mittelalter und Renaissance. Wiesbaden 1988.

Helbig, Gerhard (1974)
: Geschichte der neueren Sprachwissenschaft. Reinbek bei Hamburg 1974.

Herder, Johann Gottfried (1889)
: Sämtliche Werke. Hrsg. von Bernhard Suphan. Bd. 30. Berlin 1889.

Herder, Johann Gottfried (1984)
    Werke. Hrsg. von Wolfgang Pross. Bd. 1. München/Wien 1984.
Hesiod (1965)
    Sämtliche Werke. Hrsg. von E. G. Schmidt. Leipzig 1965.
Hess, Gerhard (1940)
    Leibniz korrespondiert mit Paris. Hamburg 1940.
Heyse, Johann Christian August (1827)
    Theoretisch-praktische Grammatik oder Lehrbuch zum reinen und richtigen Sprechen, Lesen und Schreiben der deutschen Sprache. Hannover. 4. Auflage 1827.
Hildebrandt, Rudolf (1890)
    Gesammelte Aufsätze und Vorträge zur deutschen Philologie und zum deutschen Unterricht. Leipzig 1890.
Hoberg, Rudolf (Hrsg.) (1987)
    Sprache und Bildung. Beiträge zum 150. Todestag Wilhelm von Humboldts. Darmstadt 1987.
Hoberg, Rudolf und Ursula (1988)
    Der kleine Duden. Deutsche Grammatik. Eine Sprachlehre für Beruf, Fortbildung und Alltag. Mannheim 1988.
Hobsbawm, Eric. J. (1991)
    Nationen und Nationalismus. Mythos und Realität seit 1780. Frankfurt/M. 1991.
Hölderlin, Friedrich (1954)
    Sämtliche Werke. Große Stuttgarter Ausgabe. Band 6.1. Stuttgart 1954.
Holtz, Luis (1981)
    Donat et la tradition de l'enseignement grammatical. Paris 1981.
Homer (1983)
    Ilias. Übersetzt von Hans Rupé. München/Zürich 1983.
Wilhelm von Humboldts Gesammelte Schriften (1968)
    Hrsg. von der Königlich Preussischen Akademie der Wissenschaften. 17 Bände. Berlin 1903-1936. Reprint: Berlin 1968.
Humboldt, Wilhelm von (1990)
    Briefe an F.A. Wolf. Hrsg. von Ph. Mattson. Berlin/New York 1990.
Humboldt, Wilhelm von (1859)
    Briefe an F.G. Welcker. Hrsg. von R. Haym. Berlin 1859.
Illich, Ivan (1982)
    Vom Recht auf Gemeinheit. Reinbek bei Hamburg 1982.
    frühere Fassung: Sprachgefangenschaft: Warenbezogene Sprachlähmungen im Gespräch über die Umwelt. In: Der Mensch und seine Sprache. Schriften der C.F. von Siemens-Stiftung. Bd. 1. Frankfurt/M. 1979. S. 320-337.
Ising, Erika (1966)
    Die Anfänge der volkssprachlichen Grammatik in Deutschland und Böhmen. Berlin 1966.

Ising, Erika (1970)
: Die Herausbildung der Grammatik der Volkssprachen in Mittel- und Osteuropa. Berlin 1970.

Isokrates (1910)
: Panegyrikos. Übersetzt von Th. Flathe. Berlin 1910.

Ivo, Hubert (1977)
: Zur Wissenschaftlichkeit der Didaktik der deutschen Sprache und Literatur. Frankfurt/M. 1977.

Ivo, Hubert (1982)
: Lehrer korrigieren Aufsätze. Beschreibung eines Zustandes und Überlegungen zu Alternativen. Frankfurt/M. 1982.

Ivo, Hubert (1988a)
: Wilhelm von Humboldts Sprache des Diskurses zwischen Weltansichten und allgemeiner Grammatik. In: Kodikas/Code. 1988. Nr. 1/2.

Ivo, Hubert (1988b)
: "Grammatik tut not!" - Warum? Zur Bewußtseinsgeschichte eines Werturteils. In: Diskussion Deutsch. 1988. Heft 103.

Ivo, Hubert (1989)
: Blick zurück nach vorn. In: Förster, Neuland, Rupp. (1989). S. 22-36.

Ivo, Hubert (1990)
: Volkssprache und Sprachnation. In: Diskussion Deutsch. 1990. Heft 114. S. 343-368.

Ivo, Hubert (1991)
: Wilhelm von Humboldt: Sprache heftet, leitet und bildet. Vom "conventionellen Gebrauch der Sprache", von Nationen und von Frauen und Männern. In: Karl Ermert (Hrsg.): Surgary strike. Über Zusammenhänge von Sprache, Krieg und Frieden. Loccumer Protokolle. Heft 58. Rehberg-Loccum 1991. S. 115-135.

Ivo, Hubert (1994)
: Germanistik als Deutschlehrerausbildung in der Kritik. In: Joachim Hohmann (Hrsg.): Deutschunterricht zwischen Reform und Modernismus. Blick auf die Zeit 1968. Frankfurt/M. 1994. S. 225-241.

Ivo, Hubert/Körner, Axel u.a. (1983)
: Aufsätze korrigieren. In: Diskussion Deutsch. 1983. Heft 71. S. 234-318.

Ivo, Hubert/Neuland, Eva (1991)
: Grammatisches Wissen. Skizze einer empirischen Untersuchung über Art, Umfang und Verteilung grammatischen Wissens (in der Bundesrepublik). In: Diskussion Deutsch. 1991. Heft 121. S. 437-493.

Jakobson, Roman (1979)
: Poetik. Ausgewählte Aufsätze 1921 1971. Frankfurt/M. 1979.

Jaeger, Werner (1947)
: Paideia. Bd.3. Berlin 1947.

Jean Paul (1975)
: Werke in zwölf Bänden. Hrsg. von Norbert Miller. München 1975.

Jeep, Ludwig (1893)
: Zur Geschichte von den Redeteilen bei den lateinischen Grammatikern. Leipzig 1893.

Johann, Horst-Theodor (Hrsg.) (1976)
: Erziehung und Bildung in der heidnischen und christlichen Antike. Darmstadt 1976.

Joosen, J.C./Waszink, J.H. (1950)
: Allegorese. In: Reallexikon für Antike und Christentum. Stuttgart 1950.

Josephus Flavius (1938)
: Ausgewählte Schriften. Hrsg. von B. Murmelstein. Wien 1938.

Josephus Flavius (1930)
: Contre Apion.
: Hrsg. von Th. Reinach. Paris 1930.

Junker, Klaus (1986)
: Zur Kritik an der Humboldt-Adaption der Neuhumboldtianer. In: Klaus Welke (Hrsg.): Sprache - Bewußtsein - Tätigkeit. Zur Sprachkonzeption Wilhelm von Humboldts. Berlin 1986. S. 68-93.

Kant, Immanuel (1957)
: Werke. Hrsg. von W. Weischedel. Bd. III u. V. Darmstadt 1957.

Karpp, Heinrich (1992)
: Schrift, Geist und Wort Gottes. Darmstadt 1992.

Karusos, Christos (1975)
: Dante und die Sprache. De Vulgari Eloquentia. Passau 1975.

Keil, Heinrich (1864)
: Grammatici Latini. Bd. V. Leipzig 1864.

Kerényi, Karl (1966)
: Die Mythologie der Griechen. München 1966.

Köhn, Rolf (1986)
: Schulbildung und Trivium im lateinischen Mittelalter und ihr möglicher praktischer Nutzen. In: Fried, Johannes (Hrsg.): Schulen und Studium im sozialen Wandel des hohen und späten Mittelalters. Sigmaringen 1986.

Koller, Hermann (1963)
: Musik und Dichtung im alten Griechenland. Bern 1963.

Koller, Hermann (1976)
: ENKYKLIOS PAIDEIA. In: Horst-Theodor Johann (1976).

Koselleck, Reinhardt (1979)
: Vergangene Zukunft. Frankfurt/M. 1979.

Kracauer, Siegfried (1971)
: Die Angestellten. Frankfurt/M. 1971.

Künstle, Karl (1928)
: Ikonographie der christlichen Kunst. Freiburg i.B. 1928.

Lactacz, Joachim (1979)
: Die Entwicklung der griechischen und lateinischen Schulgrammatik. In: Fachdidaktische Studien in der Lehrerausbildung. Alte Sprachen I. München 1979.

Ladenspelder, Johann (1988)
: Tarocchi. Die Kölner Fassung der sogenannten Tarock-Karten des Mantegna. Köln 1988.

Landgrebe, Ludwig (1982)
: Faktizität und Individuation. Hamburg 1982.

Langosch, Karl (1990)
: Mittellatein und Europa. Darmstadt 1990.

Lanthaler, Franz (Hrsg.)(1994)
: Dialekt und Mehrsprachigkeit. Meran 1994.

Larenz, Karl (1991)
: Lehre der Rechtswissenschaft. Berlin 1991.

Leibniz, Gottfried Wilhelm (1967)
: Unvorgreifliche Gedanken betreffend die Ausübung und Verbesserung der deutschen Sprache. Darmstadt 1967.

Lenz, Jakob Michael Reinhold (1992)
: Briefe zu Werthers Leiden. Frankfurt/Leipzig 1992.

Lessing, Gotthold Ephraim (1967)
: Über den Beweis des Geistes und der Kraft. In: Lessings Werke. 3. Band. Hrsg. von Kurt Wölfel. Frankfurt/M. 1967.

Liebs, Detlef (1986)
: Lateinische Rechtsregeln und Rechtssprichwörter. München 1986.

Lohmann, Johannes (1965)
: Philosophie und Sprachwissenschaft. Berlin 1965.

Luckmann, Thomas (1979)
: Phänomenologie und Soziologie. In: W. M. Spondel/R. Grathoff (Hrsg.): Alfred Schütz und die Idee des Alltags in den Sozialwissenschaften. Stuttgart 1979.

Luther, Martin (1959)
: Sendbrief vom Dolmetschen. In: Luthers Werke in Auswahl. Band 4. Hrsg. von Otto Clemen. Berlin 1959.

Maas, Utz (1986)
: "Die Schrift ist ein Zeichen für das, was in dem Gesprochenen ist". Zur Frühgeschichte der sprachwissenschaftlichen Schriftauffassung: das aristotelische und nacharistotelische (phonographische) Schriftverständnis. In: Kodikas/Code. 1986. S. 247-292.

Maas, Utz (1992)
: Grundzüge der deutschen Orthographie. Tübingen 1992.

Madec, Goulven (1975)
: Analyse du De magistro. In: Revue des études Augustiniennes 21. 1975. S. 63-71.

de Man, Paul (1988)
: Allegorie des Lesens. Frankfurt/M. 1988.

Manitius, Max (1911-1931)
: Geschichte der lateinischen Literatur des Mittelalters. 3 Bände. München 1911-1931.

Mannheim, Karl (1928)
: Das Problem der Generationen. In: Kölner Vierteljahreshefte für Soziologie. 1928. Heft 7. S. 157-185; 309-330.

Marrou, Henri-Irénée (1982)
: Geschichte der Erziehung im klassischen Altertum. Paderborn u.a. 1982.

Matthias, Adolf (1907)
: Geschichte des deutschen Unterrichts. München 1907.

Meier, Christian (1993)
: Athen. Ein Neubeginn der Weltgeschichte. Berlin 1993.

Menze, Clemens (1975)
: Die Bildungsreform Wilhelm von Humboldts. Hannover 1975.

Menze, Clemens (1985)
: Ist die Bildungsreform Wilhelm von Humboldts gescheitert? In: Collectanea Philologica. Festschrift für Helmut Gipper. Band 1. Hrsg. von Günter Heinz und Peter Schmitter. Baden-Baden 1985.

Merleau-Ponty, Maurice (1984)
: Die Prosa der Welt. München 1984.

Michael, Jan (1970)
: English Grammatical Categories and the Tradition to 1800. Cambridge 1970.

Mollenhauer, Klaus (1983)
: Vergessene Zusammenhänge. Über Kultur und Erziehung. München 1983.

Molsdorf, Wilhelm (1926)
: Christliche Symbolik der mittelalterlichen Kunst. Leipzig 1926.

Müller, Johannes (1969)
: Quellenschriften und Geschichte des deutsch-sprachlichen Unterrichts bis zur Mitte des 16. Jahrhunderts. Gotha 1882. Reprint: Hildesheim 1969.

Müller, Konrad (1924)
: Allegoretische Dichtererklärung. In: Paulys Realencyclopädie der classischen Altertumswissenschaften. Supplementband IV. Stuttgart 1924.

Müller-Vollmer, Kurt (1991)
: Mutter Sanskrit und die Nacktheit der Südseesprachen. Das Begräbnis von Humboldts Sprachwissenschaft. In: Athenäum. Jahrbuch für Romantik. 1991. Bd. 1. S. 109-133.

Münzel, Gustav (1959)
: Der Skulpturenzyklus in der Vorhalle des Freiburger Münsters. Freiburg i.Br. 1959.

Nabokov, Vladimir (1972)
: Verzweiflung. Vorwort vom 1.3.1965. Reinbek bei Hamburg 1972.

Nancy, Jean Luc (1982)
: Philosophie und Bildung. In: Wer hat Angst vor der Philosophie. Hrsg. von Norbert W. Bolz. Paderborn 1982. S. 221-242.

Naumann, Bernd (1986)
: Grammatik der deutschen Sprache zwischen 1781 und 1856. Berlin 1986.

de Nebrija, Antonio (1980)
: Gramática de la lengua Castellana. Hrsg. von Antonio Quilis. Madrid 1980.

Neuner/Roos (1954)
: Der Glaube der Kirche in den Urkunden der Lehrverkündigung. Regensburg 1954.

Nikolaus von Kues (1989)
: Idiota de mente. Werke III. Hrsg. von Leo Gabriel. Wien 1989.

Notker der Deutsche (1979)
: Martianus Capella. "De nuptiis Philologiae et Mercurii". Hrsg. von James. C. King. Tübingen 1979.

Oelmüller, Willi (Hrsg. u.a.) (1991)
: Philosophische Arbeitsbücher 8. Diskurs: Sprache. Paderborn 1991.

Osman, Nubil (1971)
: Kleines Lexikon untergegangener Wörter. München 1971.

Ossner, Jakob (1993)
: Volksbildung-Erziehung-Wissenschaft. In: Johannes Janota (Hrsg.): Kultureller Wandel und die Germanistik in der Bundesrepublik. Band 4. S. 63-67. Tübingen 1993.

Otfried von Weissenburg (1965)
: Evangelienbuch. In: Mittelalter. Texte und Zeugnisse. Zweiter Teilband. Hrsg. von Helmut de Boor. München 1965.

Pesch, Rudolf (1988)
: Zur Entstehung des Glaubens an die Auferstehung Jesu. In: Zur neutestamentlichen Überlieferung von der Auferstehung Jesu. Darmstadt 1988. S. 228-255.

Pestalozzi, Heinrich (1932)
: Sämtliche Werke. Hrsg. von Bucheman, Spranger, Stettbacher. Band 13. Berlin 1932.

Petrarca (1957)
: Dichtungen, Briefe. Hrsg. von Hanns W. Eppelsheimer. Frankfurt/M. 1957.

Pfeiffer, Rudolf (1970)
: Geschichte der klassischen Philologie. Von den Anfängen bis zum Hellenismus. Reinbek bei Hamburg 1970.

Platon (1991)
: Sämtliche Werke in zehn Bänden. Griechisch und Deutsch. Nach der Übersetzung Friedrich Schleiermachers, ergänzt durch Übersetzungen von Franz Susemihl u.a. Hrsg. von Karlheinz Hülser. Frankfurt/Leipzig 1991.

Plessner, Max (1976)
: Die Frage nach der Conditio humana. Frankfurt/M. 1976.

Plessner, Helmuth (1983)
: Der kategoriale Konjunktiv. Die Frage nach der conditio humana. In: Gesammelte Schriften. Band. VIII. Frankfurt/M. 1983.

Plessner, Helmuth (1983)
: Die verspätete Nation. In: Gesammelte Schriften. Band VI. Frankfurt/M. 1983.

Pohlenz, Max (1939)
: Die Begründung der abendländischen Sprachlehre durch die Stoa. In: Nachrichten von der Gesellschaft der Wissenschaften zu Göttingen. Philologische Klasse. Neue Folge. Fachgruppe I. Göttingen 1939. S. 151-198.

Porphyrios (1880)
: Quaestionum Homericarum ad Iliadem Pertinentium. Hrsg. von Herrmann Schrader. Leipzig 1880.

Porter, Cole (1991)
: Kiss me, Kate. Stuttgart 1991.

Rademacher, Ludwig (1951)
: Artium Scriptores. (Reste der voraristotelischen Rhetorik) In: Sitzungsberichte, 227. Band, 3. Abhandlung der Österreichischen Akademie der Wissenschaften. Philosophisch-historische Klasse. Wien 1951.

Ramge, Hans (Hrsg.) (1980)
: Studien zum sprachlichen Handeln im Unterricht. Gießen 1980.

Raumer, Rudolf von (1852)
: Der Unterricht im Deutschen. In: ders.: Geschichte der Pädagogik. Dritter Theil. Stuttgart 1852.

Rendtdorff, Rolf (1989)
: Hat denn Gott sein Volk verstoßen? Die evangelische Kirche und das Judentum seit 1945. Ein Kommentar. München 1989.

Richert, Hans (Hrsg.) (1927)
: Richtlinien für die Lehrpläne der höheren Schulen Preußens. Berlin 1927.

Ricken, Ulrich (1984)
: Sprache, Anthropologie, Philosophie in der französischen Aufklärung. Berlin 1984.

Rilke, Rainer Maria (1912)
: Die Weise von Liebe und Tod des Cornets Christoph Rilke. Leipzig 1912.

Robins, R. H. (1958)
: Dionysios Thrax and the Western Grammatical Tradition. In: Transactions of the Philological Society Oxford. Oxford 1958. S. 67-106.

Röber-Siekmeyer, Christa (1993)
: Die Schriftsprache entdecken. Weinheim/Basel 1993.

Rompeltiens, Bärbel (1994)
: Germanistik als Wissenschaft. Zur Ausdifferenzierung und Integration einer Fachdisziplin. Opladen 1994.

Rosier, Iréne (1983)
: La Grammaire spéculative des Modists. Lille 1983.

Ruef, Hans (1981)
: Augustin über Semiotik und Sprache. Sprachtheoretische Analysen zu Augustins Schrift "De Dialectica". Bern 1981.

Ruegg, Walter (1968)
: Humanistische Bildung in der demokratischen Gesellschaft. In: Neue deutsche Hefte 1968. Heft 119. S. 35-54.

Runge, Philipp Otto/Koeppen, Wolfgang (1987)
: Von dem Machandelboom. Frankfurt/M. 1987.

Rüter, Angelika (1991)
: 'Individuum', 'Nation', 'Staat'. Zum Status der Begriffe im Werk Wilhelm von Humboldts. In: Multum - non multa? Studien zur "Einheit der Reflexion" im Werk Wilhelm von Humboldts. Hrsg. von Peter Schmitter. Münster 1991.

Ryle, Gilbert (1969)
: Der Begriff des Geistes. Stuttgart 1969.

Shakespeare, William (1979)
: König Heinrich der Sechste. König Richard der Dritte. Hrsg. von Hans Matter. Zürich 1979.

Seidensticker, Peter (Hrsg. u.a.) (1978)
: Didaktik der Grundsprache. Sprachwissenschaft und Unterrichtspraxis. Stuttgart 1978.

Siebenborn, Elmar (1976)
: Die Lehre von der Sprachrichtigkeit und ihren Kriterien. Studien zur antiken normativen Grammatik. Amsterdam 1976.

Sitta, Horst (1994)
: Im Dialekt leben. In: Lanthaler (1994).

Sophokles (1989)
: Die Trachinierinnen. Hrsg. von Walter Kraus. Stuttgart 1989.

Spinoza, Baruch de (1984)
: Theologisch-Politischer Traktat. Hrsg. von Günter Gawlick. Hamburg (1984).

Spitzer, Leo (1948)
: Muttersprache und Muttererziehung. In: ders.: Essays in historical semantics. New York 1948.

Switalla, Bernd (1992)
: Wie Kinder über Sprache denken. Über die Entdeckung eines neuen Problems. In: Der Deutschunterricht. 1992. Heft 4. S. 34-49.

Schaff, Adam (1964)
: Sprache und Erkenntnis. Wien 1964.

Scharf, Hans-Werner (1989)
: Differenz und Dependenz. Wesen und Erscheinung in Humboldts Sprach-Idee. In: ders. (Hrsg.): Wilhelm von Humboldts Sprachdenken. Essen 1989. S. 125-161.

Schiller, Friedrich (1847)
    Sämmtliche Werke in zwölf Bänden. 10. Band. Stuttgart/Tübingen (Cotta) 1847.
Schlaffer, Heinz (1990)
    Poesie und Wissen. Frankfurt/M. 1990.
Schlegel, Friedrich (1987)
    Gespräch über Poesie. In: Kritische und theoretische Schriften. Hrsg. von Andreas Huyssen. Stuttgart 1978.
Schleicher, Klaus (Hrsg.) (1993)
    Die Zukunft der Bildung in Europa. Nationale Vielfalt und europäische Einheit. Darmstadt 1993.
Schleiermacher, Friedrich (1977)
    Hermeneutik und Kritik. Hrsg. von Manfred Frank. Frankfurt/M. 1977.
Schleiermacher, Friedrich (1981)
    Versuch einer Theorie des geselligen Betragens. In: Werke. Band II. 2. Neudruck der 2. Auflage von 1927. Aalen 1981.
Schlieben-Lange, Brigitte (1983)
    Traditionen des Sprechens. Stuttgart 1983.
Schmidt, R. T. (9179)
    Die Grammatik der Stoiker. Einführung, Übersetzung und Bearbeitung von Karlheinz Hülser. Braunschweig/Wiesbaden 1979.
Schmitter, Peter (1991)
    Einheit und Differenz im Werk Wilhelm von Humboldts. In: ders. (Hrsg.): Multum - non multa? Studium zur "Einheit der Reflexion" im Werk Wilhelm von Humboldts. Münster 1991.
Schobinger, Jean-Pierre (1977)
    Augustins Einkehr als Wirkung der Lektüre. Die admonitio verborum. In: Esoterik und Exoterik der Philosophie. Hrsg. von Holzey/Zimmerli. Basel/Stuttgart 1977. S. 70-100.
Schottelius, Justus Georg (1967)
    Ausführliche Arbeit von der teutschen Haubtsprache. (1663). Hrsg. von Wolfgang Hecht. Reprint: Tübingen 1967.
Schütz, Alfred/Luckmann, Thomas (1975)
    Strukturen der Lebenswelt. Darmstadt 1975.
Schwering, Julius (1925)
    Die Idee der drei heiligen Sprachen im Mittelalter. In: Festschrift für August Sauer. Stuttgart 1925.
Stachowiak, Herbert (Hrsg.) (1983)
    Modelle - Konstruktion der Wirklichkeit. München 1983.
Stahl, William Harris/Johnson, Richard (1977)
    Martianus Capella and the Seven Liberal Arts. New York 1977.
Stengel, Edmund (1879)
    Die beiden ältesten provenzialischen Grammatiken. Marburg 1879.

Steger, Hugo (1982)
: Über die Würde der alltäglichen Sprache und die Notwendigkeit von Kultursprachen. Mannheim 1982.

Steinthal, Henning (1971)
: Geschichte der Sprachwissenschaft bei den Griechen und Römern. Berlin 1881. Reprint: Hildesheim/New York 1971.

Stetter, Christian (1986)
: "Ueber Denken und Sprechen". Wilhelm von Humboldt zwischen Fichte und Herder. In: Arwed Spreu (Hrsg.): Sprache, Mensch und Gesellschaft. Werk und Wirkungen von Wilhelm von Humboldt und Jacob Grimm in der Vergangenheit und Gegenwart. Teil 1. Berlin 1986.

Stetter, Christian (Hrsg.) (1990)
: Zu einer Theorie der Orthographie. Tübingen 1990.

Stetter, Christian (1992)
: Zu einer analytischen Philosophie der Schrift. In: Schreibprozesse-Schreibprodukte. Festschrift Gisbert Keseling. Hrsg. von Manfred Kohrt und Arne Wrobel. S. 333-359. Hildesheim 1992.

Stetter, Christian (i.E.1)
: Die "Rhetorik" des Aristoteles. Reden nach der Schrift. (im Erscheinen)

Stetter, Christian (i.E.2)
: Orthographie und Schriftsystem. (im Erscheinen)

Stierle, Karlheinz (1979)
: Petrarcas Landschaften. Zur Geschichte ästhetischer Landschaftserfahrung. Krefeld 1979.

Strohbach, Margit (1984)
: J. Ch. Adelung. Ein Beitrag zu seinem germanistischen Schaffen mit einer Bibliographie seines Gesamtwerkes. Berlin/New York 1984.

Stückelberger, Alfred (1965)
: Senecas 88. Brief. Heidelberg 1965.

Trabant, Jürgen (1986)
: Apeliotes oder Der Sinn der Sprache. München 1986.

Trabant, Jürgen (1990)
: Traditionen Humboldts. Frankfurt/M. 1990.

Trapp, Ernst Christian (1979)
: Ueber den Unterschied in Sprachen. In: Allgemeine Revision des gesammten Schul- und Erziehungswesens. Teil 11. Hrsg. von J. H. Campe. Wien/Braunschweig 1788. Reprint: Vaduz 1979.

Uhlig, Gustav (Hrsg.)(1883)
: Dionysii Thracis. Ars Grammatica. Leipzig 1883.

Ulshöfer, Robert (1963)
: Methodik des Deutschunterrichts. Band 1. Stuttgart 1963.

Ulshöfer, Robert (1978/1980)
: Der Deutschunterricht. Einleitungen in die Hefte 1/1978 und 6/1980.

Vater, Johann Severin (1799)
: Übersicht des Neuesten, was für die Philosophie der Sprache in Teutschland gethan worden ist. Gotha 1799.

Vaugelas (o.J.)
: Remarques sur la Langue Françoise. Hrsg. von A. Chassang. Paris o.J.

Vesper, Wilhelm (1980)
: Deutsche Schulgrammatik im 19. Jahrhundert. Tübingen 1980.

Vives, Juan Luis (1990)
: Über die Gründe des Verfalls der Künste. De causis corruptarum artium. Lateinisch-deutsch. Hrsg. von Emilio Hidalgo-Serna. München 1990.

Vossler, Karl (1903)
: Wie erklärt sich der späte Beginn der Vulgärliteratur in Italien? In: Zeitschrift für vergleichende Literaturgeschichte. 1903. S. 21-32.

Wagner, Petra (1982)
: Aufsatzkorrektur als professionelles Alltagshandeln. Frankfurt/M. 1982.

Wandruszka, Mario (1971)
: Interlinguistik. Umrisse einer neuen Sprachwissenschaft. München 1971.

Weber, Hugo (1872)
: Die Pflege nationaler Bildung durch den Unterricht in der Muttersprache. Leipzig 1872.

Wehler, Hans-Ulrich (1987)
: Deutsche Gesellschaftsgeschichte. Band 1 und Band 2. München 1987.

Weinrich, Harald (1960)
: Vaugelas und die Lehre vom guten Sprachgebrauch. In: Zeitschrift für romanische Philologie. 1960. Bd. 76. Heft 1/2.

Weinstock, Stefan (1927)
: Die platonische Homerkritik und ihre Nachwirkung. In: Philologicus 82. 1927.

Weisgerber, Leo (1929)
: Muttersprache und Geistesbildung. Göttingen 1929.

Weisgerber, Leo (1930/1964)
: Die Zusammenhänge zwischen Muttersprache, Denken und Handeln. In: Zeitschrift für Deutsche Bildung. 1930. Heft 6. S. 57-72, 113-126. Zitiert nach: Zur Grundlegung der ganzheitlichen Sprachauffassung. Aufsätze 1925-1933. Düsseldorf 1964.

Weisgerber, Leo (1931/1982)
: Sprache. In: Handwörterbuch der Soziologie. Hrsg. von Alfred Vierkant. Stuttgart 1931. Zitiert nach: Gekürzte Studienausgabe. Hrsg. von René König. Stuttgart 1982.

Weisgerber, Leo (1932)
: Muttersprachliche Bildung. In: Handbuch der Erziehungswissenschaften. Teil IV. Band 2. München 1932.

Weisgerber, Leo (1933)
: (Besprechung von:) Georg Schmidt-Rohr: Die Sprache als Bildnerin der Völker. In: Zeitschrift für Deutsche Bildung. 1933. Heft 9. S. 52-59.

Weisgerber, Leo (1934a)
: Sprachwissenschaft und Volksgemeinschaft und die Bildungsaufgaben unserer Zeit. In: Zeitschrift für Deutsche Bildung. 1934. Heft 6. S. 289-303.

Weisgerber, Leo (1934b)
: Die Stellung der Sprache im Aufbau der Gesamtkultur. In: Wörter und Sachen. 1934. Heft 16. S. 97-236.

Weisgerber, Leo (1937)
: Muttersprache und volkhafte Erziehung. In: Politische Erziehung. 1937. Heft 5. S. 151-157.

Weisgerber, Leo (1941)
: Die deutsche Sprache im Aufbau des deutschen Volkslebens. In: Von deutscher Art in Sprache und Dichtung. Band 1. Hrsg. von Gerhard Fricke u.a. Stuttgart 1941. S. 3-41.

Weisgerber, Leo (1948)
: Die Entdeckung der Muttersprache im europäischen Denken. Lüneburg 1948.

Weisgerber, Leo (1953)
: Vom Weltbild der deutschen Sprache. 1. Halbband. Die inhaltsbezogene Grammatik. 2. Auflage Düsseldorf 1953.

Weisgerber, Leo (1965)
: Die Lehre von der Sprachgemeinschaft. In: Frankfurter Hefte. 1965. Heft 3. S. 197-205.

Weisgerber, Leo (1973)
: Zweimal Sprache. Düsseldorf 1973.

Weniger, Erich (1952)
: Didaktik als Bildungslehre. Weinheim 1952.

Werlen, Iwar (1989)
: Sprache, Mensch und Welt. Geschichte und Bedeutung des Prinzips der sprachlichen Relativität. Darmstadt 1989.

Wessner, P. (1930)
: Martianus Capella. In: Paulys Realencyclopädie der classischen Altertumswissenschaften. Band 14.2. Stuttgart 1930.

Wiese, L. (1886)
: Verordnungen und Gesetze für die höheren Schulen in Preußen. Dritte Ausgabe, bearbeitet von Otto Kübler. Erste Abteilung: Die Schule. Berlin 1886.

Wittgenstein, Ludwig (1971)
: Philosophische Untersuchungen. Frankfurt/M. 1971.

Wittkower, Rudolf (1984)
: Allegorie und der Wandel der Symbole in Antike und Renaissance. Köln 1984.

Aus dem Programm Sprachwissenschaft

Klaus Ahlzweig
Muttersprache – Vaterland
Die deutsche Nation und ihre Sprache
1994. 242 S. Kart.
ISBN 3-531-12243-6

In dieser sowohl sprachgeschichtlich wie ideologiekritisch ausgerichteten Studie geht der Autor der Frage nach, wie der Begriff der „Muttersprache" – zunächst als Bezeichnung der Sprache der Ungebildeten im Gegensatz zur Bildungssprache benutzt – in der Neuzeit zur Bezeichnung für das Hochdeutsche wird und damit auch zunehmend der nationalen Abgrenzung dient. Die „Muttersprache" wird im 19. Jahrhundert zum Träger des Nationalbewußtseins – erst recht in seiner deutschnational-chauvinistischen Ausprägung im faschistischen Deutschland. Eine Analyse des Umgangs mit diesem stark ideologisch belasteten Begriff nach 1945 rundet den Band ab.

Werner Ingendahl
Sprachliche Bildung im kulturellen Kontext
Einführung in die kulturwissenschaftliche Germanistik
1991. 306 S.
(wv studium, Bd. 166) Pb.
ISBN 3-531-22166-3

In jeder kommunikativen Äußerung kommt nicht nur der gemeinte Sachverhalt in bestimmter Sichtweise zum Ausdruck, sondern auch das Beziehungsverhältnis der Beteiligten; zugleich stellt sich der Sprecher selbst dar. In einer solchen sprachlichen Umwelt wächst jedes Kind heran. Es erlernt also nicht nur eine Sprache, sondern über die Sprache erfährt es auch Kulturen, gesellschaftliche Normen und Persönlichkeiten: Es lernt seine Welt kennen. Sprachliche Bildungsprozesse müßten also – statt formalistisch Sprache und Texte zu beschreiben – Sprache in ihren kulturellen Kontexten handelnd erfahren und reflektieren lassen. Auf der systematischen Grundlage der Habermasschen Verständigungstheorie wird dazu eine Didaktik zur Ausbildung einer kommunikativen Kompetenz entwickelt.

Utz Maas
„Als der Geist der Gemeinschaft eine Sprache fand"
Sprache im Nationalsozialismus. Versuch einer historischen Argumentationsanalyse
1985. 261 S. Kart.
ISBN 3-531-11661-4

Die hier vorgelegten Analysen zur Sprache im Nationalsozialismus zielen auf die historischen Determinanten der Sprachpraxis. An Texten und Dokumenten aus dem Alltag (von Küchenrezepten bis zu HJ-Rundschreiben) sowie zwei offiziellen Ansprachen (Hitler, von Schirach) wird eine Leseweise erprobt, die die „Polyphonie" dieser Texte aufzeichnet und die unterschiedlichen Bedeutungen hervortreten läßt, die sie für den Parteigänger, den Oppositionellen oder auch denjenigen hatten, der sich mit den Verhältnissen arrangierte.

WESTDEUTSCHER VERLAG
OPLADEN · WIESBADEN

Medien und Kommunikation

Werner Holly / Ulrich Püschel (Hrsg.)
Medienrezeption als Aneignung
Methoden und Perspektiven qualitativer Medienforschung
1993. 221 S. Kart.
ISBN 3-531-12430-7

Rezipienten hat man lange Zeit als passive Opfer medialer Manipulation gesehen. Heute begreift man Medienrezeption als einen aktiven Prozeß der Aneignung, in dem individuelle und gruppenspezifische Zugangsweisen nach je eigenen Bedürfnissen realisiert werden. Die Beiträge dieses Bandes thematisieren Medienaneignungen aus unterschiedlichen Perspektiven – beteiligt sind Soziologen, Medienpädagogen, Psychologen, Linguisten und Literaturwissenschaftler – und mit den Fragestellungen und Methoden unterschiedlicher Disziplinen.

Adi Grewenig (Hrsg.)
Inszenierte Information
Politik und strategische Kommunikation in den Medien
1993. 288 S. Kart.
ISBN 3-531-12374-2

Die Beiträge dieses Bandes, in denen Positionen einer gesellschaftlich begründeten sprachwissenschaftlichen Medienanalyse vorgestellt werden, konzentrieren sich auf die Themen ‚öffentliche Sprache' und ‚Informationsvermittlung'. In exemplarischen Analysen, die sich auf politische Wandlungsprozesse und wichtige politische Ereignisse beziehen, werden die jeweiligen Realisierungsformen von Informationsvermittlung als mediale Diskurse rekonstruiert und deren Inszenierung(en) einer kritischen Reflexion unterzogen. Mit dem Aufzeigen von Trends medialer Präsentation – wie z. B. Personalisierung, Narrativik, Tendenzen des Populismus – wird vor allem auch der Frage nach dem Verhältnis der von staatlichen und gesellschaftlichen Institutionen betriebenen Informationspolitik zu deren medialer Aufbereitung, also zu den Gestaltungsspielräumen und zur Eigenständigkeit der Medieninstitutionen, nachgegangen.

Ernest W. B. Hess-Lüttich (Hrsg.)
Medienkultur – Kulturkonflikt
Massenmedien in der interkulturellen und internationalen Kommunikation
1992. 454 S. Kart.
ISBN 3-531-12250-9

In den Beiträgen dieses Bandes wird untersucht, welche Rolle die Medien in Prozessen der internationalen und interkulturellen Verständigung spielen. Die Presse- und Fernsehberichterstattung über andere Länder, spezifische Weisen der Darstellung gesellschaftlicher Konflikte, die Präsentation von ethnischen Minoritäten (z. B. Migranten) und deren Problemen stehen im Mittelpunkt der Einzelstudien.

WESTDEUTSCHER VERLAG
OPLADEN · WIESBADEN